Industrielles Rechnungswesen GKR

Finanzbuchhaltung
Analyse und Kritik des Jahresabschlusses
Kosten- und Leistungsrechnung

Einführung und Praxis

von
Dipl.-Kfm. Dipl.-Hdl. Manfred Deitermann
Dipl.-Kfm. Dipl.-Hdl. Dr. Siegfried Schmolke

unter Mitarbeit von
Dipl.-Hdl. Wolf-Dieter Rückwart

ISBN 3-8045-**6624**-3

21.¹· Auflage, 1997
(1., unveränderter Nachdruck der
21., durchgesehenen Auflage, 1995)

Winklers
Verlag
Gebrüder
Grimm
Darmstadt

Vorwort zur 20., neu bearbeiteten Auflage

Das vorliegende Lehrbuch „**Industrielles Rechnungswesen – GKR**" ist eine umfassendere und weiterführende Ausgabe des von den gleichen Autoren herausgegebenen Lehrbuchs „Industriebuchführung für Wirtschaftsschulen" (ISBN 3-8045-**6586**-7). Es hat ein höheres Anspruchsniveau und ist insbesondere für den Unterricht im Fach Rechnungswesen der Höheren Berufsfachschule für Wirtschaft, Fachoberschule und Wirtschaftsgymnasien gedacht. Zudem hat sich das Lehrbuch an zahlreichen Fachhochschulen und Universitäten bewährt.

Das Lehrbuch enthält in einem Band **Einführung und Praxis des industriellen Rechnungswesens** und behandelt insbesondere die Lernbereiche:

- **Finanzbuchhaltung nach dem Gemeinschaftskontenrahmen der Industrie (GKR)**
- **Jahresabschluß der Unternehmensformen nach Handels- und Steuerrecht**
- **Betriebswirtschaftliche Auswertung des Jahresabschlusses**
- **Industrielle Kosten- und Leistungsrechnung als Voll-, Teil- und Plankostenrechnung**

Der Beleggeschäftsgang, der sowohl konventionell als auch unter Verwendung einer entsprechenden FIBU-Software (KHK, IBM u. a.) bearbeitet werden kann, erfüllt die Forderung nach angemessenem **Einsatz der EDV** im Unterricht. Er simuliert in hervorragender Weise **moderne Buchungspraxis.**

Den Anspruch nach **beruflicher Handlungsfähigkeit** erfüllen die Autoren durch

▷ **komplexe, praxisgerechte Aufgabenstellungen** zu den verschiedenen Gebieten des industriellen Rechnungswesens,
▷ **Bearbeitung realistischer Belege in Modellunternehmen,**
▷ **Darstellung der Inhalte anhand durchgehender Situationen** – insbesondere in den Kapiteln „Betriebswirtschaftliche Auswertung des Jahresabschlusses" und „Industrielle Kosten- und Leistungsrechnung" –, wodurch Zusammenhänge leichter erkannt und sinnhafter begründet werden können.

Das Lehrbuch enthält im Kapitel H alle relevanten **Rechnungslegungsvorschriften** des Handelsgesetzbuches, die das Lernen mit dem Lehrbuch bereichern.

Im übrigen entspricht das Lehrbuch dem **bewährten Konzept der Autoren:**

▷ Klärung der buchhalterischen, betriebswirtschaftlichen und rechtlichen Fragen
▷ Konkretisierung in Situationen und Beispielen mit Lösungen
▷ Zusammenfassung in knappen Merksätzen
▷ Systematische mehrfarbige Darstellung (Vierfarbendruck): grauer Raster: Beispiele; grüner Raster: Aufstellungen; roter Raster: Berechnungen; gelber Raster: Zusammenfassungen.
▷ Übungen mit unterschiedlichem Schwierigkeits- und Komplexitätsgrad
▷ Sicherung des Lernerfolgs durch eine Vielzahl differenzierter Aufgaben und Fragen in den einzelnen Kapiteln.

Das **Arbeitsheft** (ISBN 3-8045-**6626**-X) erleichtert die Arbeit des Lernenden.

Im Frühjahr 1994   Die Verfasser

Vorwort zur 21. Auflage

In den Kapiteln „B 7.2 Umsatzsteuer bei Eigenverbrauch", „D 1 Buchungen im Personalbereich" und „D 3.2 Anzahlungen an Lieferer und von Kunden" wurden die neuesten gesetzlichen Bestimmungen berücksichtigt.

Im Sommer 1995   Die Verfasser

© Winklers Verlag · Gebrüder Grimm · Darmstadt
Das Werk und seine Teile sind urheberrechtlich geschützt. Jede Verwertung in anderen als den gesetzlich zugelassenen Fällen bedarf der vorherigen schriftlichen Einwilligung des Verlages.

Inhaltsverzeichnis

A	Aufgaben und Bereiche des industriellen Rechnungswesens	7

1	Aufgaben des Rechnungswesens	7	2.2	Kosten- und Leistungsrechnung	8
			2.3	Statistik	8
2	Bereiche des Rechnungswesens	7	2.4	Planungsrechnung	8
2.1	Buchführung	7			

B	Einführung in die Industriebuchführung	9

1	Bedeutung der Buchführung	9	6.2.1	Buchung beim Einkauf von Rohstoffen u.a.	55
1.1	Aufgaben der Buchführung	9			
1.2	Gesetzliche Grundlagen der Buchführung	10	6.2.2	Buchung beim Verkauf von Erzeugnissen	56
1.3	Ordnungsmäßigkeit der Buchführung	11	6.2.3	Vorsteuerabzug und Ermittlung der Zahllast	57
2	Inventur, Inventar und Bilanz	12	6.3	Bilanzierung der Zahllast und des Vorsteuerüberhangs	58
2.1	Inventur	12			
2.2	Inventurverfahren für das Vorratsvermögen	13	6.4	Vorsteuer bei Kostenarten	60
2.3	Inventar	14	7	Privatentnahmen und Privateinlagen	62
2.4	Erfolgsermittlung durch Kapitalvergleich	18	7.1	Privatkonto	62
2.5	Bilanz	20	7.2	Umsatzsteuer bei Eigenverbrauch	62
2.6	Aussagewert der Bilanz	21			
2.7	Vergleich zwischen Inventar und Bilanz	22	8	Ergebnisrechnung nach dem GKR	65
			8.1	Gemeinschaftskontenrahmen der Industrie (GKR)	65
3	Buchen auf Bestandskonten	24			
3.1	Wertveränderungen in der Bilanz	24	8.1.1	Aufgaben und Aufbau des GKR	65
3.2	Auflösung der Bilanz in Bestandskonten	26	8.1.2	Überblick über den Gemeinschafts-kontenrahmen (GKR)	66
3.3	Buchung von Geschäftsfällen und Abschluß der Bestandskonten	28	8.1.3	Kontenrahmen und Kontenplan	67
3.4	Buchungssatz	32	8.2	Ermittlung des Betriebsergebnisses (GKR)	68
3.4.1	Einfacher Buchungssatz	32			
3.4.2	Zusammengesetzter Buchungssatz	36	8.2.1	Betriebsergebnis ohne Bestand an unfertigen und fertigen Erzeugnissen	68
3.5	Eröffnungsbilanzkonto und Schlußbilanzkonto	38	8.2.2	Betriebsergebnis mit Bestands-veränderungen an unfertigen und fertigen Erzeugnissen	72
3.5.1	Eröffnungsbilanzkonto (EBK)	38			
3.5.2	Schlußbilanzkonto (SBK)	38	8.3	Ermittlung des „Neutralen Ergebnisses"	78
			8.4	Ermittlung des Gesamtergebnisses	79
4	Buchen auf Erfolgskonten (Ergebniskonten)	41			
4.1	Kosten (Betrieblicher Aufwand) und Erlöse (Betriebliche Erträge)	41	9	Organisation der Buchführung	88
			9.1	Belegorganisation	88
4.2	Erfolgskonten als Unterkonten des Kapitalkontos	42	9.1.1	Bedeutung und Arten der Belege	88
4.3	Konto „Betriebsergebnis" als Abschlußkonto der betrieblichen Erfolgskonten	45	9.1.2	Bearbeitung der Belege	88
			9.2	Bücher der Buchführung	90
			9.2.1	Grundbuch	90
			9.2.2	Hauptbuch	91
5	Abschreibung der Anlagegüter	48	9.2.3	Nebenbücher (Nebenbuchhaltungen)	92
5.1	Ursachen, Buchung und Wirkung der Abschreibung	48	9.2.3.1	Kontokorrentbuchhaltung	92
			9.3	Konventionelle und EDV-gestützte Buchführung	94
5.2	Berechnung der Abschreibung	49	9.3.1	Konventionelle Buchführung	94
			9.3.2	Computergestützte Buchführung	94
6	Umsatzsteuer beim Ein- und Verkauf	52	9.4	Buchen mit einem Finanzbuchhaltungsprogramm	96
6.1	Wesen der Umsatz- bzw. Mehrwert-steuer	52	9.4.1	Erfassung der Daten	96
6.2	Buchung der Umsatzsteuer im Ein- und Verkaufsbereich	55	9.4.2	Buchungserfassung mit der KHK-Classic-Fibu	97

C	Beleggeschäftsgang – computergestützt	101

D Buchungen in wichtigen Sachbereichen 115

1	**Buchungen im Personalbereich** ...	115
1.1	Löhne und Gehälter	115
1.2	Vorschüsse, Sachleistungen und Sondervergütungen	117
1.3	Exkurs: Vermögenswirksame Leistungen ..	122
2	**Buchungen im Beschaffungs- und Absatzbereich**	124
2.1	Sofortrabatte	124
2.2	Bezugskosten	124
2.3	Rücksendungen	126
2.4	Nachlässe	127
2.4.1	Nachträgliche Preisnachlässe im Beschaffungsbereich	127
2.4.2	Nachträgliche Preisnachlässe im Absatzbereich	128
3	**Buchungen im Zahlungs- und Finanzbereich**	131
3.1	Nachlässe in Form von Skonti	131
3.1.1	Liefererskonti	131
3.1.2	Kundenskonti	132
3.2	Anzahlungen an Lieferer und von Kunden	135
3.2.1	Geleistete Anzahlungen auf Vorräte	135
3.2.2	Erhaltene Anzahlungen	136
3.3	Buchungen im Scheckverkehr	137
3.4	Buchungen im Wechselverkehr	137
3.4.1	Besitz- und Schuldwechsel	137
3.4.2	Verwendungsmöglichkeiten des Wechsels	139
3.4.3	Wechselkopierbuch	140
3.4.4	Wechselprotest und Wechselrückgriff	142
3.5	Exkurs: Wertpapiere	144
3.5.1	An- und Verkauf von Aktien	144
3.5.2	Bewertung der Wertpapiere zum Jahresabschluß	145

3.5.3	Kauf und Verkauf festverzinslicher Wertpapiere	146
3.5.4	Buchhalterische Behandlung der Dividende	146
4	**Buchungen im Sachanlagenbereich**	148
4.1	Anlagenbuchhaltung (Anlagenkartei)	148
4.2	Anschaffung von Anlagegütern ...	149
4.3	Bilanzmäßige und kalkulatorische Abschreibungen	151
4.4	Planmäßige und außerplanmäßige Abschreibungen	153
4.5	Methoden der planmäßigen Abschreibung	155
4.5.1	Lineare (gleichbleibende) Abschreibung	155
4.5.2	Degressive Abschreibung (Buchwert-AfA)	155
4.5.3	Abschreibung nach Leistungseinheiten (Leistungs-AfA)	157
4.6	Geringwertige Wirtschaftsgüter (GWG)	157
4.7	Aktivierungspflichtige innerbetriebliche Leistungen	161
4.8	Großreparaturen und im Bau befindliche Anlagen	164
4.9	Ausscheiden von Anlagegütern ...	165
5	**Buchhalterische Behandlung der Steuern**	167
5.1	Aktivierungspflichtige Steuern	167
5.2	Aufwandsteuern (Betriebssteuern) .	167
5.3	Personensteuern (Privatsteuern) ...	168
5.4	Steuern als „durchlaufende Posten" (Durchlaufsteuern)	169
5.5	Steuernachzahlungen und Steuerrückerstattungen	169

E Jahresabschluß 172

1	**Jahresabschlußarbeiten im Überblick**	172
2	**Zeitliche Abgrenzung der Aufwendungen/Erträge**	173
2.1	Sonstige Forderungen und Sonstige Verbindlichkeiten	173
2.2	Aktive und Passive Rechnungsabgrenzungsposten	176
2.3	Rückstellungen	181
3	**Bewertung des Umlaufvermögens** .	185
3.1	Bewertung der Vorräte	185
3.1.1	Durchschnittsbewertung nach § 240 (4) HGB	186
3.1.2	Verbrauchsfolgebewertung nach § 256 HGB	187
3.2	Bewertung der Forderungen	189
3.2.1	Einführung	189
3.2.2	Einzelbewertung von Forderungen .	190

3.2.2.1	Direkte Abschreibung von uneinbringlichen Forderungen	190
3.2.2.2	Einzelwertberichtigung (EWB) zweifelhafter Forderungen	191
3.2.2.3	Pauschalwertberichtigung (PWB) der Forderungen	195
3.2.2.4	Kombination von Einzel- und Pauschalbewertung	197
4	**Bewertung der Schulden**	199
5	**Abschluß in der Hauptabschlußübersicht**	203
6	**Jahresabschluß der Personengesellschaften** ...	207
6.1	Abschluß der Offenen Handelsgesellschaft (OHG)	207
6.2	Abschluß der Kommanditgesellschaft (KG)	209

4

7	**Jahresabschluß der Kapitalgesellschaften**	211	**8**	**Bewertung der Vermögensgegenstände und Schulden zum Bilanzstichtag**	226

7 **Jahresabschluß der Kapitalgesellschaften** 211

7.1 Publizitäts- und Prüfungspflicht 211
7.2 Gliederung der Bilanz nach § 266 HGB 212
7.3 Ausweis des Eigenkapitals in der Bilanz 214
7.4 Darstellung der Anlagenentwicklung im Anlagenspiegel 216
7.5 Gliederung der Gewinn- und Verlustrechnung nach § 275 HGB .. 216
7.6 Jahresabschluß der Gesellschaft mit beschränkter Haftung 218
7.7 Jahresabschluß der Aktiengesellschaft 224

8 **Bewertung der Vermögensgegenstände und Schulden zum Bilanzstichtag** 226

8.1 Notwendigkeit der Bewertung 226
8.2 Wertmaßstäbe 227
8.3 Allgemeine Bewertungsgrundsätze nach § 252 HGB 228
8.4 Besondere Bewertungsprinzipien .. 230
8.5 Bewertungsübersicht gemäß §§ 253, 279, 280 HGB 232
8.5.1 Bewertung des Anlagevermögens .. 232
8.5.2 Bewertung des Umlaufvermögens .. 232
8.5.3 Bewertung der Passivposten 233

F   **Auswertung des Jahresabschlusses** 236

1 **Auswertung der Bilanz** 236
1.1 Aufbereitung der Bilanz (Bilanzanalyse) 236
1.2 Beurteilung der Bilanz (Bilanzkritik) 238
1.2.1 Beurteilung der Kapitalausstattung (Finanzierung) 238
1.2.2 Beurteilung der Anlagenfinanzierung (Investierung) 240
1.2.3 Beurteilung des Vermögensaufbaues (Konstitution) 241
1.2.4 Beurteilung der Zahlungsfähigkeit (Liquidität) 243

2 **Exkurs: Bewegungsbilanz** 246

3 **Auswertung der Erfolgsrechnung** .. 251
3.1 Umschlagskennzahlen 252
3.1.1 Lagerumschlag der Materialbestände 252
3.1.2 Umschlag der Forderungen 253
3.1.3 Kapitalumschlag 253
3.2 Kennzahlen der Rentabilität 254
3.2.1 Rentabilität des Eigenkapitals (Unternehmer-Rentabilität) 255
3.2.2 Rentabilität des Gesamtkapitals (Unternehmungs-Rentabilität) 255
3.2.3 Umsatzrentabilität (Umsatzverdienstrate) 256
3.3 Cash-flow-Analyse 257
3.4 Erfolgs- und Kostenstruktur 258

G   **Kosten- und Leistungsrechnung (KLR) im Industriebetrieb** 263

1 **Aufgaben und Grundbegriffe der KLR** 263

2 **Kostenartenrechnung** 266
2.1 Aufgaben der Kostenartenrechnung 266
2.2 Ausgangssituation 267
2.3 Kalkulatorische Kosten 268
2.3.1 Aufgaben und Arten der Kalkulatorischen Kosten 268
2.3.2 Kalkulatorische Abschreibungen .. 270
2.3.3 Kalkulatorische Zinsen 273
2.3.4 Kalkulatorischer Unternehmerlohn 275
2.3.5 Kalkulatorische Wagnisse 276
2.3.6 Kalkulatorische Miete 278
2.4 Erstellung und Auswertung der Abschlußkonten „9800 Betriebsergebnis" und „9870 Neutrales Ergebnis" 280
2.5 Gliederung der Kostenarten in der Kostenrechnung 285
2.5.1 Einzel- und Gemeinkosten in der Kostenrechnung 285
2.6 Abhängigkeit der Kosten von der Beschäftigung 286
2.6.1 Kostenverläufe bei variablen Kosten 288
2.6.2 Kostenverläufe bei fixen Kosten ... 290
2.6.3 Kostenverläufe bei Mischkosten ... 291

3 **Vollkostenrechnung im Mehrproduktunternehmen** 294
3.1 Zurechnung der Kosten auf die Kostenträger 294
3.2 Kostenstellenrechnung in Betrieben mit Serienfertigung ... 295
3.2.1 Gliederung des Betriebes in Kostenstellen 296
3.2.2 Betriebsabrechnungsbogen (BAB) als Hilfsmittel der Kostenstellenrechnung 298
3.2.3 Ermittlung der Zuschlagssätze (Istzuschläge) 300
3.2.4 Kostenträgerblatt (BAB II) als Hilfsmittel der Kostenträgerzeitrechnung 306
3.3 Kostenstellen- und Kostenträgerrechnung auf Normalkostenbasis .. 308
3.3.1 Normalgemeinkosten 308
3.3.2 Kostenüberdeckung und Kostenunterdeckung im BAB .. 310
3.3.3 Kostenträgerblatt auf Normalkostenbasis 311
3.4 Erweiterter Betriebsabrechnungsbogen 315
3.4.1 Betriebsabrechnungsbogen mit mehreren Fertigungshauptstellen .. 315

66245

3.4.2	Mehrstufiger Betriebsabrechnungsbogen 316	4.2	Grundzüge der Deckungsbeitragsrechnung 342
3.5	Maschinenstundensatzrechnung . . . 322	4.2.1	Deckungsbeitragsrechnung als Stückrechnung 342
3.5.1	Grundlagen der Maschinenstundensatzrechnung . . . 322	4.2.2	Deckungsbeitragsrechnung als Periodenrechnung
3.5.2	Maschinenabhängige Fertigungsgemeinkosten 323		im Einproduktunternehmen 344
3.5.3	Restgemeinkosten 324	4.2.3	Deckungsbeitragsrechnung als Periodenrechnung
3.5.4	Berechnung des Maschinenstundensatzes im BAB . . 324		im Mehrproduktunternehmen 349
3.5.5	Abhängigkeit des Maschinenstundensatzes von der Maschinenlaufzeit . . . 326	4.3	Bestimmung der Preisuntergrenze . 353
		4.4	Annahme von Zusatzaufträgen 355
3.6	Kostenträgerstückrechnung bei Serienfertigung 329	4.5	Optimales Produktionsprogramm . . 357
3.6.1	Zuschlagskalkulation 329	**5**	**Einführung in die flexible Plankostenrechnung** 361
3.6.2	Zuschlagskalkulation als Angebotskalkulation 330	5.1	Wesen der Plankostenrechnung . . . 361
3.6.3	Zuschlagskalkulation als Nachkalkulation 334	5.2	Planung der Einzel- und Gemeinkosten 362
3.7	Vollkostenrechnung in Betrieben mit Sortenfertigung (Äquivalenzziffernkalkulation) 337	5.2.1	Bestimmung der Planbeschäftigung 363
		5.2.2	Festlegung der Plankosten aufgrund fester Verrechnungspreise 363
3.8	Vollkostenrechnung in Betrieben mit Massenfertigung (Divisionskalkulation) 339	5.2.3	Verfahren der Kostenauflösung 364
		5.3	Zuschlagskalkulation mit Plankostenverrechnungssätzen 365
4	**Deckungsbeitragsrechnung als Teilkostenrechnung** 341	5.4	Sollkosten 366
		5.5	Variatormethode zur Berechnung der Sollkosten 368
4.1	Vergleich zwischen Vollkosten- und Teilkostenrechnung 341	5.6	Soll-Ist-Kostenvergleich (Kostenkontrolle) 370

H   **Rechnungslegungsvorschriften nach HGB** 374

Vorschriften für alle Kaufleute 374
Ergänzende Vorschriften für Kapitalgesellschaften 379

Sachregister 384

Anhang: Gemeinschaftskontenrahmen der Industrie (GKR)
Gliederung der Bilanz (§ 266 HGB)
Gliederung der Gewinn- und Verlustrechnung (§ 275 HGB)
Anmerkungen zum Jahresabschluß der Kapitalgesellschaften

A   Aufgaben und Bereiche des industriellen Rechnungswesens

1   Aufgaben des Rechnungswesens

Das industrielle Rechnungswesen muß das gesamte Unternehmensgeschehen, insbesondere die

- ▶ **Beschaffung** der Werkstoffe und Betriebsmittel (Maschinen u.a.) sowie die
- ▶ **Fertigung** (Produktion) der Erzeugnisse und deren
- ▶ **Absatz** (Verkauf) zahlenmäßig
  - ● **erfassen,**   ● **überwachen**   und   ● **auswerten.**

Die Hauptaufgaben des Rechnungswesens im Industriebetrieb sind somit:

1. **Dokumentationsaufgabe.** Zeitlich und sachlich geordnete Aufzeichnung aller Geschäftsfälle auf Grund von Belegen, die die Vermögenswerte, das Eigen- und Fremdkapital sowie den Jahreserfolg (Gewinn oder Verlust) des Unternehmens verändern.
2. **Rechenschaftslegungs- und Informationsaufgabe.** Aufgrund gesetzlicher Vorschriften jährliche Rechenschaftslegung und Information der Unternehmenseigner, der Finanzbehörde und evtl. der Gläubiger (Kreditgeber) über die Vermögens-, Schulden- und Erfolgslage des Unternehmens (Jahresabschluß).
3. **Kontrollaufgabe.** Ausgestaltung des Rechnungswesens zu einem aussagefähigen Informations- und Kontrollsystem, das der Unternehmensleitung jederzeit eine Überwachung der Wirtschaftlichkeit der betrieblichen Prozesse sowie der Zahlungsfähigkeit (Liquidität) des Unternehmens ermöglicht.
4. **Dispositionsaufgabe.** Bereitstellung des aufbereiteten Zahlenmaterials als Grundlage für alle unternehmerischen Planungen und Entscheidungen, z. B. über Investitionen u. a.

---

2   Bereiche des Rechnungswesens

Die Verschiedenheit der Aufgaben bedingt eine Aufteilung des Rechnungswesens:

Bereiche des Rechnungswesens			
Buchführung	Kosten- und Leistungsrechnung	Statistik	Planung

2.1   Buchführung

Zeitrechnung. Die Buchführung erfaßt Höhe und Veränderungen der Vermögens- und Kapitalteile des Unternehmens sowie alle Arten von Aufwendungen (Werteverbrauch) und Erträgen (Wertezuwachs) für eine bestimmte Rechnungsperiode (Geschäftsjahr, Quartal, Monat). Sie ist also eine Zeitrechnung.

Dokumentation. Die Buchführung dient in erster Linie der Dokumentation (Aufzeichnung) aller Geschäftsfälle, die zu einer Veränderung des Vermögens und des Eigen- und Fremdkapitals des Unternehmens führen. Sie erfaßt also primär alle Zahlen, die im Unternehmen aufgrund von Belegen anfallen, und zeichnet sie zeitlich und sachlich geordnet entsprechend auf. Die Buchführung, in der Regel auch als Finanz- oder Geschäftsbuchhaltung bezeichnet, ist damit der wichtigste Zweig, der das Zahlenmaterial für die drei übrigen Bereiche des Rechnungswesens liefert.

Rechenschaftslegung. Im gesetzlich vorgeschriebenen Jahresabschluß (Bilanz und Gewinn- und Verlustrechnung sowie zusätzlich ein Anhang bei Kapitalgesellschaften) hat die Buchführung Rechenschaft abzulegen über Höhe und Zusammensetzung des Vermögens und des Kapitals sowie den Erfolg des Unternehmens im Geschäftsjahr.

2.2 Kosten- und Leistungsrechnung

Betrieb. Im Gegensatz zur Buchführung, die mehr unternehmensbezogen ist, indem sie alle wirtschaftlichen Vorgänge des gesamten Unternehmens festhält, ist die Kosten- und Leistungsrechnung betriebsbezogen. Sie befaßt sich lediglich mit den wirtschaftlichen Daten des Betriebes als Stätte des Leistungsprozesses:

- **Produktion** und • **Absatz der Erzeugnisse.**

Kosten und Leistungen. Die Kosten- und Leistungsrechnung erfaßt somit nur den Teil des Werteverbrauchs (= Kosten) und des Wertezuwachses (= Leistungen), der durch die Erfüllung der eigentlichen betrieblichen Tätigkeit verursacht wird, und ermittelt daraus das Betriebsergebnis (Betriebsgewinn oder Betriebsverlust).

Die Überwachung der Wirtschaftlichkeit des Leistungsprozesses ist die wichtigste Aufgabe der Kosten- und Leistungsrechnung (KLR). Auf der Grundlage der ermittelten Selbstkosten ist erst eine Kalkulation des Angebotspreises für das einzelne Erzeugnis (Stückrechnung) möglich.

2.3 Statistik

Aufgaben. Die betriebswirtschaftliche Statistik befaßt sich mit der Aufbereitung und Auswertung der Zahlen der Buchführung und der Kosten- und Leistungsrechnung mit dem Ziel der Überwachung des Betriebsgeschehens und der Gewinnung von Unterlagen für die unternehmerische Planung und Disposition. Beschaffungs-, Lager-, Umsatz-, Personal-, Kosten-, Bilanz- und Erfolgsstatistiken werden übersichtlich in tabellarischer und grafischer Form dargestellt.

Vergleichsrechnung. Durch Vergleich der statistisch aufbereiteten Daten mit früheren Zeitabschnitten (Zeitvergleich) oder mit Unternehmen der gleichen Branche (Betriebsvergleich) ergeben sich für die Unternehmensleitung wichtige Erkenntnisse.

2.4 Planungsrechnung

Vorschaurechnung. Die Planungsrechnung basiert auf den Zahlen der Buchführung, Kosten- und Leistungsrechnung und Statistik. Ihre Aufgabe ist es, die zukünftige betriebliche Entwicklung in Form von Voranschlägen zu berechnen.

Teilpläne werden im Rahmen der Planungsrechnung nach entsprechenden Funktionen erstellt: Investitionsplan, Beschaffungsplan, Absatz- und Finanzplan. Ein Vergleich der in den Plänen vorgegebenen Zahlen (Sollzahlen) mit den tatsächlichen Ergebnissen (Istzahlen) vermittelt aussagefähige Erkenntnisse über Abweichungen und deren Ursachen. Damit wird die Planungsrechnung zu einem echten Führungs- und Kontrollinstrument.

Organisation des Rechnungswesens. Die vier Bereiche des Rechnungswesens unterscheiden sich zwar in ihrer speziellen Aufgabenstellung, sie stehen aber in enger Verbindung zueinander und ergänzen sich gegenseitig. Diese enge Verzahnung bedarf daher einer entsprechenden Organisation des gesamten Rechnungswesens. Sie trägt entscheidend zur Erhöhung der Wirtschaftlichkeit bei.

Merke:	**Das betriebliche Rechnungswesen gliedert sich in vier Bereiche:**
• **Buchführung:**	▷ Zeitrechnung
• **Kosten- und Leistungsrechnung:**	▷ Stück- und Zeitrechnung
• **Statistik:**	▷ Vergleichsrechnung
• **Planungsrechnung:**	▷ Vorschaurechnung

B Einführung in die Industriebuchführung

1 Bedeutung der Buchführung

1.1 Aufgaben der Buchführung

Geschäftsfälle. In einem Industriebetrieb werden täglich vielfältige Arbeiten ausgeführt: Werkstoffe werden eingekauft, gelagert und zu fertigen Erzeugnissen verarbeitet, Rechnungen werden geschrieben, eingehende Rechnungen werden bezahlt, Löhne und Gehälter werden überwiesen usw. Sofern diese Tätigkeiten

- **Vermögenswerte** und **Schulden** der Unternehmung verändern,
- zu **Geldeinnahmen** oder **Geldausgaben** führen,
- Werteverzehr **(Aufwand)** oder Wertezuwachs **(Ertrag)** darstellen,

nennt man sie **Geschäftsfälle.**

Beleg. Jedem Geschäftsfall muß ein Beleg zugrunde liegen, der über

- **Vorgang,**   - **Datum**   und   - **Betrag**

Auskunft gibt. Der Beleg (Rechnungen, Bankauszüge, Quittungen u. a.) ist der Nachweis für die Richtigkeit der Aufzeichnung (Buchung).

Bereich	Geschäftsfall	Beleg
Beschaffung	Einkauf von Spanplatten	Eingangsrechnung
Fertigung	Verbrauch von Spanplatten	Materialentnahmeschein
Absatz	Verkauf von fertigen Erzeugnissen	Ausgangsrechnung

Merke: **Zu jedem Geschäftsfall gehört ein Beleg als Nachweis der Buchung.**

Die Buchführung muß alle Geschäftsfälle laufend, lückenlos und sachlich geordnet nach Materialeinkäufen, Verkaufserlösen (Umsatzerlösen), Verbindlichkeiten an Lieferer, Forderungen an Kunden usw. erfassen und aufzeichnen (buchen). Ohne eine ordnungsgemäße Aufzeichnung der Geschäftsfälle würde die Unternehmensleitung in kürzester Zeit den Überblick über die Vermögens-, Schulden- und Erfolgslage sowie das gesamte Betriebsgeschehen verlieren. Außerdem fehlten ihr dann die zahlenmäßigen Grundlagen für alle Planungen, Entscheidungen und Kontrollen.

Die Buchführung im Industriebetrieb erfüllt wichtige Aufgaben:

- Sie stellt den **Stand des Vermögens und der Schulden** fest.
- Sie zeichnet **alle Veränderungen** der Vermögens- und Schuldenwerte lückenlos und sachlich geordnet auf.
- Sie ermittelt den **Erfolg des Unternehmens,** also den Gewinn oder den Verlust, indem sie alle Aufwendungen (Werteverzehr) und Erträge (Wertezuwachs) erfaßt.
- Sie liefert die Zahlen für die **Preisberechnung (Kalkulation) der Erzeugnisse.**
- Sie stellt Zahlen für **innerbetriebliche Kontrollen** zur Verfügung, die der Steigerung der Wirtschaftlichkeit dienen.
- Sie ist die Grundlage zur **Berechnung der Steuern.**
- Sie ist wichtiges **Beweismittel** bei Rechtsstreitigkeiten mit Kunden, Lieferern, Banken, Behörden (Finanzamt, Gerichte) u. a.

Merke: - **Die Buchführung ist die sachlich geordnete und lückenlose Aufzeichnung aller Geschäftsfälle eines Unternehmens aufgrund von Belegen.**

           - **Die Buchführung, auch Finanz- oder Geschäftsbuchhaltung genannt, liefert auch die Zahlen für die übrigen Zweige des industriellen Rechnungswesens:**

           ▷ **Kosten- und Leistungsrechnung,**   ▷ **Statistik**   und   ▷ **Planung.**

1.2 Gesetzliche Grundlagen der Buchführung

Buchführungspflicht. Die Buchführung ist das zahlenmäßige Spiegelbild des gesamten Unternehmensgeschehens. Sie erfüllt wichtige Aufgaben nicht nur für die Unternehmensleitung und die Unternehmenseigner, sondern auch für den Staat im Interesse einer richtigen Ermittlung der Steuern. Letztlich dient eine ordnungsmäßige Buchführung auch dem Schutz der Gläubiger des Unternehmens. Es liegt daher nahe, daß sowohl das Handelsgesetzbuch (§ 238 HGB) als auch die Abgabenordnung (§§ 140 f. AO) den Unternehmer zur Buchführung verpflichten. Nach Handelsrecht ist nur der Vollkaufmann zur Buchführung verpflichtet:

„Jeder Kaufmann ist verpflichtet, Bücher zu führen und in diesen seine Handelsgeschäfte und die Lage seines Vermögens nach den Grundsätzen ordnungsmäßiger Buchführung ersichtlich zu machen." (§ 238 [1] HGB)

Nach Steuerrecht ist zunächst auch der Unternehmer zur Buchführung verpflichtet, der nach Handelsrecht gemäß § 238 HGB buchführungspflichtig ist (§ 140 AO). Darüber hinaus ist nach Steuerrecht jeder andere Unternehmer, also auch Minderkaufleute, Handwerker u. a., zur Buchführung verpflichtet, der gemäß § 141 AO eine der folgenden Voraussetzungen erfüllt:

- Umsatz jährlich von mehr als .... 500 000,00 DM
- oder Eigenkapital von mehr als .... 125 000,00 DM
- oder Gewinn jährlich von mehr als .... 48 000,00 DM

Die handelsrechtlichen Vorschriften über die Rechnungslegung, nämlich

Buchführung und **Jahresabschluß,**

enthält das Handelsgesetzbuch in seinem 3. Buch

„Handelsbücher".

Das 3. Buch „Handelsbücher" im HGB gliedert sich in **drei Abschnitte:**

- Der **1. Abschnitt (§§ 238–263 HGB)** enthält Vorschriften, die auf **alle Kaufleute** anzuwenden sind. Zu diesen grundlegenden Vorschriften zählen die Buchführungspflicht, die Führung von Handelsbüchern, das Inventar, die Pflicht zur Aufstellung des Jahresabschlusses (Bilanz und Gewinn- und Verlustrechnung), die Bewertung der Vermögensteile und Schulden sowie die Aufbewahrung von Buchführungsunterlagen u. a. m.

- Der **2. Abschnitt (§§ 264–335 HGB)** enthält – ergänzend zum 1. Abschnitt – spezielle Vorschriften für **alle Kapitalgesellschaften,** insbesondere über die Gliederung, Prüfung und Veröffentlichung des Jahresabschlusses der Aktiengesellschaft, Kommanditgesellschaft auf Aktien und Gesellschaft mit beschränkter Haftung. Die Vorschriften dieses Abschnitts entsprechen zugleich den Rechnungslegungsvorschriften aller EU-Mitgliedstaaten aufgrund des Bilanzrichtlinien-Gesetzes.

- Der **3. Abschnitt (§§ 336–339 HGB)** enthält für **eingetragene Genossenschaften** über den 1. und 2. Abschnitt hinausgehende Regelungen.

Rechtsformspezifische Vorschriften der jeweiligen Unternehmensform sind im Aktiengesetz, GmbH-Gesetz und Genossenschaftsgesetz enthalten.

Steuerrechtliche Vorschriften über die Buchführung enthalten die Abgabenordnung (AO), das Einkommensteuergesetz (EStG), Körperschaftsteuergesetz (KStG), Umsatzsteuergesetz (UStG) sowie die entsprechenden Durchführungsverordnungen (EStDV, KStDV, UStDV) und Richtlinien (EStR, KStR, UStR).

Merke: Das 3. Buch HGB enthält in drei Abschnitten eine geschlossene Darstellung der handelsrechtlichen Rechnungslegungsvorschriften (siehe Anhang).

1.3 Ordnungsmäßigkeit der Buchführung

Die Buchführung gilt als ordnungsgemäß, wenn sie so beschaffen ist, daß sie einem sachverständigen Dritten (Steuerberater, Betriebsprüfer des Finanzamtes) in angemessener Zeit einen Überblick über die

- **Geschäftsfälle** und
- **Lage des Unternehmens**

vermitteln kann (§ 238 HGB, § 145 AO). Die Buchführung muß deshalb

- **allgemein anerkannten** und
- **sachgerechten Normen**

entsprechen, und zwar den „Grundsätzen ordnungsmäßiger Buchführung" (GoB).

Quellen der GoB sind vor allem Wissenschaft und Praxis, die Rechtsprechung sowie Empfehlungen der Wirtschaftsverbände. Zahlreiche Grundsätze haben ihren Niederschlag in handels- und steuerrechtlichen Vorschriften gefunden.

Aufgabe der GoB ist es, Unternehmenseigner sowie Gläubiger des Unternehmens vor falschen Informationen und Verlusten zu schützen.

Die wichtigsten Grundsätze ordnungsmäßiger Buchführung (GoB)

- **Die Buchführung muß klar und übersichtlich sein.**
  - Sachgerechte und überschaubare Organisation der Buchführung
  - Übersichtliche Gliederung des Jahresabschlusses (§§ 243 [2], 266, 275 HGB)
  - Keine Verrechnung zwischen Vermögenswerten und Schulden sowie zwischen Aufwendungen und Erträgen (§ 246 [2] HGB)
  - Buchungen dürfen nicht unleserlich gemacht werden (§ 239 [3] HGB).

- **Ordnungsmäßige Erfassung aller Geschäftsfälle.**
  Die Geschäftsfälle sind fortlaufend und vollständig, richtig und zeitgerecht sowie sachlich geordnet zu buchen, damit sie leicht überprüfbar sind (§§ 238 [1], 239 [2] HGB). Kasseneinnahmen und -ausgaben sind täglich aufzuzeichnen (§ 146 [1] AO).

- **Keine Buchung ohne Beleg!**
  Sämtliche Buchungen müssen anhand der Belege jederzeit nachprüfbar sein. Die Belege müssen laufend numeriert und geordnet aufbewahrt werden (§ 257 [1] HGB).

- **Ordnungsmäßige Aufbewahrung der Buchführungsunterlagen.**
  Alle Buchungsbelege sind sechs Jahre, Buchungsprogramme, Konten, Bücher, Inventare, Eröffnungsbilanzen, Jahresabschlüsse einschließlich Anhang und Lagebericht zehn Jahre geordnet aufzubewahren (§ 257 [4] HGB, § 147 [3] AO).
  Mit Ausnahme der Eröffnungsbilanz und des Jahresabschlusses können alle Buchführungsunterlagen auf einem Bildträger (Mikrofilm) oder auf einem anderen Datenträger (Magnetband, Disketten u. a.) aufbewahrt werden. „Grundsatz ordnungsmäßiger DV-gestützter Buchführungssysteme" (GoBS): Die gespeicherten Daten müssen jederzeit durch Bildschirm oder Ausdruck lesbar gemacht werden können (§§ 239 [4], 257 [3] HGB, § 147 [2] AO).

Merke: Nur eine ordnungsmäßige Buchführung besitzt Beweiskraft (§§ 258 f. HGB).

Verstöße gegen die GoB sowie die handels- und steuerrechtlichen Vorschriften können eine Schätzung der Besteuerungsgrundlagen (Umsatz, Gewinn) durch die Finanzbehörden zur Folge haben (§ 162 AO). Mit Freiheitsstrafe oder mit Geldstrafe wird bestraft, wer Jahresabschlüsse unrichtig wiedergibt oder verschleiert (§ 331 HGB, §§ 370 f. AO). Im Konkursfall können Verstöße gegen die GoB Strafverfolgung (Freiheitsstrafe) nach sich ziehen (§ 283 Strafgesetzbuch).

Fragen

1. Nennen Sie mindestens drei wichtige Aufgaben der Buchführung.
2. Nennen Sie mindestens vier Geschäftsfälle mit den zugehörigen Belegen.
3. Welche Bedeutung hat die Buchführung für die übrigen Zweige des Rechnungswesens?
4. Welchen Sinn haben die „Grundsätze ordnungsmäßiger Buchführung"?

2 Inventur, Inventar und Bilanz

2.1 Inventur

Nach § 240 HGB sowie §§ 140, 141 AO ist der Kaufmann verpflichtet,

Vermögen und **Schulden**

seines Unternehmens festzustellen, und zwar

- bei **Gründung** oder **Übernahme** eines Unternehmens,
- für den **Schluß eines jeden Geschäftsjahres** (in der Regel zum 31.12.),
- bei **Auflösung** oder **Veräußerung** seines Unternehmens.

Die hierzu erforderliche Tätigkeit nennt man Inventur (lat. invenire = vorfinden).

Die Inventur, auch Bestandsaufnahme genannt, erstreckt sich auf alle Vermögensteile und alle Schulden des Unternehmens, die jeweils einzeln nach ihrer Art (Bezeichnung), Menge (Stückzahl, nach Gewicht, Länge u. a.) und Wert (in DM) zu einem bestimmten Zeitpunkt (Stichtag) zu erfassen sind.

Merke: **Inventur ist die mengen- und wertmäßige Bestandsaufnahme aller Vermögensteile und Schulden eines Unternehmens zu einem bestimmten Zeitpunkt.**

Arten der Inventur. Nach der Art ihrer Durchführung unterscheidet man

● **körperliche Inventur**   und   ● **Buchinventur.**

Die **körperliche Inventur** ist die **mengenmäßige Aufnahme** aller körperlichen Vermögensgegenstände (z. B. Technische Anlagen und Maschinen, Fahrzeuge, Betriebs- und Geschäftsausstattung, Bestände an Material und Erzeugnissen, Barmittel) durch Zählen, Messen, Wiegen und notfalls durch Schätzen **mit nachfolgender Bewertung** der Mengen in DM.

Die **Buchinventur** erstreckt sich auf alle nichtkörperlichen Gegenstände. Forderungen, Bankguthaben sowie alle Arten von Schulden sind **wertmäßig** aufgrund der buchhalterischen **Aufzeichnungen und Belege** (z. B. Kontoauszüge) festzustellen und nachzuweisen. Im Rahmen dieser **buchmäßigen Bestandsaufnahme** werden häufig auch Saldenbestätigungen bei Kunden und Lieferern eingeholt.

Anlagenkartei. Die jährliche körperliche Bestandsaufnahme des beweglichen Anlagevermögens (Maschinen, Fahrzeuge u. a.) entfällt, wenn für jeden Anlagegegenstand eine gesonderte Anlagenkarte geführt wird, die folgende Angaben buchmäßig ausweist: Bezeichnung, Tag der Anschaffung, Anschaffungswert, Nutzungsdauer, jährliche Abschreibung, Tag des Abgangs u. a. (Abschnitt 31 der Einkommensteuerrichtlinien) → siehe S. 148.

Vorbereitung und Durchführung der Inventur. Die körperliche (mengenmäßige) Inventur des Vorratsvermögens (Handelswaren, Erzeugnisse) bedarf vor allem einer sorgfältigen Vorbereitung und Durchführung. Zunächst wird ein Inventurleiter ernannt. Der Inventurleiter erstellt einen genauen Aufnahmeplan. Dieser Aufnahmeplan legt die einzelnen Inventurbereiche fest sowie personelle Besetzung der Aufnahmegruppen, die Aufnahmevordrucke und -richtlinien, die Hilfsmittel (z. B. Diktiergeräte) und den Zeitpunkt der Inventur. Bestimmte Aufsichtspersonen müssen durch Stichproben die Bestandsaufnahme überprüfen.

Merke:
- **Körperliche Inventur** ▷ **mengen- und wertmäßige Bestandsaufnahme**
- **Buchinventur** ▷ **nur wertmäßige Bestandsaufnahme aufgrund von Aufzeichnungen**

2.2 Inventurverfahren für das Vorratsvermögen

Inventurvereinfachungsverfahren. Die Bestandsaufnahme der Vorräte an Material, Erzeugnissen und Waren ist in der Regel mit erheblichem Arbeitsaufwand verbunden. Der Gesetzgeber (§ 241 HGB, Abschnitt 30 der Einkommensteuerrichtlinien) erlaubt deshalb folgende Verfahren zur Vereinfachung der Inventur der Lagervorräte:

1. Stichtagsinventur = zeitnahe körperliche Bestandsaufnahme

Zeitnahe Stichtagsinventur. Die mengenmäßige Bestandsaufnahme der Vorräte muß nicht am Abschlußstichtag (31.12.) erfolgen. Sie muß aber zeitnah innerhalb einer Frist von 10 Tagen vor oder nach dem Abschlußstichtag durchgeführt werden. Zugänge und Abgänge zwischen dem Aufnahmetag und dem Abschlußstichtag werden anhand von Belegen mengen- und wertmäßig auf den 31.12. fortgeschrieben bzw. zurückgerechnet.

Nachteile. Die Stichtagsinventur führt zu einem großen Arbeitsanfall innerhalb weniger Tage, der oft Betriebsunterbrechungen zur Folge hat.

2. Verlegte Inventur = vor- bzw. nachverlegte körperliche Bestandsaufnahme

Die vor- bzw. nachverlegte Inventur stellt gegenüber der Stichtagsinventur bereits eine wesentliche Erleichterung dar. Die körperliche Bestandsaufnahme erfolgt an einem beliebigen Tag innerhalb der letzten 3 Monate vor oder der ersten 2 Monate nach dem Abschlußstichtag. Die einzelnen Artikel dürfen zu unterschiedlichen Zeitpunkten aufgenommen werden. Der am Tag der Inventur ermittelte Bestand wird nur wertmäßig (nicht mengenmäßig!) auf den Abschlußstichtag fortgeschrieben oder zurückgerechnet:

Wertfortschreibung	Wertrückrechnung
Wert am Tag der Inventur (z. B. 15.10.) + Wert der Zugänge vom 15.10.–31.12. – Wert der Abgänge vom 15.10.–31.12.	Wert am Tag der Inventur (28.02.) – Wert der Zugänge vom 01.01.–28.02. + Wert der Abgänge vom 01.01.–28.02.
= Wert am Abschlußstichtag (31.12.)	= Wert am Abschlußstichtag (31.12.)

3. Permanente Inventur = laufende Inventur anhand der Lagerkartei

Voraussetzung. Die permanente Inventur ermöglicht es, den am Abschlußstichtag vorhandenen Bestand des Vorratsvermögens nach Art, Menge und Wert auch ohne gleichzeitige körperliche Bestandsaufnahme festzustellen. Der Bestand für den Abschlußstichtag kann in diesem Fall nach Art und Menge der Lagerkartei entnommen werden. Für jeden einzelnen Artikel werden alle Mengenbewegungen (Zu- und Abgänge) laufend buchmäßig erfaßt. In jedem Geschäftsjahr muß mindestens einmal – der Zeitpunkt ist beliebig! – durch körperliche Bestandsaufnahme geprüft werden, ob der in der Lagerkartei ausgewiesene Buch- bzw. Sollbestand des Vorratsvermögens mit dem tatsächlich vorhandenen Bestand (Istbestand) übereinstimmt. Tag und Ergebnis der körperlichen Inventur sind auf der entsprechenden Lagerkarteikarte zu vermerken und zu unterschreiben.

Vorteile. Die permanente Inventur ist ein rationelles und aussagefähiges Inventurverfahren, das der Unternehmensleitung täglich, vor allem beim Einsatz von Datenverarbeitungsanlagen, wichtige Daten über die Bestandsbewegungen liefert. Ihr besonderer Vorzug liegt darin, daß die körperliche Bestandsaufnahme der einzelnen Gruppen des Vorratsvermögens zu beliebigen Zeitpunkten durchgeführt werden kann.

4. Stichprobeninventur mit Hilfe mathematisch-statistischer Methoden

Der Lagerbestand nach Art, Menge und Wert kann auch mit Hilfe anerkannter mathematisch-statistischer Verfahren (z. B. Mittelwertschätzung) aufgrund von Stichproben ermittelt werden. Dabei werden die als Stichprobe ausgewählten Lagerpositionen zunächst körperlich aufgenommen und bewertet. Das Stichprobenergebnis wird sodann auf den Gesamtinventurwert der Lagervorräte hochgerechnet. Die Stichprobeninventur gilt als zuverlässiges, zeit- und kostensparendes Hilfsverfahren der Inventur.

2.3 Inventar

Die durch die Inventur ermittelten Bestände werden in einem besonderen Verzeichnis zusammengestellt: Inventar oder Bestandsverzeichnis.

Merke: **Das Inventar ist ein ausführliches Bestandsverzeichnis, das alle Vermögensteile und Schulden eines Unternehmens zu einem bestimmten Zeitpunkt nach Art, Menge und Wert ausweist.**

Das Inventar besteht aus drei Teilen:

A. Vermögen	B. Schulden	C. Eigenkapital = Reinvermögen

A. Vermögen

Die Vermögensgegenstände werden nach ihrer Geldnähe oder Flüssigkeit (Liquidität) geordnet, also nach dem Grad, wie schnell sie in Geld umgesetzt werden können. So sind die weniger flüssigen Vermögensgegenstände (z. B. Gebäude) im Inventar zuerst, die flüssigsten (Kassenbestand, Bankguthaben) zuletzt aufzuführen. Das Vermögen wird in zwei Gruppen gegliedert:

I. Anlagevermögen
Dazu zählen alle Vermögensteile, die dazu bestimmt sind, dem Unternehmen **langfristig** zu dienen. Das Anlagevermögen bildet die **Grundlage der eigentlichen Betriebstätigkeit:** Grundstücke und Gebäude, Technische Anlagen und Maschinen, Fahrzeuge (Fuhrpark), Werkzeuge, Betriebs- und Geschäftsausstattung u. a.

II. Umlaufvermögen
Zum Umlaufvermögen zählen alle Vermögensposten, die nur **kurzfristig** im Unternehmen verbleiben, weil sie ständig umgesetzt werden. Im einzelnen rechnen im Industriebetrieb dazu:

- **Roh-[1], Hilfs-[1] und Betriebsstoffe,** die für die Produktion erforderlich sind;
- **Unfertige Erzeugnisse,** die sich noch in der Herstellung befinden;
- **Fertige Erzeugnisse,** die zum Verkauf bereitliegen;
- **Forderungen und alle Geldmittel** (Bargeld, Postbank- und Bankguthaben).

Im Gegensatz zum Anlagevermögen, das langfristig genutzt wird, verändert sich das Umlaufvermögen ständig. Aus fertigen Erzeugnissen entstehen durch Verkauf auf Ziel Forderungen. Diese werden beim Ausgleich der Rechnungen zu Zahlungsmitteln, die wiederum zum Einkauf der Rohstoffe u. a. ausgegeben werden.

B. Schulden (Fremdkapital)

Sie werden nach der Fälligkeit bzw. Dringlichkeit der Zahlung gegliedert:

I. Langfristige Schulden (Hypotheken-, Darlehensschulden)
II. Kurzfristige Schulden (Liefererschulden, Bankschulden)

Die Schulden stellen das im Unternehmen arbeitende Fremdkapital dar.

C. Ermittlung des Eigenkapitals (Reinvermögen)

Vom Vermögen werden die Schulden abgezogen. Der Unterschied ist das Eigenkapital oder Reinvermögen des Unternehmens:

```
  Summe des Vermögens
− Summe der Schulden
= Eigenkapital (Reinvermögen)
```

Merke: - **Das Vermögen wird in Anlage- und Umlaufvermögen gegliedert, wobei die Vermögensposten nach steigender Flüssigkeit (Liquidität) geordnet werden.**
- **Die Schulden (Fremdkapital) werden nach ihrer Fälligkeit in langfristige und kurzfristige Schulden gegliedert.**

---

1 Haupt- und Nebenbestandteile der Erzeugnisse, siehe auch Seite 41

INVENTAR

der Möbelfabrik Lutz Weise, Leverkusen, für den 31. Dezember 19..

A. Vermögen	DM	DM
I. Anlagevermögen		
1. Gebäude		
Werkshalle	5 104 000,00	
Verwaltungsgebäude	2 601 000,00	
Lagerhalle	705 000,00	8 410 000,00
2. Maschinen lt. Anlagenverzeichnis AV 1		2 703 000,00
3. Fahrzeuge lt. AV 2		427 000,00
4. Betriebs- u. Geschäftsausst. lt. AV 3		460 000,00
II. Umlaufvermögen		
1. Rohstoffe lt. Inventurliste IV 4		2 405 000,00
2. Hilfsstoffe lt. Inventurliste IV 5		824 000,00
3. Betriebsstoffe lt. Inventurliste IV 6		154 000,00
4. Unfertige Erzeugnisse lt. IV 7		628 000,00
5. Fertige Erzeugnisse		
480 Schreibtische T 18 je 980,00 DM	470 400,00	
520 Schränke S 24 je 1 400,00 DM	728 000,00	
Diverse Kleinmöbel lt. IV 8	853 600,00	2 052 000,00
6. Forderungen an Kunden		
H. Schnickmann, Köln	452 000,00	
H. Hamm, Mainz	279 000,00	
B. Herms, Düsseldorf	263 000,00	994 000,00
7. Kassenbestand		27 000,00
8. Bankguthaben		
Stadtsparkasse Leverkusen	590 000,00	
Deutsche Bank, Leverkusen	326 000,00	916 000,00
Summe des Vermögens		**20 000 000,00**
B. Schulden		
I. Langfristige Schulden		
1. Hypothek der Sparkasse Leverkusen	4 106 000,00	
2. Darlehen der Deutschen Bank, Köln	1 204 000,00	5 310 000,00
II. Kurzfristige Schulden		
Verbindlichkeiten an Lieferer		
S. Heyn, Münster	457 000,00	
J. Hermanns, Rheine	233 000,00	690 000,00
Summe der Schulden		**6 000 000,00**
C. Ermittlung des Eigenkapitals		
Summe des Vermögens		20 000 000,00
− Summe der Schulden		6 000 000,00
Eigenkapital (Reinvermögen)		**14 000 000,00**

Aufbewahrung. Inventare sind 10 Jahre geordnet aufzubewahren. Die Aufbewahrung kann auch auf einem <u>Bildträger</u> (Mikrofilm) oder auf einem anderen <u>Datenträger</u> (Magnetband, Diskette u.a.) erfolgen, wenn sichergestellt ist, daß die Wiedergabe oder die Daten jederzeit lesbar gemacht werden können (§ 257 HGB).

Merke:
- Inven<u>tur</u> = Bestands<u>aufnahme</u> ➞ Inven<u>tar</u> = Bestands<u>verzeichnis.</u>
- Das Inventar ist Grundlage eines ordnungsgemäßen Jahresabschlusses.

Aufgaben

2 Welche der folgenden Vermögensposten gehören

        I. zum Anlagevermögen,

        II. zum Umlaufvermögen?

Ordnen Sie die Vermögensposten 1–17 im Bereich des Anlagevermögens (I) und des Umlaufvermögens (II) nach steigender Flüssigkeit:

1. Bankguthaben
2. Maschinen
3. Rohstoffe
4. Bargeld
5. Gebäude
6. Fertige Erzeugnisse
7. Fahrzeuge
8. Forderungen aus Warenlieferungen und Leistungen (a.LL)
9. Hilfsstoffe
10. Werkzeuge
11. Postbankguthaben
12. Betriebs- und Geschäftsausstattung
13. Grundstücke
14. Unfertige Erzeugnisse
15. Maschinelle Anlagen (Fließband)
16. Betriebsstoffe
17. Wertpapiere als Kapitalanlage

---

3 Ordnen Sie die folgenden Schulden nach ihrer Laufzeit (Fälligkeit) im Bereich der langfristigen (I) und kurzfristigen (II) Schulden:

1. Verbindlichkeiten aus Warenlieferungen und Leistungen (a.LL)
2. Hypothekenschulden
3. Verbindlichkeiten gegenüber Finanzbehörden
4. Darlehensschulden

4
5 Die Textilfabrik U. Brandt, Köln, stellte zum 31.12.01 (Aufgabe 4) und zum 31.12.02 (Aufgabe 5) folgende Inventurwerte fest:

	4	5
Fabrikgebäude	3 800 000,00	3 724 000,00
Lagergebäude	1 200 000,00	1 176 000,00
Maschinen lt. Anlagenverzeichnis 1	2 654 000,00	3 264 000,00
Werkzeuge lt. Anlagenverzeichnis 2	336 000,00	285 000,00
Fahrzeuge: 1 LKW	223 000,00	178 400,00
3 PKW	127 000,00	101 600,00
Betriebs- und Geschäftsausstattung lt. Inventurliste 3	480 000,00	384 000,00
Rohstoffe lt. Inventurliste 4	2 052 000,00	2 486 000,00
Hilfsstoffe lt. Inventurliste 5	188 000,00	194 000,00
Betriebsstoffe lt. Inventurliste 6	43 000,00	48 000,00
Unfertige Erzeugnisse lt. Inventurliste 7	469 000,00	324 000,00
Fertige Erzeugnisse lt. Inventurliste 8	2 081 000,00	2 362 000,00
Forderungen a.LL: F. Schmelz, Tübingen	528 000,00	728 000,00
R. Tauber, Frankfurt	335 000,00	615 000,00
Kasse (Barbestand)	28 000,00	26 000,00
Postbankguthaben	189 000,00	294 000,00
Bankguthaben bei der Commerzbank Wuppertal	1 267 000,00	1 310 000,00
Hypothekenschulden: Stadtsparkasse Wuppertal	2 805 000,00	2 524 500,00
Darlehensschulden: Stadtsparkasse Wuppertal	1 603 000,00	1 202 250,00
Handelsbank Düsseldorf	1 207 000,00	905 250,00
Verbindlichkeiten a.LL lt. Verzeichnis 9	785 000,00	1 368 000,00

1. Erstellen Sie die Inventare der beiden aufeinanderfolgenden Geschäftsjahre.
2. Vergleichen Sie die beiden Inventare und erklären Sie die Veränderungen im Anlage- und Umlaufvermögen, in den Schulden und im Eigenkapital.

Die Maschinenfabrik W. Peters, Düsseldorf, stellte zum 31.12.01 (Aufgabe 6) und zum 31.12.02 **6**
(Aufgabe 7) folgende Inventurwerte fest: **7**

	6	7
Verwaltungsgebäude	3 500 000,00	3 425 000,00
Fabrikgebäude	4 900 000,00	4 802 000,00
Rohstoffe lt. Inventurliste 5	734 000,00	562 000,00
Hilfs- und Betriebsstoffe lt. Inventurliste 6	416 000,00	424 000,00
Fertige Erzeugnisse lt. Inventurliste 8	486 000,00	786 000,00
Maschinen lt. Anlagenverzeichnis 1	2 615 000,00	3 562 000,00
Werkzeuge lt. Anlagenverzeichnis 2	537 000,00	494 000,00
Kundenforderungen a. LL lt. Inventurliste 9	350 000,00	567 000,00
Kassenbestand	48 000,00	39 000,00
Fahrzeuge lt. Anlagenverzeichnis 3	375 000,00	314 000,00
Betriebs- und Geschäftsausstattung lt. Anlagenverzeichnis 4 .	366 000,00	445 000,00
Unfertige Erzeugnisse lt. Inventurliste 7	233 000,00	315 000,00
Bankguthaben bei der Deutschen Bank, Köln	731 000,00	842 000,00
bei der Stadtsparkasse Köln	514 000,00	423 000,00
Verbindlichkeiten a. LL lt. Verzeichnis 10	486 000,00	671 000,00
Hypothekenschulden	4 140 000,00	3 900 000,00
Darlehensschulden: Deutsche Bank, Köln	920 000,00	864 000,00
Stadtsparkasse Köln	654 000,00	515 000,00

1. *Gliedern Sie die Vermögensteile nach der Liquidität und die Schulden nach der Fälligkeit.*
2. *Erstellen Sie die Inventare der beiden aufeinanderfolgenden Geschäftsjahre.*
3. *Vergleichen Sie die beiden Inventare und erklären Sie die Veränderungen im Anlage- und Umlaufvermögen, in den Schulden und im Eigenkapital.*

Ermitteln Sie im Rahmen der zeitlich verlegten Inventur durch Wertfortschreibung bzw. Wertrück- **8**
rechnung jeweils den Vorratsbestand an Profileisen U 642 zum Abschlußstichtag (31.12.):

a) Bestand am Tag der Inventur (01.10.): 32 800,00 DM; Wert der Zugänge vom 01.10. bis 31.12.: 58 300,00 DM. Wert der Abgänge in die Fertigung (Verbrauch) vom 01.10. bis 31.12.: 76 300,00 DM.

b) Bestand am Aufnahmetag (20.02.): 43 600,00 DM; Wert der Abgänge vom 01.01. bis 20.02.: 22 800,00 DM; Wert der Zugänge vom 01.01. bis 20.02.: 15 200,00 DM.

Fragen

1. *Nach welchen Gesetzen ist der Unternehmer zur Buchführung und zu regelmäßigen Jahres-* **9**
   abschlüssen verpflichtet?
2. *Die Buchführung muß den „Grundsätzen ordnungsmäßiger Buchführung" (GoB) entspre-*
   chen. Erläutern Sie die Quellen der GoB.
3. *Unterscheiden Sie zwischen Inventur und Inventar.*
4. *Worin unterscheiden sich Anlage- und Umlaufvermögen?*
5. *Was versteht man unter körperlicher Bestandsaufnahme?*
6. *Welche Bestände können nur aufgrund von Belegen oder Aufzeichnungen, also durch eine „Buchinventur", festgestellt werden?*
7. *Wie lange sind a) Inventare und b) Belege aufzubewahren?*
8. *Worin sehen Sie die Nachteile der Stichtagsinventur?*
9. *Welche Vorteile hat die permanente Inventur?*
10. *Unterscheiden Sie zwischen vorverlegter und nachverlegter Inventur.*

2.4 Erfolgsermittlung durch Kapitalvergleich

Auf der Grundlage des Inventars läßt sich auch auf einfache Weise der

Erfolg des Unternehmens,

also der Gewinn oder Verlust des Geschäftsjahres, ermitteln. Dies geschieht durch

Eigenkapitalvergleich,

der dem „Betriebsvermögensvergleich" nach § 4 [1] Einkommensteuergesetz entspricht.

Eigenkapitalvergleich. Man vergleicht zunächst das Eigenkapital am Ende des Geschäftsjahres mit dem Eigenkapital vom Anfang des Geschäftsjahres. Der Vergleich ergibt entweder eine Mehrung oder eine Minderung des Eigenkapitals. Grundsätzlich bedeutet:

- Eigenkapital**mehrung**   = **Gewinn**
- Eigenkapital**minderung** = **Verlust**

Beispiel:	Erfolgsermittlung durch Kapitalvergleich bei Unternehmer A und B:		
		A	**B**
	Eigenkapital am Ende des Geschäftsjahres	980 000,00	610 000,00
–	Eigenkapital am Anfang des Geschäftsjahres	820 000,00	690 000,00
=	Kapital**mehrung** bzw. Kapital**minderung** ...	+ 160 000,00	– 80 000,00
	Gewinn bzw. **Verlust**	160 000,00	80 000,00

Privatentnahmen. Die Kapitalzunahme bei A bzw. die Kapitalabnahme bei B kann aber nur dann als Gewinn bzw. Verlust des Unternehmens angesehen werden, wenn beide Unternehmer während des Geschäftsjahres weder Geld noch Waren oder andere Vermögensgegenstände für private Zwecke dem Geschäftsvermögen entnommen haben.

Privatentnahmen vermindern das Vermögen des Unternehmens (Geschäftsvermögen) und damit das Eigenkapital (Reinvermögen) des Unternehmers, also letztlich auch den Unterschied zwischen End- und Anfangskapital des Geschäftsjahres. Wäre nichts entnommen worden, so wären das Eigenkapital am Ende des Geschäftsjahres und damit der Gewinn höher, der Verlust dagegen kleiner. Daher:

Merke:
- **Privatentnahmen sind der Kapitalmehrung hinzuzurechnen, dagegen von der Kapitalminderung abzuziehen.**
- **Entnahmen beinhalten alle Wirtschaftsgüter (auch Bargeld), die der Unternehmer dem Unternehmen für sich, für seinen Haushalt oder für andere unternehmensfremde Zwecke im Laufe des Geschäftsjahres entnommen hat.**
- **Für jede einzelne Privatentnahme muß jeweils ein „Entnahmebeleg" erstellt werden.**

Beispiel:	Unter Berücksichtigung der Privatentnahmen während des Geschäftsjahres stellt sich die Erfolgsermittlung für die Unternehmer A und B wie folgt dar:		
		A	**B**
	Kapitalmehrung bzw. Kapitalminderung ...	+ 160 000,00	– 80 000,00
+	Privatentnahmen (Geld, Waren u. a.)	+ 48 000,00	+ 36 000,00
=	**Gewinn** bzw. **Verlust**	208 000,00	– 44 000,00

18

Kapitaleinlagen. In unserem Beispiel soll nun weiterhin angenommen werden, daß beide Unternehmer während des Geschäftsjahres Geld- oder Sachwerte (z. B. aus einer Erbschaft) in das Unternehmen eingebracht haben. Diese Neueinlagen erhöhen das Vermögen des Unternehmens und damit auch entsprechend das Eigenkapital (Reinvermögen) des Unternehmers. Es wäre aber nicht richtig, die dadurch eingetretene Erhöhung des Eigenkapitals als Gewinn des Unternehmens zu bezeichnen. Es gilt daher:

Merke: **Einlagen des Unternehmers, also Zuflüsse von neuem Eigenkapital, sind von der Kapitalmehrung abzuziehen, dagegen der Kapitalminderung hinzuzurechnen.**

Unter Berücksichtigung von Privatentnahmen und Neueinlagen ergibt sich nun die endgültige Erfolgsermittlung für die Unternehmer A und B.

Erfolgsermittlung durch Kapitalvergleich:	A	B
Eigenkapital am Ende des Jahres	980 000,00	610 000,00
— **Eigenkapital am Anfang des Jahres**	820 000,00	690 000,00
= **Kapitalmehrung bzw. Kapitalminderung**	160 000,00	— 80 000,00
+ **Privatentnahmen** (Geld, Waren u. a.)	+ 48 000,00	+ 36 000,00
	208 000,00	— 44 000,00
— **Neueinlagen** (z. B. aus Erbschaft)	— 68 000,00	— 26 000,00
Gewinn bzw. **Verlust**	**140 000,00**	**70 000,00**

Merke: **Gewinn ist der Unterschiedsbetrag zwischen dem Eigenkapital am Schluß des Geschäftsjahres und dem Eigenkapital am Schluß des vorangegangenen Geschäftsjahres, vermehrt um den Wert der Privatentnahmen und vermindert um den Wert der Privateinlagen.**

Aufgaben

10 Die Textilfabrik F. Schnell, Hamburg, weist im Inventar zum 31.12.02 ein Eigenkapital in Höhe von 480 000,00 DM aus. Am 31.12.01 betrug das Eigenkapital 450 000,00 DM. Im Geschäftsjahr 02 hatte F. Schnell insgesamt 72 000,00 DM dem Vermögen (Bargeld) seines Unternehmens für private Zwecke entnommen.
Wie hoch ist der Gewinn des Unternehmens zum 31.12.02?

11 Das Inventar der Möbelfabrik Lutz Weise (vgl. Seite 15) weist ein Eigenkapital von 14 000 000,00 DM aus. Am Ende des darauffolgenden Geschäftsjahres ergibt sich aus dem Inventar ein Eigenkapital von 14 850 000,00 DM.
Für Privatzwecke hatte Lutz Weise bar 180 000,00 DM entnommen.

a) Wie hoch ist der Gewinn des Geschäftsjahres?

b) Wie hoch ist der Verlust, wenn das Eigenkapital statt 14 850 000,00 DM lediglich 13 500 000,00 DM beträgt?

12
13 Die Maschinenfabrik Klaus Barth, Leverkusen, hat am Anfang des Geschäftsjahres ein Eigenkapital von 590 000,00 DM (680 000,00 DM). Am Ende des Geschäftsjahres betragen lt. Inventur die Vermögensteile 870 000,00 DM (985 000,00 DM), die Schulden 210 000,00 DM (150 000,00 DM).
Während des Geschäftsjahres sind als Privatentnahmen 48 000,00 DM (36 000,00 DM) und als Einlagen 25 000,00 DM (20 000,00 DM) gebucht worden.
Ermitteln Sie den Erfolg des Unternehmens durch Kapitalvergleich.

2.5   Bilanz

Das Inventar ist eine ausführliche Aufstellung der einzelnen Vermögensteile und Schulden nach Art, Menge und Wert, das ganze Bände umfassen kann. Dadurch verliert es erheblich an Übersichtlichkeit.

§ 242 HGB verlangt daher außer der regelmäßigen Aufstellung des Inventars noch eine kurzgefaßte Übersicht, die es ermöglicht, geradezu mit einem Blick das Verhältnis zwischen Vermögen und Schulden des Unternehmens zu überschauen. Eine solche Übersicht ist die Bilanz.

Die Bilanz ist eine Kurzfassung des Inventars in Kontenform. Sie enthält auf der linken Seite die Vermögensteile, auf der rechten Seite die Schulden (Fremdkapital) und das Eigenkapital als Ausgleich (Saldo). Beide Seiten der Bilanz (ital. bilancia = Waage) weisen daher die gleichen Summen aus. Aktiva heißen die Vermögenswerte, Passiva die Kapitalwerte.

Aus dem Inventar auf Seite 15 ergibt sich folgende Bilanz:

Aktiva	Bilanz zum 31. Dezember 19 ..		Passiva
I. Anlagevermögen		**I. Eigenkapital**	14 000 000,00
1. Gebäude	8 410 000,00	**II. Fremdkapital**	
2. Maschinen	2 703 000,00	1. Hypothek	4 106 000,00
3. Fahrzeuge	427 000,00	2. Darlehen	1 204 000,00
4. Betriebs- und		3. Verbindlichk. a. LL	690 000,00
Geschäftsausstattung .	460 000,00		
II. Umlaufvermögen			
1. Rohstoffe	2 405 000,00		
2. Hilfsstoffe	824 000,00		
3. Betriebsstoffe	154 000,00		
4. Unfertige Erzeugn.	628 000,00		
5. Fertige Erzeugnisse . . .	2 052 000,00		
6. Forderungen a. LL	994 000,00		
7. Kasse	27 000,00		
8. Bank	916 000,00		
	20 000 000,00		**20 000 000,00**

Leverkusen, den 10. Januar 19 ..

Merke:

- **Die Bilanz ist eine kurzgefaßte Gegenüberstellung von Vermögen (Aktiva) und Kapital (Passiva) in Kontenform.**

- **Grundlage für die Aufstellung der Bilanz ist das Inventar.**

- **Die Bilanz muß klar und übersichtlich gegliedert sein (§ 243 [2] HGB). Anlage- und Umlaufvermögen, Eigenkapital und Schulden sind gesondert auszuweisen und hinreichend aufzugliedern (§§ 247, 266 HGB → siehe Anhang).**

  Vermögensposten (Aktiva) ➞ Ordnung nach der Flüssigkeit
  Kapitalposten   (Passiva) ➞ Ordnung nach der Fälligkeit

- **Der Jahresabschluß (Bilanz und Gewinn- und Verlustrechnung) ist vom Unternehmer unter Angabe des Datums persönlich zu unterzeichnen (§ 245 HGB).**

2.6 Aussagewert der Bilanz

Inhalt der Bilanz. Die Bilanz läßt nahezu auf einen Blick erkennen, woher das Kapital stammt und wo es im einzelnen angelegt (investiert) worden ist:

Aktiva	Bilanz		Passiva
Vermögens**formen**		Vermögens**quellen**	
Vermögens- oder Aktivseite zeigt die **Formen** des Vermögens: I. Anlagevermögen ..... 12 000 000,00 II. Umlaufvermögen ..... 8 000 000,00 **Vermögen** **20 000 000,00**		Kapital- oder Passivseite zeigt die **Herkunft** des Vermögens: I. Eigenkapital .... 14 000 000,00 II. Fremdkapital .... 6 000 000,00 **Kapital** **20 000 000,00**	=
Wo ist das Kapital angelegt?		*Woher stammt das Kapital?*	

Man kann auch sagen:

- **Die Passivseite** der Bilanz gibt Auskunft über die Herkunft der finanziellen Mittel. Sie zeigt also die Mittelherkunft oder Finanzierung.
- **Die Aktivseite** weist dagegen die Anlage bzw. Verwendung des Kapitals aus. Sie gibt also Auskunft über die Mittelverwendung oder Investierung.

Aussagewert der Bilanz. Die oben dargestellte Kurzfassung der Bilanz zeigt bereits deutlich die Zusammensetzung (Struktur) des Kapitals und des Vermögens in absoluten Zahlen. Man erkennt, daß das Unternehmen überwiegend mit eigenen Mitteln arbeitet. Der Unternehmer bewahrt damit seine Unabhängigkeit gegenüber seinen Gläubigern. Außerdem ist die Zinsbelastung durch die Inanspruchnahme der fremden Mittel nicht zu hoch. Die solide Ausstattung des Unternehmens mit Kapital (die Finanzierung) kommt auch dadurch zum Ausdruck, daß nicht nur das gesamte Anlagevermögen, sondern auch ein Teil des Umlaufvermögens mit Eigenkapital beschafft (finanziert) worden ist.

Die Bilanzstruktur wird noch aussagefähiger, wenn man sie in Gliederungszahlen (%) darstellt. Dadurch werden folgende Verhältnisse überschaubarer:

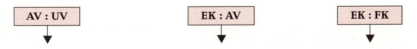

Aktiva				Bilanzstruktur			Passiva
Vermögensstruktur	DM	%		**Kapital**struktur	DM	%	
Anlagevermögen (AV)	12 000 000,00	**60 %**		Eigenkapital (EK)	14 000 000,00	**70 %**	
Umlaufvermögen (UV)	8 000 000,00	**40 %**		Fremdkapital (FK)	6 000 000,00	**30 %**	
Gesamtvermögen	20 000 000,00	**100 %**		Gesamtkapital	20 000 000,00	**100 %**	

Merke:
- Die Bilanz ist eine kurzgefaßte Gegenüberstellung von:
  ▷ Vermögens**formen** und Vermögens**quellen,**
  ▷ Mittel**verwendung** und Mittel**herkunft,**
  ▷ **Investierung** und **Finanzierung.**
- Die Bilanzstruktur zeigt deutlich den Vermögens- und Kapitalaufbau.

Diese rechnerische Gleichheit beider Bilanzseiten, also von Vermögen und Kapital, kann auch in einer Gleichung ausgedrückt werden:

Bilanzgleichung
Vermögen = Kapital
Vermögen = Eigenkapital + Fremdkapital
Eigenkapital = Vermögen − Fremdkapital
Fremdkapital = Vermögen − Eigenkapital

2.7 Vergleich zwischen Inventar und Bilanz

Die Inventur ist die Voraussetzung für die Aufstellung des Inventars. Das Inventar bildet die Grundlage für die Erstellung der Bilanz:

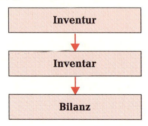

Anlässe zur Aufstellung. Inventar und Bilanz sind aufzustellen:
- bei **Gründung** oder **Übernahme** eines Unternehmens,
- regelmäßig zum **Schluß des Geschäftsjahres,**
- bei **Veräußerung** oder **Auflösung** des Unternehmens.

Inventar und Bilanz zeigen beide den Stand des Vermögens und des Kapitals eines Unternehmens. Sie unterscheiden sich nur in der Art der Darstellung:

Inventar	Bilanz
• **Ausführliche** Darstellung der einzelnen Vermögens- und Schuldenwerte.	• **Kurzgefaßte** überschaubare Darstellung des Vermögens und des Kapitals.
• Angabe der Mengen, Einzelwerte **und** Gesamtwerte.	• **Nur** Angabe der **Gesamtwerte** der einzelnen Bilanzposten.
• Darstellung des Vermögens und des Kapitals **untereinander:**	• Darstellung des Vermögens und des Kapitals **nebeneinander:**
▶ Staffelform	▶ Kontenform

Merke:
1. Inventar und Bilanz sind 10 Jahre lang im Inventar- und Bilanzbuch aufzubewahren (§ 257 [4] HGB).
2. Den Jahresabschluß (Bilanz und Gewinn- und Verlustrechnung) unterzeichnen (§ 245 HGB):
   - bei der Einzelunternehmung: ▷ Inhaber persönlich,
   - bei der OHG: ▷ alle Gesellschafter,
   - bei der KG: ▷ alle persönlich haftenden Gesellschafter,
   - bei der AG: ▷ alle Mitglieder des Vorstandes,
   - bei der GmbH: ▷ alle Geschäftsführer.

Aufgaben – Fragen

Beachten Sie die Gliederung der Bilanz auf Seite 20.

14
15

Stellen Sie nach folgenden Angaben die Bilanz für die Elektromotorenfabrik Rolf Röhrig, Frankfurt (Main), zum 31.12.19.. auf.

	14	15
Maschinen	1 300 000,00	1 150 000,00
Betriebs- und Geschäftsausstattung	380 000,00	350 000,00
Rohstoffe	450 000,00	550 000,00
Fertige Erzeugnisse	100 000,00	250 000,00
Forderungen a. LL	220 000,00	350 000,00
Kasse	50 000,00	30 000,00
Bankguthaben	300 000,00	320 000,00
Darlehensschulden	500 000,00	800 000,00
Verbindlichkeiten a. LL	200 000,00	400 000,00

1. Mit welchem Gesamtkapital, Eigenkapital und Fremdkapital arbeitet die Unternehmung?
2. Wie beurteilen Sie das Verhältnis der eigenen zu den fremden Mitteln?
3. Reichten die eigenen Mittel zur Beschaffung (Finanzierung) des Anlagevermögens aus?

Stellen Sie nach folgenden Angaben die Bilanz für die Metallwarenfabrik Gerd Badicke, Leverkusen, zum 31.12.19.. auf. Ordnen Sie die Vermögens- und Kapitalposten.

16
17

	16	17
Rohstoffe	850 000,00	1 200 000,00
Verbindlichkeiten a. LL	500 000,00	900 000,00
Kasse	50 000,00	40 000,00
Forderungen a. LL	400 000,00	700 000,00
Fabrikgebäude	3 200 000,00	3 000 000,00
Darlehensschulden	700 000,00	1 500 000,00
Maschinen	1 100 000,00	900 000,00
Hypothekenschulden	1 600 000,00	2 100 000,00
Fahrzeuge	220 000,00	250 000,00
Betriebs- und Geschäftsausstattung	280 000,00	350 000,00
Hilfsstoffe	450 000,00	650 000,00
Betriebsstoffe	100 000,00	200 000,00
Bankguthaben	800 000,00	960 000,00
Fertige Erzeugnisse	450 000,00	750 000,00

Beantworten Sie die gleichen Fragen wie zu den Aufgaben 14/15.

Stellen Sie die Bilanzen auf Grund der Inventare (Aufgaben 4 und 5) der Firma U. Brandt, Köln, zum 31. Dezember 19.. auf.

18

Die Bilanzen der Firma W. Peters, Düsseldorf, sind auf Grund der Inventare (Aufgaben 6 und 7) zum 31. Dezember 19.. aufzustellen.

19

Stellen Sie für die Bilanzen der Aufgaben 14 bis 19 jeweils die Bilanzstruktur dar, indem Sie den Prozentanteil des Eigen- und Fremdkapitals sowie des Anlage- und Umlaufvermögens an der Bilanzsumme (= 100 %) ermitteln (vgl. auch Muster auf Seite 21 unten).

20

1. Beurteilen Sie vor allem das Verhältnis der eigenen zu den fremden Mitteln.
2. Wieviel Eigenkapital verbleibt nach Deckung des Anlagevermögens noch für das Umlaufvermögen?

3 Buchen auf Bestandskonten

3.1 Wertveränderungen in der Bilanz

Bilanz bedeutet Waage. Stellen wir uns die Bilanz als eine **Waage** mit vielen kleinen Waagschalen vor:

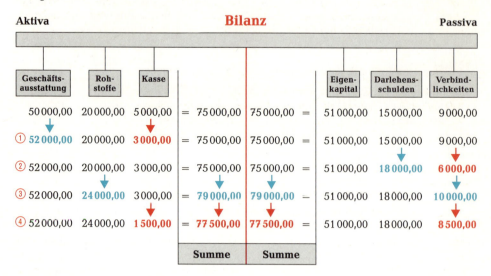

Jeder Geschäftsfall verändert die Bilanz, und zwar in doppelter Weise. Dabei sind <u>vier Möglichkeiten der Bilanzveränderung</u> zu unterscheiden:

① **Aktivtausch,** d. h., der Geschäftsfall betrifft <u>nur die Aktivseite</u> der Bilanz. Die Bilanzsumme ändert sich somit nicht:

| Wir kaufen einen Personalcomputer gegen bar für 2 000,00 DM | Ausstattung + | Kasse — |

② **Passivtausch,** d. h., der Geschäftsfall wirkt sich <u>nur auf der Passivseite</u> aus. Daher ändert sich die Bilanzsumme nicht:

| Eine kurzfristige Liefererschuld wird in eine Darlehensschuld umgewandelt: 3 000,00 DM (Umschuldung) | Verbindlichk.— | Darlehen + |

③ **Aktiv-Passivmehrung,** d. h., der Geschäftsfall betrifft <u>beide Seiten</u> der Bilanz. Der Vermehrung eines Aktivpostens steht auch die Vermehrung eines Passivpostens gegenüber. Die Bilanzsummen nehmen auf beiden Seiten um den gleichen Betrag zu. Die Bilanzgleichung bleibt somit gewahrt.

| Wir kaufen Rohstoffe auf Ziel (Kredit) für 4 000,00 DM | Rohstoffe + | Verbindlichk.+ |

④ **Aktiv-Passivminderung;** auch hier betrifft der Geschäftsfall <u>beide Seiten</u> der Bilanz. Der Verminderung eines Aktivpostens entspricht die Verminderung eines Passivpostens. Die Bilanzgleichung bleibt durch Abnahme der Bilanzsumme auf beiden Seiten gewahrt.

| Wir bezahlen eine Liefererrechnung über 1 500,00 DM bar | Kasse — | Verbindlichk.— |

Merke: 1. Jeder Geschäftsfall verändert mindestens zwei Posten der Bilanz. Möglich sind:
- **Aktivtausch:** ▷ Tauschvorgang auf der Aktivseite
- **Passivtausch:** ▷ Tauschvorgang auf der Passivseite
- **Aktiv-Passivmehrung:** ▷ Vermehrung auf beiden Bilanzseiten
- **Aktiv-Passivminderung:** ▷ Verminderung auf beiden Bilanzseiten

2. Bei allen vier Möglichkeiten der Wertveränderungen bleibt das Gleichgewicht der Bilanzseiten (Bilanzgleichung) erhalten. Es verändert sich lediglich der zahlenmäßige Inhalt der Bilanz.

Bei jedem Geschäftsfall sind folgende Fragen zu beantworten:

1. Welche Posten der Bilanz werden berührt?
2. Handelt es sich um Aktiv- oder/und Passivposten der Bilanz?
3. Wie wirkt sich der Geschäftsfall auf die Bilanzposten aus?
4. Um welche der vier Arten der Bilanzveränderung handelt es sich?

Aufgaben

Aktiva: Fabrikgebäude 480 000,00 DM, Maschinen 130 000,00 DM, Rohstoffe 50 000,00 DM, Forderungen a. LL 25 000,00 DM, Kasse 5 000,00 DM, Bank 30 000,00 DM.   **21**

Passiva: Eigenkapital 671 000,00 DM, Darlehensschulden 20 000,00 DM, Verbindlichkeiten a. LL 29 000,00 DM.

Stellen Sie sich für die folgenden Geschäftsfälle zuerst die o. g. vier Fragen. Buchen Sie danach in der Bilanzwaage:

1. Kauf einer Maschine gegen Bankscheck 18 000,00
2. Wir kaufen Rohstoffe auf Ziel (= Kredit des Lieferers) lt. Eingangsrechnung . 9 000,00
3. Wir begleichen die gebuchte Liefererrechnung durch Banküberweisung 9 000,00
4. Unser Kunde begleicht eine Rechnung (unsere Forderung) bar 650,00
5. Eine kurzfristige Liefererschuld wird in eine langfristige Darlehensschuld umgewandelt 6 000,00
6. Unser Kunde begleicht unsere Rechnung durch Banküberweisung 3 500,00
7. Unsere Bareinzahlung auf unser Bankkonto 2 000,00
8. Teilrückzahlung unserer Darlehensschuld durch Banküberweisung 2 000,00

Aktiva: Maschinen 490 000,00 DM, Fahrzeuge 40 000,00 DM, Rohstoffe 42 000,00 DM, Forderungen a. LL 15 000,00 DM, Kasse 6 000,00 DM, Bank 28 000,00 DM.   **22**

Passiva: Eigenkapital ?, Darlehen 30 000,00 DM, Verbindlichkeiten a. LL 20 000,00 DM.

Beantworten Sie zunächst zu jedem Geschäftsfall die o. g. vier Fragen. Buchen Sie die Änderungen der Bilanzwerte und erstellen Sie anschließend eine ordnungsmäßige Schlußbilanz.

1. Wir erhalten Eingangsrechnung für Zieleinkauf von Rohstoffen 1 700,00
2. Unsere Banküberweisung für Liefererrechnung (Fall 1) 1 700,00
3. Wir verkaufen eine gebrauchte Maschine bar für 2 500,00
4. Wir kaufen Rohstoffe gegen Barzahlung für 4 500,00
5. Wir begleichen eine Liefererrechnung durch Banküberweisung 5 500,00
6. Unser Kunde begleicht unsere Rechnung durch Banküberweisung 3 400,00
7. Wir tilgen eine Darlehensschuld durch Banküberweisung 8 000,00

3.2 Auflösung der Bilanz in Bestandskonten

Jeder Geschäftsfall verändert mindestens zwei Posten der Bilanz. In der Praxis ist es aber nicht möglich, die Veränderungen der Aktiv- und Passivposten ständig in einer Bilanz vorzunehmen. Man benötigt eine genaue und übersichtliche

Einzelabrechnung jedes Bilanzpostens (= Konto).

Deshalb löst man die Bilanz in Konten auf. Jeder Bilanzposten erhält sein entsprechendes Konto.

Nach den Seiten der Bilanz unterscheidet man

Aktiv- und Passivkonten.

Bestandskonten. Aktiv- und Passivkonten weisen im einzelnen die Bestände an Vermögen und Kapital des Unternehmens aus und erfassen die Veränderungen dieser Bestände aufgrund der Geschäftsfälle. Sie stellen daher Bestandskonten dar. Man spricht von aktiven und passiven Bestandskonten. Die linke Seite des Kontos wird mit „Soll" (S), die rechte Seite mit „Haben" (H) bezeichnet.

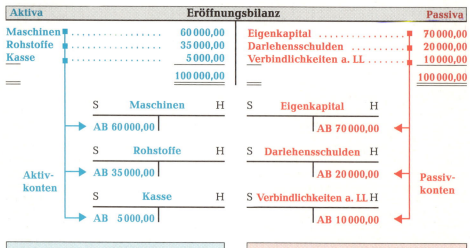

Merke:
- Die Mehrungen stehen auf der Seite der Anfangsbestände (AB), weil sie diese Bestände vergrößern.
- Die Minderungen stehen auf der entgegengesetzten Seite.
- Saldiert man nun die Minderungen mit den Beträgen der anderen Seite, so erhält man den Schlußbestand (SB), so daß jedes Konto wie eine kleine Waage am Ende auf beiden Seiten (Soll und Haben) mit gleicher Summe abschließt.
- Aktiv- und Passivkonten sind Bestandskonten.

Kontoabschluß. Nach Eintragung des Anfangsbestandes und Buchung der Geschäftsfälle wird das Konto folgendermaßen abgeschlossen:

① <u>Addition</u> der wertmäßig stärkeren Seite (hier: Soll 2 520,00 DM).

② <u>Übertragung</u> dieser Summe auf die wertmäßig <u>schwächere</u> Seite (hier: Haben).

③ <u>Ermittlung des Saldos</u> als Unterschiedsbetrag zwischen Soll und Haben, also des Schlußbestandes durch Nebenrechnung (hier: 1213,00 DM), und <u>Eintragung des Saldos</u> auf der <u>schwächeren</u> Seite, damit das Konto im <u>Soll und Haben summenmäßig gleich ist</u>.

Soll (Einnahmen)			Kassenkonto		Haben (Ausgaben)	
Datum	Text	DM	Datum	Text	DM
Jan. 01.	Anfangsbestand	1 550,00	Jan. 05.	Zahlung an	850,00
Jan. 05.	Bankabhebung	300,00		H. Steinbring	
Jan. 16.	Zahlung von	260,00	Jan. 21.	Telefonrechnung	120,00
	H. Krüger		Jan. 26.	Bürobedarf	165,00
Jan. 20.	Zahlung von	220,00	Jan. 28.	Zeitungsinserat	172,00
	Harlinghausen		Jan. 31.	Schlußbestand ③	1 213,00
Jan. 29.	Barverkauf	190,00		(Saldo)	
	①	2 520,00		②	2 520,00
Febr. 01.	Saldovortrag	1 213,00			

Aufgaben – Fragen

Führen Sie ein Kassenkonto vom 25. bis 31. Januar.   **23**

25.01.	Anfangsbestand	2 855,00
25.01.	Barzahlung eines Kunden	220,00
26.01.	Barzahlung an einen Lieferer	380,00
26.01.	Zahlung für eine Zeitungsanzeige	120,00
27.01.	Bezahlung der Rechnung für Büromaterial	180,00
27.01.	Privatentnahme des Inhabers	400,00
28.01.	Abhebung von der Bank	2 800,00
28.01.	Gehaltszahlung	1 620,00
29.01.	Zahlung für Postwertzeichen	144,00
29.01.	Zahlung für Fracht und Rollgeld	65,00
30.01.	Zahlung an Fensterputzer	280,00
31.01.	Mieteinnahme	1 500,00
31.01.	Zahlung für Löhne	2 900,00

Das Kassenkonto ist abzuschließen. Wie hoch ist der Schlußbestand (Saldo)?

Führen Sie das Konto „Verbindlichkeiten a. LL" vom 1. bis 6. Februar.   **24**

01.02.	Anfangsbestand (Saldovortrag)	16 200,00
02.02.	Zielkauf von Rohstoffen	11 100,00
03.02.	Wir begleichen eine Rechnung unseres Lieferers über	2 250,00
04.02.	Zielkauf von Rohstoffen	3 450,00
05.02.	Wir begleichen eine Rechnung durch Banküberweisung von	980,00
06.02.	Wir geben Lieferer einen Bankscheck über	2 300,00

Das Konto ist abzuschließen. Wie hoch ist der Schlußbestand (Saldo) am 6. Februar?

25

1. *Nennen Sie jeweils einen Geschäftsfall für eine der vier möglichen Wertveränderungen und erläutern Sie die Auswirkung auf die Bilanzsumme.*
2. *Auf welcher Seite des Kontos „Forderungen a. LL" werden Zugänge (Mehrungen) und auf welcher Abgänge (Minderungen) gebucht?*
3. *Auf welcher Seite bucht man bei Hypothekenschulden jeweils die Zugänge und Abgänge?*

3.3 Buchung von Geschäftsfällen und Abschluß der Bestandskonten

Eröffnung der Konten. Die zum Schluß des vorhergehenden Geschäftsjahres aufgestellte Bilanz ist gleichzeitig die Eröffnungsbilanz zu Beginn des neuen Geschäftsjahres. Zu jeder Bilanzposition werden die entsprechenden Aktiv- und Passivkonten eingerichtet und die Anfangsbestände (AB) vorgetragen.

Laufende Buchungen. Folgende Geschäftsfälle sind nun in den Aktiv- bzw. Passivkonten zu buchen, nachdem die Anfangsbestände (AB) vorgetragen wurden. Jeder Buchung muß der entsprechende <u>Beleg</u> zugrunde liegen: Eingangsrechnungen, Ausgangsrechnungen, Bankauszüge. Das Belegprinzip ist ein wichtiger Grundsatz ordnungsmäßiger Buchführung (GoB).

Vor jeder Buchung sind folgende <u>Überlegungen</u> anzustellen:
1. **Welche Konten werden durch den Geschäftsfall berührt?**
2. **Sind es Aktiv- oder Passivkonten?**
3. **Liegt ein Zugang (+) oder Abgang (−) auf dem jeweiligen Konto vor?**
4. **Sind etwa auf beiden Konten Zugänge oder Abgänge zu buchen?**
5. **Auf welcher Kontenseite ist demnach jeweils zu buchen?**

                                                    Buchung

① Kauf einer EDV-Anlage gegen Banküberweisung: 20 000,00 DM

Die Geschäftsausstattung erhöht sich:	Aktivkonto:	Soll
Das Bankguthaben vermindert sich:	Aktivkonto:	Haben

② Zieleinkauf von Rohstoffen für 15 000,00 DM

Der Rohstoffbestand nimmt zu:	Aktivkonto:	Soll
Die Verbindlichkeiten a. LL nehmen auch zu:	Passivkonto:	Haben

③ Ein Kunde begleicht eine Rechnung durch Banküberweisung über 14 000,00 DM

Das Bankguthaben nimmt zu:	Aktivkonto:	Soll
Der Bestand an Forderungen a. LL nimmt ab:	Aktivkonto:	Haben

④ Wir begleichen eine Rechnung unseres Lieferers durch Banküberweisung über 3 000,00 DM

Die Verbindlichkeiten a. LL nehmen ab:	Passivkonto:	Soll
Das Bankguthaben nimmt ab:	Aktivkonto:	Haben

⑤ Eine Liefererverbindlichkeit über 18 000,00 DM wird vereinbarungsgemäß in eine Darlehensschuld umgewandelt

Die Verbindlichkeiten a. LL nehmen ab:	Passivkonto:	Soll
Die Darlehensschulden erhöhen sich:	Passivkonto:	Haben

Erklären Sie anhand der oben genannten fünf Geschäftsfälle, welche Art der Wertveränderung in der Bilanz vorliegt.

Merke:	• **Jeder Geschäftsfall wird <u>doppelt</u> gebucht, <u>zuerst im Soll</u> und <u>danach im Haben</u>.**
	• **Bei der Buchung in den Konten wird jeweils das Gegenkonto angegeben.**

Abschluß der Bestandskonten. Sind alle Geschäftsfälle gebucht, wird für jedes Aktiv- und Passivkonto der <u>Schlußbestand (SB)</u> errechnet und jeweils <u>zum Ausgleich des Kontos</u> auf der schwächeren Seite eingesetzt. Danach wird die Schlußbilanz des Geschäftsjahres aufgestellt, indem die Schlußbestände der Aktivkonten auf die Aktivseite der Schlußbilanz übertragen werden, die der Passivkonten auf die Passivseite. Vorher muß allerdings noch eine <u>Abstimmung der kontenmäßigen Schlußbestände</u> (Buchbestände) mit den <u>Inventurwerten</u> (Istbestände) vorgenommen werden.

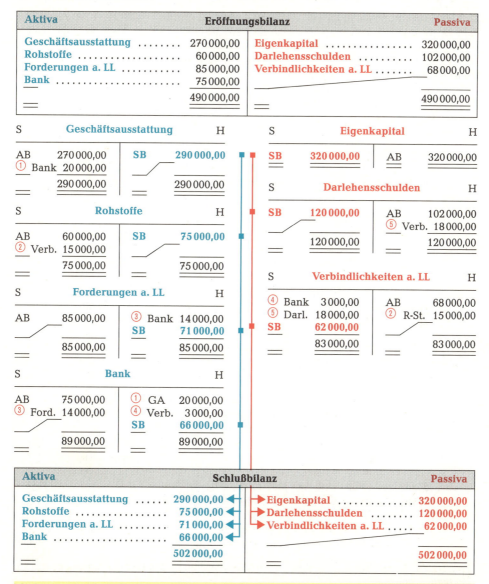

Merke:
- Die Schlußbilanz muß wertmäßig mit dem Inventar zum Schluß des Geschäftsjahres übereinstimmen.
- Die Schlußbilanz eines Geschäftsjahres (31.12.) ist <u>zugleich</u> die Eröffnungsbilanz des folgenden Geschäftsjahres (01.01.): Grundsatz der <u>Bilanzidentität</u>.

Aufgaben: Von der Eröffnungsbilanz über die Bestandskonten zur Schlußbilanz

> **Reihenfolge der Buchungsarbeiten:**
> 1. Eröffnungsbilanz aufstellen
> 2. Anfangsbestände auf Aktiv- und Passivkonten vortragen
> 3. Geschäftsfälle buchen
> 4. Schlußbestände auf den Aktiv- und Passivkonten ermitteln und mit den Inventurwerten abstimmen
> 5. Konten abschließen
> 6. Schlußbilanz aufstellen

26
27
Anfangsbestände:

Fabrikgebäude	310 000,00
Technische Anlagen (TA) und Maschinen	170 000,00
Rohstoffe	30 000,00
Forderungen a.LL	35 000,00
Kasse	5 000,00
Bank	55 000,00
Darlehensschulden	20 000,00
Verbindlichkeiten a.LL	46 000,00
Eigenkapital	?

Geschäftsfälle:	26	27
1. Unsere Banküberweisung an den Lieferer (Rechnungsausgleich)	11 300,00	12 400,00
2. Wir kaufen Rohstoffe auf Ziel (= Eingangsrechnung)	7 200,00	8 600,00
3. Teilrückzahlung der Darlehensschuld durch Banküberweisung	5 000,00	6 000,00
4. Ein Kunde überweist Rechnungsbetrag auf unser Bankkonto	5 200,00	6 100,00
5. Unsere Bareinzahlung auf Bankkonto	2 200,00	2 400,00

Abschlußangabe: Die Schlußbestände auf den Konten stimmen mit der Inventur überein.

28
29
Anfangsbestände:

Technische Anlagen (TA) und Maschinen	235 000,00
Betriebs- und Geschäftsausstattung (BGA)	75 000,00
Rohstoffe	22 000,00
Forderungen a.LL	19 000,00
Kasse	4 500,00
Bank	36 000,00
Darlehensschulden	24 000,00
Verbindlichkeiten a.LL	20 000,00
Eigenkapital	?

Geschäftsfälle:	28	29
1. Eingangsrechnung für Rohstoffe	2 300,00	2 500,00
2. Kauf einer EDV-Anlage gegen Bankscheck	8 500,00	9 100,00
3. Tilgung einer Darlehensschuld mit Bankscheck	5 000,00	6 000,00
4. Banküberweisung unseres Kunden zum Rechnungsausgleich	3 400,00	4 100,00
5. Kauf einer Fertigungsmaschine auf Ziel (Kredit)	12 000,00	14 000,00
6. Ausgleich einer Liefererrechnung durch Banküberweisung	4 300,00	4 800,00
7. Wir verkaufen eine nicht mehr benötigte Maschine gegen Bankscheck	2 400,00	2 700,00

Abschlußangabe: Die Schlußbestände auf den Konten entsprechen den Inventurwerten.

Anfangsbestände: **30**
                                                                                                   31
Technische Anlagen (TA) und Maschinen 262 000,00
Betriebs- und Geschäftsausstattung (BGA) 81 000,00
Rohstoffe 22 000,00
Forderungen a. LL 26 000,00
Kasse 4 500,00
Postbankguthaben 400,00
Bankguthaben 39 000,00
Darlehensschulden 27 000,00
Verbindlichkeiten a. LL 40 000,00
Eigenkapital . . . . ?

Geschäftsfälle:	**30**	**31**
1. Ausgleich einer Liefererrechnung durch Banküberweisung	3 200,00	3 700,00
2. Eingangsrechnung für Rohstoffe	9 500,00	11 100,00
3. Kunde überweist auf unser Postbankkonto	1 750,00	1 960,00
4. Überweisung vom Postbankkonto auf Bankkonto	1 900,00	2 100,00
5. Rechnungsausgleich des Kunden auf unser Bankkonto	2 150,00	2 350,00
6. Tilgung einer Darlehensschuld mit Bankscheck	4 000,00	5 000,00
7. Verkauf einer nicht mehr benötigten Schreibmaschine bar	650,00	780,00
8. Unsere Bareinzahlung auf Bankkonto	2 400,00	2 600,00

Abschlußangaben:

Die Buchbestände der Aktiv- und Passivkonten stimmen mit den Inventurwerten überein.

Anfangsbestände: **32**
                                                                                                   33
Fabrikgebäude 570 000,00
Technische Anlagen (TA) und Maschinen 180 000,00
Betriebs- und Geschäftsausstattung (BGA) 45 000,00
Rohstoffe 28 000,00
Hilfsstoffe 11 200,00
Forderungen a. LL 33 500,00
Kasse 2 900,00
Bankguthaben 52 000,00
Hypothekenschulden 120 000,00
Verbindlichkeiten a. LL 46 000,00
Eigenkapital . . . . ?

Geschäftsfälle:	**32**	**33**
1. Eingangsrechnung für Rohstoffe	2 500,00	4 600,00
2. Unsere Banküberweisung an den Lieferer	11 400,00	11 600,00
3. Zieleinkauf einer Maschine für den Fertigungsbetrieb	14 200,00	16 700,00
4. Barkauf von Hilfsstoffen	1 150,00	1 210,00
5. Aufnahme einer Hypothek bei der Bank	50 000,00	62 000,00
6. Kauf von Rohstoffen gegen Bankscheck	1 260,00	1 470,00
7. Banküberweisung unseres Kunden	3 145,00	3 670,00
8. Barverkauf eines nicht mehr benötigten Computers	650,00	720,00
9. Unsere Bareinzahlung auf Bankkonto	1 500,00	1 600,00

Abschlußangaben:

Die Salden der Bestandskonten entsprechen den Inventurwerten.

3.4 Buchungssatz

3.4.1 Einfacher Buchungssatz

Belege. Richtigkeit und Vollständigkeit der Buchungen lassen sich nur durch entsprechende Belege nachweisen. Deshalb muß jeder Buchung ein Beleg zugrunde liegen: Eingangsrechnungen (ER), Ausgangsrechnungen (AR), Kontoauszüge der Bank (BA), Postbankauszug (PA), Kassenbeleg (K) u. a. Belege stellen das Bindeglied zwischen Geschäftsfall und Buchung dar.

Keine Buchung ohne Beleg!

Vorkontierung der Belege. Jeder Beleg löst mindestens eine Soll- und eine Habenbuchung aus. In der Praxis wird die Buchung zunächst mit Hilfe eines Buchungsstempels auf dem Beleg vermerkt. Diese Vorkontierung des Belegs ist als Buchungsanweisung zu verstehen. Sie nennt die Konten, auf denen der Buchhalter jeweils im Soll und im Haben buchen muß. Datum, Journalseite und Namenszeichen des Buchhalters sollen die Durchführung der Buchung in den Buchführungsbüchern bestätigen.

Beispiel: Die Maschinenfabrik Fritz Walter erhält folgende Rechnung:

Eintragung ins Grundbuch. Bevor der Buchhalter die Buchung des Belegs auf den Konten vornimmt, muß er den Geschäftsfall zunächst in zeitlicher Reihenfolge im

Grundbuch (Tagebuch, Journal)

erfassen. Für die Eintragung des Geschäftsfalls in das Grundbuch hat sich eine bestimmte Darstellungsform des Geschäftsfalls entwickelt, der

Buchungssatz.

Der Buchungssatz gibt die Konten an, auf denen zu buchen ist. Er nennt zuerst das Konto, in dem im Soll und dann das Konto, in dem im Haben gebucht wird. Beide Konten werden durch das Wort „an" verbunden. Die Sollbuchung nennt man auch Lastschrift, die Habenbuchung Gutschrift. Außer dem Buchungssatz sind noch Buchungsdatum, Art und Nummer des Belegs im Grundbuch zu vermerken.

---

1 Aus methodischen Gründen bleibt die Umsatzsteuer unberücksichtigt.

Grundbuch				
Datum	Beleg	Buchungssatz	Soll	Haben
13.06.19..	ER 65	**Rohstoffe** .... an **Verbindlichkeiten a.LL**	**2 000,00**	**2 000,00**
			1 Lastschrift = 1 Gutschrift	

In den Konten, die das Hauptbuch **darstellen,** wird nun eingetragen:

S	Rohstoffe		H	S	Verbindlichkeiten a.LL		H
AB	10 000,00					AB	12 000,00
Verbindl.	**2 000,00**					**Rohstoffe**	**2 000,00**

Bei der Eintragung des Buchungssatzes auf den Konten wird jeweils das Gegenkonto angerufen, um die Buchungen jederzeit nachprüfen zu können:

> Im Konto **Verbindlichk. a.LL** wird das Konto **Rohstoffe** angerufen.
> Im Konto **Rohstoffe** wird das Konto **Verbindlichk. a.LL** angerufen.

Merke:
- Der Buchungssatz nennt die Konten, auf denen der Geschäftsfall zu buchen ist.
- Zuerst wird das Konto mit der Sollbuchung (Lastschrift) genannt, dann – nach dem Wörtchen „an" – das Konto mit der Habenbuchung (Gutschrift).
- Zur Bildung des Buchungssatzes stellt man sich die vier bekannten Fragen (siehe S. 25).
- Die Buchungssätze werden zunächst im Grundbuch erfaßt und danach entsprechend auf die Konten des Hauptbuches übertragen.
- Das Grundbuch enthält die zeitliche oder chronologische, das Hauptbuch die sachliche Ordnung aller Buchungen.

Aufgaben

Bei der Firma Fritz Krüger, Köln, liegen folgende Geschäftsfälle vor. *Nennen Sie jeweils den Beleg und den Buchungssatz. Tragen Sie die Buchungssätze in das Grundbuch ein.* **34**

1. Barverkauf eines gebrauchten Personalcomputers 450,00
2. Barabhebung vom Bankkonto 5 800,00
3. Zielkauf von Rohstoffen lt. ER 469 .... 14 600,00
4. Umwandlung einer Liefererschuld in eine Darlehensschuld 13 500,00
5. Kunde überweist Rechnungsbetrag (AR 450) auf unser Postbankkonto 400,00
6. Barkauf von Hilfsstoffen lt. ER 470 800,00
7. Eingangsrechnung (ER 471) für Betriebsstoffe 3 600,00
8. Kauf einer Maschine für den Fabrikbetrieb auf Ziel lt. ER 472 .... 34 700,00
9. Unsere Postüberweisung auf Bankkonto 1 900,00
10. Wir begleichen eine Rechnung (ER 451) durch Banküberweisung 1 800,00
11. Bareinzahlung auf Bankkonto 2 800,00
12. Kunde begleicht eine Rechnung (AR 450) durch Banküberweisung 2 400,00
13. Kauf einer Schreibmaschine gegen Bankscheck 2 850,00
14. Barzahlung an Lieferer zum Ausgleich von ER 468 600,00
15. Aufnahme einer Hypothek bei der Sparkasse 14 000,00
16. Kauf eines Baugrundstücks gegen Bankscheck 66 000,00
17. Barverkauf eines gebrauchten Geschäfts-PKWs 4 100,00
18. Tilgung einer Darlehensschuld durch Banküberweisung 12 000,00
19. Kunde sendet uns einen Bankscheck zum Ausgleich von AR 451 .... 12 600,00

35 Welche Geschäftsfälle liegen folgenden Buchungssätzen zugrunde?

1. Fahrzeuge an Bank 30 000,00
2. Verbindlichkeiten a. LL an Bank 5 000,00
3. Bank an Kasse 8 500,00
4. Rohstoffe an Verbindlichkeiten a. LL 11 400,00
5. Kasse an Bank 2 500,00
6. Postbank an Forderungen a. LL 3 800,00
7. Kasse an Betriebs- und Geschäftsausstattung 1 200,00
8. Bank an Darlehensschulden 40 000,00
9. Betriebs- und Geschäftsausstattung an Bank 2 300,00
10. Bank an Postbank 5 400,00
11. Bank an Forderungen a. LL 6 700,00
12. Darlehensschulden an Bank 3 800,00

36 Nennen Sie jeweils den Geschäftsfall zu den Buchungen im folgenden Bankkonto:

Soll		**Bank**		Haben
AB	24 000,00	2. Kasse	6 000,00
1. Forderungen a. LL	4 500,00	3. Verbindlichkeiten a. LL	5 300,00
4. Darlehensschulden	50 000,00	5. Hypotheken	6 700,00
6. BGA	1 500,00	SB	62 000,00
	80 000,00		80 000,00

37 Kontieren Sie für die Küchentechnik-Werke Karl Wirtz den folgenden Beleg.

Kontieren Sie die folgenden Belege für die Küchentechnik-Werke Karl Wirtz. **38**

Udo Steffens ELEKTROZUBEHÖRHANDEL

Udo Steffens, Postfach 12 60, 46483 Wesel

Küchentechnik-Werke
Karl Wirtz
Röntgenstr. 44

51373 Leverkusen

Eingang 15.12.19..

ER 498

Ihre Bestellung vom	Unser Auftrag Nr.	Zeit der Leistung	46483 Wesel
02.12...	K 4 089 IV	12.12...	13.12...

Rechnung Nr. 2 312 K

Artikel-Nr.	Gegenstand	Menge Stück	Stückpreis DM	Gesamtpreis DM
TS 12	Thermostat	30	8,00	240,00
W 24	Elektromotor	150	82,00	12 300,00
				12 540,00 [1]
				=========

Fernsprecher (02 81) 48 69   Fax (02 81) 48 75   Deutsche Bank, Wesel Konto-Nr. 486 222 (BLZ 145 678 55)   Postbank Köln Konto-Nr. 124 45-501 (BLZ 370 100 50)

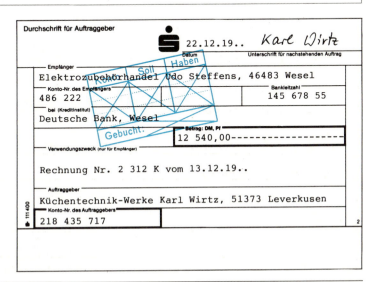

---

[1] Aus methodischen Gründen bleibt die Umsatzsteuer unberücksichtigt.

35

3.4.2 Zusammengesetzter Buchungssatz

Bisher wurden durch die Geschäftsfälle nur zwei Konten angerufen. Die Lastschrift wurde im Soll, die Gutschrift im Haben des jeweiligen Kontos vorgenommen. Es handelt sich um <u>einfache</u> Buchungssätze.

Zusammengesetzte Buchungssätze entstehen, wenn durch einen Geschäftsfall <u>mehr als zwei Konten</u> berührt werden.

Beispiel 1: Wir begleichen die Rechnung unseres Lieferers (ER 66) über 3 000,00 DM durch Banküberweisung 2 600,00 DM (BA 44) und Postüberweisung 400,00 DM (PA 28).

Buchung: **Soll:** Verbindlichkeiten a. LL   **Haben:** Bank, Postbank

Grundbuch				
Datum	Beleg	Buchungssatz	Soll	Haben
20.06.19..	ER 66	**Verbindlichkeiten a. LL**	**3 000,00**	
	BA 44	an **Bank**		**2 600,00**
	PA 28	an **Postbank**		**400,00**
			1 Lastschrift $=$	**2 Gut-schriften**

Buchung auf den Konten des Hauptbuches:

S	Verbindlichkeiten a. LL		H	S	Bank		H
Bank/Postbank	**3 000,00**	AB	12 000,00	AB	14 000,00	Verbindlk.	**2 600,00**
				S	Postbank		H
				AB	800,00	Verbindlk.	**400,00**

Beispiel 2: Ein Kunde begleicht eine Rechnung (AR 1401) über 1000,00 DM, und zwar mit Bankscheck (BA 45) über 700,00 DM und bar 300,00 DM (K 86).

Buchung: **Soll:** Bank, Kasse   **Haben:** Forderungen a. LL

Grundbuch				
Datum	Beleg	Buchungssatz	Soll	Haben
24.06.19..	BA 45	**Bank**	**700,00**	
	K 86	**Kasse**	**300,00**	
	AR 1401	an **Forderungen a. LL**		**1000,00**
			2 Last-schriften $=$	**1 Gutschrift**

Übertragen Sie die Buchung auf die Konten des Hauptbuches.

Merke: **Bei einfachen und zusammengesetzten Buchungssätzen gilt stets:**
- Summe der **Sollbuchung(en)** $\Longleftrightarrow$ Summe der **Habenbuchung(en)**
- Summe der **Lastschrift(en)** $\Longleftrightarrow$ Summe der **Gutschrift(en)**

Aufgaben

Wie lauten die Buchungssätze für folgende Geschäftsfälle? Tragen Sie die Buchungssätze in das **39** Grundbuch ein.

1. Kauf von Rohstoffen	bar	500,00	
	auf Ziel	11 500,00	12 000,00
2. Kauf eines Baugrundstückes	gegen Bankscheck	68 000,00	
	gegen bar	2 000,00	70 000,00
3. Verkauf eines gebrauchten LKWs	gegen bar	2 000,00	
	gegen Bankscheck	14 000,00	16 000,00
4. Kunde begleicht Rechnung	durch Banküberweisung	12 000,00	
	gegen bar	500,00	12 500,00
5. Kauf von Büromöbeln	bar	1 500,00	
	gegen Bankscheck	4 000,00	5 500,00
6. Tilgung einer Hypothek	durch Banküberweisung	17 000,00	
	durch Postüberweisung	2 000,00	
	bar	1 000,00	20 000,00
7. Wir begleichen Rechnungen unseres Lieferers			
	durch Banküberweisung	8 000,00	
	durch Postüberweisung	1 000,00	
	bar	500,00	9 500,00
8. Tilgung einer Darlehensschuld	durch Banküberweisung	15 000,00	
	durch Postüberweisung	1 000,00	16 000,00
9. Kauf einer EDV-Anlage	gegen Postüberweisung	3 000,00	
	gegen Banküberweisung ...	17 000,00	
	gegen bar	1 000,00	21 000,00

Welche Geschäftsfälle liegen folgenden Buchungssätzen zugrunde? **40**

	Soll	Haben
1. Kasse	1 000,00	
Bank	12 000,00	
an Fahrzeuge		13 000,00
2. Hilfsstoffe	8 000,00	
an Kasse		1 000,00
an Bank		7 000,00
3. BGA	4 000,00	
an Bank		3 000,00
an Postbank		1 000,00
4. Darlehensschulden	7 000,00	
an Kasse		1 000,00
an Bank		6 000,00
5. Bank	7 000,00	
Postbank	1 000,00	
Kasse	1 000,00	
an Forderungen a. LL		9 000,00
6. Technische Anlagen und Maschinen	14 000,00	
an Kasse		2 000,00
an Bank		12 000,00
7. Verbindlichkeiten a. LL	22 000,00	
an Bank		19 000,00
an Postbank		2 000,00
an Kasse		1 000,00

3.5 Eröffnungsbilanzkonto und Schlußbilanzkonto

3.5.1 Eröffnungsbilanzkonto (EBK)

Bilanzidentität. Die Schlußbilanz eines Jahres ist zugleich die Eröffnungsbilanz des folgenden Geschäftsjahres. Diese inhaltliche Gleichheit nennt man Bilanzidentität.

System der Doppik. Allen Buchungen im Hauptbuch ist gemeinsam, daß auf eine Sollbuchung eine Habenbuchung folgt. Man bezeichnet das Prinzip, daß durch jeden Geschäftsfall mindestens ein Konto im Soll und mindestens ein Konto im Haben in wertmäßig gleicher Höhe angerufen wird, als System der Doppik. Dieses System wurde bei der Übertragung der Anfangsbestände auf die Bestandskonten (Eröffnung der Bestandskonten) durchbrochen.

Aktiva	Schlußbilanz	$=$	Eröffnungsbilanz	Passiva
Vermögensformen				Vermögensquellen
S Aktive Bestandskonten H		S	Passive Bestandskonten H	
Anf.-Bestand				Anf.-Bestand

Soll auch im Rahmen der Eröffnungsbuchungen für die Aktiv- und Passivkonten nach dem Prinzip der Doppik verfahren werden, muß für die Übertragung der Anfangsbestände ein Hilfs- oder Gegenkonto eingerichtet werden. Dieses Gegenkonto ist das

Eröffnungsbilanzkonto (EBK),

das die **Aktivposten im Haben** und die **Passivposten im Soll aufnimmt.** Das Eröffnungsbilanzkonto ist somit das Spiegelbild der Schlußbilanz des Vorjahres.

Die Eröffnungsbuchungssätze für die Bestandskonten lauten:

- **Aktivkonten** . . . . an **Eröffnungsbilanzkonto** (EBK)
- **Eröffnungsbilanzkonto** . . . an **Passivkonten**

Merke: Das Eröffnungsbilanz**konto**, das Gegenkonto zur Eröffnung der Bestandskonten im Hauptbuch, ist das Spiegelbild der Eröffnungsbilanz.

3.5.2 Schlußbilanzkonto (SBK)

Kontenabschluß. Zum Schluß des Geschäftsjahres werden die Konten des Hauptbuches abgeschlossen. Die Schlußbestände der einzelnen Aktiv- und Passivkonten werden zunächst errechnet und mit den Schlußbeständen lt. Inventur (Inventar) abgestimmt. Für die Eintragung bzw. Buchung der Schlußbestände auf den Aktiv- und Passivkonten wird das

Schlußbilanzkonto (SBK)

als Gegenkonto genommen. Die Abschlußbuchungssätze lauten:

- **Schlußbilanzkonto** (SBK) . . . an **Aktivkonten**
- **Passivkonten** . . . . an **Schlußbilanzkonto**

Übereinstimmung. Das Schlußbilanzkonto als Abschlußkonto der Aktiv- und Passivkonten im Hauptbuch muß stets mit der aus dem Inventar erstellten Bilanz für das betreffende Geschäftsjahr übereinstimmen.

Merke: Das Schlußbilanz**konto** ist das Gegenkonto für den Abschluß aller Bestandskonten im Hauptbuch.

Inventur zum 31.12.01

Inventar zum 31.12.01

Schlußbilanz zum 31.12.01 ist zugleich die

Aktiva	Eröffnungsbilanz zum 01.01.02		Passiva	
Rohstoffe	28 000,00	Eigenkapital	50 000,00	**Inventar-**
Bank	47 000,00	Verbindlichk. a. LL	25 000,00	**und**
	75 000,00		75 000,00	**Bilanzbuch**

Ort, Datum   Unterschrift

Hauptbuch

Soll	Eröffnungsbilanzkonto (EBK)		Haben
Eigenkapital	50 000,00	Rohstoffe	28 000,00
Verbindlichk. a. LL	25 000,00	Bank	47 000,00
	75 000,00		75 000,00

S	Rohstoffe		H		S	Eigenkapital		H
EBK ①	28 000,00 20 000,00	SBK	48 000,00		SBK	50 000,00	EBK	50 000,00
	48 000,00		48 000,00					

S	Bank		H		S	Verbindlichkeiten a. LL		H
EBK	47 000,00	② SBK	10 000,00 37 000,00		② SBK	10 000,00 35 000,00	EBK ①	25 000,00 20 000,00
	47 000,00		47 000,00			45 000,00		45 000,00

Soll	Schlußbilanzkonto (SBK)		Haben
Rohstoffe	48 000,00	Eigenkapital	50 000,00
Bank	37 000,00	Verbindlichk. a. LL	35 000,00
	85 000,00		85 000,00

Inventur zum 31.12.02

Inventar zum 31.12.02

Aktiva	Schlußbilanz zum 31.12.02		Passiva	
Rohstoffe	48 000,00	Eigenkapital	50 000,00	**Inventar-**
Bank	37 000,00	Verbindlichk. a. LL	35 000,00	**und**
	85 000,00		85 000,00	**Bilanzbuch**

Ort, Datum   Unterschrift

Nennen Sie Geschäftsfälle, die den Buchungen ① und ② auf den Konten des Hauptbuches zugrunde liegen.

Merke:
- **Die Schlußbilanz wird aufgrund des Inventars aufgestellt.**
- **Das Schlußbilanzkonto ist das Abschlußkonto im Hauptbuch. Schlußbilanz und Schlußbilanzkonto stimmen inhaltlich überein.**
- **Die Schlußbilanz ist zugleich Eröffnungsbilanz des folgenden Geschäftsjahres (Grundsatz der Bilanzidentität).**

Aufgaben – Fragen

> 1. Erstellen Sie zunächst die Eröffnungsbilanz (= Schlußbilanz des Vorjahres).
> 2. Eröffnen Sie danach die Bestandskonten mit Hilfe des Eröffnungsbilanzkontos (EBK).
> 3. Buchen Sie die Geschäftsfälle auf den jeweiligen Bestandskonten.
> 4. Schließen Sie die Bestandskonten über das Schlußbilanzkonto (SBK) ab.
> 5. Erstellen Sie für das Bilanzbuch eine ordnungsgemäß gegliederte Schlußbilanz.

41 / 42

Anfangsbestände:

TA u. Maschinen	270 000,00	Kasse	6 000,00
BGA	140 000,00	Bankguthaben	32 000,00
Rohstoffe	60 000,00	Verbindlichkeiten a. LL	48 000,00
Forderungen a. LL	35 000,00	Eigenkapital	?

Geschäftsfälle:

	41	42
1. ER 406: Kauf von Rohstoffen auf Ziel	12 200,00	8 800,00
2. ER 408: Barkauf einer Rechenmaschine	600,00	700,00
3. Kunde begleicht eine Rechnung mit Bankscheck	1 800,00	1 700,00
4. ER 409: Zielkauf einer Maschine für Fabrikbetrieb	11 100,00	12 200,00
5. Bareinzahlung auf Bankkonto	1 300,00	1 200,00
6. Wir begleichen die Rechnung eines Lieferers bar	1 700,00	1 600,00
7. Kauf von Rohstoffen lt. ER 410	4 000,00	4 500,00
8. Ausgleich einer Kundenrechnung durch Banküberweisung	2 400,00	2 300,00

Abschlußangaben: Die Schlußbestände auf den Konten entsprechen den Inventurwerten.

43 / 44

Anfangsbestände:

Fabrikgebäude	380 000,00	Kasse	6 000,00
TA u. Maschinen	290 000,00	Postbankguthaben	3 400,00
BGA	130 000,00	Bankguthaben	49 000,00
Rohstoffe	48 000,00	Darlehensschulden	178 000,00
Hilfsstoffe	14 000,00	Verbindlichkeiten a. LL	55 000,00
Forderungen a. LL	34 000,00	Eigenkapital	?

Geschäftsfälle:

	43	44
1. Aufnahme eines Darlehens bei der Bank	42 600,00	42 500,00
2. Kauf von Rohstoffen lt. ER 510	4 000,00	5 000,00
3. Zielverkauf einer gebrauchten Maschine zum Buchwert	12 100,00	13 250,00
4. Zielkauf von Rohstoffen (ER 511)	2 950,00	4 000,00
5. Banküberweisung an Lieferer	8 150,00	9 350,00
6. Barkauf einer Schreibmaschine	900,00	950,00
7. Bareinzahlung auf Bankkonto	1 200,00	1 100,00
8. Barkauf von Hilfsstoffen (ER 512)	1 200,00	1 250,00
9. Überweisung vom Postbankkonto auf Bankkonto	1 400,00	1 500,00
10. Darlehensrückzahlung durch Bankscheck	14 000,00	12 500,00
11. Kunde begleicht Rechnung durch Banküberweisung	4 400,00	5 200,00

Abschlußangaben: Die Schlußbestände auf den Konten entsprechen den Inventurwerten.

45

1. Begründen Sie, weshalb Aktiv- und Passivkonten Bestandskonten darstellen.
2. Unterscheiden Sie zwischen a) Grundbuch, b) Hauptbuch, c) Inventar- und Bilanzbuch.
3. Erklären Sie den Grundsatz der Bilanzidentität.
4. Worin unterscheiden sich Schlußbilanz und Schlußbilanzkonto? Welcher Zusammenhang besteht zwischen beiden?

4 Buchen auf Erfolgskonten (Ergebniskonten)

4.1 Kosten (Betrieblicher Aufwand) und Erlöse (Betriebliche Erträge)

Erfolg. Bisher wurden lediglich Geschäftsfälle auf den Bestandskonten gebucht. Das Eigenkapital blieb davon unberührt, d. h., diese Geschäftsfälle hatten keinen Einfluß auf den Erfolg (Gewinn oder Verlust) des Industriebetriebes. Nun bringen aber vor allem

- **Herstellung** und - **Absatz der Erzeugnisse**

Geschäftsfälle mit sich, die sich auf den Erfolg und damit auf das

Eigenkapital

in einem Industriebetrieb auswirken. Man spricht von „Kosten" und „Erlösen".

Kosten. Für die Herstellung von Erzeugnissen werden Roh-, Hilfs- und Betriebsstoffe verbraucht, Maschinen und andere Anlagegüter verlieren durch Abnutzung an Wert; Löhne und Gehälter sind für den Verbrauch an Arbeitskraft zu zahlen. Auch der Absatz der Erzeugnisse „verzehrt" Geld, Güter und Dienste durch Lagerung, Werbung und Versand der Erzeugnisse. Den Werteverzehr an Gütern, Geld und Diensten, der bei der Erfüllung des eigentlichen Betriebszwecks, nämlich der Herstellung und dem Vertrieb der Erzeugnisse, entsteht, bezeichnet man als „Betrieblichen Aufwand" oder „Kosten". Kosten bilden die Grundlage der Selbstkostenrechnung und Kalkulation der Verkaufspreise der fertigen Erzeugnisse.

Im Industriebetrieb fallen im wesentlichen folgende Kostenarten an:

- **Materialkosten,** d. h. Verbrauch von Roh-, Hilfs- und Betriebsstoffen
  - **Rohstoffe** (Hauptbestandteile), d. h. Stoffe, die nach der Be- oder Verarbeitung Hauptbestandteil des Fertigungserzeugnisses werden, z. B. Stahlblech und Bandeisen, Stabholz und Sperrholz, Glas, Wolle, Kunstfasern usw.;
  - **Hilfsstoffe** (Nebenbestandteile), die z. T. in das Erzeugnis hineingearbeitet werden, z. B. Nägel, Schrauben, Schweißmaterial, Farben, Lacke, Leim, Säuren;
  - **Betriebsstoffe,** die nur mittelbar der Herstellung dienen, also nicht in das Erzeugnis eingehen, z. B. Brenn- und Treibstoffe, Schmieröl, Reparaturmaterial.
- **Kosten für den Einsatz von Arbeitskräften:**
  - **Fertigungslöhne,** also Löhne, die bei der Fertigung direkt anfallen
  - **Hilfslöhne** für Hilfsarbeiter, Lagerarbeiter u. a.
  - **Gehälter** für alle kaufmännischen und technischen Angestellten
  - **Sozialkosten** (Arbeitgeberanteile zu Sozialversicherungen u. a.)
- **Kosten für die Abnutzung des Anlagevermögens (Abschreibungen)**
- **Kosten für Miete, Betriebssteuern, Verwaltung, Werbung usw.**

Merke:
- **Kosten (Betriebliche Aufwendungen) stellen den durch den eigentlichen Betriebszweck bedingten wertmäßigen Güter-, Geld- und Dienstverzehr dar.**
- **Kosten (Betriebliche Aufwendungen) vermindern das Eigenkapital.**

Erlöse. Durch den Absatz der Erzeugnisse werden Verkaufserlöse (Umsatzerlöse) erzielt, die den eigentlichen „Betrieblichen Ertrag" oder die „Leistung" des Industriebetriebes darstellen. Die Umsatzerlöse sollen nicht nur die Selbstkosten der fertigen Erzeugnisse decken, sondern außerdem auch einen angemessenen Gewinn erbringen.

Merke:
- **Erlöse aus dem Verkauf der fertigen Erzeugnisse (= Umsatzerlöse) stellen den wichtigsten Posten der „Betrieblichen Erträge" oder „Leistungen" dar.**
- **Betriebliche Erträge (= Leistungen) erhöhen das Eigenkapital.**

4.2 Erfolgskonten als Unterkonten des Kapitalkontos

Notwendigkeit der Erfolgskonten. Kosten, wie z. B. der Verbrauch an Rohstoffen oder die Zahlung von Löhnen und Gehältern, mindern als „Betriebliche Aufwendungen" das Eigenkapital, während die erzielten Umsatzerlöse als „Betriebliche Erträge" oder „Leistungen" das Eigenkapital erhöhen. Kosten und Erlöse wären deshalb an sich unmittelbar auf dem Eigenkapitalkonto zu buchen, und zwar

- Kosten (Betriebliche Aufwendungen) als Minderung des Eigenkapitals im Soll,
- Erlöse (Betriebliche Erträge oder Leistungen) als Kapitalmehrung im Haben.

Diese Art der Buchungen hätte aber den Nachteil, daß das Eigenkapitalkonto unübersichtlich würde. Aus Gründen der Klarheit und Übersichtlichkeit der Buchführung ist es notwendig, die einzelnen Aufwands- und Ertragsarten kontenmäßig gesondert aufzuzeigen. Erst dadurch werden die

Quellen des Erfolges

des Industriebetriebes deutlich erkennbar. Deshalb richtet man Erfolgskonten als Unterkonten des Eigenkapitalkontos ein. Die „Betrieblichen Aufwandskonten" (Kostenkonten) nehmen die einzelnen Kostenarten (z. B. Löhne, Gehälter, Rohstoffverbrauch u. a.), die „Betrieblichen Ertragskonten" dagegen die einzelnen Erträge oder Leistungen (z. B. Umsatzerlöse) des Industriebetriebes auf.

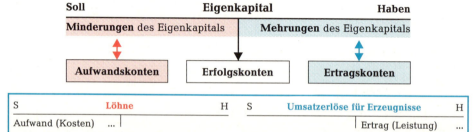

Merke: Die Erfolgskonten sind Unterkonten des Kapitalkontos. Sie bewegen sich wie das Eigenkapitalkonto: Man bucht deshalb
- auf den Aufwandskonten im Soll ▷ die Minderungen des Eigenkapitals
- auf den Ertragskonten im Haben ▷ die Mehrungen des Eigenkapitals

Beispiele für die Buchung von Kostenarten und Erlösen

Die Bestandskonten „Rohstoffe", „Hilfsstoffe" und „Betriebsstoffe" stellen die Lager dar. Diese geben die notwendigen Materialien aufgrund von Materialentnahmescheinen (Belege!) an die Fertigung ab. Bei den genannten Material-Bestandskonten wird der Abgang bzw. Verbrauch an Material auf der Habenseite gebucht.

Kostenkonten. Der Verbrauch an Material stellt Kosten dar und bewirkt letztlich eine Minderung des Eigenkapitals. Deshalb wird auf den entsprechenden Material-Kostenkonten auf der Sollseite gebucht. Wir richten folgende Kostenkonten (Aufwandskonten) ein:
- Konto „Fertigungsmaterial" für die Rohstoffkosten,
- Konto „Gemeinkostenmaterial" für die Hilfsstoffkosten,
- Konto „Brennstoffe/Energie" für den Betriebsstoffverbrauch.

Merke:
- Durch den Verbrauch von Roh-, Hilfs- und Betriebsstoffen bei der Fertigung von Erzeugnissen entstehen Kosten.
- Der Materialverbrauch ist auf besonderen Kostenkonten zu buchen.

1. Wir verbrauchen für die Herstellung im Betrieb lt. Materialentnahmescheine für 12 000,00 DM Rohstoffe, für 2 000,00 DM Hilfsstoffe, für 1 000,00 DM Betriebsstoffe.

	Materiallager (Bestände)			Verbrauch ➡		Fertigung (Kosten)	

S	Rohstoffe		H	S	Fertigungsmaterial		H
Bestände	60 000,00	Verbrauch	12 000,00 ➡	Kosten	12 000,00		

S	Hilfsstoffe		H	S	Gemeinkostenmaterial		H
Bestände	15 000,00	Verbrauch	2 000,00 ➡	Kosten	2 000,00		

S	Betriebsstoffe		H	S	Brennstoffe/Energie		H
Bestände	5 000,00	Verbrauch	1 000,00 ➡	Kosten	1 000,00		

Buchung: Fertigungsmaterial .... an **Rohstoffe** 12 000,00
Gemeinkostenmaterial .... an **Hilfsstoffe** 2 000,00
Brennstoffe/Energie .... an **Betriebsstoffe** 1 000,00

2. Wir bezahlen Fertigungslöhne 15 000,00 DM, Gehälter 13 000,00 DM, Miete 1500,00 DM durch Banküberweisung.

S	Fertigungslöhne	H	S	Gehälter	H	S	Raumkosten	H
B.	15 000,00		B.	13 000,00		B.	1 500,00	

S	Bank		H
...	80 000,00	Diverse	29 500,00

Buchung: Fertigungslöhne 15 000,00
Gehälter 13 000,00
Raumkosten 1 500,00
an **Bank** 29 500,00

3. Im Betrieb entstehen weitere Kosten. Banküberweisung für:
Büromaterial 800,00 DM, Reparaturen 300,00 DM, Betriebssteuern 400,00 DM.

S	Bürokosten	H	S	Instandhaltung	H	S	Betriebssteuern	H
B.	800,00		B.	300,00		B.	400,00	

S	Bank		H
...	80 000,00	Diverse	29 500,00
			1 500,00

Buchung: Bürokosten 800,00
Instandhaltung 300,00
Betriebssteuern 400,00
an **Bank** 1 500,00

4. Alle im Betrieb hergestellten Erzeugnisse wurden auf Ziel verkauft. Die Ausgangsrechnungen weisen insgesamt 55 000,00 DM aus.

S	Forderungen a. LL		H	S	Umsatzerlöse für Erzeugnisse		H
Erlöse	55 000,00					Ford. a. LL	55 000,00

Buchung: Forderungen a. LL ... an **Umsatzerlöse für Erzeugnisse** 55 000,00

Die Erlöse der verkauften Erzeugnisse bilden den Hauptertrag des Industriebetriebes. Da sie das Eigenkapital mehren, werden sie auf dem Ertragskonto „Umsatzerlöse für Erzeugnisse" im Haben gebucht.

Merke: • **Aufwands- (Kosten-) und Ertragskonten** ⟺ **Erfolgskonten**
• **Aktiv- und Passivkonten** ⟺ **Bestandskonten**

Abschluß der betrieblichen Erfolgskonten

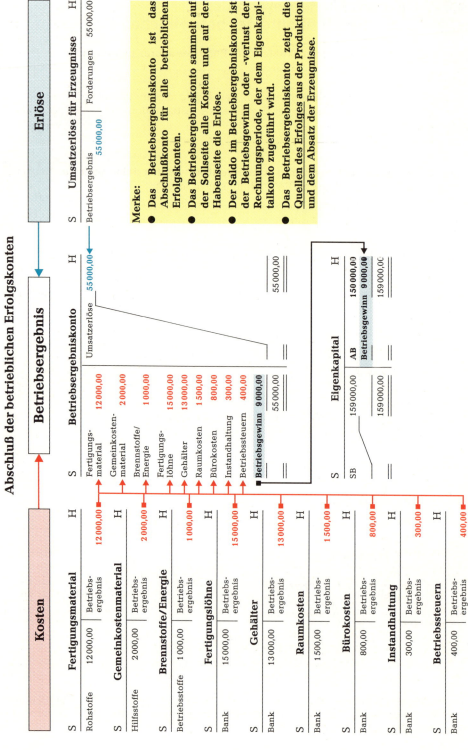

4.3 Konto „Betriebsergebnis" als Abschlußkonto der betrieblichen Erfolgskonten

Aufgaben des Betriebsergebniskontos. Am Ende des Jahres müssen nun

Kosten und Erlöse

einander gegenübergestellt werden, um den Erfolg des Industriebetriebes aus der Herstellung und dem Verkauf der Erzeugnisse festzustellen. Diese Aufgabe übernimmt das

Konto „Betriebsergebnis".

Alle Kostenkonten und das Konto „Umsatzerlöse" werden daher über das Betriebsergebniskonto abgeschlossen. Die Buchungssätze lauten:

- Betriebsergebniskonto   an   alle Kostenkonten
- Konto Umsatzerlöse   an   Betriebsergebniskonto

Das Betriebsergebniskonto weist somit auf der Sollseite die gesamten Kosten aus, auf der Habenseite dagegen die Umsatzerlöse. Aus dieser Gegenüberstellung ergibt sich als Saldo das Ergebnis der betrieblichen Tätigkeit: das Betriebsergebnis, d. h. ein betrieblicher Gewinn oder Verlust, je nachdem, ob die Erlöse oder die Kosten überwiegen:

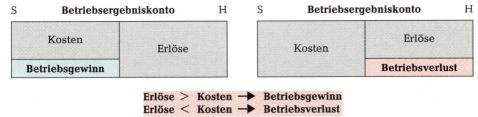

Abschluß des Betriebsergebniskontos über Eigenkapitalkonto. Der ermittelte betriebliche Gewinn oder Verlust wird sodann auf das Eigenkapitalkonto übertragen.

Die Abschlußbuchungen lauten

- **bei Gewinn:**   Betriebsergebniskonto   an   Eigenkapitalkonto
- **bei Verlust:**   Eigenkapitalkonto   an   Betriebsergebniskonto

S	Eigenkapital	H		S	Eigenkapital	H
Schlußkapital	Anfangskapital			**Betriebsverlust**	Anfangskapital	
	Betriebsgewinn			**Schlußkapital**		

Merke:
- Der Betriebsgewinn erhöht das Eigenkapital.
- Der Betriebsverlust vermindert das Eigenkapital.

Das Betriebsergebniskonto ist somit ein unmittelbares Unterkonto des Eigenkapitalkontos. In unserem Beispiel hat sich das Eigenkapital durch den Gewinn um 9 000,00 DM erhöht (vgl. Seite 44).

Aufgaben

> **Beachten Sie die Reihenfolge der Buchungsarbeiten:**
> 1. *Richten Sie die Bestands- und Erfolgskonten ein.*
> 2. *Eröffnen Sie die Bestandskonten über das Eröffnungsbilanzkonto (EBK).*
> 3. *Bilden Sie zu den Geschäftsfällen die Buchungssätze (Grundbuch).*
> 4. *Übertragen Sie die Buchungen auf die Bestands- und Erfolgskonten (Hauptbuch).*
> 5. *Schließen Sie die Erfolgskonten über das GuV-Konto ab, und übertragen Sie den Gewinn oder Verlust auf das Eigenkapitalkonto.*
> 6. *Erst zum Schluß werden alle Bestandskonten zum Schlußbilanzkonto (SBK) abgeschlossen, sofern die Inventur keine Abweichungen zwischen Buch- und Istbeständen ergibt.*

46
47
Anfangsbestände: Rohstoffe 60 000,00 DM, Hilfsstoffe 16 000,00 DM, Betriebsstoffe 8 000,00 DM, Forderungen a. LL 14 000,00 DM, Kasse 10 000,00 DM, Bank 20 000,00 DM, Eigenkapital 128 000,00 DM.

Bestandskonten: Rohstoffe, Hilfsstoffe, Betriebsstoffe, Forderungen a. LL, Kasse, Bank, Eigenkapital: Schlußbilanzkonto;

Erfolgskonten: Fertigungsmaterial, Gemeinkostenmaterial, Brennstoffe/Energie, Fertigungslöhne, Gehälter, Betriebssteuern, Werbekosten, Umsatzerlöse für Erzeugnisse: Betriebsergebniskonto.

Geschäftsfälle:	46	47
1. Verbrauch von Hilfsstoffen lt. Materialentnahmeschein (ME)	1 300,00	1 400,00
2. Verbrauch von Rohstoffen für die Herstellung lt. ME	14 000,00	14 500,00
3. Verbrauch von Betriebsstoffen für die Herstellung lt. ME	1 300,00	1 800,00
4. Betriebssteuern werden durch Banküberweisung beglichen	1 800,00	1 950,00
5. Fertigungslöhne werden bar ausgezahlt	9 000,00	8 100,00
6. Gehaltszahlung durch Banküberweisung	2 400,00	2 600,00
7. Wir begleichen Rechnung über Werbeanzeige	250,00	350,00
8. Verkauf aller hergestellten fertigen Erzeugnisse auf Ziel lt. AR . .	47 300,00	48 100,00

Abschlußangabe: Die Salden der Bestandskonten entsprechen der Inventur.

Auswertungsfragen: *Wie hoch sind die gesamten Aufwendungen der Rechnungsperiode, und welche Erlöse stehen diesen Aufwendungen gegenüber? Wie hoch ist das Ergebnis, und wie wirkt es sich auf das Eigenkapital aus?*

48
49
Anfangsbestände: Rohstoffe 82 000,00 DM, Hilfsstoffe 24 000,00 DM, Betriebsstoffe 12 000,00 DM, Forderungen a. LL 13 000,00 DM, Kasse 7 000,00 DM, Bankguthaben 23 000,00 DM, Eigenkapital 146 000,00 DM, Verbindlichkeiten a. LL 15 000,00 DM.

Bestandskonten: Rohstoffe, Hilfsstoffe, Betriebsstoffe, Forderungen a. LL, Kasse, Bank, Verbindlichkeiten a. LL, Eigenkapital: Schlußbilanzkonto;

Erfolgskonten: Fertigungsmaterial, Gemeinkostenmaterial, Brennstoffe/Energie, Fertigungslöhne, Instandhaltung, Bürokosten, Umsatzerlöse für Erzeugnisse: Betriebsergebniskonto.

Geschäftsfälle:	48	49
1. Eingangsrechnung für Rohstoffe	13 500,00	13 800,00
2. Verbrauch von Rohstoffen für die Herstellung lt. ME	14 100,00	14 400,00
3. Zahlung von Fertigungslöhnen, bar	6 200,00	6 500,00
4. Zielverkauf von fertigen Erzeugnissen lt. AR	12 400,00	12 600,00
5. Wir begleichen eine Rechnung über Reparaturkosten (Bank) . . .	350,00	450,00
6. Barzahlung für Büromaterial	250,00	300,00
7. Verbrauch von Betriebsstoffen lt. ME	1 400,00	1 500,00
8. Verbrauch von Hilfsstoffen lt. ME	1 900,00	2 100,00
9. Kunden begleichen Rechnungen durch Banküberweisung	9 500,00	10 200,00
10. Verkauf aller fertigen Erzeugnisse auf Ziel lt. AR	35 900,00	36 800,00

Abschlußangabe: Die Salden der Bestandskonten entsprechen der Inventur.

Auswertungsfrage: *Wie hoch ist der Erfolg, und wie wirkt er sich auf das Eigenkapital aus?*

50
51

Anfangsbestände:

TA u. Maschinen	150 000,00	Kasse	3 000,00
Rohstoffe	60 000,00	Bankguthaben	25 000,00
Hilfsstoffe	30 000,00	Eigenkapital	200 000,00
Betriebsstoffe	15 000,00	Darlehensschulden	60 000,00
Forderungen a. LL	10 000,00	Verbindlichkeiten a. LL	33 000,00

Bestandskonten:

TA u. Maschinen, Rohstoffe, Hilfsstoffe, Betriebsstoffe, Forderungen a.LL, Kasse, Bank, Darlehensschulden, Verbindlichkeiten a. LL, Eigenkapital: Schlußbilanzkonto.

Erfolgskonten:

Fertigungsmaterial, Gemeinkostenmaterial, Brennstoffe/Energie, Fertigungslöhne, Gehälter, Bürokosten, Werbekosten, Raumkosten, Instandhaltung, Umsatzerlöse für Erzeugnisse: Betriebsergebniskonto.

Geschäftsfälle:

	50	51
1. Zieleinkauf von Rohstoffen	4 500,00	5 600,00
von Hilfsstoffen	1 500,00	1 800,00
von Betriebsstoffen	1 200,00	2 300,00
2. Barkauf von Büromaterial	250,00	340,00
3. Banküberweisung für Maschinenreparatur	400,00	720,00
4. Verbrauch lt. Materialentnahmescheine:		
Rohstoffe	28 000,00	32 600,00
Hilfsstoffe	8 800,00	9 100,00
5. Verkauf von Erzeugnissen		
auf Ziel	19 500,00	27 800,00
gegen Barzahlung	700,00	2 950,00
6. Banküberweisung für Löhne und Gehälter		
Fertigungslöhne	8 700,00	9 600,00
Gehälter	4 300,00	3 800,00
7. Banküberweisung von Kunden	9 500,00	12 800,00
8. Unsere Banküberweisung für		
Miete	1 800,00	2 300,00
Telefonkosten	350,00	450,00
Werbeanzeigen	780,00	620,00
Ausgleich einer Liefererrechnung	4 520,00	6 280,00
9. Verkauf aller fertigen Erzeugnisse auf Ziel	28 000,00	38 500,00
10. Verbrauch von Betriebsstoffen lt. Materialentnahmeschein	4 600,00	3 400,00

Abschlußangabe:

Die Buchwerte auf den Bestandskonten entsprechen der Inventur.

Auswertungsfragen:

1. *Nennen Sie die Auswirkung des Betriebsergebnisses auf das Eigenkapital.*
2. *Worauf führen Sie den Verlust in der Aufgabe 50 zurück?*
3. *Ermitteln Sie auch den Erfolg durch Kapitalvergleich, indem Sie das Eigenkapital der Eröffnungsbilanz mit dem der Schlußbilanz vergleichen.*

Merke: **Die Buchführung weist den Erfolg auf zweifache Weise nach:**
● **Durch Gegenüberstellung der Kosten und Erlöse (Erfolgsquellen!)**
● **Durch Eigenkapitalvergleich**
Daher: Doppelte Erfolgsermittlung in der doppelten Buchführung!

5 Abschreibung der Anlagegüter

5.1 Ursachen, Buchung und Wirkung der Abschreibung

Die Gegenstände des Anlagevermögens sind dazu bestimmt, dem Unternehmen langfristig zu dienen. Ihre Nutzungsdauer ist jedoch — soweit es sich um abnutzbare Wirtschaftsgüter handelt — begrenzt.

Wertminderungen. Der Wert der abnutzbaren Anlagegüter mindert sich durch

- Nutzung (Gebrauch),
- technischen Fortschritt und
- natürlichen Verschleiß,
- außergewöhnliche Ereignisse.

Eine ordnungsmäßige Buchführung muß diese Wertminderungen in Form von Abschreibungen auf dem Aufwandskonto

Abschreibungen auf Sachanlagen (SA)

erfassen. Die Abschreibungen auf das Anlagevermögen werden in der Regel zum Schluß des Geschäftsjahres im Rahmen der Inventur vorgenommen. Im Steuerrecht sagt man statt Abschreibung „**A**bsetzung für **A**bnutzung" = AfA.

Kosten. Die Abschreibung (im Beispiel 12 000,00 DM) stellt betrieblichen Aufwand dar und schmälert somit den Gewinn des Unternehmens. Das Kostenkonto „Abschreibungen" wird daher über das Betriebsergebniskonto abgeschlossen.

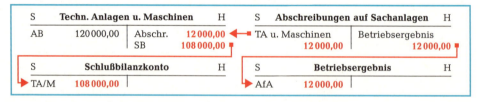

Buchungssätze:	1. Abschreibungen auf SA	an	TA u. Maschinen	12 000,00
	2. Betriebsergebniskonto ..	an	Abschreibungen auf SA ...	12 000,00
	3. Schlußbilanzkonto	an	TA und Maschinen	108 000,00

> **Merke:**
> - Die Wertminderung der Anlagegüter wird durch Abschreibungen erfaßt.
> - Durch die Abschreibung werden die Anschaffungskosten eines Anlagegutes auf seine Nutzungsdauer (Jahre) verteilt.
> - Abschreibungen mindern als Aufwand den Gewinn und somit auch die gewinnabhängigen Steuern, wie z. B. die Einkommensteuer.

In der Kalkulation der Verkaufspreise der Erzeugnisse werden die Abschreibungen als Kosten eingesetzt. Über die Umsatzerlöse fließen die einkalkulierten Abschreibungsbeträge in Form von liquiden Mitteln (Geld) in das Unternehmen zurück. Diese Mittel stehen nun wiederum für Anschaffungen (Investitionen) im Sachanlagevermögen zur Verfügung. Das Unternehmen finanziert somit die Anschaffung von Sachanlagegütern in erster Linie aus Abschreibungsrückflüssen. Die Abschreibung stellt deshalb ein bedeutendes Mittel der Finanzierung dar.

Abschreibungskreislauf. Abschreibungen bewegen sich nahezu in einem Kreislauf. Aus dem Anlagevermögen fließen sie über die Umsatzerlöse in das Umlaufvermögen (Bank) und von dort durch Neuanschaffungen in das Anlagevermögen zurück.

> **Merke:** Abschreibungen finanzieren Investitionen in Sachanlagen.

5.2   Berechnung der Abschreibung

Abschreibungsmethoden.[1] Der jährliche Abschreibungsbetrag wird vorwiegend nach einer der beiden folgenden Berechnungsmethoden ermittelt:

- Abschreibung von den **Anschaffungs- oder Herstellungskosten = lineare** Abschreibung: gleichbleibende Abschreibungsbeträge:

$$\frac{\text{Linearer}}{\text{AfA-Betrag}} = \frac{\text{Anschaffungskosten}}{\text{Nutzungsdauer}} \qquad \Big| \qquad \frac{\text{Linearer}}{\text{AfA-Satz (\%)}} = \frac{100\,\%}{\text{Nutzungsdauer}}$$

- Abschreibung vom **Buch- oder Restwert = degressive** Abschreibung: fallende Abschreibungsbeträge.

Beispiel: Die Anschaffungskosten einer Maschine betragen 120 000,00 DM, die voraussichtliche Nutzungsdauer ist 10 Jahre. Die Maschine wird jährlich mit 10 % linear und degressiv mit 30 % (§ 7 [1] EStG) abgeschrieben. Bei Anwendung der beiden Abschreibungsmethoden ergibt sich folgende Berechnung:

Lineare AfA	Ermittlung des Buchwertes	Degressive AfA
120 000,00 DM	Anschaffungswert	120 000,00 DM
12 000,00 DM	·/. AfA am Ende des 1. Jahres	**36 000,00** DM
108 000,00 DM	**= Buchwert am Ende des 1. Jahres**	84 000,00 DM
12 000,00 DM	·/. AfA am Ende des 2. Jahres	**25 200,00** DM
96 000,00 DM	**= Buchwert am Ende des 2. Jahres**	58 800,00 DM
10 % AfA von den **Anschaffungskosten**	**Führen Sie das Beispiel zu Ende.**	30 % AfA vom **Buchwert**

Merke: Anschaffungskosten − AfA = Buchwert bzw. Restwert

Bei der linearen Abschreibung erfolgt die Abschreibung in jedem Jahr der Nutzung von den Anschaffungskosten des Anlagegutes. Die Abschreibungsbeträge sind daher gleich hoch. Nach Ablauf der Nutzungsdauer ist der Buchwert gleich Null. Sollte sich das Anlagegut nach Ablauf der Nutzungsdauer noch weiterhin im Betrieb befinden, so ist es mit einem Erinnerungswert von 1,00 DM im Anlagekonto auszuweisen. Im Beispiel dürften dann am Ende des 10. Jahres nur 11 999,00 DM abgeschrieben werden.

Bei der degressiven Abschreibung wird die Abschreibung nur im ersten Nutzungsjahr von den Anschaffungskosten vorgenommen, in den folgenden Jahren dagegen vom jeweiligen Buch- oder Restwert. Dadurch ergeben sich jährlich fallende Abschreibungsbeträge. Bei der degressiven Abschreibung wird der Nullwert des Anlagegutes nach Ablauf der Nutzungsdauer nie erreicht. Der Abschreibungssatz sollte daher bei degressiver Abschreibung höher sein als bei linearer AfA. Steuerrechtlich darf der degressive AfA-Satz allerdings höchstens das Dreifache des linearen AfA-Satzes betragen, jedoch nicht höher als 30 %.[1]

Vorteil der degressiven Abschreibung. Wertminderungen können bei Anlagegütern vor allem in den ersten Jahren der Nutzung – bedingt durch den technischen Fortschritt (Modellwechsel) – sehr hoch sein. Dieser Tatsache trägt die degressive Abschreibungsmethode Rechnung, da bei ihr in den ersten Nutzungsjahren die Abschreibungsbeträge höher sind als bei linearer Abschreibung.

Merke: Nutzungsdauer und Abschreibungsmethode bestimmen die Höhe der jährlichen Abschreibung.

---

1   Vgl. ausführliche Darstellung auf Seite 153 f.

$$\text{AfA-Betrag} = \frac{\text{Anschaffungskosten}}{\text{Nutzungsdauer}} \qquad\qquad \text{AfA-Satz \%} = \frac{100}{\text{Nutzungsdauer}}$$

Beispiele für normale Abschreibungssätze bei <u>linearer</u> Abschreibung:

1. Grund und Boden .... 0 %   4. Lastwagen .... 20–25 %
2. Betriebs- u. Verwaltungsgebäude ... 4–10 %   5. Personenwagen ...... 20–25 %
3. Büromaschinen, EDV-Anlagen ..... 20–25 %   6. Maschinen .... 10–20 %

Aufgaben

52 Die Anschaffungskosten einer Maschine betragen 200 000,00 DM, die Nutzungsdauer wird auf 10 Jahre geschätzt.

a) *Ermitteln Sie bei linearer Abschreibung jeweils den Abschreibungsbetrag und Abschreibungssatz.*

b) *Welcher AfA-Satz ist für die degressive Abschreibung anzuwenden?*

c) *Stellen Sie die Abschreibungsbeträge bei linearer und degressiver Abschreibung wenigstens für die ersten 4 Jahre in einer Tabelle gegenüber und ermitteln Sie für jedes Jahr den Buch- bzw. Restwert.*

d) *Buchen Sie für das 1. Jahr die Abschreibung auf Maschinen. Richten Sie dazu folgende Konten ein: TA u. Maschinen, Abschreibungen auf Sachanlagen, Betriebsergebniskonto, Schlußbilanzkonto.*

53 *Es sind folgende Konten einzurichten:*

Technische Anlagen und Maschinen 290 000,00 DM, BGA 120 000,00 DM, Abschreibungen auf Sachanlagen, Betriebsergebniskonto, Schlußbilanzkonto.

Buchen Sie die Abschreibungen auf Maschinen 20 %, BGA 10 %.

Schließen Sie die Bestandskonten und das Konto Abschreibungen auf Sachanlagen ab und stellen Sie danach das Schlußbilanzkonto auf.

54 *Folgende Konten sind einzurichten:*

TA u. Maschinen 220 000,00 DM, Fahrzeuge 140 000,00 DM, BGA 90 000,00 DM, Abschreibungen auf Sachanlagen, Betriebsergebniskonto, Schlußbilanzkonto.

Buchen Sie die Abschreibungen, wenn lt. Inventur folgende Schlußbestände vorhanden sind:
TA u. Maschinen 196 000,00 DM, Fahrzeuge 113 000,00 DM, BGA 81 000,00 DM.

Führen Sie den Abschluß der Konten durch.

55
56 **Anfangsbestände:**

TA u. Maschinen 90 000,00 DM, Fahrzeuge 50 000,00 DM, BGA 25 000,00 DM, Rohstoffe 31 000,00 DM, Hilfsstoffe 3 500,00 DM, Betriebsstoffe 2 500,00 DM, Forderungen a.LL 9 000,00 DM, Kasse 6 000,00 DM, Bank 28 000,00 DM, Verbindlichkeiten a.LL 14 000,00 DM, Darlehensschulden 10 000,00 DM, Eigenkapital 221 000,00 DM.

Bestandskonten: TA u. Maschinen, Fahrzeuge, BGA, Rohstoffe, Hilfsstoffe, Betriebsstoffe, Forderungen a.LL, Kasse, Bank, Verbindlichkeiten a.LL, Darlehensschulden, Eigenkapital: Schlußbilanzkonto;

Erfolgskonten: Fertigungsmaterial, Gemeinkostenmaterial, Brennstoffe/Energie, Fertigungslöhne, Betriebssteuern, Abschreibungen auf Sachanlagen, Umsatzerlöse für Erzeugnisse: Betriebsergebniskonto.

Geschäftsfälle:	55	56
1. Banküberweisung eines Kunden	1 200,00	1 250,00
2. Materialentnahmescheine für die Herstellung		
über Rohstoffe	13 000,00	13 200,00
Betriebsstoffe	1 600,00	1 700,00
3. Banküberweisung an einen Lieferer	3 300,00	3 600,00
4. Kauf von Rohstoffen auf Ziel lt. ER	2 850,00	3 100,00

5. Banküberweisung für Gewerbesteuer .... 750,00 | 850,00
6. Banküberweisung für Fertigungslöhne .... 5 100,00 | 5 500,00
7. Teilrückzahlung eines Darlehens durch Banküberweisung ...... 3 500,00 | 4 500,00
8. Verkauf aller fertigen Erzeugnisse auf Ziel lt. AR .... 72 700,00 | 73 200,00

Abschlußangaben:

1. Abschreibungen: 20 % auf TA u. Maschinen; Fahrzeuge: 10 000,00 DM; BGA: 2 500,00 DM.
2. Endbestand an Hilfsstoffen lt. Inventur .... 1 700,00 | 1 550,00
   Der Verbrauch an Hilfsstoffen ist noch zu ermitteln und zu buchen.
3. Keine Bestände an eigenen Erzeugnissen.

Auswertungsfragen:

1. Wie hoch sind die Kosten der Abrechnungsperiode?
2. Welche Erlöse stehen diesen Kosten gegenüber?
3. Wie hoch ist demnach der Erfolg (Gewinn oder Verlust)?
4. Wie wirkt sich ein Gewinn bzw. Verlust auf das Eigenkapital aus? Worauf läßt das Ergebnis schließen?
5. Weisen Sie den Erfolg auch durch Kapitalvergleich (Betriebsvermögensvergleich) nach, indem Sie das Eigenkapital der Schlußbilanz mit dem der Eröffnungsbilanz vergleichen.

Anfangsbestände: **57**
TA u. Maschinen 120 000,00 DM, Fahrzeuge 40 000,00 DM, BGA 30 000,00 DM, Rohstoffe **58**
16 000,00 DM, Hilfsstoffe 5 000,00 DM, Betriebsstoffe 3 000,00 DM, Forderungen a. LL 10 000,00
DM, Kasse 8 000,00 DM, Bank 28 000,00 DM, Verbindlichkeiten a. LL 18 000,00 DM, Darlehensschulden 20 000,00 DM, Eigenkapital 222 000,00 DM.

Kontenplan: wie in Aufgabe 55/56, zusätzlich Konto „Gehälter".

Geschäftsfälle:	**57**	**58**
1. Verbrauch lt. ME von Rohstoffen	3 100,00	3 500,00
Hilfsstoffen	800,00	900,00
Betriebsstoffen	700,00	800,00
2. Kauf einer Maschine gegen Bankscheck	5 000,00	6 000,00
3. Aufnahme eines Darlehens bei der Bank	45 000,00	46 000,00
4. Zahlung der Fertigungslöhne durch Banküberweisung	4 100,00	4 400,00
5. Banküberweisung eines Kunden	2 950,00	3 250,00
6. Banküberweisung für Kraftfahrzeugsteuer	900,00	1 100,00
7. Zieleinkauf von Hilfsstoffen lt. ER	6 100,00	6 200,00
8. Zieleinkauf von Rohstoffen lt. ER	13 400,00	12 800,00
9. Gehaltszahlung durch Banküberweisung	2 500,00	2 400,00
10. Verkauf aller fertigen Erzeugnisse, davon		
gegen bar	5 500,00	5 600,00
auf Ziel lt. AR	48 800,00	49 400,00

Abschlußangaben:

1. Abschreibung: TA u. Maschinen 5 000,00 DM, Fahrzeuge 6 000,00 DM, BGA 2 000,00 DM.
2. Keine Bestände an eigenen Erzeugnissen.

Fragen

1. Unterscheiden Sie zwischen linearer und degressiver Abschreibung. **59**
2. Erläutern Sie die Gewinnauswirkung bei beiden Abschreibungsmethoden im Jahr der Anschaffung des Vermögensgegenstandes.
3. Welchen besonderen Vorteil hat die degressive Abschreibung?
4. Erläutern Sie den Kreislauf der Abschreibung.
5. Inwiefern ist die Abschreibung ein bedeutendes Mittel der Finanzierung?
6. Nennen Sie Beispiele für Rohstoffe und Hilfsstoffe.

6 Umsatzsteuer beim Ein- und Verkauf

6.1 Wesen der Umsatz- bzw. Mehrwertsteuer[1]

Mehrwertschöpfung. Viele zum Verkauf angebotene Waren legen meist einen langen Weg zurück: vom Betrieb der Urerzeugung über die Betriebe der Weiterverarbeitung, des Groß- und Einzelhandels bis zum Letztverbraucher. Menschen und Kapital schaffen auf jeder Stufe des Warenwegs „mehr Wert"; Kosten und Gewinn erhöhen jeweils diesen Wert. Dieser Mehrwert je Stufe kommt somit im Unterschied zwischen Einkaufspreis und Verkaufspreis der Ware zum Ausdruck.

Besteuerung des Mehrwertes. An dieser Wertschöpfung beteiligt sich der Staat in Form einer Steuer, die im allgemeinen 15 % (= allgemeiner Steuersatz) und für Lebensmittel und bestimmte andere Umsätze 7 % (= ermäßigter Steuersatz) beträgt. Da jeder Unternehmer von dem auf seiner Umsatzstufe „neu" hinzugewonnenen Mehrwert Steuern an das Finanzamt zu entrichten hat, nennt man diese Art der Besteuerung „Mehrwert-" bzw. „Umsatzsteuer". Grundlage ist das Umsatzsteuergesetz (UStG).

Zahllast. Jeder Unternehmer hat nur die Umsatzsteuer von seiner Mehrwertschöpfung an das Finanzamt abzuführen. Sie stellt für ihn die eigentliche Zahllast dar. Die Summe aller Zahllasten (1500,00 DM) entspricht 15 % des Nettopreises (10 000,00 DM), den der Letztverbraucher für den Warenwert an den Einzelhändler zahlen muß:

Beispiel eines vierstufigen Warenwegs

Umsatzstufen	Verkaufspreis — Einkaufspr. = Mehrwert			Zahllast 15 % v. Mehrwert
Material-Herstellung	2 000,00	—	2 000,00	300,00
Weiterverarbeitende Industrie	6 500,00	2 000,00	4 500,00	675,00
Großhandel	8 000,00	6 500,00	1 500,00	225,00
Einzelhandel	10 000,00	8 000,00	2 000,00	300,00
Letztverbraucher trägt und zahlt:			10 000,00 +	1 500,00

Merke:
- Auf jeder Stufe des Warenwegs entsteht ein Mehrwert.
- Mehrwert = Differenz zwischen Nettoeinkaufs- und Nettoverkaufspreis.
- Jeder Unternehmer hat die Umsatzsteuer von seiner Mehrwertschöpfung an das Finanzamt abzuführen (= Zahllast).

Der Umsatzsteuer unterliegen vor allem die **Lieferungen und Leistungen,** die ein Unternehmer im Inland gegen Entgelt im Rahmen seines Unternehmens ausführt. Auch der **Eigenverbrauch,** also sowohl die Entnahme von Erzeugnissen für Privatzwecke als auch die private Nutzung von Betriebsgegenständen (z. B. Kfz) und die private Inanspruchnahme von betrieblichen Leistungen durch den Unternehmer (z. B. Reparatur seines Privathauses), sowie die **Einfuhr** von Gütern **aus Nicht-EU-Staaten sind umsatzsteuerpflichtig (§ 1 [1] UStG).** Mit Beginn des **EU-Binnenmarktes** (01.01.1993) unterliegt der **gewerbliche Erwerb** von Gütern **aus EU-Mitgliedstaaten** (sog. innergemeinschaftlicher Erwerb im Inland gegen Entgelt) der deutschen Umsatzsteuer.

---

1 weitere Ausführungen auf den Seiten 62 f.

Verbrauchsteuer. Die Umsatzsteuer muß zwar auf jeder Umsatzstufe vom <u>Unternehmer</u> an das Finanzamt abgeführt werden, sie soll ihn aber <u>keinesfalls belasten</u>. Als echte Verbrauchsteuer[1] muß sie wie die Kaffee-, Tee-, Tabaksteuer u.a. allein vom Letztverbraucher der Ware getragen werden. Das sind in der Regel die Privatverbraucher. Aus diesem Grund wird die Umsatzsteuer in der Kette der Unternehmen vom ersten Erzeuger der Ware bis zum letzten Verbraucher offen überwälzt. Jeder Lieferer muß daher neben dem reinen Warenwert (= Nettopreis) die Umsatzsteuer <u>gesondert auf der Rechnung ausweisen</u>.[2]

Vorsteuerabzug. Die offene Weitergabe der Umsatzsteuer auf allen Stufen des Warenwegs ermöglicht es, die Zahllast jeder Stufe ohne vorherige Ermittlung des Mehrwertes auf einfache Weise festzustellen:

1. Jeder Unternehmer stellt seinen Kunden die Umsatzsteuer gesondert in Rechnung (= Ausgangsrechnung). Andererseits berechnet ihm sein Lieferer ebenfalls Umsatzsteuer (= Eingangsrechnung).

2. Die in der Ausgangsrechnung des Industriebetriebes (vgl. Stufenbeispiel unten) ausgewiesene Umsatzsteuer von 975,00 DM muß der Unternehmer aber nicht in voller Höhe an das Finanzamt abführen. Er kann die in der Eingangsrechnung ausgewiesene Umsatzsteuer von 300,00 DM – die sog. Vorsteuer –, die er an seinen Lieferer (Material-Herstellung) zu zahlen hat, abziehen.

3. Die Differenz von 675,00 DM ist die Zahllast, die er an das Finanzamt abzuführen hat:

Umsatzsteuer aus dem Verkauf	**975,00 DM**
— **Vorsteuer** (= Umsatzsteuer aus dem Einkauf)	**300,00 DM**
Zahllast	**675,00 DM**

Die Vorsteuer – die <u>Umsatzsteuer beim Einkauf</u> – stellt somit ein Guthaben, d.h. eine <u>Forderung</u> an das Finanzamt dar, die <u>Umsatzsteuer beim Verkauf</u> dagegen eine <u>Schuld</u>. Durch den Abzug der Vorsteuern erreicht man, daß letztlich nur der Mehrwert besteuert wird, der auf einer bestimmten Umsatzstufe erzielt wurde:

Beispiel eines vierstufigen Warenwegs mit Vorsteuerabzug

Umsatzstufen	Rechnung		USt b. Verk. —	Vorsteuer =	Zahllast
Material-Herstellung	Nettowert + 15 % USt Rechnungspr.	2 000,00 300,00 2 300,00	300,00	—	300,00
Weiterverarbei-tende Industrie	Nettowert + 15 % USt Rechnungspr.	6 500,00 975,00 7 475,00	975,00	300,00	675,00
Großhandel	Nettowert + 15 % USt Rechnungspr.	8 000,00 1 200,00 9 200,00	1 200,00	975,00	225,00
Einzelhandel **Letztverbraucher**	Nettowert + 15 % USt Rechnungspr.	10 000,00 1 500,00 11 500,00	1 500,00	1 200,00	300,00
Probe:			3 975,00 — **Schuld** —	2 475,00 = **Forderung** =	1 500,00 **Zahllast**

---

[1] Steuerrechtlich zählt die Umsatzsteuer zwar zu den Verkehrsteuern, in ihrer Wirkung ist sie jedoch eine Verbrauchsteuer.

[2] Die Umsatzsteuer muß nur in Rechnungen an **Unternehmen bzw. Selbständige** gesondert ausgewiesen werden.

Durchlaufender Posten. Da der Unternehmer die Umsatzsteuer beim Verkauf der Erzeugnisse seinem Kunden in Rechnung stellt, belastet sie ihn nicht, verursacht ihm also auch keine Kosten. Jeder Unternehmer läßt sich von dem Abnehmer seiner Erzeugnisse sowohl die Umsatzsteuer, die er von seinem Mehrwert an das Finanzamt abzuführen hat (= Zahllast), als auch die seiner Vorlieferanten bezahlen. Für den einzelnen Unternehmer ist die Umsatzsteuer somit grundsätzlich ein „durchlaufender" Posten. Die Umsatzsteuer trägt und zahlt letztlich der Endverbraucher mit dem Betrag von 1500,00 DM.

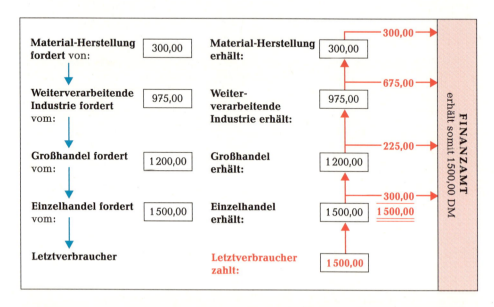

Merke:
- Nur der Letztverbraucher trägt die Umsatzsteuer.
- Daher ist die Umsatzsteuer für das Unternehmen i.d.R. kostenneutral.
- Die Umsatzsteuer ist im Unternehmen grundsätzlich ein „durchlaufender" Posten: Im Auftrag des Finanzamtes zieht das Unternehmen von seinen Kunden die Umsatzsteuer ein und führt diese nach Abzug der Vorsteuer an das Finanzamt (Zahllast) ab.

Das Entgelt bildet die Grundlage zur Berechnung der Umsatzsteuer. Dazu gehört alles, was aufgewandt wird, um die Lieferung (z. B. die Ware) oder sonstige Leistung (z. B. die Reparatur einer Maschine) zu erhalten, allerdings ohne die Umsatzsteuer. Entgelt als Bemessungsgrundlage der Umsatzsteuer ist daher in der Regel der Nettopreis der Lieferung oder sonstigen Leistung zuzüglich aller Nebenkosten.

Umsatzsteuervoranmeldung. Der Unternehmer hat zu bestimmten Terminen eine Umsatzsteuervoranmeldung (VA) abzugeben. VA-Zeitraum ist in der Regel der Kalendermonat und bei einer Vorjahres-USt von nicht mehr als 6 000,00 DM das Kalendervierteljahr. Die Voranmeldung ist binnen 10 Tagen auf einem besonderen Vordruck abzugeben. Vereinfacht sieht das so aus:

Verkaufsumsatz im Januar 19.. .... 100 000,00 DM	
15 % Umsatzsteuer von 100 000,00 DM	**15 000,00 DM**
− Vorsteuer auf den Eingangsrechnungen für den Monat Januar 19..	9 000,00 DM
an das Finanzamt zu zahlen (Zahllast)...........................	**6 000,00 DM**

Die Zahllast ist binnen 10 Tagen nach Ablauf des VA-Zeitraumes an das zuständige Finanzamt abzuführen.

Vorsteuerüberhang. Sind die Vorsteuern eines Monats höher als die eigene Umsatzsteuerschuld (z. B. bei saisonalen Einkäufen), so erstattet das Finanzamt die überschüssigen Vorsteuern.

Jahressteuererklärung. Die aufgrund der Voranmeldung an das Finanzamt abgeführten Zahllasten stellen lediglich Umsatzsteuervorauszahlungen dar. Für das abgelaufene Kalenderjahr hat der Unternehmer deshalb noch eine Jahreserklärung auf amtlich vorgeschriebenem Vordruck abzugeben, und zwar bis zum 31. Mai des folgenden Kalenderjahres.

Merke:
- Die Umsatzsteuer wird vom Nettopreis der Warenlieferungen und der in Rechnung gestellten Leistungen der Handwerker und freien Berufe berechnet. Der Nettopreis ist stets die Berechnungsgrundlage der Umsatzsteuer.
- Auf Unternehmen sowie Selbständige ausgestellte Rechnungen muß die Umsatzsteuer stets gesondert ausgewiesen werden. Bei Kleinbetragsrechnungen bis zu 200,00 DM genügt die Angabe des im Rechnungsbetrag enthaltenen Steuersatzes.
- Die Zahllast ist für den VA-Zeitraum (Monat, Quartal) zu ermitteln:
  Umsatzsteuer aus Verkauf − Vorsteuer = Zahllast
- Die in der USt-Voranmeldung ausgewiesene Zahllast ist spätestens bis zum 10. des Folgemonats an das Finanzamt abzuführen.

6.2 Buchung der Umsatzsteuer im Ein- und Verkaufsbereich

6.2.1 Buchung beim Einkauf von Rohstoffen u. a.

Der Einkauf von Roh-, Hilfs- und Betriebsstoffen wird aufgrund der Eingangsrechnung (ER) gebucht. Sie weist den Nettowert des bezogenen Materials und die darauf entfallende Umsatzsteuer gesondert aus. In unserem Stufenbeispiel S. 52/53 erhält der Fabrikant (weiterverarbeitende Industrie) für den Bezug von Rohstoffen folgende Rechnung:

Eingangsrechnung	
Rohstoffe, netto	2 000,00 DM
+ 15 % Umsatzsteuer	300,00 DM
Rechnungsbetrag	2 300,00 DM

Konto „Vorsteuer". Die in der Eingangsrechnung ausgewiesene Umsatzsteuer − die sog. Vorsteuer − begründet für den Fabrikanten eine Forderung an das Finanzamt; denn seine Umsatzsteuerschuld gegenüber dem Finanzamt entsteht erst in dem Augenblick, wenn er die aus den Rohstoffen u. a. hergestellten Erzeugnisse verkauft. Daher wird die beim Einkauf der Rohstoffe in Rechnung gestellte Vorsteuer zunächst im

Konto „Vorsteuer"

auf der Sollseite gebucht. Das Konto „Vorsteuer" hat Forderungscharakter. Es ist daher ein Aktivkonto.

Das „Rohstoffkonto" wird nur mit dem Nettobetrag belastet. Der Rechnungsbetrag wird dem Lieferer auf dem Konto „Verbindlichkeiten a. LL" gutgeschrieben.

662455

55

Der Buchungssatz aufgrund der Eingangsrechnung lautet daher:

	S	H
Rohstoffe	2 000,00	
Vorsteuer	300,00	
an Verbindlichkeiten a. LL		2 300,00

S	Rohstoffe	H	S	Verbindlichkeiten a. LL	H
Verb. a. LL 2 000,00				Rohstoffe/	
				Vorst. 2 300,00	
S	Vorsteuer	H			
Verb. a. LL 300,00					

> **Merke:** Die Umsatzsteuer in der Eingangsrechnung ist die Vorsteuer. Das Konto „Vorsteuer" ist ein Aktivkonto. Es weist ein Guthaben, d. h. eine Forderung gegenüber dem Finanzamt aus.

6.2.2   Buchung beim Verkauf von Erzeugnissen

Der Verkauf von fertigen Erzeugnissen wird aufgrund der Ausgangsrechnung (AR) gebucht. Sie weist den Nettopreis der Erzeugnisse und die darauf entfallende Umsatzsteuer gesondert aus. In unserem Beispiel erstellt der Fabrikant aus den Rohstoffen Erzeugnisse und verkauft diese an den Großhändler auf Ziel (Nettopreis 6 500,00 DM). Der Fabrikant, der durch diesen Umsatz einen Mehrwert von 4 500,00 DM (6 500,00 DM − 2 000,00 DM) schafft, schickt dem Großhändler folgende Rechnung:

Ausgangsrechnung	
Fertige Erzeugnisse, netto	6 500,00 DM
+ 15 % Umsatzsteuer	975,00 DM
Rechnungsbetrag	7 475,00 DM

Konto „Umsatzsteuer". Der Fabrikant belastet den Großhändler auf dem Konto „Forderungen a. LL" mit dem Rechnungsbetrag von 7 475,00 DM; denn der Großhändler ist verpflichtet, dem Fabrikanten den Nettowert der Erzeugnisse und dessen Umsatzsteuerschuld zu bezahlen. Das Konto „Umsatzerlöse für Erzeugnisse" übernimmt im Haben den Nettopreis von 6 500,00 DM. Die darauf entfallende Umsatzsteuer, also die Umsatzsteuer aus dem Verkauf der Erzeugnisse, wird dem Finanzamt auf dem

Konto „Umsatzsteuer"

gutgeschrieben. Dieses Konto hat Verbindlichkeitscharakter und stellt daher ein Passivkonto dar.

Der Buchungssatz aufgrund der Ausgangsrechnung lautet:

	S	H
Forderungen a. LL	7 475,00	
an Umsatzerlöse für Erzeugnisse		6 500,00
an Umsatzsteuer		975,00

S	Forderungen a. LL	H	S	Umsatzerlöse für Erzeugnisse	H
Erlöse/USt 7 475,00				Ford. a. LL 6 500,00	
			S	**Umsatzsteuer**	H
				Ford. a. LL **975,00**	

> **Merke:** Das Konto „Umsatzsteuer" ist ein Passivkonto. Es weist eine Verbindlichkeit gegenüber dem Finanzamt aus.

6.2.3 Vorsteuerabzug und Ermittlung der Zahllast

Ermittlung der Zahllast. Mit dem Verkauf der Erzeugnisse an den Großhändler entsteht für den Fabrikanten zunächst eine Umsatzsteuer<u>schuld</u> in Höhe von 975,00 DM gegenüber dem Finanzamt. Der Fabrikant hat aber durch die beim Einkauf der Rohstoffe geleistete <u>Vorsteuer</u> ein <u>Guthaben,</u> d. h. eine Forderung an das Finanzamt in Höhe von 300,00 DM. Er braucht also nur noch den <u>Unterschiedsbetrag</u> zwischen der Umsatzsteuer beim Verkauf und der Umsatzsteuer beim Einkauf (= Vorsteuer) <u>an das Finanzamt zu zahlen</u> (= <u>Zahllast</u>):

Umsatzsteuer aus dem Verkauf	**975,00 DM**
− <u>Vorsteuer</u> (Umsatzsteuer aus dem Einkauf)	300,00 DM
Zahllast	**675,00 DM**

Die Zahllast in Höhe von 675,00 DM entspricht somit 15 % seiner eigenen Mehrwertschöpfung (15 % von 4 500,00 DM = 675,00 DM).

Zum Monatsende (Umsatzsteuervoranmeldungszeitraum) ist der Saldo des Kontos „Vorsteuer" (= Forderung) auf das Konto „Umsatzsteuer" (= sonstige Verbindlichkeit) zu übertragen, um die Zahllast buchhalterisch zu ermitteln:

Buchung: Umsatzsteuer .... an Vorsteuer 300,00

Überweisung der Zahllast. Nach dieser Umbuchung weist nun der <u>Saldo</u> des Kontos „Umsatzsteuer" die <u>Zahllast</u> aus, die <u>spätestens</u> bis zum 10. des folgenden Monats an das Finanzamt abzuführen ist:

Buchung: Umsatzsteuer .... an Bank 675,00

> **Merke:**
> - Zur buchhalterischen Ermittlung der Zahllast wird das Konto „Vorsteuer" über das Konto „Umsatzsteuer" abgeschlossen.
> - Nach der Verrechnung zeigt der <u>Saldo</u> auf dem Konto „Umsatzsteuer" den an das Finanzamt abzuführenden Betrag: die <u>Zahllast</u>.
> - Bei einem Steuersatz von 15 % entspricht der <u>Rechnungs- oder Bruttobetrag</u> stets <u>115 %</u>: Warennettobetrag (= 100 %) + 15 % Umsatzsteuer. <u>Aus dem Bruttobetrag läßt sich der Anteil der Umsatzsteuer wie folgt herausrechnen:</u>
>   115 % ≙ Bruttobetrag, 15 % ≙ x:
>
> $$\text{Steueranteil} = \frac{\text{Bruttobetrag} \cdot 15}{115}$$

6.3 Bilanzierung der Zahllast und des Vorsteuerüberhangs

Passivierung der Zahllast. Zum 31.12. ist die Zahllast des Monats Dezember als „Sonstige Verbindlichkeit" in die Schlußbilanz einzusetzen, also zu passivieren.

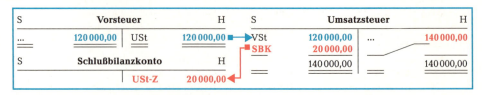

S	Vorsteuer		H	S	Umsatzsteuer		H
...	120 000,00	USt	120 000,00	VSt	120 000,00	...	140 000,00
				SBK	20 000,00		
S	Schlußbilanzkonto		H		140 000,00		140 000,00
		USt-Z	20 000,00				

Buchungen zum 31.12.: ① Umsatzsteuer an Vorsteuer 120 000,00
② Umsatzsteuer an Schlußbilanzkonto 20 000,00

Aktivierung des Vorsteuerüberhangs. Entsprechend ist ein Vorsteuerüberhang zum 31.12. als „Sonstige Forderung" in der Schlußbilanz auszuweisen, also zu aktivieren. In diesem Fall ist das Konto „Umsatzsteuer" über das Konto „Vorsteuer" abzuschließen.

S	Vorsteuer		H	S	Umsatzsteuer		H
...	80 000,00	USt	50 000,00	VSt	50 000,00	...	50 000,00
		SBK	30 000,00				
	80 000,00		80 000,00	S	Schlußbilanzkonto		H
				VSt	30 000,00		

Buchungen zum 31.12.: ① Umsatzsteuer ...... an Vorsteuer .. 50 000,00
② Schlußbilanzkonto .. an Vorsteuer .. 30 000,00

Merke: Zum Bilanzstichtag (31.12.) ist im Schlußbilanzkonto
- die **Zahllast** als „Sonstige Verbindlichkeit" auszuweisen **(zu passivieren)**,
- ein **Vorsteuerüberhang** als „Sonstige Forderung" zu **aktivieren**.

Aufgaben – Fragen

60 Ein Unternehmen der Grundstoffindustrie verkauft an einen Industriebetrieb Rohstoffe im Wert von 2 000,00 DM netto. Der Industriebetrieb erstellt aus den Rohstoffen fertige Erzeugnisse und verkauft diese für 6 000,00 DM an den Großhandel. Der Großhandel veräußert diese Waren an den Einzelhandel für 7 600,00 DM. Der Einzelhandel setzt die Waren an verschiedene Konsumenten für 11 000,00 DM ab. Die Preise sind Nettopreise, allgemeiner Steuersatz.

Zeichnen Sie ein Stufenschema (s. S. 52), das den Rechnungsbetrag, die Umsatzsteuer beim Verkauf, die Vorsteuer und die Zahllast enthält. Buchen Sie auf jeder Stufe.

61 Ein Industrieunternehmen hat im Monat Oktober insgesamt Umsatzerlöse von netto 50 000,00 DM und Einkäufe von Rohstoffen von netto 30 000,00 DM getätigt. Allgemeiner Steuersatz.

Konten: Rohstoffe, Vorsteuer, Verbindlichkeiten a. LL, Umsatzerlöse, Umsatzsteuer, Forderungen a. LL, Bank (Anfangsbestand 10 000,00 DM).

1. Buchen Sie a) die Umsatzerlöse, b) Rohstoffeinkäufe, c) Ermittlung der Zahllast (31.10.).
2. Bis wann ist die Zahllast an das Finanzamt zu überweisen? Buchen Sie.

Im Dezember hatte das Industrieunternehmen folgende Umsätze: Verkäufe netto 600 000,00 **62**
DM, Rohstoffeinkäufe netto 800 000,00 DM. Allgemeiner Steuersatz.

1. *Buchen Sie die Vorgänge summarisch.*
2. *Warum ergibt sich zum 31.12. keine Zahllast?*
3. *Wohin gelangt der Vorsteuerüberhang beim Jahresabschluß?*
4. *Begründen Sie, daß die Vorsteuer eine Forderung an das Finanzamt darstellt.*

Anfangsbestände: **63**
                                                                              64

TA u. Maschinen	230 000,00	Forderungen a. LL	34 000,00
Andere Anlagen, BGA	70 000,00	Kasse	6 000,00
Rohstoffe	42 000,00	Bankguthaben	35 000,00
Hilfsstoffe	22 000,00	Verbindlichkeiten a. LL	43 000,00
Betriebsstoffe	14 000,00	Eigenkapital	410 000,00

Kontenplan: TA u. Maschinen, Andere Anlagen, BGA, Rohstoffe, Hilfsstoffe, Betriebsstoffe, Forderungen a. LL, Vorsteuer, Kasse, Bank, Verbindlichkeiten a. LL, Umsatzsteuer, Fertigungsmaterial, Gemeinkostenmaterial, Brennstoffe/Energie, Fertigungslöhne, Abschreibungen auf Sachanlagen, Umsatzerlöse für Erzeugnisse, Betriebsergebniskonto, Eigenkapital, Schlußbilanzkonto.

Geschäftsfälle: **63**   **64**

		63	64
1. Kauf von Betriebsstoffen lt. ER 11			
	Nettopreis	3 000,00	4 000,00
	+ Umsatzsteuer	450,00	600,00
	Rechnungsbetrag	3 450,00	4 600,00
2. Kauf von Rohstoffen lt. ER 12–14			
	Nettopreis	25 000,00	30 000,00
	+ Umsatzsteuer	3 750,00	4 500,00
	Rechnungsbeträge	28 750,00	34 500,00
3. Banküberweisung an einen Lieferer, Rechnungsbetrag		8 600,00	8 700,00
4. Barzahlung von Fertigungslöhnen		4 400,00	4 600,00
5. Zieleinkauf von Hilfsstoffen lt. ER 15			
	Nettopreis	8 000,00	8 500,00
	+ Umsatzsteuer	1 200,00	1 275,00
	Rechnungsbetrag	9 200,00	9 775,00
6. Verkauf von eigenen Erzeugnissen lt. AR 10–12			
	Nettopreis	9 000,00	8 500,00
	+ Umsatzsteuer	1 350,00	1 275,00
	Rechnungsbeträge	10 350,00	9 775,00
7. Banküberweisung von Kunden, Rechnungsbeträge		15 400,00	16 500,00
8. Rohstoffverbrauch lt. Materialentnahmeschein 410		20 500,00	20 600,00
Hilfsstoffverbrauch lt. Materialentnahmeschein 411		2 500,00	2 400,00
Betriebsstoffverbrauch lt. Materialentnahmeschein 412		3 100,00	3 000,00
9. Verkauf von Erzeugnissen lt. AR 13–18			
	Nettopreis	42 000,00	45 000,00
	+ Umsatzsteuer	6 300,00	6 750,00
	Rechnungsbeträge	48 300,00	51 750,00

Abschlußangaben:

1. Abschreibungen auf TA u. Maschinen 4 500,00 DM; auf Andere Anlagen, BGA 1500,00 DM.
2. Die Zahllast für die Umsatzsteuer ist zu ermitteln und auf die Habenseite des Schlußbilanzkontos einzustellen, d. h. zu passivieren.
3. Keine Bestände an unfertigen und fertigen Erzeugnissen.

662459

59

6.4 Vorsteuer bei Kostenarten

Mit Vorsteuer belastet sind auch verschiedene Kostenarten, die uns von Dritten in Rechnung gestellt werden, z. B. Büromaterial, Fremdreparaturen (Instandhaltungen), Kosten für Werbung und Reise, Ausgangsfrachten u. a., nicht jedoch Kosten des Post- und Fernmeldeverkehrs[1]. In diesen Fällen wird der jeweilige Nettobetrag auf dem entsprechenden „Kostenkonto", die darauf entfallende Umsatzsteuer auf dem Konto „Vorsteuer" gebucht.

Beispiel: Barkauf von Büromaterial,
Nettopreis 400,00 DM + Umsatzsteuer 60,00 DM = 460,00 DM.

Buchung: Bürokosten **400,00**
Vorsteuer **60,00**
an **Kasse** 460,00

Aufgaben – Fragen

65 **Anfangsbestände:**

TA u. Maschinen	252 000,00	Forderungen a. LL	44 000,00
Andere Anlagen, BGA	105 000,00	Kasse	6 000,00
Rohstoffe	62 000,00	Bankguthaben	40 000,00
Hilfsstoffe	42 000,00	Verbindlichkeiten a. LL	43 000,00
Betriebsstoffe	15 000,00	Eigenkapital	523 000,00

Kontenplan:

TA u. Maschinen, Andere Anlagen, BGA, Rohstoffe, Hilfsstoffe, Betriebsstoffe, Forderungen a. LL, Vorsteuer, Kasse, Bank, Verbindlichkeiten a. LL, Umsatzsteuer, Fertigungsmaterial, Gemeinkostenmaterial, Brennstoffe/Energie, Fertigungslöhne, Werbekosten, Bürokosten, Instandhaltung, Abschreibungen auf Sachanlagen, Umsatzerlöse für Erzeugnisse, Betriebsergebnis, Eigenkapital, Schlußbilanzkonto.

Geschäftsfälle:

1.	Zieleinkauf von Rohstoffen lt. ER 22–29, netto	9 600,00	
	+ Umsatzsteuer	1 440,00	11 040,00
2.	Verbrauch lt. Materialentnahmescheine		
	Rohstoffe		32 000,00
	Betriebsstoffe		2 500,00
3.	Barkauf von Büromaterial, Nettopreis	280,00	
	+ Umsatzsteuer	42,00	322,00
4.	Banküberweisung der Fertigungslöhne		8 500,00
5.	Banküberweisung für unsere Werbeanzeige, Nettopreis	800,00	
	+ Umsatzsteuer	120,00	920,00
6.	Zielverkäufe von Erzeugnissen lt. AR 35–40, netto	25 000,00	
	+ Umsatzsteuer	3 750,00	28 750,00
7.	Barzahlung für Maschinenreparatur, Nettopreis	700,00	
	+ Umsatzsteuer	105,00	805,00
8.	Hilfsstoffverbrauch lt. Materialentnahmeschein		6 200,00
9.	Zieleinkauf von Betriebsstoffen lt. ER 30–34, netto	4 500,00	
	+ Umsatzsteuer	675,00	5 175,00
10.	Banküberweisungen von Kunden, Rechnungsbeträge		18 100,00
11.	Zielverkäufe von Erzeugnissen lt. AR 41–48, netto	42 000,00	
	+ Umsatzsteuer	6 300,00	48 300,00
12.	Barzahlung der Telefonrechnung[1]		550,00

---

1 Obwohl ab 01.07.1990 für Telekommunikations-Endgeräte Umsatzsteuer anfällt, weisen wir bei Fernmelderechnungen keine Umsatzsteuer aus (Ausnahme: Beleggeschäftsgang), da bei jedem Unternehmer entsprechend der Ausstattung unterschiedliche Umsatzsteuer-Beträge anfallen.

Abschlußangaben:

1. Abschreibungen auf TA u. Maschinen 5 000,00 DM; auf Andere Anlagen, BGA 1 400,00 DM.
2. Ermittlung und Passivierung der Umsatzsteuer-Zahllast.
3. Keine Bestände an unfertigen und fertigen Erzeugnissen.

Anfangsbestände: **66**
                                                                                     67

TA u. Maschinen	244 000,00	Kasse	7 100,00
Andere Anlagen, BGA	93 000,00	Bankguthaben	34 200,00
Rohstoffe	32 000,00	Verbindlichkeiten a. LL	50 000,00
Hilfsstoffe	15 000,00	Umsatzsteuerschuld	4 500,00
Forderungen a. LL	24 000,00	Eigenkapital	394 800,00

Kontenplan: Weitere einzurichtende Konten: Vorsteuer, Fertigungsmaterial, Gemeinkosten-material, Fertigungslöhne, Gehälter, Instandhaltung, Betriebssteuern, Bürokosten, Raumko-sten, Abschreibungen auf Sachanlagen, Umsatzerlöse für Erzeugnisse, Betriebsergebnis, SBK.

Geschäftsfälle:	**66**	**67**
1. Unsere Banküberweisung für Miete (steuerfrei)	2 400,00	2 600,00
2. Verbrauch lt. Materialentnahmescheine: Rohstoffe	22 500,00	23 000,00
Hilfsstoffe	6 400,00	6 500,00
3. Banküberweisung der Umsatzsteuer an das Finanzamt	4 500,00	4 500,00
4. Barkauf von Büromaterial, netto	380,00	400,00
+ Umsatzsteuer	57,00	60,00
	437,00	460,00
5. Kauf von Rohstoffen lt. ER 412–418, netto	19 600,00	19 500,00
+ Umsatzsteuer	2 940,00	2 925,00
	22 540,00	22 425,00
6. Banküberweisung der Fertigungslöhne	15 200,00	15 300,00
7. Barzahlung einer Maschinenreparatur, Nettopreis	800,00	700,00
+ Umsatzsteuer	120,00	105,00
	920,00	805,00
8. Banküberweisung der Gewerbesteuer	1 600,00	1 800,00
9. Gehaltszahlungen durch Banküberweisung	8 400,00	8 800,00
10. Kauf von Hilfsstoffen lt. ER 449–451, netto	4 600,00	5 300,00
+ Umsatzsteuer	690,00	795,00
	5 290,00	6 095,00
11. Banküberweisungen an die Lieferer, Rechnungsbeträge	6 500,00	6 800,00
12. Verkauf von Erzeugnissen lt. AR 512–516, netto	89 400,00	89 900,00
+ Umsatzsteuer	13 410,00	13 485,00
	102 810,00	103 385,00

Abschlußangaben:

1. Abschreibungen auf TA u. Maschinen 6 000,00 DM; auf Andere Anlagen, BGA 1 500,00 DM.
2. Ermittlung und Passivierung der Umsatzsteuer-Zahllast.
3. Keine Bestände an unfertigen und fertigen Erzeugnissen.

---

1. *Sowohl Lieferungen als auch Leistungen unterliegen u. a. der Umsatzsteuer. Nennen Sie* **68**
   jeweils einige Beispiele.
2. *Was versteht man unter einer Zahllast? Für welchen Zeitraum wird sie in der Regel ermittelt? Bis zu welchem Termin ist die Zahllast spätestens abzuführen?*
3. *Im Monat Dezember beträgt die Vorsteuer 120 000,00 DM, die Umsatzsteuer aufgrund der Ausgangsrechnungen nur 80 000,00 DM. Schließen Sie zum 31.12. die Konten ab.*
4. *Erläutern Sie, inwiefern die Umsatzsteuer für das Unternehmen ein grundsätzlich „durchlaufender" Posten ist.*

7 Privatentnahmen und Privateinlagen

7.1 Privatkonto

Privatentnahmen. Zu seinem Lebensunterhalt entnimmt der Unternehmer[1] bei Bedarf Geld oder Waren aus seinem Betrieb. Überweisungen für Privatzwecke werden oft über die Finanzkonten des Unternehmens durchgeführt, wie z. B. Zahlungen für die Lebens- und Krankenversicherung, Einkommensteuer- und Kirchensteuerzahlungen u. a. Diese Privatentnahmen sind keine betrieblichen Aufwendungen. Sie stellen vielmehr vorweggenommenen Gewinn des laufenden Geschäftsjahres dar und bewirken somit zunächst eine Verminderung des im Unternehmen arbeitenden Eigenkapitals.

Kapitaleinlagen. Zuweilen führt der Unternehmer dem Betrieb Geld- oder Sachwerte aus seinem Privatvermögen zu. Diese Mittel erhöhen das Eigenkapital.

Privatkonto. Privatentnahmen und Kapitaleinlagen verändern das Eigenkapital. Aus Gründen der Übersichtlichkeit wird ein Privatkonto eingerichtet, das ein Unterkonto des Eigenkapitalkontos ist. Das Privatkonto nimmt daher auf der Sollseite die Entnahmen, auf der Habenseite etwaige Einlagen des Inhabers auf.[2] Für die Buchungen sind entsprechende Eigenbelege auszustellen. Buchungsbeispiele:

- Privatentnahme, bar: **Privatkonto** .. an **Kasse**
- Privateinlage, bar: **Kasse** .... an **Privatkonto**

Das Privatkonto wird am Jahresende über das Eigenkapitalkonto abgeschlossen:

- Entnahmen > Einlagen: **Eigenkapital** .. an **Privatkonto**
- Einlagen   > Entnahmen: **Privatkonto** .. an **Eigenkapital**

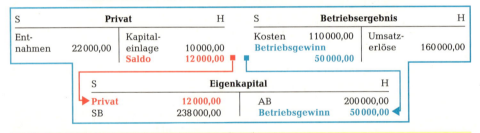

Merke:	Das Eigenkapitalkonto verändert sich
	• durch den **Gewinn** oder **Verlust** des Geschäftsjahres,
	• durch **Privatentnahmen** und **Neueinlagen**.

7.2 Umsatzsteuer bei Eigenverbrauch

Entnahme von Gegenständen. Der Geschäftsinhaber kann seinem Unternehmen außer Geld auch Gegenstände (z. B. Erzeugnisse) für den privaten Verbrauch (Gebrauch) entnehmen. Dieser Eigenverbrauch unterliegt – wie die Lieferung von Erzeugnissen – der Umsatzsteuer (§ 1 Abs. 1 UStG). Der Entnahmebeleg muß den Eigenverbrauch (z. B. die Herstellungskosten der entnommenen Erzeugnisse) und die darauf entfallende Umsatzsteuer ausweisen. Der Eigenverbrauch ist aus steuerlichen Gründen buchhalterisch gesondert nachzuweisen (§ 22 UStG). Das geschieht auf dem Ertragskonto „Steuerpflichtiger Eigenverbrauch".

---

[1] Das Privatkonto kann es nur für den Einzelunternehmer oder für den Gesellschafter (Vollhafter) einer Personengesellschaft (OHG, KG) geben.

[2] Einlagen können auch direkt über das Eigenkapitalkonto gebucht werden.

Beispiel: Der Fabrikant Barth entnimmt seinem Betrieb fertige Erzeugnisse für Privatzwecke: Nettowert 800,00 DM + 120,00 DM Umsatzsteuer.

Buchungen: ① Privat . . . . 920,00 an **Steuerpflichtiger Eigenverbrauch** 800,00
an **Umsatzsteuer** 120,00
② Stpfl. Eigenverbr. . 800,00 an **GuV-Konto** 800,00

S	Privat		H	S	Steuerpflichtiger Eigenverbrauch		H
① EV/USt	920,00			② GuV	800,00	① Privat	800,00
S	GuV-Konto		H	S	Umsatzsteuer		H
		② EV	800,00			① Privat	120,00

Die private Nutzung eines Geschäftswagens ist gleichfalls umsatzsteuerpflichtig. Dabei ist zu beachten, daß nur die mit Vorsteuer belasteten Kfz-Kosten (z. B. Treibstoffe, AfA u. a.) die Bemessungsgrundlage für den Eigenverbrauch bilden dürfen. Die vorsteuerfreie Kfz-Steuer und -Versicherung sind in Höhe des privaten Nutzungsanteils gesondert auf dem Ertragskonto „Steuerfreier Eigenverbrauch" auszuweisen.

Beispiel: Der Fabrikant Barth benutzt den Geschäftswagen zu 25 % privat. Die mit Vorsteuer belasteten Kfz-Kosten betragen insgesamt 8 000,00 DM, von denen 25 % = 2 000,00 DM als Eigenverbrauch mit 15 % = 300,00 DM Umsatzsteuer zu belasten sind. Der Privatanteil an der Kfz-Steuer beträgt 25 % von 500,00 DM = 125,00 DM und an der Kfz-Versicherung 25 % von 800,00 DM = 200,00 DM.

Buchungen: ① Privat . . . . 2 300,00 an **Steuerpflichtiger Eigenverbrauch** 2 000,00
an **Umsatzsteuer** 300,00
② Privat . . . . 325,00 an **Steuerfreier Eigenverbrauch** 325,00

Der private Anteil an den Geschäftstelefonkosten ist – soweit es sich um vorsteuerfreie Kosten handelt – nicht umsatzsteuerpflichtig (BFH-Urteil vom 23.09.93). Er wird wie im obigen Kfz-Beispiel als „Steuerfreier Eigenverbrauch" gebucht.

Die private Inanspruchnahme von Leistungen des eigenen Betriebes gilt als steuerpflichtiger Eigenverbrauch (z. B. Kosten der Dachreparatur im Haus des Unternehmers: 800,00 DM).

Buchung: Privat . . . . 920,00 an **Steuerpflichtiger Eigenverbrauch** 800,00
an **Umsatzsteuer** 120,00

Merke: **Der Eigenverbrauch unterliegt der Umsatzsteuer (§ 1 UStG). Dazu zählen:**
● **Entnahme von Gegenständen (z. B. Waren, BGA u. a.) für Privatzwecke[1]**
● **Private Nutzung von Betriebsgegenständen (z. B. Geschäfts-PKW)**
● **Inanspruchnahme von Leistungen des eigenen Betriebes für Privatzwecke**

Aufgaben – Fragen

Bilden Sie die Buchungssätze zu folgenden Geschäftsfällen:

69

1. Banklastschriften für Miete: 4 000,00 DM Lagerhalle, 800,00 DM Privatwohnung.
2. Fabrikant Schneider entnimmt für seinen Urlaub 2 500,00 DM der Geschäftskasse.
3. Entnahme von Erzeugnissen für Privathaushalt zum Nettowert von 500,00 DM.
4. Kapitaleinlage des Geschäftsinhabers auf das betriebliche Bankkonto: 5 000,00 DM.
5. Die anteiligen mit Vorsteuer belasteten Kfz-Kosten für Privatfahrten betragen jährlich 3 000,00 DM. Die anteiligen vorsteuerfreien Kfz-Kosten belaufen sich auf 500,00 DM.
6. Geschäftsinhaber läßt seinen Privat-PKW im eigenen Betrieb für 1200,00 DM reparieren.
7. Heizung im Privathaus des Geschäftsinhabers wird durch den eigenen Betrieb repariert, netto 1700,00 DM.
8. Nennen Sie den Abschluß des Privatkontos: Entnahmen a) > und b) < Einlagen.

1 siehe auch S. 165 f.

70 *Stellen Sie die Konten Privat, Eigenverbrauch, Betriebsergebnis und Eigenkapital auf und schlie-ßen Sie diese ab.*

Privatentnahmen in bar 34 000,00 DM; Privatentnahmen von fertigen Erzeugnissen 2 000,00 DM netto; der Unternehmer bringt seinen Privat-PKW in das Geschäftsvermögen ein: 15 000,00 DM; Aufwendungen insgesamt 172 000,00 DM; Umsatzerlöse insgesamt 218 000,00 DM; Eigenkapital 180 000,00 DM.

71
72
Anfangsbestände:

TA u. Maschinen 240 000,00 DM, Andere Anlagen, BGA 65 000,00 DM, Rohstoffe 36 000,00 DM, Hilfsstoffe 16 000,00 DM, Forderungen a. LL 34 000,00 DM, Bankguthaben 63 000,00 DM, Kasse 8 000,00 DM, Verbindlichkeiten a. LL 48 000,00 DM, Umsatzsteuerschuld 6 000,00 DM, Eigenka-pital 408 000,00 DM.

Kontenplan:

Weitere einzurichtende Konten: Vorsteuer, Fertigungsmaterial, Gemeinkostenmaterial, Ferti-gungslöhne, Instandhaltung, Bürokosten, Raumkosten, Abschreibungen auf Sachanlagen, Umsatzerlöse für Erzeugnisse, Eigenverbrauch, Betriebsergebnis, Privat, Schlußbilanzkonto.

Geschäftsfälle:	71	72
1. Verbrauch von Rohstoffen lt. ME	19 000,00	18 000,00
von Hilfsstoffen lt. ME	4 500,00	3 700,00
2. Banküberweisung der Umsatzsteuer-Zahllast	6 000,00	6 000,00
3. Kauf von Rohstoffen lt. ER 806–809, netto	9 500,00	8 800,00
+ Umsatzsteuer	1 425,00	1 320,00
✗ 4. Barentnahme des Inhabers für Urlaubsreise	1 200,00	1 300,00
5. Banküberweisung der Fertigungslöhne	8 200,00	8 800,00
6. Barkauf von Schreibmaterial, Nettopreis	480,00	500,00
+ Umsatzsteuer	72,00	75,00
7. Barzahlung der Maschinenreparatur, Nettopreis	700,00	800,00
+ Umsatzsteuer	105,00	120,00
✗ 8. Privatentnahmen von fertigen Erzeugnissen, Nettowert	660,00	760,00
+ Umsatzsteuer	99,00	114,00
✗ 9. Unsere Banküberweisung für Miete: Betrieb	3 200,00	3 600,00
privat	700,00	800,00
10. Banküberweisung an Lieferer, Rechnungsbetrag	14 400,00	15 500,00
✗ 11. Privatentnahme in bar	350,00	300,00
12. Verkauf von Erzeugnissen lt. AR 966–978, netto	74 800,00	75 200,00
+ Umsatzsteuer	11 220,00	11 280,00
✗ 13. Die Heizungsanlage im Einfamilienhaus des Betriebsinhabers wurde durch den Betrieb instand gesetzt. Kosten	500,00	460,00
+ Umsatzsteuer	75,00	69,00

Abschlußangaben:

1. Abschreibungen auf TA u. Maschinen 6 000,00 DM; auf Andere Anlagen, BGA 1 200,00 DM.
2. Ermittlung und Passivierung der Umsatzsteuer-Zahllast.
3. Alle Erzeugnisse wurden verkauft (keine Bestände).

73 1. *Welcher Zusammenhang besteht zwischen Gewinn und Privatentnahmen?*

2. *Was versteht man im Sinne des Umsatzsteuergesetzes unter Eigenverbrauch?*

3. *Begründen Sie, weshalb der Eigenverbrauch umsatzsteuerpflichtig ist.*

4. *Erklären Sie die Abschlußbuchung für das Konto „Eigenverbrauch".*

8 Ergebnisrechnung nach dem GKR

8.1 Gemeinschaftskontenrahmen der Industrie (GKR)

8.1.1 Aufgaben und Aufbau des GKR

Anforderungen an ein Kontenordnungssystem. Die Zahlen der Buchführung sind zugleich Grundlage für die Planungen und Entscheidungen der Unternehmensleitung. Dazu sind wichtige Bilanz-, Aufwands- und Ertragsposten durch Vergleich mit den Zahlen früherer Geschäftsjahre (Zeitvergleich) sowie mit branchengleichen Betrieben (Betriebsvergleich) betriebswirtschaftlich auszuwerten. Die Buchführung mit ihren zahlreichen Konten bedarf daher einer bestimmten Ordnung, die die Konten des Unternehmens und der branchengleichen Betriebe nicht nur systematisch und detailliert sowie EDV-gerecht gliedert, sondern vor allem auch einheitlich benennt.

Der Gemeinschaftskontenrahmen der Industrie (GKR)[1], der 1953 vom Bundesverband der Deutschen Industrie (BDI) herausgegeben wurde, ist ein übersichtliches Kontenordnungssystem für Industriebetriebe. Für den Groß- und Außenhandel, den Einzelhandel und das Handwerk sowie für Banken und Versicherungen gibt es eigene Kontenrahmen. Allen Unternehmen wird die Anwendung eines Kontenrahmens empfohlen.

Aufbau des GKR. Der Gemeinschaftskontenrahmen ist wie alle Kontenrahmen nach dem dekadischen System (Zehnersystem) aufgebaut. Die Konten werden zunächst eingeteilt in

10 Klassen von 0 bis 9:

Kontenklasse	Inhalt der Kontenklassen
0	Anlage- und Kapitalkonten
1	Finanzkonten
2	Neutrale Aufwendungen und Erträge
3	Material-Bestandskonten
4	Konten der Kostenarten
5	frei für Kostenstellen
6	
7	Bestände an unfertigen und fertigen Erzeugnissen (= Kostenträger)
8	Betriebliche Erträge: Erlöse für Erzeugnisse, Leistungen, Handelswaren u. a.
9	Abschlußkonten

Prozeßgliederungsprinzip. Die Reihenfolge der Kontenklassen entspricht grundlegend dem Betriebsablauf in einem Industriebetrieb: Anlagen und langfristiges Kapital (Klasse 0) sowie die Finanzmittel der Klasse 1 bilden die Grundlage. Mit den Finanzmitteln sind die Rohstoffe u. a. (Klasse 3) zu beschaffen und die Kosten der Fertigung (Klasse 4) zu bestreiten. Die Erzeugnisse werden auf Lager genommen (Klasse 7) und danach verkauft (Klasse 8). Das Ergebnis wird in Klasse 9 festgestellt.[1]

---

[1] Neben dem **GKR** gibt es seit 1971 den **„Industriekontenrahmen" (IKR),** dem das **Abschlußgliederungsprinzip** zugrunde liegt. Aufbau der Kontenklassen sowie Reihenfolge und Bezeichnung der Konten entsprechen der **Bilanz (§ 266 HGB)** und der **Gewinn- und Verlustrechnung (§ 275 HGB).**

8.1.2　Überblick über den Gemeinschaftskontenrahmen (GKR)

Klasse 0: Anlage- und Kapitalkonten (Ruhende Konten)

Die Konten beinhalten vor allem das Anlagevermögen als Grundlage der Betriebsbereitschaft und die Finanzierung des Unternehmens mit Eigenkapital und langfristigem Fremdkapital. Man bezeichnet die Konten der Klasse 0 auch als „ruhende" Konten, weil sie während des Geschäftsjahres selten berührt werden.

Klasse 1: Finanzkonten

Die Finanzkonten geben Aufschluß über die liquiden Mittel (Kasse, Bank, Postbank) des Unternehmens und erfassen den gesamten kurzfristigen Kreditverkehr mit den Kunden und Lieferern (Forderungen, Verbindlichkeiten). Das Privatkonto gehört ebenso dazu wie die Konten „Vorsteuer" und „Umsatzsteuer".

Klasse 2: Neutrale Aufwendungen und Erträge

Aufwendungen und Erträge, die nicht in unmittelbarem Zusammenhang mit der Produktion und dem Absatz stehen oder dabei unregelmäßig in außergewöhnlicher Höhe anfallen, dürfen nicht in die Betriebsergebnis- und Selbstkostenrechnung einbezogen werden. Sie werden deshalb als „neutrale" Aufwendungen und Erträge auf Konten der Klasse 2 erfaßt und somit von den Kosten der Klasse 4 und den Leistungen der Klasse 8 sachlich abgegrenzt.

Klasse 3: Material-Bestände

In der Kontenklasse 3 werden die Einkaufskonten für Rohstoffe, Hilfsstoffe, Betriebsstoffe sowie für bezogene Fertigteile und Handelswaren geführt.

Klasse 4: Kostenarten (Betriebliche Aufwendungen)

In der Kontenklasse 4 werden alle betrieblichen, also durch Produktion und Absatz entstandenen Aufwendungen erfaßt, um als Kosten in die Betriebsergebnisrechnung und in die Selbstkosten der Erzeugnisse einbezogen zu werden. Für die einzelnen Arten von Kosten enthält die Kontenklasse 4 die entsprechenden Konten, die auch bereits für Zwecke der Kosten- und Leistungsrechnung grundlegend gegliedert sind.

Klassen 5/6: Kostenstellen

Soll die Betriebsabrechnung buchhalterisch durchgeführt werden, sind in der Kontenklasse 5 die entsprechenden Kostenstellen-Konten und in der Kontenklasse 6 ein Konto zur Ermittlung der Herstellungskosten der produzierten Erzeugnisse (Kostenträger) einzurichten. In der Praxis wird die Betriebsabrechnung jedoch überwiegend in tabellarischer Form durchgeführt, die übersichtlicher und mit geringerem Aufwand zu erstellen ist. In diesem Fall bleiben die Klassen 5 und 6 frei. Siehe auch GKR im Anhang.

Klasse 7: Bestände an unfertigen und fertigen Erzeugnissen

Diese Klasse enthält die Konten für die produzierten Kostenträger „Unfertige Erzeugnisse" und „Fertige Erzeugnisse", die als Bestandskonten geführt werden. Erzeugnisse, deren Herstellungsprozeß noch nicht abgeschlossen ist und die sich deshalb noch nicht in einem verkaufsreifen Zustand befinden, sind kontenmäßig aus Gründen der Klarheit als „unfertige" Erzeugnisse von den fertiggestellten Erzeugnissen zu trennen.

Klasse 8: Betriebliche Erträge (Umsatzerlöse u. a.)

In dieser Kontenklasse werden die eigentlichen betrieblichen Erträge, d. h. die Leistungen aus Produktion und Absatz auf gesonderten Konten erfaßt: Absatzleistungen (Umsatzerlöse), Lagerleistungen (Bestandsmehrungen an Erzeugnissen) und Eigenleistungen (z. B. selbsterstellte Anlagegüter) sowie Erlöse für Handelswaren sowie der Eigenverbrauch.

Klasse 9: Abschluß

Die Kontenklasse 9 enthält die für den Jahresabschluß notwendigen **Abschlußkonten:**

● **Betriebsergebnis,** ● **Neutrales Ergebnis,** ● **Gesamtergebnis,** ● **Schlußbilanzkonto.**

In der Kontenklasse 9 wird auch das „Eröffnungsbilanzkonto" geführt.

8.1.3 Kontenrahmen und Kontenplan

Im **Kontenrahmen** läßt sich jede der 10 Kontenklassen (einstellige Ziffer) in 10 Kontengruppen (zweistellige Ziffer), jede Kontengruppe in 10 Kontenarten (dreistellige Ziffer) und jede Kontenart in 10 Kontenunterarten (vierstellige Ziffer) untergliedern.

Beispiel: **Aus der Kontennummer 1131 erkennt man die**
- ▶ **Kontenklasse:** 1 Finanzkonten
- ▶ **Kontengruppe:** 11 Geldanstalten   **Kontenrahmen**
- ▶ **Kontenart:** 113 Banken
- ▶ **Kontenunterart:**   1130 Kreissparkasse   **Kontenplan**
  - 1131 Deutsche Bank
  - 1132 Commerzbank

Kontenplan. Der Kontenrahmen bildet die einheitliche Grundordnung für die Aufstellung betriebsindividueller Kontenpläne der Unternehmen eines Wirtschaftszweiges. Aus dem Kontenrahmen entwickelt jedes Unternehmen seinen eigenen Kontenplan, der auf seine besonderen Belange (Branche, Struktur, Größe, Rechtsform) ausgerichtet ist. So läßt sich im Kontenplan eine weitere Untergliederung der Kontenarten in Kontenunterarten entsprechend den Bedürfnissen des Unternehmens vornehmen. Der Kontenplan enthält somit nur die im Unternehmen geführten Konten.

Vereinfachung der Buchungsarbeit. Der Kontenplan vereinfacht die Buchungen in den Konten, da die Kontenbezeichnungen durch Kontennummern ersetzt werden.

Beispiel: statt: **Privat** an **Kasse** ...... **1800,00 DM**   kurz: **1970/1000** ...... **1800,00 DM**

Soll	**1970 Privat**	Haben		Soll	**1000 Kasse**	Haben
1000	1 800,00			AB	7 500,00	1970 1 800,00

EDV-Kontenrahmen. Soll der GKR — wie im vorliegenden Lehrbuch beabsichtigt — zugleich auch in der EDV-Buchführung verwendet werden, ist jedes Sachkonto (= Hauptbuchkonto) in der Regel mit einer vierstelligen Kontenziffer zu versehen. Personenkonten (Kunden- und Liefererkonten) haben stets fünfstellige Kontenziffern.

Merke:
- **Der Kontenrahmen bildet für alle Unternehmen eines Wirtschaftszweiges die einheitliche Grundordnung für die Gliederung und Bezeichnung der Konten. Der Kontenrahmen ermöglicht damit**
  - ▷ **eine Vereinfachung und Vereinheitlichung der Buchungen sowie**
  - ▷ **Zeit- und Betriebsvergleiche zur Überwachung der Wirtschaftlichkeit.**
- **Der Kontenplan enthält nur die im Unternehmen geführten Konten.**

Aufgaben – Fragen

Wie lauten die Kontenbezeichnungen und die zugrunde liegenden Geschäftsfälle?   **74**

1. 0370 und 1550 an 1130	4. 4390 an 1130	7. 1600 an 1130
2. 3000 und 1550 an 1600	5. 4800 an 0370	8. 1970 an 8800 und 1750
3. 1400 an 8300 und 1750	6. 4770 und 1550 an 1000	9. 1130 an 1400

Nennen Sie jeweils den Geschäftsfall der folgenden Buchungen auf dem Bankkonto: **75**

Soll		**1130 Bank**		Haben
1. 9980	86 000,00	5. 1600		18 400,00
2. 1000	5 000,00	6. 1750		12 300,00
3. 0600	25 000,00	7. 4390		24 300,00
4. 1400	12 000,00	8. 9990		73 000,00
	128 000,00			128 000,00

8.2 Ermittlung des Betriebsergebnisses (GKR)

8.2.1 Betriebsergebnis ohne Bestand an unfertigen und fertigen Erzeugnissen

Gliederung der Kostenarten. Die Kosten bilden die Grundlage sowohl der Betriebsergebnisrechnung als auch bei der Ermittlung der Selbstkosten der Erzeugnisse (Kostenträger). Sie werden in der Kontenklasse 4 erfaßt und hier bereits entsprechend nach ihrer Zurechenbarkeit auf die verschiedenen Kostenträger gegliedert in

Einzelkosten und **Gemeinkosten.**

Einzelkosten sind Kosten, die dem einzelnen Kostenträger, also dem Erzeugnis oder der Erzeugnisgruppe, direkt aufgrund von Belegen zugerechnet werden können. Man bezeichnet die Einzelkosten auch als „Direkte Kosten". Dazu zählen:

4000 Fertigungsmaterial: Verbrauchte Rohstoffe, d. h. Material, das nach der Be- oder Verarbeitung einen wesentlichen Bestandteil des fertigen Erzeugnisses bildet, z. B. Stahlblech und Bandeisen, Stabholz und Sperrholz, Glas, Wolle und Kunstfasern u. a. Es wird aufgrund der Materialentnahmescheine oder Stücklisten unmittelbar erfaßt und danach dem einzelnen Kostenträger zugerechnet.

4310 Fertigungslöhne: Solche Löhne, die man dem einzelnen Kostenträger direkt aufgrund der Lohnzettel oder Stücklisten zurechnen kann, z. B. Akkordlöhne.

4900 Sondereinzelkosten: Alle weiteren Einzelkosten, die neben Fertigungsmaterial und Fertigungslöhnen dem Kostenträger gesondert zuzurechnen sind. Man unterscheidet:

  4940 Sondereinzelkosten der Fertigung: Patent- und Lizenzkosten, Kosten für Modelle, Konstruktionen, Sonderanfertigungen, Spezialwerkzeuge usw.

  4950 Sondereinzelkosten des Vertriebs: Ausgangsfrachten, Transportversicherung, Kosten für Spezialverpackungen, Vertriebsprovisionen.

Gemeinkosten sind Kostenarten, die sich nicht direkt dem einzelnen Kostenträger zuordnen lassen, weil sie für alle Kostenträger gemeinsam entstehen und somit auch von allen gemeinsam zu tragen sind. In Mehrproduktunternehmen können die Gemeinkosten deshalb auch nur indirekt über einen Verteilungsschlüssel (→ Kostenstellenrechnung) dem einzelnen Kostenträger zugeschlagen werden. Die Gemeinkosten bezeichnet man deshalb auch als „Indirekte Kosten". Dazu zählen vor allem:

4100 Gemeinkostenmaterial. Hilfsstoffe sind Nebenbestandteile des Fertigproduktes: z. B. Lacke, Farben, Schrauben, Nägel, Leim, Säuren, Schweißmaterial u. a.

4200 Brennstoffe und Energie: Treibstoffe, Heizöl, Stromkosten u. a.

4320 Hilfslöhne: Löhne für Hilfs-, Lager- und Transportarbeiter

4390 Gehälter für kaufmännische und technische Angestellte

4400 Sozialkosten: gesetzliche und freiwillige soziale Aufwendungen

4800 Abschreibungen

Merke:
- Einzelkosten = dem Kostenträger **direkt** zurechenbare Kosten
- Gemeinkosten = dem Kostenträger **indirekt** zurechenbare Kosten

Die Erfassung der Kostenarten erfolgt auf den Kostenarten-Konten der Klasse 4. Der Verbrauch an Roh-, Hilfs- und Betriebsstoffen kann auf zweifache Weise ermittelt werden:

- **Laufend aufgrund der Materialentnahmescheine.** In diesem Fall ist der Materialverbrauch zu buchen, sobald das Material vom Lager in die Fertigung gegeben wird.

- **Nachträglich durch Inventur.** Am Ende eines Abrechnungszeitraums (Monat, Vierteljahr) wird der Materialverbrauch durch folgende Rechnung erfaßt und verrechnet:

Anfangsbestand + Zugänge − Endbestand lt. Inventur = Verbrauch

Beispiel: Anfangsbestand an Rohstoffen .... 50 000,00 DM
+ Zugänge (Einkäufe, netto) .... 30 000,00 DM
   80 000,00 DM
− Endbestand lt. Inventur .... 10 000,00 DM
= **Rohstoffverbrauch** .... **70 000,00 DM**

Buchung: 4000 Fertigungsmaterial   an   3000 Rohstoffe 70 000,00

Erfassung der Leistungen. Die Erlöse aus dem Verkauf der Erzeugnisse stellen die wichtigste Leistung des Industriebetriebes dar. Sie werden in der Klasse 8 erfaßt.

Beispiel: Verkauf von fertigen Erzeugnissen lt. AR 1215: 15 000,00 DM netto + 2 250,00 DM USt.

Buchung: 1400 Forderungen a. LL 17 250,00
      an 8300 Umsatzerlöse für Erzeugnisse 15 000,00
      an 1750 Umsatzsteuer 2 250,00

Zum Jahresabschluß werden alle Konten der Klassen 4 und 8 über das Konto „9800 Betriebsergebnis" abgeschlossen. Das Betriebsergebniskonto weist somit auf der Sollseite die gesamten Kosten der Herstellung, der Verwaltung und des Vertriebs aus, auf der Habenseite dagegen die Umsatz- bzw. Verkaufserlöse. Aus dieser Gegenüberstellung läßt sich das Ergebnis der betrieblichen Tätigkeit, ein Betriebsgewinn oder auch ein Betriebsverlust, aber nur ermitteln, wenn man unterstellt, daß nur die Erzeugnisse, die in einer Rechnungsperiode hergestellt wurden, zugleich auch alle in dieser Rechnungsperiode verkauft wurden.

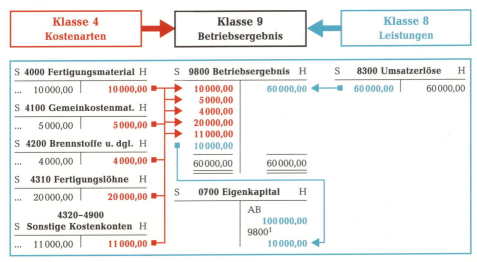

Merke: Die Buchungssätze für den Abschluß der Konten der Klassen 4 und 8 lauten:
- 9800 Betriebsergebnis an alle Konten der Klasse 4
- 8300 Umsatzerlöse   an 9800 Betriebsergebnis

---

1 Aus methodischen Gründen wird das Konto „9800 Betriebsergebnis" zunächst über das Kapitalkonto abgeschlossen. Erst nach Einführung der Kontenklasse 2 erfolgt der Abschluß über das Konto „9890 Gewinn und Verlust" (= Gesamtergebnis-Konto).

Aufgaben – Fragen

76

Auszug aus der Summenbilanz eines Fertigungsbetriebes	Soll	Haben
0700 Eigenkapital (AB)	–	370 000,00
3000 Rohstoffe	120 000,00	100 000,00
3300 Hilfsstoffe	40 000,00	35 000,00
3400 Betriebsstoffe	10 000,00	7 000,00
4000 Fertigungsmaterial	100 000,00	–
4100 Gemeinkostenmaterial	35 000,00	–
4200 Brennstoffe u. dgl.	7 000,00	–
4310 Fertigungslöhne	124 000,00	–
4320 Hilfslöhne	22 000,00	–
4390 Gehälter	90 000,00	–
4700 Verschiedene Kosten	30 000,00	–
4950 Sondereinzelkosten des Vertriebs	12 000,00	–
8300 Umsatzerlöse für Erzeugnisse	–	493 000,00
9800 Betriebsergebniskonto	–	–
9990 Schlußbilanzkonto	–	–

Sämtliche fertigen Erzeugnisse wurden verkauft (keine Bestände).

Führen Sie den Abschluß auf Konten durch. Wie hoch sind die Gesamtkosten des Betriebes im Abrechnungszeitraum, und welchen Erlösen stehen diese gegenüber? Wie hoch ist demnach das Betriebsergebnis?

77
78

Aktiva	Eröffnungsbilanz		Passiva
Rohstoffe	37 000,00	Eigenkapital	71 000,00
Hilfsstoffe	9 000,00	Verbindlichkeiten a. LL	31 000,00
Betriebsstoffe	4 000,00		
Forderungen a. LL	22 000,00		
Kasse	6 000,00		
Bank	24 000,00		
	102 000,00		102 000,00

Kontenplan: 0700, 1000, 1130, 1400, 1550, 1600, 1750, 3000, 3300, 3400, 4000, 4100, 4200, 4310, 4950, 8300, 9800, 9990.

Geschäftsfälle:	77	78
1. Verbrauch von Rohstoffen lt. Materialentnahmescheine	10 000,00	10 400,00
2. Barzahlung von Fertigungslöhnen	4 500,00	4 600,00
3. Kauf von Rohstoffen auf Ziel lt. ER 405	6 000,00	6 500,00
+ Umsatzsteuer	900,00	975,00
4. Banküberweisung an den Lieferer	3 400,00	3 600,00
5. Verbrauch von Brenn- und Treibstoffen	1 500,00	1 600,00
6. Verkauf von Erzeugnissen lt. AR 906 frei Haus, netto	10 500,00	9 000,00
+ Umsatzsteuer	1 575,00	1 350,00
7. Ausgangsfracht hierauf bar, Nettofracht	300,00	400,00
+ Umsatzsteuer	45,00	60,00
8. Banküberweisung von Kunden	4 800,00	4 600,00
9. Verkauf von fertigen Erzeugnissen auf Ziel	13 900,00	13 500,00
+ Umsatzsteuer	2 085,00	2 025,00
10. Passivierung der Zahllast	?	?

Abschlußangaben:

1. Schlußbestand an Hilfsstoffen 7 200,00   7 400,00
2. Der Verbrauch an Hilfsstoffen ist noch zu berechnen und zu buchen.
3. Alle fertigen Erzeugnisse wurden verkauft (keine Bestände).
4. Alle übrigen Schlußbestände stimmen mit den Inventurwerten überein.

79
80

Anfangsbestände:

TA u. Maschinen	152 000,00	Forderungen a. LL	8 100,00
BGA	48 000,00	Kasse	14 800,00
Rohstoffe	16 000,00	Bankguthaben	37 900,00
Hilfsstoffe	4 000,00	Verbindlichkeiten a. LL	10 800,00
Betriebsstoffe	2 000,00	Eigenkapital	272 000,00

Kontenplan: 0100, 0370, 0700, 1000, 1130, 1400, 1550, 1600, 1750, 1970, 3000, 3300, 3400, 4000, 4100, 4200, 4310, 4320, 4390, 4500, 4600, 4700, 4800, 4940, 4950, 8300, 8800, 9800, 9990.

Geschäftsfälle:	79	80
1. Zieleinkauf von Rohstoffen	15 600,00	15 300,00
von Hilfsstoffen	2 300,00	2 800,00
von Betriebsstoffen	4 900,00	4 700,00
+ Umsatzsteuer	3 420,00	3 420,00
2. Verbrauch lt. Materialentnahmescheine		
von Rohstoffen	15 300,00	16 200,00
von Hilfsstoffen	1 700,00	1 900,00
3. Unsere Banküberweisung für Miete der Werkshalle	4 750,00	4 800,00
4. Banküberweisung lt. Lohnliste für Fertigungslöhne	11 300,00	11 400,00
für Hilfslöhne	2 500,00	2 600,00
5. Zielverkauf von Erzeugnissen ab Werk, netto	8 500,00	6 500,00
+ Umsatzsteuer	1 275,00	975,00
6. Banküberweisung der Gehälter lt. Gehaltsliste	8 450,00	8 650,00
7. Privatentnahme von Erzeugnissen, netto	400,00	500,00
+ Umsatzsteuer	60,00	75,00
8. Zielverkauf von fertigen Erzeugnissen ab Werk, netto	26 800,00	25 800,00
+ Umsatzsteuer	4 020,00	3 870,00
9. Banküberweisung für Gewerbesteuer	700,00	500,00
10. Unsere Banküberweisung für die Anfertigung eines Spezialmodells, Nettopreis	1 500,00	1 800,00
+ Umsatzsteuer	225,00	270,00
11. Barzahlung für Reparatur der Maschine, netto	700,00	800,00
+ Umsatzsteuer	105,00	120,00
12. Abgabe von Rohstoffen in die Fertigung	9 700,00	9 800,00
13. Zielverkauf von Erzeugnissen frei Haus	36 500,00	37 300,00
+ Umsatzsteuer	5 475,00	5 595,00
14. Ausgangsfracht hierauf bar, netto	1 400,00	1 200,00
+ Umsatzsteuer	210,00	180,00

Abschlußangaben:

1. Abschreibungen vom Buchwert auf 0100: 3 500,00 DM; auf 0370: 1 500,00 DM.
2. Endbestand an Betriebsstoffen lt. Inventur: 2 800,00 DM.
   Der Verbrauch ist noch zu ermitteln und zu verrechnen (Konto 4200).
3. Sämtliche fertigen Erzeugnisse wurden abgesetzt (keine Bestände).

81

1. *Worin unterscheiden sich Kontenrahmen und Kontenplan?*
2. *Unterscheiden Sie a) Kontenklasse, b) Kontengruppe, c) Kontenart, d) Kontenunterarten.*
3. *Gliedern Sie den GKR nach Bestands- und Erfolgskonten.*
4. *Warum empfehlen die Wirtschaftsverbände die Anwendung eines Kontenplans?*
5. *Nach welchem Prinzip ist der Gemeinschaftskontenrahmen der Industrie aufgebaut?*
6. *Unterscheiden Sie zwischen Einzel- und Gemeinkosten.*
7. *Erläutern Sie die beiden Möglichkeiten der Erfassung des Materialverbrauchs.*

662471

8.2.2 Betriebsergebnis mit Bestandsveränderungen an unfertigen und fertigen Erzeugnissen

Erfolgsermittlung ohne Bestandsveränderungen. Bisher haben wir unterstellt, daß alle in einem Geschäftsjahr hergestellten Erzeugnisse auch im gleichen Jahr verkauft wurden. Bestände an fertigen (absatzfähigen) sowie unfertigen (noch in Arbeit befindlichen) Erzeugnissen lagen weder zu Beginn noch am Ende des Geschäftsjahres vor. In diesem Fall läßt sich der Erfolg des Industriebetriebes einfach ermitteln, indem man den Herstellungskosten des Geschäftsjahres die Umsatzerlöse (Erträge) dieser Rechnungsperiode (RP) gegenüberstellt.

Beispiel 1: Eine Fahrradfabrik hat in ihrem 1. Geschäftsjahr 1000 Fahrräder einer bestimmten Marke hergestellt. Die Herstellungsaufwendungen betragen je Fahrrad 100,00 DM. Bis zum 31.12. wurden alle Fahrräder zu einem Nettopreis von 150,00 DM je Stück verkauft.

Soll	9800 Betriebsergebnis		Haben
Herstellungskosten der RP für **1000 Stück** .... Betriebsgewinn	100 000,00 ?	Umsatzerlöse der RP für **1000 Stück**	150 000,00

Merke: Stimmen Herstellungs- und Absatzmenge der Erzeugnisse innerhalb einer Rechnungsperiode (RP) überein, so ergibt sich der betriebliche Erfolg aus der Gegenüberstellung der Herstellungskosten und Umsatzerlöse dieser Periode.

Bestandsveränderungen. In den meisten Fertigungsbetrieben werden jedoch Produktions- und Absatzmenge in einem Rechnungsabschnitt nicht übereinstimmen. Diese Betriebe haben in einem Geschäftsjahr entweder

- **mehr hergestellt** als verkauft = **Mehr**bestand an Erzeugnissen oder
- **mehr verkauft** als hergestellt = **Minder**bestand an Erzeugnissen

Diese Veränderungen der Erzeugnisbestände müssen am Ende des Geschäftsjahres bei der Ermittlung des Erfolges berücksichtigt werden.

Beispiel 2: Im 2. Geschäftsjahr stellt die Fahrradfabrik 2000 Fahrräder her, von denen bis zum 31.12. jedoch nur 1500 Stück verkauft wurden. 500 Fahrräder mußten daher auf Lager genommen werden. Der Schlußbestand an Fahrrädern zum 31.12. beträgt somit 50 000,00 DM (500 Stück zu 100,00 DM/Stück).

Buchung des Schlußbestandes zum 31.12.:

① **9990 Schlußbilanzkonto** an **7900 Fertige Erzeugnisse** **50 000,00**

Bestandsmehrung. Am Ende des Geschäftsjahres ergibt sich ein Mehrbestand an Fahrrädern, da der Schlußbestand (500 Stück) größer ist als der Anfangsbestand (0 Stück). Im 2. Jahr wurden in der Fahrradfabrik somit mehr Fahrräder hergestellt als verkauft:

SB > AB = Mehrbestand <=> Herstellungsmenge > Absatzmenge

Bei der Ermittlung des Erfolges aus der Herstellung und dem Verkauf der Fahrräder muß auch der im Geschäftsjahr produzierte Mehrbestand von 500 Stück entsprechend berücksichtigt werden: Das Betriebsergebniskonto weist im Soll die Kosten für die größere Herstellungsmenge (2000 Stück) aus, im Haben jedoch nur die Erlöse für die geringere Absatzmenge (1500 Stück). Deshalb muß noch auf der Habenseite des Betriebsergebniskontos zusätzlich der Mehrbestand, d. h. der Herstellwert der auf

Lager genommenen Fahrräder (500 · 100,00 = 50 000,00 DM) <u>als Leistung (Ertrag)</u> den Herstellungskosten des Geschäftsjahres <u>gegenübergestellt</u> werden:

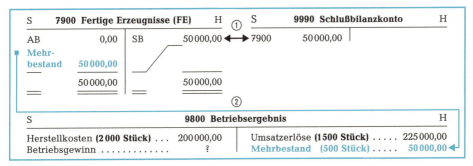

Die Habenseite des Betriebsergebniskontos weist somit die wichtigsten Ertragsposten als <u>Gesamtleistung</u> eines Industriebetriebes aus:

Verkaufs- bzw. Umsatzerlöse (Umsatzleistung) ...	225 000,00 DM
+ Mehrbestand an Erzeugnissen (Lagerleistung) ...	50 000,00 DM
Gesamtleistung des Industriebetriebes	**275 000,00 DM**

Beispiel 3: Im 3. Geschäftsjahr stellt die Fahrradfabrik 3 000 Fahrräder her. Im gleichen Zeitraum werden jedoch 3 400 Fahrräder verkauft. 400 Fahrräder wurden somit aus dem Lagerbestand des Vorjahres (500 Stück) abgesetzt. Der Schlußbestand beträgt daher zum 31.12. 100 Stück je 100,00 DM/Stück = 10 000,00 DM.

Buchung: ① 9990 Schlußbilanzkonto an 7900 Fertige Erzeugnisse 10 000,00

Bestandsminderung. Am 31.12. des 3. Jahres ergibt sich ein <u>Minderbestand</u> von 400 Fahrrädern, da der <u>Schlußbestand</u> (100 Stück) <u>kleiner</u> ist <u>als der Anfangsbestand</u> (500 Stück). Im Geschäftsjahr wurden somit <u>mehr</u> Fahrräder <u>verkauft als hergestellt</u>:

SB < AB = <u>Minderbestand</u> <=> Herstellungsmenge < Absatzmenge

Im Betriebsergebniskonto <u>muß</u> daher <u>den Erlösen der 400 Fahrräder,</u> die aus Lagerbeständen des <u>Vorjahres</u> verkauft wurden, auch der entsprechende <u>Herstellwert gegenübergestellt werden,</u> d. h. der <u>Minder</u>bestand in Höhe von 40 000,00 DM (400 · 100,00):

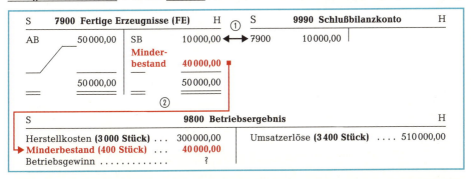

Merke:
- Bestandsveränderungen an Erzeugnissen entstehen, wenn in einer Rechnungsperiode Herstellungs- und Absatzmenge <u>nicht</u> übereinstimmen.
- Die Mehr- und Minderbestände müssen in der Betriebsergebnisrechnung berücksichtigt werden, da sich die <u>Kosten</u> des Geschäftsjahres <u>auf</u> die <u>hergestellte,</u> die <u>Umsatzerlöse</u> jedoch <u>auf die abgesetzte Menge</u> an Erzeugnissen beziehen.

Sammelkonto. Zum Jahresabschluß haben Industriebetriebe in der Regel sowohl Bestände an fertigen als auch unfertigen Erzeugnissen, für die gesonderte Bestandskonten einzurichten sind. Die Mehr- und Minderbestände an unfertigen und fertigen Erzeugnissen werden aus Gründen der Übersichtlichkeit nicht unmittelbar auf dem Betriebsergebniskonto gebucht, sondern zunächst auf einem besonderen Erfolgskonto

„8900 Bestandsveränderungen"

gesammelt. Dieses „Sammelkonto" erfaßt im Soll die Minderbestände und im Haben die Mehrbestände der Erzeugnisse. Nach Eintragung der Schlußbestände lt. Inventur auf die Konten „7800 Unfertige Erzeugnisse" (UE) und „7900 Fertige Erzeugnisse" (FE) — Buchungssatz: Schlußbilanzkonto an 7800 und 7900 — ergeben sich folgende

Umbuchungen bei Bestandsmehrungen:
- 7800 Unfertige Erzeugnisse . an 8900 Bestandsveränderungen
- 7900 Fertige Erzeugnisse ... an 8900 Bestandsveränderungen

Umbuchungen bei Bestandsminderungen:
- 8900 Bestandsveränderungen an 7800 Unfertige Erzeugnisse
- 8900 Bestandsveränderungen an 7900 Fertige Erzeugnisse

Abschluß des Kontos „8900 Bestandsveränderungen". Auf dem Konto „8900" werden die Mehr- und Minderbestände der unfertigen und fertigen Erzeugnisse miteinander verrechnet. Der Saldo wird auf das Betriebsergebniskonto übertragen.

Abschlußbuchung:
- bei Minderbestand: 9800 Betriebsergebnis ...... an 8900 Bestandsveränderungen
- bei Mehrbestand: 8900 Bestandsveränderungen an 9800 Betriebsergebnis

Beispiel 4: Am Schluß des 4. Geschäftsjahres beträgt der Endbestand an fertigen Fahrrädern lt. Inventur 2 000,00 DM, bewertet zum Herstellwert. Der Herstellwert des Schlußbestandes an noch nicht fertiggestellten Fahrrädern beträgt lt. Inventur 48 000,00 DM. Nach Buchung dieser Schlußbestände (Schlußbilanzkonto an FE und UE) ergibt sich der folgende praxisgerechte Abschluß der Konten:

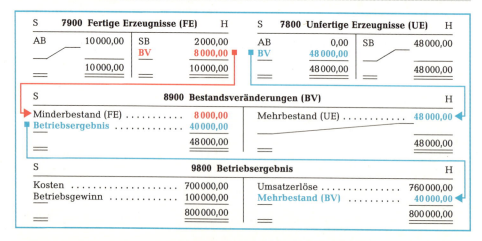

Merke: Wenn Herstellungs- und Absatzmenge in einer Rechnungsperiode nicht übereinstimmen, ergibt sich der Erfolg des Industriebetriebes erst unter Berücksichtigung der Bestandsveränderungen an unfertigen und fertigen Erzeugnissen.

> **Merke:** **Die Konten „7800 Unfertige Erzeugnisse" und „7900 Fertige Erzeugnisse" weisen in der Regel nur drei Posten aus:**
> - **den Anfangsbestand,**
> - **den Schlußbestand lt. Inventur und**
> - **die Bestandsveränderung (Mehrung oder Minderung).**

Aufgaben – Fragen

Führen Sie folgende Konten: 7800, 7900, 8900, 9800, 9990.   **82**

Anfangsbestände:

Unfertige Erzeugnisse	12 000,00 DM	Fertige Erzeugnisse	18 000,00 DM

Die Kosten der Klasse 4 betragen insgesamt . . . . 85 000,00 DM

Die Umsatzerlöse (Konto 8300) betragen insgesamt . . . . 120 000,00 DM

Schlußbestände:

Unfertige Erzeugnisse	16 000,00 DM	Fertige Erzeugnisse	26 000,00 DM

Aufgaben:

1. *Buchen Sie die Schlußbestände an UE und FE.*
2. *Buchen und erläutern Sie jeweils die Bestandsveränderung an UE und FE.*
3. *Ermitteln Sie buchhalterisch den Erfolg des Industriebetriebes.*
4. *Wie hoch wäre der Erfolg ohne Berücksichtigung der Bestandsveränderungen?*
5. *Wie wirken sich demnach Bestandsmehrungen auf den Erfolg aus?*

Übernehmen Sie den Kontenplan der Aufgabe 82.   **83**

Anfangsbestände:

Unfertige Erzeugnisse	10 200,00 DM	Fertige Erzeugnisse	22 400,00 DM

Die Kosten der Klasse 4 betragen insgesamt . . . . 62 840,00 DM

Die Umsatzerlöse (Konto 8300) betragen insgesamt . . . . 96 920,00 DM

Schlußbestände:

Unfertige Erzeugnisse	8 000,00 DM	Fertige Erzeugnisse	10 200,00 DM

Aufgaben:

1. *Schließen Sie die Konten unter Angabe der Buchungssätze ab und ermitteln Sie den Erfolg des Industriebetriebes.*
2. *Wie wirken sich Bestandsminderungen auf den Erfolg aus?*

Übernehmen Sie den Kontenplan der Aufgabe 82.   **84**

Anfangsbestände:

Unfertige Erzeugnisse	20 000,00 DM	Fertige Erzeugnisse	60 000,00 DM

Die Kosten der Klasse 4 betragen insgesamt . . . . 280 000,00 DM

Die Umsatzerlöse (Konto 8300) betragen insgesamt . . . . 330 000,00 DM

Schlußbestände:

Unfertige Erzeugnisse	5 000,00 DM	Fertige Erzeugnisse	90 000,00 DM

Schließen Sie die Konten unter Angabe der Buchungssätze ab und ermitteln Sie den Erfolg.

---

1. *Begründen Sie, warum der Minderbestand an Erzeugnissen auf der Sollseite des Betriebs-* **85**
   ergebniskontos auszuweisen ist.
2. *Warum ist entsprechend der Mehrbestand an Erzeugnissen auf der Habenseite des Betriebs-*
   ergebniskontos auszuweisen?
3. *Erklären Sie:* $Erlöse + Mehrbestände > Kosten = ?$
   $Erlöse < Kosten + Minderbestände = ?$
4. *Woraus setzt sich die Gesamtleistung des Industriebetriebes zusammen?*

86 Der Summenbilanz eines Industriebetriebes entnehmen wir folgende Konten:

Konten	Soll	Haben
0700 Eigenkapital	—	255 000,00
3000 Rohstoffe	83 500,00	—
3300 Hilfsstoffe	37 600,00	—
4000 Fertigungsmaterial	—	—
4100 Gemeinkostenmaterial	—	—
4310 Fertigungslöhne	54 600,00	—
4390 Gehälter	36 200,00	—
4700 Raumkosten	28 000,00	—
4800 Abschreibungen auf Sachanlagen	16 400,00	—
4940 Sondereinzelkosten der Fertigung	1 600,00	—
7800 Unfertige Erzeugnisse (Anfangsbestand)	13 100,00	—
7900 Fertige Erzeugnisse (Anfangsbestand)	22 300,00	—
8300 Umsatzerlöse für Erzeugnisse	—	235 800,00
8900 Bestandsveränderungen	—	—
9800 Betriebsergebnis	—	—
9990 Schlußbilanzkonto	—	—

Abschlußangaben:

Schlußbestände lt. Inventur: Rohstoffe 33 700,00

Hilfsstoffe 22 300,00

Unfertige Erzeugnisse 16 000,00

Fertige Erzeugnisse 10 400,00

Aufgaben:

1. *Eröffnen Sie die Konten.*
2. *Buchen Sie zunächst die Schlußbestände lt. Inventur und nennen Sie jeweils den entsprechenden Buchungssatz.*
3. *Führen Sie den Abschluß der Konten unter Angabe der Buchungssätze durch.*
4. *Nennen Sie die Verfahren zur Ermittlung des Materialverbrauchs und deren Vor- bzw. Nachteile. Wodurch wird der Verbrauch an Roh- und Hilfsstoffen in diesem Betrieb erfaßt?*
5. *Welche grundsätzliche Wirkung hat in diesem Falle die Bestandsveränderung?*

87
88 **Anfangsbestände:**

	87	88
0100 Technische Anlagen und Maschinen	210 000,00	160 000,00
0700 Eigenkapital	300 000,00	320 000,00
1000 Kasse	14 900,00	13 200,00
1130 Bank	27 200,00	23 600,00
1400 Forderungen a.LL	44 400,00	41 800,00
1600 Verbindlichkeiten a.LL	114 000,00	28 200,00
3000 Rohstoffe	53 600,00	50 200,00
3300 Hilfsstoffe	18 300,00	17 600,00
3400 Betriebsstoffe	5 100,00	4 100,00
7800 Unfertige Erzeugnisse	11 900,00	10 600,00
7900 Fertige Erzeugnisse	28 600,00	27 100,00

Kontenplan: 0100, 0700, 1000, 1130, 1400, 1550, 1600, 1750, 3000, 3300, 3400, 4000, 4100, 4200, 4310, 4390, 4500, 4700, 4720, 4800, 4940, 4950, 7800, 7900, 8300, 8900, 9800, 9990.

Geschäftsfälle:	87	88
1. Verbrauch lt. Materialentnahmescheine		
Rohstoffe	28 600,00	26 300,00
Hilfsstoffe	6 000,00	4 900,00
2. Zielverkauf von Erzeugnissen lt. AR 1206, netto	29 700,00	27 400,00
+ Umsatzsteuer	4 455,00	4 110,00
3. Barabhebung von der Bank	1 900,00	1 800,00
4. Barzahlung von Fertigungslöhnen	6 800,00	6 400,00
5. Kauf von Rohstoffen lt. ER 806, netto	19 800,00	17 400,00
von Hilfsstoffen lt. ER 807, netto	3 400,00	3 800,00
+ Umsatzsteuer	3 480,00	3 180,00
6. Verkauf von Erzeugnissen auf Ziel lt. AR 1207 ab Werk, netto ..	25 400,00	23 560,00
+ Umsatzsteuer	3 810,00	3 534,00
7. Unsere Banküberweisung für Vertriebsprovision, netto	960,00	760,00
+ Umsatzsteuer	144,00	114,00
8. Kunden begleichen Rechnung durch Banküberweisung	23 650,00	22 950,00
9. Banküberweisung für Gehälter	9 400,00	9 200,00
10. Barzahlung für eine Maschinenreparatur, netto	1 960,00	1 660,00
+ Umsatzsteuer	294,00	249,00
11. Barausgaben für Reisekosten	490,00	480,00
12. Zielverkauf von Erzeugnissen lt. AR 1208 frei Haus, netto	8 900,00	6 800,00
+ Umsatzsteuer	1 335,00	1 020,00
13. Ausgangsfracht hierauf bar, netto	280,00	260,00
+ Umsatzsteuer	42,00	39,00
14. Unsere Banküberweisung für Lagerraummiete	700,00	800,00
15. Banküberweisung für die Anfertigung eines Spezialwerkzeugs .	800,00	940,00
+ Umsatzsteuer	120,00	141,00

Abschlußangaben:

1. Abschreibung auf Technische Anlagen und Maschinen	24 400,00	23 500,00
2. Inventurbestände:		
Betriebsstoffe	3 200,00	2 550,00
Unfertige Erzeugnisse	11 600,00	9 700,00
Fertige Erzeugnisse	35 300,00	29 300,00

3. Im übrigen entsprechen die Buchwerte der Inventur.

89

1. *In welchem Fall entsteht*
   a) ein Mehrbestand und
   b) ein Minderbestand an Erzeugnissen?
2. *Wie lautet der Abschlußbuchungssatz des Kontos „8900 Bestandsveränderungen"*
   a) bei Mehrbeständen und
   b) bei Minderbeständen?
3. *Wie wirken sich a) Mehrbestände und b) Minderbestände auf den Betriebsgewinn der Abrechnungsperiode aus?*
4. *Erläutern Sie kritisch die beiden Verfahren zur Ermittlung des Materialverbrauchs.*
5. *Welcher Sachverhalt liegt den folgenden Buchungen zugrunde?*
   a) Eigenkapitalkonto an Betriebsergebniskonto 20 000,00 DM
   b) Bank an Eigenkapitalkonto 60 000,00 DM

662477

8.3 Ermittlung des „Neutralen Ergebnisses"

Betriebsergebnis. Bisher haben wir uns lediglich mit dem Erfolg des Industriebetriebes aus

- **Beschaffung,** ● **Produktion** und ● **Absatz**

befaßt. Dieses Betriebsergebnis wird durch Gegenüberstellung der

- **Betriebsbedingten Aufwendungen** = **Kosten** der Kontenklasse 4 und
- **Betriebsbedingten Erträge** = **Leistungen** der Kontenklasse 8

unter Berücksichtigung der Bestandsveränderungen ermittelt. „Betriebsbedingt" bedeutet, daß es sich hierbei nur um den Teil der gesamten Aufwendungen und Erträge des Unternehmens handelt, der auf die o. g. eigentliche Betriebstätigkeit zurückzuführen ist.

Leistungen > Kosten = Betriebsgewinn
Leistungen < Kosten = Betriebsverlust

Kosten und Leistungen sind nicht nur Erfolgskomponenten der Betriebsergebnisrechnung, sondern vor allem auch wichtiger Maßstab zur Überwachung der Wirtschaftlichkeit des Betriebsprozesses. Sie bilden zugleich die Grundlage der Kosten- und Leistungsrechnung, insbesondere der Ermittlung der Selbstkosten und Verkaufspreise (Kalkulation) der Erzeugnisse.

Neutrale Aufwendungen und Erträge. Neben Kosten und Leistungen gibt es in einem Industriebetrieb in der Regel auch noch Aufwendungen und Erträge, die in keinem Zusammenhang mit der Produktion und dem Absatz stehen oder dabei unregelmäßig in außergewöhnlicher Höhe anfallen. Sie werden als „neutrale" Aufwendungen und Erträge bezeichnet, da sie bei der Ermittlung des Betriebsergebnisses und der Selbstkosten der Erzeugnisse nicht berücksichtigt werden dürfen. Man unterscheidet im wesentlichen zwei Gruppen:

- **Betriebsfremde Aufwendungen und Erträge.** Sie stehen in keinem Zusammenhang mit dem eigentlichen Betriebszweck eines Industrieunternehmens:
  Beispiele: Erträge aus Vermietung und Verpachtung, Zinserträge, Verluste u. Gewinne aus dem An- u. Verkauf von Wertpapieren.

- **Außerordentliche betriebliche Aufwendungen und Erträge.** Sie stehen zwar im Zusammenhang mit dem Betriebszweck, dürfen aber für die Kalkulation und die Betriebsergebnisermittlung nicht berücksichtigt werden, da sie
  - zufällig, einmalig und in der Regel ungewöhnlich hoch (siehe auch S. 217) sind.
  Beispiele: Schadensfälle durch Brand, Hochwasser, Diebstahl, außergewöhnlich hoher Forderungsverlust, Verluste und Gewinne aus dem Verkauf von Anlagen,
  oder als
  - periodenfremd gelten und somit nicht die laufende Rechnungsperiode betreffen.
  Beispiel: Nachzahlung und Rückerstattung von Betriebssteuern (z. B. Gewerbesteuer) für frühere Geschäftsjahre.

Sachliche Abgrenzung. Da neutrale Aufwendungen und Erträge das Betriebsergebnis und die Kosten- und Leistungsrechnung nicht beeinflussen dürfen, müssen sie bereits in der Buchführung von den Kosten der Kontenklasse 4 und den Leistungen der Kontenklasse 8

sachlich abgegrenzt

werden. Diese Aufgabe übernimmt im Gemeinschaftskontenrahmen der Industrie die

Kontenklasse 2: „Neutrale Aufwendungen und Erträge".

Abgrenzungsfilter. Die Konten der Klasse 2 bilden den Abgrenzungsfilter, in dem alle betriebsfremden und betrieblich außerordentlichen Aufwendungen und Erträge erfaßt werden, um sie von der Betriebsergebnisrechnung und Kosten- und Leistungsrechnung fernzuhalten. Nur die betriebsbedingten Aufwendungen und Erträge dürfen als Kosten und Leistungen diesen Filter passieren und in die Betriebsergebnisrechnung und Kosten- und Leistungsrechnung einfließen.

Merke:	● **Die Kontenklasse 2 erfaßt alle neutralen Aufwendungen und Erträge und grenzt sie damit sachlich von den Kosten der Klasse 4 und Leistungen der Klasse 8 ab.**
	● **Neutrale Aufwendungen = Nicht-Kosten** **Neutrale Erträge = Nicht-Leistungen**
	● **Die Konten der Klasse 2 sind notwendige Voraussetzung einer genauen Betriebsergebnis- und Kosten- und Leistungsrechnung.**

Abschluß. Alle Konten der Klasse 2 werden abgeschlossen über das Konto

9870 Neutrales Ergebnis.[1]

Dieses Abschlußkonto sammelt im Soll alle neutralen Aufwendungen, im Haben die neutralen Erträge. Der Saldo zeigt das „Neutrale Ergebnis", also:

Neutrale Erträge > Neutrale Aufwendungen = Neutraler Gewinn
Neutrale Erträge < Neutrale Aufwendungen = Neutraler Verlust

8.4 Ermittlung des Gesamtergebnisses

Beim Jahresabschluß werden die Konten

9800 Betriebsergebnis und **9870 Neutrales Ergebnis**

abgeschlossen über **9890 Gesamtergebnis,**

dessen Saldo nunmehr das Gesamtergebnis der Unternehmung ausweist.

Merke: **Die Ergebnisrechnung nach dem Gemeinschaftskontenrahmen (GKR):**

9800 Betriebsergebnis

Kosten aus Klasse 4	Leistungen aus Klasse 8: Umsatzerlöse Mehrbestände
Betriebsgewinn	

9870 Neutrales Ergebnis

Neutrale Aufwendungen aus Klasse 2	Neutrale Erträge aus Klasse 2
Neutraler Gewinn	

9890 Gesamtergebnis

Gesamtgewinn	Betriebsgewinn
	Neutraler Gewinn

● Die Kontenklasse 2 bewirkt eine klare Abgrenzung zwischen „Betriebsergebnis" und „Neutralem Ergebnis".
● Betriebsergebnis und Neutrales Ergebnis bilden das „Gesamtergebnis" der Unternehmung, das auch als „Unternehmungsergebnis" bezeichnet wird.

	Betriebsertr. (Leistungen)	—	Betriebsaufwendg. (Kosten)	=	Betriebsergebnis
+	Neutrale Erträge	—	Neutrale Aufwendungen	=	Neutrales Ergebnis
	Gesamterträge	—	Gesamtaufwendungen	=	Gesamtergebnis

---

1 mit Ausnahme der Konten 2600 und 2900 (vgl. Übersicht auf Seite 81)

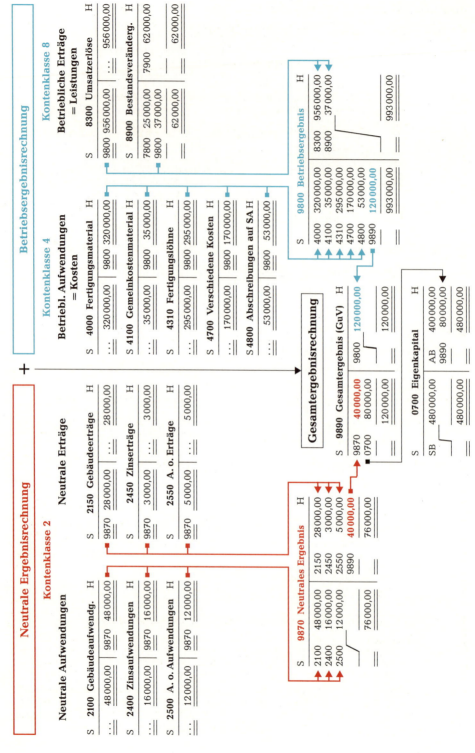

Im einzelnen enthält die Kontenklasse 2 folgende Kontengruppen:

20 Betriebsfremde Aufwendungen und Erträge

2000 *Betriebsfremde Aufwendungen:* | 2050 *Betriebsfremde Erträge*
- Verluste bzw. Gewinne aus Wertpapiergeschäften,
- Verluste bzw. Gewinne durch Wechselkursänderungen,
- Spenden bei Kapitalgesellschaften (AG, GmbH).

Beachte: **Spenden** bei Einzelunternehmen und Personengesellschaften (OHG, KG) sind direkt über **1970 Privat** zu buchen.

21 Gebäude- und Grundstücksaufwendungen und -erträge

2100 *Gebäudeaufwendungen:*
- Abschreibung auf Gebäude
- Hypothekenzinsen
- Grundsteuern
- Sonstige Gebühren/Abgaben
- Gebäudeversicherungen
- Reparaturen an Gebäuden

2150 *Gebäudeerträge:*
- Miet- und Pachteinnahmen
- Mietwert der privat genutzten Räume (Wohnung) im Geschäftsgebäude; Buchung: **1970 an 2150**
- Mietwert der betrieblich genutzten eigenen Gebäude (Verrechnung); Buchung: **4700 an 2150**

23 Bilanzmäßige Abschreibungen (vgl. „Kalkulat. Abschreibung", S. 151 f./270 f.)

24 Zinsaufwendungen und -erträge (vgl. Kalkulatorische Zinsen", Seite 273 f.)

2400 *Zinsaufwendungen* | 2450 *Zinserträge*
2420 *Diskontaufwendungen* | 2470 *Diskonterträge*

Konto 2400 erfaßt auch Kredit- und Überziehungsprovisionen. In die Selbstkosten der Erzeugnisse werden kalkulatorische Zinsen vom gesamten betriebsnotwendigen Kapital, also vom Fremd- und Eigenkapital, einbezogen. Deshalb sind gezahlte Fremdkapitalzinsen zunächst in Klasse 2 zu erfassen (vgl. S. 273).

25 Betriebliche außerordentliche Aufwendungen und Erträge

2500 *A. o. Aufwendungen:*
- Verluste aus Anlagenverkäufen (Verkaufspreis < Buchwert)
- Periodenfremde Aufwendungen (Nachzahlung von Betriebssteuern)
- Besondere Schadensfälle

2550 *A. o. Erträge:*
- Gewinne aus Anlagenverkäufen (Verkaufspreis > Buchwert)
- Periodenfremde Erträge (Rückerstattung von Betriebssteuern)

26 Großreparaturen und im Bau befindliche Anlagen

Konto 2600 sammelt zunächst alle Aufwendungen für Großreparaturen (Werterhöhung!) und im Bau befindliche Anlagen. Es wird nicht über 9870 Neutrales Ergebnis, sondern – nach Fertigstellung der Anlage – über das entsprechende Anlagekonto abgeschlossen (aktiviert).

27 Kurzfristige (monatliche) Verrechnung betrieblicher Aufwendungen

Diese Kontengruppe dient der periodengerechten Vor- oder Nachverrechnung bestimmter Kostenarten (Urlaubslöhne, Versicherungen u. a.), damit die einzelnen Abrechnungsperioden (Monate) gleichmäßig mit den genannten Kosten belastet werden. Das ermöglicht eine kurzfristige Betriebsergebnisrechnung.

28 Verrechnete kalkulatorische Kosten (vgl. Seite 269 f.)

29 Das Gesamtergebnis betreffende Aufwendungen und Erträge

Diese Kontengruppe gilt nur für Kapitalgesellschaften für die Buchung der Ertragsteuern, z. B. Körperschaftsteuer. Sie wird abgeschlossen über Konto „9880 Das Gesamtergebnis betreffende Aufwendungen und Erträge", das seinerseits den Saldo an das GuV-Konto abgibt. Die Einkommensteuer der Personenunternehmen wird dagegen über 1970 Privat gebucht.

Merke: **Die Kontengruppen 20 bis 25 bilden ein Sieb, in dem alle Aufwendungen, die keine Kosten sind, ebenso zurückbleiben wie Erträge, die nicht zu den eigentlichen Leistungen des Betriebes zählen. Konto 2600 wird aktiviert. Die Kontengruppen 27 und 28 dienen als Gegenposten der KLR (vgl. Seite 151 f.).**

Aufgaben

Zusammenhang zwischen Aufwand/Kosten und Ertrag/Leistung

Aufwendungen der Unternehmung (Buchführung)	
Neutrale Aufwendungen der Klasse 2	Betriebliche Aufwendungen der Klasse 4
	= Kosten der KLR[1]

90 Die Aufwendungen der Buchführung sind entweder <u>unternehmensbezogen (neutral)</u> oder <u>betriebsbedingt (= Kosten)</u>. Die neutralen Aufwendungen sind ihrerseits entweder <u>betriebsfremd</u> oder <u>betrieblich außerordentlich</u>.

Ordnen Sie die folgenden Aufwandsarten durch Zuordnung der entsprechenden Ziffer:

Neutrale Aufwendungen		Betriebsbedingte Aufwendungen
betriebsfremd ①	außerordentlich ②	Kosten ③

a) Lohnzahlungen
b) Verlust aus Wertpapierverkäufen
c) Abschreibungen auf Gegenstände des Anlagevermögens
d) Brandschaden im Hilfsstofflager
e) Abschreibungen auf ein nicht betriebsnotwendiges Wohngebäude
f) Verlust aus dem Verkauf einer nicht benötigten Maschine
g) Sozialaufwendungen
h) Gehaltszahlungen
i) Instandhaltungsaufwendungen für Maschinen
j) Außergewöhnlicher Forderungsausfall durch den Konkurs eines Kunden
k) Nachzahlung von Betriebssteuern für vergangene Geschäftsjahre

Erträge der Unternehmung (Buchführung)	
Neutrale Erträge der Klasse 2	Betriebliche Erträge der Klasse 8
	= Leistungen der KLR

91 *Ordnen Sie die folgenden Ertragsarten entsprechend den Aufwendungen in Aufgabe 90.*

Neutrale Erträge		Betriebsbedingte Erträge
betriebsfremd ①	außerordentlich ②	Leistungen ③

a) Erlöse aus dem Verkauf von fertigen Erzeugnissen
b) Mieteinnahmen
c) Ertrag aus dem Abgang eines Anlagegegenstandes
d) Selbsterstellte Maschine für die Verwendung im eigenen Betrieb
e) Zinsgutschrift der Bank
f) Mehrbestand an fertigen Erzeugnissen zum Jahresschluß
g) Erlöse aus dem Verkauf von Handelswaren
h) Gewinn aus Wertpapierverkäufen
i) Erträge aus Beteiligungen an anderen Unternehmen
j) Rückerstattung zuviel entrichteter Betriebssteuern für vergangene Geschäftsjahre

Merke:
- **Aufwand und Ertrag sind Begriffe der Finanzbuchhaltung.**
- **Kosten und Leistung sind Begriffe der Kosten- und Leistungsrechnung (KLR).**

---

1 KLR = Kosten- und Leistungsrechnung

EDV- und umsatzsteuergerechte Buchung von Anlagenabgängen

Beim Verkauf eines gebrauchten Anlagegutes entsteht meist ein außerordentlicher Aufwand oder Ertrag, da der Nettoverkaufspreis in der Regel nicht mit dem Buchwert des Anlagegutes übereinstimmt:

> **Nettoverkaufspreis < Buchwert = a. o. Aufwand**
> **Nettoverkaufspreis > Buchwert = a. o. Ertrag**

Umsatzsteuer- und EDV-gerechtes Buchen bedingt, daß die umsatzsteuerpflichtigen Erlöse aus dem Anlagenverkauf wegen der Umsatzsteuerverprobung auf einem Sonderkonto zu erfassen sind:

> **„2560 Erlöse aus Anlagenverkauf".**

Beispiel: Ein Geschäfts-PKW, dessen Buchwert zum Zeitpunkt des Ausscheidens aus dem Betrieb 17 000,00 DM beträgt, wird gegen Bankscheck für netto 21 000,00 DM + 3 150,00 DM USt verkauft. Der außerordentliche Ertrag beträgt somit 4 000,00 DM.

① **Buchung des umsatzsteuerpflichtigen Erlöses aus Anlagenverkauf:**

1130 Bank . . . . 24 150,00 an 2560 Erlöse aus Anlagenverkauf . . . 21 000,00
an 1750 Umsatzsteuer 3 150,00

Der Saldo des Kontos „Erlöse aus Anlagenverkauf" wird nun programmgemäß in die Umsatzsteuervoranmeldung übernommen. Er dient zugleich der Umsatzsteuerverprobung.

② **Korrekturbuchung zum Ausweis des Veräußerungsgewinns:**

Um den Veräußerungsgewinn als außerordentlichen Ertrag richtig im Konto „9870 Neutrales Ergebnis" ausweisen zu können, muß das Konto „2560 Erlöse aus Anlagenverkauf" korrigiert werden. Wegen der Umsatzsteuerautomatik kann das nicht im Soll dieses Kontos erfolgen, sondern nur über ein entsprechendes Gegenkonto, das den aus umsatzsteuerlichen Gründen gesondert ausgewiesenen Erlös aus Anlagenverkauf im Konto „9870 Neutrales Ergebnis" neutralisiert: „2561 Gegenkonto zu 2560".

2561 Gegenkonto zu 2560   21 000,00 an 0100 TA u. Masch. (Restbuchwert) 17 000,00
an 2550 a. o. Erträge 4 000,00

S	1130 Bank	H	S	2560 Erlöse aus Anlagenverkauf	H
①	24 150,00		9870	21 000,00 | ①	21 000,00
S	**2561 Gegenkonto zu 2560**	**H**	**S**	**1750 Umsatzsteuer**	**H**
②	21 000,00 | 9870	21 000,00		| ①	3 150,00
S	**0100 TA und Maschinen**	**H**	**S**	**2550 Außerordentliche Erträge**	**H**
01.01...	17 000,00 | ②	17 000,00	9870	4 000,00 | ②	4 000,00
Soll	**9870 Neutrales Ergebnis**				**Haben**
2561 Gegenkonto zu 2560		21 000,00	2560 Erlöse aus Anlagenverkauf		21 000,00
			2550 Außerordentliche Erträge		4 000,00

Würde der PKW zum Nettopreis von 15 000,00 DM + 2 250,00 DM USt verkauft, ergibt sich ein a. o. Aufwand von 2 000,00 DM. In diesem Fall lauten die Buchungen:

① 1130 Bank . . . . 17 250,00 an 2560 Erlöse aus Anlagenverkauf . . . 15 000,00
an 1750 Umsatzsteuer 2 250,00

② 2561 Gegenk. zu 2560   15 000,00
2500 a. o. Aufwand . . . .   2 000,00 an 0100 TA u. Maschinen (Restbuchwert) 17 000,00

Merke: **Erlöse aus Anlagenverkäufen sind umsatzsteuerlich gesondert auszuweisen.**

Aufgaben

92 *Bilden Sie die Buchungssätze unter Verwendung folgender Konten:* 0030, 0100, 1000, 1130, 1400, 1550, 1600, 1750, 1970, 2100, 2150, 2400, 2450, 2500, 2550, 3000, 4500, 4600, 4800.

1. Lastschrift der Bank für Hypothekenzinsen 5 000,00
   Darlehenszinsen 2 500,00
2. Belastung des Kunden mit Verzugszinsen[1] 30,00
3. Banküberweisung für Grundsteuer 1 200,00
   Gewerbesteuer 2 900,00
   Gebäudeversicherung 560,00
4. Gutschrift der Bank für Zinsen 1 250,00
5. Bei Inventur wird ein Kassenfehlbetrag festgestellt 150,00
6. Mieteinnahmen gehen auf unserem Bankkonto ein 2 600,00
7. Nachzahlung von Betriebssteuern für vergangene Geschäftsjahre
   durch Banküberweisung 1 950,00
8. Banküberweisung für Gebäudereparatur 2 700,00
   für Maschinenreparatur 1 300,00
   + Umsatzsteuer 600,00
9. Abschreibungen auf Gebäude 8 700,00
   auf Maschinen 29 600,00
10. Brandschaden (kein Versicherungsanspruch) im Rohstofflager in Höhe von .. 4 500,00
11. Rückerstattung zuviel gezahlter Betriebssteuern 2 150,00
12. Unsere Banküberweisung für eine Spende 280,00
13. Außergewöhnlicher Maschinenschaden 5 850,00

93

Auszug aus der Summenbilanz:	Soll	Haben
2100 Haus- und Grundstücksaufwendungen	22 600,00	–
2150 Haus- und Grundstückserträge	–	26 800,00
2400 Zinsaufwendungen	1 700,00	–
2450 Zinserträge	–	2 400,00
2500 Betriebliche außerordentliche Aufwendungen	5 600,00	–
2550 Betriebliche außerordentliche Erträge	–	9 900,00
4 ... Verschiedene Kostenarten der Klasse 4	186 400,00	–
8300 Umsatzerlöse für Erzeugnisse	–	218 400,00

Ermitteln Sie das „Neutrale Ergebnis", das „Betriebsergebnis" und das „Gesamtergebnis der Unternehmung". Erforderliche Konten: 0700, 9800, 9870, 9890.

94 *Buchen Sie auf folgenden Konten:* 0700, 1130, 1970, 2100, 2150, 2400, 2450, 9800, 9870, 9890.

1. Für die Vermietung von Räumen in unserem Geschäftshaus
   erhalten wir durch Banküberweisung 3 800,00
2. Zinsgutschrift der Bank 1 350,00
3. Banküberweisung für Spende an das Rote Kreuz 180,00
4. Unsere Banküberweisung für Hypothekenzinsen 1 800,00
   für Grundsteuer 250,00
5. Lastschrift der Bank für Darlehenszinsen 650,00
6. Die gesamten Kosten der Klasse 4 betragen 155 600,00
7. Die Umsatzerlöse belaufen sich auf netto 182 300,00

Ermitteln Sie das „Neutrale Ergebnis", „Betriebsergebnis", „Gesamtergebnis".

95 Ein LKW, der noch einen Buchwert von 6 000,00 DM hat, wird gegen Bankscheck verkauft für
a) 5 000,00 DM netto + 750,00 DM USt, b) 8 000,00 DM netto + 1 200,00 DM USt.

Buchen Sie auf folgenden Konten: 0300, 1130, 1750, 2500, 2550, 2560, 2561.

---

1 Verzugszinsen und alle übrigen Vergütungen sind nicht mehr umsatzsteuerbar.

Anfangsbestände:

0030	Gebäude	300 000,00	1130	Bankguthaben	45 000,00
0100	TA u. Maschinen	280 000,00	1400	Forderungen a. LL	48 000,00
0370	Betriebsausstattung	82 000,00	1600	Verbindlichkeiten a. LL	39 000,00
0600	Darlehensschulden	140 000,00	3000	Rohstoffe	63 000,00
0610	Hypothekenschulden	120 000,00	3300	Hilfsstoffe	21 000,00
0700	Eigenkapital	580 000,00	7800	Unfertige Erzeugnisse	10 000,00
1000	Kasse	12 000,00	7900	Fertige Erzeugnisse	18 000,00

Kontenplan:

0030, 0100, 0370, 0600, 0610, 0700, 1000, 1130, 1400, 1550, 1600, 1750, 1970, 2100, 2150, 2400, 2450, 2500, 2550, 2560, 2561, 3000, 3300, 4000, 4100, 4310, 4600, 4700, 4800, 7800, 7900, 8300, 8800, 8900, 9800, 9870, 9890, 9990.

Geschäftsfälle:

	96	97
1. ER 405—456 für Rohstoffe, netto	18 400,00	19 600,00
+ Umsatzsteuer	2 760,00	2 940,00
2. Lastschrift der Bank für Hypothekenzinsen	2 800,00	3 000,00
für Darlehenszinsen	1 600,00	1 500,00
3. Materialentnahmescheine: Rohstoffe	22 400,00	23 200,00
Hilfsstoffe	8 600,00	7 800,00
4. Kassenfehlbetrag	150,00	200,00
5. Belastung des Kunden mit Verzugszinsen	30,00	40,00
6. Barspende an das Blindenhilfswerk	250,00	300,00
7. Banküberweisung der Fertigungslöhne	3 500,00	3 800,00
8. Mieteinnahmen aus dem Betriebsgebäude, bar	4 500,00	4 700,00
9. Zinsgutschrift der Bank	750,00	850,00
10. Unsere Banküberweisung für Lagermiete	2 400,00	2 600,00
11. Lieferer belastet uns mit Verzugszinsen	10,00	20,00
12. Banküberweisung der Grundsteuer	320,00	360,00
der Gewerbesteuer	2 300,00	2 350,00
der Einkommen- und Kirchensteuer	7 550,00	8 440,00
13. Barverkauf einer Maschine		
Buchwert	1 800,00	1 800,00
Nettoverkaufspreis	3 200,00	3 500,00
+ Umsatzsteuer	480,00	525,00
14. Rückerstattung zuviel gezahlter Betriebssteuern		
durch das Finanzamt, Bankgutschrift	6 800,00	7 200,00
15. Rohstoffe werden durch Brand vernichtet		
(kein Versicherungsanspruch)	1 800,00	1 900,00
16. AR 907—958 für Erzeugnisse ab Werk, netto	65 600,00	66 800,00
+ Umsatzsteuer	9 840,00	10 020,00
17. Privatentnahme von Erzeugnissen, netto	860,00	760,00
+ Umsatzsteuer	129,00	114,00

Abschlußangaben:

1. Abschreibung auf 0030: 2 000,00 DM; auf 0100: 6 800,00 DM; auf 0370: 1 100,00 DM.

2. Inventurbestände: Unfertige Erzeugnisse 25 000,00 DM, Fertige Erzeugnisse 30 000,00 DM.

3. Ermittlung und Passivierung der Umsatzsteuer-Zahllast.

98 / 99

Vorläufige Saldenbilanz zum 28.12.	Soll	Haben
0010 Bebaute Grundstücke	810 000,00	–
0100 Technische Anlagen und Maschinen	1 200 000,00	–
0370 Betriebs- und Geschäftsausstattung	150 200,00	–
0600 Darlehensschulden	–	510 000,00
0610 Hypothekenschulden	–	440 000,00
0700 Eigenkapital	–	1 542 100,00
1000 Kasse	42 800,00	–
1130 Bank	292 200,00	–
1400 Forderungen a. LL	151 800,00	–
1550 Vorsteuer	11 200,00	–
1600 Verbindlichkeiten a. LL	–	180 600,00
1750 Umsatzsteuer	–	25 800,00
1970 Privat	48 000,00	–
2000 Betriebsfremde Aufwendungen	1 800,00	–
2100 Haus- und Grundstücksaufwendungen	75 600,00	–
2150 Haus- und Grundstückserträge	–	42 800,00
2400 Zinsaufwendungen	58 200,00	–
2450 Zinserträge	–	8 300,00
2500 Betriebliche a. o. Aufwendungen	6 000,00	–
2550 Betriebliche a. o. Erträge	–	12 600,00
3000 Rohstoffe	155 000,00	–
3300 Hilfsstoffe	72 000,00	–
4000 Fertigungsmaterial	462 800,00	–
4100 Gemeinkostenmaterial	220 300,00	–
4310 Fertigungslöhne	298 400,00	–
4390 Gehälter	166 200,00	–
4500 Instandhaltung	5 800,00	–
4600 Steuern, Gebühren, Versicherungen	18 700,00	–
4700 Verschiedene Kosten, wie Miete	110 500,00	–
4800 Abschreibungen auf Sachanlagen	–	–
4940 Sondereinzelkosten der Fertigung	22 600,00	–
4950 Sondereinzelkosten des Vertriebs	12 800,00	–
7800 Unfertige Erzeugnisse	45 600,00	–
7900 Fertige Erzeugnisse	63 700,00	–
8300 Umsatzerlöse für Erzeugnisse	–	1 740 000,00
	4 502 200,00	4 502 200,00

Richten Sie noch folgende Konten ein: 2560 Erlöse aus Anlagenverkauf
2561 Gegenkonto zu Konto 2560
8800 Eigenverbrauch
8900 Bestandsveränderungen
9800 Betriebsergebnis
9870 Neutrales Ergebnis
9890 Gesamtergebnis
9990 Schlußbilanzkonto

Geschäftsfälle vom 28.12. bis 31.12.:

	98	99
1. ER 457–469 für Hilfsstoffe, netto	10 400,00	10 800,00
+ Umsatzsteuer	1 560,00	1 620,00
2. Zinsgutschrift der Bank	650,00	680,00
3. Barzahlung einer Maschinenreparatur, Nettopreis	460,00	500,00
+ Umsatzsteuer	69,00	75,00

		98	99
4.	Mieteinnahmen aus Werkswohnungen bar	1 500,00	1 600,00
5.	Privatentnahme, bar	400,00	300,00
6.	Banküberweisung der Fertigunglöhne	6 200,00	6 300,00
7.	Materialentnahmescheine: Rohstoffe	18 400,00	18 600,00
	Hilfsstoffe	12 600,00	12 800,00
8.	Privatentnahme von fertigen Erzeugnissen, netto	660,00	700,00
	+ Umsatzsteuer	99,00	105,00
9.	Banküberweisung für Vertreterprovision, netto	1 500,00	1 600,00
	+ Umsatzsteuer	225,00	240,00
10.	Unsere Banküberweisung für Spenden	380,00	420,00
11.	Banküberweisung für Grundsteuer	440,00	450,00
	für Hypothekenzinsen	1 900,00	1 800,00
12.	Belastung des Kunden mit Verzugszinsen	30,00	40,00
13.	Lastschrift der Bank für Darlehenszinsen	6 400,00	6 500,00
14.	Barverkauf einer EDV-Anlage, Buchwert	800,00	600,00
	Nettoverkaufspreis	500,00	600,00
	+ Umsatzsteuer	75,00	90,00
15.	AR 959–988 für Erzeugnisse frei Haus, netto	43 400,00	44 000,00
	+ Umsatzsteuer	6 510,00	6 600,00
16.	Ausgangsfrachten hierauf bar, netto	2 300,00	2 400,00
	+ Umsatzsteuer	345,00	360,00
17.	Banküberweisung für Sonderanfertigung eines Modells, netto .	2 800,00	3 600,00
	+ Umsatzsteuer	420,00	540,00
18.	Nachzahlung von Betriebssteuern für vergangene Rechnungsperioden, Banklastschrift	2 400,00	2 600,00

Abschlußangaben:

1. Abschreibung auf 0010: 35 000,00 DM; auf 0100: 180 000,00 DM; auf 0370: 21 000,00 DM.
2. Inventurbestände: Unfertige Erzeugnisse .... 38 000,00 | 39 000,00
   Fertige Erzeugnisse .... 81 000,00 | 82 000,00
3. Ermittlung und Passivierung der Umsatzsteuer-Zahllast.

Auswertung:

1. *Nehmen Sie Stellung zum*
   a) Gesamtergebnis der Unternehmung,
   b) Betriebsergebnis und
   c) Neutralen Ergebnis.
2. *Worauf ist es zurückzuführen, daß der Gesamtgewinn niedriger ist als der Betriebsgewinn?*
3. *Setzen Sie den Betriebsgewinn ins Verhältnis zum Eigenkapital vom Anfang des Geschäftsjahres, und ermitteln Sie die Rentabilität des Eigenkapitals.*
4. *Wie beurteilen Sie die Rendite des Eigenkapitals, wenn Sie eine landesübliche Verzinsung von 8 % zugrunde legen?*

Eine computergesteuerte Drehmaschine hat zum 01.01.01 noch einen Buchwert von 20 000,00 **100** DM. Sie wird Anfang Januar gegen Bankscheck verkauft für

   a) 20 000,00 DM + USt,
   b) 30 000,00 DM + USt,
   c) 15 000,00 DM + USt.

1. *Buchen Sie auf den entsprechenden Konten.*
2. *Warum müssen Erlöse aus Anlagenverkäufen buchhalterisch gesondert ausgewiesen werden?*

9 Organisation der Buchführung

9.1 Belegorganisation

9.1.1 Bedeutung und Arten der Belege

Belegprinzip. Die Richtigkeit der Buchungen im Grund- und Hauptbuch kann nur anhand der Belege überprüft werden. Deshalb muß jeder Buchung ein Beleg zugrunde liegen. Belege stellen in der Buchführung das <u>Bindeglied zwischen Geschäftsfall und Buchung</u> dar. <u>Der wichtigste Grundsatz</u> ordnungsmäßiger Buchführung lautet daher:

Keine Buchung ohne Beleg.

Belegarten. Nach der Herkunft der Belege unterscheidet man

- **Fremdbelege** („externe" Belege), die von außen in das Unternehmen gelangen (z.B. Eingangsrechnungen), und
- **Eigenbelege** („interne" Belege), die im Unternehmen selbst erstellt werden (z.B. Lohn- und Gehaltslisten).

Fremdbelege	Eigenbelege
– Eingangsrechnungen	– Durchschriften von Ausgangsrechnungen
– Quittungen	– Quittungsdurchschriften
– Gutschriftsanzeige des Lieferers für Warenrücksendung und Preisnachlaß	– Durchschrift der Gutschriftsanzeige an Kunden für Warenrücksendung und Preisnachlaß
– Begleitbriefe zu erhaltenen Schecks und Wechseln	– Durchschriften von Begleitbriefen zu weitergegebenen Schecks und Wechseln
– Erhaltene sonstige Geschäftsbriefe über z.B. nachträgliche Belastungen	– Durchschriften von abgesandten sonstigen Geschäftsbriefen
– Bankbelege (z.B. Kontoauszüge u.a.)	– Lohn- und Gehaltslisten
– Postbelege (z.B. Quittungen über Einzahlungen, Versand, Kontoauszüge der Postbank u.a.)	– Belege über Materialentnahmen
	– Belege über Privatentnahmen (Eigenverbrauch)
	– Belege über Storno-Buchungen und Umbuchungen sowie Abschlußbuchungen

Not- oder Ersatzbelege sind auszustellen, wenn ein <u>Originalbeleg abhanden gekommen</u> ist oder ein Fremdbeleg nicht zu erhalten war. Bei verlorengegangenen Fremdbelegen wird man in der Regel eine Abschrift erbitten. Fehlen z.B. über eine Taxifahrt oder von auswärts geführte Ferngespräche die notwendigen Belege, so ist ein Ersatzbeleg zu erstellen, der <u>Zeitpunkt, Grund und Höhe der Ausgabe</u> enthält.

9.1.2 Bearbeitung der Belege

Folgende Arbeitsstufen umfaßt die Bearbeitung der Belege in der Buchhaltung:

- <u>Vorbereitung der Belege zur Buchung</u>
- <u>Buchung der Belege im Grund- und Hauptbuch</u>
- <u>Ablage</u> und Aufbewahrung der Belege

Die sorgfältige Vorbereitung der Belege ist unerläßliche Voraussetzung ordnungsmäßiger Buchführung. Dazu gehören:

- **Überprüfung der Belege** auf ihre sachliche und rechnerische Richtigkeit.
- **Bestimmung des Buchungsbeleges.** Gehören zu einem Geschäftsfall mehrere Belege (z.B. bei Banküberweisungen: Überweisungsvordruck und Kontoauszug), muß vorab bestimmt werden, welcher Beleg als Buchungsunterlage verwendet werden soll, um mehrfache Buchungen zu vermeiden.
- **Ordnen der Belege nach Belegarten (Belegsortierung)** als Voraussetzung für Sammelbuchungen und eine ordnungsmäßige Ablage und Aufbewahrung der Belege:

  - Ausgangsrechnungen   – Bankbelege
  - Gutschriften an Kunden – Postbankbelege
  - Eingangsrechnungen   – Kassenbelege
  - Gutschriften von Lieferern – Privatentnahmen
  - Lohn- und Gehaltslisten – Sonstige Belege

- **Fortlaufende Numerierung** der Belege innerhalb jeder Belegart.
- **Vorkontierung der Belege,** indem man mit Hilfe eines Kontierungsstempels die Buchungssätze bereits auf den Belegen angibt.

Bei der Buchung der vorkontierten Belege im Grund- und Hauptbuch sind jeweils die Belegart und die Belegnummer anzugeben. Dieser Belegvermerk (z.B. AR 15) stellt sicher, daß zu jeder Buchung der zugehörige Beleg sofort auffindbar ist. Umgekehrt muß nach jeder Buchung der Buchungsvermerk auf dem Beleg eingetragen werden, der die Journalseite, das Buchungsdatum sowie das Zeichen des Buchhalters angibt. Durch diese wechselseitigen Hinweise wird der Beleg zum Bindeglied zwischen Geschäftsfall und Buchung.

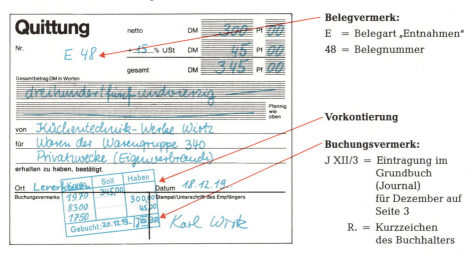

Belegvermerk:
E = Belegart „Entnahmen"
48 = Belegnummer

Vorkontierung

Buchungsvermerk:
J XII/3 = Eintragung im Grundbuch (Journal) für Dezember auf Seite 3
R. = Kurzzeichen des Buchhalters

Belegaufbewahrung. Nach der Buchung müssen die Belege sorgfältig abgelegt und 6 Jahre aufbewahrt werden, gerechnet vom Ende des Kalenderjahres, in dem der Beleg entstanden ist (§ 257 [4] HGB). Für jede Belegart wird in der Regel ein Ordner angelegt, in dem die Belege nach fortlaufender Nummer abgeheftet sind. Bei einer Mikrofilmablage muß die jederzeitige Wiedergabe der mikroverfilmten Belege sichergestellt sein (vgl. S. 11).

Merke: **Die Belegorganisation ist Voraussetzung ordnungsmäßiger Buchführung.**

9.2 Bücher der Buchführung

Ordnung der Buchungen. Die buchhalterischen Aufzeichnungen müssen klar und jederzeit nachprüfbar sein. Deshalb fordern die Grundsätze ordnungsmäßiger Buchführung für die Buchung der Geschäftsfälle eine bestimmte Ordnung, und zwar eine

- **zeitliche** (chronologische) Ordnung,
- **sachliche** (systematische) Ordnung und in bestimmten Fällen noch eine
- **ergänzende** Ordnung durch Nebenaufzeichnungen.

Es ist Aufgabe der „Bücher" der Buchführung, diese Ordnung vorzunehmen.

9.2.1 Grundbuch

Zeitliche Reihenfolge. Im Grundbuch werden alle Geschäftsfälle in zeitlicher (chronologischer) Reihenfolge nach vorkontierten Belegen festgehalten:

1. **Eröffnungsbuchungen**
2. **Laufende Buchungen**
3. **Vorbereitende Abschlußbuchungen**
   (Umbuchungen)
   – Buchung der Abschreibung
   – Buchung der Bestandsveränderungen an unfertigen und fertigen Erzeugnissen
   – Abschluß der Unterkonten (z. B. Privat)
   – Verrechnung „Vorsteuer", „Umsatzsteuer"

4. **Abschlußbuchungen**
   – Abschluß der Erfolgskonten über das Konto 9800 bzw. 9870
   – Abschluß der Ergebniskonten 9800 und 9870 über Konto 9890
   – Abschluß des Kontos 9890 über das Eigenkapitalkonto
   – Abschluß der Bestandskonten über das Schlußbilanzkonto

Das Grundbuch oder Journal (Tagebuch) bildet somit die Grundlage der Buchführung. Für jeden Geschäftsfall sollte aus dem Grundbuch zu erkennen sein: Datum, Belegvermerk (Belegart und Belegnummer), Buchungstext (Kurzbeschreibung des Geschäftsfalls), Buchungssatz (Kontierung) und Betrag:

Journal		Monat November 19..				Seite ...
			Buchungssatz		Betrag	
Datum	Beleg Nr.	Buchungstext	Soll	Haben	Soll	Haben
12.11.		Übertrag von Seite ...			...	...
12.11.	BA 158	Überweisung an Vits KG	1600	1130	4 600,00	4 600,00
13.11.	AR 896	Verkauf an Holzen OHG	1400	8300	6 900,00	6 000,00
				1750		900,00
14.11.	BA 159	Überweisung von Decker	1130	1400	2 760,00	2 760,00
.	.	...				

Bedeutung des Grundbuches. Die chronologischen Aufzeichnungen im Journal ermöglichen es, jeden einzelnen Geschäftsfall während der Aufbewahrungsfristen schnell bis zum Beleg zurückzuverfolgen und damit nachzuweisen.

Übertragungs-, Durchschreibe- oder EDV-Buchführung. Jede Grundbuchung muß auf dem entsprechenden Sachkonto des Hauptbuches und gegebenenfalls auf dem Konto bzw. der Karteikarte eines Nebenbuches (Lagerkartei, Kunden- und Liefererkonto u. a.) erfaßt werden. Ob die Grundbuchungen vor der Übertragung auf die Konten (= Übertragungsbuchführung) oder im Durchschreibeverfahren (= Durchschreibebuchführung) oder automatisch mit der Buchung auf den Konten (= EDV-Buchführung) erfolgen, ist eine Frage des jeweils angewandten Buchungsverfahrens.

Merke: Im Grundbuch werden die Geschäftsfälle in zeitlicher Reihenfolge gebucht.

9.2.2 Hauptbuch

Sachliche Ordnung. Aus dem Grundbuch läßt sich nicht jederzeit der Stand der einzelnen Vermögensteile und Schulden erkennen. Deshalb müssen die Geschäftsfälle noch in sachlicher Ordnung auf entsprechenden „Sachkonten" gebucht werden, z.B. alle Gehaltszahlungen auf einem Konto „Gehälter", alle Bargeschäfte auf einem Kassenkonto u.a. Die Sachkonten stellen wegen ihrer Bedeutung für die Buchführung das Hauptbuch dar. Sie werden heute wie das Grundbuch auf losen Formblättern geführt.

Die Sachkonten sind die im Kontenplan des Betriebes verzeichneten Bestands- und Erfolgskonten. Ihr Abschluß führt zur Gewinn- und Verlustrechnung und Bilanz. Bei jeder Buchung auf einem Sachkonto des Hauptbuches müssen ähnlich wie im Grundbuch vermerkt werden: Datum, Belegvermerk, Buchungstext, Gegenkonto, Betrag im Soll und im Haben:

Konto: 1130 Bank					
Datum	Beleg Nr.	Buchungstext	Gegenkonto	Betrag Soll	Betrag Haben
12.11.	BA 158	Überweisung an Vits KG	1600	–	4 600,00
14.11.	BA 159	Überweisung von Decker	1400	2 760,00	–
.	.	...			
.	.	...			
.	.	...			

Merke: Im Hauptbuch werden die Geschäftsfälle sachlich geordnet gebucht.

Zusammenhang von Grund- und Hauptbuch. Grundlage der Buchungen im Grundbuch sind die vorkontierten Belege. Das Hauptbuch übernimmt auf den Sachkonten die gleichen Buchungen, nur in anderer Ordnung:

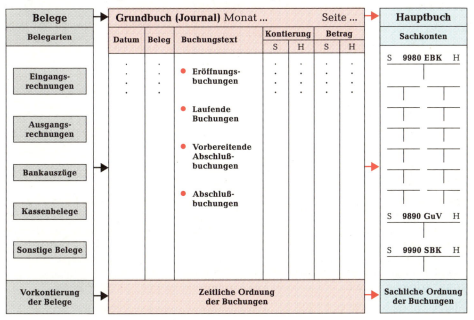

9.2.3 Nebenbücher (Nebenbuchhaltungen)

Erläuterung einzelner Sachkonten. Bestimmte Hauptbuchkonten (z.B. Forderungen a. LL, Verbindlichkeiten a. LL, Rohstoffe, Handelswaren, Löhne und Gehälter, Betriebs- und Geschäftsausstattung u. a.) bedürfen noch einer näheren Erläuterung, um wichtige Einzelheiten zu erfahren. Das geschieht in Nebenbüchern (Nebenbuchhaltungen), die heute wie das Hauptbuch in Kartei- oder Loseblattform geführt werden.

Zu den Nebenbuchhaltungen rechnen:

- **Die Kontokorrentbuchhaltung,** die den Geschäftsverkehr mit den einzelnen Kunden und Lieferern erfaßt: Kontokorrentbuch oder Buch der Geschäftsfreunde.
- **Die Lagerbuchhaltung,** die die Aufzeichnungen über die Bestände, Zugänge und Abgänge der einzelnen Material-, Erzeugnis- und Warenart enthält: Lagerkartei (Lagerkarteikarte).
- **Die Anlagenbuchhaltung,** die die Veränderung der Anlagegegenstände durch Zugänge, Abgänge und Abschreibungen im einzelnen nachweist in Form der Anlagenkartei.[1]
- **Die Lohn- und Gehaltsbuchhaltung,** die die Lohn- und Gehaltsabrechnung vornimmt.[1]
- **Das Wechselbuch,** das den gesamten Besitzwechsel- und Schuldwechselnachweis führt.[1]

Merke: Die Nebenbücher dienen der Erläuterung bestimmter Hauptbuchkonten.

9.2.3.1 Kontokorrentbuchhaltung

Personenkonten. Aus den Sachkonten „1400 Forderungen a. LL" und „1600 Verbindlichkeiten a. LL" des Hauptbuches kann man nicht ersehen, wie hoch die Forderung gegenüber den einzelnen Kunden (= Debitoren) oder die Schulden gegenüber den einzelnen Lieferern (= Kreditoren) sind. Es ist daher unerläßlich, für jeden Kunden und Lieferer ein eigenes Konto einzurichten. Diese Personenkonten (Lieferer- und Kundenkonten) dienen vor allem der Überwachung der Zahlungstermine und der Zahlungsfähigkeit (Liquidität). Sie bilden das Kontokorrentbuch (ital.: conto corrente = laufende Rechnung).

Kundenkonto: P. Klein, Südallee 2, 50858 Köln   **Konto-Nr. 10 000**

Datum	Beleg	Buchungstext	Journalseite	Soll	Haben	Saldo
02.01.	–	Saldovortrag	J 1	4 600,00	–	4 600,00
04.01.	BA 1	Banküberweisung	J 1	–	3 450,00	1 150,00
12.01.	AR 38	Verkauf Artikel-Nr. 567	J 3	2 760,00	–	3 910,00
		...				

Abstimmung der Personenkonten mit den Sachkonten. Bei konventioneller Übertragungsbuchführung muß jede Buchung, die auf den Sachkonten „1400 Forderungen a. LL" und „1600 Verbindlichkeiten a. LL" vorgenommen wurde, gleichzeitig auf dem entsprechenden Kunden- und Liefererkonto vermerkt werden. Beim Kontenabschluß werden die Salden der Kunden- und Liefererkonten jeweils in einer Saldenliste zusammengestellt. Die Summe der Einzelsalden aller Kundenkonten muß mit dem Saldo des Kontos „Forderungen a. LL" im Hauptbuch übereinstimmen. Gleiches gilt für die Liefererkonten und das Konto „Verbindlichkeiten a. LL".

In der EDV-Buchführung wird zunächst auf den Personenkonten gebucht. Beim Abschluß werden die Summen der Debitoren und Kreditoren automatisch auf die Sachkonten 1400 und 1600 übertragen. Sachkonten sind stets vierstellig, Personenkonten fünfstellig:

         Debitoren: 10000 – 59999 ▷ z.B. 10000 Kunde A,   10001 Kunde B
         Kreditoren: 60000 – 99999 ▷ z.B. 60000 Lieferer A,   60001 Lieferer B

Kundenkonten erhalten z.B. an der fünften Stelle (die EDV-Anlage liest die Kennziffern von rechts nach links) die Kennziffern 1 bis 5, Liefererkonten die Ziffern 6 bis 9.

---

[1] Diese **Nebenbücher** werden bei der Behandlung der entsprechenden **Sachkonten** besprochen.

Beispiel: Die **Saldenlisten der Personenkonten** (= Inventurlisten) und die Sachkonten „Forderungen a. LL" und „Verbindlichkeiten a. LL" der Textilwerke R. Wilms weisen zum 31.12.19.. folgende Zahlen aus:

Konto-Nr.	Kunden	Salden DM
10000	Berger, Köln	6 900
10001	Winter, Bonn	16 100
10002	Kurz, Berlin	27 600
10003	Krüger, Wesel	24 150
	Saldensumme	**74 750**

Konto-Nr.	Lieferer	Salden DM
60000	Peters, Münster	2 300
60001	Lang, Lingen	9 775
60002	Schnell, Soest	15 525
60003	Gruppe, Berlin	12 075
	Saldensumme	**39 675**

1400 Forderungen a. LL

Datum	Beleg	Text	Soll DM	Haben DM
31.12.	—	...	862 500	787 750
		Saldo	—	**74 750**
			862 500	862 500

1600 Verbindlichkeiten a. LL

Datum	Beleg	Text	Soll DM	Haben DM
31.12.	—	...	420 325	460 000
		Saldo	**39 675**	—
			460 000	460 000

Merke: **Die Saldensumme der Kundenkonten (Debitoren) und Liefererkonten (Kreditoren) im Kontokorrentbuch muß jeweils mit dem Saldo des Sachkontos „1400 Forderungen a. LL" bzw. „1600 Verbindlichkeiten a. LL" im Hauptbuch übereinstimmen.**

Aufgaben

101

Sachkonten der Textilwerke U. Brandt zum 28.12.	Soll	Haben
1130 Bank	80 400,00	—
1400 Forderungen a. LL	41 975,00	—
1550 Vorsteuer	23 200,00	—
1600 Verbindlichkeiten a. LL	—	69 575,00
1750 Umsatzsteuer	—	32 700,00
3000 Rohstoffe	80 000,00	—
8300 Umsatzerlöse für Erzeugnisse	—	685 000,00

Kundenkonten der Textilwerke U. Brandt zum 28.12.	Soll
10000 F. Walter, Leverkusen	21 850,00
10001 A. Kühn, Köln	20 125,00

Liefererkonten der Textilwerke U. Brandt zum 28.12.	Haben
60000 M. Blau, Rheine	35 650,00
60001 S. Schneider, Emsdetten	33 925,00

Buchen Sie folgende Geschäftsfälle auf den entsprechenden Sach- und Personenkonten:

1. 28.12. Bankauszug 96: Überweisungen an: Fa. Blau 12 650,00, Fa. Schneider 9 200,00 DM
2. 29.12. ER 469 von M. Blau: Stoffe 15 000,00 + 2 250,00 USt = 17 250,00 DM
3. 30.12. AR 633 an A. Kühn: Tischdecken 8 500,00 + 1 275,00 USt = 9 775,00 DM
4. 31.12. Bankauszug 97: Überweisungen von: F. Walter 9 200,00, A. Kühn 10 350,00 DM.

Erstellen Sie zum 31.12. die Saldenlisten der Kunden- und Liefererkonten, und stimmen Sie diese mit den Sachkonten „1400 Forderungen a. LL" und „1600 Verbindlichkeiten a. LL" ab.

9.3 Konventionelle und EDV-gestützte Buchführung

9.3.1 Konventionelle Buchführung

Konventionelle Buchungsverfahren sind die

- **Übertragungsbuchführung** und • **Durchschreibebuchführung.**

Übertragungsbuchführung. Bei diesem Buchführungsverfahren wird jeder Geschäftsfall zuerst im Grundbuch (Journal) erfaßt und danach auf die entsprechenden Sachkonten des Hauptbuches und gegebenenfalls zusätzlich auf die zugehörigen Personenkonten des Kontokorrentbuches (Debitoren bzw. Kreditoren) übertragen. Jede Buchung bedingt somit zwei Arbeitsgänge. Wegen der zeitraubenden und fehleranfälligen Übertragungsarbeit ist die Übertragungsbuchführung nur noch in Kleinstbetrieben denkbar. Für den Buchführungslernenden ist sie allerdings nach wie vor von unschätzbarem Wert.

Die Durchschreibebuchführung beseitigt die Mängel der Übertragungsbuchführung, da bei ihr jegliche Übertragungsarbeit entfällt. Sach- und Personenkonten sowie das Journal bestehen aus losen Blättern, die in ihrer Lineatur übereinstimmen. Jede Buchung auf dem Sach- und Personenkonto erscheint zugleich in Durchschrift – also in einem Arbeitsgang – auf dem darunterliegenden Journalblatt. Die Loseblattform erlaubt zudem eine beliebige Erweiterung der Kontenzahl. Die Durchschreibebuchführung kann sowohl manuell als auch maschinell durchgeführt werden.

9.3.2 Computergestützte Buchführung

EDV-Buchführung. Die Zahl der täglichen Geschäftsfälle ist in der Regel auch in kleinen Unternehmen so groß, daß selbst mit Hilfe einer maschinellen Durchschreibebuchführung die Fülle von Belegen nicht in wirtschaftlich vertretbarer Zeit zu bearbeiten ist. Nur eine EDV-gestützte Buchführung ermöglicht es,

- **eine Vielzahl von Buchungsdaten in kürzester Zeit zu erfassen,**
- **automatisch zu verarbeiten,**
- **auszuwerten und zu speichern sowie**
- **die Ergebnisse jederzeit abzurufen.**

Drei Schritte kennzeichnen die Arbeitsweise der EDV in der Buchführung:

Die Eingabe der Daten in den Computer (Zentraleinheit) erfolgt in der Regel direkt über die Eingabetastatur des Bildschirmgerätes. Das hat den Vorteil, daß die eingegebenen Daten sofort am Bildschirm überprüft werden können. Daten können zudem auch über Datenträger (Diskette, Magnetbandkassette) oder durch Fernübertragung in die Zentraleinheit eines Rechners eingegeben werden. Klarschriftbelege (Schecks, Überweisungsvordrucke) und Markierungsbelege enthalten bereits die einzugebenden Daten in optisch lesbarer Schrift, die direkt über einen Belegleser in den Computer eingelesen werden.

Die Verarbeitung der Daten findet in der Zentraleinheit statt. Sie ist das Kernstück der EDV-Anlage, die drei wichtige Funktionen hat:

1. **Speichern der Programme und Daten im Hauptspeicher,**
2. **Rechnen,**
3. **Steuern der Datenverarbeitung nach Programm.**

Die Zentraleinheit besteht deshalb aus dem Hauptspeicher, dem Rechenwerk und dem Steuerwerk. Die eingegebenen Daten gelangen zunächst in den Hauptspeicher. Durch das Steuerwerk wird mit Hilfe des Programms alles weitere geleitet und koordiniert, und zwar das Speichern der Daten, das programmgemäße Rechnen und schließlich die Ausgabe der Ergebnisdaten.

Die Ausgabe der Daten der EDV-Buchführung erfolgt über Bildschirm und Drucker:

▶ **Buchungserfassungsprotokoll** zur Kontrolle der Buchungssätze,

▶ **Offene-Posten-Liste** der Kunden und Lieferanten,

▶ **Grundbuch (Journal) für den Abrechnungszeitraum,**

▶ **Sachkonten und Personenkonten** (Debitoren und Kreditoren),

▶ **Bilanz und Gewinn- und Verlustrechnung,**

▶ **Betriebswirtschaftliche Auswertungen:**
  − Strukturzahlen der Bilanz und GuV-Rechnung
  − Rohgewinn je Warengruppe
  − Kostenvergleichsanalyse
  − Liquiditätsübersichten u. a. m.

Datensicherung. Daten und Programme der EDV-Finanzbuchhaltung müssen vor Übertragungsfehlern, Verfälschung, Vernichtung und Diebstahl geschützt werden und sollten deshalb in regelmäßigen Abständen auf externe Datenträger (Disketten, Magnetbandkassetten) kopiert werden. Sicherungskopien sind vor allem nach Eingabe der Stammdaten und vor dem Jahresabschluß zu erstellen. Die Datensicherung ist ein wichtiger Grundsatz ordnungsmäßiger DV-gestützter Buchführungssysteme (GoBS).

Grundsätze ordnungsmäßiger DV-Buchführung. In einer EDV-Buchführung werden die eingegebenen Buchungsdaten zunächst lediglich auf magnetischen Datenträgern (Festplatte, Diskette, Magnetbandkassette) gespeichert, ohne daß eine sofortige Verarbeitung in Form eines Grund- und Hauptbuches erfolgt. Für eine Speicherbuchführung gelten deshalb **neben den allgemeinen „Grundsätzen ordnungsmäßiger Buchführung" (GoB),** wie z.B. Vollständigkeit, Richtigkeit, Zeitgerechtigkeit und Nachprüfbarkeit der Buchungen (s.S. 11), seit 1995 besondere **„Grundsätze ordnungsmäßiger DV-gestützter Buchführungssysteme" (GoBS).** Dazu zählen vor allem:

● **Grundsatz der Zuverlässigkeit des Fibu-Programms,**

● **Grundsatz der Nachprüfbarkeit der Daten aus automatischen Vorgängen** (z.B. USt-, VSt-Korrekturen),

● **Grundsatz der Datensicherheit** und

● **Grundsatz der jederzeitigen Datenwiedergabe.**

Merke: ● **Grundbuch, Hauptbuch und Nebenbücher dürfen auf Datenträgern aufbewahrt werden (siehe § 239 [4] HGB). Aufbewahrungsfrist: 10 Jahre.**

  ● **Bilanz und Gewinn- und Verlustrechnung sind dagegen in ausgedruckter Form 10 Jahre aufzubewahren (siehe § 257 [3] HGB).**

9.4 Buchen mit einem Finanzbuchhaltungsprogramm

9.4.1 Erfassung der Daten

Fibu-Programm. Eine EDV-gestützte Buchführung setzt die Installation eines guten Finanzbuchhaltungsprogramms (Fibu) auf der Festplatte der EDV-Anlage voraus. Dazu zählen unter anderen IBM und KHK. Die Programme unterscheiden bei den Datenbeständen zwischen Stammdaten und Bewegungsdaten.

Stammdaten sind Daten, die über einen längeren Zeitraum unverändert bleiben. Sie bilden die Grundlage der Finanzbuchhaltung und sind deshalb zuerst in die EDV-Anlage einzugeben, sofern sie nicht bereits im käuflich erworbenen Programm enthalten sind, wie z.B. ein entsprechender Kontenrahmen. Wichtige Stammdaten sind:

> ▶ **Kontenplan mit Kontennummern und Kontenbezeichnungen,**
> ▶ **Gliederung der Bilanz und Gewinn- und Verlustrechnung,**
> ▶ **Zuordnung der Sachkonten zur Bilanz und GuV-Rechnung,**
> ▶ **Kundenkonten mit Kontonummer, Name und Anschrift,**
> ▶ **Liefererkonten mit Kontonummer, Name, Anschrift, Banken,**
> ▶ **Steuerschlüssel zur automatischen Herausrechnung der Vor- bzw. Umsatzsteuer aus dem eingegebenen Bruttobetrag,**
> ▶ **Bankverbindungen,**
> ▶ **Mahnvorbesetzungen für automatische Mahnschreiben an Kunden.**

Bewegungsdaten ändern sich bei jedem Geschäftsfall (Bewegung):

> ▶ **Buchungsdatum** ▶ **Belegnummer, Belegdatum**
> ▶ **Sollkonto, Habenkonto** ▶ **Buchungsbeleg, Buchungstext**

Bei Ersteinrichtung der EDV-Buchführung sind außer den Stammdaten zunächst auch die Anfangsbestände bzw. Salden der Sachkonten sowie die noch nicht beglichenen Rechnungen der Kunden und Lieferer, die auch als „Offene Posten" bezeichnet werden, über das Hilfs- bzw. Gegenkonto „9700 Saldenvorträge" auf die entsprechenden Sach- und Personenkonten einzugeben. Beim Jahresabschluß werden die Bestände und Offenen Posten vom Programm automatisch auf das folgende Geschäftsjahr übertragen. Beim Monatsabschluß, der in der EDV-Buchführung die Regel ist, werden die Salden der Sach- und Personenkonten automatisch auf den nächsten Monat vorgetragen.

Erfassung der Buchungen. Die Buchungen werden aufgrund der vorkontierten Belege eingegeben. In der Regel unterscheidet man Stapel- und Dialogbuchungen.

> ● **Stapelbuchungen.** Die Buchungen werden nicht direkt auf Konten gebucht, sondern vorab in einem Zwischenspeicher „gestapelt". Dieses Buchungsverfahren hat somit den Vorteil, daß die gespeicherten Buchungssätze noch jederzeit ergänzt oder korrigiert werden können. Die „gestapelten" Buchungen werden später durch einen besonderen Verarbeitungsbefehl auf die entsprechenden Konten übertragen. Vorher sollte man allerdings noch zur Kontrolle ein Buchungserfassungsprotokoll ausdrucken lassen.
> ● **Dialogbuchungen.** Bei diesem Verfahren wird jeder Buchungssatz sofort nach seiner Eingabe auf den entsprechenden Konten gebucht. Buchungen können nicht mehr zurückgenommen, sondern nur noch storniert werden.

> **Merke:** ● **Stammdaten bleiben langfristig gleich, sind aber jederzeit zu aktualisieren.**
> ● **Bewegungsdaten ändern sich bei jedem Geschäftsfall.**
> ● **Stapelbuchungen sind den Dialogbuchungen vorzuziehen.**

9.4.2 Buchungserfassung mit der KHK-Classic-Fibu

Nach dem Start der Fibu erscheint als Bildschirmmaske das

„**Hauptmenü**",

das 8 Programme ausweist. Die Mandantin „**Textilwerke Claudia Gerlach**" und das **Buchungsdatum** (10.12...) sind bereits eingegeben:

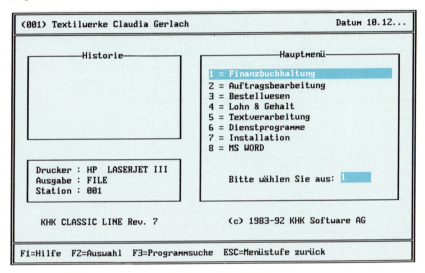

Im obigen Hauptmenü gelangt man durch die Eingabe von „**1**" und „**Return**" in das Programm der

„**Finanzbuchhaltung**"

und erhält folgendes Menü mit 9 Teilprogrammen.

Ausgewählt wird die Ziffer „**2**" = **Buchen.**

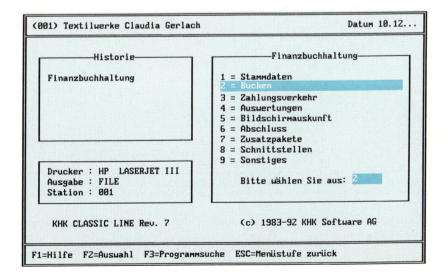

Nach Eingabe der Ziffer „2" und nach Betätigung der Returntaste wird nun im Rahmen des Finanzbuchhaltungsprogramms in einer Bildschirmmaske das Teilprogramm

„Buchen"

angezeigt, das wiederum aus 6 Unterprogrammen besteht:

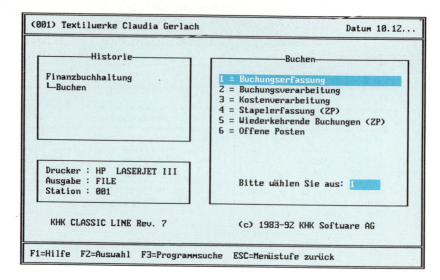

Nach Eingabe und Bestätigung der Ziffer „1" wird in der dann folgenden Maske die

„Buchungserfassung"

mit 3 Teilprogrammen angezeigt:

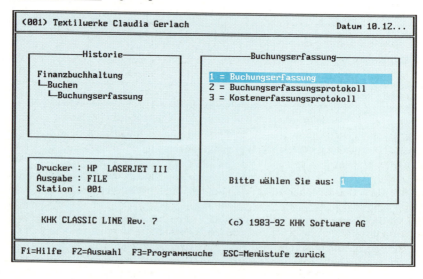

Wählt man nun in der vorstehenden Bildschirmmaske die Ziffer „1", wird die Buchungsmaske

„Buchungserfassung für Periode: X"

angezeigt (siehe nächste Seite).

98

In der Bildschirmmaske „**Buchungserfassung für Periode: X**" werden nun alle

- **Eröffnungsbuchungen,** - **laufenden Buchungen** und
- **vorbereitenden Abschlußbuchungen**

erfaßt.

Beispiel: In der untenstehenden Buchungsmaske wird der Zielverkauf von Erzeugnissen an den Kunden Kurz, Köln, aufgrund der folgenden Ausgangsrechnung erfaßt:

Belegnummer 1:	AR 5467	01.12...
50 Blousons je 120,00 DM, netto		6 000,00 DM
15 % Umsatzsteuer		900,00 DM
Rechnungsbetrag		6 900,00 DM

```
Buchungserfassung für Periode : 12              Buchungsdatum 10.12... (001)


Soll-   Beleg-    Beleg-    Haben-                 U U
konto   nummer    datum     konto   B e t r a g    A S

D10002    1       01.12...  S83000    6900,00  M USt 15.00%      900.00
Kurz, Köln                  Erlöse


                                      B-Text Rechnungsausgang

                                      OP-Nr 5467    ZKD 00000000




Saldo     6900.00           Saldo     6900.00-
```

In der obigen Buchungsmaske wird folgendes erfaßt:

- **Kontonummern** sind in der **KHK-Fibu** stets **6stellig**, wobei die 1. Stelle jeweils die Kontenart bestimmt: **D = Debitor   K = Kreditor   S = Sachkonto**

  Es ist jeweils die Kontonummer des Soll- und Habenkontos einzugeben, und zwar bei Zielverkäufen direkt das jeweilige Debitorenkonto und bei Zieleinkäufen das Kreditorenkonto. Nach Eingabe der Kontonummer erscheint automatisch die Kontenbezeichnung.
- **Belegnummer.** Hier wird die Belegnummer oder die Rechnungsnummer eingegeben.
- **Das Belegdatum** dient der Feststellung der Fälligkeit auf den Kunden- und Liefererkonten.
- Im **Betragsfeld** wird bei Ein- und Ausgangsrechnung u.a. stets der Bruttobetrag eingegeben, da die Vor- bzw. Umsatzsteuer automatisch herausgerechnet und gebucht wird.
- Im Feld **UA = Umsatzsteuerart** wird V = Vorsteuer und M = Mehrwertsteuer bzw. Umsatzsteuer automatisch durch das entsprechende Sachkonto definiert und ausgewiesen.
- Im Feld **US = Umsatzsteuerschlüssel** wird der Steuersatz (15 % bzw. 7 %) automatisch übernommen und die Umsatzsteuer aus dem Bruttobetrag errechnet und ausgewiesen.
- Der **Buchungstext** gibt in Kurzform den Inhalt der Buchung an: Rechnungseingang, Rechnungsausgang, Zahlungseingang, Zahlungsausgang, Barverkauf, Bankeinzahlung u.a.
- **Offene-Posten-Nr. (OP-Nr.).** Die Nummer der noch nicht beglichenen Eingangs- bzw. Ausgangsrechnung ist wichtig für die Erstellung der Offene-Posten-Liste und für die Kontrolle und Erfassung der Zahlungen.
- Im Feld **ZKD = Zahlungskonditionen** wird die Schlüsselzahl für die vereinbarte Zahlungskondition (Skonto) entsprechend dem Kunden- bzw. Liefererstammsatz eingesetzt.

Die vorhergehende Buchung wird stets im oberen Feld der Bildschirmmaske angezeigt.

Beispiel: **Beleg 2:** Barauszahlung der Reisespesen .... 240,00 DM

```
┌─────────────────────────────────────────────────────────────────┐
│ Buchungserfassung für Periode : 12        Buchungsdatum 10.12... (001) │
├─────────────────────────────────────────────────────────────────┤
│ D10002   1        01.12...   S83000    6 900.00    1   Rechnungsausgang │
│                                                                   │
│ Soll-   Beleg-     Beleg-    Haben-              U  U              │
│ konto   nummer     datum     konto    B e t r a g  A  S           │
│                                                                   │
│ S47200   2        03.12...   S10000      240.00                   │
│ Reisekosten                  Kasse                                │
│                                                                   │
│                                          B-TEXT Reisespesen       │
│                                                                   │
└─────────────────────────────────────────────────────────────────┘
```

Buchungserfassungsprotokoll. Vor der Übertragung der Buchungen auf die entsprechenden Konten sollte zur Kontrolle ein Buchungserfassungsprotokoll ausgedruckt werden, in dem noch einmal alle eingegebenen Buchungen aufgelistet sind. Dazu ist die Ziffer „2" im Buchungserfassungs-Menü auf S. 98 einzugeben.

Die Verarbeitung der Buchungen auf den Konten erfolgt, indem man aus dem Buchen-Menü die Ziffer „2" = Buchungsverarbeitung auswählt (siehe Bildschirmmaske auf S. 98). Das auszudruckende Journal dokumentiert dann die Verarbeitung aller Buchungen.

Abschluß und Auswertungen. Monatsabschluß, Umsatzsteuer-Voranmeldung, Jahresabschluß und gewünschte betriebswirtschaftliche Auswertungen sowie die Offene-Posten-Listen der Debitoren und Kreditoren werden durch Eingabe eines entsprechenden Befehls automatisch ausgedruckt (siehe Fibu-Menü auf Seite 97).

Merke: **Vor der Buchungsverarbeitung muß eine Datensicherung erfolgen.**

Fragen

1. *Unterscheiden Sie Stamm- und Bewegungsdaten.*
2. *Nennen Sie wichtige Stammdatenbereiche.*
3. *Unterscheiden Sie Dialog- und Stapelbuchungen. Nennen Sie Vor- und Nachteile.*
4. *Nennen Sie wichtige Grundsätze ordnungsmäßiger DV-gestützter Buchführungssysteme (GoBS).*
5. *Welche buchhalterische Bedeutung hat die Erfassung der Offene-Posten-Nummer?*
6. *Welche Vorzüge hat eine EDV-Finanzbuchhaltung?*
7. *Begründen Sie die Notwendigkeit einer Datensicherung in der EDV-Finanzbuchhaltung.*

C   Beleggeschäftsgang – computergestützt

Die **Textilwerke Edgar Tuch,** Parkstraße 44, 90409 Nürnberg, Bankverbindungen: Stadtsparkasse Nürnberg: Konto-Nr. 218435717 (BLZ 76050101); Postbank Nürnberg: Konto-Nr. 998796-850 (BLZ 76010085), haben sich auf die Herstellung von Frotteeartikeln und Decken spezialisiert. In ihrer **Finanzbuchhaltung** werden folgende <u>Bücher</u> geführt:

- **Grundbuch** (Journal) für die laufenden Buchungen, die vorbereitenden Abschlußbuchungen und die Abschlußbuchungen.
- **Hauptbuch** für die Sachkonten: Bestandskonten, Erfolgskonten, Abschlußkonten.
- **Kontokorrentbuch** für die Personenkonten: Kundenkonten, Lieferrerkonten.
- **Bilanzbuch** für die Aufnahme des ordnungsmäßig gegliederten Jahresabschlusses: Jahresbilanz und Gewinn- und Verlustrechnung mit Unterschrift.

In der EDV-Fibu müssen die folgenden <u>Salden der Sach- und Personenkonten</u> über das Hilfs- bzw. Gegenkonto „9700 Saldenvorträge" gebucht werden.

I. Die Sachkonten der Textilwerke E. Tuch weisen zum 27.12.19.. folgende Salden aus:

Kontenplan und vorläufige Saldenbilanz		Soll	Haben
0100	Technische Anlagen und Maschinen	825 000,00	—
0370	Betriebs- und Geschäftsausstattung	178 000,00	—
0600	Darlehensschulden	—	426 930,00
0700	Eigenkapital	—	922 000,00
1000	Kasse	21 000,00	—
1100	Postbank	28 100,00	—
1130	Bank	297 600,00	—
1400	Forderungen aus Lieferungen und Leistungen	70 908,00	—
1550	Vorsteuer	18 900,00	—
1600	Verbindlichkeiten aus Lieferungen und Leistungen	—	99 978,00
1750	Umsatzsteuer	—	218 850,00
1970	Privat	84 000,00	—
2400	Zinsaufwendungen	22 000,00	—
2450	Zinserträge	—	42 000,00
2550	a. o. Erträge	—	18 000,00
3000	Rohstoffe	220 000,00	—
3300	Hilfsstoffe	97 250,00	—
3400	Betriebsstoffe	48 000,00	—
4000	Fertigungsmaterial	540 000,00	—
4100	Gemeinkostenmaterial	60 000,00	—
4200	Brennstoffe und Energie	15 000,00	—
4310	Fertigungslöhne	186 000,00	—
4390	Gehälter	145 000,00	—
4500	Instandhaltung	88 000,00	—
4700	Verschiedene Kosten	145 000,00	—
4800	Abschreibungen auf Sachanlagen	—	—
7800	Unfertige Erzeugnisse	28 000,00	—
7900	Fertige Erzeugnisse	69 000,00	—
8300	Umsatzerlöse für Erzeugnisse	—	1 449 000,00
8800	Eigenverbrauch	—	10 000,00
8900	Bestandsveränderungen	—	—
Abschlußkonten: 9800, 9870, 9890, 9990		3 186 758,00	3 186 758,00

II. **Die Personenkonten** weisen die folgenden offenen Posten und Salden aus:

Kundenkonten (Debitoren)		Offene Posten – Kunden			
Konto-Nr.	Kunden	Datum	Rechnungs-Nr.	Betrag	Salden
10 000	Hartmann KG Saalestraße 16 39126 Magdeburg	04.12.19.. 06.12.19..	4 563 4 565	12 205,00 4 895,00	17 100,00
10 001	Kaufring GmbH Bendstraße 10 52066 Aachen	02.12.19.. 04.12.19.. 07.12.19..	4 558 4 564 4 566	1 803,00 8 037,00 2 280,00	12 120,00
10 002	Holzmann OHG Amselweg 14 67063 Ludwigshafen	03.12.19.. 04.12.19..	4 560 4 562	840,00 33 360,00	34 200,00
10 003	Wolfgang Kunde Hauptstraße 7 06132 Halle	02.12.19.. 03.12.19.. 10.12.19..	4 559 4 561 4 567	2 010,00 1 032,00 4 446,00	7 488,00
Saldensumme der Kundenkonten (Abstimmung mit Konto 1400)					**70 908,00**

Liefererkonten (Kreditoren)		Offene Posten – Lieferer			
Konto-Nr.	Lieferer	Datum	Rechnungs-Nr.	Betrag	Salden
60 000	Velox GmbH Postfach 67 11 20 22359 Hamburg	18.12.19..	24 502	42 400,00	42 400,00
60 001	Schneider KG Am Wiesenrain 16 75181 Pforzheim	03.12.19.. 17.12.19..	14 678 14 701	3 080,00 25 420,00	28 500,00
60 002	Garne GmbH Kantstraße 22 19063 Schwerin	09.12.19.. 15.12.19..	1 496 1 528	6 042,00 23 036,00	29 078,00
60 003	Offermann OHG Industriestraße 200 90765 Fürth	–	–	–	–
60 004	Walter Schreiber Ring 12 65779 Kelkheim	–	–	–	–
60 005	Hartmut Götz Sonnenstraße 15 91058 Erlangen	–	–	–	–
Saldensumme der Liefererkonten (Abstimmung mit Konto 1600)					**99 978,00**

III. **Die Belege 1–23** stellen die Geschäftsfälle der Textilwerke E. Tuch vom 28.12.–31.12. dar.

IV. **Abschlußangaben aufgrund der Inventur** (siehe Belege 24–26):
1. Abschreibungen auf TA u. Maschinen 110 000,00 DM; auf Betriebs- und Geschäftsausstattung 30 000,00 DM.
2. Schlußbestände: Betriebsstoffe 22 000,00 DM; Unfertige Erzeugnisse 15 000,00 DM; Fertige Erzeugnisse 95 000,00 DM.
3. Die Kasse hat lt. Inventur einen Bestand von 13 100,00 DM. Das Kassenkonto weist einen Buchbestand von 12 954,50 DM aus. Die Differenz konnte nicht aufgeklärt werden.
4. Im übrigen stimmen alle Buchbestände mit den Inventurwerten überein.

V. **Aufgaben:**
1. *Führen Sie die Vorkontierung der Belege auf einem Grundbuchblatt durch.*
2. *Buchen Sie konventionell oder computergestützt auf den Sach- und Personenkonten.*
3. *Erstellen Sie den Jahresabschluß konventionell oder mit Hilfe des Computers.*

Belegbuchung 1:

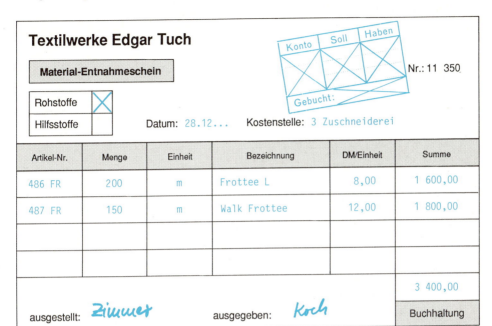

Belegbuchung 2:

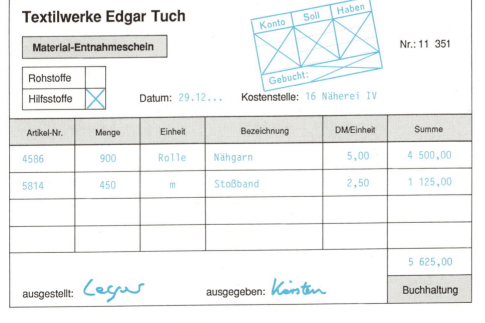

Belegbuchung 3:

Velox Webwaren GmbH

Velox GmbH, Postfach 67 11 20, 22359 Hamburg

Textilwerke
Edgar Tuch
Parkstraße 44

90409 Nürnberg

Eingang: 28.12.19..

Konto	Soll	Haben

Gebucht:

Ihre Bestellung Nr./Tag/Zeich.	Unsere Auftrags-Nr./Zeich.	Zeit der Leistung/Liefertag	22359 Hamburg
23.12...	WR 10 012 y	26.12...	27.12...

Rechnung Nr.
24 589

Wir sandten für Ihre Rechnung und auf Ihre Gefahr:

Zeichen und Nr.	Gegenstand	Menge und Einheit	Preis je Einheit DM	Betrag DM
St 44	Baumwolle "Velox"	500	6,00	3 000,00
KM 27	Satin "Royal"	250	9,00	2 250,00
EH 14	Lamahaar "Rekord"	440	50,00	22 000,00
				27 250,00
	+ 15 % Umsatzsteuer			4 087,50
				31 337,50
				=========

Telefon (0 40) 24 68 29   Fax (0 40) 48 68 20   Geschäftszeit 08.30-17.00   Bankkonto Vereins- und Westbank Hamburg 6 091 123 (BLZ 200 300 00)

Belegbuchung 4:

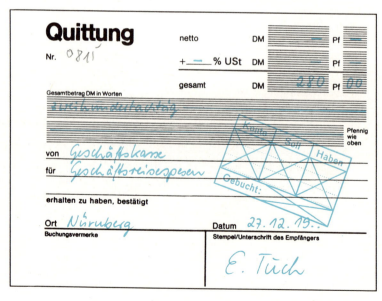

Belegbuchung 5:

Edgar Tuch TEXTILWERKE

Textilwerke E. Tuch, Parkstr. 44, 90409 Nürnberg

Textil-Großhandel
Hartmann KG
Saalestr. 16

39126 Magdeburg

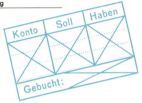

Unsere Auftrags-Nr.	20 336
Lieferschein-Nr.	20 586
Versanddatum:	28.12...
Versandart:	LKW
Verpackungsart:	Kartons

Ihre Zeichen/Bestellung Nr. vom   Kunden-Nr.
WA/4 896/18.12...   10 000

Bitte bei Zahlung angeben:
Rechnungs-Nr.   4 568
Rechnungsdatum: 28.12...

Rechnung

Position	Sachnummer	Bezeichnung der Lieferung/Leistung	Menge und Einheit	Preis je Einheit	Betrag DM
L	4 842	Badetücher "Luxor"	420	20,00	8 400,00
K	2 245	Saunamäntel "S"	310	45,00	13 950,00
H	3 451	Lama-Decken	40	100,00	4 000,00
					26 350,00
		+ 15 % Umsatzsteuer			3 952,50
					30 302,50
					=========

Zahlbar rein netto innerhalb von 20 Tagen. Skontoabzug ist nicht zulässig.

Geschäftsräume   Telefon (09 11) 5 63 56   Stadtsparkasse Nürnberg   Postbank Nürnberg
Parkstraße 44   Telefax (09 11) 4 44 81   (BLZ 760 501 01)   (BLZ 760 100 85)
90409 Nürnberg   Konto-Nr. 218 435 717   Konto-Nr. 9987 96-850

Belegbuchung 6:

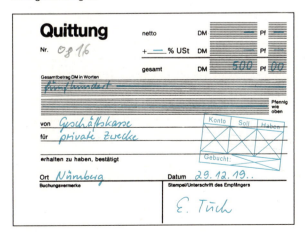

Belegbuchung 7:

Belegbuchung 8:

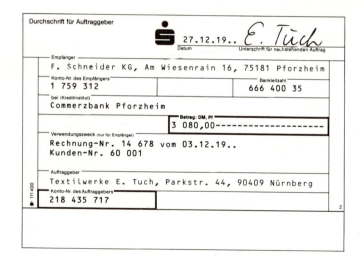

Belegbuchung 9:

Belegbuchung 10:

1 Einzahlung erfolgt aus der Geschäftskasse.

Kontoauszug zu den Belegbuchungen 8-10:

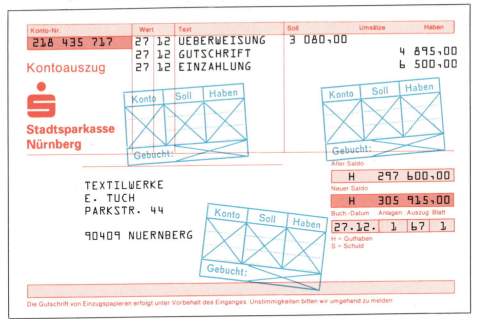

Belegbuchung 11:

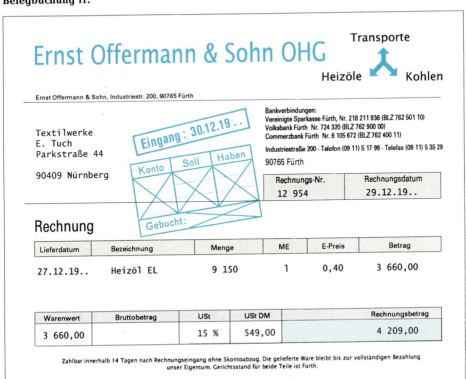

Kontoauszug zu Belegbuchung 12:

Belegbuchung 12:

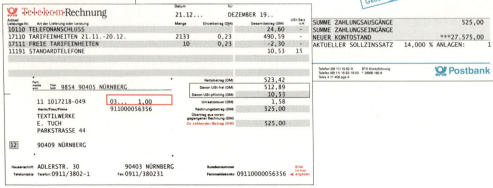

Belegbuchung 13:

Belegbuchung 14:

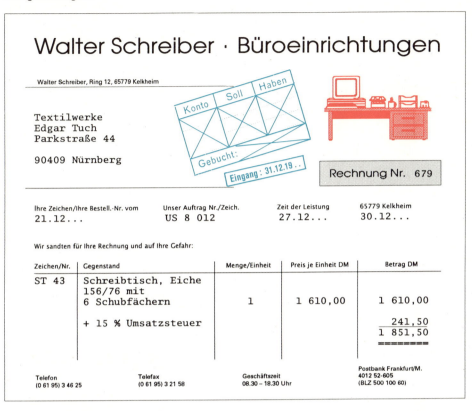

Belegbuchung 15:

Belegbuchung 16:

Belegbuchung 17:

Belegbuchung 18:

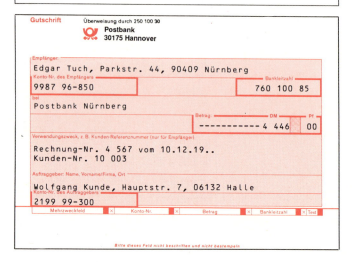

Belegbuchung 19:

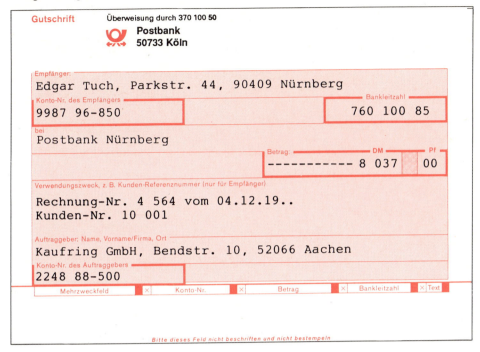

Kontoauszug zu den Belegbuchungen 17–19:

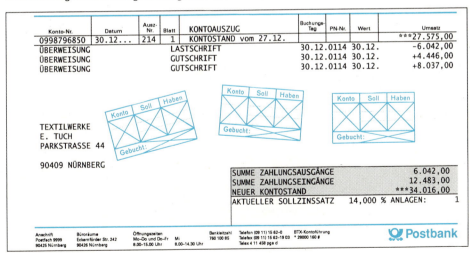

Belegbuchung 20:

Edgar Tuch TEXTILWERKE

Textilwerke E. Tuch, Parkstr. 44, 90409 Nürnberg

Textil-Großhandel
Holzmann OHG
Amselweg 14

67063 Ludwigshafen

Konto Soll Haben
Gebucht:

Unsere Auftrags-Nr. 20 337
Lieferschein-Nr.   20 587
Versanddatum: 29.12...
Versandart: LKW
Verpackungsart: Original

Ihre Zeichen/Bestellung Nr. vom   Kunden-Nr.
LZ/2 112/27.12...   10 002

Bitte bei Zahlung angeben:
Rechnungs-Nr.   4 569
Rechnungsdatum: 30.12...

Rechnung

Position	Sachnummer	Bezeichnung der Lieferung/Leistung	Menge/Einheit	Preis je Einheit	Betrag DM
KS	5 634	Bademäntel 100 % Bw	300	80,00	24 000,00
GT	4 321	Badetücher 50/70	450	10,00	4 500,00
					28 500,00
		+ 15 % Umsatzsteuer			4 275,00
					32 775,00

Zahlbar rein netto innerhalb von 20 Tagen. Skontoabzug ist nicht zulässig.

Geschäftsräume
Parkstraße 44
90409 Nürnberg

Telefon (09 11) 5 63 56
Telefax (09 11) 4 44 81

Stadtsparkasse Nürnberg
(BLZ 760 501 01)
Konto-Nr. 218 435 717

Postbank Nürnberg
(BLZ 760 100 85)
Konto-Nr. 9987 96-850

Belegbuchung 21:

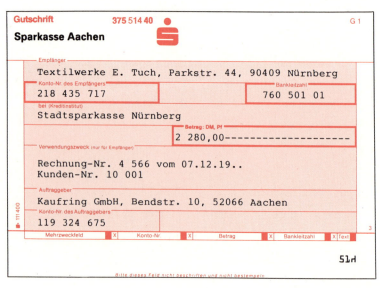

Belegbuchung 22:

Kontoauszug zu den Belegbuchungen 21–23[1]:

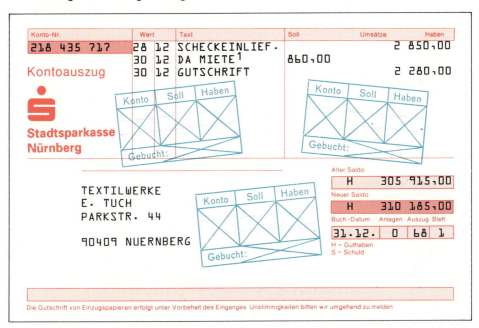

---

[1] Belegbuchung 23: DA = Dauerauftrag für die Wohnungsmiete des Geschäftsinhabers.

Belegbuchung 24:

Buchungsanweisung	Datum: 31.12.19..	Beleg-Nr.:

Betreff: Abschreibungen auf Sachanlagen — Gebucht: Datum:

Buchungstext	Soll		Haben	
	Konto	Betrag	Konto	Betrag
Technische Anlagen und Maschinen .... Betriebs- und Geschäfts- ausstattung				

Belegbuchung 25:

Buchungsanweisung	Datum: 31.12.19..	Beleg-Nr.:

Betreff: Bestandsveränderungen — Gebucht: Datum:

Buchungstext	Soll		Haben	
	Konto	Betrag	Konto	Betrag
Bestandsveränderungen - unfertige Erzeugnisse .... - fertige Erzeugnisse				

Belegbuchung 26:

Buchungsanweisung	Datum: 31.12.19..	Beleg-Nr.:

Betreff: Umbuchungen — Gebucht: Datum:

Buchungstext	Soll		Haben	
	Konto	Betrag	Konto	Betrag
- Betriebsstoffverbrauch ... - Kassendifferenz .... - Vorsteuerverrechnung ..... - Privatentnahmen				

D   Buchungen in wichtigen Sachbereichen

1   Buchungen im Personalbereich

1.1   Löhne und Gehälter

Personalaufwand. Als Entgelt für ihre Arbeitsleistung erhalten Arbeiter <u>Löhne</u>, Angestellte <u>Gehälter</u>. Löhne und Gehälter sind für den Arbeitnehmer Einkommen, für den Arbeitgeber Kosten der Leistungserstellung (Personalkosten).

Abzüge vom Bruttoverdienst. Gesetzliche Vorschriften verpflichten den Arbeitgeber, vom Bruttoverdienst des Arbeitnehmers Lohnsteuer, Kirchensteuer, Solidaritätszuschlag (SolZ) und Sozialversicherungsbeiträge <u>einzuhalten</u> und an das Finanzamt bzw. die gesetzliche Krankenkasse <u>abzuführen</u>. Ausgezahlt wird der Nettoverdienst.

Bruttolohn/-gehalt
– **Lohnsteuer, Kirchensteuer, Solidaritätszuschlag**
– **Arbeitnehmeranteil zur Sozialversicherung**
(Renten-, Kranken-, Arbeitslosen-, Pflegevers.)
Nettolohn/-gehalt

Die Lohnsteuer und der SolZ (7,5 % der Lohnsteuer) werden aus der <u>Lohnabzugstabelle</u> abgelesen. Sie richten sich nach der <u>Höhe des steuerpflichtigen Lohnes</u> bzw. <u>Gehaltes</u> und der <u>Steuerklasse,</u> in die der Arbeitnehmer nach seiner persönlichen Situation (Familienstand, Anzahl der Kinder, Allein- oder Doppelverdiener) eingestuft wird. Die <u>Lohnsteuerkarte</u> des Arbeitnehmers weist alle für den Lohnsteuerabzug wichtigen Daten aus. Die Lohnsteuertabelle berücksichtigt <u>6 Steuerklassen</u> und die Anzahl der Kinder.

Steuerklasse I:	Ledige, verwitwete, geschiedene sowie verheiratete Arbeitnehmer, die <u>dauernd getrennt leben.</u>
Steuerklasse II:	Arbeitnehmer der Steuerklasse <u>I mit mindestens 1 Kind.</u>
Steuerklasse III:	Verheiratete Arbeitnehmer, die nicht dauernd getrennt leben und deren Ehepartner keinen Arbeitslohn beziehen <u>oder</u> auf gemeinsamen Antrag in Steuerklasse V eingestuft werden.
Steuerklasse IV:	Verheiratete, die <u>beide Arbeitslohn</u> beziehen und nicht dauernd getrennt leben.
Steuerklasse V:	Arbeitnehmer der Steuerklasse IV, wenn einer der Ehegatten <u>auf gemeinsamen Antrag</u> in die Steuerklasse III eingestuft wird.
Steuerklasse VI:	Für eine zweite und alle <u>weiteren Lohnsteuerkarten</u> eines Arbeitnehmers, der Arbeitslohn von mehreren Arbeitgebern bezieht.

Die Kirchensteuer wird in <u>Prozenten der Lohnsteuer</u> bemessen und ist aus der Lohnabzugstabelle abzulesen. In Baden-Württemberg, Bayern, Bremen und Hamburg beträgt der Kirchensteuersatz 8 %, in den übrigen Bundesländern 9 %.

Die Sozialversicherungsbeiträge werden <u>vom Bruttoverdienst</u> berechnet:

- Krankenversicherung: 11–16 % von höchstens 5 850,00 DM (1995)
- Rentenversicherung: 18,6 % von höchstens 7 800,00 DM (1995)
- Arbeitslosenversicherung: 6,5 % von höchstens 7 800,00 DM (1995)
- Pflegeversicherung   1 % von höchstens 5 850,00 DM (1995)

Diese Beiträge werden zu einem <u>Gesamtversicherungsbeitrag</u> zusammengefaßt und <u>je zur Hälfte</u> vom Arbeitgeber und Arbeitnehmer getragen. Der <u>Arbeitnehmeranteil (50 %)</u> wird mit dem Arbeitgeberanteil (50 %) an den Träger der gesetzlichen Krankenkasse abgeführt.

Merke:	• **Alle Abzüge des Arbeitnehmers werden in der Lohnbuchhaltung anhand von Lohnabzugstabellen ermittelt.**
	• **Die Sozialversicherungsbeiträge werden je zur Hälfte vom Arbeitgeber und Arbeitnehmer getragen.**

Bruttolöhne und **Bruttogehälter** werden erfaßt im Soll der Aufwandskonten

4310 Fertigungslöhne, 4320 Hilfslöhne und **4390 Gehälter.**

Die Abzüge des Arbeitnehmers, also die Lohn- und Kirchensteuer sowie der Anteil des Arbeitnehmers an der Sozialversicherung, muß der Arbeitgeber vom Lohn bzw. Gehalt einbehalten und bis zum 10. des Folgemonats an das Finanzamt und die gesetzliche Krankenkasse überweisen. Bis dahin werden die einbehaltenen Abzüge als „durchlaufende Posten" erfaßt, und zwar im Haben des Kontos

„1740 Noch abzuführende Abgaben".

Der Arbeitgeberanteil zur Sozialversicherung wird als zusätzlicher Aufwand auf dem Konto
„4400 Gesetzliche Sozialkosten"

erfaßt und auf dem Konto „1740 Noch abzuführende Abgaben" gegengebucht.

Beispiel: Der Angestellte H. Klein bezieht ein Bruttogehalt von 3 752,00 DM, das gemäß Eintragung auf seiner Lohnsteuerkarte nach Steuerklasse III/1,0 zu versteuern ist. Nach Abzug der Lohn- und Kirchensteuer (9 %), des SolZ und des Arbeitnehmeranteils zur Sozialversicherung erhält er das Nettogehalt auf sein Konto überwiesen. Der Arbeitgeberanteil zur Sozialversicherung ist zu buchen.

Auszug aus der Gehaltsliste Monat Februar:

Name	Steuer-klasse	Brutto-gehalt	Abzüge					Gesamt-abzüge	Aus-zahlung
			LSt	SolZ	KSt	Steuer-abzüge	SV		
Klein, H.	III/1,0	3 752,00	319,00	19,40	26,46	364,86	742,67	1 107,53	2 644,47

① **Buchung bei Gehaltszahlung:**   S   H

    4390 Gehälter 3 752,00

          an   1740 Noch abzuführende Abgaben 1 107,53

          an   1130 Bank 2 644,47

② **Buchung des Arbeitgeberanteils zur Sozialversicherung:**

    4400 Ges. Sozialkosten . .   an   1740 Noch abzuf. Abg. . .   742,67

③ **Überweisung der einbehaltenen und noch abzuführenden Beträge:**

    1740 Noch abzuf. Abg. . .   an   1130 Bank 1 850,20

S	4390 Gehälter	H		S	1740 Noch abzuführende Abgaben	H
①	3 752,00			③	1 850,20 ①	1 107,53
					②	742,67
S	4400 Gesetzliche Sozialkosten	H		S	1130 Bank	H
②	742,67				①	2 644,47
					③	1 850,20

Bruttogehalt 3 752,00

+ Arbeitgeberanteil SV   742,67

Personalkosten **4 494,67**

Merke: **Lohn- und Gehaltslisten, in denen die Einzelabrechnungen aller Arbeitnehmer monatlich zusammengefaßt werden, bilden den Buchungssammelbeleg (s. S. 118).**

1.2 Vorschüsse, Sachleistungen und Sondervergütungen

Vorschüsse an Arbeitnehmer werden buchhalterisch als kurzfristige Darlehensforderungen erfaßt und verrechnet auf dem Konto

1500 Sonstige Forderungen.

Beispiel: Der Angestellte Klein erhält einen Gehaltsvorschuß: 500,00 DM bar.

Buchung: 1500 Sonstige Forderungen an 1000 Kasse 500,00

Verrechnung des Vorschusses bei der nächsten Gehaltszahlung:

Buchung:			S	H
4390 Gehälter	....		3752,00	
	an	1500 Sonstige Forderungen		500,00
	an	1130 Bank		2144,47
	an	1740 Noch abzuführende Abgaben		1107,53

Sachleistungen an die Arbeitnehmer (Waren, Werkswohnung) werden ebenfalls mit dem Gehalt verrechnet. So ist z. B. die Miete des Arbeitnehmers für eine Werkswohnung dem Konto „2150 Haus- und Grundstückserträge" gutzuschreiben.

Beispiel: Die Miete für die Werkswohnung des Angestellten Klein beträgt 450,00 DM und wird mit dem Gehalt verrechnet.

Buchung:			S	H
4390 Gehälter	....		3752,00	
	an	2150 Haus- und Grundstückserträge		450,00
	an	1130 Bank		2194,47
	an	1740 Noch abzuführende Abgaben		1107,53

Sonderzuwendungen können lohnsteuerpflichtig oder lohnsteuerfrei sein:

- **Steuerpflichtige Sonderzuwendungen** werden meist aufgrund tariflicher oder vertraglicher Vereinbarung gezahlt, wie z. B. Urlaubs- und Weihnachtsgeld, vermögenswirksame Leistung, Jahresprämie u. a. Sie gelten als Ertrag der Arbeitsleistung des Arbeitnehmers und werden direkt auf den Lohn- und Gehaltskonten gebucht.

- **Steuerfreie Sonderzuwendungen.** Dazu zählen vor allem Geburtsbeihilfen (bis zu 700,00 DM) und Heiratsbeihilfen (bis zu 700,00 DM), die auf dem Konto „4470 Freiwillige Sozialkosten" gebucht werden.

Beispiele: 1. Der 25jährige ledige Arbeiter Krause erhält im Juli zu seinem laufenden Lohn in Höhe von 2460,00 DM ein Urlaubsgeld von 300,00 DM.
Abzüge: 432,88 DM LSt/KSt/SolZ + 548,03 DM Sozialversicherung.
2. Der Angestellte Seifert erhält eine Heiratsbeihilfe: 650,00 DM bar.

Buchungen:			S	H
1.① 4320 Hilfslöhne	....		2760,00	
	an	1130 Bank		1779,09
	an	1740 Noch abzuführende Abgaben		980,91
② 4400 Gesetzliche Sozialkosten	....		548,03	
	an	1740 Noch abzuführende Abgaben		548,03
2. 4470 Freiwillige Sozialkosten	an 1000 Kasse			650,00

Die aufgrund von Lohn- und Gehaltspfändungen einbehaltenen Beträge werden auf dem Konto „1700 Sonstige Verbindlichkeiten" (Haben) gebucht.

Aufgaben – Fragen

104

Gehaltsliste Monat Januar

Name	Steuer-klasse	Brutto-gehalt	Abzüge					Aus-zahlung
			Lohn-steuer	SolZ	Kirchen-steuer	Steuer-abzüge	Sozial-versich.	
1. Tierjung, V.	III/2,0	3 850,00	187,83	14,08	12,40	214,31	762,28	2 873,41
2. Steinbring, W.	I	3 450,00	565,25	42,39	50,87	658,51	682,98	2 108,51
3. Walter, F.	II/0,5	3 830,00	496,41	37,23	43,55	577,19	758,72	2 494,09
		11 130,00	1 249,49	93,70	106,82	**1 450,01**	**2 203,98**	**7 476,01**

Buchen Sie auf den Konten 1130 (AB 35 000,00 DM), 1740, 4390 und 4400

1. die Gehaltsabrechnung lt. Gehaltsliste zum 31.01. (Banküberweisung),
2. den Arbeitgeberanteil zur Sozialversicherung,
3. die Überweisung der einbehaltenen Abzüge zum 10.02.

Wie hoch sind die Personalkosten des Betriebes?

105

Buchen Sie auf den Konten 1130 (AB 32 000,00 DM), 1500, 1740, 4390 und 4400

1. Zahlung eines Lohnvorschusses durch Banküberweisung: 4 000,00 DM,
2. Lohnabrechnung mit Verrechnung des Vorschusses in Höhe von 500,00 DM monatlich:

Brutto-löhne	LSt/KSt/SolZ	Sozial-Vers.	Verrechneter Vorschuß	Auszahlung (Bank)	Arbeitgeber-anteile
7 800,00	1 100,00	880,00	500,00	5 320,00	880,00

3. Banküberweisung der einbehaltenen Abzüge zum 10. n. M.

106

Lohnzahlung durch Banküberweisung zum 31.12. *Bilden Sie die Buchungssätze:*

1. Fertigungslöhne lt. Lohnliste für den Monat Dezember:
   Bruttobeträge . . . . 55 800,00 DM
   Lohn- und Kirchensteuer . . . . 10 050,00 DM
   Sozialversicherungsbeiträge der Arbeitnehmer . . . . 9 765,00 DM
2. Verrechnung von Vorschüssen (Bestand: 8 000,00 DM) . . . . 2 500,00 DM
3. Arbeitgeberanteil . . . . ?
4. Die einbehaltenen Abzüge werden erst Anfang Januar an das Finanzamt und die Allgemeine Ortskrankenkasse (AOK) überwiesen.

1. *Nennen Sie die Buchungen bis zum Jahresabschluß.*
2. *Wie lauten a) die Eröffnungsbuchung zum 01.01. n. J. und b) die Überweisungsbuchung?*
3. *Wie hoch sind die gesamten Personalkosten des Betriebes für Dezember?*

107

Zum 31.12. weisen die nachstehenden Konten folgende Salden aus:

1500 Sonstige Forderungen . . . . 16 000,00 DM
1740 Noch abzuführende Abgaben . . . . 26 900,00 DM

Bilden Sie die Abschlußbuchungssätze.

118

Anfangsbestände:

0010 Bebaute Grundstücke ...	100 000,00	1130 Bankguthaben	45 000,00	
0030 Gebäude	320 000,00	1400 Forderungen a. LL	22 000,00	
0100 TA u. Maschinen	260 000,00	1600 Verbindlichkeiten a. LL .	46 000,00	
0370 BGA	120 000,00	1750 Umsatzsteuer	4 000,00	
0600 Darlehensschulden	150 000,00	3000 Rohstoffe	47 000,00	
0700 Eigenkapital	740 000,00	7800 Unfertige Erzeugnisse ..	5 000,00	
1000 Kasse	15 000,00	7900 Fertige Erzeugnisse	6 000,00	

108
109

Kontenplan:

0010, 0030, 0100, 0370, 0600, 0700, 1000, 1130, 1400, 1500, 1550, 1600, 1740, 1750, 2100, 2150, 2450, 2500, 3000, 3300, 4000, 4100, 4310, 4390, 4400, 4470, 4700, 4800, 7800, 7900, 8300, 8900, 9800, 9870, 9890, 9990.

Geschäftsfälle:

	108	109
1. Zieleinkauf von Rohstoffen lt. ER 956, netto	15 600,00	17 800,00
von Hilfsstoffen lt. ER 957, netto	8 400,00	9 200,00
+ Umsatzsteuer	3 600,00	4 050,00
2. Banküberweisung der Umsatzsteuer-Zahllast	4 000,00	4 000,00
3. Kunde begleicht AR 1206 durch Bank	5 750,00	8 050,00
4. Belastung des Kunden mit Verzugszinsen	50,00	60,00
5. Angestellter erhält Gehaltsvorschuß bar	1 500,00	1 800,00
6. Banküberweisung für Grundsteuern	350,00	400,00
7. Zinsgutschrift der Bank	600,00	700,00
8. Banküberweisung von Fertigungslöhnen, brutto	12 400,00	13 200,00
Abzüge: Steuer: 1500,00 (1700,00); SV: 900,00 (1100,00)	2 400,00	2 800,00
netto	10 000,00	10 400,00
Arbeitgeberanteil, noch nicht abgeführt	900,00	1 100,00
9. Materialentnahmescheine: Rohstoffe	31 500,00	29 500,00
Hilfsstoffe	4 500,00	4 000,00
10. Bankgutschrift für Mieteinnahmen	1 800,00	1 900,00
11. AR 1256–1289 für Erzeugnisse ab Werk, netto	87 800,00	92 300,00
+ Umsatzsteuer	13 170,00	13 845,00
12. Banküberweisung für Gehälter, brutto	4 200,00	4 100,00
Abzüge: Steuer: ? DM; SV: ? DM	700,00	800,00
- Gehaltsvorschuß	500,00	600,00
netto	3 000,00	2 700,00
Arbeitgeberanteil, noch nicht abgeführt	250,00	300,00
13. Arbeiter erhält eine Geburtsbeihilfe bar	300,00	400,00
14. Brandschaden im Rohstofflager	2 500,00	1 800,00
15. Barkauf von Büromaterial, Nettopreis	460,00	500,00
+ Umsatzsteuer	69,00	75,00
16. Banküberweisung der einbehaltenen Lohn- und Kirchensteuer einschl. SolZ sowie der Sozialabgaben	?	?

Abschlußangaben:

1. Abschreibungen auf 0030: 2 200,00 DM; auf 0100: 4 300,00 DM; auf 0370: 1 800,00 DM.

2. Inventurbestände: Unfertige Erzeugnisse	7 000,00	8 000,00
Fertige Erzeugnisse	10 000,00	11 000,00

Woraus setzen sich die gesamten Personalkosten des Betriebes zusammen?

Kontenplan und vorläufige Summenbilanz	Soll	Haben
0030 Gebäude	320 000,00	–
0100 Technische Anlagen und Maschinen	388 000,00	–
0370 Betriebs- und Geschäftsausstattung	76 400,00	–
0610 Hypothekenschulden	5 600,00	236 800,00
0700 Eigenkapital	–	654 520,00
1000 Kasse	198 400,00	184 400,00
1130 Bank	482 900,00	412 500,00
1400 Forderungen a. LL	434 000,00	336 300,00
1500 Sonstige Forderungen	1 500,00	1 500,00
1550 Vorsteuer	24 500,00	23 600,00
1600 Verbindlichkeiten a. LL	126 900,00	201 800,00
1740 Noch abzuführende Abgaben	18 400,00	18 400,00
1750 Umsatzsteuer	35 800,00	43 500,00
2100 Haus- und Grundstücksaufwendungen	760,00	–
2150 Haus- und Grundstückserträge	–	3 250,00
2400 Zinsaufwendungen	560,00	–
2500 A. o. Aufwendungen	2 800,00	–
2550 A. o. Erträge	–	1 600,00
3000 Rohstoffe	205 600,00	87 200,00
3300 Hilfsstoffe	37 400,00	18 300,00
4000 Fertigungsmaterial	87 200,00	–
4100 Gemeinkostenmaterial	18 300,00	–
4310 Fertigungslöhne	148 500,00	–
4320 Hilfslöhne	12 300,00	–
4390 Gehälter	64 700,00	–
4400 Gesetzliche Sozialkosten	15 200,00	–
4700 Verschiedene Kosten	26 900,00	–
4800 Abschreibungen auf Sachanlagen	–	–
4950 Sondereinzelkosten des Vertriebs	2 300,00	–
7800 Unfertige Erzeugnisse	16 000,00	–
7900 Fertige Erzeugnisse	34 150,00	–
8300 Umsatzerlöse für Erzeugnisse	–	561 400,00
Weitere Konten: 2560, 2561, 4470, 8900, 9800, 9870, 9890, 9990	2 785 070,00	2 785 070,00

Geschäftsfälle:

	110	111
1. Materialentnahmescheine: Rohstoffe	18 400,00	19 200,00
Hilfsstoffe	12 600,00	13 100,00
2. Gehaltsvorschuß an einen Angestellten, bar	800,00	900,00
3. Banküberweisung für Vertreterprovision, netto	1 500,00	1 600,00
+ Umsatzsteuer	225,00	240,00
4. Banküberweisung von Kunden, Rechnungsbetrag	11 000,00	16 500,00
5. Mieteinnahmen bar	2 500,00	3 000,00
6. Kunde begleicht AR 1869 mit Bankscheck	2 200,00	4 400,00
7. Arbeiter erhält eine Heiratsbeihilfe, bar	300,00	400,00
8. Außergewöhnlicher Maschinenschaden	2 000,00	3 000,00
9. Banküberweisung an Lieferer, Rechnungsbetrag	5 500,00	6 600,00

10. Banküberweisung der Fertigungslöhne lt. Lohnliste:

Bruttobezüge	Einbeh. Abzüge	Auszahlung	Arbeitgeberanteil
5 400,00	1 200,00	4 200,00	400,00 ·

11. Banküberweisung für Gehälter lt. Gehaltsliste:

Brutto-gehälter	Einbehaltene Abzüge	Verrechneter Vorschuß	Netto-auszahlung	Arbeitgeber-anteil
7 800,00	1 800,00	500,00	5 500,00	700,00

12. Verkauf einer Maschine gegen Bankscheck

Buchwert der Maschine .... 2 000,00 | 4 000,00
Verkaufspreis, netto .... 3 500,00 | 5 000,00
+ Umsatzsteuer .... 525,00 | 750,00

Abschlußangaben:

1. Abschreibung auf 0030: 6 400,00 DM; auf 0100: 38 400,00 DM; auf 0370: 12 600,00 DM.
2. Inventurbestände: Unfertige Erzeugnisse .... 18 000,00 | 19 000,00
   Fertige Erzeugnisse .... 65 000,00 | 64 000,00
3. Im übrigen Buchbestände = Inventurbestände.

Aufgaben:

1. *Buchen Sie die Geschäftsfälle, und erstellen Sie den Jahresabschluß.*
2. *Ermitteln Sie die Verzinsung (Rentabilität) des Eigenkapitals, indem Sie den Gesamtgewinn zum Eigenkapital (Anfangsbestand) ins Verhältnis setzen.*

112

Bruttogehälter lt. Gehaltsliste .... 28 730,00 DM
Lohn- und Kirchensteuer sowie SolZ .... 5 310,00 DM
Arbeitnehmeranteil zur Sozialversicherung .... 4 680,00 DM
Verrechnung von Vorschüssen .... 1 800,00 DM
Einbehaltene Mieten .... 1 750,00 DM
Einbehaltene Beträge aufgrund von Gehaltspfändungen .... 1 450,00 DM
Banküberweisung der Nettogehälter für Dezember am 30.12.19. .... ? DM

1. *Buchen Sie auf den Konten 1130 (AB 45 000,00 DM), 1500 (AB 12 000,00 DM), 1700, 1740, 2150, 4390, 4400.*
2. *Wie lauten die Abschlußbuchungen der Bestandskonten zum 31.12.19..?*
3. *Wie hoch sind die gesamten Personalkosten des Betriebes?*

113

Beim Vergleich gleichartiger Industriebetriebe (Betriebsvergleich) ist die

$$\text{Lohnquote in \%} = \frac{\text{Personalkosten} \cdot 100 \%}{\text{Umsatzerlöse}}$$

besonders aussagefähig. Diese Kennzahl zeigt, wie hoch der Anteil der gesamten Personalkosten an den Umsatzerlösen ist und gibt Aufschluß über die Wirtschaftlichkeit des Leistungsprozesses der Industriebetriebe.

Industriebetriebe	A	B	C	D	E	F
Personalkosten in TDM	630	1 056	684	1 196	703	943
Umsatzerlöse in TDM	3 500	4 800	3 600	5 200	3 800	4 600

Ermitteln und beurteilen Sie die Lohnquoten im Betriebsvergleich.

114

1. *Welche Bedeutung haben die Steuerklassen für den Arbeitnehmer?*
2. *Welche Zweige der Sozialversicherung unterscheidet man?*
3. *Warum bucht die Praxis bestimmte Sondervergütungen an die Arbeitnehmer direkt auf den Lohn- und Gehaltskonten?*
4. *Nennen Sie Beispiele für steuerpflichtige und steuerfreie Sonderzuwendungen.*
5. *Nennen Sie Empfänger und Zahlungsfrist der einbehaltenen Abzüge.*
6. *Woraus setzen sich die gesamten Personalkosten des Betriebes zusammen?*

1.3 Exkurs: Vermögenswirksame Leistungen

Nach dem 5. Vermögensbildungsgesetz haben Arbeitnehmer die Möglichkeit,

bis zu 936,00 DM jährlich (= 78,00 DM monatlich)

staatlich begünstigt zu sparen, wenn sie die Sparbeiträge über ihren Arbeitgeber auf eine bestimmte Zeit (7 Jahre Sperrfrist!)

vermögenswirksam

anlegen. Sie erhalten dann vom Staat eine **Sparzulage,** die **10 %** der vermögenswirksamen Geldleistungen beträgt.

Zu den begünstigten vermögenswirksamen Anlageformen zählen u.a.:

- **Bausparen aufgrund eines Bausparvertrages,**
- **Darlehensaufnahmen zum Bau oder Erwerb eines Wohngebäudes,**
- **Sparbeiträge zum Erwerb von Wertpapieren** (z.B. Aktien u.a.),
- **Erwerb von Kapitalanteilen des arbeitgebenden Unternehmens.**

Die Arbeitnehmer-Sparzulage wird nur den Arbeitnehmern gewährt, deren zu versteuerndes Einkommen als Ledige höchstens 27 000,00 DM und als Verheiratete 54 000,00 DM beträgt.

Die Auszahlung der Arbeitnehmer-Sparzulage erfolgt durch das Wohnsitzfinanzamt im Rahmen einer Antragsveranlagung oder einer Veranlagung zur Einkommensteuer in einer Summe

am Ende der für die Anlageart vorgeschriebenen Sperrfrist.

Merke: **Die Arbeitnehmer-Sparzulage beträgt einheitlich 10 % der vermögenswirksam angelegten Geldleistungen. Sie wird erst am Ende der Sperrfrist ausgezahlt.**

Die vermögenswirksamen Geldleistungen werden entweder ganz vom Arbeitnehmer oder Arbeitgeber oder von beiden gemeinsam erbracht. Sie werden oft aufgrund eines Tarifvertrages oder einer Betriebsvereinbarung zusätzlich zum Arbeitsentgelt gewährt. In diesem Fall erhöhen sich die Lohn- und Gehaltskosten des Betriebes entsprechend. Für den Arbeitnehmer bedeutet die vermögenswirksame Leistung des Betriebes eine Erhöhung seines steuerpflichtigen Einkommens.

Der Arbeitgeberanteil zur Vermögensbildung wird in der Regel direkt auf den Konten „Löhne" oder „Gehälter" im Soll gebucht.

Die abzuführende vermögenswirksame Sparleistung wird gebucht auf der Habenseite des Kontos

„1780 Abzuführende Sparleistungen".

Beispiel: Der Angestellte Heinz Becker, verheiratet, 2 Kinder, bezieht ein Monatsgehalt von 3 841,00 DM. Er hat einen Bausparvertrag abgeschlossen.
Laut Tarifvertrag erhält er vom Arbeitgeber zusätzlich zu seinem Gehalt 39,00 DM vermögenswirksame Leistung, die einschließlich seiner eigenen Sparleistung von 39,00 DM auf sein Konto bei der Bausparkasse überwiesen werden.

Gehaltsabrechnung

Tarifgehalt	3 841,00 DM
+ vermögenswirksame Leistung des Arbeitgebers ...	39,00 DM
steuer- und versicherungspflichtige Bruttobezüge .	**3 880,00 DM**
− Lohn- und Kirchensteuer sowie SolZ	394,53 DM
− Sozialversicherungsanteil	756,88 DM
	2 728,59 DM
− vermögenswirksame Sparleistung insgesamt	78,00 DM
Nettogehalt (= Auszahlung)	**2 650,59 DM**
Arbeitgeberanteil zur Sozialversicherung	756,88 DM

Buchungen:

		S	H
① 4390 Gehälter		3 880,00	
an	1740 Noch abzuführende Abgaben		1 151,41
an	1780 Abzuführende Sparleistungen		78,00
an	1130 Bank		2 650,59
② 4400 Gesetzliche Sozialkosten		756,88	
an	1740 Noch abzuführende Abgaben		756,88
③ Überweisung der Steuern, Sozialabgaben und der Sparleistung:			
1740 Noch abzuführende Abgaben		1 908,29	
1780 Abzuführende Sparleistungen		78,00	
an	1130 Bank		1 986,29

Merke:
- **Die vermögenswirksame Leistung des Arbeitgebers erhöht das Bruttoentgelt des Arbeitnehmers und ist steuer- und sozialversicherungspflichtig.**
- **Die gesamte Sparleistung wird vom Gehalt (Lohn) einbehalten und der Vermögensanlage des Arbeitnehmers zugeführt.**

Aufgaben

115 Das Gehalt eines Angestellten, verheiratet, Zahl der Kinderfreibeträge: 3,0, beträgt 3 800,00 DM. Für einen Bausparvertrag spart er selbst monatlich 78,00 DM, die vom Arbeitgeber an die Bausparkasse überwiesen werden. Seine Abzüge für Lohn- und Kirchensteuer sowie Solidaritätszuschlag betragen 197,62 DM und für Sozialversicherung 778,10 DM.
Erstellen Sie die Gehaltsabrechnung und buchen Sie.

116 Ein Angestellter, verheiratet, Kinderfreibetragszahl: 1,0, mit einem Tarifgehalt von 3 850,00 DM hat mit einer Bausparkasse einen vermögenswirksamen Sparvertrag mit einer monatlichen Sparleistung von 78,00 DM abgeschlossen. Aufgrund einer Betriebsvereinbarung beteiligt sich der Arbeitgeber mit 50 % (39,00 DM) an der vermögenswirksamen Leistung. Lohn- und Kirchensteuer sowie SolZ 387,20 DM; Sozialversicherungsanteil 789,23 DM.
Erstellen Sie die Gehaltsabrechnung und buchen Sie.

117 Das Gehalt eines Angestellten, ledig, beträgt 3 450,00 DM. Lt. Arbeitsvertrag erhält er von seinem Arbeitgeber zusätzlich zu seinem Gehalt 78,00 DM vermögenswirksame Leistung, die zum Erwerb von Anteilen an einem Aktienfonds überwiesen werden. Lohn- und Kirchensteuer sowie SolZ 658,71 DM, Arbeitnehmeranteil zur Sozialversicherung 707,13 DM.
Erstellen Sie die Gehaltsabrechnung und buchen Sie.

2 Buchungen im Beschaffungs- und Absatzbereich

2.1 Sofortrabatte

Mengen-, Sonder- und Wiederverkäuferrabatte, die sofort bei Rechnungserteilung gewährt werden, stellen einen im voraus gewährten Preisnachlaß dar und werden deshalb nicht gesondert erfaßt. In beiden Fällen sind direkt die Nettopreise zu buchen.

Beispiel:

Rechnung

Listenpreis für 10 t Stahl R 4044	10 000,00 DM
− 10 % Sonderrabatt	1 000,00 DM
Nettobetrag	**9 000,00 DM**
+ Umsatzsteuer	1 350,00 DM
Rechnungsbetrag	**10 350,00 DM**

Buchen Sie das Beispiel als Eingangs- und Ausgangsrechnung.

Merke: **„Sofortrabatte" werden buchmäßig nicht gesondert erfaßt.**

2.2 Bezugskosten

Bezugskosten. Beim Einkauf von Roh-, Hilfs- und Betriebsstoffen sowie Fertigteilen und Handelswaren fallen neben dem Kaufpreis oft noch Bezugskosten an:

- Verpackungskosten
- Transportkosten
- Versicherungskosten
- Einfuhrzoll u. a.

Anschaffungskosten. Bezugskosten erhöhen die Anschaffungskosten eines Wirtschaftsgutes. Sie sind deshalb auch als Anschaffungsnebenkosten dem Anschaffungspreis hinzuzurechnen, mit dem sie zusammen die Anschaffungskosten des Wirtschaftsgutes bilden. Nach § 255 (1) HGB sind alle Wirtschaftsgüter zum Zeitpunkt des Erwerbs mit ihren Anschaffungskosten zu erfassen. Die Vorsteuer zählt nicht zu den Anschaffungskosten, da sie eine Forderung gegenüber dem Finanzamt begründet. Anschaffungspreisminderungen, wie z.B. Skonto, sind abzusetzen.

Unterkonto „Bezugskosten". Die vielfältigen Bezugskosten können entweder direkt auf dem betreffenden Material- oder Warenbestandskonto der Klasse 3 oder zunächst auf einem entsprechenden Unterkonto „Bezugskosten" gebucht werden:

3000 Rohstoffe	**3300 Hilfsstoffe**	**3400 Betriebsstoffe**
3010 Bezugskosten	3310 Bezugskosten	3410 Bezugskosten
3800 Fertigteile	**3900 Handelswaren**	
3810 Bezugskosten	3910 Bezugskosten	

Die gesonderte Erfassung der Bezugskosten auf den entsprechenden Unterkonten erlaubt eine ständige Überwachung der Wirtschaftlichkeit dieser Kosten.

Beispiel 1: Zieleinkauf von Rohstoffen lt. ER 450: 5 000,00 DM netto + 750,00 DM USt

Buchung: 3000 Rohstoffe ... 5 000,00
1550 Vorsteuer ... 750,00 an 1600 Verbindlichkeiten a. LL 5 750,00

Beispiel 2: Barzahlung der Fracht für obige Sendung: 300,00 DM netto + 45,00 DM USt

Buchung: 3010 Bezugskosten 300,00
1550 Vorsteuer ... 45,00 an 1000 Kasse 345,00

124

Umbuchung der Bezugskosten. Die auf Unterkonten erfaßten Bezugskosten werden in der Regel monatlich oder vierteljährlich entsprechend umgebucht:

Buchung: 3000 Rohstoffe .... an 3010 Bezugskosten 300,00

S	3010 Bezugskosten		H	S	3000 Rohstoffe		H
1000	300,00	3000	300,00	1600	5 000,00		
				3010	300,00		

Anschaffungskosten. Nach der Umbuchung der Bezugskosten weist das Rohstoffkonto die Anschaffungskosten der eingekauften Materialien in Höhe von 5 300,00 DM aus. Das entspricht den handels- und steuerrechtlichen Vorschriften.

Merke: **Nach § 255 (1) HGB sind alle Wirtschaftsgüter des Anlage- und Umlaufvermögens zum Zeitpunkt des Erwerbs mit ihren Anschaffungskosten zu buchen:**

Anschaffungspreis der Rohstoffe	5 000,00 DM
+ Anschaffungsnebenkosten (Bezugskosten)	300,00 DM
Anschaffungskosten	5 300,00 DM

Aufgaben

Anfangsbestände:

118
119

Rohstoffe 40 000,00, Hilfsstoffe 15 000,00, Fertige Erzeugnisse 20 000,00, Forderungen a. LL 18 000,00, Kasse 12 000,00, Bankguthaben 30 000,00, Verbindlichkeiten a. LL 35 000,00, Eigenkapital 100 000,00.

Kontenplan: 0700, 1000, 1130, 1400, 1550, 1600, 1740, 1750, 2400, 3000, 3010, 3300, 3310, 4000, 4100, 4310, 4400, 4700, 4950, 7900, 8300, 8900, 9800, 9870, 9890, 9990.

Geschäftsfälle:	118	119
1. Zieleinkauf von Rohstoffen ab Werk lt. ER, netto	8 400,00	8 600,00
+ Umsatzsteuer	1 260,00	1 290,00
2. Eingangsfracht hierauf bar, Nettofracht	500,00	400,00
+ Umsatzsteuer	75,00	60,00
3. Banküberweisung der Fertigungslöhne	4 700,00	4 900,00
− Abzüge	850,00	900,00
Arbeitgeberanteil zur Sozialversicherung	360,00	380,00
4. Verbrauch lt. Materialentnahmescheine: Rohstoffe	22 500,00	21 800,00
Hilfsstoffe	7 800,00	8 000,00
5. Barkauf von Büromaterial, netto	800,00	600,00
+ Umsatzsteuer	120,00	90,00
6. Zieleinkauf von Hilfsstoffen ab Werk lt. ER, netto	3 600,00	3 800,00
+ Umsatzsteuer	540,00	570,00
7. Eingangsfracht hierauf bar, Nettofracht	300,00	400,00
+ Umsatzsteuer	45,00	60,00
8. Zielverkäufe von Erzeugnissen lt. AR frei Haus, netto	38 500,00	39 500,00
+ Umsatzsteuer	5 775,00	5 925,00
9. Ausgangsfrachten hierauf bar, netto	1 200,00	1 300,00
+ Umsatzsteuer	180,00	195,00
10. Lastschrift unserer Bank für Zinsen	360,00	380,00

Abschlußangaben:

1. Inventurbestand an fertigen Erzeugnissen	22 000,00	21 000,00
2. Ermittlung und Passivierung der Umsatzsteuer-Zahllast.		

Ermitteln Sie jeweils die Anschaffungskosten für a) Rohstoffe und b) Hilfsstoffe.

2.3 Rücksendungen

Steuerberichtigung. Jede nachträgliche Minderung des Nettopreises aufgrund von Rücksendung oder Preisnachlässen führt auch zu einer entsprechenden Minderung (Berichtigung) der Beträge auf den Konten „Vorsteuer" und „Umsatzsteuer".

Rücksendungen an Lieferer. Schicken wir Roh-, Hilfs- und Betriebsstoffe, Fertigteile und Handelswaren, die falsch geliefert oder mit Mängeln behaftet sind, zurück, so vermindert sich deren Bestand. Die Vorsteuer muß deshalb anteilig berichtigt werden.

Beispiel: Wir kaufen Rohstoffe auf Ziel für netto 4000,00 DM + 600,00 DM USt. Bei Lieferung wird festgestellt, daß Stoffe im Wert von 800,00 DM netto beschädigt sind. Diese Rohstoffe werden an den Lieferer zurückgeschickt:

Nettowert der zurückgesandten Rohstoffe	800,00 DM
+ Umsatzsteuer	120,00 DM
Gutschrift vom Lieferer (brutto)	**920,00 DM**

① **Buchung aufgrund der Eingangsrechnung:**
   3000 Rohstoffe 4000,00
   1550 Vorsteuer 600,00   an 1600 Verbindlichk. a. LL .. 4600,00

② **Buchung der Rücksendung aufgrund der Gutschriftsanzeige des Lieferers:**
   1600 Verbindlichk. a. LL .. 920,00   an 3000 Rohstoffe 800,00
                                         an 1550 Vorsteuer 120,00

S	3000 Rohstoffe	H	S	1600 Verbindlichkeiten a. LL	H
① 4000,00	②	800,00	②	920,00	① 4600,00
S	1550 Vorsteuer	H			
① 600,00	②	120,00			

Rücksendung vom Kunden. Senden Kunden beanstandete Erzeugnisse an uns zurück, vermindern sich die Umsatzerlöse. Die Umsatzsteuer ist anteilig zu berichtigen.

Beispiel: Ein Kunde, dem wir fertige Erzeugnisse im Wert von 5000,00 DM netto auf Ziel verkauft hatten, sendet beschädigte Erzeugnisse zurück:

Nettowert der beanstandeten Erzeugnisse	600,00 DM
+ Umsatzsteuer	90,00 DM
Gutschrift an Kunden (brutto)	**690,00 DM**

① **Buchung aufgrund der Ausgangsrechnung:**
   1400 Forderungen a. LL .. 5750,00   an 8300 Umsatzerlöse 5000,00
                                        an 1750 Umsatzsteuer....... 750,00

② **Buchung der Rücksendung durch den Kunden aufgrund unserer Gutschriftsanzeige:**
   8300 Umsatzerlöse 600,00
   1750 Umsatzsteuer 90,00   an 1400 Forderungen a. LL ... 690,00

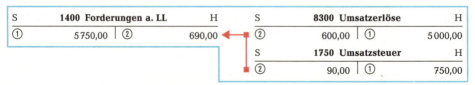

Merke: Rücksendungen sind buchhalterisch wie Rückbuchungen (Storno) zu behandeln. Die Vor- bzw. Umsatzsteuer ist jeweils anteilig zu berichtigen.

2.4 Nachlässe

2.4.1 Nachträgliche Preisnachlässe im Beschaffungsbereich

Nachlässe, die uns nachträglich in Form von

- **Preisnachlässen aufgrund von Mängelrügen,**
- **Boni** (nachträglich gewährte Rabatte) oder **Skonti**[1]

von Lieferern gewährt werden, mindern die Anschaffungs- bzw. Einstandspreise der bezogenen Materialien sowie Handelswaren und damit auch die darauf entfallende Vorsteuer. Aus Gründen der besseren Übersicht werden diese Nachlässe zunächst auf einem Unterkonto des betreffenden Bestandskontos erfaßt:

3020 Nachlässe für Rohstoffe	**3420 Nachlässe für Betriebsstoffe**
3320 Nachlässe für Hilfsstoffe	**3920 Nachlässe für Handelswaren**

Umbuchung. Zum Jahresschluß werden diese Unterkonten über die entsprechenden Hauptkonten abgeschlossen, die dann die berichtigten Anschaffungspreise ausweisen.

Netto- oder Bruttobuchung. Nachlässe können netto oder brutto gebucht werden, je nachdem, ob man die Vorsteuer sofort oder erst später berichtigt.

Beispiel: Ein Lieferer, von dem wir Rohstoffe zum Nettopreis von 3 000,00 DM + 450,00 DM USt = 3 450,00 DM bezogen hatten, gewährt uns aufgrund unserer Mängelrüge einen Preisnachlaß von 20 %.

Nettobuchung. Wird der Nachlaß buchhalterisch direkt mit dem Nettobetrag erfaßt, muß die anteilige Steuerberichtigung sogleich ermittelt und gebucht werden.

Rohstoffpreis, netto ..... 3 000,00 DM − 20 % = **600,00 DM** <=>	**Nettonachlaß**
+ Vorsteuer .... 450,00 DM − 20 % = **90,00 DM** <=>	**Steuerberichtigung**
Bruttopreis .... 3 450,00 DM − 20 % = **690,00 DM** <=>	**Bruttonachlaß**

① **Buchung aufgrund der Eingangsrechnung:**

	S	H
3000 Rohstoffe **3 000,00**		
1550 Vorsteuer **450,00**		
an **1600 Verbindlichkeiten a. LL**		3 450,00

② **Nettobuchung des Preisnachlasses aufgrund der Gutschriftsanzeige:**

1600 Verbindlichkeiten a. LL **690,00**		
an **3020 Nachlässe für Rohstoffe**		600,00
an **1550 Vorsteuer**		90,00

③ **Umbuchung am Ende der Rechnungsperiode:**

3020 Nachlässe f. Rohst. an **3000 Rohstoffe** 600,00

S	3000 Rohstoffe	H	S	1600 Verbindlichkeiten a. LL	H
① 3 000,00	③	600,00	② 690,00	①	3 450,00

S	3020 Nachlässe für Rohstoffe	H
③ 600,00	②	600,00

S	1550 Vorsteuer	H
① 450,00	②	90,00

Anschaffungspreis	3 000,00
− Preisminderung	600,00
Anschaffungskosten	**2 400,00**

Bruttobuchung. Es ist rationeller, Nachlässe brutto zu buchen:

Buchung: ① **1600 Verbindlichk. a. LL** ... an **3020 Nachlässe f. Rohstoffe** ... 690,00

---

1 ausführliche Behandlung der Skonti Seite 131 f.

Steuerberichtigung am Monatsende. Erst am Ende des Monats, wenn die Zahllast ermittelt wird, werden die Konten „3020 Nachlässe" und „1550 Vorsteuer" um den anteiligen Steuerbetrag berichtigt. Die Steuerberichtigung wird aus dem Bruttobetrag ermittelt:[1]

$$115\ \% \mathrel{\hat=} 690{,}00\ \text{DM}$$
$$15\ \% \mathrel{\hat=} x\ \text{DM}$$
$$x = \frac{690{,}00 \cdot 15}{115} = \underline{\underline{90{,}00\ \text{DM}}}$$

Buchung: ② 3020 Nachlässe für Rohstoffe an 1550 Vorsteuer 90,00

S	3020 Nachlässe für Rohstoffe	H	S	1600 Verbindlichkeiten a.LL	H
②	90,00	① 690,00	①	690,00	3000, 1550 3 450,00

S	1550 Vorsteuer	H
1600	450,00	② 90,00

Merke: Bei der Nettobuchung der Nachlässe wird die Steuer jeweils sofort, bei der Bruttobuchung dagegen erst am Ende des Monats summarisch berichtigt.[1]

2.4.2 Nachträgliche Preisnachlässe im Absatzbereich

Erlösberichtigungen. Dem Kunden gewährte Preisnachlässe aufgrund von Mängelrügen, Boni sowie Skonti schmälern die Erlöse. Sie werden auf Unterkonten erfaßt:

▶ 8301 Erlösberichtigungen für Erzeugnisse   ▶ 8501 Erlösberichtigungen für Waren

Umbuchung. Am Ende der Abrechnungsperiode werden die Unterkonten über die entsprechenden Erlöskonten abgeschlossen, die dann die berichtigten Erlöse ausweisen.

Netto- oder Bruttobuchung. Auch die Erlösberichtigungen werden entweder netto oder brutto gebucht, wobei das Bruttoverfahren praxisgerechter ist.

Beispiel: Wir gewähren einem Kunden, dem wir Erzeugnisse für 10 000,00 DM netto + 1500,00 DM USt verkauft hatten, wegen Mängelrüge einen Preisnachlaß von 20%.

① **Buchung aufgrund der Ausgangsrechnung:**   S   H

    1400 Forderungen a. LL 11 500,00
       an   8300 Umsatzerlöse für Erzeugnisse 10 000,00
       an   1750 Umsatzsteuer 1 500,00

② **Nettobuchung des dem Kunden gewährten Preisnachlasses:** S   H

    8301 Erlösberichtigungen für Erzeugnisse 2 000,00
    1750 Umsatzsteuer   300,00
       an   1400 Forderungen a.LL 2 300,00

③ **Umbuchung am Ende der Rechnungsperiode:**

    8300 Umsatzerlöse ...   an   8301 Erlösberichtigungen   2 000,00

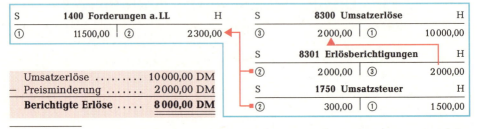

---

[1] In der **EDV** erfolgt die **Steuerberichtigung** mit Eingabe des Bruttobetrages **automatisch** (Programmfunktion).

Bruttobuchung. In diesem Fall lautet die Buchung zunächst:

   ① **8301 Erlösberichtigungen** ..   an   **1400 Forderungen a. LL** ..... **2 300,00**[1]

Die Steuerberichtigungsbuchung am Monatsende lautet somit:

   ② **1750 Umsatzsteuer** ....   an   **8301 Erlösberichtigungen** ... **300,00**[1]

S	1400 Forderungen a. LL	H		S	8301 Erlösberichtigungen	H
8300, 1750	11 500,00	8301	2 300,00	1400	2 300,00 | 1750	300,00

S	1750 Umsatzsteuer	H
8301	300,00 | 1400	1 500,00

> **Merke:**   **Nachlässe bedingen entsprechende Steuerberichtigungen.**

Aufgaben

Buchen Sie auf den Konten: 1400, 1550, 1600, 1750, 3000, 3020, 3300, 8300, 8301.   **120**

1. Zieleinkauf von Rohstoffen lt. ER 406–428, netto 50 000,00
   + Umsatzsteuer 7 500,00   57 500,00

2. Lieferer (ER 408) gewährt Preisnachlaß wegen Mängelrüge, netto 1 000,00
   + Umsatzsteuer 150,00   1 150,00

3. Zielverkäufe von Erzeugnissen lt. AR 807–840, netto 45 000,00
   + Umsatzsteuer 6 750,00   51 750,00

4. Kunde (AR 811) erhält Preisnachlaß wegen Mängelrüge, netto ... 2 000,00
   + Umsatzsteuer 300,00   2 300,00

5. Lieferer (ER 410) gewährt uns Preisnachlaß
   für beschädigte Rohstoffe, Nettowert 800,00

6. Kunde (AR 812) erhält von uns eine Gutschrift über einen
   Preisnachlaß wegen Mängelrüge, brutto 1 380,00

7. Rohstofflieferer gewährt uns einen Bonus, brutto 3 450,00

8. Kunde erhält von uns Gutschrift über einen Bonus, netto 1 500,00

9. Zieleinkauf von Hilfsstoffen lt. ER 429, netto 25 000,00
   + Umsatzsteuer 3 750,00

10. Rücksendung beschädigter Hilfsstoffe (ER 429), netto 5 000,00
   Auf den Restbetrag erhalten wir nachträglich einen Preisnachlaß von 20 %.
   Wie hoch ist der Überweisungsbetrag an den Lieferer?

---

a) Zieleinkauf von Rohstoffen, ER 450: Warenwert 5 000,00 DM + 750,00 DM USt.   **121**

b) Lieferer (ER 450) gewährt nachträglich Rabatt: 800,00 DM netto.

1. *Buchen Sie die Geschäftsfälle a) und b) auf Konten.*

2. *Nennen Sie die entsprechenden Buchungen beim Lieferer.*

c) Zielverkauf von Erzeugnissen, AR 754: 8 000,00 DM netto + 1 200,00 DM USt.

d) Aufgrund einer Mängelrüge erhält der Kunde von uns eine Gutschrift einschließlich
   Umsatzsteuer von 575,00 DM.

1. *Buchen Sie die Geschäftsfälle c) und d) und schließen Sie das Konto 8301 ab.*

2. *Wie lauten die entsprechenden Buchungen beim Kunden?*

---

1 In der **EDV** erfolgt die **Steuerberichtigung** mit Eingabe des Bruttobetrages **automatisch** (Programmfunktion).

5 6624 Schmolke/Deitermann, Industrielles Rechnungswesen – GKR   6624129

122
123

Anfangsbestände:

0100	TA u. Maschinen	285 000,00
0370	Betriebs- und Geschäftsausstattung	138 500,00
0700	Eigenkapital	564 000,00
1000	Kasse	12 800,00
1130	Bankguthaben	38 600,00
1400	Forderungen a. LL	32 600,00
1600	Verbindlichkeiten a. LL	44 000,00
3000	Rohstoffe	42 000,00
3300	Hilfsstoffe	13 000,00
3400	Betriebsstoffe	6 000,00
7800	Unfertige Erzeugnisse	18 000,00
7900	Fertige Erzeugnisse	21 500,00

Kontenplan:

0100, 0370, 0700, 1000, 1130, 1400, 1550, 1600, 1740, 1750, 1970, 3000, 3010, 3020, 3300, 3400, 4000, 4100, 4200, 4310, 4400, 4500, 4700, 4800, 4950, 7800, 7900, 8300, 8301, 8900, 9800, 9890, 9990.

Geschäftsfälle:

		122	123
1.	Kauf von Rohstoffen lt. ER 505–510, netto	25 700,00	26 100,00
	+ Umsatzsteuer	3 855,00	3 915,00
2.	Eingangsfrachten hierauf bar, netto	400,00	500,00
	+ Umsatzsteuer	60,00	75,00
3.	Verkauf von Erzeugnissen lt. AR 980–986	15 400,00	15 800,00
	+ Umsatzsteuer	2 310,00	2 370,00
4.	Banküberweisung der Fertigungslöhne, brutto	4 900,00	5 100,00
	– Abzüge	950,00	1 100,00
	Arbeitgeberanteil zur Sozialversicherung	350,00	400,00
5.	Barzahlung einer Maschinenreparatur, Nettopreis	600,00	700,00
	+ Umsatzsteuer	90,00	105,00
6.	Verbrauch lt. Entnahmescheine: Rohstoffe	12 500,00	12 800,00
	Hilfsstoffe	4 000,00	4 400,00
	Betriebsstoffe	2 500,00	2 600,00
7.	Verkauf von Erzeugnissen lt. AR 987–988, netto	64 700,00	65 100,00
	+ Umsatzsteuer	9 705,00	9 765,00
8.	Ausgangsfrachten hierauf bar, netto	700,00	800,00
	+ Umsatzsteuer	105,00	120,00
9.	Rücksendung beschädigter Rohstoffe an Lieferer, brutto	575,00	690,00
10.	Lieferer (Rohstoffe) gewährt uns Bonus, brutto	1 150,00	1 725,00
11.	Unser Kunde sendet beschädigte Erzeugnisse zurück, Nettowert	2 000,00	2 500,00
12.	Ein Kunde erhält von uns Preisnachlaß wegen beanstandeter Lieferung, brutto	1 380,00	1 265,00
13.	Zahlung der Geschäftsmiete durch Banküberweisung	2 800,00	2 600,00
14.	Privatentnahmen in bar	650,00	600,00

Abschlußangaben:

1. Abschreibungen auf 0100: 9 600,00 DM; auf 0370: 2 300,00 DM.

		122	123
2.	Endbestand lt. Inventur: Unfertige Erzeugnisse	16 000,00	18 000,00
	Fertige Erzeugnisse	29 000,00	28 000,00

3. Ermittlung und Passivierung der Umsatzsteuer-Zahllast.

130

3 Buchungen im Zahlungs- und Finanzbereich
3.1 Nachlässe in Form von Skonti

Bedeutung des Skontos. Ein- und Ausgangsrechnungen werden meist innerhalb einer bestimmten Zahlungsfrist unter Abzug von Skonto beglichen. Der Skonto ist eine Zinsvergütung für vorzeitige Zahlung. Er enthält aber auch eine Prämie für die Ersparung von Risiko und Aufwand, die mit Zielverkäufen verbunden sind. Ein Skonto von 2 % entspricht beispielsweise einem Jahreszinssatz von 36 %, wenn die Zahlungsbedingungen lauten: „Zahlbar in 10 Tagen mit 2 % Skonto oder 30 Tage netto Kasse". Es lohnt sich also, alle Rechnungen innerhalb der Skontofrist zu bezahlen.

- **Liefererskonti.** Der Skonto, der uns von Lieferern gewährt wird, mindert nachträglich den Anschaffungspreis der eingekauften Materialien und Waren und muß deshalb auf einem entsprechenden Unterkonto „Nachlässe" (3020, 3320, 3420, 3820, 3920) gebucht werden.
- **Kundenskonti.** Skonti, die wir den Kunden gewähren, schmälern die Umsatzerlöse. Sie sind auf dem entsprechenden Konto „Erlösberichtigungen" (8301, 8501) zu erfassen.

3.1.1 Liefererskonti

Beispiel: ① Rohstoffeinkauf auf Ziel lt. ER 460: 10 000,00 DM netto + 1500,00 DM USt.
② ER 460 wird von uns abzüglich 2 % Skonto durch Banküberweisung beglichen.

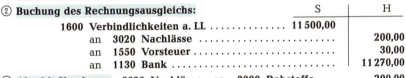

```
  100 % Nettopreis..   10 000,00  — 2 % Nettoskonto .........   200,00  =    9 800,00 DM
+  15 % Vorsteuer..     1 500,00  — 2 % Vorsteuerberichtigung .  30,00  =    1 470,00 DM
  115 % Bruttopreis .   11 500,00 — 2 % Bruttoskonto .........  230,00  =   11 270,00 DM
```

Nettobuchung. Der vom Lieferer gewährte Skonto wird direkt mit dem Nettobetrag gebucht, wobei die darauf entfallende Vorsteuerberichtigung sofort erfolgt.

① **Buchung aufgrund der ER 460:** *Nennen Sie den Buchungssatz.*

② **Buchung des Rechnungsausgleichs:**

		S	H
1600 Verbindlichkeiten a. LL	....	11 500,00	
an	3020 Nachlässe		200,00
an	1550 Vorsteuer		30,00
an	1130 Bank		11 270,00

③ **Abschlußbuchung:** 3020 Nachlässe an 3000 Rohstoffe ... 200,00

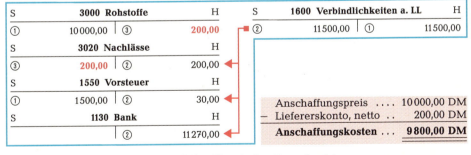

Bruttobuchung. In der Regel wird der Skonto brutto gebucht:

② **Buchung:**

		S	H
1600 Verbindlichkeiten a. LL	....	11 500,00	
an	3020 Nachlässe		230,00
an	1130 Bank		11 270,00

Steuerberichtigung. Erst am Monatsende – bei Ermittlung der Zahllast – wird der Vorsteueranteil <u>aus der Summe der Bruttoskonti</u> ermittelt und umgebucht:[1]

$$115\,\% = \text{Bruttoskonti} \qquad 115\,\% \triangleq 230{,}00\ \text{DM} \qquad x = \frac{230{,}00\ \text{DM} \cdot 15\,\%}{115\,\%} = \underline{\underline{30{,}00\ \text{DM}}}$$
$$ 15\,\% = \text{Steuerberichtigung} \qquad 15\,\% \triangleq \quad x \quad \text{DM}$$

$$\boxed{\text{Steuerberichtigungsbetrag} = \frac{\text{Bruttoskonti} \cdot 15}{115}}$$

③ **Umbuchung:** 3020 Nachlässe . . . . an **1550 Vorsteuer** **30,00**

S	3020 Nachlässe	H		S	1600 Verbindlichkeiten a. LL	H
③	30,00	② 230,00		② 11 500,00		① 11 500,00

S	1550 Vorsteuer	H
① 1 500,00		③ 30,00

S	1130 Bank	H
		② 11 270,00

Wie lautet der Buchungssatz für den Abschluß des Kontos „3020 Nachlässe"?

3.1.2 Kundenskonti

Beispiel: ① Erzeugnisverkauf auf Ziel lt. AR 812: 15 000,00 DM netto + 2 250,00 DM USt.
② Wir erhalten vom Kunden den Rechnungsbetrag abzüglich 2 % Skonto (Bank).

$$\begin{array}{ll}
\text{Rechnungsbetrag lt. AR 812} & 17\,250{,}00\ \text{DM} \\
-\ \text{2 \% Skonto (brutto)} \ldots\ldots & 345{,}00\ \text{DM} \\
\text{Bankgutschrift} \ldots\ldots\ldots\ldots & 16\,905{,}00\ \text{DM}
\end{array}$$

$$\text{Steuerberichtigung} = \frac{345 \cdot 15}{115} = \underline{\underline{45{,}00\ \text{DM}}}$$

① **Buchung der AR 812:** *Nennen Sie den Buchungssatz.*

② **Bruttobuchung:** 1130 Bank 16 905,00
8301 Erlösberichtig. 345,00 an 1400 Forder. a. LL . 17 250,00

③ **Steuerberichtigung:** 1750 Umsatzsteuer . . . . an 8301 Erlösberichtig. 45,00

④ **Abschlußbuchung:** 8300 Umsatzerlöse . . . . an 8301 Erlösberichtig. 300,00

S	1400 Forderungen a. LL	H		S	8300 Umsatzerlöse	H
① 17 250,00		② 17 250,00		④ 300,00		① 15 000,00

S	1750 Umsatzsteuer	H
③ 45,00		① 2 250,00

S	1130 Bank	H
② 16 905,00		

	Umsatzerlöse	15 000,00 DM
−	Kundenskonti, netto	300,00 DM
	Berichtigte Erlöse	**14 700,00 DM**

S	8301 Erlösberichtigungen	H
② 345,00		③ 45,00
		④ 300,00

Nennen Sie für das vorliegende Beispiel auch die Nettobuchung des Kundenskontos.

Merke:
- Lieferer- und Kundenskonti werden in der Regel brutto gebucht.
- Bei Liefererskonto ist die Vorsteuer, bei Kundenskonto die Umsatzsteuer zu berichtigen.
- Liefererskonti mindern die Anschaffungspreise, Kundenskonti die Erlöse.

---

1 In der **EDV** wird die **Steuerberichtigung** mit Eingabe des Bruttobetrages **automatisch** ermittelt und gebucht.

| **Merke:** | **Die Umsatzsteuer-Zahllast kann am Monatsende erst nach Vornahme der anteili-gen Berichtigungen auf den Steuerkonten 1550 und 1750 ermittelt werden:** |

S	**1550 Vorsteuer**	H
Vorsteuerbeträge aufgrund von Eingangs-rechnungen	Berichtigungen ● Rücksendungen an Lieferer ● Preisnachlässe von Lieferern ● Liefererskonti ● Liefererboni	

S	**1750 Umsatzsteuer**	H
Berichtigungen ● Rücksendungen von Kunden ● Preisnachlässe an Kunden ● Kundenskonti ● Kundenboni	Umsatzsteuer-beträge aufgrund von Ausgangs-rechnungen	

Aufgaben

124 Die Eingangsrechnung 8857 über 2875,00 DM (Rohstoffwert 2500,00 DM + 375,00 DM USt) wird unter Abzug von 2 % Skonto durch Banküberweisung an den Lieferer beglichen.
Konten: 1130 (AB 85000,00 DM), 1550, 1600, 3000, 3020.
1. *Buchen Sie den Eingang der Rohstoffe aufgrund der ER 8857.*
2. *Ermitteln Sie die Steuerberichtigung und buchen Sie beim Rechnungsausgleich den Skonto*
   a) netto und b) brutto.

125 Der Kunde begleicht unsere Ausgangsrechnung 4459 über 18400,00 DM (Warenwert 16000,00 DM + 2400,00 DM USt) abzüglich 2 % Skonto durch Postüberweisung.
Konten: 1100, 1400, 1750, 8300, 8301.
1. *Buchen Sie den Verkauf der Erzeugnisse aufgrund der AR 4459.*
2. *Buchen Sie den Skonto beim Zahlungseingang a) netto und b) brutto.*
Zusatzaufgabe: *Nennen Sie die entsprechenden Buchungen zu 1. und 2. auch beim Kunden.*

126

Auszug aus der vorläufigen Summenbilanz	**Soll**	**Haben**
1550 Vorsteuer	52500,00	48350,00
1750 Umsatzsteuer	72150,00	83450,00
3020 Nachlässe (brutto)	?	3680,00
8301 Erlösberichtigungen (brutto)	2875,00	?

1. *Ermitteln Sie am Monatsende die Steuerberichtigungen und buchen Sie.*
2. *Ermitteln Sie nach den Berichtigungsbuchungen die Umsatzsteuer-Zahllast.*

127

Auszug aus der vorläufigen Summenbilanz	**Soll**	**Haben**
1550 Vorsteuer	28640,00	14450,00
1750 Umsatzsteuer	43560,00	66350,00
3920 Nachlässe (brutto)	?	5336,00
8501 Erlösberichtigungen (brutto)	6095,00	?

Ermitteln und buchen Sie die Steuerberichtigungen. Wie hoch ist die Zahllast?

128 *Buchen Sie die Skonti in der folgenden Aufgabe a) netto und b) brutto.*

Bestände: 1130 Bankguthaben 225600,00, 1400 Forderungen a. LL 28500,00, 1550 Vorsteuer 2400,00, 1600 Verbindlichkeiten a. LL 27400,00, 1750 Umsatzsteuer 5800,00.

Konten: 1130, 1400, 1550, 1600, 1750, 3020, 8301.

Geschäftsfälle:
1. Kunde begleicht AR 256 durch Banküberweisung
   abzüglich 2 % Skonto, Rechnungsbetrag 5750,00
2. Banküberweisung an den Lieferer zum Ausgleich von ER 456
   abzüglich 2 % Skonto, Rechnungsbetrag 25875,00
3. Banküberweisung der Umsatzsteuer-Zahllast an das Finanzamt .... ?

6624133

133

129 **Anfangsbestände:**
130

0030 Gebäude	620 000,00	1400 Forderungen a. LL	38 400,00
0100 TA u. Maschinen	354 000,00	1600 Verbindlichkeiten a. LL	62 200,00
0370 BGA	34 000,00	1750 Umsatzsteuer	10 200,00
0600 Darlehensschulden	200 000,00	3000 Rohstoffe	65 300,00
0700 Eigenkapital	921 000,00	3300 Hilfsstoffe	14 700,00
1000 Kasse	7 800,00	7800 Unfertige Erzeugnisse .	6 600,00
1130 Bankguthaben	37 200,00	7900 Fertige Erzeugnisse ...	15 400,00

Kontenplan:

0030, 0100, 0370, 0600, 0700, 1000, 1130, 1400, 1550, 1600, 1740, 1750, 1970, 2100, 2150, 2450, 2500, 3000, 3020, 3300, 4000, 4100, 4310, 4400, 4760, 4800, 4940, 7800, 7900, 8300, 8301, 8900, 9800, 9870, 9890, 9990.

Geschäftsfälle:

	129	**130**
1. Materialentnahmescheine: Rohstoffe	33 300,00	33 700,00
Hilfsstoffe	4 400,00	4 800,00
2. Banküberweisung der Umsatzsteuer-Zahllast	10 200,00	10 200,00
3. ER 681–689 für Rohstoffe, netto	14 400,00	15 600,00
ER 690–692 für Hilfsstoffe, netto	5 600,00	4 800,00
+ Umsatzsteuer	3 000,00	3 060,00
4. Banküberweisung von Kunden, Rechnungsbeträge	34 500,00	28 750,00
− 2 % Skonto (brutto)	690,00	575,00
Gutschrift der Bank	33 810,00	28 175,00
Steuerberichtigung wegen Kundenskonti	?	?
5. Privatentnahme bar	500,00	600,00
6. Zinsgutschrift der Bank	2 580,00	2 600,00
7. Banküberweisung der Fertigungslöhne	3 900,00	3 800,00
− Abzüge	850,00	800,00
Arbeitgeberanteil zur Sozialversicherung	200,00	190,00
8. Barzahlung für Büromaterial, Nettopreis	360,00	460,00
+ Umsatzsteuer	54,00	69,00
9. AR 1211–1219 für Erzeugnisse ab Werk, netto	92 000,00	95 000,00
+ Umsatzsteuer	13 800,00	14 250,00
10. Mieteinnahmen aus Geschäftshaus bar	4 600,00	4 400,00
11. Kunde sendet Erzeugnisse zurück, netto	700,00	800,00
12. Barspende an das Rote Kreuz	200,00	300,00
13. Unsere Banküberweisung für Spezialmodell, Nettopreis	860,00	900,00
+ Umsatzsteuer	129,00	135,00
14. Hilfsstoffe werden durch Wassereinbruch beschädigt (kein Versicherungsanspruch)	900,00	950,00
15. Banküberweisung an Rohstofflieferer, Rechnungsbeträge	17 250,00	23 000,00
− 2 % Skonto (brutto)	345,00	460,00
Lastschrift der Bank	16 905,00	22 540,00
Steuerberichtigung wegen Liefererskonti	?	?

Abschlußangaben:

1. Abschreibungen auf 0030: 1 500,00 DM; auf 0100: 11 500,00 DM; auf 0370: 2 000,00 DM.

2. Inventurbestände:

Unfertige Erzeugnisse	6 000,00	5 500,00
Fertige Erzeugnisse	16 000,00	18 000,00

3. Im übrigen entsprechen die Buchwerte der Inventur.

3.2 Anzahlungen an Lieferer und von Kunden

Bei Großaufträgen und Aufträgen mit Sonderanfertigungen werden in der Regel Anzahlungen (Vorauszahlungen) vereinbart. Dadurch entsteht eine Forderung auf Warenlieferung gegenüber dem Lieferer oder eine Schuld auf Lieferung der Ware gegenüber dem Kunden, je nachdem, ob es sich um eine geleistete (eigene) oder erhaltene Anzahlung handelt. Anzahlungen sind auf besonderen Konten zu erfassen:

- **1510 Geleistete Anzahlungen auf Vorräte[1]** ▶ **Anzahlungen an Lieferer**
- **1710 Erhaltene Anzahlungen auf Bestellungen** ▶ **Anzahlungen von Kunden**

Bestandskonten. Das Konto 1510 ist ein Aktivkonto, das Konto 1710 ein Passivkonto.

Umsatzbesteuerung von Anzahlungen. Ab 01.01.1994 sind sämtliche Anzahlungen – unabhängig von ihrer Höhe – der Umsatzsteuer zu unterwerfen. Für den Vorsteuerabzug ist allerdings eine Rechnung mit gesondertem Steuerausweis erforderlich.

Merke: Alle Anzahlungen sind seit 01.01.1994 umsatzsteuerpflichtig.

3.2.1 Geleistete Anzahlungen auf Vorräte[1]

Beispiel: Vertragsgemäß wurde am 01.07. auf eine **Rohstoffbestellung** über

80 000,00 DM Rohstoffe + 12 000,00 DM Umsatzsteuer = 92 000,00 DM

eine Anzahlung von 25 % durch Bankscheck geleistet. **Anzahlungsrechnung:**

20 000,00 DM Anzahlung + 3 000,00 DM Umsatzsteuer = 23 000,00 DM brutto

Für die am 31.07. erfolgte Lieferung liegt folgende **Rechnung** vor:

Rohstoffwert .... 80 000,00 DM		
– Anzahlung .... 20 000,00 DM	60 000,00 DM	
+ 15 % Umsatzsteuer	9 000,00 DM	
Rechnungsbetrag	**69 000,00 DM**	

① **Buchung der geleisteten Anzahlung:**

	S	H
1510 Geleistete Anzahlungen a. V.	20 000,00	
1550 Vorsteuer	3 000,00	
an 1130 Bank		23 000,00

② **Buchung nach Eingang der Rechnung und der Lieferung:**

	S	H
3000 Rohstoffe	80 000,00	
1550 Vorsteuer (12 000,00 DM – 3 000,00 DM)	9 000,00	
an 1510 Geleistete Anzahlungen a. V.		20 000,00
an 1600 Verbindlichkeiten a. LL		69 000,00

S	1510 Geleistete Anzahlungen a. V.	H	S	1130 Bank	H
① 20 000,00		② 20 000,00			① 23 000,00

S	1550 Vorsteuer	H	S	1600 Verbindlichkeiten a. LL	H
① 3 000,00					② 69 000,00
② 9 000,00					

S	3000 Rohstoffe	H
② 80 000,00		

Wie lautet die Buchung für die Banküberweisung des Restbetrages von 69 000,00 DM?

Merke: Eine geleistete (eigene) Anzahlung stellt eine Forderung auf Warenlieferung dar.

---

1 Anzahlungen auf Sachanlagen sind auf dem Konto „0290 Anzahlungen auf Anlagen" zu buchen.

3.2.2 Erhaltene Anzahlungen

Das vorstehende Beispiel wird nun aus der Sicht des Lieferers gebucht:

			S	H
① **Buchung nach Eingang der Anzahlung:**				
1130	Bank	....	23 000,00	
	an	1710 Erhaltene Anzahlungen		20 000,00
	an	1750 Umsatzsteuer		3 000,00
② **Buchung nach Ausgang der Rechnung und der Lieferung:**				
1400	Forderungen a. LL		69 000,00	
1710	Erhaltene Anzahlungen		20 000,00	
	an	8300 Umsatzerlöse für Erzeugnisse		80 000,00
	an	1750 Umsatzsteuer (12 000,00 DM – 3 000,00 DM)		9 000,00

S	1130 Bank	H	S	1710 Erhaltene Anzahlungen	H
①	23 000,00		②	20 000,00	① 20 000,00
S	**1400 Forderungen a. LL**	**H**	**S**	**1750 Umsatzsteuer**	**H**
②	69 000,00				① 3 000,00
					② 9 000,00
			S	**8300 Umsatzerlöse für Erzeugnisse**	**H**
					② 80 000,00

Wie lautet die Buchung bei Eingang der Restzahlung von 69 000,00 DM auf dem Bankkonto?

Merke: **Eine erhaltene Anzahlung stellt eine Schuld auf Warenlieferung dar.**

Aufgaben

131 Bei einer Stahlbestellung über 24 000,00 DM + 3 600,00 DM USt leisten wir eine Anzahlung durch Banküberweisung in Höhe von 8 000,00 DM + 1 200,00 DM USt = 9 200,00 DM brutto.

Erstellen Sie die Rechnung nach Lieferung, und buchen Sie aufgrund der

a) Anzahlungsrechnung und
b) Eingangsrechnung.

132 *Die Aufgabe 131 ist aus der Sicht des Lieferers zu buchen. Bilden Sie die Buchungssätze.*

133 Für die Lieferung von Elektromotoren über 90 000,00 DM netto + USt zum 31.03.02 leisten wir bei Auftragserteilung am 10.12.01 10 % Anzahlung + USt durch Banküberweisung.

Bilden Sie die Buchungssätze, und buchen Sie auf den Konten a) die Anzahlung am 10.12.01, b) den Abschluß des Anzahlungskontos, c) die Eingangsrechnung und d) den Rechnungsausgleich.

134 *Die Aufgabe 133 ist aus der Sicht des Lieferers zu buchen.*

Bilden Sie die Buchungssätze, und buchen Sie auf den Konten.

135 *Wie lauten die Buchungen der Aufgabe 134 bei einer 30%igen Anzahlung gegen Anzahlungsrechnung? Eine entsprechende Anzahlungsrechnung liegt vor.*

Merke: **Anzahlungen sind gesondert zu bilanzieren:**
- **eigene Anzahlungen**   ➡ **aktivieren**
- **erhaltene Anzahlungen** ➡ **passivieren**

3.3 Buchungen im Scheckverkehr

In jedem Unternehmen gehen täglich zahlreiche Schecks ein und aus. Man unterscheidet zwischen eigenen und Kundenschecks.

Eigene Schecks, die wir ausstellen und an die Lieferer in Zahlung geben, werden grundsätzlich erst gebucht, wenn uns die Bank lt. Kontoauszug belastet:

1600 Verbindlichkeiten a. LL ... an 1130 Bank

Bei Kundenschecks ist es in kleineren Betrieben ebenfalls üblich, die erhaltenen Schecks erst zu buchen, wenn die Gutschrift der Hausbank vorliegt:

1130 Bank .... an 1400 Forderungen a. LL

In größeren Industriebetrieben dagegen werden die eingehenden Schecks auf einem besonderen Konto erfaßt:

1200 Kundenschecks.

Sendet uns der Kunde einen Scheck über 5 000,00 DM, buchen wir:

1200 Kundenschecks .. an 1400 Forderungen a. LL ... 5 000,00

Bei der Gutschrift des Kundenschecks durch unsere Bank buchen wir:

1130 Bank .... an 1200 Kundenschecks 5 000,00

Bilanzstichtag. Ein etwaiger Bestand an Kundenschecks zum Bilanzstichtag (Jahresabschluß) muß aktiviert werden:

9990 Schlußbilanzkonto .... an 1200 Kundenschecks

Merke: Das Konto „1200 Kundenschecks" ist ein reines Durchgangskonto. Ein Scheckbestand zum Jahresabschluß ist zu aktivieren.

3.4 Buchungen im Wechselverkehr

3.4.1 Besitz- und Schuldwechsel

Beim Verkauf von Erzeugnissen auf Kredit entsteht für den Lieferer eine Forderung, für den Kunden dagegen eine Verbindlichkeit.

Besitzwechsel. Der Lieferer kann seine Buchforderung sicherer und beweglicher machen, indem er auf den Kunden einen Wechsel zieht, den dieser durch seine Unterschrift annimmt (akzeptiert). Das gleiche gilt, wenn der Kunde einen Wechsel, den er in Zahlung genommen hat, durch Indossament[1] an den Lieferer weitergibt. In beiden Fällen wird die Forderung des Lieferers (Konto 1400) in eine

Wechselforderung = Besitzwechsel

umgewandelt. Die Wechselforderung wird durch den Besitz der Urkunde (des Wechsels) nachgewiesen. Das geschieht buchhalterisch auf dem Konto

1250 Besitzwechsel.

Wechselfunktionen. Mit dem Wechsel gewährt der Lieferer dem Kunden Kredit (z.B. Zahlung erst in 3 Monaten); ferner erhält er wegen der strengen Bestimmungen des Wechselgesetzes für seine Forderung eine Sicherheit. Außerdem kann er den Wechsel als Zahlungsmittel (z.B. durch Weitergabe an seinen Lieferer) verwenden oder bei seiner Bank diskontieren.

---

1 schriftliche Übertragungserklärung auf der Rückseite des Wechsels

Schuldwechsel. Durch sein Akzept ist der Kunde eine Wechselschuld eingegangen. Seine Verbindlichkeit gegenüber dem Lieferer (Konto 1600) wird daher in eine

Wechselverbindlichkeit = Schuldwechsel

umgewandelt. Dazu benötigt man das Konto

1800 Schuldwechsel.

Merke: **Besitzwechsel des Lieferers = Schuldwechsel des Kunden**

Wechselzinsen (Diskont) unterliegen wie alle Kreditzinsen nicht der Umsatzsteuer, da sie in der Regel gesondert – also als selbständige Kreditleistung – vereinbart werden (§ 4 Ziff. 8 a UStG i. V. m. Abschnitt 29 a UStR).[1]

Zusammenfassendes Beispiel zur Einführung:

1. Wir verkaufen an einen Kunden unsere Erzeugnisse im Wert von netto 2 000,00 DM + 300,00 DM Umsatzsteuer und vereinbaren zugleich
2. Zahlung durch Wechsel, fällig in 90 Tagen. Der Kunde schickt den von uns ausgestellten Wechsel mit seinem Akzept an uns zurück.
3. Für den Wechselkredit belasten wir den Kunden mit 10 % Diskont (= 2,5 % für 90 Tage):
   2,5 % von 2 300,00 DM . . . . 57,50 DM
4. Am Verfalltag wird der Wechsel bar eingelöst: 2 300,00 DM.

Der **Lieferer** bucht: **Besitzwechsel**	Der **Kunde** bucht: **Schuldwechsel**

① Ausgangsrechnung:
  1400 Ford. a. LL . . 2 300,00
  an 8300 Umsatzerlöse 2 000,00
  an 1750 Umsatzsteuer 300,00
	① Eingangsrechnung:
	  3000 Rohstoffe . . . 2 000,00
	  1550 Vorsteuer 300,00
	  an 1600 Verbindl. a. LL . . 2 300,00

② Eingang des Akzeptes:
  1250 Besitzwechsel
  an 1400 Forderungen a. LL . . 2 300,00
	② Akzeptierung des Wechsels (Tratte):
	  1600 Verbindlichkeiten a. LL
	  an 1800 Schuldwechsel 2 300,00

③ Diskontbelastung des Kunden:
  1400 Ford. a. LL
  an 2450 Diskonterträge 57,50
	③ Diskontbelastung durch den Lieferer:
	  2400 Diskontaufwendungen
	  an 1600 Verbindl. a. LL 57,50

④ Einziehung des Wechsels, bar:
  1000 Kasse
  an 1250 Besitzwechsel 2 300,00
	④ Einlösung des Wechsels, bar:
	  1800 Schuldwechsel
	  an 1000 Kasse 2 300,00

1. Führen Sie die obigen Buchungen „spiegelbildlich" auf den genannten Konten durch.
2. Erläutern Sie den Zusammenhang zwischen Forderungen a. LL und Besitzwechsel einerseits sowie zwischen Verbindlichkeiten a. LL und Schuldwechsel andererseits.

Merke: **Keine Umsatzsteuer auf Diskont bei selbständigen – vom Warengeschäft getrennt vereinbarten – Wechselgeschäften.[1]**

---

1 **Beachten Sie:** Im Lehrbuch wird praxisgerecht das Wechselgeschäft als selbständige Kreditgewährung unterstellt. Somit entfällt die Umsatzsteuer auf den Diskont.

3.4.2 Verwendungsmöglichkeiten des Wechsels

Beispiel: Ein Kunde, an den wir aus einer Warenlieferung eine Forderung in Höhe von 6 900,00 DM haben, akzeptiert vereinbarungsgemäß drei von uns ausgestellte Wechsel:

1. Wechsel: 2 300,00 DM, 2. Wechsel: 3 450,00 DM, 3. Wechsel: 1 150,00 DM.

Da die Wechsel 90 Tage später fällig sind als unsere Forderung, belasten wir den Kunden mit 10 % Diskont:

Lastschrift an Kunden: 10 % Diskont / 90 Tage $\hat{=}$ 2,5 % v. 6 900,00 DM <u>172,50 DM</u>

Buchung bei Eingang der drei Wechsel:

	S	H
1250 Besitzwechsel	6 900,00	
an 1400 Forderungen a. LL		6 900,00

Buchung der Belastung des Kunden mit Diskont:

	S	H
1400 Forderungen a. LL	172,50	
an 2450 Diskonterträge		172,50

Folgende <u>Verwendungsmöglichkeiten</u> gibt es für die Besitzwechsel:

● **Weitergabe von Wechseln an Lieferer zur Begleichung von Verbindlichkeiten**

Den ersten Wechsel über 2 300,00 DM geben wir an unseren Lieferer zum Ausgleich einer Rechnung weiter.

Buchung:

	S	H
1600 Verbindlichkeiten a. LL	2 300,00	
an 1250 Besitzwechsel		2 300,00

Der Lieferer belastet uns mit 10 % Diskont, da der von uns weitergegebene Wechsel 90 Tage später fällig ist als unsere Verbindlichkeit.

Rechnung: Lastschrift des Lieferers:

Diskont 10 % / 90 Tage $\hat{=}$ 2,5 % von 2 300,00 DM .... <u>57,50 DM</u>

$$\text{Tageszinsformel: Diskont} = \frac{K \cdot p \cdot t}{100 \cdot 360} = \frac{2300 \cdot 10 \cdot 90}{100 \cdot 360} = 57{,}50 \text{ DM}$$

Buchung:

	S	H
2400 Diskontaufwendungen	57,50	
an 1600 Verbindlichkeiten a. LL		57,50

● **Diskontierung von Wechseln bei der Bank**

Den zweiten Wechsel über 3 450,00 DM reichen wir unserer Bank zur Diskontierung ein. Die Bank berechnet 8 % Diskont und 5,00 DM Spesen.

Rechnung:

Wechselbetrag	3 450,00 DM
− Diskont 8 % / 90 Tage $\hat{=}$ 2 % von 3 450,00 DM	69,00 DM
− Spesen	5,00 DM
Bankgutschrift (= Barwert des Wechsels)	3 376,00 DM

Buchung:

	S	H
1130 Bank	3 376,00	
2400 Diskontaufwendungen	69,00	
4790 Kosten des Geldverkehrs	5,00	
an 1250 Besitzwechsel		3 450,00

● **Einzug (Inkasso) des Wechsels am Verfalltag**

Den dritten Wechsel über 1150,00 DM übergeben wir kurz vor Verfall unserer Bank zum Einzug (Inkasso). Die Bank berechnet 15,00 DM Inkassospesen.

Rechnung:

	Wechselbetrag	1 150,00 DM
−	Inkassospesen	15,00 DM
	Bankgutschrift	1 135,00 DM

Buchung:

		S	H
1130	Bank	1 135,00	
4790	Kosten des Geldverkehrs	15,00	
an	1250 Besitzwechsel		1 150,00

Merke: Bankspesen sind Nebenkosten des Geldverkehrs (Konto 4790).

3.4.3 Wechselkopierbuch

Nebenbuch. Das Wechselkopierbuch, Nebenbuch der Buchführung, erfaßt die wesentlichen Daten aller eingehenden Besitzwechsel und − getrennt davon − unserer eigenen Akzepte (Schuldwechsel), insbesondere:

Verfalltag − Wechselbetrag − Zahlungsort − Name und Anschrift des Ausstellers − Name und Anschrift des Empfängers bei Weitergabe des Wechsels − Diskontierung − Besonderheiten (Notadresse, Prolongation, Protest) − Buchungshinweise u. a.

Aufgaben. Das Wechselkopierbuch dient sowohl der Erläuterung der Buchungen auf den Hauptbuchkonten „1250 Besitzwechsel" und „1800 Schuldwechsel" als auch der terminlichen Überwachung der Wechsel (Fälligkeitskontrolle).

Merke: Das Wechselkopierbuch ist ein Hilfsbuch (Nebenbuch) der Buchführung.

Aufgaben − Fragen

Bilden Sie zu den Aufgaben 136–138 die Buchungssätze. Buchen Sie auf Konten.

136
1. Unser Kunde begleicht AR 1507 mit Verrechnungsscheck 2 300,00
2. Der Scheck wird der Bank zum Inkasso gegeben, Bankgutschrift 2 300,00

137
1. Zieleinkauf von Rohstoffen lt. ER 1203: 4 000,00 DM + 600,00 DM USt 4 600,00
2. Der Lieferer (Fall 1) zieht zum Ausgleich von ER 1203 vereinbarungsgemäß einen Wechsel auf uns, den wir akzeptieren. Wechselbetrag 4 600,00
3. Der Lieferer (Fall 1) belastet uns mit Diskont 115,00
4. *Die Geschäftsfälle 1–3 sind aus der Sicht des Lieferers zu buchen.*

138
1. Ein Kunde gibt uns zum Ausgleich von AR 1567 vereinbarungsgemäß einen Wechsel in Zahlung, Wechselbetrag 5 750,00
2. Wir belasten den Kunden (Fall 1) mit Diskont 150,00
3. Vor Verfall übergeben wir den Wechsel (Fall 1) unserer Hausbank zum Einzug. Bankgutschrift erfolgt unter Abzug von 45,00 DM Inkassospesen 5 705,00
4. Diskontierung eines Wechsels bei der Bank, Wechselbetrag 6 600,00 DM abzüglich 66,00 DM Diskont und 14,00 DM Spesen. Bankgutschrift 6 520,00
5. Unsere Bank löst unser Akzept über 3 300,00 DM ein und berechnet uns 30,00 DM Spesen. Banklastschrift 3 330,00
6. a) Kunde übersendet an uns einen Besitzwechsel 10 000,00
   b) Wir belasten den Kunden mit Diskont: 10 %/100 Tage.
   c) Diskontierung des Wechsels bei unserer Hausbank, die 8 % Diskont für 90 Tage und 30,00 DM Spesen berechnet.

Anfangsbestände:

0100	TA u. Maschinen	270 000,00	1600	Verbindlichkeiten a. LL .	58 000,00
0370	Andere Anlagen, BGA .	45 000,00	1800	Schuldwechsel	8 500,00
0700	Eigenkapital	460 000,00	3000	Rohstoffe	60 000,00
1000	Kasse	15 500,00	3300	Hilfsstoffe	14 500,00
1130	Bank	62 000,00	7800	Unfertige Erzeugnisse ..	13 200,00
1250	Besitzwechsel	10 500,00	7900	Fertige Erzeugnisse	14 800,00
1400	Forderungen a. LL	21 000,00			

Kontenplan:

0100, 0370, 0700, 1000, 1130, 1250, 1400, 1550, 1600, 1740, 1750, 1800, 1970, 2400, 2450, 3000, 3020, 3300, 3310, 4000, 4100, 4310, 4400, 4790, 4800, 4950, 7800, 7900, 8300, 8301, 8800, 8900, 9800, 9870, 9890, 9990.

Geschäftsfälle:

	139	140
1. Banküberweisung der Fertigungslöhne, brutto	6 200,00	6 500,00
− Abzüge	1 200,00	1 300,00
Arbeitgeberanteil zur Sozialversicherung	400,00	500,00
2. Kunde sendet Wechsel zum Ausgleich von AR 810	4 600,00	5 750,00
3. Belastung des Kunden mit Diskont	50,00	150,00
4. Besitzwechsel wird an Lieferer zum Ausgleich von ER 577 weitergegeben	3 450,00	2 300,00
5. Lieferer belastet uns mit Diskont	100,00	50,00
6. Bank löst Schuldwechsel ein, Wechselbetrag	2 200,00	3 300,00
+ Spesen	40,00	50,00
7. Diskontierung eines Wechsels bei der Bank, Wechselbetrag	5 500,00	4 400,00
− Diskont	100,00	50,00
8. Inkasso eines Besitzwechsels durch die Bank, Wechselbetrag ...	2 500,00	3 500,00
− Spesen	50,00	70,00
9. Zieleinkauf von Hilfsstoffen (ER 579), netto	6 000,00	8 000,00
+ Umsatzsteuer	900,00	1 200,00
10. Bezugskosten hierauf bar, netto	300,00	400,00
+ Umsatzsteuer	45,00	60,00
11. Privatentnahme von Erzeugnissen, Herstellwert	600,00	800,00
12. AR 803−844 für Erzeugnisse frei Haus, netto	85 000,00	92 000,00
13. Ausgangsfrachten hierauf bar, netto	2 800,00	2 900,00
14. Lieferertratte für ER 570 wird akzeptiert	2 000,00	4 000,00
15. Banküberweisung an Rohstofflieferer, Rechnungsbetrag	5 750,00	11 500,00
− 2 % Skonto (brutto)	115,00	230,00
16. Kunde erhält Gutschrift für zurückgesandte Erzeugnisse, brutto	2 875,00	3 450,00
17. Rohstofflieferer gewährt uns Bonus, brutto	575,00	1 150,00
18. Preisnachlaß an Kunden für AR 807 (Mängelrüge), netto	1 500,00	1 800,00

Abschlußangaben:

1. Abschreibung auf 0100: 10 000,00 DM; auf 0370: 3 000,00 DM.

2. Inventurbestände:

	139	140
Rohstoffe	39 800,00	39 000,00
Hilfsstoffe	18 300,00	19 900,00
Unfertige Erzeugnisse	27 000,00	38 000,00
Fertige Erzeugnisse	16 000,00	29 000,00

3. Im übrigen entsprechen die Buchwerte der Inventur.

3.4.4 Wechselprotest und Wechselrückgriff

Protest mangels Zahlung. Löst der Bezogene oder die von ihm beauftragte Bank am Verfalltag den Wechsel nicht ein, muß der letzte Wechselinhaber Protest mangels Zahlung erheben lassen. Protestwechsel müssen aus Gründen der Bilanzklarheit von den einwandfreien Besitzwechseln getrennt und auf das Konto

1290 Protestwechsel

umgebucht werden. Die Protestkosten und sonstigen Auslagen werden in der Regel zu Lasten des Kontos „2500 Betriebliche a. o. Aufwendungen" gebucht.

Beispiel:	Ein Wechsel von 6 000,00 DM geht mangels Zahlung zu Protest. Die Rechnung des Notars über die Protesterhebung wird durch Banküberweisung beglichen:

	S	H
Protestkosten .... 30,00 DM		
+ Umsatzsteuer .... 4,50 DM		
Rechnungsbetrag .... 34,50 DM		

Buchungen:

	S	H
① 1290 **Protestwechsel** 6 000,00		
an 1250 **Besitzwechsel**		6 000,00
② 2500 **Betriebliche a. o. Aufwendungen**	30,00	
1550 **Vorsteuer**	4,50	
an 1130 **Bank**		34,50

Rückrechnung. Nach Protesterhebung und der Benachrichtigung aller Beteiligten macht der letzte Wechselinhaber von seinem Rückgriffsrecht Gebrauch. Er stellt den Protestwechsel mit der Rückrechnung entweder seinem unmittelbaren Vormann (Reihenrückgriff) oder einem beliebigen Vormann oder dem Aussteller (Sprungrückgriff) zu. Nach dem Wechselgesetz können Protestkosten und Auslagen sowie $\frac{1}{3}$ % Provision vom Wechselbetrag und mindestens 6 % Zinsen gesondert in Rechnung gestellt werden. Diese Rückgriffskosten stellen Schadenersatz dar, der nicht umsatzsteuerbar ist.

Wechselbetrag .... 6 000,00 DM
+ Protestkosten, netto .... 30,00 DM
+ $\frac{1}{3}$ % Provision von 6 000,00 DM .... 20,00 DM
+ 6 % Zinsen für 10 Tage von 6 000,00 DM .... 10,00 DM
Gesamtbetrag der Rückrechnung .... 6060,00 DM

Der letzte Wechselinhaber bucht als Aussteller der Rückrechnung:

	S	H
1400 **Forderungen a. LL** 6 060,00		
an 1290 **Protestwechsel**		6 000,00
an 2550 **Betriebliche a. o. Erträge** (30,00 + 20,00)		50,00
an 2450 **Zinserträge**		10,00

Der Vormann bucht entsprechend bei Eingang der Rückrechnung:

	S	H
1290 **Protestwechsel**	6 000,00	
2500 **Betriebliche a. o. Aufwendungen**	50,00	
2400 **Zinsaufwendungen**	10,00	
an 1600 **Verbindlichkeiten a. LL**		6 060,00

Merke:	**Der Rückrechnungsbetrag ist beim letzten Wechselinhaber als Forderung, beim regreßpflichtigen Vormann als Verbindlichkeit zu buchen.**

Aufgaben

141

a) *Bilden Sie die Buchungssätze, und buchen Sie auf den entsprechenden Konten:*

1. Zielverkauf von Erzeugnissen lt. AR 1511. Warenwert 7 000,00 DM + 1 050,00 DM Umsatzsteuer.
2. Kunde akzeptiert Wechsel (Laufzeit 90 Tage) in Höhe des Rechnungsbetrages (Fall 1).
3. Wir belasten den Kunden (Fall 2) mit 8 % Diskont.
4. Weitergabe des Wechsels an die Bank zum Einzug bei Verfall. Die Bank berechnet 40,00 DM Spesen.

b) *Die Geschäftsfälle der Aufgabe 141 a) sind aus der Sicht des Kunden zu buchen.*

142

1. Kunde übergibt uns zum Ausgleich von AR 1204 einen Wechsel über 9 200,00 DM.
2. Wir reichen den Wechsel unserer Bank zur Diskontierung ein. Die Bank berechnet: Diskont für 90 Tage (Diskontsatz 8 %) und 35,00 DM Spesen.
3. Wir belasten den Kunden mit allen von der Bank berechneten Abzugsposten.
4. Der Wechsel über 9 200,00 DM geht am Verfalltag mangels Zahlung zu Protest. Die Bank belastet uns mit Protestkosten in Höhe von 50,00 DM zuzüglich Umsatzsteuer.

Bilden Sie die Buchungssätze.

143

Wir nehmen Rückgriff auf unseren Vormann (Aufgabe 142). Unsere Auslagen (Porto u. a.) betragen 10,00 DM. Die Verzugszinsen belaufen sich auf 25,00 DM.

1. *Erstellen Sie unter Berücksichtigung der Angaben in den Aufgaben 142/143 die Rückrechnung.*
2. *Wie lautet der Buchungssatz aufgrund der Rückrechnung?*
3. *Nennen Sie die entsprechende Buchung des Vormannes.*

144

Buchen Sie die folgenden Geschäftsfälle aus der Sicht des letzten Wechselinhabers:

1. Ein Kundenwechsel in Höhe von 6 900,00 DM geht mangels Zahlung zu Protest.
2. Banküberweisung der Protestkosten von 25,00 DM + 3,75 DM Umsatzsteuer.
3. Belastung des unmittelbaren Vormannes aufgrund folgender Rückrechnung:

Wechselbetrag	6 900,00 DM
+ Protestkosten	25,00 DM
+ Auslagen	12,20 DM
+ $\frac{1}{3}$ % Provision von 6 900,00 DM	23,00 DM
+ 8 % Zinsen für 10 Tage	15,33 DM
Rückrechnungsbetrag	6 975,53 DM

4. Der Kunde (Vormann) überweist den Rückrechnungsbetrag auf das Bankkonto.

145

Die Geschäftsfälle 3 und 4 der Aufgabe 144 sind aus der Sicht des regreßpflichtigen Vormannes zu buchen. Erläutern Sie: „Kein Regreß ohne Protest."

146

Buchen Sie für den letzten Wechselinhaber folgende Geschäftsfälle:

1. Ein Kundenwechsel von 4 600,00 DM geht zu Protest. Die Protestkosten von 20,00 DM + 3,00 DM USt werden durch die Bank überwiesen.
2. Neben Wechselbetrag und Protestkosten wird der Vormann mit 10,00 DM Auslagen, $\frac{1}{3}$ % Provision und 8 % Zinsen für 10 Tage belastet. Die Rückrechnung ist zu erstellen.
3. Der Vormann wird mit dem Rückrechnungsbetrag (Fall 2) belastet.
4. Der Rückrechnungsbetrag wird durch die Bank überwiesen.

147

Die Geschäftsfälle 3 und 4 der Aufgabe 146 sind beim regreßpflichtigen Vormann zu buchen. Unterscheiden Sie zwischen Reihen- und Sprungrückgriff.

3.5 Exkurs: Wertpapiere

Arten der Wertpapiere. Kapital der Unternehmung kann in Wertpapieren angelegt werden. Man unterscheidet Dividendenpapiere und Zinspapiere.

- **Dividendenpapiere** (Aktien, Investmentanteile) verbriefen Teilhaberrechte. Der Inhaber ist am Grundkapital (Aktienkapital) des Unternehmens bzw. Fondsvermögen der Investmentgesellschaft beteiligt. Er erhält jährlich einen entsprechenden Anteil am Gewinn in Form der Dividende oder Ausschüttung. Gleichzeitig ist er am Vermögenszuwachs beteiligt, allerdings auch an einem Vermögensverlust.

- **Zinspapiere** (festverzinsliche Wertpapiere) verbriefen Gläubigerrechte: Anleihen der öffentlichen Hand, Obligationen der Industrie, Hypothekenpfandbriefe u. a. Der Inhaber dieser Papiere erhält einen festen Zins, der jährlich ausgezahlt wird.

Beim Erwerb der Wertpapiere ist die Absicht entscheidend, ob die Wertpapiere im Anlagevermögen oder im Umlaufvermögen ausgewiesen werden:

Anlagevermögen. Aktien, die mit der Absicht erworben werden, auf ein anderes Unternehmen Einfluß zu gewinnen, sind im Anlagevermögen als Beteiligung (im Zweifel bei mindestens 20 % des Aktienkapitals) auszuweisen (§ 271 HGB). Ist der Erwerb von Aktien lediglich als langfristige Vermögensanlage gedacht, so rechnen diese wie auch alle übrigen Wertpapiere zu den Wertpapieren des Anlagevermögens.

Umlaufvermögen. Werden Wertpapiere zur vorübergehenden Anlage (als Liquiditätsreserve) erworben, handelt es sich um Wertpapiere des Umlaufvermögens.

Merke: **Ausweis der Wertpapiere in der Bilanz:**
- bei Beteiligungsabsicht ➜ **0540 Beteiligungen**
- bei langfristiger Anlage ➜ **0550 Wertpapiere des Anlagevermögens**
- bei kurzfristiger Anlage ➜ **1300 Wertpapiere des Umlaufvermögens**

Anschaffungskosten. Beim Kauf sind die Wertpapiere mit ihren Anschaffungskosten zu aktivieren. Dazu rechnen auch die Nebenkosten:

Anschaffungskurs	Gebührentabelle	
	Aktien	Industrieobligationen
+ **Anschaffungsnebenkosten**		
Bankprovision ➜	1 % vom Kurswert	0,5 % vom Nennwert
Maklergebühr (Courtage) ➜	0,6 %₀ vom Kurswert	0,75 %₀ vom Nennwert
	1,06 % vom Kurswert	**0,575 % vom Nennwert**
= **Anschaffungskosten**		

3.5.1 An- und Verkauf von Aktien

Beispiel 1: Kauf von 40 Stück X-Aktien zur kurzfristigen Anlage zum

Stückkurs von 150,00 DM durch die Bank	6 000,00 DM
+ 1,06 % Nebenkosten	63,60 DM
Anschaffungskosten (Banklastschrift)	6 063,60 DM

Buchung: 1300 Wertpapiere des Umlaufvermögens an 1130 Bank **6 063,60**

Gewinne und Verluste durch Verkauf von Wertpapieren des UV sind auf den Konten „2050 Betriebsfremde Erträge" bzw. „2000 Betriebsfremde Aufwendungen" zu buchen. Verkaufskosten werden buchhalterisch nicht erfaßt.

Beispiel 2: Verkauf von 30 Stück X-Aktien durch die Bank zum

Stückkurs von 170,00 DM ...	5 100,00 DM	Erlös	5 045,94 DM
− 1,06 % Verkaufskosten	54,06 DM	− Buchwert	4 547,70 DM
Erlös (Bankgutschrift)	5 045,94 DM	**Ertrag**	498,24 DM

		S	H
Buchung:	1130 Bank	5 045,94	
	an 1300 Wertpapiere des UV		4 547,70
	an 2050 Betriebsfremde Erträge		498,24

Merke: **Gewinne und Verluste aus Wertpapierverkäufen werden erfaßt auf:**
▷ **2050 Betriebsfremde Erträge**
▷ **2000 Betriebsfremde Aufwendungen**

3.5.2 Bewertung der Wertpapiere zum Jahresabschluß

Zum Jahresabschluß (Bilanzstichtag) muß der noch vorhandene Wertpapierbestand durch die Inventur erfaßt und zum Niederstwert gebucht werden (§ 253 [2, 3] HGB).

Das Niederstwertprinzip besagt, daß von den beiden Werten, nämlich Anschaffungskosten (AK) der Wertpapiere und Tageswert (TW) zum 31.12., jeweils der niedrigere als Schlußbestand einzusetzen ist. Die Anschaffungskosten dürfen somit nie überschritten werden. Damit wird aus Gründen der Vorsicht zum Schutz der Gläubiger sichergestellt, daß keine Gewinne (Buchgewinne) ausgewiesen werden, die noch nicht durch Verkauf entstanden (realisiert) sind. Verluste sind dagegen zu erfassen auf Konto „2000 Betriebsfremde Aufwendungen". Die Anschaffungsnebenkosten sind bei der Ermittlung des Schlußbestandes zum Niederstwert anteilig zu berücksichtigen.

Ermittlung des Niederstwertes für den Schlußbestand zum 31.12.:

Von den 40 Stück X-Aktien wurden 30 Stück verkauft. Es sind also noch 10 Stück am 31.12. lt. Inventur vorhanden. Der Anschaffungskurs dieser Aktien betrug 150,00 DM je Stück; der Tageskurs am 31.12. beträgt 140,00 DM je Stück.

Nach dem Niederstwertprinzip müssen die noch vorhandenen 10 Aktien somit zum niedrigeren Tageswert (TW) eingesetzt werden, wobei die Nebenkosten anteilig mit 1,06 % zu berücksichtigen sind. Der Buchwert (AK) dieser Aktien beträgt 1 515,90 DM.

10 Stück X-Aktien zu 140,00 DM ..	1 400,00	Buchwert	1 515,90 DM
+ 1,06 % anteilige Nebenkosten	14,84	− Niederstwert	1 414,84 DM
Schlußbestand zum Niederstwert .	**1 414,84**	Verlust	101,06 DM

Buchung des Schlußbestandes zum Niederstwert:

9990 Schlußbilanzkonto .... an **1300 Wertpapiere d. UV** **1 414,84**

Nach Eintragung des Schlußbestandes stellt der dann noch verbleibende Saldo auf dem Wertpapierkonto den Kursverlust dar, der wie folgt zu buchen ist:

Buchung des Kursverlustes:

2000 Betriebsfremde Aufwendungen an **1300 Wertpapiere d. UV** **101,06**

S	1300 Wertpapiere des Umlaufvermögens		H
1130: Kauf von 40 Stück 6 063,60	1130: Verkauf von 30 Stück		4 547,70
	9990: **Schlußbestand** 10 Stück		1 414,84
	2000: **Kursverlust**		**101,06**
6 063,60			6 063,60

Merke:
- **Beim Kauf sind die Wertpapiere zu Anschaffungskosten zu aktivieren.**
- **Zum Bilanzstichtag sind Wertpapiere zum Niederstwert einzusetzen:**

  AK > TW ➜ Bewertung zum **Tageswert** (TW)

  AK < TW ➜ Bewertung zu **Anschaffungskosten** (AK)
- **Die Anschaffungskosten bilden die Höchstgrenze.**
- **Die Nebenkosten sind jeweils anteilig zu berücksichtigen.**

6624145

Man unterscheidet zwischen strengem und gemildertem Niederstwertprinzip:

- **Wertpapiere des Umlaufvermögens** sind stets nach dem **strengen Niederstwertprinzip** zu bewerten. Das bedeutet, daß die zur kurzfristigen Anlage erworbenen Wertpapiere in der Jahresbilanz immer zum niedrigsten Wert auszuweisen sind (§ 253 [3] HGB).
- Für **Wertpapiere des Anlagevermögens** (Finanzanlagen) gilt das **gemilderte Niederstwertprinzip**, d.h., sie dürfen bei nur vorübergehender Kursminderung mit dem niedrigeren Wert angesetzt werden. Ist jedoch die Kursminderung von Dauer (§ 253 [2] HGB), so gilt das strenge Niederstwertprinzip.

Merke:
- Wertpapiere des Umlaufvermögens ➜ strenges Niederstwertprinzip
- Wertpapiere des Anlagevermögens ➜ gemildertes Niederstwertprinzip

3.5.3 Kauf und Verkauf festverzinslicher Wertpapiere

Beispiel 1: Kauf von 10 000,00 DM 6 %-Obligationen zu 99 % am 31.08.:

Kurswert (99 % von 10 000,00 DM)	9 900,00 DM
+ 0,575 % Nebenkosten (Bankprovision und Maklergebühr)	57,50 DM
Anschaffungskosten	9 957,50 DM
+ Stückzinsen (6 % von 10 000,00 DM für 8 Monate)	400,00 DM
Banklastschrift	10 357,50 DM

Buchung: 1300 Wertpapiere des UV 9 957,50
2400 Zinsaufwendungen .... 400,00 an 1130 Bank 10 357,50

Beispiel 2: Verkauf von 10 000,00 DM 6 %-Obligationen zu 98 % am 30.09.:

Kurswert (98 % von 10 000,00 DM Nennwert)	9 800,00 DM
− 0,575 % Verkaufskosten (Bankprovision und Maklergebühr) ..	57,50 DM
	9 742,50 DM
+ Stückzinsen (6 % von 10 000,00 DM für 9 Monate)	450,00 DM
Bankgutschrift	10 192,50 DM

Buchung: 1130 Bank .... 10 192,50 an 1300 Wertpapiere des UV 9 742,50
an 2450 Zinserträge 450,00

Buchung des Kursverlustes:

2000 Betriebsfremde Aufwendungen an 1300 Wertpapiere des UV **215,00**

S	1300 Wertpapiere des Umlaufvermögens		H
1130: Kauf 9 957,50		1130: Verkauf	9 742,50
		2000: **Kursverlust**	**215,00**
	9 957,50		9 957,50

Merke: Stückzinsen werden vom Nennwert (Nominalwert) berechnet.

3.5.4 Buchhalterische Behandlung der Dividende

Steuerabzug. Dividenden aus Aktien unterliegen sowohl der Körperschaftsteuer (30 %) als auch der Kapitalertragsteuer (25 %). Beide Steuern sind von der Aktiengesellschaft einzubehalten und an das Finanzamt abzuführen.

Beispiel:

Bruttodividende (erforderlicher Gewinn)	3 600,00 DM
− 30 % Körperschaftsteuer	1 080,00 DM
Zwischensumme	2 520,00 DM
− 25 % Kapitalertragsteuer	630,00 DM
Nettodividende (Auszahlung als Bankgutschrift)	**1 890,00 DM**

Bruttobuchung. Aus steuerlichen Gründen ist die Dividende beim Aktienbesitzer brutto auf dem Konto „2450 Zinserträge" und die in Abzug gebrachte Körperschaft- und Kapitalertragsteuer auf dem Konto „1970 Privat" als Vorauszahlung auf seine eigene Einkommensteuer zu buchen.

Buchung: 1130 **Bank** 1 890,00
              1970 **Privat** 1 710,00
                    an   2450 **Zinserträge** 3 600,00

> **Merke:** **Die Dividende unterliegt mit ihrem Bruttobetrag beim Empfänger der Einkommensteuer. Die in Abzug gebrachte Körperschaft- und Kapitalertragsteuer wird in voller Höhe auf die Einkommensteuer angerechnet.**

Aufgaben – Fragen

148
1. Kauf von 600 X-Aktien zur kurzfristigen Anlage durch die Bank. Nennwert je Stück 100,00 DM. Stückkurs 200,00 DM, Kaufnebenkosten 1272,00 DM.
2. Am Bilanzstichtag beträgt der Stückkurs a) 220,00 DM und b) 150,00 DM.

Buchen Sie die Anschaffung der Wertpapiere und den Abschluß des Wertpapierkontos. Begründen Sie auch Ihre Bewertungsentscheidung zum 31.12.

149
150

	149	150
1. Kauf von 20 Stück A-Aktien als kurzfristige Anlage		
Nennwert je 50,00 DM, Stückkurs	150,00	170,00
Nebenkosten lt. Bankabrechnung	31,80	36,04
2. Verkauf von 15 Stück A-Aktien zum Stückkurs von	160,00	140,00
Verkaufskosten lt. Bankabrechnung	25,44	22,26
3. a) Tagesstückkurs am Bilanzstichtag	160,00	180,00
b) Tagesstückkurs am Bilanzstichtag	130,00	160,00

Buchen Sie die Geschäftsfälle und den Abschluß des Kontos „1300 Wertpapiere des Umlaufvermögens". Begründen Sie die Bewertung des Schlußbestandes zum 31.12. und erläutern Sie die Erfolgsauswirkung.

151
Die Bruttodividende für die in Aufgabe 148 erworbenen Aktien beträgt 6 000,00 DM.
1. *Ermitteln Sie die Nettodividende, die ausgezahlt wird (Bankgutschrift).*
2. *Buchen Sie die Dividendenabrechnung der Bank beim Empfänger der Dividende.*

152
1. Kauf von 5 000,00 DM 6%-Obligationen zu 85 % = 4 250,00 DM am 31.03. zuzüglich 75,00 DM Stückzinsen; Kaufkosten lt. Bankabrechnung 28,75 DM.
2. Verkauf aller Obligationen (Fall 1) zu 90 % = 4 500,00 DM am 30.08. zuzüglich 200,00 DM Stückzinsen. Verkaufskosten 28,75 DM.

Buchen Sie auf den entsprechenden Konten und ermitteln Sie den Erfolg.

153
1. Kauf von nominal 5 000,00 DM 6%ige X-Anleihen zu 90 % zuzüglich 120,00 DM Stückzinsen zur langfristigen Anlage. Kaufkosten lt. Bankabrechnung 28,75 DM.
2. Zum Bilanzstichtag beträgt der Tageswert (Kurswert einschließlich anteiliger Nebenkosten) a) 4 529,00 DM; b) 4 729,00 DM; c) 4 229,00 DM.

Buchen Sie und begründen Sie jeweils Ihre Bewertungsentscheidung zum 31.12.

154
1. *Unterscheiden Sie zwischen Dividenden- und Zinspapieren.*
2. *Zu welchem Wert sind Wertpapiere zum Zeitpunkt der Anschaffung zu bilanzieren?*
3. *Wann rechnen Wertpapiere a) zum Anlagevermögen, b) zum Umlaufvermögen?*
4. *Unterscheiden Sie zwischen strengem und gemildertem Niederstwertprinzip.*
5. *Weshalb dürfen bei der Bewertung die Anschaffungskosten nie überschritten werden?*
6. *Inwiefern ist das Niederstwertprinzip Ausdruck des kaufmännischen Prinzips der Vorsicht?*

4 Buchungen im Sachanlagenbereich[1]

4.1 Anlagenbuchhaltung (Anlagenkartei)

Sachanlagen. Das Anlagevermögen eines Industriebetriebes umfaßt alle Vermögensgegenstände, die dazu bestimmt sind, langfristig (dauernd) dem Unternehmen zu dienen (§ 247 [2] HGB). Dazu zählen nach § 266 HGB vor allem die Sachanlagen:[1]

- Grundstücke und Gebäude
- Technische Anlagen und Maschinen
- Betriebs- und Geschäftsausstattung
- Andere Anlagen u. Anlagen in Bau

Finanzanlagen. Außer den Sachanlagen gehören auch Finanzanlagen zum Anlagevermögen, wie z.B. Kapitalbeteiligungen an anderen Unternehmen oder Wertpapiere, die als langfristige Anlage angeschafft wurden.

Immaterielle Vermögensgegenstände, wie z.B. der käuflich erworbene Geschäftsoder Firmenwert, sind im Anlagevermögen meist von untergeordneter Bedeutung.

Zweck der Anlagenbuchhaltung. Die Anlagekonten des Hauptbuches werden als Sammelkonten geführt. Sie enthalten z.B. die Anlagegruppen: Grundstücke, Gebäude, Technische Anlagen und Maschinen, Fahrzeuge, Betriebs- und Geschäftsausstattung u.a. Diese Anlagegruppen setzen sich aus zahlreichen Einzelgegenständen und -werten zusammen. Um bei der Vielfalt der Anlagegegenstände die Abschreibungen im Rahmen der Inventur zum Bilanzstichtag richtig ermitteln zu können, ist eine Anlagenbuchführung als Nebenbuchhaltung erforderlich.

Anlagenkarte. Für jeden einzelnen Anlagegegenstand ist daher eine besondere Anlagenkarte zu führen, die auf der Vorderseite alle wichtigen Daten (vgl. Muster) ausweist. Die Rückseite enthält meist technische Angaben der jeweiligen Anlage.

Anlagenkartei. Alle Anlagenkarten bilden zusammen die Anlagenkartei, in der sie nach den Sachkonten der Klasse 0 entsprechend geordnet sind.

Muster einer Anlagenkarteikarte

Inventar-Nr.: 418	Bezeichnung der Anlage: Verpackungsautomat		Baujahr: 19..
Anlagen-Kto.: 0200	Kostenstelle: Vertrieb		Anschaffungsdatum: 08.01.19..
Lieferant: Schneider GmbH in: München			Bestellnummer: 3 648 Garantie: 2 Jahre
Voraussichtl. Nutzungsdauer: 10 Jahre		Voraussichtl. Schrottwert:	
Anschaffungskosten: 98 000,00 DM		Versicherungswert: 100 000,00 DM	

Jahr	Abschreibungen (degressiv)			Reparaturen		
	%satz	Betrag	Buchwert	Tag	Art	DM
31.12.19..	30 %	29 400,00	68 600,00			

Merke: Die Anlagenkartei erläutert und ergänzt als Nebenbuchhaltung die einzelnen Anlagekonten des Hauptbuches.

---

1 Siehe auch **Bilanz gemäß § 266 HGB im Anhang** des Lehrbuches.

4.2 Anschaffung von Anlagegütern

Anschaffungskosten. Gegenstände des Anlagevermögens sind zum Zeitpunkt der Beschaffung mit ihren Anschaffungskosten auf dem entsprechenden Anlagekonto zu aktivieren (§ 253 [1] HGB). Zu den Anschaffungskosten zählen alle Aufwendungen, die geleistet werden, um das Anlagegut zu erwerben und in einen betriebsbereiten Zustand zu versetzen (§ 255 [1] HGB):

Anschaffungspreis
+ Anschaffungsnebenkosten
− Anschaffungskostenminderungen
Anschaffungskosten

Der Anschaffungspreis ist der Nettopreis des Anlagegutes. Die in Rechnung gestellte Vorsteuer ist zu verrechnen und zählt deshalb nicht zu den Anschaffungskosten.

Anschaffungsnebenkosten sind alle Ausgaben und Aufwendungen, die bei Anschaffung des Anlagegutes neben dem Kaufpreis gleichzeitig oder auch nachträglich anfallen. Sie sind als wichtiger Bestandteil der Anschaffungskosten zu aktivieren:

- Kosten der Überführung und Zulassung beim Kauf eines Kraftfahrzeugs; Transport-, Fundamentierungs- und Montagekosten bei Maschinen u. a.
- Kosten der Vermittlung und Beurkundung sowie die Grunderwerbsteuer als auch Vermessungskosten beim Erwerb von Grundstücken und Gebäuden.

Handels- und Steuerrecht schreiben die **Aktivierung der Nebenkosten** vor, um sie über die Abschreibungen als Aufwand auf die gesamte Nutzungsdauer des Anlagegutes zu verteilen. **Die Erfolgsrechnungen** der einzelnen Nutzungsjahre werden somit **gleichmäßig belastet,** Gewinnverschiebungen treten nicht ein (siehe auch S. 227).

Anschaffungskostenminderungen sind alle Preisnachlässe, die beim Erwerb des Anlagegutes sofort oder nachträglich gewährt werden, wie Rabatte, Boni und Skonti.

Beispiel: 1. Kauf eines Verpackungsautomaten auf Ziel zum Nettopreis von 94 000,00 DM zuzüglich Transport- und Montagekosten in Höhe von netto 6 000,00 DM. Die Umsatzsteuer beträgt lt. Rechnungen 15 000,00 DM.
2. Rechnungsausgleich mit 2 % Skontoabzug durch Banküberweisung.

Ermittlung der Anschaffungskosten des Verpackungsautomaten:

Anschaffungspreis	94 000,00 DM
+ Nebenkosten	6 000,00 DM
	100 000,00 DM
− 2 % Skonto	2 000,00 DM
aktivierungspflichtige Anschaffungskosten	**98 000,00 DM**

① **Buchung bei Anschaffung des Verpackungsautomaten lt. Eingangsrechnung:**

0100 Technische Anlagen und Maschinen .	100 000,00	
1550 Vorsteuer	15 000,00	
an 1600 Verbindlichkeiten a. LL		115 000,00

② **Buchung beim Rechnungsausgleich:**

1600 Verbindlichkeiten a. LL	115 000,00	
an 0100 **TA u. Maschinen** (Nettoskonto)		2 000,00
an 1550 Vorsteuer (Steuerberichtigung)		300,00
an 1130 Bank		112 700,00

Beachten Sie: Beim Erwerb von Anlagegütern ist der Skonto auf der Habenseite des entsprechenden Anlagekontos als Minderung der Anschaffungskosten zu buchen.

S	0100 TA u. Maschinen	H		S	1600 Verbindlichkeiten a. LL	H
①	100 000,00	② 2 000,00		②	115 000,00	① 115 000,00

S	1550 Vorsteuer	H		S	1130 Bank	H
①	15 000,00	② 300,00				② 112 700,00

Bemessungsgrundlage für die Abschreibungen (Absetzung für Abnutzung: AfA) bilden die aktivierungspflichtigen <u>Anschaffungskosten</u> des Anlagegutes.

> **Merke:**
> - **Anlagegüter sind bei Erwerb mit den Anschaffungskosten zu bewerten.**
> - **Finanzierungskosten gehören nicht zu den Anschaffungskosten.**
> - **Nachlässe mindern die Anschaffungskosten des Anlagegutes und sind deshalb unmittelbar auf dem entsprechenden Anlagekonto zu buchen.**
> - **Die Anschaffungskosten bilden die Bemessungsgrundlage für die AfA.**

Aufgaben – Fragen

155 Kauf einer Verpackungsmaschine zum Nettopreis von 50 000,00 DM + USt; Transportkosten 2 500,00 DM + USt; Montagekosten 4 500,00 DM + USt.
1. *Ermitteln Sie die Anschaffungskosten des Anlagegutes.*
2. *Buchen Sie die vorstehenden Eingangsrechnungen auf den entsprechenden Konten.*

156 Auf den Nettopreis der Verpackungsmaschine (Aufgabe 155) erhalten wir nachträglich wegen eines versteckten Mangels einen Nachlaß von 10 %.
1. *Ermitteln Sie die aktivierungspflichtigen Anschaffungskosten.*
2. *Buchen Sie den Preisnachlaß.*
3. *Buchen Sie die Zahlungen (Banküberweisung).*

157 Die „Fahrzeughandelsgesellschaft mbH" stellt uns für den Kauf eines Lastwagens in Rechnung (ER 1 412): Nettopreis 84 500,00 DM, Spezialaufbau 9 500,00 DM, Sonderlackierung mit Werbeaufschrift 3 100,00 DM, Anhängerkupplung 1 400,00 DM, Überführungskosten 1 200,00 DM, Zulassungskosten 300,00 DM, zuzüglich Umsatzsteuer vom Gesamtbetrag.
Die Kraftfahrzeugsteuer über 800,00 DM und die Haftpflichtversicherung mit 1 800,00 DM werden von uns durch Banküberweisung bezahlt.
Die erste Tankfüllung wird bar bezahlt: 300,00 DM netto + USt.
1. *Begründen Sie, welche und warum Anschaffungsnebenkosten zu aktivieren sind.*
2. *Ermitteln Sie die Anschaffungskosten des Lastwagens.*
3. *Buchen Sie die Geschäftsfälle auf den entsprechenden Konten.*

158 Die Eingangsrechnung (ER 1 412) der Aufgabe 157 wird unter Abzug von 2 % Skonto von uns durch Banküberweisung beglichen.
1. *Ermitteln Sie die Anschaffungskosten und buchen Sie den Rechnungsausgleich.*
2. *Begründen Sie die Buchungsweise der Nachlässe beim Erwerb von Anlagegütern.*

159
1. *Was zählt im einzelnen zu den Anschaffungskosten?*
2. *Begründen Sie, warum Anschaffungsnebenkosten zu aktivieren sind.*
3. *Nennen Sie Beispiele für Anschaffungskostenminderungen.*
4. *Inwiefern können sich aus dem Abgang von Gegenständen des Anlagevermögens Erfolgsvorgänge ergeben?*
5. *Unterscheiden Sie zwischen Sach- und Finanzanlagen.*
6. *Welche Gegenstände des Sach- und Finanzanlagevermögens zählen*
   a) zum abnutzbaren und b) zum nicht abnutzbaren Anlagevermögen?
7. *Inwiefern ist die Unterscheidung zwischen abnutzbaren und nicht abnutzbaren Anlagegegenständen notwendig?*
8. *Welche Bedeutung hat die Anlagenbuchhaltung?*

4.3 Bilanzmäßige und kalkulatorische Abschreibungen

Bilanzmäßige Abschreibungen. Die Abschreibungen auf das Anlagevermögen stellen buchhalterisch Aufwand dar, vermindern deshalb in der Jahreserfolgsrechnung den Gewinn des Unternehmens und damit auch die gewinnabhängigen Steuern (z. B. Einkommensteuer, Körperschaftsteuer, Gewerbesteuer). Jedes Unternehmen ist daher in der Regel daran interessiert, möglichst hohe Abschreibungen vorzunehmen, die jedoch in dieser Höhe nicht als Kosten in die Kalkulation der Erzeugnisse eingehen dürfen. Deshalb bucht man die Abschreibungen, die sich auf den zu versteuernden Jahresgewinn und die Bilanz auswirken, als neutralen Aufwand auf dem Konto

2300 Bilanzmäßige Abschreibungen.

Die Gegenbuchung erfolgt auf dem entsprechenden Anlagekonto der Klasse 0.

Kalkulatorische Abschreibungen. Für die Kalkulation, also die Selbstkostenrechnung der Erzeugnisse, werden geeignete „kalkulatorische" Abschreibungen berechnet und als Kosten in der Klasse „4 Kostenarten" auf dem Konto

4800 Kalkulatorische Abschreibungen

gebucht. Die Gegenbuchung nimmt ein Verrechnungskonto der Klasse 2 auf:

2800 Verrechnete kalkulatorische Abschreibungen.

Bei der bilanzmäßigen und der kalkulatorischen Abschreibung ist folgendes zu beachten:

- **Bilanzmäßig abgeschrieben** werden **alle Gegenstände des Anlagevermögens,** unabhängig davon, ob sie dem eigentlichen Betriebszweck (Einkauf, Lagerung und Absatz der Erzeugnisse) dienen oder nicht.
  Kalkulatorische Abschreibungen erfolgen nur von **betriebsnotwendigen Anlagen.**

- **Bilanzmäßige Abschreibungen** werden auf der Grundlage der **Anschaffungs- oder Herstellungskosten** des Anlagegutes vorgenommen.
  Kalkulatorische Abschreibungen werden von den **höheren Wiederbeschaffungskosten** des Anlagegutes berechnet und in die Verkaufspreise der Waren einkalkuliert. Über die Erlöse fließen somit im Laufe der Nutzungsjahre die Abschreibungen in Form von liquiden Mitteln in das Unternehmen zurück und stehen für eine Ersatzbeschaffung des meist teureren Anlagegutes zur Verfügung.

- **Kalkulatorische Abschreibungen** werden aus Gründen eines besseren Kostenvergleichs **linear** vorgenommen.
  Bilanzmäßige Abschreibungen werden meist **degressiv** berechnet.

Beispiel: Eine Maschine im Anschaffungswert von 150 000,00 DM und einer Nutzungsdauer von 10 Jahren wird aus steuerlichen Gründen degressiv mit 30 % abgeschrieben.

Die kalkulatorische Abschreibung wird linear mit 10 % vom Wiederbeschaffungswert der Maschine vorgenommen: 180 000,00 DM.

Buchungen:

① **Bilanzmäßige** Abschreibung:
   2300 Bilanzmäßige Abschreibungen an **0100 TA u. Maschinen** 45 000,00
② **Kalkulatorische** Abschreibung:
   4800 Kalk. Abschreibungen an **2800 Verrechn. kalk. Abschreibungen** 18 000,00

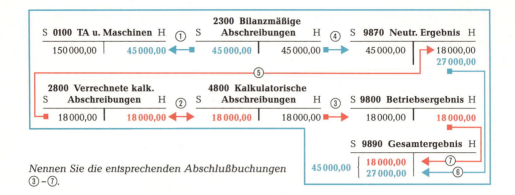

Nennen Sie die entsprechenden Abschlußbuchungen ③–⑦.

Aus dem Buchungsvorgang geht hervor, daß nur die kalkulatorische Abschreibung in Höhe von 18 000,00 DM über das Betriebsergebnis in die Selbstkostenrechnung eingeht. Die bilanzmäßige Abschreibung wurde in der Kontenklasse 2 als neutraler Aufwand gebucht. Sie wird mit der kalkulatorischen Abschreibung, die sich in der Kontenklasse 2 als neutraler Ertrag niederschlägt, auf dem Konto „9870 Neutrales Ergebnis" verrechnet. Hier erscheint die Differenz zwischen der bilanzmäßigen und der kalkulatorischen Abschreibung, die auf Konto „9890 Gesamtergebnis" übertragen wird. Im Gesamtergebniskonto wirkt sich somit nur die bilanzmäßige Abschreibung mit insgesamt 45 000,00 DM aus.

> **Merke:**
> - Die bilanzmäßigen Abschreibungen werden nach steuerlichen Gesichtspunkten vorgenommen, um den Gesamtgewinn und damit die Steuern zu vermindern.
> - Kalkulatorische Abschreibungen erfassen die tatsächliche Wertminderung der Anlagegüter und stellen somit Kosten dar, die in der Selbstkosten- und Betriebsergebnisrechnung berücksichtigt werden.
> - Kalkulatorische Kosten bezwecken eine höhere Genauigkeit und bessere Vergleichbarkeit der Kosten im Zeit- und Betriebsvergleich.

Aufgaben – Fragen

a) Eine Maschine, deren Anschaffungskosten 80 000,00 DM betragen, wird bilanzmäßig mit 30 % degressiv abgeschrieben, kalkulatorisch dagegen mit 10 % linear vom Wiederbeschaffungswert 100 000,00 DM. **160**

1. Buchen Sie die Abschreibungen auf den Konten 0100, 2300, 2800, 4800, 9800, 9870, 9890, 9990, und führen Sie den Abschluß durch.
2. Erklären Sie anhand der Zahlen jeweils die Auswirkungen auf das Betriebsergebnis, das Neutrale Ergebnis und das Gesamtergebnis.
3. Inwiefern spricht man von „bilanzmäßiger" Abschreibung?

b) Eine Mischanlage wurde im Januar d. J. angeschafft. Die Anschaffungskosten betragen 120 000,00 DM. Für die bilanzmäßige lineare Abschreibung wird eine Nutzungsdauer von 8 Jahren zugrunde gelegt, für die kalkulatorische Abschreibung dagegen 10 Jahre.

1. Berechnen und buchen Sie die bilanzmäßige und kalkulatorische Abschreibung.
2. Erläutern Sie die Auswirkung auf den steuerlichen Gewinn und die Kosten.

4.4 Planmäßige und außerplanmäßige Abschreibungen

Abschreibungsursachen. Abschreibungen erfassen die Wertminderungen der Anlagegüter, die entstanden sind durch

- **Nutzung** (Abnutzung durch Gebrauch)
- **Außergewöhnliche Einflüsse** (z. B. Explosion, Unwetter)
- **Technische Überholung** (z. B. Buchungsmaschine wird durch Computer ersetzt)
- **Wirtschaftliche Entwertung** (z. B. Kühlaggregate werden nicht mehr benötigt)

Für die Bewertung (Abschreibung) der Anlagegüter ist zu unterscheiden zwischen

- **abnutzbaren** und **nicht abnutzbaren Anlagegütern** sowie
- **planmäßiger** und **außerplanmäßiger Abschreibung.**

Abnutzbare Anlagegüter	Nicht abnutzbare Anlagegüter
– Gebäude – Technische Anlagen und Maschinen – Fahrzeuge – Betriebs- und Geschäftsausstattung	– Grundstücke – Wertpapiere des Anlagevermögens – Beteiligungen an Unternehmen – Langfristige Forderungen
Nutzung ist zeitlich begrenzt.	Nutzung ist zeitlich nicht begrenzt.

Planmäßige Abschreibung (AfA). Abnutzbare Anlagegüter sind nach § 253 (2) HGB planmäßig, d.h. nach ihrer betriebsgewöhnlichen Nutzungsdauer abzuschreiben. Die Anschaffungs-/Herstellungskosten werden je nach Abschreibungsmethode

- **linear,** • **degressiv** oder • **nach Leistungseinheiten**

auf die Nutzungsjahre verteilt. Die planmäßige Abschreibung entspricht der steuerlichen **AfA** (Absetzung für Abnutzung).

Die Anlagenkarte (vgl. S. 148) bildet den „Plan" und weist alle wichtigen Daten des abnutzbaren Anlagegutes aus: Anschaffungskosten, Herstellungskosten (z. B. bei Gebäuden), Zeitpunkt der Anschaffung oder Herstellung, Nutzungsdauer, Abschreibungsmethode, AfA-Satz in %, Restbuchwert je Nutzungsjahr u. a. Grundlage für die Ermittlung der Nutzungsdauer sind die AfA-Tabellen der Finanzverwaltung (vgl. S. 159).

Beginn der planmäßigen Abschreibung. Bei abnutzbaren Anlagegütern beginnt die AfA grundsätzlich im Monat der Anschaffung oder Herstellung (= **zeitanteilige AfA**). Für bewegliche abnutzbare Anlagegüter besteht jedoch folgende **Vereinfachungsregel:** Für die in der ersten Hälfte des Jahres angeschafften oder hergestellten beweglichen Anlagegüter gilt der volle Jahres-AfA-Satz, in der zweiten Jahreshälfte die halbe Jahres-AfA.

Außerplanmäßige Abschreibungen müssen bei abnutzbaren Anlagegütern im Falle einer außergewöhnlichen und dauernden Wertminderung neben der planmäßigen Abschreibung vorgenommen werden. Werden beispielsweise Kühlcontainer wegen Aufgabe der Erzeugnisgruppe „Tiefkühlkost" nicht mehr benötigt, muß nach § 253 (2) HGB eine zusätzliche außerplanmäßige Abschreibung erfolgen. Nicht abnutzbare Anlagegegenstände unterliegen keiner zeitlichen Nutzungsbegrenzung und können deshalb bei Wertminderungen nur außerplanmäßig abgeschrieben werden.

Merke:
- **Abnutzbare Anlagegüter werden planmäßig nach ihrer Nutzungsdauer abgeschrieben. Daneben müssen außerplanmäßige Abschreibungen für außergewöhnliche und dauernde Wertminderungen vorgenommen werden.**
- **Nicht abnutzbare Anlagen können nur außerplanmäßig abgeschrieben werden.**
- **Das Konto „2300 Bilanzmäßige Abschreibungen" erfaßt alle planmäßigen und außerplanmäßigen Abschreibungen der Anlagegüter für den Jahresabschluß.[1]**

---

[1] **Abschreibungen auf Gebäude** werden nach dem GKR i. d. R. auf dem **Konto „2100 Haus- und Grundstücksaufwendungen"** erfaßt.

6624153

153

Abnutzbare Anlagegüter. Nach den handelsrechtlichen (§ 253 [2] HGB) und steuerrechtlichen Vorschriften (§§ 6–7 EStG) sind abnutzbare Anlagegüter mit ihren <u>fortgeführten Anschaffungskosten</u> (Herstellungskosten) in das Inventar und die Schlußbilanz aufzunehmen, also zu den Anschaffungskosten (Herstellungskosten) abzüglich <u>planmäßiger</u> und gegebenenfalls <u>außerplanmäßiger</u> Abschreibungen.

Beispiel: Eine Maschine, deren Anschaffungskosten 100 000,00 DM betragen, hat eine Nutzungsdauer von 5 Jahren und wird linear mit 20 000,00 DM abgeschrieben.

Zum 31.12. des 2. Jahres bietet der Maschinenhersteller ein verbessertes Modell zu einem niedrigeren Preis an. Dadurch sinkt der Wert der Maschine auf 45 000,00 DM.

<u>Neben</u> der planmäßigen AfA muß nun wegen der zusätzlich eingetretenen <u>dauernden</u> Wertminderung auch noch eine außerplanmäßige Abschreibung auf den <u>niedrigeren</u> Wert von 45 000,00 DM vorgenommen werden <u>(= „Niederstwertprinzip")</u>. Der Rest von 45 000,00 DM ist dann in der Restnutzungsdauer von 3 Jahren abzuschreiben: 45 000,00 DM : 3 = 15 000,00 DM.

Anschaffungskosten	100 000,00 DM
– planmäßige AfA zum 31.12. des 1. Nutzungsjahres	20 000,00 DM
fortgeführte Anschaffungskosten zum 31.12. d. 1. Nj.	80 000,00 DM
– planmäßige AfA zum 31.12. d. 2. Nj.	**20 000,00 DM**
– außerplanmäßige Abschreibung zum 31.12. d. 2. Nj.	**15 000,00 DM**
fortgeführte Anschaffungskosten zum 31.12. d. 2. Nj.	45 000,00 DM
– planmäßige AfA zum 31.12. d. 3. Nj.	15 000,00 DM
fortgeführte Anschaffungskosten zum 31.12. d. 3. Nj.	30 000,00 DM

Buchung: 2300 Bilanzmäßige Abschreibungen   an   0100 TA u. Maschinen ..   35 000,00

Nicht abnutzbare Anlagegüter dürfen <u>höchstens</u> zu <u>Anschaffungskosten</u> angesetzt werden. Ist der Wert jedoch am Bilanzstichtag <u>nachhaltig</u> niedriger, so muß das Anlagegut mit dem <u>niedrigeren Tageswert</u> (Niederstwertprinzip!) angesetzt werden (§ 253 [2] HGB). Das bedingt eine <u>außerplanmäßige</u> Abschreibung.

Beispiel: Bei einem Betriebsgrundstück, das mit 250 000,00 DM Anschaffungskosten zu Buch steht, tritt durch Straßenverlegung eine dauernde Wertminderung ein. Der Tageswert beträgt zum 31.12. 100 000,00 DM.

Anschaffungskosten des Grundstücks	250 000,00 DM
– außerplanmäßige Abschreibung	150 000,00 DM
Wertansatz zum 31.12.	100 000,00 DM

Buchung: 2300 Bilanzmäßige Abschreibungen   an   0000 Unbebaute Grundst. 150 000,00

Merke:
- **Wertansätze für abnutzbare Anlagegüter in der Jahresbilanz:**

Anschaffungskosten	Herstellungskosten
– Abschreibungen	– Abschreibungen
= **fortgeführte Anschaffungskosten**	= **fortgeführte Herstellungskosten**

- <u>Nicht abnutzbare</u> Anlagegüter sind <u>höchstens</u> zu <u>Anschaffungskosten</u> in der Schlußbilanz zu bewerten.

- Bei allen Anlagegütern <u>dürfen</u> auch bei einer nur <u>vorübergehenden</u> Wertminderung <u>außerplanmäßige Abschreibungen</u> vorgenommen werden. Bei einer voraussichtlich <u>dauernden</u> Wertminderung sind sie jedoch zwingend erforderlich (Strenges Niederstwertprinzip).

4.5 Methoden der planmäßigen Abschreibung

Die Berechnung der planmäßigen Abschreibung erfolgt nach folgenden Methoden:

▷ **linear**   ▷ **degressiv**   ▷ **nach Leistungseinheiten**

4.5.1 Lineare (gleichbleibende) Abschreibung

Die Abschreibung erfolgt stets in einem gleichbleibenden Prozentsatz von den Anschaffungs- oder Herstellungskosten des Anlagegutes. Die Anschaffungskosten (Herstellungskosten) werden somit „planmäßig" in gleichen Beträgen auf die Nutzungsjahre verteilt. Deshalb ist das Anlagegut bei linearer Abschreibung am Ende der Nutzungsdauer voll abgeschrieben. Bei linearer Abschreibung wird also eine gleichmäßige Nutzung und Wertminderung des Anlagegegenstandes unterstellt.

Beispiel: Betragen die Anschaffungskosten einer Maschine 50 000,00 DM und die Nutzungsdauer 10 Jahre, so ist der jährliche Abschreibungsbetrag 5 000,00 DM und der AfA-Satz 10 %:

$$\textbf{AfA-Betrag} = \frac{\text{Anschaffungskosten}}{\text{Nutzungsdauer}} \quad \bigg| \quad \textbf{AfA-Satz } \% = \frac{100 \ \%}{\text{Nutzungsdauer}}$$

Steuerrechtlich ist die lineare Abschreibung bei allen beweglichen und unbeweglichen abnutzbaren Anlagegütern erlaubt. Daneben dürfen außerplanmäßige Abschreibungen für dauernde Wertminderungen vorgenommen werden.

4.5.2 Degressive Abschreibung (Buchwert-AfA)

Die Abschreibung wird nur im ersten Jahr von den Anschaffungskosten des Anlagegutes berechnet, in den folgenden Jahren dagegen mit einem gleichbleibenden Prozentsatz vom jeweiligen Restbuchwert (daher: Buchwert-AfA). Da der Buchwert von Jahr zu Jahr kleiner wird, ergeben sich fallende Abschreibungsbeträge. Am Ende der Nutzungsdauer bleibt ein Restwert. Diese Buchwertabschreibung nennt man auch geometrisch-degressive Abschreibung.[1]

Der degressive AfA-Satz muß höher sein als bei linearer Abschreibung, um nach Ablauf der Nutzungsdauer einen möglichst niedrigen Restwert zu erzielen. Dieser Restwert ist im letzten Nutzungsjahr mit der laufenden Jahres- AfA abzuschreiben.

Steuerrechtlich ist die degressive Abschreibung nur bei beweglichen abnutzbaren Anlagegütern möglich. Der Abschreibungssatz bei degressiver Abschreibung darf das Dreifache des linearen AfA-Satzes betragen, wobei aber 30 % nicht überschritten werden dürfen (§ 7 [2] EStG).

Vorteile der Buchwert-AfA. Die degressive Abschreibung führt in den ersten Jahren der Nutzung des Anlagegutes zu wesentlich höheren Abschreibungsbeträgen als die lineare Abschreibung (vgl. nachfolgende Tabelle). Außergewöhnliche Wertminderungen, bedingt durch wirtschaftliche und technische Entwicklungen, werden somit stärker berücksichtigt. Der höhere Abschreibungsaufwand bewirkt zudem eine stärkere Minderung des steuerpflichtigen Gewinns. Die geringeren Steuerzahlungen erhöhen zugleich die Liquidität des Unternehmens. Die degressive Abschreibungsmethode wird daher in der Praxis bevorzugt.

Merke: ● **Lineare** AfA = **Abschreibung vom Anschaffungswert**
         ● **Degressive** AfA = **Abschreibung vom Buchwert** (Buchwert-AfA)

---

1 Die arithmetisch-degressive (digitale) Abschreibung ist steuerrechtlich nicht mehr zulässig.

Der Wechsel von der degressiven zur linearen AfA ist steuerrechtlich erlaubt, jedoch nicht umgekehrt (§ 7 [3] EStG). Er ist aus folgenden Gründen zu <u>empfehlen</u>:

● Das Anlagegut ist am Ende der Nutzungsdauer <u>voll</u> abgeschrieben (<u>kein Restwert</u>).
● Der <u>lineare Abschreibungsbetrag</u> ist vom Zeitpunkt des Wechsels an <u>höher</u> als bei degressiver Abschreibung (<u>Steuervorteil</u>).

Der günstigste Zeitpunkt des Wechsels ist gegeben, wenn der AfA-Betrag bei linearer Abschreibung <u>größer</u> ist als bei fortgeführter degressiver Abschreibung. Das ist z. B. bei Anlagegütern mit einer Nutzungsdauer von 10 Jahren im 8. Jahr der Fall. Der <u>Rest-buchwert</u> wird dann <u>in gleichen Beträgen</u> auf die <u>verbleibenden</u> Jahre verteilt:

$$\text{Abschreibungsbetrag} = \frac{\text{Restbuchwert zum Zeitpunkt des Wechsels}}{\text{Restnutzungsjahre}}$$

Beispiel: Anschaffungskosten einer Maschine 50 000,00 DM, Nutzungsdauer nach AfA-Tabelle 10 Jahre. Das Anlagegut kann somit linear mit 10 %, degressiv mit dem steuerlichen Höchstsatz von 30 % abgeschrieben werden.

Die nachstehende Übersicht macht folgendes deutlich:

1. Die lineare AfA erreicht nach Ablauf der zehnjährigen Nutzungsdauer den Nullwert. Die degressive Buchwert-AfA endet dagegen mit einem Restwert von 1 412,00 DM.
2. Deshalb empfiehlt sich im 8. Nutzungsjahr der Übergang von der degressiven zur linearen AfA: Linearer AfA-Betrag > degressiver AfA-Betrag:

Degressiver AfA-Betrag = 30 % von 4 117,00 DM Buchwert = 1 235,00 DM
Linearer AfA-Betrag = 4 117,00 DM Buchwert : 3 (Restjahre) = 1 372,00 DM

	Lineare AfA 10 %	Degressive AfA 30 %	Übergang degressiv ➤ linear
Anschaffungskosten	50 000,00	50 000,00	**Berechnung:**
AfA: 1. Jahr	5 000,00	15 000,00	$i = n - \dfrac{100}{p} + 1$
Buchwert	45 000,00	35 000,00	
AfA: 2. Jahr	5 000,00	10 500,00	i = Übergangsjahr
Buchwert	40 000,00	24 500,00	n = Nutzungsdauer
AfA: 3. Jahr	5 000,00	7 350,00	p = AfA-Satz
Buchwert	35 000,00	17 150,00	
AfA: 4. Jahr	5 000,00	5 145,00	$i = 10 - \dfrac{100}{30} + 1$
Buchwert	30 000,00	12 005,00	
AfA: 5. Jahr	5 000,00	3 602,00	$i = 7\frac{2}{3}$
Buchwert	25 000,00	8 403,00	aufgerundet:
AfA: 6. Jahr	5 000,00	2 521,00	$\underline{\underline{i = 8}}$
Buchwert	20 000,00	5 882,00	
AfA: 7. Jahr	5 000,00	1 765,00	**Lineare AfA**
Buchwert	15 000,00	4 117,00 ———	➤ 4 117,00
AfA: 8. Jahr	5 000,00	**1 235,00**	**1 372,00**
Buchwert	10 000,00	2 882,00	2 745,00
AfA: 9. Jahr	5 000,00	865,00	**1 372,00**
Buchwert	5 000,00	2 017,00	1 373,00
AfA: 10. Jahr	5 000,00	605,00	**1 373,00**
Buchwert	0,00	1 412,00	0,00

Merke: ● Die <u>lineare</u> AfA ist steuerrechtlich bei <u>allen</u> abnutzbaren Anlagegütern zulässig, die <u>degressive</u> AfA nur bei <u>beweglichen</u> abnutzbaren Anlagegütern.
● Der <u>Übergang von der degressiven zur linearen AfA ist steuerrechtlich erlaubt</u>, nicht aber umgekehrt.

4.5.3 Abschreibung nach Leistungseinheiten (Leistungs-AfA)

Die Abschreibung kann bei Anlagegütern, deren Leistung in der Regel erheblich schwankt und deren Verschleiß dementsprechend wesentliche Unterschiede aufweist, auch nach Maßgabe der Inanspruchnahme oder Leistung (km, Stunden u. a.) vorgenommen werden. Diese steuerrechtlich zulässige AfA-Methode kommt der technischen Abnutzung am nächsten.

Beispiel: Betragen die Anschaffungskosten eines LKWs 80 000,00 DM und die voraussichtliche Gesamtleistung 200 000 km, so ergibt sich daraus ein Abschreibungsbetrag je Leistungseinheit (km) von: 80 000 : 200 000 = 0,40 DM/km.

Den Jahresabschreibungsbetrag erhält man, indem man die jährliche Fahrtleistung, nachzuweisen durch Fahrtenbuch, mit dem AfA-Betrag von 0,40 DM je km multipliziert:

1. Jahr: 40 000 km · 0,40 DM = **16 000,00 DM AfA**
2. Jahr: 60 000 km · 0,40 DM = **24 000,00 DM AfA**
3. Jahr: 35 000 km · 0,40 DM = **14 000,00 DM AfA**
4. Jahr: 65 000 km · 0,40 DM = **26 000,00 DM AfA**

Merke: Bei Anwendung der Leistungs-AfA ist die jährliche Leistung nachzuweisen.

4.6 Geringwertige Wirtschaftsgüter (GWG)

Wahlrecht. Nach § 6 (2) EStG kann man bei beweglichen Anlagegütern mit Anschaffungskosten bis 800,00 DM zwischen der

- **Vollabschreibung im Jahr der Anschaffung** und der
- **Abschreibung nach der Nutzungsdauer**

wählen. Diese „geringwertigen" Wirtschaftsgüter (GWG) müssen jedoch auch selbständig nutzbar und bewertbar sowie abnutzbar sein. Einbauteile oder Bestandteile eines Aggregates sind somit keine geringwertigen Wirtschaftsgüter im steuerlichen Sinne, wie z. B. die Eingabetastatur einer EDV-Anlage.

Buchhalterische Behandlung. Geringwertige Wirtschaftsgüter werden zum Zeitpunkt ihrer Anschaffung zunächst auf einem besonderen Anlagekonto

0380 Geringwertige Wirtschaftsgüter

erfaßt. Bei Aufstellung des Jahresabschlusses muß man sich dann für eine der beiden Abschreibungsmöglichkeiten entscheiden. Das hängt natürlich in erster Linie von der Gewinnsituation (Steuerspareffekt!) des Unternehmens ab.

Beispiel: Kauf einer Schreibmaschine gegen Bankscheck: 600,00 DM + 90,00 DM USt.

① **Buchung bei Anschaffung:**

	S	H
0380 Geringwertige Wirtschaftsgüter	600,00	
1550 Vorsteuer	90,00	
an 1130 Bank		690,00

② **Buchung zum Jahresabschluß** (Vollabschreibung):

	S	H
2300 Bilanzmäßige Abschreibungen	600,00	
an 0380 Geringwertige Wirtschaftsgüter		600,00

Beachten Sie: Geringwertige Wirtschaftsgüter mit Anschaffungskosten bis 100,00 DM können zum Zeitpunkt des Erwerbs sofort als Aufwand gebucht werden.

Merke: Geringwertige Wirtschaftsgüter sind auf dem Sonderkonto „0380 GWG" zu erfassen. Steuerrechtlich bestehen zwei Abschreibungsmöglichkeiten (Wahlrecht).

Aufgaben – Fragen

161 Anschaffungskosten einer Maschine 220 000,00 DM. Nutzungsdauer 10 Jahre.

1. Stellen Sie in einer tabellarischen Übersicht a) die lineare Abschreibung, b) die degressive Abschreibung mit dem steuerrechtlich zulässigen Höchstsatz vergleichend gegenüber.

2. Nennen Sie die Vorteile a) der linearen und b) der degressiven Abschreibung.

162 Die Abschreibungsmethoden der Aufgabe 161 sind als Abschreibungskurven in einem Koordinatenkreuz (Abszisse: Nutzungsjahre; Ordinate: AfA-Beträge) darzustellen.

Erläutern Sie den Verlauf der Abschreibungskurven.

163 Die Anschaffungskosten eines LKWs betragen 150 000,00 DM. Die Gesamtleistung wird auf 250 000 km geschätzt.

1. Nennen Sie die Voraussetzung für die steuerliche Anerkennung der Abschreibung nach Leistungseinheiten (Leistungs-AfA) und ermitteln Sie die AfA für: 1. Nutzungsjahr: 48 000 km, 2. Jahr: 84 000 km, 3. Jahr: 62 000 km, 4. Jahr: 56 000 km.

2. Stellen Sie den Verlauf der Leistungs-AfA grafisch in einem Koordinatenkreuz dar.

3. Was spricht betriebswirtschaftlich für und gegen eine AfA nach Maßgabe der Leistung?

164 Ein LKW wurde am 01.05. für 120 000,00 DM angeschafft. Er hat eine Nutzungsdauer von 5 Jahren und wird linear abgeschrieben.

1. Ermitteln Sie a) die zeitanteilige AfA und b) die AfA nach der Vereinfachungsregel.

2. Wie hoch sind jeweils die fortgeführten Anschaffungskosten in den Fällen a) und b)?

165 Ein PKW wurde am 01.12. für 48 000,00 DM angeschafft. Er wird bei einer Nutzungsdauer von 4 Jahren linear abgeschrieben.

1. Wie hoch ist a) die zeitanteilige AfA und b) die AfA nach der Vereinfachungsregel?

2. Ermitteln Sie zu 1. a) und b) jeweils die fortgeführten Anschaffungskosten zum 31.12.

3. Gilt die Vereinfachungsregel für alle abnutzbaren Anlagegüter?

166 Eine Maschine mit einer Nutzungsdauer von 5 Jahren, die linear abgeschrieben wurde, hatte zum 31.12. des 2. Nutzungsjahres noch einen Restbuchwert (fortgeführte Anschaffungskosten) von 60 000,00 DM. Zum Jahresende wird gleichzeitig bekannt, daß in den nächsten Monaten ein verbessertes Nachfolgemodell zu einem wesentlich günstigeren Preis angeboten wird. Dadurch sinkt der Wert der Maschine auf 45 000,00 DM zum 31.12.

1. Wie hoch waren die Anschaffungskosten und die bisherigen Abschreibungen?

2. Was empfehlen Sie dem Unternehmen? 3. Ermitteln Sie für die Restnutzungsdauer die AfA je Jahr.

167 Eine Maschine mit Anschaffungskosten von 150 000,00 DM und einer Nutzungsdauer von 10 Jahren soll unter Beachtung der steuerlichen Höchstgrenzen abgeschrieben werden.

1. Welche Abschreibungsmethode empfehlen Sie dem Unternehmen? Begründen Sie.

2. Erstellen Sie den Abschreibungsplan für die Nutzungsdauer der Maschine.

3. Ist ein Wechsel von einer AfA-Methode zu einer anderen steuerrechtlich möglich?

4. Welche Gründe sprechen für einen Wechsel von der degressiven zur linearen AfA?

5. In welchem Jahr sollte Ihrer Meinung nach ein Wechsel vorgenommen werden?

6. Führen Sie den Wechsel in den Abschreibungsmethoden rechnerisch durch.

168 Kauf eines Schreibtisches gegen Bankscheck am 15.02.: 780,00 DM + USt.

Buchen Sie 1. am 15.02. und 2. zum 31.12. (Wahlrecht!).

169 Barkauf einer Heftmaschine am 18.06.: 98,00 DM + USt. *Buchen und begründen Sie.*

170 Kauf einer Hängeregistratur am 20.05.: 770,00 DM netto + 45,00 DM Versandspesen + 122,25 DM Umsatzsteuer. Der Rechnungsbetrag wird abzüglich 2 % Skonto durch die Bank überwiesen. *Ermitteln Sie 1. die Anschaffungskosten und 2. buchen Sie a) die Anschaffung, b) den Rechnungsausgleich, c) zum 31.12. die AfA (Wahlrecht!).*

Auszug aus der AfA-Tabelle für nichtbranchengebundene Anlagegüter			**171**
Anlagegegenstand	**Nutzungsdauer (Jahre)**	**Lineare AfA %**
Geschäftsgebäude	25–40	4–2,5
PKW, LKW	4	25
Sonstige Fahrzeuge (Stapler)	5	20
Waagen	20	5
Klimaanlagen	8	12
Einrichtungen für Lager	10	10
Büromöbel..............................	10	10
Büromaschinen, EDV-Anlagen u. a.	5	20

1. *Bei welchen Anlagegütern würden Sie eine degressive Buchwertabschreibung empfehlen?*
2. *Ermitteln Sie jeweils den steuerrechtlich höchstmöglichen degressiven AfA-Satz in %.*

172 Ein Industriebetrieb hat vor vier Jahren ein Grundstück erworben und seitdem zu Anschaffungskosten von 150 000,00 DM bilanziert. Zum 31.12. des laufenden Jahres ist der Tageswert (Verkehrswert) des Grundstücks a) auf 180 000,00 DM gestiegen, b) auf 50 000,00 DM wegen Wegfalls der Verkehrsverbindung gefallen.

1. *Begründen Sie Ihre Bewertung.*   2. *Nennen Sie gegebenenfalls auch die Buchung.*

173 Eine Maschine, Anschaffungskosten 180 000,00 DM, hat eine Nutzungsdauer von 10 Jahren.
1. *Erstellen Sie den tabellarischen Abschreibungsplan für die gesamte Nutzungsdauer bei höchstzulässiger degressiver Abschreibung. (Beträge sind zu runden.)*
2. *In welchem Jahr ist ein Übergang zur linearen AfA zu empfehlen?*

174 Eine Maschine, Anschaffungskosten 500 000,00 DM, wurde bei einer 10jährigen Nutzungsdauer linear abgeschrieben. Die Maschine ist zum Schluß des 8. Nutzungsjahres nicht mehr verwendbar. Sie hat nur noch einen Wert von 20 000,00 DM und soll bald veräußert werden.
1. *Ermitteln Sie aufgrund der planmäßigen Abschreibungen den Buchwert zum 31.12.08.*
2. *Wie hoch ist die außerplanmäßige Wertminderung zum gleichen Zeitpunkt?*
3. *Buchen Sie die planmäßige und außerplanmäßige Abschreibung zum 31.12.08.*

175 Ein Industriebetrieb schließt im Geschäftsjahr 19.. mit einem Gesamtverlust von 80 000,00 DM ab. Geringwertige Wirtschaftsgüter wurden im laufenden Geschäftsjahr für insgesamt 25 000,00 DM angeschafft und über Konto „0380 GWG" gebucht.
1. *Begründen Sie Ihre Entscheidung hinsichtlich der Bewertung der GWG zum 31.12.*
2. *Erklären Sie die Voraussetzungen für die steuerrechtliche Anerkennung als GWG.*

176
1. *Nennen Sie Beispiele für a) abnutzbare und b) nicht abnutzbare Anlagegüter.*
2. *Unterscheiden Sie zwischen a) planmäßiger und b) außerplanmäßiger Abschreibung.*
3. *Nennen Sie die Methoden der planmäßigen Abschreibung.*
4. *Welche Abschreibungsmethode kommt der tatsächlichen Abnutzung des Anlagegegenstandes am nächsten?*
5. *Bei welchen Anlagegütern ist steuerrechtlich die degressive Abschreibung erlaubt?*

177
1. *Bei welchen Anlagegütern sind neben der planmäßigen Abschreibung auch außerplanmäßige Abschreibungen vorzunehmen?*
2. *Zu welchem Höchstwert sind a) abnutzbare und b) nicht abnutzbare Anlagegüter zum Jahresabschluß in das Inventar und die Schlußbilanz einzustellen?*
3. *Weshalb wird in der Praxis die degressive Buchwert-AfA bevorzugt angewandt?*
4. *Nennen Sie wesentliche Unterschiede zwischen linearer und degressiver Abschreibung.*
5. *Warum können nicht abnutzbare Anlagegüter nicht planmäßig abgeschrieben werden?*
6. *Wodurch entstehen stille Reserven im Anlagevermögen?*

178

Kontenplan und vorläufige Saldenbilanz	Soll	Haben
0000 Unbebaute Grundstücke	180 000,00	—
0010 Bebaute Grundstücke einschließlich Gebäude	880 000,00	—
0100 TA und Maschinen	760 000,00	—
0370 Betriebs- und Geschäftsausstattung (BGA)	280 000,00	—
0380 Geringwertige Wirtschaftsgüter (GWG)	6 000,00	—
0610 Hypothekenschulden	—	650 000,00
0700 Eigenkapital	—	1 474 000,00
1000 Kasse	8 000,00	—
1130 Bank	165 000,00	—
1400 Forderungen a. LL	184 000,00	—
1550 Vorsteuer	86 000,00	—
1600 Verbindlichkeiten a. LL	—	230 000,00
1750 Umsatzsteuer	—	93 000,00
1970 Privat	62 000,00	—
2100 Haus- und Grundstücksaufwendungen	58 000,00	—
2150 Haus- und Grundstückserträge	—	16 000,00
2550 Betriebliche a. o. Erträge	—	12 270,00
3000 Rohstoffe	205 600,00	—
3010 Bezugskosten	3 000,00	—
3020 Nachlässe für Rohstoffe	—	30 730,00
3300 Hilfsstoffe	65 000,00	—
4001 Diverse Kostenarten	779 655,00	—
7900 Fertige Erzeugnisse	85 000,00	—
8300 Umsatzerlöse für Erzeugnisse	—	1 350 000,00
8301 Erlösberichtigungen	48 745,00	—
Weitere Konten: 2300, 2800, 4800, 8800, 8900, 9800, 9870, 9890, 9990.	3 856 000,00	3 856 000,00

Abschlußangaben zum Bilanzstichtag (31.12.):

1. Ein PC, Buchwert 1 500,00 DM, kann nicht mehr repariert werden.
2. Bilanzmäßige Abschreibungen:
   Gebäude: .... 2,5 % der Herstellungskosten in Höhe von 680 000,00 DM.
   TA und Maschinen: .... 30 % degressiv
   BGA: .... 20 % der Anschaffungskosten in Höhe von 512 500,00 DM.
   Kalkulatorische Abschreibungen von den Wiederbeschaffungswerten:
   Gebäude: .... 5 % von 800 000,00 DM
   TA und Maschinen: .... 10 % von 1 180 000,00 DM
   BGA: .... 12,5 % von 640 000,00 DM
3. Die geringwertigen Wirtschaftsgüter sind voll abzuschreiben.
4. Ein unbebautes Grundstück, das mit 120 000,00 DM Anschaffungskosten zu Buch steht, hat nach einem Gutachten nur noch einen Wert von 50 000,00 DM.
5. Steuerberichtigung wegen Liefererskonti 30,00 DM und Kundenskonti 45,00 DM.
6. Reparaturen im Haus des Unternehmers durch eigenen Betrieb: netto 2 000,00 DM.
7. Inventurbestand an fertigen Erzeugnissen 110 000,00 DM. Im übrigen: Buchwerte = Inventurwerte.

179

1. *Kann man durch Abschreibungen Steuern sparen? Begründen Sie.*
2. *Warum machen viele Unternehmen von dem Wahlrecht Gebrauch, geringwertige Wirtschaftsgüter bereits im Jahr ihrer Anschaffung voll abzuschreiben?*
3. *Wann gilt im steuerlichen Sinne ein Wirtschaftsgut als „geringwertig"?*
4. *Ist ein Wechsel zwischen den Abschreibungsmethoden möglich?*
5. *Kann man durch Abschreibungen Ersatzinvestitionen finanzieren? Begründen Sie.*

4.7 Aktivierungspflichtige innerbetriebliche Leistungen

Eigenleistung. Im Industriebetrieb werden auch Leistungen erstellt, die nicht für den Verkauf bestimmt sind, sondern <u>innerbetrieblichen</u> Zwecken dienen. So erstellt der Betrieb bei Bedarf mit eigenen Arbeitskräften und Materialien <u>Anlagegüter für die eigene Nutzung,</u> wie Transportvorrichtungen und andere maschinelle Anlagen, technische Umbauten von Anlagen, Einbauten. Auch werterhöhende Reparaturen werden häufig mit eigenen Arbeitskräften durchgeführt.

Aktivierung zu Herstellungskosten. Innerbetriebliche Eigenleistungen bedeuten meist eine erhebliche Wertsteigerung des Sachanlagevermögens. Sie müssen deshalb mit ihren Herstellungskosten bewertet und auf den entsprechenden Anlagekonten aktiviert werden (§ 253 [1] HGB, § 255 [2] HGB, § 6 [1] EStG).

Herstellungskosten setzen sich zusammen aus Einzelkosten und Gemeinkosten:

- **Einzelkosten** sind Kostenarten, die sich **direkt** aufgrund von Belegen (Materialentnahmeschein, Lohnzettel) der Leistung **einzeln** zurechnen lassen. Diese direkten oder Einzelkosten sind **Fertigungsmaterial** und **Fertigungslöhne.**

- **Gemeinkosten** sind dagegen Kostenarten, die sich nur **indirekt mit Hilfe von Zuschlagssätzen (%)** auf die Leistungen verrechnen lassen, da sie für alle Leistungen „gemeinsam" anfallen. In der Kostenrechnung (Kostenstellenrechnung)[1] werden diese Gemeinkosten nach dem Ort (Stelle) ihrer Entstehung gegliedert in **Materialgemeinkosten, Fertigungsgemeinkosten, Verwaltungsgemeinkosten** und **Vertriebsgemeinkosten.**

Ermittlung der aktivierungsfähigen Herstellungskosten. Für die Verrechnung der Gemeinkosten werden <u>Zuschlagssätze in %</u> ermittelt und auf die Einzelkosten angewandt. So werden dem <u>Fertigungsmaterial</u> die <u>Materialgemeinkosten,</u> den <u>Fertigungslöhnen</u> die <u>Fertigungsgemeinkosten</u> zugeschlagen. Das Ergebnis sind die <u>Herstellungskosten,</u> die nach den <u>handels- und steuerrechtlichen</u> Vorschriften in der Regel aktiviert werden. Nach § 255 [2] HGB <u>dürfen</u> auch Teile der <u>Verwaltungsgemeinkosten</u> in die Herstellungskosten einbezogen werden. Vertriebsgemeinkosten gehören in keinem Fall zu den Herstellungskosten, da sie ja erst beim Vertrieb anfallen (siehe auch Seite 227).

Beispiel: Ein Industriebetrieb erstellt mit eigenen Arbeitskräften und Materialien ein Fließband für die eigene Nutzung.

Lt. Belegen fallen an <u>Einzelkosten</u> an:
Fertigungsmaterial (FM) 20 000,00 DM, Fertigungslöhne (FL) 15 000,00 DM

Die <u>Zuschlagssätze</u> für die Gemeinkosten lauten:
Materialgemeinkosten (MGK) 30 %, Fertigungsgemeinkosten (FGK) 150 %

Für die Bewertung des Fließbandes ergeben sich die Herstellungskosten aus:

	Fertigungsmaterial (FM)	**20 000,00 DM**
+	**30 % Materialgemeinkosten (MGK)**	**6 000,00 DM**
	Fertigungslöhne (FL)	**15 000,00 DM**
+	**150 % Fertigungsgemeinkosten (FGK)**	**22 500,00 DM**
=	**aktivierungsfähige Herstellungskosten**	**63 500,00 DM**

Ausweis der Eigenleistung als Vermögenszugang und Ertrag. Das Fließband wird nun als Eigenleistung mit 63 500,00 DM Herstellungskosten auf dem Konto „0100 Technische Anlagen und Maschinen" aktiviert. Dadurch erhöht sich das Anlagevermögen des Betriebes. <u>Zum Ausgleich der Herstellungskosten,</u> die auf den <u>Kostenkonten</u> der Klasse 4 gebucht worden sind, muß die <u>Eigenleistung als Betriebsertrag</u> gebucht werden. Das geschieht auf dem Ertragskonto

8700 Eigenleistungen.

---

1 vgl. Abschnitt G, 3.2, S. 295 f.

① **Buchungen bei Anfall der Kosten:**

       Kostenartenkonten Kl 4 ......   an   **Kl. 1 und 3** 63 500,00

② **Buchung bei Aktivierung der Eigenleistung:**

       0100 TA u. Maschinen ....   an   **8700 Eigenleistungen** 63 500,00

S	0100 TA u. Maschinen	H	S	8700 Eigenleistungen	H
8700	63 500,00			0100	63 500,00

Aktivierung

Abschluß. Das Konto „8700 Eigenleistungen" ist als betriebliches Ertragskonto über das Konto „9800 Betriebsergebnis" abzuschließen:

Abschlußbuchung: 8700 Eigenleistungen   an   9800 Betriebsergebnis 63 500,00

S	9800 Betriebsergebnis		H
4000 Fertigungsmaterial 20 000,00	8700 Aktivierte innerbetriebliche		
4310 Fertigungslöhne 15 000,00	Eigenleistungen		63 500,00
4... Gemeinkosten 28 500,00			

Gesamtleistung. Das Betriebsergebniskonto weist nunmehr auf der Habenseite die Gesamtleistung des Industriebetriebes aus, die den Gesamtkosten der Klasse 4 gegenübersteht. Der Saldo ist das Betriebsergebnis:

9800 Betriebsergebnis

Gesamtkosten der Klasse 4	Gesamtleistung der Klasse 8
Kostenarten 40–49	● **Absatzleistung:** Erlöse (8300) ● **Lagerleistung:** Mehrbestände (8900) ● **Eigenleistung:** aktivierte innerbetriebl.
Betriebsgewinn	Leistungen (8700)

Abschreibung. Die aktivierten Eigenleistungen werden nach ihrer betriebsgewöhnlichen Nutzungsdauer über die Abschreibungen als Aufwand verrechnet. Bemessungsgrundlage für die Abschreibungen (AfA) sind die Herstellungskosten der selbsterstellten Anlagegüter.

Geringwertige Wirtschaftsgüter (GWG). Eigenleistungen mit Herstellungskosten bis zu 800,00 DM dürfen, sofern sie selbständig bewertbar und nutzbar sind, bereits im Jahr ihrer Herstellung voll als Betriebsausgabe abgesetzt werden. Sie sind aber vorab auf dem Konto „0380 Geringwertige Wirtschaftsgüter" zu aktivieren.

Beispiel: Für Betriebszwecke wurde in Eigenarbeit ein Lagerregal erstellt. Herstellungskosten 790,00 DM.

① **Buchung als GWG bei Fertigstellung:**

       0380 Geringwertige WG ....   an   8700 Eigenleistungen   790,00

② **Buchung bei Vollabschreibung zum Bilanzstichtag:**

       2300 Bilanzmäßige Abschreibungen   an   0380 Geringwertige WG ..   790,00

Merke: ● Innerbetriebliche Leistungen sind alle Leistungen, die im eigenen Betrieb erstellt und genutzt werden.

          ● Eigenleistungen sind mit ihren Herstellungskosten zu bewerten und zu aktivieren, sofern sie eine Werterhöhung des Anlagevermögens bedeuten.

          ● AfA erfolgt nach betriebsgewöhnlicher Nutzungsdauer. Ausnahme: GWG.

          ● Aktivierte Eigenleistungen sind Bestandteil der Gesamtleistung.

Aufgaben – Fragen

Eine Büromöbelfabrik stattet neue Büroräume im Betrieb mit 10 Schränken aus eigener Ferti- **180** gung aus. Lt. Angaben der Betriebsbuchhaltung betragen die Herstellungskosten je Schrank 930,00 DM. Der Nettoverkaufspreis beträgt 1240,00 DM.

1. *Mit welchem Wert sind die Büromöbel zu aktivieren?*
2. *Begründen Sie die Notwendigkeit der Aktivierung, und buchen Sie entsprechend.*
3. *Nutzungsdauer 10 Jahre. Degressive AfA 30 %. Buchen Sie zum 31.12.*

In der Schlosserei eines Industriebetriebes wird eine Kesselanlage für den eigenen Betrieb **181** erstellt, wobei 12 000,00 DM Fertigungslöhne anfallen und für 22 000,00 DM Material ver- braucht wird. Auf die Fertigungslöhne sind 200 % Fertigungsgemeinkosten und auf das Ferti- gungsmaterial 20 % Materialgemeinkosten aufzuschlagen.

1. *Bewerten Sie die neue Anlage mit ihren aktivierungsfähigen Herstellungskosten.*
2. *Buchen Sie die Aktivierung auf den entsprechenden Konten, und nennen Sie die Auswirkung auf das Sachanlagevermögen und die Betriebsergebnisrechnung.*
3. *Berechnen und buchen Sie die AfA (linear). Nutzungsdauer 8 Jahre.*

In einer Fertigungshalle wurde mit betriebseigenen Arbeitskräften und Materialien eine **182** Hebebühne hergestellt. Nach Fertigstellung der Anlage liefert uns die Betriebsabrechnung folgende Angaben:

Fertigungsmaterial:	15 000,00 DM	Fertigungslöhne	18 000,00 DM
Materialgemeinkosten	10 %	Fertigungsgemeinkosten	300 %

1. *Bewerten Sie die neue Anlage mit ihren aktivierungsfähigen Herstellungskosten.*
2. *Nach § 255 (2) HGB dürfen (Wahlrecht) auch angemessene Teile der Verwaltungsgemein- kosten in die zu aktivierenden Herstellungskosten einbezogen werden. Diese betragen 20 % der unter 1 ermittelten Herstellungskosten. Bewerten Sie die Hebebühne nunmehr zu den erhöhten Herstellungskosten, und buchen Sie die Aktivierung.*
3. *Welche Auswirkung hat die Einbeziehung der Verwaltungsgemeinkosten in die Herstell- kosten des neuen Anlagegutes*
   a) auf das Sachanlagevermögen,
   b) auf den Betriebsgewinn und
   c) auf den Gesamtgewinn der Unternehmung, der der Besteuerung unterliegt?
4. *Warum wird der steuerpflichtige Unternehmer demnach in der Regel keine Aktivierung der Verwaltungsgemeinkosten vornehmen?*

Die Generalüberholung der Generatoren für die Stromerzeugung im eigenen Kraftwerk des **183** Industriebetriebes wird in Eigenarbeit durchgeführt:

Fertigungsmaterial:	42 000,00 DM	Fertigungslöhne	22 000,00 DM
Materialgemeinkosten	15 %	Fertigungsgemeinkosten	150 %

1. *Entscheiden und begründen Sie, ob es sich im vorliegenden Fall um Erhaltungs- oder Herstel- lungsaufwand handelt.*
2. *Buchen Sie auf den entsprechenden Konten, und erklären Sie die Ergebnisauswirkung.*

Ein Spezialwerkzeug wird im eigenen Betrieb für die eigene Nutzung hergestellt. Die Herstel- **184** lungskosten betragen 790,00 DM. Fertigstellung am 15.04.

1. *Buchen Sie bei Fertigstellung des Werkzeuges am 15.04. das GWG.*
2. *Buchen Sie zum 31.12. die Vollabschreibung.*

---

1. *Man unterscheidet zwischen aktivierbaren und nicht aktivierbaren innerbetrieblichen Lei-* **185** *stungen (Eigenleistungen). Nennen Sie Beispiele.*
2. *Woraus setzt sich die Gesamtleistung eines Industriebetriebes zusammen?*
3. *Unterscheiden Sie zwischen Einzel- und Gemeinkosten.*
4. *Warum dürfen Vertriebsgemeinkosten bei der Bewertung eines selbsterstellten Anlagegutes nicht in die Herstellungskosten einbezogen werden?*

4.8 Großreparaturen und im Bau befindliche Anlagen

Bei Reparaturen ist buchhalterisch zwischen werterhaltenden und werterhöhenden Reparaturen zu unterscheiden:

- **Werterhaltende Reparaturen** dienen lediglich der Instandsetzung von Anlagegütern. Sie stellen keine Werterhöhung des Anlagegutes dar und sind deshalb direkt als Aufwand über das entsprechende Aufwandskonto zu buchen.

- **Werterhöhende Reparaturen** (Großreparaturen) liegen dagegen vor, wenn das Anlagegut entweder in seiner Funktion verbessert bzw. verändert oder in seiner Substanz vermehrt wird, z. B.: Aus- und Umbauarbeiten in Geschäftsgebäuden, Erneuerung von Dächern, bauliche Veränderungen zur Energieeinsparung u. a. Diese Maßnahmen bedeuten in der Regel eine erhebliche Wertsteigerung des Anlagegutes und müssen deshalb als Vermögenszugang aktiviert werden.

Aktivierung. Alle Beträge für Großreparaturen und im Bau befindliche Anlagen werden während der Durchführung der Arbeiten zunächst gesammelt auf dem Konto

2600 Großreparaturen und im Bau befindliche Anlagen

und nach Fertigstellung der Maßnahme auf das entsprechende Anlagekonto (z. B. 0030 Gebäude, 0100 TA u. Maschinen) umgebucht und werterhöhend aktiviert:

Buchung: Kl. 0 Anlagekonto an 2600 Großreparaturen und im Bau befindliche Anlagen

Abschreibung (AfA). Bei Aktivierung von Großreparaturen erhöht sich lediglich der jährliche Abschreibungsbetrag für die Restnutzungsdauer des Anlagegutes.

Bilanzstichtag. Sind die Großreparaturen und Anlagen im Bau am Bilanzstichtag noch nicht fertiggestellt, werden die Beträge des Kontos 2600 umgebucht auf

0080 Im Bau befindliche Gebäude bzw. 0280 Im Bau befindliche Maschinen.

Diese Konten werden in der Schlußbilanz gesondert ausgewiesen, damit klar erkennbar ist, daß Anlagen im Bau noch nicht der Abschreibung unterliegen.

Merke:
- Werterhaltende Reparaturen ➔ **Aufwand** (Gewinnminderung)
- Werterhöhende Reparaturen und Anlagen im Bau ➔ **Aktivierung** (Vermögensmehrung)

Aufgaben – Fragen

186
1. *Buchen Sie folgende Geschäftsfälle jeweils zuzüglich Umsatzsteuer, und begründen Sie, ob es sich um werterhaltende oder werterhöhende Reparaturen handelt:*
a) LKW-Reparatur 2 300,00; b) Fassadenanstrich (Renovierung) 9 500,00; c) Isolierfenstereinbau: Rahmen 45 000,00, Verglasung 12 500,00, Montagearbeiten 4 500,00; d) Instandsetzung der Klimaanlage 4 500,00; e) Dachsanierung (Isolierdach) 60 000,00; f) Vergrößerung der Verwaltungsräume: Maurerarbeiten 85 000,00, Elektroinstallation 8 000,00, Heizungsinstallation 25 000,00, Anstreicherarbeiten 6 500,00, Teppichboden 8 500,00; g) Malerarbeiten (Renovierung) im Lager 5 500,00 DM.

2. *Welche Buchungen ergeben sich bei Fertigstellung der Arbeiten zum 31.12.?*

187
Ein Industriebetrieb läßt über einen Generalunternehmer ein Lagergebäude zum Festpreis von 800 000,00 DM + USt erstellen. Entsprechend dem Baufortschritt wurden am 02.12. 100 000,00 DM + USt und am 27.12. 200 000,00 DM + USt durch Bank überwiesen.

1. Buchen Sie die Abschlagszahlungen.   *2. Buchen Sie zum Jahresabschluß (31.12.).*

188
Nach Fertigstellung des Gebäudes im folgenden Jahr überweisen wir den Restbetrag + USt (Aufg. 187). *Buchen Sie 1. die Restzahlung und 2. die endgültige Aktivierung des Lagergebäudes.*

4.9 Ausscheiden von Anlagegütern

Ermittlung des Buchwertes. Scheiden Anlagegüter während des Geschäftsjahres durch Verkauf oder Privatentnahme aus, ist die Abschreibung noch <u>zeitanteilig bis auf den vorhergehenden Monat</u> vorzunehmen, damit die Erfolgsauswirkung aus dem Anlagenabgang genau ermittelt werden kann.

Beispiel: Eine Maschine, die zum 01.01. eines Geschäftsjahres noch einen Buchwert von 24 000,00 DM hat und jährlich mit 12 000,00 DM linear abgeschrieben wird, soll am 07.08. des gleichen Jahres verkauft werden.

Wie hoch ist der Buchwert der Maschine zum Zeitpunkt des Ausscheidens?

Buchwert der Maschine zum 01.01.	24 000,00 DM
− Abschreibung für 7 Monate (7/12 von 12 000,00 DM)	7 000,00 DM
Buchwert zum 07.08.	**17 000,00 DM**

Buchung der zeitanteiligen Abschreibung:

2300 Bilanzmäßige Abschreibungen an 0100 TA u. Maschinen ... 7 000,00

S	0100 Techn. Anlagen u. Maschinen	H		S	2300 Bilanzmäßige Abschreibungen	H
01.01.	24 000,00	2300	7 000,00 ◄ ■	0100	7 000,00	
		Buchwert	17 000,00			

Merke: **Scheidet ein Anlagegut <u>während</u> des Geschäftsjahres durch Verkauf oder Entnahme aus, muß es noch <u>zeitanteilig</u> abgeschrieben werden.**

Umsatzsteuerverprobung. Die Erlöse aus dem Verkauf der Anlagegüter sowie der Eigenverbrauch sind aus Gründen der Umsatzsteuerverprobung kontenmäßig gesondert auszuweisen (siehe auch Seite 83). Wird bei Anschaffung eines Anlagegutes ein gebrauchtes Anlagegut in Zahlung gegeben, wird die Gutschrift über die Inzahlunggabe auf dem Konto „1600 Verbindlichkeiten a. LL" gebucht.

Beispiel: Bei Anschaffung einer Drehmaschine zum Nettopreis von 250 000,00 DM + 37 500,00 DM USt = 287 500,00 DM wird die o. g. Maschine, die noch einen Buchwert von 17 000,00 DM hat, für 20 000,00 DM netto + 3 000,00 DM USt = 23 000,00 DM in Zahlung gegeben. Restzahlung durch Banküberweisung.

Buchungen:

		S	H
① 0100 TA u. Maschinen		250 000,00	
1550 Vorsteuer		37 500,00	
an 1600 Verbindlichkeiten a. LL			287 500,00
② 1600 Verbindlichkeiten a. LL		287 500,00	
an 2560 Erlöse aus Anlagenverkauf			20 000,00
an 1750 Umsatzsteuer			3 000,00
an 1130 Bank			264 500,00
③ 2561 Gegenkonto zu 2560		20 000,00	
an 0100 TA u. Maschinen			17 000,00
an 2550 A. o. Erträge			3 000,00

Übertragen Sie die Buchungen auf die genannten Konten. Schließen Sie die Erfolgskonten ab.

Eigenverbrauch. Wird ein Anlagegut, das zum Betriebsvermögen zählt, in das Privatvermögen des Unternehmers übernommen, liegt umsatzsteuerpflichtiger Eigenverbrauch vor, der auf dem folgenden Konto gesondert erfaßt wird:

2570 Eigenverbrauch von Anlagen.

Die Buchungen entsprechen im übrigen denen beim Anlagenverkauf.

Beispiel: Ein Geschäfts-PKW, der bis auf 1,00 DM Erinnerungswert abgeschrieben wurde, wird zum Zeitwert von 2 000,00 DM netto + 300,00 DM USt in das Privatvermögen übernommen.

Buchungen:

		S	H
① 1970 **Privat**	2 300,00	
an **2570 Eigenverbrauch von Anlagen**		2 000,00
an **1750 Umsatzsteuer**		300,00
② 2571 **Gegenkonto zu 2570**	2 000,00	
an **0300 Fahrzeuge**		1,00
an **2550 A. o. Erträge**		1 999,00

Buchen Sie auf den genannten Konten, und schließen Sie diese ab.

Merke: **Erlöse aus dem Verkauf von Anlagen sowie der Eigenverbrauch von Anlagen sind wegen der Umsatzsteuerverprobung kontenmäßig gesondert auszuweisen.**

Aufgaben – Fragen

189 Eine nicht mehr benötigte Maschine wird am 12.10.19.. gegen Bankscheck verkauft. Nettopreis 45 000,00 DM + Umsatzsteuer.
Der Buchwert der Maschine betrug am 01.01. des gleichen Jahres 48 000,00 DM. Sie wurde linear mit jährlich 10 % = 24 000,00 DM abgeschrieben.

1. Wie hoch waren die Anschaffungskosten der Maschine?

2. Ermitteln Sie den Buchwert der Maschine. Buchen Sie die zeitanteilige Abschreibung.

3. Ermitteln Sie die Erfolgsauswirkung. Nennen Sie die Buchungen.

190 Die in Aufgabe 189 genannte Maschine wird zunächst auf Ziel verkauft. Der Kunde überweist allerdings noch innerhalb der Skontofrist den Rechnungsbetrag abzüglich 2 % Skonto.

Buchen Sie   1. den Zielverkauf,   2. den Rechnungsausgleich und   3. die Erfolgsauswirkung.

191 Der Geschäftsinhaber schenkt seinem Sohn einen PC, der zum Betriebsvermögen gehört und zum Zeitpunkt der Entnahme mit 1,00 DM zu Buch steht. Der Tageswert beträgt 300,00 DM.

1. Begründen Sie die Umsatzsteuerpflicht.

2. Erstellen Sie den Entnahmebeleg.

3. Nennen Sie die Buchungssätze, und buchen Sie auf den entsprechenden Konten.

192 Ein betriebseigener PKW wird am 10.05. zum Tageswert in das Privatvermögen übernommen. Zum 01.01. betrug der Buchwert 24 000,00 DM. Jährliche AfA: 12 000,00 DM.

1. Ermitteln Sie rechnerisch und buchmäßig den Buchwert des PKWs zum 10.05.

2. Die Entnahme erfolgt zu folgenden Tageswerten: a) Buchwert = Tageswert, b) 30 000,00 DM, c) 15 000,00 DM. Wie lauten die Buchungen?

3. Nennen Sie die verschiedenen Arten des umsatzsteuerpflichtigen Eigenverbrauchs.

193 Ein Industriebetrieb kauft am 10.08. eine neue Telefonanlage zu netto 30 000,00 DM + USt. Eine auf 1,00 DM Erinnerungswert abgeschriebene Telefonanlage wird mit 400,00 DM netto + USt in Zahlung gegeben. Restzahlung durch Banküberweisung.

1. Erstellen Sie die Rechnung.

2. Buchen Sie die Neuanschaffung.

3. Buchen Sie den Rechnungsausgleich.

4. Nennen Sie die Buchungen für den Buchwertabgang und die Erfassung des Erfolgs.

5 Buchhalterische Behandlung der Steuern

Hinsichtlich ihrer buchhalterischen Behandlung unterscheidet man bei den Steuern

- **aktivierungspflichtige Steuern,**
- **Aufwandsteuern (Betriebssteuern),**
- **Personensteuern (Privatsteuern),**
- **Steuern als „durchlaufende Posten".**

5.1 Aktivierungspflichtige Steuern

Anschaffungsnebenkosten. Bestimmte Steuern und Abgaben sind als <u>Anschaffungs-nebenkosten</u> auf den entsprechenden Bestandskonten zu buchen (<u>zu aktivieren</u>):

- **Grunderwerbsteuer** bei Kauf von Grundstücken und Gebäuden (Steuersatz 2 %).
- **Zölle** bei der Einfuhr von Erzeugnissen, Maschinen u. a. aus Nicht-EU-Staaten.

Beispiel: Kauf eines Grundstücks gegen Bankscheck für 100 000,00 DM. Die Grunderwerbsteuer über 2 % des Kaufpreises = 2 000,00 DM und die Notariats- und Grundbuchkosten sowie die Vermessungskosten über 3 000,00 DM werden durch die Bank überwiesen. Die Nebenkosten sind Teil der Anschaffungskosten (§ 255 HGB):

Anschaffungspreis des Grundstücks		100 000,00 DM
+ **Anschaffungsnebenkosten**		
2 % Grunderwerbsteuer	2 000,00 DM	
Notariats-, Grundbuch- und Vermessungskosten	3 000,00 DM	5 000,00 DM
Anschaffungskosten des Grundstücks		105 000,00 DM

Buchung: 0000 Unbebaute Grundstücke an 1130 Bank 105 000,00

Merke: Grunderwerbsteuern und Zölle sind Anschaffungsnebenkosten (§ 255 [1] HGB).

5.2 Aufwandsteuern (Betriebssteuern)

Zu den Aufwandsteuern gehören alle Steuern, die Aufwand des Industriebetriebes darstellen und somit den <u>Gewinn mindern</u>. Im steuerlichen Sinne gelten sie als <u>Betriebsausgaben</u>. Sie gehen grundsätzlich in die Kalkulation als <u>Kostenbestandteil</u> ein. Man bezeichnet sie daher auch als <u>Kostensteuern.</u> Dazu rechnen u. a.:

Arten der Aufwandsteuern	Konto
● **Gewerbesteuer** (Gemeindesteuer)	4600
● **Grundsteuer** (Gemeindesteuer)	2100
● **Kraftfahrzeugsteuer**	4600

Die Gewerbesteuer ist die bedeutendste Aufwandsteuer. Sie ist eine Gemeindesteuer. <u>Besteuerungsgrundlagen</u> sind

- **Gewerbeertrag** und ● **Gewerbekapital.**

Aus dem Gewerbeertrag errechnet man mit Hilfe der Steuermeß<u>zahl</u> (einheitlich 5 %) den Steuermeßbetrag. Der Steuermeßbetrag vom Gewerbekapital ergibt sich durch Anwendung einer Steuermeßzahl von 2 ‰. Nach Berücksichtigung von <u>Freibeträgen</u> erhält man durch Addition der beiden Meßbeträge den <u>einheitlichen Steuermeßbetrag,</u> auf den der <u>Hebesatz</u> (z. B. 300 %) der jeweiligen Gemeinde anzuwenden ist. Das Ergebnis ist die Gewerbesteuer.

Gewerbesteuer = Einheitlicher Steuermeßbetrag · Hebesatz

Merke: Aufwandsteuern (Betriebssteuern) <u>mindern</u> den steuerpflichtigen Gewinn des Unternehmens. Als Kostensteuern gehen sie in die <u>Kalkulation</u> der Erzeugnisse ein.

167

5.3   Personensteuern (Privatsteuern)

Wesen. Personensteuern betreffen die Person des Unternehmers und nicht das Unternehmen. Sie dürfen daher nicht als Aufwand bzw. abzugsfähige Betriebsausgabe behandelt werden. Personensteuern sind aus dem Gewinn zu zahlen.

Die wichtigsten Personensteuern	Konto
● Einkommensteuer	1970
● Kirchensteuer	1970
● Vermögensteuer	1970 bzw. 2900
● Körperschaftsteuer	2900

Die buchhalterische Behandlung der Personensteuern richtet sich nach der jeweiligen Rechtsform der Unternehmung.

Einzelunternehmen und Personengesellschaften (OHG, KG). Die Personensteuern (Einkommen-, Kirchen- und Vermögensteuer) sind als Privatentnahme über das entsprechende

Privatkonto

zu buchen, sofern sie vom Betrieb für den Unternehmer oder Gesellschafter an das Finanzamt überwiesen werden. Aus Gründen der Klarheit können auch besondere Privatsteuerkonten als Unterkonten des Privatkontos eingerichtet werden.

Einkommensteuer. Steuerschuldner sind die Inhaber von Einzelunternehmen und Personengesellschaften. Einkommen ist der Gesamtbetrag der Einkünfte abzüglich Sonderausgaben (z. B. Beiträge zur Lebens- und Sozialversicherung u. a.). Haupteinkunftsart des Unternehmers ist der Gewinn bzw. Gewinnanteil. Hat der Unternehmer noch weitere Einkünfte (z. B. aus Vermietung und Verpachtung, aus Kapitalvermögen u. a.), zählen diese ebenfalls zum Einkommen. Die Höhe der Einkommensteuer ist abhängig von der Höhe des steuerpflichtigen Einkommens und von persönlichen Steuermerkmalen u. a. Während des Jahres sind festgesetzte Vorauszahlungen auf die Einkommensteuer zu leisten: 10.03., 10.06., 10.09. und 10.12.

Kirchensteuer. Sie beträgt je nach Bundesland 8 % bzw. 9 % der Einkommensteuer.

Vermögensteuer. Das Reinvermögen wird nach bestimmten Vorschriften unter Abzug von Freibeträgen ermittelt. Die Steuer beträgt für natürliche Personen grundsätzlich 1 %, für Kapitalgesellschaften 0,6 % des steuerpflichtigen Vermögens.

Kapitalgesellschaften (AG, GmbH) zahlen anstelle der Einkommensteuer Körperschaftsteuer. Sie unterliegen ebenfalls der Vermögensteuer. Da Kapitalgesellschaften keine Privatkonten führen können, müssen diese Personensteuern zunächst als Aufwand auf dem Konto

2900 Das Gesamtergebnis betreffende Aufwendungen

gebucht und danach über das gleichnamige Konto 9880 auf das Konto „9890 Gesamtergebnis" übertragen werden.

Zur Ermittlung des körperschaftsteuerlichen Gewinns sind dem ausgewiesenen Jahresgewinn alle nicht abzugsfähigen Ausgaben wieder hinzuzurechnen, praktisch außerhalb der Buchführung. Dazu zählen vor allem die als Aufwand gebuchten Zahlungen für die Körperschaft- und Vermögensteuer sowie die sog. verdeckten Gewinnausschüttungen (z. B. unangemessen hohe Vorstandsbezüge, Vorteile bei Darlehensgewährungen an Vorstandsmitglieder).

Die Körperschaftsteuer beträgt für einbehaltene Gewinne 45 % des Gewinns. Der zur Ausschüttung vorgesehene Teil des Gewinns wird jedoch nur mit 30 % besteuert, da die Empfänger mit diesen Einkünften auch der Einkommensteuer im Anrechnungsverfahren unterliegen.

Merke: Personensteuern dürfen den steuerpflichtigen Gewinn nicht mindern. Sie sind als nicht abzugsfähige Betriebsausgabe aus dem Gewinn zu zahlen.

5.4 Steuern als „durchlaufende Posten" (Durchlaufsteuern)

Die Unternehmen sind durch Gesetz verpflichtet, bestimmte Steuern von anderen Steuerpflichtigen im Auftrag des Finanzamtes einzuziehen und abzuführen. Diese Steuern stellen daher für die Unternehmen lediglich durchlaufende Posten dar und sind als „Sonstige Verbindlichkeiten" gegenüber dem Finanzamt auszuweisen:

Die wichtigsten Durchlaufsteuern	Konto
● Umsatzsteuer	1550 und 1750
● Vom Arbeitnehmer einbehaltene Lohn- und Kirchensteuer sowie SolZ	1740

Die Umsatzsteuer ist die bedeutendste „Durchlaufsteuer". Folgende Umsätze unterliegen nach § 1 UStG der Umsatzsteuer:

- **Die Lieferungen und Leistungen** (z.B. Leistungen der freien Berufe, Reparaturen u.a.), die ein Unternehmer im Inland gegen Entgelt im Rahmen seines Unternehmens ausführt;
- **der Eigenverbrauch** (z.B. Entnahme von Gegenständen zu Privatzwecken und die private Nutzung von Betriebsgegenständen und -dienstleistungen);
- **die Einfuhr** von Gegenständen aus Nicht-EU-Staaten;
- **der innergemeinschaftliche Erwerb** im Inland gegen Entgelt: z.B. Ware aus EU-Land.

Zu den Durchlaufsteuern zählen auch alle Verbrauchsteuern (Mineralölsteuer, Tabaksteuer, Kaffeesteuer u.a.), die als Kosten in die Verkaufspreise einkalkuliert werden.

Merke: **Durchlaufsteuern sind Steuern, die der Betrieb im Auftrag des Finanzamtes einzuziehen und an das Finanzamt abzuführen hat.**

5.5 Steuernachzahlungen und Steuerrückerstattungen

Nachzahlungen von Betriebssteuern für frühere Geschäftsjahre, in denen keine ausreichenden Steuerrückstellungen gebildet wurden, sind als periodenfremder Aufwand zu buchen, Steuerrückerstattungen von Betriebssteuern als periodenfremder Ertrag.

Nachzahlungen und Rückerstattungen von Betriebssteuern werden wie folgt erfaßt:

▷ **2680 Periodenfremde Aufwendungen,** ▷ **2690 Periodenfremde Erträge.**

Beispiel: Aufgrund einer Betriebsprüfung müssen wir für die vergangenen 4 Jahre 10 000,00 DM Gewerbesteuer nachzahlen. Dieser Betrag wird durch die Bank überwiesen.

Buchung: **2680 Periodenfremde Aufwendungen** ...... an **1130 Bank** **10 000,00**

Beispiel: Für zuviel gezahlte Gewerbesteuer werden 2 000,00 DM durch Banküberweisung erstattet.

Buchung: **1130 Bank** .... an **2690 Periodenfremde Erträge** **2 000,00**

Merke:
- **Nur Aufwandsteuern mindern den Gewinn des Unternehmens.**
- **Nachzahlungen und Rückerstattungen von Aufwandsteuern sind als periodenfremder Aufwand bzw. Ertrag zu erfassen.**
- **Steuerberatungskosten werden grundsätzlich auf dem Konto „4640 Rechts- und Beratungskosten" erfaßt, Ausnahme: Private Steuern.**
- **Säumnis- und Verspätungszuschläge werden wie die betreffende Steuer gebucht.**
- **Steuerstrafen sind als Privatentnahme zu behandeln.**

Aufgaben – Fragen

194 *Bilden Sie die Buchungssätze für folgende Zahlungen (Bank):*

1. Einbehaltene Lohn- und Kirchensteuer sowie SolZ 20 000,00
2. Einkommensteuer 22 000,00
3. Grunderwerbsteuer (Betrieb) . 14 000,00
4. Grundsteuer (Betrieb) 8 000,00
5. Privatentnahme von Erzeugn. 2 000,00
6. Rechnung des Steuerberaters:
   Erstellen der Steuerbilanz 20 700,00
   Einkommensteuererklärung .. 2 300,00
7. Zinsen für nicht fristgerechte Zahlung der Grundsteuer 100,00
8. Betriebsprüfung: Nachzahlung von Gewerbesteuern 12 000,00
9. Umsatzsteuervorauszahlung .. 29 800,00
10. Gewerbesteuer 10 000,00
11. Erbschaftsteuer des Inhabers . 5 000,00
12. Kfz-Steuer (Betrieb) 3 600,00
    (privat) 500,00
13. Vermögensteuer (Inhaber) ... 2 500,00
14. Rückerstattung v. Gewerbest. . 6 000,00
    Vorsteuerguthaben 8 000,00
    Einkommensteuer 9 000,00

195

Buchen Sie zum 31.12.	Soll	Haben
1550 Vorsteuer	243 500,00	1 600,00
1750 Umsatzsteuer	1 300,00	202 800,00

196 Die Instandhaltungsaufwendungen des Geschäftsjahres betragen insgesamt 78 000,00 DM. 1,5 % davon entfallen auf Reparaturen im Privathaus des Inhabers.
Erstellen Sie den Buchungsbeleg. Begründen Sie Ihre Buchung zum 31.12.

197 *1. Buchen Sie den Eingang der Honorarrechnung des Steuerberaters für:*
   a) Erstellen der Einkommensteuererklärung 1 600,00
   b) Erstellen der Gewerbesteuererklärung 800,00
   c) Erstellen der Steuerbilanz (Jahresabschluß) 2 600,00
                                                     5 000,00
       + Umsatzsteuer 750,00   5 750,00

2. Buchen Sie den Rechnungsausgleich (Fall 1) durch Banküberweisung.

198 *Bilden Sie die Buchungssätze:*

1. Die Vermögensteuer des Geschäftsinhabers in Höhe von 4 800,00 DM wurde wie folgt gebucht: 2100 Haus- und Grundstücksaufwendungen an 1130 Bank.
2. Der Buchhalter hat die Erbschaftsteuer über das Konto 4600 gebucht: 12 800,00 DM.
3. Aufgrund einer Betriebsprüfung müssen für die letzten 3 Geschäftsjahre nachgezahlt werden (Banküberweisung): a) Einkommensteuer 12 800,00 DM, b) Gewerbesteuer 16 448,00 DM.

199 1. Geschäftsinhaber zahlt Säumniszuschläge für a) Einkommensteuer und b) Grundsteuer (Banküberweisung).

2. Geschäftsinhaber zahlt durch Bank Steuerstrafe: 5 000,00 DM.
3. Bankgutschrift für Gewerbesteuerrückerstattung des Vorjahres: 2 500,00 DM.

200 *1. Nennen Sie Beispiele für a) aktivierungspflichtige Steuern, b) Betriebssteuern, c) Personensteuern, d) Durchlaufsteuern. Welche sind a) erfolgswirksam, b) erfolgsneutral?*

2. Welche Umsätze unterliegen gemäß § 1 UStG der Umsatzsteuer? Welche Voraussetzungen müssen nach § 1 UStG erfüllt sein, damit Lieferungen und sonstige Leistungen steuerbar sind?

3. Welche Besteuerungsgrundlagen sind für die Ermittlung der Gewerbesteuer maßgebend?

170

201

Anfangsbestände:

0000	Grundstücke	150 000,00	1500 Sonstige Forderungen	15 000,00
0030	Gebäude	510 000,00	1600 Verbindlichkeiten a. LL....	150 000,00
0100	TA u. Maschinen	78 000,00	1740 Noch abzuführ. Abgaben ..	1 700,00
0370	BGA	95 000,00	1750 Umsatzsteuer	4 300,00
0600	Darlehensschulden	410 000,00	3000 Rohstoffe	265 000,00
0700	Eigenkapital	900 000,00	7800 Unfertige Erzeugnisse	40 000,00
1130	Bankguthaben	205 000,00	7900 Fertige Erzeugnisse	10 000,00
1400	Forderungen a. LL	98 000,00		

Kontenplan:

0000, 0030, 0100, 0370, 0600, 0700, 1130, 1250, 1400, 1500, 1550, 1600, 1740, 1750, 1970, 2100, 2300, 2400, 2450, 2800, 3000, 4000, 4310, 4400, 4600, 4640, 4700, 4800, 7800, 7900, 8300, 8800, 8900, 9800, 9870, 9890, 9990.

Geschäftsfälle:

1. Banküberweisung der Lohn-/Kirchensteuer sowie des SolZ 800,00
   Sozialversicherungsbeiträge 900,00
   Umsatzsteuer-Zahllast 4 300,00   6 000,00
2. Banküberweisung der Lagerraummiete 6 500,00
3. Rohstoffeinkäufe auf Ziel lt. ER 44–67 .... 50 000,00
   + Umsatzsteuer 7 500,00
4. Banküberweisung der Fertigungslöhne lt. Lohnliste:

Brutto-löhne	LSt/KSt/SolZ	Sozial-versicherung	Verrechneter Vorschuß	Netto-auszahlung	Arbeitgeber-anteil
15 800,00	3 500,00	3 450,00	1 500,00	7 350,00	3 450,00

5. Banküberweisung der Gewerbesteuer 8 300,00
   Grundsteuer 1 800,00   10 100,00
6. Ein Angestellter erhält einen Vorschuß durch Bankscheck 2 500,00
7. Banküberweisung der Einkommensteuer 22 500,00
   Vermögensteuer 1 500,00
   Kraftfahrzeugsteuer 2 400,00   26 400,00
8. Verkäufe von eigenen Erzeugnissen auf Ziel lt. AR 56–98 .... 170 800,00
   + Umsatzsteuer 25 620,00
9. Banküberweisung an Steuerberater für Erstellung
   der Umsatz- und Gewerbesteuererklärung 8 000,00
   + Umsatzsteuer 1 200,00   9 200,00
10. Bank belastet uns mit Darlehenszinsen 12 800,00
11. Entnahme von Erzeugnissen für Privatzwecke, netto 1 500,00
12. Belastung eines Kunden mit Verzugszinsen 85,00
13. Unsere Banküberweisung für Wohnungsmiete des Inhabers 1 500,00
14. Kauf eines Grundstücks gegen Bankscheck 50 000,00
15. Banküberweisung der Grunderwerbsteuer (Fall 14) .... ?
16. Banküberweisung für Einkommensteuererklärung 5 750,00
17. Unser Kunde akzeptiert vereinbarungsgemäß Wechsel zu AR 97 .... 11 500,00
    Belastung des Kunden mit Diskont 345,00

Abschlußangaben:

1. Planmäßige Abschreibungen auf 0030: 2 400,00; auf 0100: 4 800,00; auf 0370: 3 200,00.
2. Kalkulatorische Abschreibungen von den Wiederbeschaffungswerten insgesamt 15 000,00.
3. Rohstoffschlußbestand lt. Inventur 240 000,00.
4. Inventurbestände: Unfertige Erzeugnisse: 5 000,00; Fertige Erzeugnisse: 50 000,00.

E   Jahresabschluß

1   Jahresabschlußarbeiten im Überblick

Gliederung des Jahresabschlusses. Nach den handelsrechtlichen Vorschriften ist für den Schluß des Geschäftsjahres der Jahresabschluß aufzustellen. Bei Einzelunternehmen und Personengesellschaften (OHG: Offene Handelsgesellschaft, KG: Kommanditgesellschaft) besteht der Jahresabschluß lediglich aus der Bilanz und Gewinn- und Verlustrechnung (§ 242 HGB). Kapitalgesellschaften (GmbH: Gesellschaft mit beschränkter Haftung, AG: Aktiengesellschaft, KG a. A.: Kommanditgesellschaft auf Aktien) haben den Jahresabschluß um einen Anhang zu erweitern, der mit der Bilanz und Gewinn- und Verlustrechnung eine Einheit bildet (§ 264 HGB):

- **Die Schlußbilanz** ist eine Zeitpunktrechnung. Sie weist die Höhe des Vermögens, des Eigen- und Fremdkapitals zum Bilanzstichtag (31.12.) aus und soll somit unter Beachtung der Grundsätze ordnungsmäßiger Buchführung ein den tatsächlichen Verhältnissen entsprechendes Bild der Vermögens- und Finanzlage des Unternehmens vermitteln. Die Bilanzgliederung sollte deshalb auch § 266 HGB (siehe S. 213 und Anhang des Lehrbuches) entsprechen, die zwar nur für Kapitalgesellschaften verbindlich vorgeschrieben ist, jedoch auch von Personenunternehmen beachtet werden sollte.

- **Die Gewinn- und Verlustrechnung** ist dagegen eine Zeitraumrechnung. Sie weist alle Aufwendungen und Erträge des Geschäftsjahres aus und gewährt damit Einblick in die Quellen des Jahreserfolges. Personenunternehmen erstellen die GuV-Rechnung in Kontoform. Kapitalgesellschaften müssen die zu veröffentlichende GuV-Rechnung in Staffelform gemäß § 275 HGB (siehe S. 217 und Anhang) aufstellen.

- **Der Anhang** hat die Aufgabe, bestimmte Einzelposten der Bilanz und Gewinn- und Verlustrechnung der Kapitalgesellschaft näher zu erläutern. Als Erläuterungsbericht nimmt er z. B. Stellung zur Methode und Höhe der Abschreibungen auf das Anlagevermögen (siehe S. 211).

Aufgaben des Jahresabschlusses. Der Jahresabschluß dient vor allem der
- **Rechenschaftslegung und Information** sowie als
- **Grundlage der Gewinnverteilung** und der
- **Steuerermittlung.**

Vorarbeiten zur Aufstellung des Jahresabschlusses. Die Erstellung des Jahresabschlusses ist eine umfassende und schwierige Aufgabe. Sie bedarf einer sorgfältigen Planung (Sachplan, Terminplan, Arbeitsplan) und Organisation, denn die Salden der Bestands- und Erfolgskonten können nicht ohne Prüfung und Inventur in die Schlußbilanz und GuV-Rechnung übernommen werden. Die wichtigsten Jahresabschlußarbeiten sind:

- **Zeitraumrichtige Erfassung und Abgrenzung der Aufwendungen und Erträge,** damit der Erfolg des Geschäftsjahres periodengerecht ausgewiesen wird.

- **Inventur der Vermögensteile und Schulden vor Abschluß der Konten.** So sind beispielsweise noch Abschreibungen auf Anlagegüter und zweifelhafte Forderungen vorzunehmen und Bestandsveränderungen zu buchen. Inventurdifferenzen (z. B. Kassenfehlbetrag, Wertminderungen im Vorratsvermögen) müssen buchmäßig noch berücksichtigt werden. Schulden sind mit ihrem Höchstwert (z. B. Währungsverbindlichkeiten) zu ermitteln.

- **Abschluß der Unterkonten über die entsprechenden Hauptkonten.** Bezugskosten, Nachlässe, Erlösberichtigungen, Vorsteuer/Umsatzsteuer u. a. sind entsprechend umzubuchen.

- **Erstellung einer Hauptabschlußübersicht (s. S. 203 f.)** als Probeabschluß.

- **Ordnungsmäßige Gliederung der Bilanz und Gewinn- und Verlustrechnung.**

Merke: **Der Jahresabschluß soll Anteilseignern und Gläubigern Einblick in die Vermögens-, Finanz- und Ertragslage eines Unternehmens gewähren.**

2 Zeitliche Abgrenzung der Aufwendungen/Erträge

Notwendigkeit der periodengerechten Erfolgsermittlung. Bisher haben wir Aufwendungen und Erträge dann gebucht, wenn sie gezahlt wurden. Würde man die Dezembermiete, die erst im Januar des neuen Geschäftsjahres von uns überwiesen wird, auch erst im neuen Jahr als Aufwand buchen, würde der Erfolg sowohl des alten als auch des neuen Geschäftsjahres falsch ausgewiesen. Will man den Jahreserfolg zeitraumrichtig ermitteln, ist es erforderlich, daß man die Aufwendungen und Erträge dem Geschäftsjahr zuordnet, zu dem sie wirtschaftlich gehören, und zwar

unabhängig vom Zeitpunkt ihrer Ausgabe bzw. Einnahme.

Nur so kann ein periodengerechter und vergleichbarer Jahreserfolg ermittelt werden.

> **Merke:** „Aufwendungen und Erträge des Geschäftsjahres sind unabhängig von den Zeitpunkten der entsprechenden Zahlungen im Jahresabschluß zu berücksichtigen"
> (§ 252 Abs. 1 Zi. 5 HGB).

2.1 Sonstige Forderungen und Sonstige Verbindlichkeiten

Aufwendungen und Erträge, die wirtschaftlich das alte Geschäftsjahr betreffen, die aber erst im neuen Jahr zu Ausgaben bzw. Einnahmen führen, sind zum 31.12. zu erfassen als

- **Sonstige Verbindlichkeiten (Konto 1700) bzw.**
- **Sonstige Forderungen (Konto 1500).**

Beispiel 1: Die Lagermiete für Dezember überweisen wir erst im Januar: 1500,00 DM.

Die Dezembermiete ist Aufwand des alten Jahres, der erst im neuen Jahr zu einer Ausgabe führt. Aus Gründen einer periodengerechten Erfolgsermittlung ist sie noch in der Erfolgsrechnung des alten Jahres zu erfassen und zugleich als „Sonstige Verbindlichkeit" gegenüber dem Vermieter in der Schlußbilanz auszuweisen.

Buchungen zum 31.12. des alten Jahres

① 4700 Raumkosten . . . . an 1700 Sonstige Verbindlichkeiten 1 500,00
② 9800 Betriebsergebnis . . . . an 4700 Raumkosten 1 500,00
③ 1700 Sonstige Verbindlichkeiten an 9990 Schlußbilanzkonto 1 500,00

S	4700 Raumkosten	H		S	1700 Sonstige Verbindlichkeiten	H
①	1 500,00	② 1 500,00		③ 1 500,00	①	1 500,00
S	9800 Betriebsergebnis	H		S	9990 Schlußbilanzkonto	H
②	1 500,00				③	1 500,00

Buchungen im neuen Jahr

Nach Eröffnung des Kontos „1700 Sonstige Verbindlichkeiten" ist die Mietausgabe zu buchen:
① 9980 Eröffnungsbilanzkonto . . . . an 1700 Sonstige Verbindlichkeiten 1 500,00
② 1700 Sonstige Verbindlichkeiten an 1130 Bank 1 500,00

S	1130 Bank	H		S	1700 Sonstige Verbindlichkeiten	H
...	50 000,00	② 1 500,00		② 1 500,00	9980 ①	1 500,00

> **Merke:** Aufwendungen des alten Jahres, die erst im neuen Jahr zu Ausgaben führen, sind auf dem Konto „1700 Sonstige Verbindlichkeiten" zu erfassen. Buchung:
> ▷ **Aufwandskonto an Sonstige Verbindlichkeiten**

Beispiel 2: Unser Mieter überweist die Dezembermiete erst im Januar n. J.: 800,00 DM.

Die Dezembermiete stellt in diesem Fall einen Ertrag des alten Geschäftsjahres dar, der erst im neuen Jahr zu einer Einnahme führt. Der Mietertrag ist deshalb der Erfolgsrechnung des alten Jahres zuzurechnen und zugleich als „Sonstige Forderung" zu erfassen.

Buchungen zum 31.12. des alten Geschäftsjahres

① 1500 Sonstige Forderungen .... an 2150 Haus- u. Grundstückserträge .. 800,00
② 2150 Haus- u. Grundstückserträge . an 9870 Neutrales Ergebnis 800,00
③ 9990 Schlußbilanzkonto .... an 1500 Sonstige Forderungen 800,00

S	1500 Sonstige Forderungen	H	S	2150 Haus- u. Grundstückserträge	H
①	800,00	③ 800,00	②	800,00	① 800,00

S	9990 Schlußbilanzkonto	H	S	9870 Neutrales Ergebnis	H
③	800,00				② 800,00

Buchung im Januar des neuen Jahres

Mieteingang: 1130 Bank ... an 1500 Sonst. Forder. 800,00

S	1500 Sonstige Forderungen	H	S	1130 Bank	H
9980	800,00	1130 800,00	1500	800,00	

Merke: Erträge des alten Jahres, die erst im neuen Jahr zu Einnahmen führen, werden auf dem Konto „1500 Sonstige Forderungen" gebucht. Buchung:
▷ Sonstige Forderungen an Ertragskonto

Beispiel 3: Wir haben einem Kunden am 01.09.01 ein Darlehen in Höhe von 10 000,00 DM zu 6 % Zinsen gewährt. Die halbjährlich zu zahlenden Darlehenszinsen sind nachträglich fällig, erstmals am 01.03.02: 300,00 DM.

Von der am 01.03. des neuen Jahres fälligen Zinszahlung sind ertragsmäßig 200,00 DM dem alten und 100,00 DM dem neuen Geschäftsjahr zuzurechnen.

Buchung zum 31.12.: 1500 Sonstige Forderungen an 2450 Zinserträge 200,00

S	1500 Sonstige Forderungen	H	S	2450 Zinserträge	H
2450	200,00	9990 200,00	9870	200,00	1500 200,00

S	9990 Schlußbilanzkonto	H	S	9870 Neutrales Ergebnis	H
1500	200,00				2450 200,00

Buchung im neuen Jahr: Am 01.03.02 ist der gesamte Zinsbetrag als Einnahme zu buchen:
1130 Bank .... 300,00 an 1500 Sonstige Forderungen (Zinsertrag des alten J.) 200,00
an 2450 Zinserträge (Ertragsanteil des neuen Jahres) 100,00

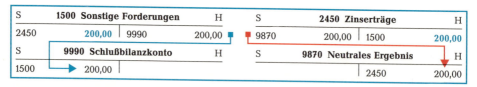

Buchen Sie das 3. Beispiel aus der Sicht des Kunden.

Merke: Aufwendungen und Erträge, die teils das alte und teils das neue Geschäftsjahr betreffen, sind den einzelnen Geschäftsjahren entsprechend zuzuordnen.

Aufgaben – Fragen

Bilden Sie für nachstehende Geschäftsfälle die Buchungssätze   **202**

a) *beim Jahresabschluß zum 31.12.,*

b) *nach Eröffnung der Konten im neuen Jahr für den Geldeingang und Geldausgang.*

1. Die Dezembermiete für die Geschäftsräume wird von uns erst im Monat Januar beglichen 800,00

2. Ein Mieter in unserem Geschäftshaus zahlt die Miete für Dezember erst im Januar 650,00

3. Eine Rechnung für Büromaterial steht am Jahresende noch aus 300,00
   + Umsatzsteuer[1] 45,00

4. Die vierteljährlichen Zinsen (November–Januar) für ein Darlehen werden von uns erst Ende Januar gezahlt 450,00

5. Unser Darlehensschuldner hat die lt. Vertrag zu zahlenden Jahreszinsen (Darlehensjahr: 01.04.–31.03.) am 31.03. des folgenden Jahres zu zahlen 2400,00

6. Unser Darlehensschuldner zahlt uns für das Halbjahr 01.07.–31.12. die Zinsen erst im Januar 350,00

7. Der Handelskammerbeitrag für das letzte Vierteljahr Oktober–Dezember wird erst im Monat Januar gezahlt 620,00

8. Für die Lohnwoche vom 28.12. bis 03.01. sind 4500,00 DM Fertigungslöhne zu zahlen (Zahltag 03.01.). Hiervon entfallen auf die Zeit vom 28.12.–31.12. 2500,00
   Im neuen Jahr werden durch die Bank ausgezahlt 3800,00

9. Die Zinsgutschrift der Bank für die Zeit vom 01.10. bis 31.12. steht noch aus und wird erst im Januar eingehen 315,00

10. Die Provision unseres Handelsvertreters für Dezember wird erst im Januar überwiesen, netto 760,00
    + Umsatzsteuer 114,00
    Die Provisionsabrechnung (Beleg) ist am 29.12. erstellt worden.[2]

Bilden Sie für nachstehende Geschäftsfälle jeweils die Buchungssätze   **203**

a) *zum Bilanzstichtag (31.12.),*

b) *bei Zahlungseingang bzw. Zahlungsausgang (Bank) im neuen Jahr.*

1. Die Miete für einen von uns gemieteten Lagerraum beträgt monatlich 500,00 DM. Bei Erstellung des Jahresabschlusses wird festgestellt, daß die Dezembermiete erst im Januar überwiesen wurde.

2. Die Stromabrechnung für den Monat Dezember liegt zum 31.12. noch nicht vor. Wir erhalten die Rechnung Mitte Januar über 8200,00 DM zuzüglich Umsatzsteuer[1].

3. Wir erhalten am 31. März die Darlehenszinsen für die Monate Oktober bis März durch Banküberweisung: 600,00 DM.

4. Die Garagenmiete für die Monate November, Dezember und Januar in Höhe von 240,00 DM wird von uns lt. Vertrag nachträglich am 05.02. des nächsten Jahres gezahlt.

5. Wir überweisen jeweils zum 01.03. und 01.09. nachträglich für 6 Monate Hypothekenzinsen in Höhe von 2400,00 DM.

6. Für einen Wartungsvertrag, der für unsere Büromaschinen abgeschlossen worden ist, zahlen wir vierteljährlich nachträglich 400,00 DM zuzüglich Umsatzsteuer. Die Rechnung für das letzte Jahresquartal liegt zum 31.12. noch nicht vor.

---

1 Die Vorsteuer darf noch nicht verrechnet werden, da zum 31.12. noch keine Rechnung vorliegt.

2 Der Vorsteuerabzug ist möglich, da die Leistung erbracht und die Abrechnung (Rechnung) vorliegt.

2.2 Aktive und Passive Rechnungsabgrenzungsposten

Auf den Konten „1700 Sonstige Verbindlichkeiten" und „1500 Sonstige Forderungen" haben wir Aufwendungen und Erträge des alten Geschäftsjahres erfaßt, die erst im neuen Jahr zu Ausgaben und Einnahmen werden. Es handelt sich dabei um echte Verbindlichkeiten und Forderungen, die durch eine Zahlung im neuen Jahr beglichen werden.

Werden dagegen bereits Zahlungen im alten Jahr für Aufwendungen und Erträge des neuen Jahres geleistet, sind die Aufwands- und Ertragskonten zum Jahresabschluß mit Hilfe folgender Konten zu berichtigen:

0980 Aktive Rechnungsabgrenzung (ARA)
0990 Passive Rechnungsabgrenzung (PRA)

Aktive Rechnungsabgrenzung. Hierunter fallen Aufwendungen, die bereits im abzuschließenden Geschäftsjahr im voraus bezahlt und gebucht wurden, aber entweder nur zum Teil oder auch ganz wirtschaftlich dem neuen Geschäftsjahr zuzurechnen sind, wie z. B. von uns geleistete Vorauszahlungen für Versicherungen, Zinsen, Mieten u.a. Zum Bilanzstichtag sind die betreffenden Aufwandskonten durch eine „Aktive Rechnungsabgrenzung (ARA)" zu berichtigen. Sie stellt praktisch eine Leistungsforderung dar. So begründet z. B. unsere Mietvorauszahlung einen Anspruch auf Nutzung der gemieteten Räume im neuen Jahr.

Passive Rechnungsabgrenzung. Hierunter gehören Erträge, die im abzuschließenden Geschäftsjahr bereits als Einnahme gebucht worden sind, aber mit einem Teil oder auch ganz als Ertrag dem neuen Geschäftsjahr zuzuordnen sind, wie z. B. im voraus erhaltene Miete, Pacht, Zinsen u. a. Zum Jahresabschluß sind die betreffenden Ertragskonten durch Vornahme einer entsprechenden „Passiven Rechnungsabgrenzung (PRA)" zu korrigieren. Die PRA stellen Leistungsverbindlichkeiten dar. Eine an uns geleistete Zinsvorauszahlung begründet z. B. unsere Verpflichtung auf weitere Überlassung des gewährten Darlehens im neuen Jahr.

Transitorische Posten. Mit Hilfe der aktiven und passiven Rechnungsabgrenzungsposten werden die im alten Geschäftsjahr im voraus gezahlten Aufwendungen und vereinnahmten Erträge über die Schlußbilanz in die Erfolgsrechnung des neuen Geschäftsjahres übertragen. Man nennt sie deshalb auch „transitorische Posten" (lat. transire = hinübergehen).

Periodengerechte Erfolgsermittlung. Die Rechnungsabgrenzungsposten dienen ebenso wie die Sonstigen Forderungen und Sonstigen Verbindlichkeiten der zeitraumrichtigen Abgrenzung der Aufwendungen und Erträge, damit das Gesamtergebnis einer Unternehmung periodengerecht zum Jahresabschluß ermittelt werden kann.

Merke: **Nach § 250 HGB dürfen als Rechnungsabgrenzungsposten nur ausgewiesen werden:**

- **auf der Aktivseite Ausgaben vor dem Abschlußstichtag, soweit sie Aufwand für eine bestimmte Zeit nach diesem Tag darstellen:**

  ➡ **Aktive Rechnungsabgrenzung (ARA)**

- **auf der Passivseite Einnahmen vor dem Abschlußstichtag, soweit sie Ertrag für eine bestimmte Zeit nach diesem Tag darstellen:**

  ➡ **Passive Rechnungsabgrenzung (PRA)**

Beispiel 1: Am 01.12. haben wir einen Lagerraum für eine Monatsmiete von 500,00 DM gemietet. Lt. Vertrag zahlen wir die Miete vierteljährlich mit 1500,00 DM im voraus.

Buchung unserer Mietvorauszahlung am 01.12.

4700 Raumkosten .... an **1130 Bank** **1 500,00**

Der gesamte Mietaufwand in Höhe von 1 500,00 DM ist zum 31.12. periodengerecht abzugrenzen: 500,00 DM entfallen auf den Monat Dezember des Abschlußjahres, 1000,00 DM auf Januar und Februar des neuen Jahres. Das Konto „4700 Raumkosten" ist daher im Haben um 1000,00 DM mit Hilfe des Kontos „0980 Aktive Rechnungsabgrenzung" zu entlasten bzw. zu berichtigen. Durch die Vorauszahlung der Miete ist ein Anspruch auf Überlassung des Lagerraumes im neuen Jahr entstanden, also eine Leistungsforderung, die auf der Aktivseite der Bilanz als „Aktive Rechnungsabgrenzung" (ARA) auszuweisen ist.

Buchungen zum 31.12. des Abschlußjahres

① **0980 Aktive Rechnungsabgr.** .... an **4700 Raumkosten** **1 000,00**
(für die Abgrenzung und Überführung des Mietaufwandes in das neue Jahr)
② **9800 Betriebsergebnis** .... an **4700 Raumkosten** **500,00**
③ **9990 Schlußbilanzkonto** .... an **0980 Aktive Rechnungsabgr.** ... **1 000,00**

S	4700 Raumkosten	H
1130	1 500,00	0980 1 000,00
		9800 500,00

S	0980 Aktive Rechnungsabgrenzung	H
4700	1 000,00	9990 1 000,00

S	9800 Betriebsergebnis	H
4700	500,00	

S	9990 Schlußbilanzkonto	H
ARA	1 000,00	

Buchungen zum 01.01. des Folgejahres

Nach Eröffnung ist das Konto „0980 ARA" über das betreffende Aufwandskonto aufzulösen.

① **0980 Aktive Rechnungsabgr.** .... an **9980 Eröffnungsbilanzkonto** .. **1 000,00**
② **4700 Raumkosten** .... an **0980 Aktive Rechnungsabgr.** ... **1 000,00**

Das Konto „4700 Raumkosten" weist nun die Miete für Januar und Februar des neuen Jahres periodengerecht aus. Das Konto „0980 ARA" hat seine „transitorische" Aufgabe erfüllt:

S	0980 Aktive Rechnungsabgrenzung	H
9980	1 000,00	4700 1 000,00

S	4700 Raumkosten	H
0980	1 000,00	

Direkte Rechnungsabgrenzung. Ausgaben des laufenden Geschäftsjahres, die Aufwendungen des nächsten Jahres betreffen, können bereits direkt bei Zahlung entsprechend zeitlich abgegrenzt werden. Dadurch erübrigt sich zum Jahresabschluß eine besondere Überprüfung aller Ausgaben auf ihre periodengerechte Abgrenzung.

Buchung bei direkter Periodenabgrenzung am 01.12.

4700 Raumkosten **500,00**
0980 Aktive Rechnungsabgrenzung **1 000,00** an **1130 Bank** **1 500,00**

S	4700 Raumkosten	H
1130	500,00	

S	1130 Bank	H
		4700/0980 1 500,00

S	0980 Aktive Rechnungsabgrenzung	H
1130	1 000,00	

Nennen Sie die Abschlußbuchungen.

Merke: Das Konto „0980 Aktive Rechnungsabgrenzung" (ARA) erfaßt zum Jahresabschluß alle Ausgaben des alten Geschäftsjahres, die Aufwand des nächsten Jahres sind.

Buchung: ▷ ARA an **Aufwandskonto** (bei Abgrenzung zum 31.12.)
▷ ARA an **Bank (Kasse)** (bei direkter Abgrenzung)

Beispiel 2: Von unserem Mieter haben wir am 01.12. die <u>Vierteljahresmiete</u> (Dezember-Februar) in Höhe von insgesamt 2400,00 DM <u>im voraus erhalten.</u>

Buchung der Mieteinnahme am 01.12.

1130 Bank .... an **2150 Haus- u. Grundstückserträge** . 2400,00

Der gesamte <u>Mietertrag</u> in Höhe von 2400,00 DM ist zum 31.12. <u>periodengerecht abzugrenzen:</u> 800,00 DM entfallen auf das Abschlußjahr, 1600,00 DM dagegen auf das neue Geschäftsjahr. Das Konto „2150 Haus- und Grundstückserträge" muß daher auf seiner Sollseite um 1600,00 DM durch Bildung einer „Passiven Rechnungsabgrenzung" (PRA) berichtigt werden, da für uns eine <u>Leistungsverbindlichkeit,</u> d. h. eine Verpflichtung zur Überlassung der Räume im nächsten Geschäftsjahr besteht, die auf der Passivseite der Bilanz auszuweisen ist.

Buchungen zum 31.12. des Abschlußjahres

① **2150 Haus- u. Grundstückserträge** . an **0990 PRA** 1600,00
② **2150 Haus- u. Grundstückserträge** . an **9870 Neutrales Ergebnis** 800,00
③ **0990 PRA** .... an **9990 Schlußbilanzkonto** 1600,00

Buchungen zum 01.01. des Folgejahres

① **9980 Eröffnungsbilanzkonto** .... an **0990 PRA** 1600,00
② **0990 PRA** .... an **2150 Haus- u. Grundstückserträge** . 1600,00

Das Konto „0990 PRA" ist zu Beginn des neuen Jahres über das entsprechende Ertragskonto aufzulösen. Nach der <u>Umbuchung</u> des passiven Rechnungsabgrenzungspostens weist das Konto „2150 Haus- und Grundstückserträge" nun den <u>periodengerechten Mietertrag</u> für die Monate Januar und Februar des neuen Jahres aus:

Bei <u>direkter</u> Rechnungsabgrenzung ist am 01.12. zu buchen

1130 Bank 2400,00
    an **2150 Haus- u. Grundstückserträge** 800,00
    an **0990 Passive Rechnungsabgrenzung** 1600,00

Buchen Sie die direkte Periodenabgrenzung auf den genannten Konten.

Merke:
- **Das Konto „0990 Passive Rechnungsabgrenzung" (PRA) erfaßt zum Bilanzstichtag alle Einnahmen des alten Jahres, die wirtschaftlich Erträge des nächsten Jahres sind.**

  Buchung: ▷ **Ertragskonto** an **PRA** (bei Abgrenzung zum 31.12.)
              ▷ **Bank (Kasse)** an **PRA** (bei direkter Abgrenzung)

- **Die Posten der Rechnungsabgrenzung werden <u>zu Beginn des neuen Geschäftsjahres</u> aufgelöst, indem sie auf das entsprechende Erfolgskonto <u>umgebucht</u> werden:**

              ▷ **Aufwandskonto** an **ARA**
              ▷ **PRA** an **Ertragskonto**

Merke: Die zeitliche Abgrenzung der Aufwendungen und Erträge bezweckt eine periodengerechte Erfolgsermittlung. Man unterscheidet vier Fälle:

Geschäftsfall	Vorgang		Buchung zum 31.12.:
	im **alten** Jahr	im **neuen** Jahr	
Von uns noch zu zahlender Aufwand	**Aufwand**	Ausgabe	**Aufwandskonto an Sonstige Verbindlichkeiten**
Noch zu vereinnahmender Ertrag	**Ertrag**	Einnahme	**Sonstige Forderungen an Ertragskonto**
Von uns im voraus bezahlter Aufwand	Ausgabe	**Aufwand**	**Aktive Rechnungsabgrenzung an Aufwandskonto**
Im voraus vereinnahmter Ertrag	Einnahme	**Ertrag**	**Ertragskonto an Passive Rechnungsabgrenzung**

Aufgaben

204

a) *Buchen Sie die folgenden Geschäftsfälle zunächst auf Konten.*
b) *Nehmen Sie danach die zeitliche Abgrenzung zum 31.12. vor.*
c) *Welche Buchungen ergeben sich im neuen Jahr?*

		DM
1.	Die Feuerversicherungsprämie für das Gebäude wird am 1. Oktober für ein Jahr im voraus überwiesen	260,00
2.	Am 21. Dezember zahlen wir die Januarmiete für die Geschäftsräume im voraus durch Bankscheck	1 500,00
3.	Wir zahlen am 20. Dezember Hypothekenzinsen für das 1. Vierteljahr des neuen Jahres durch Bankscheck im voraus	660,00
4.	Ein Darlehensschuldner hat die Vierteljahreszinsen für Januar bis März des neuen Jahres am 20. Dezember durch Banküberweisung an uns gezahlt	330,00
5.	Am 1. November wird die Kfz-Versicherung November–April für den LKW durch Bank überwiesen	660,00
6.	Am 1. Dezember erhalten wir durch Banküberweisung im voraus Darlehenszinsen für ein Vierteljahr (01.12.–28.02.) in Höhe von	180,00
7.	Die Jahrespacht für einen Parkplatz überweisen wir am 1. Oktober im voraus durch Bank	2 400,00
8.	Die Kfz-Steuer für Betriebsfahrzeuge wird am 1. April für 1 Jahr im voraus an das Finanzamt durch Bank überwiesen	960,00
9.	Am 1. Oktober erhalten wir die Halbjahresmiete für einen Lagerraum durch Banküberweisung im voraus	3 600,00

205

Auszug aus der vorläufigen Summenbilanz zum 31.12.	Soll	Haben
0980 Aktive Rechnungsabgrenzung	–	–
0990 Passive Rechnungsabgrenzung	–	–
1500 Sonstige Forderungen	4 500,00	–
1700 Sonstige Verbindlichkeiten	–	5 500,00
1740 Noch abzuführende Abgaben	–	–
2100 Haus- und Grundstücksaufwendungen	11 750,00	–
2150 Haus- und Grundstückserträge	–	24 250,00
2450 Zinserträge	–	10 500,00
4310 Fertigungslöhne	77 500,00	–
4400 Sozialkosten	3 650,00	–
4600 Steuern, Beiträge	17 400,00	–
4700 Raumkosten	18 400,00	–

6624179

Zum 31.12.19.. (Bilanzstichtag) sind noch folgende zeitliche Abgrenzungen vorzunehmen:

1. Am 1. Dezember wurde die Miete für Lagerräume für die Monate Dezember bis Februar in Höhe von 1650,00 DM von uns bezahlt.

2. Am 1. Oktober zahlten wir Hypothekenzinsen 4500,00 DM halbjährlich im voraus.

3. Mieterträge für die Monate November bis Januar gingen am 1. November in Höhe von 2790,00 DM von unserem Mieter im Geschäftshaus ein.

4. Für die Lohnwoche vom 29.12. bis 04.01. sind an die Arbeiter 12100,00 DM Löhne zu zahlen, davon entfallen 3700,00 DM auf die Zeit vom 29. bis 31.12. Der Arbeitgeberanteil zur Sozialversicherung beträgt 1245,00 DM, davon entfallen 505,00 DM auf das alte Jahr. Zahltag 04.01.

5. Darlehenszinsen werden von unserem Kunden für die Zeit von Oktober bis Dezember in Höhe von 270,00 DM erst am 2. Januar beglichen.

6. Der Handelskammerbeitrag über 1420,00 DM wird erst im Januar bezahlt.

Bilden Sie die Buchungssätze für den Abschluß der Konten.

206

Auszug aus der vorläufigen Summenbilanz zum 31.12.	Soll	Haben
0980 Aktive Rechnungsabgrenzung	–	–
0990 Passive Rechnungsabgrenzung	–	–
1500 Sonstige Forderungen	8800,00	–
1550 Vorsteuer	134000,00	–
1700 Sonstige Verbindlichkeiten	–	5700,00
1750 Umsatzsteuer	–	124600,00
2100 Haus- und Grundstücksaufwendungen	18600,00	–
2150 Haus- und Grundstückserträge	–	22800,00
2450 Zinserträge	–	1600,00
4600 Steuern, Beiträge	36400,00	–
4700 Raumkosten	26400,00	–
4760 Bürokosten	2100,00	–
4950 Sondereinzelkosten des Vertriebs	12000,00	–

Zum 31.12.19.. (Bilanzstichtag) sind noch folgende zeitliche Abgrenzungen vorzunehmen:

1. Die Feuerversicherungsprämie (Gebäude) für das kommende Kalenderjahr wurde am 27. Dezember durch Banküberweisung beglichen: 850,00 DM.

2. Die Bezugskosten für eine Fachzeitschrift wurden am 28. Dezember mit 260,00 DM netto im voraus für das folgende Geschäftsjahr bezahlt.

3. Die Kraftfahrzeugsteuer für den LKW wurde am 1. Dezember für 1 Jahr im voraus durch Banküberweisung mit 660,00 DM beglichen.

4. Der Handelskammerbeitrag für das letzte Quartal beträgt 750,00 DM.

5. Vertreterprovision für Dezember über 1700,00 DM netto wird von uns erst im Januar bei Rechnungserteilung überwiesen.

6. Die Dezember-Lagermiete über 2850,00 DM überweisen wir erst Anfang Januar.

7. Unser Mieter begleicht die Miete für Büroräume in unserem Gebäude für Dezember in Höhe von 1850,00 DM erst im neuen Jahr.

8. Am 28. Dezember gingen 1900,00 DM Vierteljahresmiete in unserem Betrieb für das neue Kalenderjahr auf unserem Bankkonto ein.

9. Wir haben die fälligen Darlehenszinsen von 450,00 DM für die Zeit vom 01.10. bis 31.12. am Jahresende noch nicht erhalten.

10. Hypothekenzinsen in Höhe von 12000,00 DM für das Halbjahr 01.07. bis 31.12. werden von uns erst im Januar beglichen.

Bilden Sie die Buchungssätze für den Abschluß dieser Konten.

2.3 Rückstellungen

Ungewisse Verbindlichkeiten für Aufwendungen. Aus Gründen einer periodengerechten Erfolgsermittlung sind zum Bilanzstichtag auch solche Aufwendungen zu erfassen, deren Höhe und Fälligkeit noch nicht bekannt sind, die jedoch wirtschaftlich dem Abschlußjahr zugerechnet werden müssen. Für diese Art von Aufwendungen sind dann die Beträge zu schätzen und als Verbindlichkeiten in Form von Rückstellungen auf der Passivseite der Bilanz auszuweisen. Die Ungewißheit über Höhe und/oder Fälligkeit der Verbindlichkeiten unterscheidet die Rückstellungen von den genau bestimmbaren „Sonstigen Verbindlichkeiten".

Passivierungspflicht. Nach § 249 (1) HGB müssen Rückstellungen gebildet werden für

- **ungewisse Verbindlichkeiten** (z. B. zu erwartende Steuernachzahlungen, Prozeßkosten, Garantieverpflichtungen, Pensionsverpflichtungen, Provisionsverbindlichkeiten, Inanspruchnahme aus Bürgschaften und dem Wechselobligo u. a.),
- **drohende Verluste aus schwebenden Geschäften** (z. B. erheblicher Preisrückgang bereits gekaufter, jedoch noch nicht gelieferter Rohstoffe),
- **unterlassene Instandhaltungsaufwendungen,** die im folgenden Geschäftsjahr **innerhalb von drei Monaten** nachgeholt werden,
- **Gewährleistungen ohne rechtliche Verpflichtungen** (Kulanzgewährleistungen).

Passivierungswahlrecht. Rückstellungen dürfen außerdem noch gebildet werden für

- **unterlassene Instandhaltungsaufwendungen,** die **nach drei Monaten,** aber noch innerhalb des folgenden Geschäftsjahres nachgeholt werden (§ 249 [1] Satz 3 HGB),
- **bestimmte Aufwendungen, die dem abgelaufenen Geschäftsjahr zuzuordnen sind** (§ 249 [2] HGB). Diese „Aufwandsrückstellungen" sind z. B. möglich für Großreparaturen, Werbekampagnen, Messen, Betriebsverlegungen u. a.

Bilanzausweis. Da Rückstellungen Schulden sind, zählen sie in der Bilanz auch zum Fremdkapital. Rückstellungen sind nach § 266 HGB in der Bilanz auszuweisen als

- **Pensionsrückstellungen,**   • **Steuerrückstellungen,**   • **Sonstige Rückstellungen.**

Bei Bildung der Rückstellung wird zunächst das betreffende Aufwandskonto im Soll mit dem geschätzten periodengerechten Betrag belastet. Die Gegenbuchung wird auf einem der o. g. Rückstellungskonten (= Passivkonten) im Haben vorgenommen.

Auswirkung auf den Jahreserfolg. Da Rückstellungen für Aufwendungen gebildet werden, vermindert sich der auszuschüttende Gewinn und damit zugleich auch die zu zahlende Ertragsteuer, wie z.B. die Einkommensteuer. Die Bildung von Rückstellungen hat deshalb positive Auswirkungen auf die flüssigen (liquiden) Mittel und somit auch auf die Liquidität des Unternehmens.

Rückstellungen sind aufzulösen, wenn sie ihren Zweck erfüllt haben. Da Rückstellungen auf Schätzungen beruhen, sind drei Fälle denkbar:

- Die Rückstellung entspricht der Zahlung.
- Die Rückstellung ist größer als die Zahlung. Es ergibt sich ein Ertrag, zu erfassen auf Konto **„2550 Betriebliche a. o. Erträge".**
- Die Rückstellung ist kleiner als die Zahlung. Es entsteht ein Aufwand, zu erfassen auf Konto **„2500 Betriebliche a. o. Aufwendungen".**

Beispiel: Zum Bilanzstichtag wird mit einer Gewerbesteuernachzahlung für das Abschluß-jahr in Höhe von 4500,00 DM gerechnet.

Buchung bei Bildung der Rückstellung zum 31.12.:

① 4600 Steuern, Beiträge u. a. . . .   an   0851 Steuerrückstellungen . . .   4500,00

Abschlußbuchungen:

② 9800 Betriebsergebnis . . . .   an   4600 Steuern, Beiträge u. a. . .   4500,00
③ 0851 Steuerrückstellungen . .   an   9990 Schlußbilanzkonto   4500,00

S	4600 Steuern, Beiträge u. a.	H	S	0851 Steuerrückstellungen	H
①	4500,00	② 4500,00	③	4500,00	① 4500,00
S	9800 Betriebsergebnis	H	S	9990 Schlußbilanzkonto	H
②	4500,00				③ 4500,00

Beispiel: Die Gewerbesteuer wird im Juni nächsten Jahres überwiesen (Bank):
1. 4500,00 DM,   2. 4000,00 DM,   3. 5100,00 DM.

Zu Beginn des Geschäftsjahres wird das Rückstellungskonto eröffnet:

9980 Eröffnungsbilanzkonto (EBK)   an   0851 Steuerrückstellungen .   4500,00

- **Buchung im Fall 1:   Rückstellung = Zahlung: 4500,00 DM**

0851 Steuerrückstellungen . . . . .   an   1130 Bank   4500,00

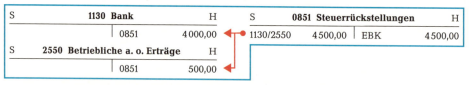

- **Buchung im Fall 2:   Rückstellung > Zahlung: 4000,00 DM**

0851 Steuerrückstellungen   4500,00
   an   1130 Bank   4000,00
   an   2550 Betriebliche a. o. Erträge   500,00

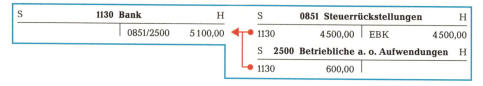

- **Buchung im Fall 3:   Rückstellung < Zahlung: 5100,00 DM**

0851 Steuerrückstellungen   4500,00
2500 Betriebliche a. o. Aufwendungen   600,00
   an   1130 Bank   5100,00

S	1130 Bank	H	S	0851 Steuerrückstellungen	H
	0851/2500	5100,00	1130	4500,00	EBK 4500,00
			S	2500 Betriebliche a. o. Aufwendungen	H
			1130	600,00	

Drohende Verluste aus schwebenden Geschäften. Im allgemeinen werden schwebende Rechtsgeschäfte – z. B. Kaufverträge, die noch von keinem Vertragspartner erfüllt sind, da Lieferung und Zahlung noch ausstehen – buchhalterisch überhaupt nicht erfaßt. Ist aber bereits bei Bilanzaufstellung erkennbar, daß dem Betrieb aus den Verträgen Verluste erwachsen (drohen), so muß aus Gründen kaufmännischer Vorsicht eine Rückstellung in Höhe des zu erwartenden Verlustes gebildet werden.

Beispiel: Am 28.11. haben wir einen Kaufvertrag über die Lieferung von 500 Stück Spanplatten (furniert) zu 80,00 DM netto je Stück abgeschlossen. Der Gesamtnettopreis beträgt daher 40 000,00 DM. Liefertermin: 15.02. n. J. fix.

Bis zum Bilanzstichtag ist der Wiederbeschaffungswert (Tagespreis) der Spanplatten nachhaltig auf 70,00 DM netto je Stück gesunken.

Rückstellung. Da wir als Besteller an den vereinbarten Preis von 80,00 DM je Spanplatte gebunden sind und im nächsten Jahr nur mit dem niedrigeren Wiederbeschaffungspreis von 70,00 DM je Stück kalkuliert werden kann, droht uns ein Verlust von 5 000,00 DM (500 · 10,00 DM), für den eine Rückstellung gebildet werden muß. Auf diese Weise wird der Verlust in dem Jahr erfaßt, in dem er verursacht wurde:

Buchung der Rückstellung zum 31.12.:

2500 Betriebliche a. o. Aufwendungen 5 000,00
   an 0852 Sonstige Rückstellungen 5 000,00

Nennen Sie jeweils die Abschluß- und Eröffnungsbuchung für das Konto 0852.

Buchung nach Rechnungseingang am 15.02. des folgenden Jahres:

① 3000 Rohstoffe 40 000,00
   1550 Vorsteuer 6 000,00
      an 1600 Verbindlichkeiten a. LL 46 000,00

② 0852 Sonstige Rückstellungen 5 000,00
      an 3000 Rohstoffe 5 000,00

S	3000 Rohstoffe		H	S	0852 Sonstige Rückstellungen	.	H
①	40 000,00	②	5 000,00 ←	②	5 000,00	9980	5 000,00
S	**1550 Vorsteuer**		**H**	**S**	**1600 Verbindlichkeiten a. LL**		**H**
①	6 000,00					①	46 000,00

Nach Übertragung des Rückstellungsbetrages auf das Konto „3000 Rohstoffe" stehen die eingekauften Spanplatten mit dem niedrigeren Tageswert von 35 000,00 DM zu Buch. Die Buchungen ① und ② können auch zusammengefaßt werden:

0852 Sonstige Rückstellungen 5 000,00
3000 Rohstoffe 35 000,00
1550 Vorsteuer 6 000,00
   an 1600 Verbindlichkeiten a. LL 46 000,00

Merke:
- **Rückstellungen sind Verbindlichkeiten für Aufwendungen, die am Bilanzstichtag zwar ihrem Grunde nach feststehen, aber nicht in ihrer Höhe und/oder Fälligkeit. Sie dienen der periodengerechten Ermittlung des Jahreserfolgs.**
- **Rückstellungen sind nur in Höhe des Betrages anzusetzen, der nach vernünftiger kaufmännischer Beurteilung notwendig ist (§ 253 [1] HGB).**
- **Die Bildung von Rückstellungen mindert den Gewinn und damit auch die zu zahlenden Ertragsteuern (Einkommen-, Körperschaft-, Gewerbeertragsteuer).**
  Buchung: ▷ Aufwandskonto an Rückstellungen

Aufgaben — Fragen

207 Für einen laufenden Prozeß werden voraussichtlich 6 400,00 DM Gerichtskosten entstehen.

1. *Buchen Sie zum Bilanzstichtag (31.12.).*
2. *Am 06.03. n. J. bezahlen wir durch Banküberweisung a) 6 400,00 DM; b) 5 000,00 DM; c) 7 500,00 DM. Wie lauten die Buchungen?*

208 Ein Industriebetrieb gewährt seinen Kunden auf alle Erzeugnisse 1 Jahr Garantie. In den vergangenen Rechnungsperioden machten unsere Gewährleistungsverpflichtungen etwa 1,5 % des Nettojahresumsatzes aus. Im Abschlußjahr beträgt der Nettoumsatz 25 Millionen.

Berechnen Sie die zu erwartenden Gewährleistungsverpflichtungen, und buchen Sie zum 31.12.

209 Eine Dachreparatur konnte im Dezember nicht mehr durchgeführt werden und mußte deshalb bis Mitte Januar aufgeschoben werden. Kostenvoranschlag: 5 800,00 DM netto.

1. *Buchen Sie aufgrund des Sachverhalts zum 31.12.*
2. *Nennen Sie die Abschlußbuchungen.*
3. *Wie wirkt sich die Bildung der Rückstellung auf den steuerlichen Gewinn aus?*
4. *Nennen Sie für das Konto „Rückstellungen" die Eröffnungsbuchung zum 01.01.*
5. *Wie ist zu buchen, wenn im neuen Jahr nach Durchführung der Reparatur folgende Rechnungen durch Bank beglichen werden:*
   a) 5 800,00 DM + USt;   b) 6 400,00 DM + USt;   c) 5 400,00 DM + USt?

210 Bildung einer Gewerbesteuerrückstellung über 8 600,00 DM. Banküberweisung der Gewerbesteuer im März n. J.:   a) 8 600,00 DM;   b) 7 200,00 DM;   c) 9 000,00 DM.

Buchen Sie 1. die Bildung und 2. die Auflösung der Gewerbesteuerrückstellung.

211
1. Am Jahresende werden der Pensionsrückstellung für unsere Belegschaftsmitglieder 120 000,00 DM zugeführt.
2. Pensionsrückstellungen in Höhe von 7 600,00 DM werden wegen Kündigung von Belegschaftsmitgliedern aufgelöst.

Wie lauten die Buchungen?

212 Die Fertigbau-GmbH bestellt am 02.12. 1500 t Zement XR 304 zu 120,00 DM je t + USt. Lieferungstermin 15.02. n. J. Am Bilanzstichtag (31.12.) beträgt der Tagespreis 110,00 DM je t.

1. *Begründen Sie, daß es sich hierbei um ein schwebendes Geschäft handelt.*
2. *In welchem Fall sind schwebende Geschäfte im Jahresabschluß zu berücksichtigen?*
3. *Buchen Sie a) zum 31.12. und b) nach Eingang der Rechnung im Februar n. J.*

213 Zum Bilanzstichtag rechnen wir mit Steuerberatungskosten in Höhe von 3 200,00 DM netto. Im April n. J. erhalten wir die Rechnung des Steuerberaters über a) 3 500,00 DM + USt und b) 2 900,00 DM + USt.

1. *Buchen Sie zum Bilanzstichtag, und geben Sie auch die Abschlußbuchungen an.*
2. *Nennen Sie die Eröffnungsbuchung für das Rückstellungskonto.*
3. *Wie lautet jeweils die Buchung nach Rechnungseingang?*

214
1. *Erläutern Sie den Begriff „Rückstellungen".*
2. *Was haben Rückstellungen und Sonstige Verbindlichkeiten gemeinsam?*
3. *Worin unterscheiden sich Rückstellungen von Sonstigen Verbindlichkeiten?*
4. *Für welche Zwecke müssen nach § 249 (1) HGB zum Bilanzstichtag Rückstellungen gebildet werden (sog. Passivierungspflicht für Rückstellungen)?*
5. *Für welche Sachverhalte besteht dagegen ein Passivierungswahlrecht?*
6. *Kann man durch Rückstellungen den Gewinn und die Steuern beeinflussen? Begründen Sie.*
7. *Hat die Bildung von Rückstellungen Einfluß auf die Liquidität des Unternehmens?*
8. *Inwiefern können Rückstellungen „stille" Reserven enthalten? Begründen Sie.*

3 Bewertung des Umlaufvermögens

Zum Umlaufvermögen zählen nach § 266 HGB (siehe Bilanzgliederung im Anhang des Lehrbuches) die folgenden Vermögensgruppen:

> I. Vorräte
> II. Forderungen und sonstige Vermögensgegenstände
> III. Wertpapiere
> IV. Scheck-, Kassenbestand, Bank- und Postbankguthaben

Strenges Niederstwertprinzip. Für die Bewertung der Wirtschaftsgüter des Umlaufvermögens gilt das strenge Niederstwertprinzip. Sie dürfen höchstens mit ihren Anschaffungskosten (AK) oder Herstellungskosten (HK) angesetzt werden. Liegt jedoch der Wert am Bilanzstichtag darunter, muß dieser niedrigere Tageswert (TW) nach § 253 (3) HGB in das Inventar und die Schlußbilanz eingesetzt werden.

Zusätzliche Abschreibungen dürfen handelsrechtlich noch außerdem vorgenommen werden, wenn eine weitere Wertminderung in nächster Zukunft zu erwarten ist (§ 253 [3] HGB).

Beibehaltungswahlrecht. Ein niedrigerer Wertansatz kann handels- und steuerrechtlich grundsätzlich auch dann beibehalten werden, wenn die Gründe für die Wertminderung nicht mehr bestehen. In diesem Fall wird eine stille Reserve gebildet. Eine Wertaufholung ist aber auch möglich, höchstens jedoch bis zu den Anschaffungs- oder Herstellungskosten.

Merke:
- **Strenges Niederstwertprinzip bedeutet, daß von zwei am Bilanzstichtag möglichen Wertansätzen, dem Tageswert (TW) und den Anschaffungskosten (AK) oder Herstellungskosten (HK), stets der niedrigere Wert in das Inventar und die Schlußbilanz einzusetzen ist:**

  > ▷ AK/HK > TW ➡ Bewertung zum TW
  > ▷ AK/HK < TW ➡ Bewertung zu AK/HK

- **Die Anschaffungs- oder Herstellungskosten bilden stets die absolute Wertobergrenze.**

- **Der niedrigere Wertansatz darf auch beibehalten werden, wenn der Wert steigt (Wahlrecht).**

3.1 Bewertung der Vorräte

Zum Vorratsvermögen eines Industriebetriebes, das im Umlaufvermögen an erster Stelle auszuweisen ist, zählen folgende Bestände:

> 1. Roh-, Hilfs- und Betriebsstoffe
> 2. Unfertige Erzeugnisse
> 3. Fertige Erzeugnisse
> 4. Handelswaren

Inventur. Zum Bilanzstichtag sind die Gegenstände des Vorratsvermögens körperlich (mengenmäßig) zu erfassen und zu bewerten. An Stelle dieser Stichtagsinventur kann die Bestandsaufnahme auch in Form einer permanenten oder verlegten Inventur (siehe auch S. 13 f.) durchgeführt werden.

Ausgangswert für die Bewertung bilden

> ▷ bei Roh-, Hilfs- und Betriebsstoffen sowie Handelswaren die .. ➡ **Anschaffungskosten**
> ▷ bei unfertigen und fertigen Erzeugnissen die .... ➡ **Herstellungskosten**

Einzelbewertung. Nach diesem Bewertungsgrundsatz sind Vermögensteile und Schulden zum Bilanzstichtag grundsätzlich einzeln zu bewerten (§ 252 [1] HGB).

Sammel- oder Gruppenbewertung. Wenn Roh-, Hilfs- und Betriebsstoffe sowie Handelswaren zu unterschiedlichen Preisen und zu verschiedenen Zeitpunkten angeschafft wurden, ist eine Einzelbewertung kaum möglich. Zum Bilanzstichtag läßt sich nämlich nicht genau feststellen, aus welcher Lieferung der jeweilige Schlußbestand stammt und zu welchem Preis dieser Bestand eingekauft wurde. Der Gesetzgeber erlaubt deshalb bei gleichartigen Artikeln eine Sammel- oder Gruppenbewertung in Form einer Durchschnitts- oder Verbrauchsfolgebewertung (§§ 240 [4], 256 HGB).

3.1.1 Durchschnittsbewertung nach § 240 (4) HGB

Jährliche Durchschnittswertermittlung. Am Ende des Geschäftsjahres werden die Anschaffungskosten aus Anfangsbestand und Zugängen durch die Gesamtmenge dividiert. Das Ergebnis sind die durchschnittlichen Anschaffungskosten, mit denen der Endbestand zu bewerten ist, sofern der Tageswert der betreffenden Handelsware am Bilanzstichtag nicht niedriger ist (strenges Niederstwertprinzip).

Beispiel:	Menge	Anschaffungskosten je Einheit	Gesamtwert
01.01. Anfangsbestand	1 000	5,00 DM	5 000,00 DM
10.01. Zugang	2 000	6,00 DM	12 000,00 DM
15.07. Zugang	4 000	6,50 DM	26 000,00 DM
20.12. Zugang	600	7,00 DM	4 200,00 DM
	7 600		47 200,00 DM

Bewertung. Die durchschnittlichen Anschaffungskosten betragen 6,21 DM (47 200 : 7 600). Bei einem Tageswert zum 31.12. von 7,20 DM und einem Schlußbestand von 2 000 Einheiten ergibt sich nach dem strengen Niederstwertprinzip folgender Bilanzansatz:

Inventurmenge · Wert je Einheit = Bilanzansatz
2 000 · 6,21 = 12 420,00 DM

Wie lautet der Bilanzansatz bei einem Tageswert (31.12.) von 5,80 DM/Stück?

Die permanente Durchschnittswertermittlung ist im Ergebnis genauer. Hierbei ermittelt man die durchschnittlichen Anschaffungskosten laufend (permanent) nach jedem Lagerzugang und -abgang an Hand der Lagerkartei. Die Abgänge werden jeweils zum neuesten Durchschnittswert abgesetzt. Nach der letzten Lagerbestandsveränderung erhält man zum Bilanzstichtag die durchschnittlichen Anschaffungskosten des Endbestandes, die mit dem Tageswert zum 31.12. (Niederstwertprinzip!) verglichen werden.

Anfangsbestand	01.01.	1 000	Einheiten zu	5,00 DM	=	5 000,00 DM
+ Zugang	10.01.	2 000	Einheiten zu	6,00 DM	=	12 000,00 DM
= Bestand	11.01.	3 000	Einheiten zu	5,67 DM	=	17 000,00 DM
− Abgang	13.06.	1 800	Einheiten zu	5,67 DM	=	10 206,00 DM
= Bestand	14.06.	1 200	Einheiten zu	5,66 DM	=	6 794,00 DM
+ Zugang	15.07.	4 000	Einheiten zu	6,50 DM	=	26 000,00 DM
= Bestand	16.07.	5 200	Einheiten zu	6,31 DM	=	32 794,00 DM
− Abgang	17.09.	3 800	Einheiten zu	6,31 DM	=	23 978,00 DM
= Bestand	18.09.	1 400	Einheiten zu	6,30 DM	=	8 816,00 DM
+ Zugang	20.12.	600	Einheiten zu	7,00 DM	=	4 200,00 DM
Schlußbestand	31.12.	**2 000**	Einheiten zu	**6,51 DM**	=	**13 016,00 DM**

3.1.2 Verbrauchsfolgebewertung nach § 256 HGB

Die zeitliche Reihenfolge der Zu- und Abgänge bildet hierbei die Grundlage für die Bewertung von gleichartigen Vorräten bei schwankenden Anschaffungskosten. Man unterscheidet zwischen Fifo-Methode und Lifo-Methode.

Fifo-Methode. Hierbei wird unterstellt, daß die zuerst erworbenen oder hergestellten Güter auch zuerst verbraucht oder verkauft werden: first in − first out. Der Endbestand lt. Inventur stammt daher stets aus den letzten Zugängen und ist deshalb auch mit deren Preisen zu bewerten.

Beispiel:	Menge	Anschaffungskosten je Einheit
Anfangsbestand 01.01.	1 000	5,00 DM
Zugang 10.01.	2 000	6,00 DM
Zugang 15.07.	4 000	6,50 DM
Zugang 20.12.	600	7,00 DM

Bewertung: Beträgt der Endbestand 2 000 Einheiten, so ist wie folgt zu bewerten:

600 Einheiten zu 7,00 DM	=	4 200,00 DM	
1 400 Einheiten zu 6,50 DM	=	9 100,00 DM	
2 000 Einheiten **Endbestand**	**=**	**13 300,00 DM**	**Bilanzansatz nach fifo**

Lifo-Methode. Bei diesem Sammelbewertungsverfahren geht man von der Annahme aus, daß die zuletzt erworbenen oder hergestellten Güter als erste verbraucht oder verkauft werden: last in − first out. Der Schlußbestand lt. Inventur setzt sich daher stets aus dem Anfangsbestand sowie den ersten Zugängen zusammen und ist deshalb auch mit diesen Preisen zu bewerten.

Die Bewertung nach obigem Beispiel wird wie folgt vorgenommen:

1 000 Einheiten zu 5,00 DM	=	5 000,00 DM	
1 000 Einheiten zu 6,00 DM	=	6 000,00 DM	
2 000 Einheiten **Endbestand**	**=**	**11 000,00 DM**	**Bilanzansatz nach lifo**

Bei steigenden Preisen führt die Lifo-Methode somit zu einer möglichst niedrigen Bewertung des Endbestandes am Bilanzstichtag. Sollte der Tageswert am Abschlußstichtag jedoch noch niedriger sein, so muß dieser Wert nach dem Niederstwertprinzip angesetzt werden. Bei fallenden Preisen ist das Lifo-Verfahren nicht anwendbar.

Handelsrechtlich sind nach § 256 HGB alle aufgezeigten Sammelbewertungsverfahren zulässig, sofern ihre Ergebnisse nicht gegen das Niederstwertprinzip verstoßen. In allen Fällen ist aber der Tageswert am Bilanzstichtag vergleichend hinzuzuziehen. Das einfachste Verfahren ist mit Abstand die Durchschnittsmethode. Deshalb wird dieses Sammelbewertungsverfahren überwiegend in der Praxis angewandt.

Steuerrechtlich zulässig ist die Durchschnittsbewertung und – seit 1990 – auch die Lifo-Methode. Gemäß § 6 (1) EStG darf für den Wertansatz gleichartiger Wirtschaftsgüter des Vorratsvermögens unterstellt werden, daß die zuletzt angeschafften oder hergestellten Wirtschaftsgüter zuerst veräußert oder verbraucht worden sind.

Merke:
- **Die Sammelbewertungsverfahren vereinfachen die Bewertung gleichartiger Güter, die zu unterschiedlichen Preisen und Zeitpunkten angeschafft wurden.**
- **Die Ergebnisse müssen jedoch mit dem Tageswert am Bilanzstichtag verglichen werden. Von beiden Werten ist dann der niedrigere anzusetzen (strenges Niederstwertprinzip).**

Aufgaben – Fragen

215 Die Maschinenfabrik J. Badicke, Leverkusen, hat am Abschlußstichtag noch Fertigteile (Elektromotoren) auf Lager. Der mengenmäßige Bestand beträgt lt. körperlicher Inventur 280 Stück. Die Anschaffungskosten betrugen 350,00 DM je Stück.
a) Zum Bilanzstichtag beträgt der Tageswert 380,00 DM je Stück.
b) Zum Bilanzstichtag beträgt der Tageswert 270,00 DM je Stück.
1. *Begründen Sie Ihre Bewertungsentscheidung, und ermitteln Sie den Bilanzansatz für die Fertigteile. Wie lautet die Buchung?*
2. *Erklären Sie die Auswirkung auf den Erfolg.*

216 Der Lagerbestand einer bestimmten Handelsware beträgt in einem Industriebetrieb lt. Inventur 300 Stück, die für 40,00 DM je Stück angeschafft wurden. Zum Bilanzstichtag beträgt der Wiederbeschaffungswert 50,00 DM je Stück. Der Buchhalter bewertet diesen Bestand mit 300 · 50 = 15 000,00 DM Bilanzansatz.
1. *Nehmen Sie zu dieser Bewertungsentscheidung des Buchhalters Stellung, und erklären Sie die Auswirkung auf die Erfolgsrechnung.*
2. *Ermitteln Sie gegebenenfalls den neuen Bilanzansatz, begründen und buchen Sie.*

217 Ein Industrieunternehmen, das sich mit der Fertigung von Haushaltsmaschinen befaßt, hat zum Bilanzstichtag lt. Inventur noch einen Bestand von 2 500 Elektromotoren auf Lager. Diese Elektromotoren, die in Küchenmaschinen eingebaut werden, wurden während des Geschäftsjahres erworben, jedoch nicht – nach Lieferungen getrennt – gelagert. Zum Bilanzstichtag ist somit nicht feststellbar, aus welchen Lieferungen die Elektromotoren stammen und zu welchen Preisen sie angeschafft wurden.
1. *Unterscheiden Sie zwischen Einzel- und Sammelbewertung.*
2. *Begründen Sie, warum im vorliegenden Fall eine Sammelbewertung rechtlich möglich ist.*
3. *Schlagen Sie ein sowohl handels- als auch steuerrechtlich zulässiges Sammelbewertungsverfahren vor.*

218 Der Leiter des Rechnungswesens (Aufgabe 217) stellt Ihnen folgende Unterlagen für eine Sammelbewertung der Elektromotoren zum Bilanzstichtag zur Verfügung:
Anfangsbestand zum 01.01.   2 000 Stück zu je 45,00 DM Anschaffungskosten
Zugänge   10.02.   3 000 Stück zu je 50,00 DM Anschaffungskosten
                              10.08.   2 000 Stück zu je 55,00 DM Anschaffungskosten
                              10.10.   1 500 Stück zu je 58,00 DM Anschaffungskosten
1. *Ermitteln Sie zum Bilanzstichtag die durchschnittlichen jährlichen Anschaffungskosten je Stück (gewogener Durchschnittspreis).*
2. *Errechnen Sie den zulässigen Bilanzansatz für den Schlußbestand von 2 500 Stück,*
    a) *wenn die durchschnittlichen Anschaffungskosten dem Tageswert am Bilanzstichtag (31.12.) entsprechen,*
    b) *wenn der Tageswert 70,00 DM je Stück beträgt,*
    c) *wenn der Tageswert zum Abschlußstichtag bei 50,00 DM liegt.*

219 *Führen Sie nun auf Grund der Angaben in den Aufgaben 217 und 218 eine permanente Durchschnittsrechnung durch.* Folgende Abgänge liegen vor:
20.01.: 1 000 Stück   15.07.: 500 Stück   10.09.: 3 500 Stück   15.12.: 1 000 Stück

220 *Wie ist auf Grund der Angaben der Aufgaben 217 und 218 zu bewerten*
a) nach dem Fifo-Verfahren   und   b) nach der Lifo-Methode?

221 1. *Inwiefern ist das Niederstwertprinzip Ausdruck kaufmännischer Vorsicht?*
2. *Welchen Vorteil hat der jeweils niedrigstmögliche Wertansatz?*
3. *Begründen Sie, weshalb die Anschaffungs- bzw. Herstellungskosten eines Wirtschaftsgutes stets die Bewertungsobergrenze (Höchstwert!) bilden.*
4. *Unterscheiden Sie zwischen   a) Stichtagsinventur,   b) permanenter Inventur und   c) verlegter (vor- bzw. nachverlegter) Inventur. Vgl. auch S. 13.*

188

3.2 Bewertung der Forderungen

3.2.1 Einführung

Bewertung zum Jahresabschluß. Zum Schluß des Geschäftsjahres sind die „Forderungen aus Lieferungen und Leistungen" hinsichtlich ihrer Güte (Bonität) zu überprüfen und zu bewerten. Dabei unterscheidet man drei Gruppen:

1. **einwandfreie** Forderungen
2. **zweifelhafte** Forderungen
3. **uneinbringliche** Forderungen

Einwandfrei sind Forderungen, wenn mit ihrem Zahlungseingang in voller Höhe gerechnet werden kann.

Zweifelhaft ist eine Forderung, wenn der Zahlungseingang unsicher ist, also ein vollständiger oder teilweiser Forderungsausfall zu erwarten ist. Das ist beispielsweise der Fall, wenn der Kunde trotz Mahnung nicht gezahlt hat oder über sein Vermögen ein Vergleichs- oder Konkursverfahren beantragt oder eröffnet worden ist. Zweifelhafte Forderungen werden auch als „Dubiose" bezeichnet.

Uneinbringlich ist eine Forderung, wenn der Forderungsausfall endgültig feststeht. Das ist beispielsweise der Fall, wenn das Konkursverfahren mangels Masse eingestellt oder fruchtlos gepfändet worden ist oder bei Verjährung der Forderung.

Die Bewertung der Forderungen (§ 253 [3] HGB) entspricht dieser Einteilung:

- **einwandfreie** Forderungen sind mit dem **Nennbetrag** anzusetzen,
- **zweifelhafte** Forderungen sind mit ihrem **wahrscheinlichen** Wert zu bilanzieren,
- **uneinbringliche** Forderungen sind **voll** abzuschreiben.

Bewertungsverfahren. Für die Bewertung von Forderungen zum Bilanzstichtag gibt es drei Möglichkeiten:

1. **Einzelbewertung** für das **spezielle** Ausfallrisiko (z. B. Konkurs)
2. **Pauschalbewertung** für das **allgemeine** Ausfallrisiko
3. **Einzel- und Pauschalbewertung** (gemischtes Bewertungsverfahren)

Abschreibung vom Nettowert der Forderung. Die Bewertung von Forderungen a. LL bedingt oft auch Abschreibungen auf Forderungen. Dabei ist zu beachten, daß die Abschreibung wegen eines zu erwartenden oder bereits eingetretenen Forderungsverlustes stets nur vom Nettowert der Forderung vorgenommen und somit als Aufwand gebucht werden kann. Die in der Forderung enthaltene Umsatzsteuer wird bei Ausfall der Forderung vom Finanzamt in entsprechender Höhe erstattet. Sie darf deshalb auch erst dann berichtigt werden, wenn der Ausfall (Verlust) der Forderung endgültig feststeht und somit „das vereinbarte Entgelt für eine steuerpflichtige Lieferung oder sonstige Leistung uneinbringlich geworden ist" (§ 17 [2] Ziffer 1 UStG), wie beispielsweise nach Abschluß eines Konkursverfahrens über das Vermögen eines Kunden.

Merke:
- Die **Abschreibung** wegen eines zu erwartenden oder bereits eingetretenen Forderungsausfalls darf **nur vom Nettowert der Forderung** erfolgen.
- Bei Abschreibungen auf Forderungen darf die **Umsatzsteuer erst berichtigt** werden, **wenn** der **Ausfall** der Forderung **endgültig feststeht.**

3.2.2 Einzelbewertung von Forderungen

Spezielles Ausfallrisiko. Zum Jahresende werden alle Forderungen aus Lieferungen und Leistungen <u>einzeln</u> auf ihre Bonität oder Einbringlichkeit überprüft. Die <u>Einzelbewertung</u> (§ 152 [1] Ziffer 3 HGB) berücksichtigt das individuelle Ausfallrisiko beim Kunden, wie z. B. die Eröffnung des Konkurs- oder Vergleichsverfahrens.

Aus Gründen der Klarheit in der Buchführung werden zunächst die im Rahmen der Einzelbewertung ermittelten <u>zweifelhaften</u> Forderungen von den <u>einwandfreien</u> (vollwertigen) Forderungen buchhalterisch <u>getrennt.</u> Das geschieht durch <u>Umbuchung</u> der gefährdeten Einzelforderungen auf das Konto

1490 Zweifelhafte Forderungen.

3.2.2.1 Direkte Abschreibung von uneinbringlichen Forderungen

Beispiel 1: Über das Vermögen unseres Kunden Anton Pleite wurde am 10.12. das Konkursverfahren eröffnet. Unsere Forderung beträgt 2 300,00 DM (2 000,00 DM netto + 300,00 DM USt). Vor Aufstellung der Bilanz zum 31.12.19.. erfahren wir, daß das Konkursverfahren mangels Masse eingestellt wurde.

Die gefährdete Forderung wird zunächst <u>kontenmäßig gesondert erfaßt:</u>

① **Buchung:** 1490 Zweifelhafte Forderungen an 1400 Forderungen a. LL .. 2 300,00

Werden zweifelhafte Forderungen teilweise oder vollständig **uneinbringlich,** wird der <u>Nettobetrag</u> des entsprechenden Forderungsausfalls <u>direkt abgeschrieben:</u>

4810 Abschreibungen auf Forderungen.[1]

Gleichzeitig ist die <u>Umsatzsteuer</u> im Soll des Kontos „1750 USt" zu <u>berichtigen,</u> da durch den Forderungsausfall eine <u>Rückforderung an das Finanzamt</u> entsteht.[1]

② **Buchung:** 4810 Abschreibungen auf Forderungen[1] 2 000,00
              1750 Umsatzsteuer 300,00
                an 1490 Zweifelhafte Forderungen 2 300,00

S	1490 Zweifelhafte Forderungen	H	S	4810 Abschreibungen auf Forderungen	H
①	2 300,00	② 2 300,00	②	2 000,00	
S	**1400 Forderungen a. LL**	**H**	**S**	**1750 Umsatzsteuer**	**H**
...	115 000,00	① 2 300,00	②	300,00	

Beispiel 2: Auf eine im vorigen Jahr als uneinbringlich abgeschriebene Forderung erhalten wir am 30.12. unerwartet 345,00 DM (300,00 DM netto + 45,00 DM USt) durch Banküberweisung. Damit lebt die Umsatzsteuer wieder auf.

Buchung: 1130 Bank 345,00
           an 2550 A. o. Erträge 300,00
           an 1750 Umsatzsteuer 45,00

Merke:
- Uneinbringliche Forderungen sind <u>direkt</u> (4810 an 1490) abzuschreiben. Gleichzeitig ist die Umsatzsteuer auf Konto 1750 im Soll zu berichtigen.
- Bei Zahlungseingang einer abgeschriebenen Forderung lebt die Umsatzsteuer wieder auf.

---

1 In der **EDV-Fibu** ist das **Konto 4810** stets ein **automatisches Konto.** Nach **Eingabe des Bruttobetrages** wird die anteilige **Umsatzsteuer automatisch** herausgerechnet und gebucht **(Umsatzsteuerverprobung!).**

3.2.2.2 Einzelwertberichtigung (EWB) zweifelhafter Forderungen

Indirekte Abschreibung. Ist zum Bilanzstichtag bei einer Forderung ein Verlust zu erwarten, so muß in Höhe des vermuteten (geschätzten) Ausfalls eine entsprechende Abschreibung vorgenommen werden. Diese Abschreibung erfolgt aus Gründen der Klarheit und Übersichtlichkeit in der Buchführung in der Regel nicht direkt über das Konto „Zweifelhafte Forderungen", sondern indirekt über ein Wertberichtigungskonto:

0841 Einzelwertberichtigungen von Forderungen (EWB).

Das Wertberichtigungskonto, auch „Delkredere" genannt, ist ein Passivkonto. Die Zuführung zu der EWB, also die Bildung der EWB, erfolgt über das Aufwandskonto

4820 Einstellung in EWB.

Beispiel: Unser Kunde Kurz hat am 13.12.01 das Konkursverfahren beantragt. Unsere Forderung beträgt 11 500,00 DM (= 10 000,00 DM netto + 1 500,00 DM USt). Zum 31.12.01 wird der Verlust auf 80 % von 10 000,00 DM (= 8 000,00 DM) geschätzt.

① **Umbuchung der zweifelhaft gewordenen Forderung zum 13.12.01:**

    1490 Zweifelhafte Forderungen   an   **1400 Forderungen a. LL** ...   **11 500,00**

② **Indirekte Abschreibung des vermuteten Forderungsverlustes zum 31.12.01:**

    4820 Einstellung in EWB ...... an   **0841 EWB von Forderungen**   **8 000,00**

S	1400 Forderungen a. LL		H		S	1490 Zweifelhafte Forderungen		H
...	230 000,00	1490 ①	11 500,00	→	1400 ①	11 500,00	SBK	11 500,00
		SBK	218 500,00					

S	4820 Einstellung in EWB		H		S	0841 EWB von Forderungen		H
0841 ②	8 000,00	9800	8 000,00		SBK	8 000,00	4820 ②	8 000,00

S	9990 Schlußbilanzkonto		H
1400 Forderungen a. LL 218 500,00		0841 EWB von Forderungen 8 000,00	
1490 Zweifelhafte Forderungen .. 11 500,00			

Nennen Sie den Abschlußbuchungssatz für die Bestandskonten 1400, 1490 und 0841.

Vorteile der indirekten Abschreibung. Der Bestand der zweifelhaften Forderungen wird zum Bilanzstichtag in voller Höhe ausgewiesen und stimmt mit dem Rechtsanspruch, dem Kontostand im Hauptbuch und im Kontokorrentbuch (Kundenkonten) überein, während die „Wertberichtigungen" zu den zweifelhaften Forderungen insgesamt die Höhe des zu erwartenden Verlustes ausweisen. Die indirekte Abschreibung auf Forderungen zum Bilanzstichtag entspricht somit dem Grundsatz der Klarheit. Zudem bewirkt sie eine bessere Abstimmung der Kundenkonten mit den Sachkonten „Forderungen a. LL" und „Zweifelhafte Forderungen".

Beachten Sie: In den zu veröffentlichenden Bilanzen der Kapitalgesellschaften dürfen zweifelhafte Forderungen und Wertberichtigungen nicht ausgewiesen werden. Sie sind vorab aktivisch mit den Forderungen a. LL zu verrechnen (siehe Bilanz nach § 266 HGB im Anhang).

Merke: **Zum Bilanzstichtag werden zweifelhafte Forderungen in Höhe des vermuteten Ausfalls indirekt in Form einer Einzelwertberichtigung (EWB) abgeschrieben.**

Direkte Abschreibung des tatsächlichen Forderungsausfalls. Zu Beginn des neuen Jahres werden die Konten 1490 und 0841 über „9980 EBK" eröffnet:

  ▶ **1490 Zweifelhafte Ford.** .   an   **9980 EBK** 11 500,00
  ▶ **9980 EBK** ....   an   **0841 EWB von Ford.**   8 000,00

Der sich im **neuen** Jahr ergebende **tatsächliche** Ausfall der zweifelhaften Forderung wird **direkt** abgeschrieben über das Konto

4810 Abschreibungen auf Forderungen,

obwohl für diese Forderung bereits eine Wertberichtigung besteht. Auf diese Weise werden alle umsatzsteuermindernden Forderungsausfälle lediglich auf dem Konto 4810 erfaßt, das, versehen mit einer Umsatzsteuerautomatik, wiederum eine EDV-gerechte Umsatzsteuerverprobung ermöglicht. Die für die zweifelhafte Forderung gebildete Einzelwertberichtigung bleibt deshalb bis zum Jahresende unberührt.

Beispiel: Nach Abschluß des Konkursverfahrens gegen unseren Kunden Kurz überweist der Konkursverwalter 2 300,00 DM. Die Restforderung in Höhe von 9 200,00 DM (11 500,00 DM – 2 300,00 DM) ist endgültig verloren. Die darin enthaltene Umsatzsteuer über 1 200 DM wird berichtigt.

Buchung:

1130	Bank	2 300,00
4810	Abschreibungen auf Forderungen	8 000,00
1750	Umsatzsteuer	1 200,00
an	1490 Zweifelhafte Forderungen	11 500,00

S	1490 Zweifelhafte Forderungen	H		S	1130 Bank	H
...	11 500,00	Diverse	11 500,00	1490	2 300,00	
S	**0841 EWB von Forderungen**	**H**		**S**	**4810 Abschreibungen auf Forderungen**	**H**
		EBK	**8 000,00**	1490	8 000,00	
				S	**1750 Umsatzsteuer**	**H**
				1490	1 200,00	

Anpassung der Einzelwertberichtigung. Die bisherige EWB (8 000,00 DM) wird zum 31.12. jeweils der aktuellen EWB zweifelhafter Forderungen angepaßt.

Beispiele: EWB zum 31.12.: ① 5 000,00 DM, ② 9 000,00 DM

① **Neue EWB < bisherige EWB:** In Höhe des Differenzbetrages (8 000,00 DM – 5 000,00 DM = 3 000,00 DM) erfolgt eine **Herabsetzung der EWB.**

Buchung:

0841	EWB von Forderungen	3 000,00
an	2550 A. o. Erträge	3 000,00

S	2550 A. o. Erträge	H		S	0841 EWB von Forderungen	H
9870	3 000,00	0841	3 000,00	2550	3 000,00	EBK	8 000,00
				SBK	5 000,00		

② **Neue EWB > bisherige EWB:** In Höhe des Differenzbetrages (9 000,00 DM – 8 000,00 DM = 1 000,00 DM) erfolgt eine **Erhöhung der EWB.**

Buchung: 4820 Einstellung in EWB .... an 0841 EWB von Forderungen . 1 000,00

S	4820 Einstellung in EWB	H		S	0841 EWB von Forderungen	H
0841	1 000,00	9800	1 000,00	SBK	9 000,00	EBK	8 000,00
						4820	1 000,00

Merke:
- **Endgültige Ausfälle zweifelhafter Forderungen werden direkt abgeschrieben. Die hierfür gebildete EWB bleibt bis zum Jahresende unberührt.**
- **Zum 31.12. ist die EWB dem aktuellen Abschreibungsbedarf anzupassen.**

Aufgaben – Fragen

222 Der Kunde Mathias Schneider hat am 08.11. beim zuständigen Amtsgericht das Konkursverfahren beantragt. Unsere Forderung beträgt einschließlich Umsatzsteuer 5 750,00 DM. Am 20.11. erfahren wir, daß die Konkurseröffnung mangels Masse abgelehnt wurde. Das Konto „1400 Forderungen a. LL" weist einen Bestand von 230 000,00 DM aus, das Konto „1750 Umsatzsteuer" 18 500,00 DM.

1. *Buchen Sie auf den entsprechenden Konten a) zum 08.11. und b) zum 20.11.*
2. *Begründen Sie die Notwendigkeit einer buchhalterischen Trennung der zweifelhaften von den einwandfreien Forderungen.*
3. *Warum darf die Abschreibung nur vom Nettowert der Forderung vorgenommen werden?*

223 Der Kunde H. Moog hat am 2. Dezember das Vergleichsverfahren beantragt. Unsere Forderung: 1150,00 DM. Der Vergleich kommt am 28. Dezember zustande. Die Vergleichsquote beträgt 50 % = 575,00 DM. Die Bankgutschrift erfolgt noch zum 29. Dezember.

Buchen Sie 1. zum 02.12. und 2. zum 29.12.

224 Der Kunde Dirk Krämer hat am 10.11. das Vergleichsverfahren beantragt. Unsere Forderung beträgt einschließlich Umsatzsteuer 4 600,00 DM.

Beim letzten Vergleichstermin am 15.12. ergab sich eine Vergleichsquote von a) 50 % und b) 70 %. Die Zahlung erfolgte zum gleichen Zeitpunkt durch Banküberweisung.

Bestand auf Konto 1400: 253 000,00 DM, auf Konto 1750: 18 200,00 DM.

1. *Buchen Sie auf den erforderlichen Konten zum 10.11.*
2. *Wie lauten die Buchungen zum 15.12. a) bei 50 % und b) bei 70 % Vergleichsquote?*
3. *Warum werden uneinbringliche Forderungen direkt abgeschrieben?*
4. *Inwiefern ergibt sich in den Fällen 2 a) und 2 b) ein Kürzungsanspruch und damit eine Korrektur der Umsatzsteuer?*

225 Im vergangenen Jahr war eine uneinbringlich gewordene Forderung von 3 450,00 DM direkt in voller Höhe abgeschrieben worden. Unerwartet erhalten wir am 15.05. des laufenden Jahres 1725,00 DM einschließlich USt auf unser Bankkonto überwiesen.

1. *Buchen Sie.*   2. *Begründen Sie die Auswirkung des Falles auf die Umsatzsteuer.*

226 Über das Vermögen unseres Kunden M. Ohnesorg wird am 15.12. das Konkursverfahren eröffnet. Unsere Forderung beträgt 4 600,00 DM (4 000,00 DM netto + 600,00 DM USt). Zum Bilanzstichtag wird mit einem Ausfall von 70 % der Forderung gerechnet. Das Konto „1400 Forderungen a. LL" weist einen Bestand von 345 000,00 DM aus. EWB-Anfangsbestand: 0,00 DM.

1. *Wie lauten die Buchungen a) zum 15.12. und b) zum 31.12.?*
2. *Schließen Sie die Bestandskonten über das Schlußbilanzkonto ab, und erläutern Sie den Aussagewert dieser Bilanzposten.*
3. *Wie wäre zum 31.12. bei einem EWB-Anfangsbestand von a) 3 500,00 DM und b) 1 000,00 DM zu buchen?*
4. *Vergleichen Sie die Aussagefähigkeit der Kundenkonten bei direkter und bei indirekter Abschreibung der zweifelhaften Forderungen.*
5. *Warum darf im vorliegenden Fall zum 31.12. noch keine Umsatzsteuerkorrektur erfolgen?*

227 Die Bestandskonten der Aufgabe 226 sind mit ihren Beständen zum 01.01.19.. zu eröffnen. Das Konto „1750 Umsatzsteuer" weist einen Bestand von 15 600,00 DM aus.

Am 15.02. des laufenden Geschäftsjahres werden uns nach Abschluß des Konkursverfahrens folgende Beträge einschließlich Umsatzsteuer auf unser Bankkonto überwiesen:

        a) 1840,00 DM;   b) 920,00 DM.

1. *Ermitteln Sie rechnerisch jeweils die Umsatzsteuerkorrektur.*
2. *Buchen Sie die Fälle a) und b) auf den entsprechenden Konten.*
3. *Bei der Bewertung der Forderungen zum Bilanzstichtag gilt — wie bei allen Wirtschaftsgütern – der Grundsatz der Einzelbewertung. Begründen Sie das.*

228 Der Kunde S. Hartmann hat am 12.12. das gerichtliche Vergleichsverfahren beantragt. Unsere Forderung beträgt einschließlich Umsatzsteuer 9 200,00 DM. Der Bestand der Forderungen beträgt 299 000,00 DM; Anfangsbestand im Konto 0841: 2 800,00 DM.

Das Vergleichsverfahren ist bis zum Bilanzstichtag noch nicht abgeschlossen. Allerdings rechnen wir zum 31.12. mit einem Forderungsausfall von 40 %.

1. *Wie hoch sind die einwandfreien und zweifelhaften Forderungen zum 31.12.?*
2. *Buchen Sie auf den erforderlichen Konten a) zum 12.12. und b) zum 31.12.*
3. *Bei einer zweifelhaften Forderung besteht stets ein besonderes (individuelles) Ausfallrisiko. Nennen Sie Beispiele.*
4. *Worüber gibt die Bilanzposition „Einzelwertberichtigungen" Auskunft?*

229 Der Vergleich (Aufgabe 228) kommt zu Beginn des neuen Geschäftsjahres bei folgenden Quoten zustande: a) 70 %; b) 50 %. Zahlung durch Bank.

1. *Ermitteln Sie rechnerisch die Umsatzsteuerberichtigung und die Erfolgsauswirkung.*
2. *Nennen Sie die Buchungssätze für die Fälle a) und b).*
3. *Welcher Zusammenhang besteht zwischen den Posten „Zweifelhafte Forderungen" und „Einzelwertberichtigungen von zweifelhaften Forderungen"?*

230 *Wie lauten die Buchungssätze?*
1. Vom Amtsgericht erhalten wir die Mitteilung, daß die von uns gegen den Kunden Berg beantragte Zwangsvollstreckung fruchtlos war. Unsere Forderung: 2 760,00 DM.
2. Durch ein Versehen unserer Buchhaltung ist ein Kunde nicht rechtzeitig zur Zahlung gemahnt worden. Unsere Forderung in Höhe von 529,00 DM ist inzwischen verjährt.

231 Zum Ende des Geschäftsjahres werden folgende Forderungen überprüft:
a) Kunde Beinstock: 4 025,00 DM; b) Jerckes: 2 300,00 DM; c) Nadeck: 2 530,00 DM.
Buchen Sie aufgrund der folgenden Vorgänge (Anfangsbestand im Konto 0841: 4 500,00 DM):
a) Kunde Beinstock hat am 10.10. das Vergleichsverfahren beantragt. Der Vergleichsverwalter teilt uns im Dezember mit, daß mit einem Ausfall von 40 % zu rechnen sei.
b) Kunde Jerckes hat am 15.11. Konkurs angemeldet. Auf Anfrage beim Konkursverwalter erfahren wir rechtzeitig zum Ende des Geschäftsjahres, daß mit einer Konkursquote von 30 % gerechnet werden könne.
c) Im Dezember erfahren wir, daß sich der Kunde Nadeck in Zahlungsschwierigkeiten befindet. Er hat in einem Fall einen auf ihn gezogenen Wechsel nicht am Fälligkeitstag eingelöst und in einem anderen Fall einen Lieferanten um Zahlungsaufschub gebeten. Nadeck hat noch kein Vergleichs- oder Konkursverfahren beantragt. Vorsorglich rechnen wir mit einem Verlust von 50 %.

232 Die in Aufgabe 231 beschriebenen Vorgänge finden im darauffolgenden Geschäftsjahr ihren Abschluß. *Buchen Sie entsprechend.*
a) Im Fall des Kunden Beinstock kommt am 10.05. ein Vergleich zustande. Der Vergleichsverwalter überweist auf unser Bankkonto 2 875,00 DM.
b) Der Konkurs des Kunden Jerckes schließt mit einer Konkursquote von 20 % ab.
c) Kunde Nadeck zahlt unsere Forderung nicht termingerecht und reagiert auch nicht auf unsere Mahnungen. Im Februar erhalten wir die Mitteilung, daß Nadeck den Antrag auf Konkurs gestellt hat. Der Konkurs wird im April mangels Masse eingestellt.

233 *Buchen Sie den folgenden Vorgang im Zeitablauf (Anfangsbestand im Konto 0841: 6 000,00 DM):*
a) Verkauf von Erzeugnissen an den Kunden G. Stark am 15.10., Zahlungsziel 30 Tage, netto 12 000,00 DM + Umsatzsteuer.
b) Am 10.11. wird gegen den Kunden Stark das Vergleichsverfahren eröffnet.
c) Am 20.12. teilt der Vergleichsverwalter mit, daß ein Ausfall in Höhe von 60 % zu erwarten sei. Am Jahresende wird eine entsprechende Abschreibung vorgenommen.
d) Am 15.02. des folgenden Jahres gehen 8 280,00 DM auf unser Bankkonto ein.

3.2.2.3 Pauschalwertberichtigung (PWB) der Forderungen

Allgemeines Ausfallrisiko. Bei großem Kundenstamm ist eine Einzelbewertung aller Forderungen zum Bilanzstichtag zu zeitaufwendig. Erfahrungsgemäß ist aber auch bei den einwandfreien Forderungen im Laufe des Geschäftsjahres mit Ausfällen zu rechnen. Kunden von an sich guter Bonität können durch nicht vorhergesehene Ereignisse in Zahlungsschwierigkeiten geraten. Ein Abschwächen der Konjunktur kann bei bisher zahlungsfähigen Kunden ebenfalls zu einem Liquiditätsengpaß führen. Diesem nicht vorhersehbaren allgemeinen Ausfall- bzw. Kreditrisiko trägt man vorsorglich durch eine Pauschalabschreibung der Forderungen Rechnung.

Berechnung der Pauschalabschreibung. Aufgrund der betrieblichen Erfahrungen (Forderungsausfälle der letzten 3–5 Jahre) wird ein Prozentsatz ermittelt und auf den Bestand der Forderungen (Nettowert) angewandt. Dieser Pauschalsatz muß rechnerisch nachweisbar sein. Er sollte aus steuerlichen Gründen 5 % nicht überschreiten.

Indirekte Abschreibung. Die Pauschalabschreibung wird aus Gründen der Klarheit nicht direkt im Haben des Kontos „1400 Forderungen a.LL" gebucht, sondern indirekt im Haben eines besonderen Wertberichtigungs- oder Korrekturkontos. Der Abschreibungsbetrag wird zunächst im Soll des Aufwandskontos

4830 Einstellung in Pauschalwertberichtigung

gebucht. Die entsprechende Habenbuchung erscheint auf dem Passivkonto

0840 Pauschalwertberichtigung von Forderungen (PWB).

Zum Jahresabschluß wird das Konto 0840 zum Schlußbilanzkonto abgeschlossen. Im Schlußbilanzkonto bildet somit die auf der Passivseite der Bilanz ausgewiesene „Pauschalwertberichtigung von Forderungen" einen Korrekturposten zum Posten „Forderungen a.LL" auf der Aktivseite der Bilanz.

Beispiel:	Gesamtbetrag der Forderungen zum 31.12.01, brutto	230 000,00 DM
–	Umsatzsteueranteil	30 000,00 DM
	Nettoforderungen, die der Pauschalbewertung unterliegen	200 000,00 DM
	Hierauf 3 % Pauschalabschreibung	**6 000,00 DM**

Buchungen zum 31.12.:

① 4830 Einstellung in PWB .... an 0840 PWB von Forderungen ... 6 000,00
② 9800 Betriebsergebnis .... an 4830 Einstellung in PWB 6 000,00
③ 9990 Schlußbilanzkonto .... an 1400 Forderungen a.LL 230 000,00
④ 0840 PWB von Forderungen .... an 9990 Schlußbilanzkonto 6 000,00

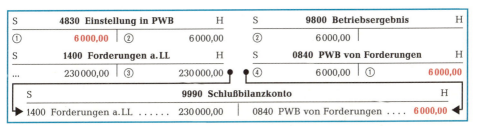

Aussagewert der Bilanz. Das Schlußbilanzkonto weist nun im Soll den Gesamtbetrag der Forderungen aus Lieferungen und Leistungen aus, im Haben dagegen den vermuteten Forderungsausfall in Höhe der Pauschalwertberichtigung. In Bilanzen von Kapitalgesellschaften, die veröffentlicht werden sollen, muß die Pauschalwertberichtigung jedoch vorher von den Forderungen aktivisch abgesetzt werden. → siehe Bilanz (§ 266 HGB) im Anhang.

Buchungen während des Geschäftsjahres. Bei Ausfall einer Forderung während des Geschäftsjahres wird die <u>Pauschalwertberichtigung nicht in Anspruch genommen.</u> Der Ausfall wird <u>direkt</u> über das Konto 4810 (mit Steuerberichtigung) gebucht.

Beispiel: Im März des neuen Geschäftsjahres wird ein Kunde zahlungsunfähig. Unsere Forderung in Höhe von 1035,00 DM (900,00 + 135,00) ist uneinbringlich.

Buchung:

4810 Abschreibungen auf Forderungen	900,00	
1750 Umsatzsteuer	135,00	
an 1400 Forderungen a.LL		1 035,00

Anpassung zum Bilanzstichtag. Die <u>Pauschalwertberichtigung</u> ist zum Jahresabschluß stets dem neuen Forderungsbestand anzupassen. Sie muß entweder herauf- oder herabgesetzt werden. Eine <u>Aufstockung</u> bedeutet eine zusätzliche Neubildung in Höhe des Unterschiedsbetrages zwischen dem Bestand der PWB und dem zu bildenden neuen Wert der Pauschalwertberichtigung. Eine <u>Herabsetzung</u> bedingt eine entsprechende Auflösung der PWB über das Konto

„2550 Betriebliche a. o. Erträge".

Beispiel: Die PWB hat im obigen Beispiel am 31.12.02 einen Bestand von 6 000,00 DM. Aufgrund des relativ geringen Forderungsausfalls im letzten Jahr setzen wir den Pauschalsatz von 3 % auf 2 % herab. Zwei Fälle sind möglich:

● **Forderungsbestand zum 31.12.: netto 350 000,00 DM; Pauschalsatz 2 %**

2 % von 350 000,00 DM Forderungsbestand zum 31.12.02	7 000,00 DM
− Bestand der PWB des Vorjahres	6 000,00 DM
Heraufsetzung der PWB zum 31.12.02	1 000,00 DM

Buchung: 4830 Einstellung in PWB .. an 0840 PWB von Forderungen .. 1 000,00

S	0840 PWB von Forderungen		H
SBK	7 000,00	EBK	6 000,00
		4830	1 000,00
	7 000,00		7 000,00

● **Forderungsbestand am 31.12.: netto 200 000,00 DM; Pauschalsatz 2 %**

2 % von 200 000,00 DM Forderungsbestand zum 31.12.02	4 000,00 DM
− Bestand der PWB des Vorjahres	6 000,00 DM
Auflösung der PWB zum 31.12.02	2 000,00 DM

Buchung: 0840 PWB an 2550 Betriebliche a. o. Erträge 2 000,00

S	0840 PWB von Forderungen		H
2550	2 000,00	EBK	6 000,00
SBK	4 000,00		
	6 000,00		6 000,00

Merke:

- ● Die Pauschalwertberichtigung berücksichtigt lediglich das <u>allgemeine</u> Ausfallrisiko bei Forderungen.
- ● Während des Geschäftsjahres werden alle Forderungsausfälle zu Lasten des Kontos „4810 Abschreibungen auf Forderungen" (= automatisches Konto) gebucht.
- ● Zum Bilanzstichtag ist die Pauschalwertberichtigung lediglich dem neuen Forderungsbestand durch Aufstockung oder Herabsetzung anzupassen.

3.2.2.4 Kombination von Einzel- und Pauschalbewertung

In den meisten Unternehmen werden die Forderungen zum Bilanzstichtag sowohl einzeln als auch pauschal bewertet und berichtigt. Bestimmte zweifelhafte Forderungen, bei denen am Abschlußtag ein spezielles Ausfallrisiko (z. B. wegen eines noch nicht abgeschlossenen Konkursverfahrens) besteht, bedürfen einer Einzelbewertung durch Bildung einer Einzelwertberichtigung. Für die einwandfreien Forderungen wird wegen des allgemeinen Ausfallrisikos eine Pauschalwertberichtigung gebildet.

Zur Ermittlung der Pauschalwertberichtigung müssen die zweifelhaften Forderungen, die der Einzelbewertung unterliegen, zunächst vom Gesamtbetrag der Forderungen abgezogen werden.

Beispiel: Der Forderungsbestand eines Industrieunternehmens beträgt zum Bilanzstichtag (31.12.) 345 000,00 DM. Bei Inventur der Forderungen wird noch festgestellt, daß über das Vermögen des Kunden Werner Theuer bereits am 13.12. das Konkursverfahren eröffnet worden ist. Unsere Forderung: 23 000,00 DM.

Vor Erstellung des Jahresabschlusses teilt uns der Konkursverwalter mit, daß mit einer Konkursquote von 20 % zu rechnen ist. Im übrigen unterliegen die einwandfreien Forderungen einer Pauschalwertberichtigung von 2 %.

Anfangsbestände: EWB 12 000,00 DM; PWB 7 500,00 DM.

● **Berechnung und Buchung der Pauschalwertberichtigung:**

Gesamtbetrag der Forderungen, brutto	345 000,00
– Zweifelhafte Forderungen (Einzelbewertung) Werner Theuer	23 000,00
Forderungen, die der Pauschalbewertung unterliegen, brutto	322 000,00
– Umsatzsteueranteil	42 000,00
Forderungen, die der Pauschalbewertung unterliegen, **netto**	280 000,00
Hierauf Pauschalwertberichtigung von 2 %	**5 600,00**

Buchung: 0840 PWB von Forderungen 1 900,00
an 2550 A. o. Erträge (7 500,00–5 600,00) 1 900,00

● **Berechnung und Buchung der Einzelwertberichtigung:**

Mutmaßlicher Ausfall = 80 % von 20 000,00 DM netto, also **16 000,00 DM.**

① 1490 Zweifelhafte Forderungen . . . . . . an 1400 Forderungen a. LL 23 000,00
② 4820 Einstellung in EWB . . . . an 0841 EWB von Forderungen 4 000,00

S	9990 Schlußbilanzkonto	H
1400 Forderungen a. LL . . . . 322 000,00 ◄──► 0840 PWB		5 600,00
1490 Zweifelhafte Forderungen . . 23 000,00 ◄──► 0841 EWB		16 000,00

Merke: ● Die Pauschalwertberichtigung berücksichtigt das allgemeine Ausfallrisiko.
● Die Einzelwertberichtigung berücksichtigt das besondere Ausfallrisiko.

Kapitalgesellschaften. In der zu veröffentlichenden Jahresbilanz einer Kapitalgesellschaft dürfen nach § 266 HGB (siehe Bilanzgliederung im Anhang) keine Wertberichtigungsposten und zweifelhaften Forderungen ausgewiesen werden. Diese Posten sind vorab mit den „Forderungen a. LL" zu verrechnen. In diesem Fall würde die Bilanz dann folgendes Aussehen haben:

Aktiva	Bilanz der X-AG	Passiva
Forderungen a. LL 323 400,00		

Aufgaben – Fragen

234 Die Netto-Forderungsbestände der letzten 5 Jahre betragen insgesamt 1506 000,00 DM, die entsprechenden Forderungsverluste 45 180,00 DM netto.

1. *Ermitteln Sie den Prozentsatz für eine Pauschalwertberichtigung der Forderungen.*
2. *Bilden und buchen Sie die Pauschalwertberichtigung zum 31.12. des laufenden Jahres bei einem Forderungsbestand von 690 000,00 DM und einem Anfangsbestand der PWB von 15 000,00 DM.*

235 Der Forderungsbestand eines Industrieunternehmens beträgt zum 31.12.01 575 000,00 DM. Wegen des allgemeinen Kreditrisikos wird aufgrund der Erfahrungen in der Vergangenheit mit einem Ausfall von 2 % gerechnet. Eine Einzelbewertung war nicht möglich.
Berechnen Sie die Pauschalwertberichtigung, und buchen Sie zum 31.12. (Anfangsbestand PWB 12 000,00 DM).

236 Im folgenden Jahr (Aufgabe 235) liegen folgende Zahlungsausfälle vor:

02.03.	Kunde Ley:	unsere Forderung: 2 300,00 DM;	Ausfall 100 %
08.06.	Kunde Maag:	unsere Forderung: 3 450,00 DM;	Ausfall 60 %
11.10.	Kunde Naumann:	unsere Forderung: 920,00 DM;	Ausfall 50 %

Restzahlung durch Banküberweisung. *Buchen Sie die Forderungsausfälle.*

237 Zum Bilanzstichtag am 31.12.02 beträgt der Forderungsbestand des obengenannten Industrieunternehmens (Aufgaben 235/236): a) 690 000,00, b) 230 000,00 DM.

1. *Berechnen Sie für die Schlußbilanz die neue PWB zu 2 %, und ermitteln Sie den jeweiligen Betrag für die Herauf- bzw. Herabsetzung der PWB.*
2. *Buchen Sie die Anpassung der PWB an die neuen Werte.*

238 Der Kunde P. Pech ist tödlich verunglückt. Die Witwe ist zahlungsunfähig. Die Forderung über 460,00 DM (400,00 DM netto + 60,00 DM Umsatzsteuer) ist auszubuchen. Die Pauschalwertberichtigung beträgt 8 000,00 DM für das laufende Jahr. *Wie lautet die Buchung?*

239 Der Gesamtbetrag der Forderungen (brutto) beläuft sich auf 460 000,00 DM. Darin sind folgende Außenstände enthalten, die im Rahmen der Einzelbewertung wertberichtigt werden müssen:

Kunden	Bruttobetrag der Forderung	Mutmaßlicher Ausfall
Becker	23 000,00	80 %
Meier	10 350,00	30 %
Schnell	3 450,00	50 %

Für den Rest des Forderungsbestandes ist eine Pauschalwertberichtigung von 3 % zu bilden. Anfangsbestände: EWB 15 000,00 DM, PWB 12 000,00 DM.

240 Das Konkursverfahren im Falle des Kunden Becker (Aufgabe 239) ist abgeschlossen. Der Konkursverwalter überweist auf unser Bankkonto die Konkursdividende:

a) 30 %,   b) 10 %.

1. *Stellen Sie in den Fällen a) und b) jeweils die Berechnung des endgültigen Ausfalls dar.*
2. *Führen Sie die entsprechenden Buchungen durch.*

241 Auf eine im vergangenen Jahr als uneinbringlich abgeschriebene Forderung werden uns unerwartet 575,00 DM (500,00 DM netto + 75,00 DM Umsatzsteuer) auf unser Bankkonto überwiesen. *Buchen Sie den Vorgang.*

242
1. *Die Forderungen werden im Hinblick auf ihre Bewertung in drei Gruppen eingeteilt. Nennen Sie diese, und geben Sie jeweils an, wie die Forderungen zu bewerten sind.*
2. *Welche Vorteile hat die indirekte Abschreibung auf zweifelhafte Forderungen für die Buchhaltung eines Industrieunternehmens?*
3. *Begründen Sie die Notwendigkeit der Bildung einer Pauschalwertberichtigung auf Forderungen.*

4 Bewertung der Schulden

Höchstwertprinzip. Verbindlichkeiten sind zum Bilanzstichtag gemäß § 253 [1] HGB zu ihrem Höchstwert, d. h. mit ihrem

höheren Rückzahlungsbetrag

in die Bilanz einzusetzen, sofern überhaupt eine Wahlmöglichkeit zwischen einem niedrigeren und höheren Wert besteht. Das ist z. B. der Fall bei

- **Währungsverbindlichkeiten** und ● **Hypotheken.**

Bei Währungsverbindlichkeiten (Valutaverbindlichkeiten) ist zunächst der Tages-Wechselkurs am Bilanzstichtag festzustellen. Ist dieser gesunken, so darf nicht der niedrigere Kurs eingesetzt werden (nicht realisierter Gewinn!). Ist der Wechselkurs dagegen gestiegen, so muß aus Gründen kaufmännischer Vorsicht die Verbindlichkeit zum höheren Wert in der Bilanz ausgewiesen werden (Höchstwertprinzip!).

Beispiel:	Wir haben am 18.11. aus den USA Rohstoffe mit einem Zahlungsziel von 8 Wochen importiert. Die Rechnung lautet über 5 000 Dollar. Zum 18.11. betrug der Wechselkurs 1,70 DM/Dollar. Der Rechnungsbetrag der Eingangsrechnung von 8 500,00 DM (5000 · 1,70) wurde gebucht:

3000 Rohstoffe . . . . an **1600 Verbindlichkeiten a. LL . . .** 8 500,00

Bei der Bewertung der Währungsverbindlichkeit sind drei Fälle möglich:

- **Am Bilanzstichtag entspricht der Tageskurs dem Anschaffungskurs von 1,70 DM/Dollar.**

Die Auslandsschuld ist zum Anschaffungskurs zu passivieren:

Bilanzansatz = 5 000 Dollar · 1,70 DM = 8 500,00 DM

- **Am Bilanzstichtag ist der Kurs auf 1,80 DM/Dollar gestiegen.**

Nach dem strengen Höchstwertprinzip müssen Verbindlichkeiten zum Abschlußstichtag mit ihrem höheren Rückzahlungsbetrag bewertet und in die Schlußbilanz eingesetzt werden:

Bilanzansatz = 5 000 Dollar · 1,80 DM = 9 000,00 DM

Damit wird bereits zum Bilanzstichtag ein Verlust von 500,00 DM ausgewiesen.

Buchung: **4000 Fertigungsmaterial** an **1600 Verbindlichkeiten a. LL** 500,00

Nach dieser Buchung erscheint die Währungsverbindlichkeit mit ihrem höheren Tageswert von 9 000,00 DM in der Bilanz.

- **Am Bilanzstichtag ist der Kurs auf 1,50 DM/Dollar gesunken.**

Die Währungsverbindlichkeit darf nun nicht mit dem niedrigeren Wert von 7 500,00 DM (5 000 Dollar zu 1,50 DM) angesetzt werden, da sonst ein Gewinn von 1 000,00 DM ausgewiesen würde, der durch Bezahlung der Rechnung noch nicht entstanden (realisiert) ist. Nicht realisierte Gewinne dürfen nicht ausgewiesen werden! Aus Gründen der Vorsicht muß die Verbindlichkeit zum höheren ursprünglichen Anschaffungswert von 8 500,00 DM passiviert werden.

Merke:	● **Zum Bilanzstichtag sind Verbindlichkeiten zum höheren Rückzahlungsbetrag in die Bilanz einzusetzen (Höchstwertprinzip):**
	Tageskurs zum 31.12. > Anschaffungskurs ➜ Ansatz zum Tageskurs
	Tageskurs zum 31.12. < Anschaffungskurs ➜ Ansatz zum Anschaffungskurs
	● **Das Höchstwertprinzip ist Ausdruck kaufmännischer Vorsicht.**

Bei Hypothekenschulden ist der Rückzahlungsbetrag (= 100 %) meist höher als der vereinnahmte Betrag. Der Unterschiedsbetrag, das sogenannte Abgeld, auch Damnum oder Disagio genannt, darf nach § 250 (3) HGB unter die Rechnungsabgrenzungsposten der Aktivseite (ARA) aufgenommen werden (Aktivierungsrecht). Das Disagio ist dann allerdings durch planmäßige Abschreibungen auf die gesamte Laufzeit der Hypothek zu verteilen. Steuerrechtlich muß das Disagio aus Gründen einer periodengerechten Ermittlung des steuerpflichtigen Gewinns aktiviert und gleichmäßig abgeschrieben werden (Aktivierungspflicht).

Beispiel: Zur Finanzierung einer Lagerhalle haben wir bei der Bank eine Hypothek von 500 000,00 DM aufgenommen, die zu 96 % = 480 000,00 DM ausgezahlt wurde. Das Disagio von 20 000,00 DM ist als Zinsaufwand auf die zehnjährige Laufzeit der Hypothek planmäßig zu verteilen (abzuschreiben), also jährlich 2 000,00 DM.

① **Buchung bei Aufnahme der Hypothek:**　　　　　S　　│　　H

　　　　1130 Bank 480 000,00
　　　　0980 ARA 20 000,00
　　　　　　an 0610 Hypothekenschulden .... │ 500 000,00 (Rückzahlungsbetrag)

② **Buchung zum 31.12.:**

　　　　2400 Zinsaufwendungen .... an 0980 ARA 2 000,00

Anleihen (Industrieobligationen) werden von bedeutenden Industrieunternehmen meist in Form von Teilschuldverschreibungen ausgegeben. Um einen Kaufanreiz zu schaffen, erfolgt die Ausgabe oft unter pari (Nennwert = 100 %), also mit einem Disagio. Zuweilen verpflichten sich die Industriebetriebe, diese Anleihen nach Ablauf einer bestimmten Zeit mit einem höheren Wert (über pari), also mit einem Aufgeld oder Agio, zurückzuzahlen. Der Unterschiedsbetrag zwischen dem höheren Rückzahlungswert und dem niedrigeren Ausgabebetrag der Anleihe (Disagio + Rückzahlungsagio) ist dann aktiv abzugrenzen (ARA) und ebenfalls planmäßig abzuschreiben.

Beispiel: Ein Industriebetrieb gibt zur Finanzierung notwendiger Erweiterungsinvestitionen eine Anleihe mit einem Nennwert von 10 Millionen DM aus. Ausgabekurs 96 % = 9 600 000,00 DM; Rückzahlungskurs 102 % = 10 200 000,00 DM. Rückzahlung nach 10 Jahren.

① **Buchung bei Ausgabe der Anleihe:**　　　　　S　　│　　H

　　　　1130 Bank 9 600 000,00
　　　　0980 ARA 600 000,00
　　　　　　an 0610 Anleiheschulden .... │ 10 200 000,00 (Rückzahlungsbetrag)

② **Buchung zum 31.12.:**

　　　　Planmäßige Abschreibung des Disagios und Rückzahlungsagios:
　　　　600 000 : 10 = 60 000,00 DM jährlich.

　　　　2400 Zinsaufwendungen .... an 0980 ARA 60 000,00

Merke: **Bei Hypotheken- und Anleiheschulden werden Abgeld (Damnum bzw. Disagio) und Aufgeld (Rückzahlungsagio) unter der ARA gesondert erfaßt und durch planmäßige Abschreibungen (Konto 2400) auf die entsprechende Laufzeit verteilt.**

Die übrigen Verbindlichkeiten, wie

● **Verbindlichkeiten a. LL,**　　　● **Schuldwechsel,**
● **sonstige Verbindlichkeiten,**　　● **Bankschulden u. a.,**

werden in der Schlußbilanz mit ihrem Nennwert (Nominalwert) angesetzt.

200

Aufgaben – Fragen

243 Die Elektrowerke GmbH bezieht aus den USA Mikrochips. Rechnungseingang am 18.12. über 15 000 Dollar zum Tageskurs von 1,60 DM. Zahlungsziel vier Wochen.
1. *Wie lautet die Buchung bei Rechnungseingang?*
2. *Wie ist die Auslandsverbindlichkeit zum 31.12. zu bewerten, wenn der Kurs a) 1,60 DM, b) 1,80 DM, c) 1,50 DM beträgt? Begründen Sie Ihre Bewertung.*

244 Die Metallbau GmbH importiert Fertigteile aus der Schweiz zum Rechnungsbetrag von 25 000 sfrs. Zahlungsziel vier Wochen. Rechnungseingang 22.12. Kurs 117,00 DM je 100 sfrs.
1. *Buchen Sie den Rechnungseingang am 22.12.*
2. *Bewerten Sie die Fertigteile zum 31.12. zum Kurs von a) 115,00 DM; b) 120,00 DM.*

245 Ein Industriebetrieb hat am 02.01. eine Hypothek in Höhe von 300 000,00 DM aufgenommen. Laufzeit 10 Jahre. Dem Bankkonto wurde der Auszahlungsbetrag von 282 000,00 DM gutgeschrieben. 8 % Zinsen, jeweils zum 30.06. und 31.12., zuzüglich Tilgung.
1. *Buchen Sie bei Aufnahme der Hypothek.*
2. *Buchen Sie die halbjährlichen Zahlungen für Zinsen und Tilgung.*   3. *Buchen Sie zum 31.12.*

246 Im Konto „1600 Verbindlichkeiten a. LL" ist eine Verbindlichkeit von 20 000 Dollar zum Kurs von 1,80 DM enthalten. Am Bilanzstichtag beträgt der Kurs a) 1,90 DM; b) 1,60 DM.
1. *Ermitteln und begründen Sie den Bilanzansatz zum 31.12.*   2. *Wie lautet die Buchung?*

247 Wir haben am 10.01. eine Hypothek von 900 000,00 DM zu 98 % für einen Neubau aufgenommen. Laufzeit der Hypothek 20 Jahre.
1. *Buchen Sie a) bei Aufnahme der Hypothek und b) zum 31.12.*
2. *Begründen Sie, weshalb steuerlich das Disagio gleichmäßig auf die Laufzeit verteilt wird.*

248 Ein Industriebetrieb gibt zu Beginn des Geschäftsjahres eine Anleihe im Nennwert von 20 Millionen aus. Ausgabekurs 97 %, Rückzahlungskurs 101 %; Rückzahlung nach 10 Jahren.
1. *Ermitteln Sie das Disagio und Rückzahlungsagio.*
2. *Zu welchem Betrag muß die Anleiheschuld passiviert werden?*
3. *Buchen Sie a) bei Ausgabe der Anleihe und b) zum 31.12.*

249 Eine Dachreparatur konnte im Dezember nicht mehr durchgeführt werden und mußte deshalb bis Mitte Januar aufgeschoben werden. Kostenvoranschlag: 5 800,00 DM netto.
1. *Buchen Sie zum 31.12.*   2. *Wie ist zu buchen, wenn im neuen Jahr nach Durchführung der Reparatur folgende Rechnungen durch Bank beglichen werden: a) 5 800,00 DM + USt; b) 6 400,00 DM + USt; c) 5 400,00 DM + USt?*

250 Bildung einer Rückstellung für die Gewerbesteuer über 18 600,00 DM. Banküberweisung der Gewerbesteuer im März n. J.:   a) 18 600,00 DM;   b) 17 200,00 DM;   c) 19 000,00 DM.
Buchen Sie die Bildung und Auflösung der Gewerbesteuerrückstellung.

251 *Nennen Sie die Buchung:* a) Am Jahresende werden der Pensionsrückstellung für unsere Belegschaftsmitglieder 150 000,00 DM zugeführt. b) Pensionsrückstellungen in Höhe von 17 600,00 DM werden wegen Kündigung von Belegschaftsmitgliedern aufgelöst.

252 Wir bestellen am 02.12. 6 000 kg Rohstoffe zu 30,00 DM/kg. Lieferungstermin 10.02. n. J. Der Wiederbeschaffungswert am 31.12. beträgt 20,00 DM.
1. *Erklären Sie, inwiefern es sich hierbei um ein „schwebendes" Geschäft handelt.*
2. *In welchem Fall müssen schwebende Geschäfte bilanzmäßig berücksichtigt werden?*
3. *Buchen Sie a) zum 31.12. und b) nach Erhalt der Rohstoffe im neuen Jahr.*

253 1. *Nennen Sie Verbindlichkeiten, die zum Nennwert zu passivieren sind.*
2. *Bei welchen Schulden ergibt sich oft ein Bilanzansatz zum höheren Rückzahlungswert?*
3. *Welcher Zusammenhang besteht zwischen Höchstwert- und Niederstwertprinzip?*

6624201

201

254

Kontenplan und vorläufige Saldenbilanz	Soll	Haben
0100 Technische Anlagen und Maschinen	1 260 000,00	–
0370 Betriebs- und Geschäftsausstattung	340 000,00	–
0380 Geringwertige Wirtschaftsgüter	8 600,00	–
0600 Darlehensschulden	–	380 000,00
0700 Eigenkapital	–	900 000,00
0840 Pauschalwertberichtigung von Forderungen	–	1 400,00
0852 Sonstige Rückstellungen	–	8 600,00
1000 Kasse	7 400,00	–
1130 Bank	148 500,00	–
1400 Forderungen a. LL	172 500,00	–
1550 Vorsteuer	85 800,00	–
1600 Verbindlichkeiten a. LL	–	170 000,00
1700 Sonstige Verbindlichkeiten	–	110 000,00
1750 Umsatzsteuer	–	50 000,00
1970 Privat	87 200,00	–
2400 Zinsaufwendungen	56 400,00	–
2450 Zinserträge	–	4 000,00
2500 Betriebliche a. o. Aufwendungen	6 000,00	–
3000 Rohstoffe	208 600,00	–
3300 Hilfsstoffe	86 400,00	–
4001 Diverse Kostenarten	840 000,00	–
4100 Gemeinkostenmaterial	6 000,00	–
4500 Instandhaltung	8 000,00	–
4600 Steuern und Beiträge	14 000,00	–
4700 Raumkosten	145 300,00	–
7800 Unfertige Erzeugnisse	78 300,00	–
7900 Fertige Erzeugnisse	41 000,00	–
8300 Umsatzerlöse für Erzeugnisse	–	1 976 000,00
Weitere Konten: 0851, 0980, 0990, 2300, 2800, 4800, 4830, 8900, 9800, 9870, 9890, 9990.	3 600 000,00	3 600 000,00

Abschlußangaben zum Bilanzstichtag:

1. Außerplanmäßige Abschreibungen: a) Vollabschreibung der GWG; b) Eine EDV-Anlage, Buchwert 8 500,00 DM, hat nur noch einen Wert von 500,00 DM.
2. Planmäßige Abschreibungen: TA u. Maschinen: 30 % degressiv
   BGA: 20 % linear von 500 000,00 DM Anschaffungskosten.
3. Kalkulatorische Abschreibungen von den Wiederbeschaffungswerten:
   TA u. Maschinen: 10 % von 1 500 000,00 DM; BGA: 20 % von 600 000,00 DM.
4. Die Pauschalwertberichtigung ist auf 5 % zu bemessen.
5. Bildung einer Gewerbesteuerrückstellung in Höhe von 32 800,00 DM und einer Rückstellung für unterlassene Instandhaltungen über 68 000,00 DM.
6. Die Dezember-Miete für die Werkshalle wird von uns Anfang n. J. mit 15 000,00 DM gezahlt.
7. Ein Kunde hatte uns für einen kurzfristigen Kredit die Halbjahreszinsen in Höhe von 600,00 DM am 01.11. im voraus überwiesen.
8. Im Konto 1600 ist eine Auslandsverbindlichkeit von 10 000 Dollar zum Anschaffungskurs von 1,70 DM/Dollar enthalten. Der Dollarkurs zum 31.12. beträgt 1,80 DM.
9. Kassenfehlbetrag lt. Inventur 400,00 DM.
10. Am 01.10. wurden von uns die Halbjahres-Darlehenszinsen im voraus gezahlt: 17 100,00 DM.
11. Der Tageswert des Inventurbestandes der Hilfsstoffe beträgt 40 000,00 DM. Die durchschnittlichen Anschaffungskosten betragen 44 000,00 DM.
12. Inventurbestände: Fertige Erzeugnisse: 50 000,00 DM; Unfertige Erzeugnisse: 30 000,00 DM.

Kontieren Sie im Grundbuch die Abschlußangaben, und führen Sie den Abschluß durch.

5 Abschluß in der Hauptabschlußübersicht

Vor dem endgültigen Abschluß aller Konten macht man in der Praxis meist einen Probeabschluß in Form einer tabellarischen

Hauptabschlußübersicht,

auch Abschlußtabelle oder Betriebsübersicht genannt. Das geschieht, um

- **die rechnerische Richtigkeit** der im Geschäftsjahr vorgenommenen Buchungen zu überprüfen (Buchungsfehler),
- **eine zusammenfassende Übersicht über alle Daten** der Bestands- und Erfolgskonten als Informations- und Entscheidungsgrundlage für die Unternehmensleitung zu gewinnen,
- **den Jahresabschluß vorzubereiten.** Viele vorbereitende Abschlußbuchungen bedürfen grundsätzlicher Vorüberlegungen (Bewertungsfragen) und damit der Entscheidung der Geschäftsleitung, z. B. über die Höhe der Abschreibungen, die Bildung von Rückstellungen, die Bewertung von Forderungen u. a. Es ist daher sinnvoll, den Jahresabschluß zunächst außerhalb der Buchführung tabellarisch vorzunehmen.

Die Hauptabschlußübersicht des Industriebetriebes umfaßt in der Regel 8 Spalten:[1]

1. Summenbilanz

Sie bildet den Ausgangspunkt und damit die Grundlage für die zu erstellende Hauptabschlußübersicht. Die Summenbilanz übernimmt deshalb alle im Geschäftsjahr geführten Bestands- und Erfolgskonten einzeln mit den Summen ihrer Soll- und Habenseite, die sich aus der Buchung der Anfangsbestände und aller Geschäftsfälle ergeben haben. Im Sinne der Bilanzgleichung muß die Summenbilanz im Endergebnis auf beiden Seiten die gleichen Summen aufweisen (Probebilanz!); sie ist damit Beleg für die rechnerische Richtigkeit der Buchungen. In der Summenbilanz sind bereits wichtige Umschlagszahlen auf den Sachkonten zu erkennen, z. B. Umfang der entstandenen und ausgeglichenen Forderungen und Verbindlichkeiten, die Bewegungen auf den Finanzkonten u. a. m.

2. Saldenbilanz I

Aus den Zahlen der Summenbilanz werden für die einzelnen Konten die Salden ermittelt und in die Saldenbilanz I eingetragen. Im Gegensatz zum Konto muß der Saldo in der Saldenbilanz jeweils auf der größeren Seite erscheinen. Sind die Salden richtig errechnet, so müssen Soll- und Habenseite auch in der Saldenbilanz summengleich sein.

3. Umbuchungen

Diese Spalte nimmt die vorbereitenden Abschlußbuchungen auf:

- Abschreibungen auf Anlagen und Umlaufvermögen
- Bestandsveränderungen an unfertigen und fertigen Erzeugnissen
- Zeitliche Abgrenzungen
- Ausgleich von Bestandsdifferenzen zwischen Buchbestand und Istbestand lt. Inventur
- Bildung von Rückstellungen
- Bewertungskorrekturen
- Abschluß der Unterkonten über die entsprechenden Hauptkonten, z. B. Privat, Bezugskosten, Erlösberichtigungen, Nachlässe
- Verrechnung der Konten „Vorsteuer" und „Umsatzsteuer"

Die Buchungen werden in der Umbuchungsspalte nach den Regeln der Doppik durchgeführt. Es empfiehlt sich jedoch, eine gesonderte Umbuchungsliste als Beleg anzufertigen, die alle Angaben und Daten ausweist.

4. Saldenbilanz II

Aus der Saldenbilanz I und der Umbuchungsspalte ergeben sich die endgültigen Salden in der Saldenbilanz II. Aus ihr werden Erfolgsrechnung und Schlußbilanz entwickelt.

5. Betriebsergebnis

In diese Spalte werden alle Kostenarten der Klasse 4 und Leistungen der Klasse 8 aus der Saldenbilanz II übernommen und einander gegenübergestellt. Der Saldo, also der Betriebsgewinn bzw. -verlust, ist dann auf die 7. Spalte „Gesamtergebnis" zu übertragen.

---

1 Der „Summenbilanz" können noch zusätzlich die Spalten **„Eröffnungsbilanz"** und **„Umsatzbilanz"** vorgeschaltet werden, aus deren Addition sich dann die **„Summenbilanz"** ergibt. Für steuerliche Zwecke werden die Spalten **„Betriebsergebnis"** und **„Neutrales Ergebnis"** zu einer Spalte **„Gewinn- und Verlustrechnung"** zusammengefaßt.

Hauptabschlußübersicht (Betriebsübersicht)

Kto.-Nr.	Konten	Summenbilanz S	Summenbilanz H	Saldenbilanz I S	Saldenbilanz I H	Umbuchungen S	Umbuchungen H	Saldenbilanz II S	Saldenbilanz II H	Betriebsergebnis S	Betriebsergebnis H	Neutrales Erg. S	Neutrales Erg. H	Gesamtergebnis S	Gesamtergebnis H	Schlußbilanz Aktiva	Schlußbilanz Passiva
0100	TA u. Maschinen	250000	—	250000	—	—	50000	200000	—	—	—	—	—	—	—	200000	—
0370	BGA	80000	—	80000	—	—	16000	64000	—	—	—	—	—	—	—	64000	—
0700	Eigenkapital	—	520000	—	520000	36000	—	—	484000	—	—	—	—	—	—	—	484000
0980	ARA	25000	25000	—	—	8000	—	8000	—	—	—	—	—	—	—	8000	—
1000	Kasse	60000	40000	20000	—	—	2000	18000	—	—	—	—	—	—	—	18000	—
1130	Bank	780000	660000	120000	—	—	—	120000	—	—	—	—	—	—	—	120000	—
1400	Forderungen a. LL	910000	780000	130000	—	—	—	130000	—	—	—	—	—	—	—	130000	—
1550	Vorsteuer	35000	30000	5000	—	—	5000	—	—	—	—	—	—	—	—	—	—
1600	Verbindlichk. a. LL	330000	400000	—	70000	—	—	—	70000	—	—	—	—	—	—	—	70000
1750	Umsatzsteuer	80000	95000	—	15000	5000	—	—	10000	—	—	—	—	—	—	—	10000
1970	Privat	36000	—	36000	—	—	36000	—	—	—	—	—	—	—	—	—	—
2300	Bilanzmäßige AfA	—	—	—	—	66000	—	66000	—	—	—	66000	—	—	—	—	—
2500	A. o. Aufwendungen	5000	—	5000	—	2000	—	7000	—	—	—	7000	—	—	—	—	—
2550	A. o. Erträge	—	25000	—	25000	—	—	—	25000	—	—	—	25000	—	—	—	—
2800	Verr. kalk. Abschr.	—	—	—	—	—	40000	—	40000	—	—	—	40000	—	—	—	—
3000	Rohstoffe	350000	280000	70000	—	—	—	70000	—	—	—	—	—	—	—	70000	—
4000	Fertigungsmaterial	280000	—	280000	—	—	—	280000	—	280000	—	—	—	—	—	—	—
43/44	Personalkosten	250000	—	250000	—	—	—	250000	—	250000	—	—	—	—	—	—	—
4700	Versch. Kosten	180000	—	180000	—	—	8000	172000	—	172000	—	—	—	—	—	—	—
4800	Kalk. Abschreibgn.	—	—	—	—	40000	—	40000	—	40000	—	—	—	—	—	—	—
7800	Unfertige Erzeugn.	10000	—	10000	—	38000	—	48000	—	—	—	—	—	—	—	48000	—
7900	Fertige Erzeugnisse	45000	—	45000	—	—	26000	19000	—	—	—	—	—	—	—	19000	—
8300	Umsatzerlöse	—	876000	—	876000	25000	—	—	851000	—	851000	—	—	—	—	—	—
8301	Erlösberichtigungen	25000	—	25000	—	—	25000	—	—	—	—	—	—	—	—	—	—
8900	Bestandsveränderngn.	—	—	—	—	26000	38000	—	12000	—	12000	—	—	—	—	—	—
9800	Betriebsergebnis	—	—	—	—	—	—	—	—	121000	—	—	—	—	121000	—	—
9870	Neutrales Ergebnis	—	—	—	—	—	—	—	—	—	—	—	8000	8000	—	—	—
		3731000	3731000	1506000	1506000	246000	246000	1492000	1492000	863000	863000	73000	73000	8000	121000	677000	564000
	Gesamtgewinn:													113000			113000
														121000	121000	677000	677000

Eigenkapital zum 01.01.	520000,00 DM
− Privatentnahmen	36000,00 DM
	484000,00 DM
+ Gesamtgewinn	113000,00 DM
Eigenkapital zum 31.12.	597000,00 DM

6. Neutrales Ergebnis

Aus den neutralen Aufwendungen und Erträgen der Saldenbilanz II wird der neutrale Gewinn bzw. Verlust ermittelt und ebenfalls in die 7. Spalte „Gesamtergebnis" übernommen.

7. Gesamtergebnis

Diese Spalte weist das Gesamtergebnis der Unternehmung aus, das als Saldo in die 8. Spalte „Schlußbilanz" zum Ausgleich der Aktiv- und Passivseite zu übernehmen ist.

8. Schlußbilanz = Inventurbilanz

Sie übernimmt aus der Saldenbilanz II die Salden aller Bestandskonten und weist somit die Bilanzansätze lt. Inventur aus. Die Salden der Spalten „Schlußbilanz" und „Gesamtergebnis" stellen jeweils das Jahresergebnis dar. Sie müssen daher stets gleich sein.

Beispiel: **In der Umbuchungsspalte** der nebenstehenden Hauptabschlußübersicht wurden aufgrund der folgenden **Abschlußangaben lt. Inventur** die nachstehenden **Umbuchungen** (vorbereitenden Abschlußbuchungen) vorgenommen:

● **Bilanzmäßige AfA auf 0100: 20 % = 50 000,00 DM; auf 0370: 20 % = 16 000,00 DM:**

Buchung: 2300 Bilanzmäßige Abschreibungen 66 000,00
              an   0100 Technische Anlagen und Maschinen . . .   50 000,00
              an   0370 BGA 16 000,00

● **Kalkulatorische Abschreibungen: 0100: 30 000,00 DM; 0370: 10 000,00 DM:**

Buchung: 4800 Kalk. Abschreibungen . . an 2800 Verrechn. kalk. Abschr.   40 000,00

● **Mehrbestand an unfertigen Erzeugnissen lt. Inventur: 38 000,00 DM:**

Buchung: 7800 Unfertige Erzeugnisse . . an 8900 Bestandsveränderungen   38 000,00

● **Minderbestand an fertigen Erzeugnissen lt. Inventur: 26 000,00 DM:**

Buchung: 8900 Bestandsveränderungen an 7900 Fertige Erzeugnisse 26 000,00

● **Kassenfehlbetrag lt. Inventur: 2 000,00 DM:**

Buchung: 2500 A. o. Aufwendungen . . . an 1000 Kasse 2 000,00

● **Konto 4700 enthält unsere Mietvorauszahlung für Januar n. J.: 8 000,00 DM:**

Buchung: 0980 ARA . . . . an 4700 Verschiedene Kosten . .   8 000,00

● **Abschluß der Unterkonten bzw. Umbuchungen:**

① 0700 Eigenkapital . . . . an 1970 Privat 36 000,00
② 8300 Umsatzerlöse für Erz. . . . . an 8301 Erlösberichtigungen . .   25 000,00
③ 1750 Umsatzsteuer . . . . an 1550 Vorsteuer 5 000,00

Kontenmäßiger Abschluß. Auf der Grundlage der Hauptabschlußübersicht werden zunächst die Umbuchungen auf den entsprechenden Konten vorgenommen. Sodann erfolgt der eigentliche kontenmäßige Abschluß der Bestands- und Erfolgskonten zu den Ergebniskonten bzw. zum Schlußbilanzkonto.

Merke: ● **Die Hauptabschlußübersicht (Betriebsübersicht) dient vor allem der Vorbereitung des kontenmäßigen Jahresabschlusses eines Unternehmens.**
          ● **Die Hauptabschlußübersicht vermittelt in tabellarischer Form eine Gesamtübersicht der Daten aller Bestands- und Erfolgskonten.**

Aufgaben

255
256

Stellen Sie aus nachfolgenden Summenbilanzen Hauptabschlußübersichten auf.

	255		Konten	256	
Soll	**Haben**		**Soll**	**Haben**	
100 000,00	–	0030 Fabrikgebäude	80 000,00	–
120 000,00	–	0100 TA und Maschinen	90 000,00	–
60 000,00	–	0370 BGA	45 000,00	–
–	300 000,00	0700 Eigenkapital	–	220 800,00
–	–	0851 Steuerrückstellungen ..	–	–
–	–	0980 ARA	–	–
154 200,00	148 500,00	1000 Kasse	132 100,00	127 800,00
330 000,00	305 600,00	1130 Bank	290 000,00	261 400,00
220 000,00	198 500,00	1400 Forderungen a. LL	195 000,00	172 600,00
23 400,00	22 700,00	1550 Vorsteuer	19 700,00	18 200,00
105 000,00	121 400,00	1600 Verbindlichkeiten a. LL	87 000,00	104 500,00
58 600,00	63 500,00	1750 Umsatzsteuer	55 300,00	58 900,00
18 500,00	–	1970 Privat	16 500,00	–
500,00	–	2100 Hausaufwendungen	900,00	–
–	–	2300 Bilanzmäßige AfA	–	–
–	–	2500 A. o. Aufwendungen ...	–	–
–	–	2800 Verr. kalk. Abschr.	–	–
142 000,00	118 500,00	3000 Rohstoffe	130 300,00	109 000,00
3 000,00	–	3010 Bezugskosten	2 000,00	–
65 000,00	56 500,00	3300 Hilfsstoffe	58 000,00	51 600,00
–	9 400,00	3320 Nachlässe f. Hilfsst.	–	8 900,00
118 500,00	–	4000 Fertigungsmaterial	109 000,00	–
56 500,00	–	4100 Gemeinkostenmaterial	51 600,00	–
146 000,00	–	4310 Fertigungslöhne	138 000,00	–
190 000,00	–	4390 Gehälter	150 000,00	–
17 200,00	–	4600 Steuern, Beiträge	15 500,00	–
–	–	4800 Kalk. Abschreibungen ..	–	–
11 500,00	–	7800 Unfertige Erzeugnisse .	9 500,00	–
20 000,00	–	7900 Fertige Erzeugnisse	18 000,00	–
–	643 000,00	8300 Umsatzerlöse	–	576 800,00
27 700,00	–	8301 Erlösberichtigungen ...	17 100,00	–
–	–	8900 Bestandsveränderungen	–	–
–	–	9800 Betriebsergebnis	–	–
–	–	9870 Neutrales Ergebnis	–	–
1 987 600,00	**1 987 600,00**		**1 710 500,00**	**1 710 500,00**

Abschlußangaben lt. Inventur für die Aufgaben 255 und 256:

1. Mehrbestand an unfertigen Erzeugnissen lt. Inventur 35 000,00
   Minderbestand an fertigen Erzeugnissen lt. Inventur 8 000,00

2. Bildung einer Gewerbesteuerrückstellung 3 500,00

3. Konto 4600 enthält Vorauszahlung der Versicherungsprämie
   für das nächste Geschäftsjahr 1 200,00

4. Kassenfehlbetrag lt. Inventur 500,00

5. Bilanzmäßige Abschreibung: 2 % von 0030; 20 % von 0100; 10 % von 0370.

6. Kalkulatorische Abschreibungen insgesamt 15 000,00

7. Alle übrigen Buchbestände stimmen mit der Inventur überein.

6 Jahresabschluß der Personengesellschaften
6.1 Abschluß der Offenen Handelsgesellschaft (OHG)

Unbeschränkte Haftung. Die Gesellschafter der OHG haften voll in unbeschränkter Höhe, also nicht nur mit ihren Kapitaleinlagen, sondern auch mit ihrem Privatvermögen. Jeder Gesellschafter hat sein Eigenkapital- und Privatkonto.

Gewinn- und Verlustverteilung. Die Verteilung des Gesamtgewinns der OHG ist entweder von den Gesellschaftern vertraglich geregelt (Gesellschaftsstatut) oder richtet sich nach den gesetzlichen Vorschriften (§ 121 HGB). Danach erhalten die Gesellschafter ihre Kapitaleinlagen zu 4 % verzinst, der Rest des Gewinns wird nach Köpfen verteilt. Der Verlust wird von allen Gesellschaftern zu gleichen Teilen getragen. Für ihre Arbeitsleistung erhalten die geschäftsführenden Gesellschafter der OHG vorab entsprechende Gewinnanteile.

Beispiel: In einer OHG betragen die Kapitalanteile der Gesellschafter A 240 000,00 DM und B 360 000,00 DM. Das Privatkonto A weist 68 000,00 DM, Privatkonto B 70 000,00 DM Entnahmen aus. Der Gesamtgewinn von 200 000,00 DM wird wie folgt verteilt: Gesellschafter B erhält für die Geschäftsführung vorab 72 000,00 DM. Die Kapitaleinlagen werden mit 8 % verzinst. Der Restgewinn wird nach Köpfen verteilt.

Gesell-schafter	Kapital 01.01.	Arbeits-anteil	Kapital-verzinsung	Rest-gewinn	Gesamt-gewinn	Privat-entnahme	Kapital 31.12.
A	240 000,00	–	19 200,00	40 000,00	59 200,00	68 000,00	231 200,00
B	360 000,00	72 000,00	28 800,00	40 000,00	140 800,00	70 000,00	430 800,00
	600 000,00	72 000,00	48 000,00	80 000,00	200 000,00	138 000,00	662 000,00

Buchungen. Die Gewinnanteile werden den Kapitalkonten der Gesellschafter auf der Grundlage einer Gewinnverteilungstabelle (Beleg!) gutgeschrieben. Im Falle eines Verlustes sind die Kapitalkonten entsprechend zu belasten. Die Privatkonten werden über die zugehörigen Kapitalkonten abgeschlossen. *Nennen Sie die Abschlußbuchungssätze ①, ② und ③.*

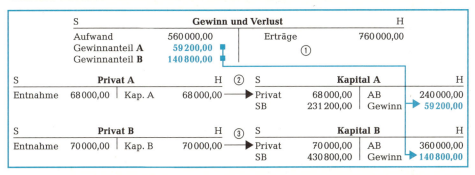

Merke:
- Die OHG führt für jeden Gesellschafter ein Kapital- und Privatkonto.
- Gewinn- und Verlustanteile werden deshalb unmittelbar auf dem Kapitalkonto des Gesellschafters gebucht.

---

257 Der Jahresgewinn einer OHG in Höhe von 220 000,00 DM soll nach § 121 HGB auf zwei Gesellschafter mit den Kapitalanteilen A 200 000,00 DM und B 300 000,00 DM verteilt werden. Die Privatentnahmen von A betragen 48 000,00 DM und von B 50 000,00 DM.
1. Erstellen Sie eine Gewinnverteilungstabelle mit Kapitalentwicklung, und buchen Sie.
2. Nehmen Sie kritisch Stellung zur gesetzlichen Regelung der Gewinnverteilung.

258

Saldenbilanz der Marc Gruppe OHG	Soll	Haben
0100 Technische Anlagen und Maschinen	620 000,00	–
0370 Betriebs- und Geschäftsausstattung	360 000,00	–
0600 Darlehensschulden	–	444 000,00
0700 Kapital M. Gruppe	–	400 000,00
0710 Kapital S. Krüger	–	200 000,00
0840 PWB von Forderungen	–	7 500,00
0852 Sonstige Rückstellungen	–	15 500,00
1130 Bank	228 000,00	–
1400 Forderungen a. LL	287 500,00	–
1500 Sonstige Forderungen	2 000,00	–
1550 Vorsteuer	83 000,00	–
1600 Verbindlichkeiten a. LL	–	215 000,00
1700 Sonstige Verbindlichkeiten	–	10 000,00
1750 Umsatzsteuer	–	80 000,00
1970 Privat M. Gruppe	83 000,00	–
1971 Privat S. Krüger	79 000,00	–
2400 Zinsaufwendungen	25 000,00	–
2450 Zinserträge	–	19 000,00
2500 Betriebliche a. o. Aufwendungen	9 000,00	–
2550 Betriebliche a. o. Erträge	–	5 000,00
3000 Rohstoffe	280 000,00	–
3010 Bezugskosten	10 000,00	–
4001 Diverse Kostenarten	680 000,00	–
4700 Raumkosten	120 000,00	–
4810 Abschreibungen auf Forderungen	10 000,00	–
7900 Fertige Erzeugnisse	15 000,00	–
8300 Umsatzerlöse für Erzeugnisse	–	1 511 000,00
8301 Erlösberichtigungen	15 500,00	–
Weitere Konten: 2300, 2800, 4800, 8900, 9800, 9870, 9890, 9990.	2 907 000,00	2 907 000,00

Abschlußangaben zum 31.12.:

1. Planmäßige Abschreibungen: Maschinen: 120 000,00 DM; BGA: 40 000,00 DM.
2. Kalkulatorische Abschreibungen insgesamt: 130 000,00 DM.
3. Eine im Vorjahr gebildete Garantierückstellung über 5 000,00 DM erübrigt sich.
4. Eine Forderung über 5 750,00 DM brutto wird uneinbringlich.
5. Kunde erhält Gutschrift für Bonus, Gutschriftsanzeige: 3 000,00 DM + USt.
6. Darlehenszinsen in Höhe von 12 000,00 DM werden von uns halbjährlich nachträglich jeweils zum 31.03. und 30.09. gezahlt. Letzte Zahlung erfolgte am 30.09.
7. Brandschaden im Rohstofflager 15 000,00 DM (kein Versicherungsanspruch).
8. Für einen drohenden Verlust aus einem schwebenden Geschäft ist eine Rückstellung über 25 000,00 DM zu bilden.
9. Die Dezembermiete für die Werkshalle wird von uns am 02.01. überwiesen: 8 000,00 DM.
10. Die Zinsgutschrift der Bank über 4 500,00 DM erfolgt erst am 06.01. n. J.
11. Die PWB beträgt 2 % des Forderungsbestandes.
12. Rohstoffschlußbestand: Anschaffungskosten: 180 000,00 DM; Tageswert: 195 000,00 DM. Bewertung nach dem Niederstwertprinzip.
13. Inventurbestand an fertigen Erzeugnissen: 25 000,00 DM.
14. Gewinnverteilung: Der Gesellschafter Gruppe erhält vorab eine Arbeitsvergütung von 120 000,00 DM. Im übrigen: 8 % Kapitalverzinsung und der Restgewinn im Verhältnis 3 : 1.

1. *Ermitteln Sie die Rendite der Kapitalanteile der Gesellschafter.*
2. *Erstellen Sie für die OHG die Bilanz gemäß § 266 HGB.*

6.2 Abschluß der Kommanditgesellschaft (KG)

Die unterschiedliche Haftung der Gesellschafter unterscheidet die KG von der OHG:

- **Der Vollhafter (Komplementär)** haftet wie der OHG-Gesellschafter unbeschränkt mit seinem Betriebs- und Privatvermögen (§ 161 HGB).
- **Der Teilhafter (Kommanditist)** haftet nur beschränkt in Höhe der vertraglich festgesetzten und im Handelsregister eingetragenen Kapitaleinlage. Der Kommanditist verfügt deshalb über kein Privatkonto (§§ 161, 171 HGB).

Die Gewinn- und Verlustverteilung ist auch bei der KG entweder vertraglich geregelt oder richtet sich nach den gesetzlichen Vorschriften (§§ 167–169 HGB). Danach erhalten die Vollhafter wie auch die Teilhafter zunächst ihre Kapitaleinlage zu 4 % verzinst. Der Restgewinn wird in einem „angemessenen Verhältnis" der Kapitalanteile, also unter Berücksichtigung der Einlagenhöhe, der Mitarbeit im Unternehmen und der persönlichen Haftung, verteilt. Am Verlust sind die Gesellschafter ebenfalls in angemessenem Verhältnis zu beteiligen.

Beispiel: In einer KG betragen die Kapitaleinlagen des Komplementärs A 500 000,00 DM und des Kommanditisten B 200 000,00 DM. Das Privatkonto A weist Entnahmen in Höhe von 80 000,00 DM aus. Der Gesamtgewinn beträgt zum 31.12. 240 000,00 DM.

Vertragliche Gewinnverteilung: Der Komplementär erhält aus dem Jahresgewinn für seine Arbeitsleistung vorab 60 000,00 DM. Die Kapitaleinlagen werden mit 4 % verzinst, der Restgewinn wird im Verhältnis 3 : 1 verteilt.

Gesell-schafter	Kapital 01.01.	Arbeits-anteil	Kapital-verzinsung	Rest-gewinn	Gesamt-gewinn	Privat-entnahme	Kapital 31.12.
A	500 000,00	60 000,00	20 000,00	114 000,00	194 000,00	80 000,00	614 000,00
B	200 000,00	–	8 000,00	38 000,00	46 000,00	–	200 000,00
	700 000,00	60 000,00	28 000,00	152 000,00	240 000,00	80 000,00	814 000,00

Buchungen. Die unterschiedlichen Haftungsverhältnisse der Gesellschafter der KG bedingen auch unterschiedliche Buchungen. Beim Komplementär ergeben sich die gleichen Buchungen wie beim OHG-Gesellschafter. Der Gewinnanteil des Kommanditisten darf jedoch wegen der festen Kapitaleinlage nicht seinem Kapitalkonto gutgeschrieben werden, sondern muß als „Sonstige Verbindlichkeit" auf dem Konto 1700 gebucht werden. Ein Verlustanteil ist als „Sonstige Forderung" der KG an den Kommanditisten zu buchen (1500 an 9890), damit das Kommanditkapitalkonto das vereinbarte Haftungskapital unverändert ausweist.

Buchung: 9890 Gewinn und Verlust 240 000,00
         an   0700 Kapital Vollhafter A 194 000,00
         an   1700 Sonstige Verbindlichkeiten 46 000,00

Aktiva	Bilanz der A-KG		Passiva
		01.01.	31.12.
Anlagevermögen	Kapital Vollhafter A	500 000,00	614 000,00
Umlaufvermögen	Kapital Teilhafter B	200 000,00	200 000,00
	Sonstige Verbindlichk.	–	46 000,00

Merke: Gewinnanteile der Kommanditisten sind „Sonstige Verbindlichkeiten".

259

Die Schulz KG besteht aus dem Vollhafter H. Schulz (400 000,00 DM Kapitalanteil) und dem Teilhafter R. Schneider (200 000,00 DM Kommanditkapital). Das Privatkonto Schulz weist 70 000,00 DM Entnahmen zum 31.12. aus. Der Gesamtgewinn beträgt 180 000,00 DM. Für die Geschäftsführung erhält Schulz monatlich 5 500,00 DM. Jeder Gesellschafter erhält vorab 8 %. Der Restgewinn ist im Verhältnis 4 : 1 zu verteilen. *Erstellen Sie die Gewinnverteilungstabelle mit Kapitalentwicklung, und buchen Sie. Beurteilen Sie auch den Erfolg der KG.*

260	**Saldenbilanz der Paul von Raupach KG zum 31.12.**	**Soll**	**Haben**
	0000 Unbebaute Grundstücke	130 000,00	–
	0030 Gebäude einschließlich Grundstück	850 000,00	–
	0100 Technische Anlagen und Maschinen	780 000,00	–
	0370 Betriebs- und Geschäftsausstattung	260 000,00	–
	0610 Hypothekenschulden	–	650 000,00
	0700 Kapital Vollhafter Paul von Raupach	–	900 000,00
	0710 Kapital Teilhafter M. Breuer	–	300 000,00
	0840 PWB von Forderungen	–	6 000,00
	0851 Steuerrückstellungen	–	5 000,00
	0980 ARA	–	–
	0990 PRA	–	–
	1130 Bank	198 000,00	–
	1400 Forderungen a. LL	299 000,00	–
	1500 Sonstige Forderungen	16 000,00	–
	1550 Vorsteuer	95 000,00	–
	1600 Verbindlichkeiten a. LL	–	307 000,00
	1700 Sonstige Verbindlichkeiten	–	110 000,00
	1750 Umsatzsteuer	–	35 000,00
	1970 Privatkonto Paul von Raupach	70 000,00	–
	2100 Haus- und Grundstücksaufwendungen	38 000,00	–
	2150 Haus- und Grundstückserträge	–	12 000,00
	2300 Bilanzmäßige Abschreibungen	–	–
	2500 Betriebliche a. o. Aufwendungen	16 000,00	–
	2800 Verrechnete kalkulatorische Abschreibungen	–	–
	3000 Rohstoffe	260 000,00	–
	4001 Diverse Kostenarten	890 000,00	–
	4600 Steuern und Beiträge	15 000,00	–
	4800 Kalkulatorische Abschreibungen	–	–
	4810 Abschreibungen auf Forderungen	8 000,00	–
	7900 Fertige Erzeugnisse	60 000,00	–
	8300 Umsatzerlöse für Erzeugnisse	–	1 675 000,00
	8301 Erlösberichtigungen	15 000,00	–
	8900 Bestandsveränderungen	–	–
	Weitere Konten: 4830, 8800, 9800, 9870, 9890, 9990.	4 000 000,00	4 000 000,00

Abschlußangaben zum 31.12.:

1. Planmäßige AfA: Gebäude: 18 000,00 DM; Maschinen: 90 000,00 DM; BGA: 30 000,00 DM.
2. Dauernde Wertminderung des unbebauten Grundstücks: 25 000,00 DM.
3. Kalkulatorische Abschreibungen insgesamt 150 000,00 DM.
4. Eigenverbrauch des Vollhafters, netto: 4 000,00 DM Erzeugnisse.
5. Eine Forderung über 4 600,00 DM brutto wird uneinbringlich.
6. Bildung einer Gewerbesteuerrückstellung in Höhe von 15 600,00 DM.
7. Verrechnung des Mietwertes: Privatwohnung Raupach i. Geschäftsgebäude: 900,00 DM.
8. Ein Mieter hatte die Lagerraummiete für Dezember bis Februar n. J. am 01.12. mit 2 700,00 DM im voraus an die KG überwiesen.
9. Die Kfz-Versicherungen wurden am 01.10. für 1 Jahr im voraus gezahlt: 2 400,00 DM.
10. Hypothekenzinsen in Höhe von 12 000,00 DM werden halbjährlich nachträglich jeweils zum 31.03. und 30.09. gezahlt. Letzte Zahlung erfolgte am 30.09.
11. Die PWB ist auf 5 % des Forderungsbestandes zu bemessen.
12. Rohstoffschlußbestand: Anschaffungskosten: 115 000,00 DM; Tageswert: 100 000,00 DM.
13. Schlußbestand an fertigen Erzeugnissen lt. Inventur: 90 000,00 DM.
14. Gewinnverteilung: Der geschäftsführende Gesellschafter Paul von Raupach erhält vorab eine Arbeitsvergütung von 120 000,00 DM. Im übrigen ist der Gewinn im Verhältnis 4 : 1 zu verteilen. *Ermitteln Sie die Rendite der Kapitalanteile der Gesellschafter.*

7 Jahresabschluß der Kapitalgesellschaften
7.1 Publizitäts- und Prüfungspflicht

Der Jahresabschluß der Kapitalgesellschaften (GmbH, AG, KGaA) besteht aus drei Teilen, die nach § 264 HGB eine <u>Einheit</u> bilden (→ Faltblatt im Anhang):

● **Bilanz** (§ 266 HGB)   ● **Gewinn- und Verlustrechnung** (§ 275 HGB)   ● **Anhang** (§ 284 HGB)

Der Anhang ist gleichwertiger <u>Bestandteil des Jahresabschlusses</u> und soll die <u>Bilanz und die Gewinn- und Verlustrechnung</u> in den einzelnen Positionen <u>näher erläutern</u>. Die Bewertungs- und Abschreibungsmethoden sind dabei ebenso darzustellen wie die <u>Beteiligungen</u> an anderen Unternehmen, die <u>Verbindlichkeiten</u> mit einer <u>Restlaufzeit von über fünf Jahren</u>, die Bezüge der Geschäftsführer und Mitglieder des Vorstandes sowie des Aufsichtsrates, die <u>Zahl der Arbeitnehmer</u> u. a. m.

Lagebericht. Außer dem Jahresabschluß ist für das Abschlußjahr auch noch ein Lagebericht gemäß § 289 HGB zu erstellen. Der Lagebericht ist <u>kein Bestandteil des Jahresabschlusses</u>. Er soll lediglich zusätzliche <u>Informationen über den Geschäftsverlauf</u> im Abschlußjahr und die wirtschaftliche und finanzielle Lage der Gesellschaft am Bilanzstichtag darstellen, wie z. B. <u>Höhe des Absatzes im Inland und Ausland, Personalentwicklung, Liquiditätslage</u> u. a. Außerdem muß die voraussichtliche <u>Entwicklung des Unternehmens</u> erörtert werden.

Größenordnung der Kapitalgesellschaften. Kapitalgesellschaften sind grundsätzlich verpflichtet, den Jahresabschluß und den Lagebericht zu veröffentlichen und vorher durch <u>unabhängige Abschlußprüfer</u> prüfen zu lassen. <u>Zum Schutz kleiner und mittelständischer Unternehmen</u> vor Konkurrenzeinblick sowie zur Vermeidung von Kosten richten sich jedoch <u>Art und Umfang der Veröffentlichung</u> sowie die <u>Prüfungspflicht</u> nach der <u>Größe der Kapitalgesellschaft.</u> Man unterscheidet:

● **kleine,**   ● **mittelgroße**   und   ● **große Kapitalgesellschaften.**

Für die <u>Zuordnung</u> der Unternehmen zu einer Größenklasse müssen <u>zwei der drei Größenmerkmale</u> an zwei aufeinanderfolgenden Bilanzstichtagen zutreffen:[1]

Merkmale	kleines Unternehmen	mittelgroßes Unternehmen	großes Unternehmen
① **Bilanzsumme** (DM)	bis 5 310 000	bis 21 240 000	über 21 240 000
② **Umsatz** (DM)	bis 10 620 000	bis 42 480 000	über 42 480 000
③ **Beschäftigte**	bis 50	bis 250	über 250

Veröffentlichung und Prüfung des Jahresabschlusses und des Lageberichts ergeben sich aus der nachfolgenden Tabelle. Sie zeigt, was und an welcher Stelle (HR: Einreichung beim Handelsregister; BA: Vollständige Veröffentlichung im Bundesanzeiger) offenzulegen ist und ob eine Prüfungspflicht besteht.

Kapitalgesellschaften	Offenlegung (§ 325 HGB)					Prüfung (§ 316 HGB)
	Jahresabschluß			Lagebericht	Publizität	
	Bilanz	GuV	Anhang			
kleine	x	—	x	—	HR[2]	—
mittelgroße	x	x	x	x	HR[2]	x
große	x	x	x	x	HR + BA	x

1 AG mit <u>börsengängigen</u> Aktien gilt stets als <u>große</u> Kapitalgesellschaft (§ 267 [3] HGB).
2 Im Bundesanzeiger wird lediglich auf die erfolgte Einreichung beim HR hingewiesen.

7.2 Gliederung der Bilanz nach § 266 HGB

Kapitalgesellschaften haben die Jahresbilanz, die veröffentlicht wird, nach § 266 HGB zu gliedern. Zum Schutz kleiner und mittelgroßer Unternehmen richtet sich jedoch der Umfang der Gliederung nach der Größe der Kapitalgesellschaft.

- **Große Kapitalgesellschaften** müssen ihre Bilanzen unter Berücksichtigung des in § 266 Abs. 2 und 3 HGB ausgewiesenen **vollständigen Gliederungsschemas** aufstellen und veröffentlichen (siehe nebenstehende Seite und im Anhang auf der Rückseite des Kontenrahmens). Die Bilanz wird hierbei in ihren Einzelpositionen sehr detailliert dargestellt und ermöglicht somit einen tiefen Einblick in die Vermögens- und Finanzlage eines Unternehmens.

- **Kleine Kapitalgesellschaften** brauchen nur eine **verkürzte Bilanz** (siehe unten) zu veröffentlichen, in der die mit Buchstaben und römischen Zahlen bezeichneten Posten des vollständigen Gliederungsschemas aufgeführt sind (§ 266 [1] HGB). Durch die starke Straffung der Bilanzpositionen sind diese Bilanzen natürlich für Außenstehende nur von geringem Aussagewert.

- **Mittelgroße Kapitalgesellschaften** müssen ihre Bilanzen zwar **nach dem vollständigen Gliederungsschema erstellen,** brauchen sie aber nur in der für kleine Kapitalgesellschaften vorgeschriebenen **Kurzform** zu **veröffentlichen.** Sie müssen dann allerdings wahlweise in der Bilanz oder im Anhang bestimmte Posten zusätzlich gesondert angeben, wie z. B. Gebäude, Technische Anlagen und Maschinen, Beteiligungen, Verbindlichkeiten gegenüber Kreditinstituten u. a. m. (§ 327 HGB).

Aktiva	Bilanzschema kleiner Kapitalgesellschaften	Passiva

A. Anlagevermögen

   I. Immaterielle Vermögensgegenstände

   II. Sachanlagen

   III. Finanzanlagen

B. Umlaufvermögen

   I. Vorräte

   II. Forderungen und sonstige Vermögensgegenstände

   III. Wertpapiere

   IV. Flüssige Mittel

C. Rechnungsabgrenzungsposten

A. Eigenkapital

   I. Gezeichnetes Kapital

   II. Kapitalrücklage

   III. Gewinnrücklagen

   IV. Gewinn-/Verlustvortrag

   V. Jahresüberschuß/Jahresfehlbetrag

B. Rückstellungen

C. Verbindlichkeiten

D. Rechnungsabgrenzungsposten

Zur Erhöhung der Bilanzklarheit ist bei Bilanzen, die veröffentlicht werden, zusätzlich noch folgendes zu beachten:

- Zu jedem Bilanzposten ist der entsprechende Vorjahresbetrag anzugeben.
- In der Bilanz oder im Anhang ist die Entwicklung des Anlagevermögens durch einen Anlagenspiegel darzustellen (siehe Seite 216).
- In der Bilanz muß der Betrag der Forderungen mit einer Restlaufzeit von über einem Jahr sowie der Verbindlichkeiten mit einer Restlaufzeit von unter einem Jahr angegeben werden. Das verschafft Außenstehenden mehr Einblick in die Liquiditätslage des Unternehmens.
- Unter der Bilanz oder im Anhang sind Eventualverbindlichkeiten aus weitergegebenen Wechseln sowie aus Bürgschaftsverpflichtungen und aus Gewährleistungsverträgen anzugeben. Sie dürfen in einem Betrag angegeben werden (§ 251 HGB)[1].

Merke: **Art und Umfang der Veröffentlichung, Prüfungspflicht** sowie **Gliederung der Bilanz** richten sich nach der Größe der Kapitalgesellschaft.

---

1 Auch Bilanzen nicht offenlegungspflichtiger Unternehmen müssen diesen Vermerk nach § 251 HGB enthalten.

Gliederung der Jahresbilanz

nach § 266 Abs. 2 und 3 Handelsgesetzbuch

Aktiva   **Passiva**

A. Anlagevermögen

I. Immaterielle Vermögensgegenstände
1. Konzessionen, gewerbliche Schutzrechte und ähnliche Rechte und Werte sowie Lizenzen an solchen Rechten und Werten
2. Geschäfts- oder Firmenwert
3. geleistete Anzahlungen

II. Sachanlagen
1. Grundstücke, grundstücksgleiche Rechte und Bauten einschließlich der Bauten auf fremden Grundstücken
2. technische Anlagen und Maschinen
3. andere Anlagen, Betriebs- und Geschäftsausstattung
4. geleistete Anzahlungen und Anlagen im Bau

III. Finanzanlagen
1. Anteile an verbundenen Unternehmen
2. Ausleihungen an verbundene Unternehmen
3. Beteiligungen
4. Ausleihungen an Unternehmen, mit denen ein Beteiligungsverhältnis besteht
5. Wertpapiere des Anlagevermögens
6. sonstige Ausleihungen

B. Umlaufvermögen

I. Vorräte
1. Roh-, Hilfs- und Betriebsstoffe
2. unfertige Erzeugnisse
3. fertige Erzeugnisse und Waren
4. geleistete Anzahlungen

II. Forderungen und sonstige Vermögensgegenstände
1. Forderungen aus Lieferungen und Leistungen
2. Forderungen gegen verbundene Unternehmen
3. Forderungen gegen Unternehmen, mit denen ein Beteiligungsverhältnis besteht
4. sonstige Vermögensgegenstände

III. Wertpapiere
1. Anteile an verbundenen Unternehmen
2. eigene Anteile
3. sonstige Wertpapiere

IV. Schecks, Kassenbestand, Bundesbank- und Postbankguthaben, Guthaben bei Kreditinstituten

C. Rechnungsabgrenzungsposten

A. Eigenkapital

I. Gezeichnetes Kapital

II. Kapitalrücklage

III. Gewinnrücklagen
1. gesetzliche Rücklage
2. Rücklage für eigene Anteile
3. satzungsmäßige Rücklagen
4. andere Gewinnrücklagen

IV. Gewinnvortrag/Verlustvortrag

V. Jahresüberschuß/Jahresfehlbetrag

B. Rückstellungen
1. Rückstellungen für Pensionen und ähnliche Verpflichtungen
2. Steuerrückstellungen
3. sonstige Rückstellungen

C. Verbindlichkeiten
1. Anleihen, davon konvertibel
2. Verbindlichkeiten gegenüber Kreditinstituten
3. erhaltene Anzahlungen auf Bestellungen
4. Verbindlichkeiten aus Lieferungen und Leistungen
5. Verbindlichkeiten aus der Annahme gezogener Wechsel und der Ausstellung eigener Wechsel
6. Verbindlichkeiten gegenüber verbundenen Unternehmen
7. Verbindlichkeiten gegenüber Unternehmen, mit denen ein Beteiligungsverhältnis besteht
8. sonstige Verbindlichkeiten, davon aus Steuern davon im Rahmen der sozialen Sicherheit

D. Rechnungsabgrenzungsposten

6624213

213

7.3 Ausweis des Eigenkapitals in der Bilanz

Zusammenfassung der Eigenkapitalposten. Alle Posten des Eigenkapitals einer Kapitalgesellschaft werden in der Bilanz unter Einbeziehung des Jahresgewinns oder eines Jahresverlustes sowie eines Gewinn- oder Verlustvortrages zu einer Gruppe „A. Eigenkapital" übersichtlich zusammengefaßt.

Beispiel:	Darstellung des Eigenkapitals in der Bilanz der X-GmbH für das Berichtsjahr: Gewinnvortrag und Jahresüberschuß (Jahresgewinn) Vorjahr: Verlustvortrag und Jahresfehlbetrag (Jahresverlust)

Bilanz X-GmbH   **Passiva**

A. Eigenkapital	Berichtsjahr		Vorjahr	
I. Gezeichnetes Kapital	800 000,00		800 000,00	
II. Kapitalrücklage	100 000,00		100 000,00	
III. Gewinnrücklage	250 000,00		250 000,00	
IV. Gewinn-/Verlustvortrag	50 000,00		20 000,00	
V. Jahresüberschuß/-fehlbetrag .	300 000,00	1 500 000,00	130 000,00	1 000 000,00

Gezeichnetes Kapital ist das im Handelsregister eingetragene Kapital, auf das die Haftung der Gesellschafter beschränkt ist. Bei der GmbH stellt das Stammkapital (mindestens 50 000,00 DM), bei der AG das Grundkapital (mindestens 100 000,00 DM) das „Gezeichnete Kapital" dar. Es ist stets zum Nennwert auszuweisen. Ausstehende Einlagen auf das gezeichnete Kapital werden in der Regel auf der Aktivseite vor dem Anlagevermögen als Forderung des Unternehmens an die Gesellschafter und somit als Korrekturposten zum „Gezeichneten Kapital" ausgewiesen. Sie dürfen nach § 272 (1) HGB auch auf der Passivseite offen vom „Gezeichneten Kapital" abgesetzt werden.

Beispiel:	Bilanzausweis der „Ausstehenden Einlagen" (Regelfall)

Aktiva   **Bilanz der Y-GmbH**   **Passiva**

A. Ausstehende Einlagen auf das gezeichnete Kapital .... 400 000,00[1]	A. Eigenkapital
B. Anlagevermögen	I. Gezeichnetes Kapital ... 2 000 000,00

> **Der Gewinn-/Verlustvortrag** ist der Gewinn- bzw. Verlustrest des Vorjahres.
>
> **Der Jahresüberschuß/Jahresfehlbetrag** ist das in der Gewinn- und Verlustrechnung ermittelte Ergebnis des Geschäftsjahres, das in die Jahresbilanz einzustellen ist, sofern die Bilanz vor Verwendung des Jahresergebnisses (Gewinnverwendung bzw. Verlustdeckung) aufgestellt wird, was bei der GmbH die Regel ist.[2]
>
> **Rücklagen sind getrennt ausgewiesenes Eigenkapital,** die es in der Regel nur bei Kapitalgesellschaften wegen des konstanten „Gezeichneten Kapitals" gibt. Nach § 272 Abs. 2 und 3 HGB unterscheidet man Kapital- und Gewinnrücklagen.
>
> **Kapitalrücklagen** entstehen durch ein Aufgeld (Agio), das bei der Ausgabe von Anteilen (Stammanteile, Aktien) über den Nennwert erzielt wird oder durch Zuzahlungen von Gesellschaftern für die Gewährung einer Vorzugsdividende.

Beispiel:	Eine Aktiengesellschaft erhöht ihr „Gezeichnetes Kapital" durch Ausgabe junger Aktien: Nennwert 10 000 000,00 DM, Ausgabekurs 150 % = 15 000 000,00 DM (Bank). Das Agio ist der Kapitalrücklage zuzuführen.

Buchung:	Bank 15 000 000,00	an	**Gezeichnetes Kapital** 10 000 000,00
		an	**Kapitalrücklage** 5 000 000,00

---

1 Davon bereits eingeforderte Beträge sind in ( ) zu vermerken.   2 Die Bilanz kann auch nach teilweiser oder vollständiger Verwendung des Jahresergebnisses gemäß § 268 (1) HGB aufgestellt werden (siehe S. 224).

Gewinnrücklagen werden aus dem bereits versteuerten Jahresgewinn (45 % Körperschaftsteuer) durch Einbehaltung bzw. Nichtausschüttung von Gewinnanteilen gebildet (§ 272 [3] HGB). Man unterscheidet vor allem zwischen gesetzlichen, satzungsmäßigen und anderen (freien) Gewinnrücklagen:

Gesetzliche Rücklagen müssen Aktiengesellschaften zur Deckung von Verlusten bilden. Nach § 150 AktG sind jährlich 5 % des um einen Verlustvortrag geminderten Jahresüberschusses in die gesetzliche Rücklage einzustellen, bis die gesetzliche Rücklage und die Kapitalrücklage zusammen mindestens 10 % oder den in der Satzung bestimmten höheren Anteil des Grundkapitals erreichen. Solange die gesetzliche und die Kapitalrücklage die Mindesthöhe nicht übersteigen, müssen ein Gewinnvortrag aus dem Vorjahr und freie Rücklagen zur Verlustdeckung herangezogen werden. Bei der GmbH gibt es keine gesetzlich vorgeschriebenen, sondern nur freie (freiwillige) Rücklagen.

Satzungsmäßige oder auf Gesellschaftsvertrag beruhende Rücklagen.

Andere Gewinnrücklagen (Freie Rücklagen). Über die gesetzliche Verpflichtung hinaus können bei Aktiengesellschaften bis zur Hälfte des Jahresüberschusses in die andere (freie) Gewinnrücklage eingestellt werden (§ 58 AktG). Freie Rücklagen können für beliebige Zwecke verwendet werden, z. B. zur Finanzierung von Ersatz- und Erweiterungsinvestitionen. Da Rücklagen aus nicht ausgeschütteten Gewinnen gebildet werden, dienen sie zugleich der Selbstfinanzierung des Unternehmens und ganz allgemein der Stärkung der Eigenkapitalbasis der Unternehmen.

Beispiel: In einer Aktiengesellschaft werden aus dem Jahresüberschuß u. a. 60 000,00 DM der gesetzlichen und 140 000,00 DM der freien Rücklage zugeführt.

Buchung (vereinfacht): **Gewinn- und Verlustkonto** **200 000,00**
an **Gesetzliche Rücklage** 60 000,00
an **Andere Gewinnrücklagen** 140 000,00

Offene Rücklagen. Kapital- und Gewinnrücklagen werden in der Bilanz offen als gesonderte Eigenkapitalposten ausgewiesen. Man spricht von „offenen" Rücklagen.

Stille Rücklagen (stille Reserven) sind im Gegensatz zu den offenen Rücklagen aus der Bilanz nicht zu ersehen. Sie entstehen in der Regel durch Unterbewertung der Vermögenswerte (z. B. durch überhöhte Abschreibungen) oder durch Überbewertung von Rückstellungen. Stille Reserven sind auch stets in den Erinnerungswerten von 1,00 DM enthalten. Die gesetzlichen Bewertungsvorschriften engen allerdings den Spielraum zur Bildung stiller Reserven ein. Die Vollabschreibung geringwertiger Wirtschaftsgüter im Jahr ihrer Anschaffung oder Herstellung ist z. B. eine gesetzlich erlaubte Möglichkeit zur Bildung von stillen Reserven. Da Wirtschaftsgüter höchstens zu ihren Anschaffungs- bzw. Herstellungskosten aktiviert werden dürfen, entstehen zwangsläufig stille Reserven, wenn die Preise am Markt (Tageswert) steigen. Beträgt z. B. der Wiederbeschaffungspreis eines Grundstücks 80,00 DM je m^2, das 1950 mit 10,00 DM je m^2 angeschafft und bilanziert worden ist, so ist die stille Reserve 70,00 DM je m^2. Auch Währungsverbindlichkeiten enthalten oft stille Reserven.

Merke:
- **Kapitalgesellschaften müssen das „Gezeichnete Kapital" stets zum Nennwert ausweisen. Gewinne, Verluste und Rücklagen sind deshalb in der Bilanz gesondert auszuweisen.**
- **Kapitalrücklagen entstehen durch Zuzahlungen der Gesellschafter oder Aktionäre, Gewinnrücklagen dagegen aus dem bereits versteuerten Gewinn.**
- **Stille Rücklagen (Reserven) entstehen in der Regel durch Unterbewertung von Aktivposten und Überbewertung bestimmter Passivposten. Die Bildung stiller Reserven läßt den Gewinn und das Eigenkapital geringer erscheinen, als es der Wirklichkeit am Bilanzstichtag entspricht.**
- **Rücklagen stärken die Eigenkapitalbasis des Unternehmens.**

7.4 Darstellung der Anlagenentwicklung im Anlagenspiegel

Anlagenspiegel. Kapitalgesellschaften müssen die <u>Entwicklung der einzelnen Posten des Anlagevermögens</u> in der Bilanz oder im Anhang darstellen (§ 268 [2] HGB). Im Anlagenspiegel (Anlagengitter) ist von den <u>ursprünglichen Anschaffungs- und Herstellungskosten</u> (AK/HK) auszugehen und folgendes auszuweisen:

> **Anfangsbestand zu Anschaffungs- und Herstellungskosten am 01.01.**
> + **Zugänge** zu AK/HK im Abschlußjahr (Investitionen)
> − **Abgänge** zu AK/HK im Abschlußjahr
> ± **Umbuchungen** zu AK/HK im Abschlußjahr (z. B. bei Anlagen im Bau)
> + **Zuschreibungen** (werterhöhende Korrekturen) im Abschlußjahr
> − **Gesamte (= kumulierte) Abschreibungen,** die aus Gründen der Klarheit in Abschreibungen der Vorjahre und des lfd. Geschäftsjahres unterteilt werden.
> = **Buchwert in der Schlußbilanz des Abschlußjahres am 31.12.**

| Anlage-vermögen | Bestand zu AK/HK am 01.01. | Zu-gänge | Ab-gänge | Umbu-chungen | Zu-schrei-bungen | Abschreibungen | | | Buchwert am 31.12. |
						In Vor-jahren	Im Ab-schluß-jahr	Ins-gesamt	
Maschinen	200 000,00	10 000,00	2 000,00	–	5 000,00	85 000,00	22 000,00	107 000,00	106 000,00

Merke: Der Anlagenspiegel zeigt die <u>Entwicklung</u> der einzelnen Posten des Anlagevermögens und gewährt Einblick in die <u>Abschreibungs- und Investitionspolitik</u> des Unternehmens. Er ist in der <u>Bilanz oder im Anhang</u> auszuweisen.

7.5 Gliederung der Gewinn- und Verlustrechnung nach § 275 HGB

Staffelform. Nur <u>mittelgroße und große</u> Kapitalgesellschaften müssen ihre Gewinn- und Verlustrechnung <u>veröffentlichen,</u> und zwar nach § 275 HGB in <u>Staffelform</u>. Wie bei der Bilanz ist auch hier zu jedem Posten der Vorjahresbetrag anzugeben. Die Staffelform ermöglicht auch dem Buchführungslaien einen schnellen Überblick über <u>Entstehung und Zusammensetzung des Jahresergebnisses.</u>

Für ein Industrieunternehmen ergibt sich aus dem nebenstehenden Gliederungsschema des § 275 (2) HGB folgender <u>kurzgefaßter Aufbau</u> der Erfolgsrechnung:

1	Umsatzerlöse
2	± Bestandsveränderungen
3	+ Aktivierte Eigenleistungen
4	+ sonstige betriebliche Erträge
5a	− Materialaufwand
	= Rohergebnis
6– 8	− übrige betriebliche Aufwendungen
9–11	+ Erträge aus dem Finanzbereich
12–13	− Aufwendungen aus dem Finanzbereich
14	= Ergebnis der gewöhnlichen Geschäftstätigkeit
15	+ außerordentliche Erträge
16	− außerordentliche Aufwendungen
17	± außerordentliches Ergebnis
18–19	− Personen- und Betriebssteuern
20	= Jahresüberschuß/Jahresfehlbetrag

Erleichterung für Mittelbetriebe. Mittelgroße Kapitalgesellschaften dürfen in der zu veröffentlichenden Erfolgsrechnung die <u>Posten 1 bis 5 als Rohergebnis</u> zusammenfassen. Damit bleibt der Konkurrenz die <u>Umsatzhöhe verborgen.</u>

Gliederung der Gewinn- und Verlustrechnung in Staffelform (§ 275 [2] HGB)

1. Umsatzerlöse
2. Erhöhung oder Verminderung des Bestandes an fertigen und unfertigen Erzeugnissen
3. Andere aktivierte Eigenleistungen (z. B. selbsterstellte Anlagen)
4. Sonstige betriebliche Erträge (z. B. Mieterträge, Buchgewinne u. a.)
5. Materialaufwand
   a) Aufwendungen für Roh-, Hilfs- und Betriebsstoffe und für bezogene Waren
   b) Aufwendungen für bezogene Leistungen
6. Personalaufwand
   a) Löhne und Gehälter
   b) Soziale Abgaben und Aufwendungen für Altersversorgung und für Unterstützung
7. Abschreibungen
   a) auf immaterielle Anlagewerte und Sachanlagen
   b) auf Vermögensgegenstände des Umlaufvermögens, soweit diese die in der Kapitalgesellschaft üblichen Abschreibungen überschreiten
8. Sonstige betriebliche Aufwendungen (z. B. Raumkosten, Buchverluste u. a.)
9. Erträge aus Beteiligungen[1]
10. Erträge aus anderen Wertpapieren und Ausleihungen des Finanzanlagevermögens[1]
11. Sonstige Zinsen und ähnliche Erträge[1]
12. Abschreibungen auf Finanzanlagen und auf Wertpapiere des Umlaufvermögens
13. Zinsen und ähnliche Aufwendungen[1]

14. **Ergebnis der gewöhnlichen Geschäftstätigkeit** (= Saldo aus 1–13)

15. Außerordentliche Erträge
16. Außerordentliche Aufwendungen

17. **Außerordentliches Ergebnis** (= Saldo)

18. Steuern vom Einkommen und vom Ertrag (Körperschaft-, Gewerbeertragsteuer)
19. Sonstige Steuern (z. B. Vermögen-, Gewerbekapital-, Grund-, Kfz-Steuer u. a.)

20. **Jahresüberschuß/Jahresfehlbetrag**

Erläuterungen (siehe auch Rückseite des Kontenrahmens):

Die Posten 1–4 stellen betriebsgewöhnliche Erträge und die Posten 5–8 betriebsgewöhnliche Aufwendungen der Kapitalgesellschaft dar.

Die Posten 4/8 sind Sammelposten für alle nicht im Gliederungsschema gesondert auszuweisenden Erträge und Aufwendungen aus der gewöhnlichen Geschäftstätigkeit (siehe nebenstehende Beispiele).

Die Posten 9–13 sind Erträge und Aufwendungen des Finanzbereiches.

Die Posten 15–16 erfassen lediglich ungewöhnliche (seltene) Aufwendungen (z. B. Verluste aus sehr großen Schadensfällen und Enteignungen, Verlust aus dem Verkauf eines Teilbetriebs u. a.) und Erträge (z. B. Steuererlaß, Gewinne aus dem Verkauf eines Teilbetriebs, Erträge aus Gläubigerverzicht u. a.).

Zwei Möglichkeiten der Gliederung. Dem nebenstehenden Gliederungsschema liegt das Gesamtkostenverfahren zugrunde, bei dem der gesamten Leistung die gesamten Kosten gegenübergestellt werden. Die Gewinn- und Verlustrechnung kann nach § 275 (3) HGB auch nach dem Umsatzkostenverfahren gegliedert werden, das den Umsatzerlösen die Umsatzkosten gegenüberstellt. Die Erfolgsrechnung nach dem Umsatzkostenverfahren setzt eine Kostenstellenrechnung voraus (S. 295 f., Anhang).

Merke: **Große und mittelgroße Kapitalgesellschaften müssen die Gewinn- und Verlustrechnung in Staffelform veröffentlichen. Mittelbetriebe dürfen dabei die Posten 1 bis 5 als Rohergebnis (§ 276 HGB) zusammenfassen.**

---

1 In der Vorspalte ist jeweils anzugeben: ... davon aus (an) verbundene(n) Unternehmen ...

7.6 Jahresabschluß der Gesellschaft mit beschränkter Haftung

Die Aufstellung des Jahresabschlusses und des Lageberichtes erfolgt durch die Geschäftsführer der Gesellschaft mit beschränkter Haftung. Die Aufstellungsfrist beträgt für große und mittelgroße Unternehmen drei Monate, für kleine sechs Monate nach Ablauf des Geschäftsjahres (§ 264 [1] HGB).

Prüfung durch Abschlußprüfer. Jahresabschluß und Lagebericht großer und mittelgroßer Gesellschaften müssen unverzüglich nach ihrer Aufstellung durch besondere Abschlußprüfer (Wirtschaftsprüfer, vereidigte Buchprüfer) geprüft werden. Für kleine Unternehmen besteht keine Prüfungspflicht (siehe auch Seite 211).

Prüfung durch Aufsichtsrat. Hat die Gesellschaft einen Aufsichtsrat, so muß dieser zunächst noch den Jahresabschluß, den Lagebericht sowie den Prüfungsbericht der Abschlußprüfer prüfen und über das Ergebnis der Prüfung einen Bericht erstellen. Die Geschäftsführer haben sodann alle Unterlagen den Gesellschaftern zur Beschlußfassung (Feststellung) vorzulegen (§ 42 a [1] GmbHG).

Beschlußfassung durch die Gesellschafter. Die Gesellschafter haben nun spätestens bis zum Ablauf von acht Monaten oder, wenn es sich um eine kleine Gesellschaft handelt, bis zum Ablauf von elf Monaten über die

- **Feststellung des Jahresabschlusses**   und die   ● **Verwendung des Ergebnisses**

in der Gesellschafterversammlung zu beschließen (§ 42 a [2] GmbHG).

Offenlegung. Nach der Feststellung des Jahresabschlusses haben die Geschäftsführer folgende Unterlagen zum Handelsregister einzureichen (§ 325 HGB):

- **Jahresabschluß**
- **Bestätigungsvermerk der Abschlußprüfer**
- **Lagebericht**
- **Bericht des Aufsichtsrates**
- **Vorschlag über die Verwendung des Ergebnisses**
- **Beschluß über die Ergebnisverwendung**

Kleine Gesellschaften müssen lediglich die Bilanz und den Anhang einschließlich Vorschlag und Beschluß über die Verwendung des Ergebnisses zum Handelsregister einreichen. Während große Gesellschaften außerdem alle Unterlagen im Bundesanzeiger bekanntzumachen haben, müssen kleine und mittelgroße Unternehmen lediglich im Bundesanzeiger bekanntgeben, bei welchem Handelsregister die Unterlagen eingereicht wurden (§§ 325 f. HGB).

Darstellung der Ergebnisverwendung. In der Regel wird der Jahresabschluß vor Verwendung des Ergebnisses aufgestellt. Bilanz und Gewinn- und Verlustrechnung weisen deshalb einen Jahresüberschuß oder einen Jahresfehlbetrag als Ergebnis des Geschäftsjahres aus. Die Verwendung des Gewinns, also die Einstellung eines bestimmten Betrages in die Gewinnrücklage oder die Ausschüttung einer Dividende an die Gesellschafter, aber auch die Deckung des Verlustes durch entsprechende Auflösung von Rücklagen kann in folgender Weise dargestellt und als Ergebnisverwendungsbeschluß veröffentlicht werden (§ 325 [1] HGB):

	Jahresüberschuß/Jahresfehlbetrag
(±)	**Gewinnvortrag/Verlustvortrag** aus dem Vorjahr
(+)	**Entnahmen aus der Kapitalrücklage**
(+)	**Entnahmen aus Gewinnrücklagen**
(−)	**Einstellungen in Gewinnrücklagen**
(−)	**Gewinnausschüttung** (Dividende)
=	**Gewinnvortrag/Verlustvortrag**

Die erforderlichen Buchungen erfolgen nach Aufstellung des Jahresabschlusses.

Beispiel: Die X-GmbH (S. 214) weist zum 31.12. in der <u>Schußbilanz</u> folgende Zahlen aus:

A. Eigenkapital	Berichtsjahr	
I. Gezeichnetes Kapital	800 000,00	
II. Kapitalrücklage	100 000,00	
III. Gewinnrücklage	250 000,00	
IV. Gewinnvortrag	50 000,00	
V. Jahresüberschuß	300 000,00	1 500 000,00

Im neuen Jahr soll auf Beschluß der Gesellschafterversammlung der <u>Gewinn wie</u> <u>folgt verwendet</u> werden:

1. 180 000,00 DM werden der Gewinnrücklage zugeführt.
2. Die Gesellschafter erhalten 20 % Gewinn[1] auf ihren Stammanteil unter Abzug von 25 % Kapitalertragsteuer (KESt):

Ausschüttung (20 % von 800 000,00)	160 000,00
− 25 % Kapitalertragsteuer	40 000,00
Netto-Ausschüttung	120 000,00

Darstellung der Gewinnverwendung:

Jahresüberschuß	**300 000,00**	
+ Gewinnvortrag	50 000,00	**350 000,00**
− Einstellung in die Gewinnrücklage		180 000,00
− Gewinnausschüttung (Dividende)		160 000,00
Gewinnvortrag auf neue Rechnung		**10 000,00**

Buchungen:

① Eröffnung der Konten „0740 Jahresüberschuß" und „0790 Gewinnvortrag":

9980 Eröffnungsbilanzkonto	an	0740 Jahresüberschuß		300 000,00
9980 Eröffnungsbilanzkonto	an	0790 Gewinnvortrag		50 000,00

② Übernahme des Jahresüberschusses und des Gewinnvortrags aus dem Vorjahr auf das Zwischenkonto „9860 Ergebnisverwendung":

0740 Jahresüberschuß	an	9860 Ergebnisverwendung ...	300 000,00
0790 Gewinnvortrag	an	9860 Ergebnisverwendung ...	50 000,00

③ Einstellung in die Gewinnrücklage:

9860 Ergebnisverwendung	an	0730 Gewinnrücklagen	180 000,00

④ Ausschüttung der Dividende und Einbehaltung der Kapitalertragsteuer:

9860 Ergebnisverwendung			160 000,00
	an	1700 Sonst. Verbindlichkeiten (KESt)	40 000,00
	an	1760 Dividende	120 000,00

⑤ Übernahme des Gewinnrestes auf das Gewinnvortragskonto:

9860 Ergebnisverwendung	an	0790 Gewinnvortrag	10 000,00

Die Buchungen ③ bis ⑤ können auch zusammengefaßt werden. Das <u>Gewinnvortragskonto</u> ist als <u>Bestandskonto</u> zum 31.12. des laufenden Geschäftsjahres über das Schlußbilanzkonto abzuschließen und unter „A. Eigenkapital" auszuweisen. Nach der Gewinnverwendung <u>setzt</u> <u>sich das bilanzielle Eigenkapital wie folgt zusammen:</u>

Gezeichnetes Kapital	800 000,00
+ Kapitalrücklage	100 000,00
+ Gewinnrücklage	430 000,00
+ Gewinnvortrag	10 000,00
Eigenkapital	**1 340 000,00**

Merke: **Die <u>Geschäftsführer</u> erstellen den Jahresabschluß der GmbH. Die <u>Gesellschafter</u> der GmbH <u>beschließen</u> die <u>Feststellung</u> des Jahresabschlusses <u>und die Verwen-</u> <u>dung des Ergebnisses</u> (Jahresüberschuß/Jahresfehlbetrag).**

---

1 zum besseren Verständnis ohne Einbeziehung der Körperschaftsteuer (30 %)

6624219

Aufgaben – Fragen

261 Die Metallbau GmbH weist zum 31.12. des Berichtsjahres und des Vorjahres folgende zusammengefaßte Bilanzposten aus:

Bilanzposten zum 31.12.	Berichtsjahr	Vorjahr
Sachanlagen	850 000,00	680 000,00
Finanzanlagen	150 000,00	120 000,00
Vorräte an Rohstoffen, Erzeugnissen u. a.	1 640 000,00	1 720 000,00
Forderungen a. LL	360 000,00	280 000,00
davon mit einer Restlaufzeit über ein Jahr	(20 000,00)	(10 000,00)
Wertpapiere	45 000,00	–
Bankguthaben	215 000,00	240 000,00
Kasse	30 000,00	40 000,00
Aktive Rechnungsabgrenzung	10 000,00	20 000,00
Gezeichnetes Kapital	1 200 000,00	1 000 000,00
Gewinnrücklage....................................	450 000,00	250 000,00
Gewinnvortrag aus dem Vorjahr	10 000,00	20 000,00
Rückstellungen	45 000,00	60 000,00
Verbindlichkeiten gegenüber Kreditinstituten	675 000,00	800 000,00
davon mit einer Restlaufzeit bis zu einem Jahr	(80 000,00)	(70 000,00)
Verbindlichkeiten a. LL	570 000,00	680 000,00
davon mit einer Restlaufzeit bis zu einem Jahr	(570 000,00)	(680 000,00)
Passive Rechnungsabgrenzung	20 000,00	10 000,00

1. *Ermitteln Sie den Jahresüberschuß als Saldo zwischen Aktiv- und Passivseite, und weisen Sie ihn in der Bilanz entsprechend aus.*

2. *Erstellen Sie für das mittelgroße Unternehmen (150 Beschäftigte, 8,1 Mio. DM Umsatz) eine ordnungsgemäß gegliederte Jahresbilanz für das Berichtsjahr (vgl. S. 212/213).*

3. *Warum müssen Rücklagen in der Bilanz einer Kapitalgesellschaft gesondert ausgewiesen werden?*

4. *Wie hoch ist das Mindeststammkapital einer GmbH?*

5. *Unter welcher Bezeichnung und zu welchem Wert ist das Stammkapital in der Bilanz der GmbH auszuweisen?*

6. *Worauf führen Sie die Veränderung in den Positionen „Gezeichnetes Kapital" und „Gewinnrücklage" zurück?*

7. *Beurteilen Sie die Veränderungen in der Finanzierung des Unternehmens mit Eigen- und Fremdkapital im Berichtsjahr.*

8. *Welche Veränderungen erscheinen Ihnen auf der Aktivseite von Bedeutung?*

262 Die Sachanlagen der Metallbau GmbH (Aufgabe 261) wiesen zum 31.12. des Vorjahres Anschaffungs- und Herstellungskosten in Höhe von 1 280 000,00 DM aus. Die gesamten Abschreibungen betrugen zum gleichen Zeitpunkt 600 000,00 DM.

Für das Abschlußjahr sind Zugänge (Investitionen) von 400 000,00 DM Anschaffungskosten, Abgänge von 50 000,00 DM und Abschreibungen von 180 000,00 DM zu berücksichtigen.

Zuschreibungen und Umbuchungen liegen nicht vor.

1. *Erstellen Sie für das Sachanlagevermögen einen Anlagenspiegel nach dem Muster auf S. 216.*

2. *Welche Unternehmen müssen einen Anlagenspiegel erstellen?*

3. *Wo kann der Anlagenspiegel ausgewiesen werden?*

4. *Worin sehen Sie die besondere Bedeutung des Anlagenspiegels?*

5. *Wieviel % der Anlageinvestitionen (Zugänge) wurden durch Abgänge und Abschreibungen im Abschlußjahr finanziert?*

263 Die Buchwerte des Finanzanlagevermögens der Metallbau GmbH für das Berichts- und Vorjahr sind der Aufgabe 261 zu entnehmen. Bis zum 31.12. des Vorjahres wurden Gesamtabschreibungen in Höhe von 10 000,00 DM vorgenommen. Im Abschlußjahr waren keine Abschreibungen erforderlich. Allerdings sind Neuanschaffungen von 35 000,00 DM und Abgänge von 5 000,00 DM zu berücksichtigen.

1. *Ermitteln Sie den Anschaffungswert der Finanzanlagen zum 31.12. des Vorjahres.*
2. *Stellen Sie die Entwicklung der Finanzanlagen in einem Anlagenspiegel dar.*
3. *Was ist im einzelnen im Finanzanlagevermögen eines Unternehmens auszuweisen?*
4. *Unterscheiden Sie zwischen Wertpapieren des Anlage- und Umlaufvermögens.*

264 Die Metallbau GmbH (Aufgabe 261) stellt aus ihrer Erfolgsrechnung folgende zusammengefaßte Aufwands- und Ertragsposten für das Abschlußjahr zur Verfügung:

Umsatzerlöse	8 150 000,00
Mehrbestand an Erzeugnissen	20 000,00
Sonstige betriebliche Erträge	30 000,00
Materialaufwand	5 750 000,00
Personalkosten	820 000,00
Abschreibungen auf Sachanlagen	180 000,00
Sonstige betriebliche Aufwendungen	850 000,00
Zinserträge	5 000,00
Zinsaufwendungen	75 000,00
außerordentliche Erträge	80 000,00
außerordentliche Aufwendungen	50 000,00
Steuern vom Einkommen und Ertrag	144 000,00
Sonstige Steuern	86 000,00

1. *Erstellen Sie die Gewinn- und Verlustrechnung in Staffelform gemäß § 275 (2) HGB (siehe S. 216/217 und Anhang).*
2. *Stellen Sie die Erfolgsrechnung in der* <u>Kurzfassung der Staffelform</u> *(vgl. S. 216) dar, und ermitteln Sie* a) *die betriebsgewöhnlichen Erträge,*
   b) *das Rohergebnis,*
   c) *das Ergebnis der gewöhnlichen Geschäftstätigkeit,*
   d) *das außerordentliche Ergebnis und*
   e) *das Jahresergebnis (Jahresüberschuß/Jahresfehlbetrag).*
3. *Worin liegen die Vorteile der Gewinn- und Verlustrechnung in Staffelform?*
4. *Warum erlaubt der Gesetzgeber mittleren Unternehmen, in der zu veröffentlichen Gewinn- und Verlustrechnung lediglich das „Rohergebnis" auszuweisen?*
5. Das Gewinn- und Verlustkonto der Metallbau GmbH weist als Ergebnis des Abschlußjahres einen Jahresüberschuß in Höhe von 330 000,00 DM aus, der zunächst auf das Konto „0740 Jahresüberschuß" zu übertragen ist. *Wie lautet der Buchungssatz?*
6. Das Konto „0740 Jahresüberschuß" wird zum Schlußbilanzkonto abgeschlossen. *Nennen Sie den Abschlußbuchungssatz.*

265 Die Gesellschafterversammlung der Metallbau GmbH beschließt mit Mehrheit die Feststellung des Jahresabschlusses sowie die folgende Verwendung des Jahresgewinns in Höhe von 330 000,00 DM und des Gewinnvortrages aus dem Vorjahr von 10 000,00 DM:
   a) 140 000,00 DM Einstellung in die Gewinnrücklage,
   b) 15 % Gewinnausschüttung auf das Stammkapital von 1 200 000,00 DM,
   c) Vortrag des Restgewinns und
   d) Darstellung der Gewinnverwendung im Anhang des Jahresabschlusses.

1. *Stellen Sie die Verwendung des Ergebnisses dar.*
2. *Statt gesondert im Anhang darf die Ergebnisverwendung auch bereits in der zu veröffentlichen Bilanz (§ 268 [1] HGB) dargestellt werden. Was spricht für und was gegen die einzelne Möglichkeit der Ergebnisdarstellung?*

266 Auf Beschluß der Gesellschafterversammlung der Metallbau GmbH werden 180 000,00 DM Gewinn an die Gesellschafter ausgeschüttet. Die Kapitalertragsteuer beträgt 25 %.

1. *Ermitteln Sie die Netto-Ausschüttung.*
2. *Welcher buchhalterische Zusammenhang besteht zwischen Kapitalertrag- und Lohnsteuer?*
3. *Ermitteln Sie die Rentabilität, indem Sie den Jahresgewinn von 330 000,00 DM*
   a) auf das Nominalkapital (1 200 000,00 DM Gezeichnetes Kapital) und
   b) auf das Eigenkapital von 1 660 000,00 DM zu Beginn des Abschlußjahres beziehen.
4. *Beurteilen Sie die Rentabilität des Eigenkapitals.*

267 1. *Aufgrund der Angaben in den Aufgaben 265 und 266 sind folgende Buchungen im Rahmen der Gewinnverwendung vorzunehmen:*
   a) Eröffnung der Konten „0730 Gewinnrücklage", „0790 Gewinnvortrag" und „0740 Jahres-überschuß" durch Übernahme der Beträge aus der Schlußbilanz des Vorjahres (= Eröff-nungsbilanz).
   b) Umbuchung des Gewinnvortrages und des Jahresüberschusses auf das Konto „9860 Ergebnisverwendung".
   c) Einstellung in die Gewinnrücklage.
   d) Gewinnausschüttung unter Einbehaltung der Kapitalertragsteuer.
   e) Abschluß des Ergebnisverwendungskontos über das Konto „0790 Gewinnvortrag".
   f) Abschluß des Kontos „0790 Gewinnvortrag" am Ende des laufenden Geschäftsjahres.
   g) Banküberweisung der Netto-Dividende an die Gesellschafter.

2. *Ermitteln Sie nach Durchführung der Buchungen das Eigenkapital der Metallbau GmbH in der neuen Zusammensetzung.*

268 Am Ende des laufenden Geschäftsjahres weist die Metallbau GmbH in ihrer Schlußbilanz und Gewinn- und Verlustrechnung einen Jahresfehlbetrag von 190 000,00 DM aus. Auf Beschluß der Gesellschafterversammlung soll der Verlust durch den Gewinnvortrag des Vorjahres und durch Auflösung der Gewinnrücklage in Höhe von 150 000,00 DM zum großen Teil gedeckt werden.

1. *Stellen Sie die Verwendung des Ergebnisses rechnerisch-tabellarisch dar.*
2. *Eröffnen Sie die Konten „0730 Gewinnrücklage", „0790 Gewinnvortrag" und „0740 Jahresfehl-betrag".*
3. *Nennen Sie die Buchung für die Übernahme*
   a) des Gewinnvortrages und
   b) des Jahresverlustes auf das Konto „9860 Ergebnisverwendung".
4. *Wie lauten die Buchungen aufgrund der Ergebnisverwendungsrechnung?*
5. *Schließen Sie das Ergebnisverwendungskonto über „0790 Gewinn-/Verlustvortrag" ab.*
6. *Ermitteln Sie nach Durchführung der Buchungen das Eigenkapital der Metallbau GmbH in der neuen Zusammensetzung.*

269 Die Gesellschafterversammlung der Metallbau GmbH hat zur Stärkung der Eigenkapitalbasis eine Kapitalerhöhung von nominal 300 000,00 DM beschlossen. Zum Ausgleich der im Unter-nehmen vorhandenen offenen und stillen Rücklagen soll der Stammanteil mit einem Aufgeld (Agio) von 50 % = 150 000,00 DM ausgegeben werden. Ein Gesellschafter der Unternehmung übernimmt im Einvernehmen mit den übrigen Gesellschaftern den Anteil gegen Bankscheck.

1. *Wodurch ist die Kapitalerhöhung offenzulegen?*
2. *Wieviel % beträgt die nominale Kapitalerhöhung?*
3. *In welche Rücklage ist das Aufgeld einzustellen?*
4. *Nennen Sie den Buchungssatz nach erfolgter Durchführung der Kapitalerhöhung.*
5. *Worin unterscheiden sich Kapital- und Gewinnrücklagen?*
6. *Unterscheiden Sie zwischen offenen und stillen Rücklagen.*
7. *Worin unterscheiden sich Rücklagen und Rückstellungen?*

Saldenbilanz der Maschinenbau GmbH		Soll	Haben
0100	Technische Anlagen und Maschinen	680 000,00	−
0370	Betriebs- und Geschäftsausstattung	280 000,00	−
0550	Wertpapiere des Anlagevermögens	40 000,00	−
0600	Darlehensschulden	−	180 000,00
0700	Gezeichnetes Kapital	−	1 000 000,00
0730	Gewinnrücklagen	−	150 000,00
0740	Jahresüberschuß	−	
0790	Gewinnvortrag	−	10 000,00
0852	Sonstige Rückstellungen	−	58 000,00
0980	Aktive Rechnungsabgrenzung	−	
1000	Kasse	27 000,00	−
1130	Bank	280 000,00	−
1400	Forderungen a. LL	360 000,00	−
1550	Vorsteuer	75 000,00	−
1600	Verbindlichkeiten a. LL	−	167 000,00
1700	Sonstige Verbindlichkeiten	−	38 000,00
1750	Umsatzsteuer	−	52 000,00
2300	Bilanzmäßige Abschreibungen	−	
2400	Zinsaufwendungen	22 000,00	−
2450	Zinserträge	−	2 000,00
2500	A. o. Aufwendungen	24 000,00	−
2550	A. o. Erträge	−	40 000,00
2900	Steuern vom Einkommen und Ertrag	85 000,00	−
3000	Rohstoffe	230 000,00	−
4000	Fertigungsmaterial	780 000,00	−
4300	Personalkosten	360 000,00	−
4600	Betriebssteuern	45 000,00	−
4700	Verschiedene Kosten	185 000,00	−
4810	Abschreibungen auf Forderungen	−	−
7900	Fertige Erzeugnisse	120 000,00	−
8300	Umsatzerlöse für Erzeugnisse	−	1 896 000,00
8900	Bestandsveränderungen	−	−
Weitere Konten: 0851, 9890, 9990.		3 593 000,00	3 593 000,00

Abschlußangaben zum 31.12:

1. Planmäßige Abschreibungen: TA u. Maschinen: 136 000,00 DM; BGA: 38 000,00 DM.
2. Der Tageswert der Wertpapiere des Anlagevermögens beträgt 48 000,00 DM.
3. Von einer Forderung über 1 150,00 DM gehen nur 575,00 DM auf unserem Bankkonto ein. Der Rest ist uneinbringlich.
4. Kfz-Versicherungen über 4 800,00 DM wurden am 01.10. für ein Jahr im voraus gezahlt.
5. Die Geschäftsmiete für Dezember wird erst am 02.01. n. J. überwiesen: 9 875,00 DM.
6. Kassenmehrbetrag lt. Inventur: 150,00 DM.
7. Eine Rückstellung für unterlassene Instandhaltung ist aufzulösen: 3 200,00 DM.
8. Bildung einer Gewerbesteüerrückstellung in Höhe von 18 400,00 DM.
9. Bestand an Erzeugnissen: Herstellungskosten: 150 000,00 DM; Tageswert: 170 000,00 DM.

Aufgaben:

1. *Schließen Sie alle Erfolgskonten der Klassen 2, 4 und 8 direkt über „9890 GuV" ab.*
2. *Übertragen Sie den Saldo des GuV-Kontos auf das Konto „0740 Jahresüberschuß". Das Konto 0740 wird danach zum Schlußbilanzkonto abgeschlossen.*
3. *Erstellen Sie eine nach § 266 HGB ordnungsgemäß gegliederte Jahresbilanz.*
4. *Erstellen Sie die GuV-Rechnung in Staffelform gemäß § 275 HGB. Nicht gesondert ausgewiesene Aufwandsposten sind als „Sonstige betriebliche Aufwendungen" zusammenzufassen.*
5. *Stellen Sie rechnerisch die Gewinnverwendung dar: Rücklagenzuführung 100 000,00 DM, 15 % Dividende. Nennen Sie die Buchungen für die Gewinnverwendung im Folgejahr.*

7.7 Jahresabschluß der Aktiengesellschaft

Die Aufstellung des Jahresabschlusses erfolgt durch den Vorstand der AG in den ersten drei Monaten des neuen Geschäftsjahres (sechs Monate bei kleiner AG).

Ermittlung des Bilanzgewinns/Bilanzverlustes. Während bei der GmbH (siehe S. 218 f.) die Schlußbilanz meist vor Verwendung des Jahresergebnisses aufgestellt wird, wird bei Aktiengesellschaften in der Regel bereits bei Aufstellung der Bilanz ein Teil des Jahresüberschusses den Gewinnrücklagen zugeführt oder ein Jahresfehlbetrag durch Auflösung von Rücklagen gedeckt. Bei einer solchen teilweisen Verwendung des Jahresergebnisses vor Bilanzerstellung tritt dann in der Schlußbilanz an die Stelle der Posten „Jahresüberschuß/Jahresfehlbetrag" und „Gewinnvortrag/Verlustvortrag" der Posten „Bilanzgewinn/Bilanzverlust" (§ 268 [1] HGB). Der Bilanzgewinn ist der Gewinn, den der Vorstand der Hauptversammlung zur Ausschüttung vorschlägt.

Jahresüberschuß/Jahresfehlbetrag	A. Eigenkapital (Bilanzausweis)
± Gewinn-/Verlustvortrag des Vorjahres	I. Gezeichnetes Kapital
+ Entnahme aus Rücklagen	II. Gesetzliche Rücklage
− Einstellung in Gewinnrücklagen	III. Andere Gewinnrücklagen
= **Bilanzgewinn/Bilanzverlust** ⟶	IV. **Bilanzgewinn/Bilanzverlust**

Beispiel: Die Maschinenbau AG (2 000 000,00 DM Gezeichnetes Kapital; 200 000,00 DM Gesetzliche Rücklage; 40 000,00 DM andere Gewinnrücklagen; 20 000,00 DM Gewinnvortrag) weist zum 31.12. in ihrer Gewinn- und Verlustrechnung einen Jahresüberschuß von 380 000,00 DM aus. Vor Bilanzerstellung sollen 160 000,00 DM der anderen (freien) Gewinnrücklage zugeführt werden.

Ermitteln Sie selbst den Bilanzgewinn.

Buchungen:

9890 GuV-Konto	an	0740 Jahresüberschuß	380 000,00
0740 Jahresüberschuß	an	9860 Ergebnisverwendung .	380 000,00
0790 Gewinnvortrag	an	9860 Ergebnisverwendung .	20 000,00
9860 Ergebnisverwendung	an	0730 And. Gewinnrücklagen	160 000,00
9860 Ergebnisverwendung	an	0750 Bilanzgewinn	240 000,00
0750 Bilanzgewinn	an	9990 Schlußbilanzkonto	240 000,00

Buchen Sie auf Konten, und ermitteln Sie das Eigenkapital vor und nach Bilanzerstellung.

Die Verwendung des Bilanzgewinns ist Aufgabe der Hauptversammlung. Sie beschließt über die an die Aktionäre auszuschüttende Dividende und/oder weitere in Gewinnrücklagen einzustellende Beträge sowie den Gewinnvortrag auf neue Rechnung. Die Verteilungsbuchungen entsprechen der GmbH (siehe Seite 219).

Bilanzgewinn
− Dividende an Aktionäre[1]
− Einstellung in Gewinnrücklagen
= **Gewinnvortrag**

Die Prüfung des Jahresabschlusses erfolgt durch unabhängige Abschlußprüfer, und zwar wie bei der GmbH nur bei großen und mittelgroßen Gesellschaften.

Die Feststellung (Billigung) des Jahresabschlusses und des Vorschlages zur Verwendung des Bilanzgewinns obliegt dem Aufsichtsrat (§§ 170 f. AktG).

Offenlegung. Jahresabschluß, Lagebericht und Ergebnisverwendungsvorschlag werden zum Handelsregister eingereicht und nur bei großen Gesellschaften im Bundesanzeiger veröffentlicht.

Merke:
- Der Bilanzgewinn ist der zur Ausschüttung vorgeschlagene Gewinn.
- Der Vorstand ermittelt, die Hauptversammlung verwendet den Bilanzgewinn.

---

1 Mitglieder des Vorstandes und Aufsichtsrates sind nur selten am Jahresgewinn (§§ 86, 113 AktG) beteiligt. Ihre Tantiemen werden meist in den Personalkosten oder sonstigen Aufwendungen gewinnmindernd erfaßt.

Aufgaben – Fragen

271

Eine neu gegründete Aktiengesellschaft hat ein voll eingezahltes Aktienkapital von 4 000 000,00 DM. Zum 31.12. des Gründungsjahres weist das Gewinn- und Verlustkonto einen Jahresüberschuß von 600 000,00 DM aus.

Vor Aufstellung der Bilanz werden auf Veranlassung des Vorstandes der gesetzlichen Rücklage der jährliche Mindestbetrag (siehe Seite 215) und der anderen (freien) Gewinnrücklage 200 000,00 DM zugeführt.

1. *Ermitteln Sie den Bilanzgewinn zum 31.12.*
2. *Stellen Sie die Posten der Gruppe „A. Eigenkapital" in der Bilanz zum 31.12. in der vorgeschriebenen Reihenfolge zusammen.*
3. *Wie lauten die Buchungen für die Zuführungen zu der „Gesetzlichen Rücklage" und der „Anderen Gewinnrücklage" sowie den Bilanzgewinn?*
4. *Wie lautet die Buchung für die Übernahme des Bilanzgewinns in das Schlußbilanzkonto?*
5. *Buchen Sie die Fälle 3 und 4 auf folgenden Konten: Gewinn- und Verlustkonto, Ergebnisverwendungskonto, Gesetzliche Rücklage, Andere Gewinnrücklage, Bilanzgewinn, Schlußbilanzkonto.*

272

Die Hauptversammlung der in Aufgabe 271 genannten Aktiengesellschaft beschließt im auf das Abschlußjahr folgenden Geschäftsjahr die Verwendung des Bilanzgewinns:

      a) 8 % Dividende auf das Aktienkapital,
      b) 40 000,00 DM Zuführung in die Gesetzliche Rücklage.
      c) Der Restgewinn ist auf neue Rechnung vorzutragen.

1. *Ermitteln Sie den Gewinnvortrag.*
2. *Ermitteln Sie a) die Bruttodividende, b) die einzubehaltende Kapitalertragsteuer (KESt) und c) die Netto-Dividende.*
3. *Nennen Sie den Buchungssatz für die Eröffnung des Kontos „Bilanzgewinn" und die Übernahme des Bilanzgewinns auf das „Ergebnisverwendungskonto".*
4. *Wie lauten die Buchungssätze für die o. g. Verwendung des Bilanzgewinns? Buchen Sie auf folgenden Konten: Eröffnungsbilanzkonto, Bilanzgewinn, Ergebnisverwendungskonto, Gesetzliche Rücklage, Verbindlichkeiten aus Steuern, Verbindlichkeiten gegenüber Gesellschaftern, Gewinnvortrag.*
5. *Wie lauten die Buchungen für die Auszahlung der Dividende und die Überweisung der Kapitalertragsteuer an das Finanzamt (Bank)?*
6. *Ermitteln Sie nach Durchführung der Buchungen das bilanzielle Eigenkapital.*

273

Eine AG hat ein Grundkapital von 10 000 000,00 DM. Die gesetzliche Rücklage beträgt 1 110 000,00 DM, die andere Gewinnrücklage 100 000,00 DM und der Gewinnvortrag 10 000,00 DM. Das Anlagevermögen beträgt zum Bilanzstichtag insgesamt 6 000 000,00 DM, das Umlaufvermögen 9 500 000,00 DM. Verbindlichkeiten mit einer Laufzeit von über 5 Jahren betragen 1 780 000,00 DM, die kurzfristigen Verbindlichkeiten 900 000,00 DM. Aus dem Jahresüberschuß werden bei Bilanzaufstellung 390 000,00 DM der anderen Gewinnrücklage zugeführt.

1. *Ermitteln Sie den Jahresüberschuß, den Bilanzgewinn und den Stand der Rücklagen.*
2. *Erstellen Sie eine ordnungsmäßig gegliederte Bilanz gemäß § 266 HGB.*
3. *Ermitteln Sie den Gewinnvortrag, wenn im neuen Jahr auf Beschluß der Hauptversammlung 12 % Dividende aus dem Bilanzgewinn auszuschütten sind.*
4. *Führen Sie die Buchungen wie in Aufgabe 272 durch.*
5. *Ermitteln Sie das bilanzielle Eigenkapital nach Durchführung der Gewinnverwendung.*

274

Die in Aufgabe 273 genannte Aktiengesellschaft weist in ihrer Gewinn- und Verlustrechnung zum 31.12. des Folgejahres einen Jahresfehlbetrag in Höhe von 100 000,00 DM aus, der bei Bilanzerstellung durch Entnahme von 70 000,00 DM aus der gesetzlichen Rücklage und dem Gewinnvortrag von 20 000,00 DM teilweise gedeckt wird.

1. *Ermitteln Sie den Bilanzverlust und danach das bilanzielle Eigenkapital.*
2. *Nennen Sie die Buchungssätze.*
3. *Worin unterscheiden sich offene und stille Rücklagen?*

8 Bewertung der Vermögensgegenstände und Schulden zum Bilanzstichtag

8.1 Notwendigkeit der Bewertung

Auswirkung der Bewertung auf den Jahreserfolg. Zum Jahresabschluß müssen die einzelnen Vermögensteile und Schulden mit dem richtigen Wert in das Inventar und die Schlußbilanz übernommen werden. So sind z.B. bei den Anlagegütern sowie bei den Forderungen entsprechende Abschreibungen vorzunehmen. Weiterhin sind etwaige Rückstellungen in einer noch zu bestimmenden Höhe zu bilden u.a.m. Diese Bewertung der Bilanzposten, also die Bestimmung ihres Wertansatzes, kann sich entscheidend auf den Jahreserfolg auswirken. Ein Mehr oder Weniger im Wertansatz (z.B. Abschreibungen) hat ein gleiches Mehr oder Weniger an Gewinn zur Folge.

Bewertungsvorschriften. Falsche Bewertung (z.B. zu niedrige oder zu hohe Abschreibung) führt zwangsläufig zu einer falschen Darstellung des Jahreserfolges und der Vermögenslage des Unternehmens. Die Gläubiger des Unternehmens müssen jedoch vor einer Täuschung durch zu hohe Bewertung der Vermögensposten geschützt werden (Gläubigerschutz). Ebenso muß aber auch im Interesse des Steueraufkommens eine zu niedrige Bewertung verhindert werden. Der Gesetzgeber hat deshalb Bewertungsvorschriften erlassen, die willkürliche Über- und Unterbewertungen verbieten. Es gibt handelsrechtliche und besondere steuerrechtliche Bewertungsvorschriften.

- **Die handelsrechtliche Bewertung** ist grundlegend nach dem **Handelsgesetzbuch (§§ 252–256 HGB)** ausgerichtet. Die handelsrechtlichen Bewertungsvorschriften gelten für alle Unternehmen, gleich welcher Rechtsform. Sie dienen in erster Linie der Kapitalerhaltung und damit auch dem Schutz der Gläubiger. Vermögen, Schulden und Erfolg des Unternehmens sind deshalb zum Jahresabschluß vorsichtig zu ermitteln. **Das Prinzip der Vorsicht ist oberster Bewertungsgrundsatz.**
- **Die steuerrechtliche Bewertung** richtet sich nach **§§ 5–7 Einkommensteuergesetz.** Sie soll die **Ermittlung des Gewinns nach einheitlichen Grundsätzen** sicherstellen und damit eine „gerechte" Besteuerung ermöglichen. So weisen z.B. die amtlichen AfA-Tabellen einheitlich die Nutzungsdauer der verschiedenen Anlagegüter aus.

Grundsatz der Maßgeblichkeit. Die nach handelsrechtlichen Vorschriften aufgestellte Bilanz heißt „Handelsbilanz". Ihre Wertansätze sind zugleich maßgebend für die „Steuerbilanz", sofern steuerliche Vorschriften nicht eine andere Bewertung (z.B. eine geringere Abschreibung) zwingend vorschreiben. Man spricht deshalb auch vom „Grundsatz der Maßgeblichkeit der Handelsbilanz für die Steuerbilanz".

Handels- und Steuerbilanz. Nur Unternehmen, die ihren Jahresabschluß veröffentlichen müssen (z.B. Kapitalgesellschaften), erstellen sowohl eine Handelsbilanz als auch eine daraus – durch Hinzurechnungen und Kürzungen – abgeleitete Steuerbilanz. Alle übrigen Unternehmen stellen in der Regel nur eine Bilanz auf, die zugleich Handels- und Steuerbilanz ist. Das bedeutet, daß bereits bei den Jahresabschlußarbeiten die steuerrechtlichen Bewertungsvorschriften berücksichtigt werden.

Merke:
- **Bewertung bedeutet Bestimmung des Wertansatzes für die einzelnen Vermögensgegenstände und Schulden in der Jahresbilanz.**
- **Die Bewertung beeinflußt die Höhe des Jahreserfolgs. Bewertungsvorschriften sollen willkürliche Über- und Unterbewertungen verhindern.**
- **Es gilt der „Grundsatz der Maßgeblichkeit der Handelsbilanz für die Steuerbilanz", sofern das Steuerrecht keine andere Bewertung vorschreibt.**

8.2   Wertmaßstäbe

Für die Bewertung sind insbesondere folgende Wertmaßstäbe von Bedeutung:

● **Anschaffungskosten**   ● **Herstellungskosten**   ● **Fortgeführte AK/HK**   ● **Tageswert**

Anschaffungskosten sind nach § 255 (1) HGB „die Aufwendungen, die geleistet werden, um einen Vermögensgegenstand zu erwerben und in einen <u>betriebsbereiten Zustand</u> zu versetzen, soweit sie <u>einzeln</u> zugeordnet werden können":

Anschaffungspreis	Netto-Kaufpreis
+ **Nebenkosten**	Bezugskosten, Zölle, Fundament, Montage, Zulassung, Grunderwerbsteuer, Notar, Makler
+ **nachträgliche Anschaffungskosten**	Erschließung, Straßenbau, Umbau, Ausbau, Zubehörteile für Anlagen u.a.
– **Anschaffungskostenminderungen**	Rabatte, Skonti, Gutschriften, erhaltene Zuschüsse u. a.
= **Anschaffungskosten (AK)**	**Aktivierung:** handels- und steuerrechtlich
<u>Zinsen</u> zur Anschaffungsfinanzierung sind <u>keine</u> Anschaffungsnebenkosten!	

Herstellungskosten für im eigenen Betrieb erstellte Vermögensgegenstände (z. B. Erzeugnisse, selbsterstellte Anlagen, werterhöhende Großreparaturen) umfassen nach § 255 (2), (3) HGB <u>mindestens die Einzelkosten der Herstellung.</u> Die <u>Gemeinkosten</u> (keine Vertriebsgemeinkosten!) <u>dürfen</u> in die Herstellungskosten einbezogen werden. Den <u>Unterschied</u> zwischen handels- und steuerrechtlichen Herstellungskosten (Abschnitt 33 EStR) zeigt die folgende <u>Gegenüberstellung:</u>

Handelsrechtliche HK		**Steuerrechtliche HK**	
Pflicht	Fertigungsmaterial (FM) + Fertigungslöhne (FL) + Sondereinzelkosten der Fertigung = **Mindest-Herstellungskosten**	Pflicht	Fertigungsmaterial (FM) + Fertigungslöhne (FL) + Sondereinzelkosten der Fertigung + Materialgemeinkosten (MGK) + Fertigungsgemeinkosten (FGK) = **Mindest-Herstellungskosten**
Wahlrecht	+ Materialgemeinkosten (MGK) + Fertigungsgemeinkosten (FGK) + Verwaltungsgemeinkosten (VwGK) = **Höchste Herstellungskosten**	Wahlrecht	+ Verwaltungsgemeinkosten (VwGK) = **Höchste Herstellungskosten**

Fortgeführte Anschaffungs-/Herstellungskosten ergeben sich als Wertansatz für alle abnutzbaren Anlagegüter unter Berücksichtigung der Abschreibungen:

> **Anschaffungskosten/Herstellungskosten**
> – **planmäßige Abschreibungen**
> = **fortgeführte Anschaffungskosten/Herstellungskosten**

Tageswert, auch Zeitwert oder Wiederbeschaffungswert genannt, ist der (all-)gemeine Wert, der sich aus dem <u>Börsen- und Marktpreis</u> ergibt. Falls ein Börsen- oder Marktpreis nicht festzustellen ist, gilt ein <u>geschätzter Wert</u>. Der Tageswert ist also lediglich als <u>Vergleichswert</u> anzuwenden bzw. anzusetzen.

Teilwert ist ein steuerlicher Wertbegriff, der sich kaum berechnen läßt:

> „Teilwert ist der Betrag, den ein Erwerber des ganzen Betriebes im Rahmen des Gesamtkaufpreises für das einzelne Wirtschaftsgut ansetzen würde; dabei ist davon auszugehen, daß er den Betrieb fortführt" (§ 6 [1] Ziffer 1 EStG).

Dem Teilwert entsprechen <u>hilfsweise</u> die o. g. Wertmaßstäbe.

Merke: **Die Anschaffungs-/Herstellungskosten dürfen nie überschritten werden.**

6624227

227

8.3 Allgemeine Bewertungsgrundsätze nach § 252 HGB

Die allgemeinen Bewertungsgrundsätze (Prinzipien) sind für alle Kaufleute verbindlich in § 252 Abs. 1 HGB geregelt:

1. Grundsatz der Bilanzidentität (Bilanzgleichheit)

Der Grundsatz der Bilanzidentität verlangt, daß die Positionen der **Schlußbilanz** eines Geschäftsjahres **wertmäßig** mit den Positionen der **Eröffnungsbilanz** des folgenden Geschäftsjahres völlig **übereinstimmen,** also identisch sein müssen. Die Schlußbilanz ist **gleichzeitig** die Eröffnungsbilanz des Folgejahres.

Der Grundsatz der Bilanzidentität soll verhindern, daß beim Übergang auf das neue Geschäftsjahr nachträglich Wertveränderungen vorgenommen werden.

2. Grundsatz der Unternehmensfortführung (Going-concern-Prinzip)

Bei der Bewertung ist grundsätzlich von der Fortführung der Unternehmenstätigkeit auszugehen. Die einzelnen Vermögensgegenstände dürfen **nicht mit ihren Liquidationswerten** (Einzelveräußerungspreis im Falle einer freiwilligen Auflösung des Unternehmens) in die Jahresbilanz eingesetzt werden, sondern nur zu dem Wert, der sich aus der angenommenen Unternehmensfortführung ergibt. Das sind z. B. bei abnutzbaren Anlagegütern die Anschaffungskosten abzüglich Abschreibungen.

Eine Abweichung vom „Going-concern-Prinzip" ist nur im Falle einer Liquidation (freiwillige Auflösung) oder eines Konkurses (zwangsweise Auflösung) eines Unternehmens möglich.

3. Grundsatz der Einzelbewertung

Grundsätzlich sind alle Vermögensgegenstände und Schulden **einzeln** zu bewerten. Allerdings sind Bewertungsvereinfachungsverfahren aus Gründen der Wirtschaftlichkeit gesetzlich zugelassen, wie z. B. eine Gruppen- oder Sammelbewertung der Rohstoffbestände nach Durchschnittswerten (§ 240 [4] HGB) u. a.

4. Grundsatz der Stichtagsbezogenheit (Stichtagsprinzip)

Die Bewertung der einzelnen Vermögensgegenstände und Schulden hat sich nach den Verhältnissen **am** Abschlußstichtag zu richten. Dabei sind alle Sachverhalte, die am Bilanzstichtag (31.12.01) objektiv bestanden, zu berücksichtigen, auch wenn sie nach diesem Zeitpunkt, jedoch noch **vor** dem Tag der Bilanzaufstellung (28.01.02) bekannt werden (sog. wertaufhellende Tatsachen).

Beispiel: Am 31.12.01 besteht eine Forderung gegenüber einem Kunden in Höhe von 11 500,00 DM. Am 12.01.02, also noch vor Bilanzaufstellung (28.01.02), erfahren wir, daß der Kunde bereits am 26.12.01 durch Konkurs völlig zahlungsunfähig war.

Die erlangte bessere Erkenntnis über den Wert der Forderung zum Bilanzstichtag muß bei der Bewertung berücksichtigt werden. Die Forderung ist zum 31.12.01 abzuschreiben, da sie objektiv uneinbringlich war.

Vorgänge, die sich **nach** dem Bilanzstichtag ereignen und Tatsachen geschaffen haben, die am Bilanzstichtag objektiv noch nicht gegeben waren, dürfen bei der Bewertung zu diesem Zeitpunkt nicht berücksichtigt werden.

Beispiel: Am 31.12.01 besteht gegenüber einem Kunden eine Forderung über 17 250,00 DM. Wertmindernde Tatsachen waren zu diesem Zeitpunkt nicht gegeben. Am 15.01.02, also noch vor Bilanzaufstellung (28.01.02), brennt das Warenlager des Kunden ab. Mangels ausreichender Versicherungsleistung kommt es zum Konkurs und damit zum Totalausfall der Forderung.

Die durch Brand eingetretene Zahlungsunfähigkeit des Kunden ist ein Vorgang im neuen Geschäftsjahr. Eine Abschreibung der Forderung darf deshalb zum 31.12.01 nicht vorgenommen werden.

5. Grundsatz der Vorsicht (Vorsichtsprinzip)

Der Kaufmann muß **vorsichtig** bewerten, indem er alle vorhersehbaren Risiken und Verluste, die bis zum Abschlußstichtag entstanden sind oder drohen, berücksichtigt. Das bedeutet, daß er die Vermögensgegenstände eher zu niedrig als zu hoch (Niederstwertprinzip) und die Schulden eher zu hoch als zu niedrig (Höchstwertprinzip) ansetzt.

Gewinne dürfen nur dann ausgewiesen werden, wenn sie durch Umsatz tatsächlich entstanden, also realisiert sind (Realisationsprinzip).

Das Vorsichtsprinzip soll überhöhte Gewinnausschüttungen verhindern und trägt deshalb zur Erhaltung des Eigenkapitals und damit der Haftungssubstanz gegenüber den Gläubigern (Gläubigerschutz) bei.

6. Grundsatz der Periodenabgrenzung

Nach dem Grundsatz der Periodenabgrenzung sind Aufwendungen und Erträge dem Geschäftsjahr zuzuweisen, in dem sie **wirtschaftlich verursacht** wurden, ohne Rücksicht auf den Zeitpunkt der Ausgabe und Einnahme.

Die zeitliche Abgrenzung der Aufwendungen und Erträge in der Form der „Aktiven und Passiven Rechnungsabgrenzung" sowie „Sonstigen Forderungen und Sonstigen Verbindlichkeiten" sowie „Rückstellungen" soll eine periodengerechte Erfolgsermittlung ermöglichen.

7. Grundsatz der Bewertungsstetigkeit

Der Grundsatz der Bewertungsstetigkeit besagt, daß die einmal gewählten **Bewertungs- und Abschreibungsmethoden** grundsätzlich **beizubehalten** sind.

Die Bewertungsstetigkeit, auch **materielle Bilanzkontinuität** genannt, soll insbesondere einen willkürlichen Wechsel der Bewertungs- und Abschreibungsmethoden für dasselbe oder gleichwertige Wirtschaftsgüter verhindern, damit die Vergleichbarkeit der Jahresabschlüsse sichergestellt ist.

Zu berücksichtigen ist aber auch die **formale Bilanzkontinuität,** also eine einheitliche Bezeichnung und Gliederung der Posten des Jahresabschlusses in der Bilanz (§ 266 HGB) und Gewinn- und Verlustrechnung (§ 275 HGB).

Merke: 1. Die allgemeinen Bewertungsgrundsätze nach § 252 Abs. 1 HGB gelten für alle Kaufleute und Unternehmensformen:
- Einzelunternehmen,
- Personengesellschaften (OHG, KG),
- Kapitalgesellschaften (GmbH, AG) und
- Genossenschaften.

2. Von den allgemeinen Bewertungsgrundsätzen darf nur in begründeten Ausnahmefällen abgewichen werden (§ 252 Abs. 2 HGB).

Aufgaben – Fragen

1. Welche Bedeutung hat das Stichtagsprinzip für die Bewertung der Vermögensgegenstände und Schulden?

2. Welchen Einfluß haben „werterhellende Tatsachen" auf die Bewertung?

3. Unterscheiden Sie zwischen dem Grundsatz der Bilanzidentität und Bilanzkontinuität.

4. Zum 31.12.01 wurde für Prozeßkosten eines schwebenden Prozesses eine Rückstellung in Höhe von 12 000,00 DM gebildet. Noch vor Bilanzaufstellung am 10.03.02 geht der Prozeß wider Erwarten zu unseren Gunsten aus. Beurteilen Sie den Tatbestand.

5. Am 31.12.01 mußte eine Forderung wegen Uneinbringlichkeit abgeschrieben werden. Vor Bilanzaufstellung am 25.02.02 wird der Schuldner durch eine Erbschaft wieder zahlungsfähig. Wie ist die Forderung zum Bilanzstichtag zu bewerten?

8.4   Besondere Bewertungsprinzipien[1]

Das Prinzip der Vorsicht ist der wichtigste handelsrechtliche Bewertungsgrundsatz, der insbesondere der Kapitalerhaltung des Unternehmens und damit dem Gläubigerschutz dient. Vorsichtige Bewertung bedeutet, daß bei Vermögensteilen stets der niedrigere und bei Schulden stets der höhere Wert anzusetzen ist, wenn zum Bilanzstichtag mehrere Wertansätze zur Verfügung stehen. Darüber hinaus sollen alle vorhersehbaren Risiken und Verluste erfaßt werden.

Konkrete Anwendung des Vorsichtsprinzips. Das Prinzip der Vorsicht (§ 252 [1] Ziffer 4 HGB) findet seine konkrete Anwendung in den folgenden Bewertungsprinzipien:

- Anschaffungswertprinzip,
- Niederstwertprinzip und
- Höchstwertprinzip.

Anschaffungswertprinzip: Die Anschaffungskosten dürfen nicht überschritten werden!

Bei der Bewertung der Vermögensgegenstände zum Bilanzstichtag dürfen nach § 253 (1) HGB die Anschaffungs- oder Herstellungskosten nicht überschritten werden. Durch diese Bewertungsobergrenze wird sichergestellt, daß nur die am Abschlußstichtag durch Verkauf oder Zahlung realisierten (entstandenen) Gewinne ausgewiesen werden.

Beispiel: Der Wert eines zu 250 000,00 DM erworbenen Grundstücks ist inzwischen auf 300 000,00 DM gestiegen.

Solange das Grundstück nicht zu dem höheren Wert verkauft ist, spricht man von einer stillen Reserve oder einem nicht realisierten Gewinn. Aus Gründen kaufmännischer Vorsicht sind nicht realisierte Gewinne noch keine Gewinne und dürfen deshalb auch nicht ausgewiesen (und somit auch nicht ausgeschüttet) werden. Das Grundstück darf höchstens mit 250 000,00 DM Anschaffungskosten in die Bilanz eingesetzt werden.

Niederstwertprinzip für Gegenstände des Anlage- und Umlaufvermögens

Am Bilanzstichtag ist von zwei möglichen Wertansätzen – Tageswert (Börsen- oder Marktpreis) und Anschaffungskosten – stets der niedrigere anzusetzen (§ 253 [2, 3] HGB).

Beispiel: Der Wert eines für 220 000,00 DM erworbenen Grundstücks ist wegen einer Straßenverlegung auf 100 000,00 DM gesunken.

Auch wenn das Grundstück noch nicht zu dem niedrigeren Wert verkauft ist, muß der Wert wegen der dauerhaften Wertminderung (§ 253 [2] HGB) um 120 000,00 DM auf 100 000,00 DM herabgesetzt werden. Das Niederstwertprinzip führt somit zum Ausweis eines noch nicht realisierten Verlustes. Denn: Nicht realisierte Verluste sind aus Gründen kaufmännischer Vorsicht Verluste und müssen deshalb wie Verluste behandelt werden.

Man unterscheidet zwischen strengem und gemildertem Niederstwertprinzip:

Strenges Niederstwertprinzip bedeutet, daß von den zwei möglichen Wertansätzen stets der niedrigere Wert angesetzt werden muß (§ 253 [2, 3] HGB). Das gilt uneingeschränkt für alle Gegenstände des Umlaufvermögens und des nicht abnutzbaren Anlagevermögens. In Erfüllung des strengen Niederstwertprinzips sind abnutzbare Anlagegüter planmäßig abzuschreiben. Außerdem müssen alle Anlagegüter im Falle einer dauernden Wertminderung auch außerplanmäßig abgeschrieben werden (Abschreibungspflicht).

Das **gemilderte Niederstwertprinzip** besagt, daß beispielsweise bei allen Anlagegütern der niedrigere Wert auch bei vorübergehender Wertminderung angesetzt werden darf. Dieses Wahlrecht gilt bei Kapitalgesellschaften nur für das Finanzanlagevermögen.

---

[1] § 252 HGB enthält die allgemeinen Bewertungsgrundsätze (siehe S. 228/229 und Anhang).

Höchstwertprinzip für die Bewertung der Schulden

Schulden sind zu ihrem Höchstwert zu passivieren. Am Abschlußstichtag muß von zwei möglichen Werten jeweils der höhere in die Bilanz eingesetzt werden (§ 253 [1] HGB).

Beispiel: Import von Handelswaren am 20.11., Zahlungsziel 8 Wochen,
Rechnungsbetrag 10 000 Dollar, Kurs am 20.11. 1,60 DM je $.
Zum Bilanzstichtag am 31.12. beträgt der Kurs 1,80 DM je $.

Buchung zum 20.12.: 3900 Handelswaren an **1600 Verbindl. a.LL** **16 000,00**
Buchung zum 31.12.: 4009 Aufw. für Waren an **1600 Verbindl. a.LL** **2 000,00**

Das Höchstwertprinzip führt somit wie das Niederstwertprinzip zum Ausweis eines nicht realisierten Verlustes. Eine Kurssenkung auf beispielsweise 1,50 DM darf in keinem Fall berücksichtigt werden, da dann wegen fehlender Zahlung ein nicht realisierter Gewinn von 1 000,00 DM ausgewiesen würde.

Imparitätsprinzip. Anschaffungs-, Niederst- und Höchstwertprinzip bewirken, daß zwar nicht realisierte Verluste ausgewiesen werden, nicht aber nicht realisierte Gewinne. Dieses Prinzip der ungleichen Behandlung von nicht realisierten Gewinnen und Verlusten bezeichnet man auch als Imparitätsprinzip. Es ist Ausdruck kaufmännischer Vorsicht als dem obersten Bewertungsgrundsatz.

Merke: ● **Das Imparitätsprinzip ist Ausdruck kaufmännischer Vorsicht:**
▷ **Nicht realisierte Gewinne dürfen nicht ausgewiesen werden!**
▷ **Nicht realisierte Verluste müssen ausgewiesen werden!**

● **Das Imparitäts- bzw. Vorsichtsprinzip findet seine konkrete Anwendung im Anschaffungs-, Niederst- und Höchstwertprinzip.**

Beibehaltung von Wertansätzen und Wertaufholung. Handelsrechtlich darf bei allen Gegenständen des Anlage- und Umlaufvermögens ein niedriger Wert beibehalten werden, auch wenn die Gründe dafür nicht mehr bestehen (§ 253 [5] HGB). Eine Wertaufholung ist aber möglich, d. h., der letzte Wertansatz darf überschritten werden, höchstens jedoch bis zu den (fortgeführten) Anschaffungskosten. Dieses Wahlrecht besteht für alle Einzelunternehmen und Personengesellschaften. Es gilt auch grundsätzlich für Kapitalgesellschaften, sofern der niedrigere Wert in der Steuer- und Handelsbilanz beibehalten wird (§ 280 [2] HGB).

Beispiel: Ein Unternehmen kauft am 15.07.01 zur kurzfristigen Anlage Aktien zum Stückkurs von 200,00 DM. Am 31.12.01 beträgt der Tagesstückkurs 180,00 DM. Bilanzansatz zum 31.12.01 nach dem strengen Niederstwertprinzip: 180,00 DM. Bis zum 31.12.02 steigt der Stückkurs auf 230,00 DM.

Mögliche Wertansätze zum 31.12.02 bei einem Tageskurs von 230,00 DM:
1. Beibehaltung des niedrigen Wertansatzes .... 180,00 DM
2. Wertaufholung bis zu den Anschaffungskosten .... 200,00 DM
3. Ansatz eines Zwischenwertes .... 180,00/200,00 DM

Eine Wertaufholung wird durch eine Zuschreibung (Aktivierung) vorgenommen. Dadurch werden stille Reserven aufgelöst. Im Beispiel darf der Wertansatz von 180,00 DM um 20,00 DM auf 200,00 DM erhöht werden:

Buchung der Zuschreibung: Wertpapiere an **A. o. Erträge** **20,00**

Merke: Bei allen Vermögensgegenständen darf ein niedrigerer Wertansatz grundsätzlich beibehalten werden, auch wenn die Gründe dafür nicht mehr bestehen (§ 253 [5] HGB). Eine Wertaufholung ist grundsätzlich möglich, allerdings nur bis zu den (fortgeführten) Anschaffungskosten.

8.5 Bewertungsübersicht gemäß §§ 253, 279, 280 HGB

8.5.1 Bewertung des Anlagevermögens

Im Hinblick auf die Bewertung ist zwischen abnutzbaren und nicht abnutzbaren Gegenständen des Anlagevermögens zu unterscheiden (siehe auch Kapitel 4.4):

- **Abnutzbare Anlagegüter** sind zum Bilanzstichtag zu ihren fortgeführten Anschaffungs- oder Herstellungskosten zu bewerten, also zu den Anschaffungs- oder Herstellungskosten abzüglich planmäßiger Abschreibung (linear, degressiv, nach Leistungseinheiten). Außerplanmäßige Abschreibungen sind zusätzlich im Falle einer dauernden Wertminderung vorzunehmen, also bei Schadensfällen, Wertverfall durch technischen Fortschritt u. a. Gemäß § 253 (2) HGB besteht Abschreibungspflicht (Strenges Niederstwertprinzip).

- **Nicht abnutzbare Anlagegüter** (Grundstücke, Finanzanlagen, wie Beteiligungen, Wertpapiere, die als Daueranlage angeschafft wurden, u. a.) sind zum Jahresabschluß höchstens zu den Anschaffungskosten anzusetzen. Bei einer dauernden Wertminderung muß auch hier eine außerplanmäßige Abschreibung auf den niedrigeren Tageswert erfolgen.

Gemildertes Niederstwertprinzip. In Einzelunternehmen und Personengesellschaften dürfen abnutzbare und nicht abnutzbare Anlagegüter auch bereits im Falle einer vorübergehenden Wertminderung außerplanmäßig abgeschrieben werden (§ 253 [2] HGB). Dieses Abschreibungswahlrecht gibt es bei Kapitalgesellschaften allerdings nur für das Finanzanlagevermögen, wie z. B. bei kurzfristigem Kursverfall von Wertpapieren (§ 279 [1] HGB).

Merke:
- **Abnutzbare** Anlagegüter sind zu ihren **fortgeführten AK (HK)** anzusetzen.
- **Nicht abnutzbare** Anlagegüter sind **höchstens zu AK** zu bewerten. Bei **dauernder** Wertminderung muß der **niedrigere Tageswert** angesetzt werden.
- Für die **Bewertung der Anlagegüter** gilt handelsrechtlich sowohl das strenge als auch grundsätzlich das gemilderte Niederstwertprinzip.

8.5.2 Bewertung des Umlaufvermögens

Strenges Niederstwertprinzip. Auch die Gegenstände des Umlaufvermögens dürfen höchstens nur mit ihren Anschaffungskosten (Herstellungskosten) bewertet werden. Ist jedoch der Tageswert am Bilanzstichtag niedriger, muß der niedrigere Tageswert in die Schlußbilanz eingesetzt werden (§ 253 [3] HGB). Von den beiden Werten, Anschaffungskosten (Herstellungskosten) und Tageswert, ist stets der niedrigste anzusetzen.

Für die Bewertung des Umlaufvermögens gilt im übrigen folgendes:

- **Das Vorratsvermögen** des Industriebetriebes umfaßt Roh-, Hilfs- und Betriebsstoffe, Fertigteile, unfertige und fertige Erzeugnisse sowie Handelswaren. Zum Jahresschluß sind alle Gegenstände körperlich (mengenmäßig) aufzunehmen und nach dem strengen Niederstwertprinzip zu bewerten. Für gleichartige Gegenstände des Vorratsvermögens, die zu unterschiedlichen Preisen angeschafft worden sind, darf ein Durchschnittswert (§ 240 Abs. 4 HGB) ermittelt und unter Beachtung des Niederstwertprinzips angesetzt werden.

- **Forderungen** sind mit dem wahrscheinlichen Wert anzusetzen. Uneinbringliche Forderungen sind abzuschreiben (siehe Kapitel 3.2).

- **Wertpapiere,** die zur kurzfristigen Anlage angeschafft wurden, zählen zum Umlaufvermögen und müssen wegen des strengen Niederstwertprinzips auch bei vorübergehender Wertminderung mit dem niedrigeren Wert angesetzt werden.

- **Flüssige (liquide) Mittel,** wie Bank- und Postbankguthaben, Schecks und Bargeld sind zum Nennwert zu bewerten.

Merke:
- **Die Gegenstände des Umlaufvermögens sind stets nach dem strengen Niederstwertprinzip zu bewerten:**
  Anschaffungskosten > Tageswert ➔ Bewertung zum Tageswert
  Anschaffungskosten < Tageswert ➔ Bewertung zum Anschaffungswert
- **Die Anschaffungskosten bilden stets die Obergrenze.**

8.5.3   Bewertung der Passivposten

Zum Bilanzstichtag sind auch die Posten des Eigen- und Fremdkapitals zu bewerten:

- **Gezeichnetes Kapital** (Stammkapital, Aktienkapital) wird stets zum Nennwert angesetzt. Noch ausstehende Einlagen auf das gezeichnete Kapital werden in der Regel als Forderung der Gesellschaft auf der Aktivseite vor dem Anlagevermögen ausgewiesen (§ 272 Abs. 1 HGB).
- **Verbindlichkeiten** sind nach dem Höchstwertprinzip mit dem höheren Rückzahlungsbetrag, wie z. B. bei Fremdwährungsverbindlichkeiten, Hypotheken u. a., anzusetzen (§§ 253 Abs. 1, 250 Abs. 3 HGB).
- **Rückstellungen** sind in Höhe des Betrages anzusetzen, der nach vernünftiger kaufmännischer Beurteilung notwendig ist (§ 253 Abs. 1 HGB).

Merke: **Aktiv- und Passivposten sind einzeln nach dem Prinzip der Vorsicht zu bewerten. Die angewandte Bewertungsmethode sollte beibehalten werden.**

Aufgaben – Fragen

276 Kauf eines Betriebsgrundstücks für 300 000,00 DM. Die Grunderwerbsteuer beträgt 2 %. Der Makler stellt 9 000,00 DM + USt in Rechnung. Für ein Entwässerungsgutachten für das Grundstück wurden 2 000,00 DM + USt gezahlt. Der Anschluß des Grundstücks an den Kanal verursachte Kosten in Höhe von 3 000,00 DM + USt.

Der Notar berechnet 1 500,00 DM + USt. Die Grundbuchkosten belaufen sich auf 500,00 DM.

Alle Zahlungen erfolgen durch Banküberweisung.

Zur Finanzierung des Grundstücks mußte bei der Sparkasse eine Hypothek über 200 000,00 DM bei 100 %iger Auszahlung und 10 % Zinsen aufgenommen werden. Die Zinsen sind halbjährlich im voraus zu zahlen.

1. *Ermitteln Sie die Anschaffungskosten des Grundstücks.*
2. *Begründen Sie, welche Kosten im vorliegenden Fall nicht zu den Anschaffungskosten rechnen.*
3. *Buchen Sie die Anschaffung des Grundstücks aufgrund der vorliegenden Rechnungen.*
4. *Nennen Sie den Buchungssatz zur Aufnahme der Hypothek.*
5. *Buchen Sie die Hypothekenzinsen bei Zahlung am 01.10. Welche Buchung ist zum 31.12. erforderlich?*
6. *Zu welchem Wert dürfen nicht abnutzbare Anlagegüter zum Bilanzstichtag höchstens angesetzt werden?*

277 Das in Aufgabe 276 genannte Grundstück hat zum Abschlußstichtag des folgenden Geschäftsjahres einen Verkehrswert von 380 000,00 DM.

1. *Nennen Sie den Wertansatz zum 31.12.*
2. *Begründen Sie Ihre Bewertungsentscheidung unter Berücksichtigung der Ihnen bekannten Bewertungsprinzipien.*

278 Es wird unterstellt, daß das in Aufgabe 276 genannte Grundstück nach fünf Jahren wegen Wegfalls der Hauptverkehrsanbindung nur noch einen Wert von 220 000,00 DM hat.

1. *Nennen Sie den Wertansatz für die Jahresbilanz.*
2. *Begründen Sie ausführlich Ihre Bewertung.*
3. *Nennen Sie den Buchungssatz.*
4. *Erläutern Sie die Auswirkung auf den Jahreserfolg.*

279 Kauf einer computergesteuerten Drehmaschine für 450 000,00 DM netto + USt am 10.01. Transportkosten 2 500,00 DM netto + USt, Fundamentierungskosten 8 000,00 DM netto + USt, Montagekosten 4 500,00 DM netto + USt. Das Zahlungsziel beträgt 4 Wochen. Wenige Tage vor Rechnungsausgleich erhalten wir noch auf den Anschaffungspreis der Maschine eine Gutschrift über einen Sonderrabatt von 5 %.

1. *Ermitteln Sie die Anschaffungskosten, mit denen die Drehmaschine zu aktivieren ist.*

2. *Nennen Sie die Buchungen.*

3. *Ermitteln Sie die fortgeführten Anschaffungskosten zum 31.12. bei a) linearer und b) degressiver Abschreibung. Die Nutzungsdauer beträgt 10 Jahre.*

280 Kauf eines Grundstücks für 350 000,00 DM, Grunderwerbsteuer 2 %. Maklergebühr 10 500,00 DM netto, Notariatskosten 7 000,00 DM netto, Kosten der Grundbucheintragungen 2 000,00 DM. Für die Aufnahme einer Hypothek zur Finanzierung des Grundstücks belastet uns die Bank mit einer Bearbeitungsgebühr von 1 800,00 DM. Alle Rechnungen werden durch Banküberweisung beglichen.

1. *Ermitteln und begründen Sie die Anschaffungskosten des Grundstücks.*

2. *Nennen Sie die erforderlichen Buchungen.*

281 10 Monate nach Erwerb des Grundstücks (Aufgabe 280) erhalten wir von der betreffenden Gemeinde einen Heranziehungsbescheid über Straßenbaukosten in Höhe von 42 000,00 DM. Außerdem sind für das laufende Quartal noch 700,00 DM Grundsteuer zu entrichten. Zahlungen erfolgen über unsere Hausbank.

Begründen Sie Ihre Buchungen.

282 Ein Industriebetrieb hat ein Grundstück erworben. Anschaffungskosten 150 000,00 DM. Am Bilanzstichtag beträgt der Tageswert a) 180 000,00 DM und b) 100 000,00 DM. Im Falle b) handelt es sich um eine dauernde Wertminderung, die auf den Wegfall der Verkehrsanbindung des Grundstücks zurückzuführen ist.

Ermitteln und begründen Sie für die beiden Fälle den jeweiligen Wertansatz.

283 Die Anschaffungskosten einer Maschine betrugen im Februar 50 000,00 DM; Nutzungsdauer 10 Jahre; Jahres-AfA linear 5 000,00 DM. Somit beträgt der Buchwert der Maschine zum 31.12. des zweiten Nutzungsjahres 40 000,00 DM. Durch technischen Fortschritt ist der Wert dieser Maschine am Ende des dritten Nutzungsjahres nachhaltig auf 30 000,00 DM gesunken.

1. *Ermitteln und begründen Sie den Wertansatz der Maschine zum 31.12. des dritten Jahres.*

2. *Wie errechnet sich die Abschreibung für die Restnutzungsdauer?*

284 Die Maschinenfabrik J. Badicke, Leverkusen, hat am Abschlußstichtag noch Fertigteile (Elektromotoren) auf Lager. Der mengenmäßige Bestand beträgt lt. körperlicher Inventur 280 Stück. Die Anschaffungskosten betrugen 350,00 DM je Stück.

a) Zum Bilanzstichtag beträgt der Tageswert 380,00 DM je Stück.

b) Zum Bilanzstichtag beträgt der Tageswert 270,00 DM je Stück.

1. *Begründen Sie Ihre Bewertungsentscheidung, und ermitteln Sie den Bilanzansatz für die Fertigteile jeweils für den Fall a) und b).*

2. *Erklären Sie die Auswirkung auf den Erfolg.*

285 Der Lagerbestand einer bestimmten Handelsware beträgt in einem Industriebetrieb lt. Inventur 300 Stück, die für 40,00 DM je Stück angeschafft wurden. Zum Bilanzstichtag beträgt der Wiederbeschaffungswert 50,00 DM je Stück. Der Buchhalter bewertet diesen Bestand mit 300 · 50,00 = 15 000,00 DM Bilanzansatz.

1. *Nehmen Sie zu dieser Bewertungsentscheidung des Buchhalters Stellung, und erklären Sie die Auswirkung auf die Erfolgsrechnung.*

2. *Ermitteln Sie gegebenenfalls den neuen Bilanzansatz, begründen und buchen Sie.*

286

Kauf von 10 Aktien zu je 780,00 DM Anschaffungskosten am 15.11.01.

a) Zum 31.12.01 beträgt der Kurs der Aktien 650,00 DM.

b) Zum 31.12.02 beträgt der Stückkurs 840,00 DM.

Begründen Sie Ihre Bewertungsentscheidung in den Fällen a) und b).

287

Zum 31.12. ergab die körperliche Inventur der Rohstoffgruppe Z 67 einen Bestand von 2 000 kg. Da der Bestand aus verschiedenen Lieferungen mit unterschiedlichen Preisen stammt, muß für die Bewertung ein Durchschnittswert ermittelt werden:

01.01.	800 kg zu je 8,00 DM
10.04.	500 kg zu je 7,50 DM
15.08.	900 kg zu je 7,30 DM
12.10.	1 200 kg zu je 7,00 DM

1. Ermitteln Sie aus dem Anfangsbestand und den Zugängen die durchschnittlichen Anschaffungskosten je kg.

2. Wie hoch sind die durchschnittlichen Anschaffungskosten des Schlußbestandes?

3. Bewerten Sie den Schlußbestand, wenn der Tageswert zum 31.12.
a) 8,20 DM je kg und b) 6,00 DM je kg beträgt.

4. Begründen Sie Ihre Bewertungsentscheidung in den Fällen 3 a) und 3 b).

288

Die Herstellung einer maschinellen Anlage für die eigene Fertigung verursachte folgende Kosten: Fertigungsmaterial 28 000,00 DM, Fertigungslöhne 25 000,00 DM, Sondereinzelkosten der Fertigung (Entwicklungs- und Modellbaukosten) 18 000,00 DM, Materialgemeinkosten 12 000,00 DM, Fertigungsgemeinkosten 19 000,00 DM. Die allgemeinen Verwaltungskosten belaufen sich auf 8 000,00 DM.

1. Ermitteln Sie die niedrigsten Herstellungskosten
a) nach Handelsrecht und b) nach Steuerrecht, mit denen die Maschine jeweils in der Handelsbilanz und Steuerbilanz zu aktivieren ist.

2. Erläutern Sie in diesem Zusammenhang das Maßgeblichkeitsprinzip.

289

Eine Aktiengesellschaft hat in der Handelsbilanz zum 31.12. eine im gleichen Jahr gekaufte Maschine (Anschaffungskosten 50 000,00 DM) mit 10 % linear abgeschrieben. Wertansatz in der Handelsbilanz somit: 45 000,00 DM.

Um den steuerlichen Gewinn zu mindern, hat sie in der dem Finanzamt eingereichten Steuerbilanz die genannte Maschine mit dem steuerlichen Höchstsatz von 30 % degressiv abgeschrieben. Wertansatz also: 35 000,00 DM.

Begründen Sie, warum das Finanzamt den niedrigeren Wertansatz in der Steuerbilanz nicht anerkennt, obwohl er steuerlich zulässig ist.

290

Im Konto „1600 Verbindlichkeiten a. LL" ist eine Währungsverbindlichkeit von 20 000 Dollar enthalten zu einem Kurs von 1,50 DM. Am Bilanzstichtag beträgt der Kurs a) 1,70 DM; b) 1,40 DM.

1. Ermitteln Sie den Bilanzansatz, und begründen Sie Ihre Entscheidung.

2. Wie lautet die Buchung zum 31.12.?

291

1. In welchen Gesetzen sind die grundlegenden handelsrechtlichen und steuerrechtlichen Bewertungsvorschriften enthalten?

2. Nennen Sie die Zielsetzung a) der Handelsbilanz und b) der Steuerbilanz.

3. Was beinhaltet und bedeutet der „Grundsatz der Maßgeblichkeit der Handelsbilanz für die Steuerbilanz"?

4. Welche Unternehmen stellen regelmäßig sowohl eine Handels- als auch eine gesonderte Steuerbilanz auf? Inwiefern ist die Steuerbilanz dann als „abgeleitete" Bilanz zu bezeichnen?

5. Weshalb stellen die meisten Unternehmen lediglich eine Bilanz auf, also eine Handelsbilanz, die zugleich Steuerbilanz ist?

6. Inwiefern sind Niederst- und Höchstwertprinzip Ausdruck kaufmännischer Vorsicht?

F   Auswertung des Jahresabschlusses

Aus dem Jahresabschluß lassen sich wertvolle Erkenntnisse über die Vermögens-, Finanz- und Erfolgslage des Unternehmens gewinnen, wenn man die Abschlußzahlen entsprechend auswertet. Ein Vergleich mit den Jahresabschlüssen der Vorjahre (Zeitvergleich) gibt außerdem Auskunft über die betriebseigene Entwicklung. Wie das Unternehmen innerhalb seiner Branche zu beurteilen ist, zeigt ein Vergleich mit den Zahlen branchengleicher Unternehmen (Betriebsvergleich).

Die betriebswirtschaftliche Auswertung des Jahresabschlusses umfaßt die

- **Aufbereitung (Analyse)** und die
- **Beurteilung (Kritik)** des Zahlenmaterials.

Allgemein spricht man auch von „Bilanzanalyse und Bilanzkritik".

1   Auswertung der Bilanz

1.1   Aufbereitung der Bilanz (Bilanzanalyse)

Umgliederung der Bilanzposten. Die Bilanzen müssen zunächst für eine kritische Beurteilung entsprechend aufbereitet werden. Die zahlreichen Bilanzposten sind daher nach bestimmten Gesichtspunkten umzugliedern und gruppenmäßig zusammenzufassen. Die Vermögensseite umfaßt die beiden Hauptgruppen „Anlagevermögen" und „Umlaufvermögen", die Kapitalseite „Eigenkapital" und „Fremdkapital". Das Umlaufvermögen ist nach der Flüssigkeit in die Gruppen „Vorräte", „Forderungen" und „Flüssige Mittel" zu gliedern. Die Positionen des Fremdkapitals sind nach der Fälligkeit in „Langfristiges Fremdkapital" und „Kurzfristiges Fremdkapital" zu ordnen. Wertberichtigungen sind vorab mit dem entsprechenden Aktivposten zu saldieren. Aktive Rechnungsabgrenzungssammelposten werden den Forderungen, passive Rechnungsabgrenzungsposten den kurzfristigen Verbindlichkeiten zugeordnet.

Die Bilanzstruktur ist das Ergebnis der Aufbereitung der Bilanzposten. Sie läßt bereits deutlich den Vermögens- und Kapitalaufbau des Unternehmens erkennen:

Vermögen	**Bilanzstruktur**	Kapital
I. Anlagevermögen	**I. Eigenkapital**	
II. Umlaufvermögen 1. Vorräte 2. Forderungen 3. Flüssige Mittel	**II. Fremdkapital** 1. langfristig 2. kurzfristig	
Wie ist das Kapital angelegt?	*Woher stammt das Kapital?*	

Zur besseren Vergleichbarkeit und Überschaubarkeit stellt man die Bilanzstruktur nicht nur in absoluten Zahlen, sondern auch in Prozentzahlen dar, wobei die Bilanzsumme die Basis ($\hat{=}$ 100 %) bildet. Damit wird auf einen Blick erkennbar, welches Gewicht die einzelnen Hauptgruppen innerhalb des Gesamtvermögens (Aktiva) und Gesamtkapitals (Passiva) haben. Vermögens- und Kapitalaufbau werden dadurch noch anschaulicher dargestellt.

Merke:	**Die aufbereiteten Bilanzen eines Unternehmens zeigen deutlich**
	• **die Finanzierung** ▷ Eigenkapital : Fremdkapital
	• **den Vermögensaufbau** ▷ Anlagevermögen : Umlaufvermögen
	• **die Anlagendeckung** ▷ Eigenkapital : Anlagevermögen
	• **die Zahlungsfähigkeit** ▷ flüssige Mittel : kurzfristige Verbindlichkeiten

Beispiel: **Die Chemiewerke GmbH** hat ihre Bilanzen unter Berücksichtigung einer teilweisen Verwendung des Jahresgewinns (Zuführung zu den Gewinnrücklagen) aufgestellt:

Jahresüberschuß − Einstellung in die Gewinnrücklage = Bilanzgewinn

Da der Bilanzgewinn auf Beschluß der Gesellschafterversammlung kurzfristig in voller Höhe als Dividende ausgeschüttet werden soll, ist er im Rahmen der Bilanzaufbereitung den kurzfristigen Verbindlichkeiten zuzuordnen. Die Rückstellungen sind je zur Hälfte als kurz- und langfristig zu behandeln.

Die bereits teilweise aufbereiteten **Bilanzen der Chemiewerke GmbH** lauten:

Aktiva	Berichtsjahr TDM	Vorjahr TDM	Passiva	Berichtsjahr TDM	Vorjahr TDM
Sachanlagen	1 660,00	1 420,00	Gezeichnetes Kapital	1 400,00	1 000,00
Finanzanlagen	260,00	200,00	Gewinnrücklagen ..	400,00	260,00
Vorräte	1 200,00	1 550,00	Bilanzgewinn	110,00	30,00
Forderungen a. LL ..	600,00	310,00	Rückstellungen	80,00	60,00
Flüssige Mittel	280,00	120,00	langfr. Verbindl.	1 600,00	1 230,00
			kurzfr. Verbindl.	410,00	1 020,00
	4 000,00	3 600,00		4 000,00	3 600,00

Die Aufbereitung der Bilanzen wird nach folgendem Schema vorgenommen:

AKTIVA	Berichtsjahr		Vorjahr		Zu- oder Abnahme TDM
	TDM	%	TDM	%	
Sachanlagen	1 660,00	41,5	1 420,00	39,4	+ 240,00
Finanzanlagen	260,00	6,5	200,00	5,6	+ 60,00
Anlagevermögen	**1 920,00**	**48,0**	**1 620,00**	**45,0**	**+ 300,00**
Vorräte	1 200,00	30,0	1 550,00	43,0	− 350,00
Forderungen a. LL	600,00	15,0	310,00	8,6	+ 290,00
Flüssige Mittel	280,00	7,0	120,00	3,4	+ 160,00
Umlaufvermögen	**2 080,00**	**52,0**	**1 980,00**	**55,0**	**+ 100,00**
Gesamtvermögen	4 000,00	100,0	3 600,00	100,0	+ 400,00

PASSIVA	Berichtsjahr		Vorjahr		Zu- oder Abnahme TDM
	TDM	%	TDM	%	
Gezeichnetes Kapital	1 400,00	35,0	1 000,00	27,7	+ 400,00
Gewinnrücklagen	400,00	10,0	260,00	7,3	+ 140,00
Eigenkapital	**1 800,00**	**45,0**	**1 260,00**	**35,0**	**+ 540,00**
langfr. Rückstellungen	40,00	1,0	30,00	0,8	+ 10,00
langfr. Verbindlichkeiten	1 600,00	40,0	1 230,00	34,2	+ 370,00
Langfristiges Fremdkapital	**1 640,00**	**41,0**	**1 260,00**	**35,0**	**+ 380,00**
kurzfr. Rückstellungen	40,00	1,0	30,00	0,8	+ 10,00
kurzfr. Verbindlichkeiten	520,00	13,0	1 050,00	29,2	− 530,00
Kurzfristiges Fremdkapital	**560,00**	**14,0**	**1 080,00**	**30,0**	**− 520,00**
Gesamtkapital	4 000,00	100,0	3 600,00	100,0	+ 400,00

1.2 Beurteilung der Bilanz (Bilanzkritik)

Die aufbereiteten Bilanzen enthalten bereits die wichtigsten Kennzahlen und Angaben zur Beurteilung der

- Kapitalausstattung,
- Anlagenfinanzierung,
- Zahlungsfähigkeit und des
- Vermögensaufbaues

des Unternehmens. Mit Hilfe dieser Kennzahlen lassen sich Lage und Entwicklung des Unternehmens beurteilen.

1.2.1 Beurteilung der Kapitalausstattung (Finanzierung)

Grad der Unabhängigkeit. Bei der Beurteilung der Finanzierung oder Kapitalausstattung geht es vor allem um die Frage, ob das Unternehmen überwiegend mit eigenen oder fremden Mitteln arbeitet. Dabei ist wichtig zu wissen, daß das Eigenkapital zwei Aufgaben zu erfüllen hat, nämlich zum einen die Haftungs- oder Garantiefunktion gegenüber den Gläubigern und zum anderen die Finanzierungsfunktion, also die fristgerechte Finanzierung von Vermögensteilen, die langfristig im Unternehmen gebunden sind (→ Anlagendeckung). Der Anteil des Eigenkapitals am Gesamtkapital wird daher auch weitgehend von der Anlagenintensität des Unternehmens bestimmt. Sehr anlagenintensive Unternehmen (z. B. Schwerindustrie, Bergbau u. a.) benötigen eine höhere Eigenkapitalausstattung als Unternehmen der verarbeitenden Industrie. Eine allgemeingültige Regel über das Verhältnis zwischen Eigen- und Fremdkapitalanteil kann es daher nicht geben (z. B. 1 : 1-Regel). Grundlegend kann aber gesagt werden, daß die wirtschaftliche und finanzielle Stabilität des Unternehmens um so größer ist, je höher der Eigenkapitalanteil ist. Hohes Eigenkapital macht das Unternehmen unabhängiger gegenüber Gläubigern und sicherer in Krisenzeiten. Der Anteil des Eigenkapitals am Gesamtkapital drückt somit den Grad der finanziellen Unabhängigkeit aus und ist zugleich Maßstab für die Kreditwürdigkeit und Krisenfestigkeit des Unternehmens.

Der Grad der Verschuldung des Unternehmens kommt durch den Anteil des Fremdkapitals am Gesamtkapital zum Ausdruck. Zu hohes Fremdkapital bedeutet eine erhebliche Einengung der Selbständigkeit des Unternehmens, da mit jeder weiteren Kreditaufnahme stets der Nachweis der Kreditverwendung und ständige Kontrollen durch Gläubiger verbunden sind. Für die Beurteilung der Finanzierung ist vor allem auch die Zusammensetzung des Fremdkapitals von Bedeutung. Ein relativ hohes kurzfristiges Fremdkapital bedingt eine kurzfristige Bereitstellung von entsprechend hohen flüssigen Mitteln und führt daher zu einer besonderen Belastung der Liquidität (Zahlungsfähigkeit) des Unternehmens. Denn unabhängig von der Ertragslage des Unternehmens sind die fälligen Tilgungs- und Zinszahlungen zu leisten.

Grad der Selbstfinanzierung. Gewinnrücklagen werden bei Kapitalgesellschaften aus einbehaltenen (nicht ausgeschütteten) Gewinnen (Gewinnthesaurierung) gebildet. Sie dienen vor allem der Selbstfinanzierung von Investitionen oder ganz allgemein der Stärkung der Eigenkapitalbasis. Setzt man die Gewinnrücklagen ins Verhältnis zum Gesamtkapital, kann man daraus den Grad der Selbstfinanzierung des Unternehmens ermitteln.

Merke:
- Je größer das Eigenkapital im Verhältnis zum Fremdkapital ist, desto solider und krisenfester ist die Finanzierung und desto geringer ist die Abhängigkeit von den Gläubigern.
- Die Höhe des Eigenkapitals ist abhängig von der Anlagenintensität.

Kennzahlen der Finanzierung (Kapitalstruktur)		B	V
① Grad der finanziellen Unabhängigkeit	$= \dfrac{\text{Eigenkapital} \cdot 100\ \%}{\text{Gesamtkapital}}$	45 %	35 %
② Grad der Verschuldung	$= \dfrac{\text{Fremdkapital} \cdot 100\ \%}{\text{Gesamtkapital}}$	55 %	65 %
③ Anteil des langfristigen Fremdkapitals	$= \dfrac{\text{lgfr. Fremdkapital} \cdot 100\ \%}{\text{Gesamtkapital}}$	41 %	35 %
④ Anteil des kurzfristigen Fremdkapitals	$= \dfrac{\text{kfr. Fremdkapital} \cdot 100\ \%}{\text{Gesamtkapital}}$	14 %	30 %
⑤ Grad der Selbstfinanzierung	$= \dfrac{\text{Gewinnrücklagen} \cdot 100\ \%}{\text{Gesamtkapital}}$	10 %	7 %

Der Grad der finanziellen Unabhängigkeit des Unternehmens ①, also der Anteil des Eigenkapitals am Gesamtkapital, hat sich im Berichtsjahr (B) gegenüber dem Vorjahr (V) sowohl absolut als auch relativ (von 35 % auf 45 %) bedeutend verbessert. Die Stärkung der Eigenkapitalbasis der Chemiewerke GmbH ist einerseits auf eine Erhöhung des „Gezeichneten Kapitals" (Stammkapital) von nominal 400 000,00 DM als auch auf Gewinnzuführung in die Rücklagen in Höhe von 140 000,00 DM (siehe GuV-Rechnung S. 251) zurückzuführen. Die Unternehmensleitung sowie die Gesellschafter sind bemüht, die Kapitalstruktur entscheidend zu verbessern.

Der Grad der Verschuldung ② ist im Zusammenhang mit der Kennzahl ① entsprechend von 65 % auf 55 % zurückgegangen. Der im Vorjahr noch sehr hohe Anteil der kurzfristigen Fremdmittel ④ konnte erheblich von absolut 1 080 000,00 DM auf 560 000,00 DM bzw. relativ von 30 % auf nunmehr 14 % abgebaut werden. Hier zeigt sich ganz deutlich die positive Auswirkung der Erhöhung der eigenen Mittel. Die Absicht der Unternehmensleitung, die im Vorjahr noch recht angespannte Liquiditätslage durch Abbau der kurzfristigen Verbindlichkeiten zu verbessern, wird erkennbar. Das bestätigt auch die Kennzahl ③. Der Anteil des langfristigen Fremdkapitals ist zu Lasten des kurzfristigen Fremdkapitals erfreulicherweise von 35 % auf 41 % gestiegen. Offensichtlich steht der Rückgang der kurzfristigen Fremdmittel auch im Zusammenhang mit einer Umschuldung (Umwandlung kurzfristiger in langfristige Schulden).

Der Grad der Selbstfinanzierung ⑤ hat sich von 7 % auf 10 % verbessert. Es ist lobenswert, daß das Unternehmen durch Einbehaltung von wesentlichen Teilen des Gewinns, also durch Bildung von Gewinnrücklagen, zur Selbstfinanzierung und damit zur Stärkung der Eigenkapitalbasis beiträgt. Das entspricht auch offensichtlich den Vorstellungen der Gesellschafter der Chemiewerke GmbH, denn der auszuschüttende Bilanzgewinn ist recht bescheiden.

Zusammenfassend kann die Finanzierung der Chemiewerke GmbH im Berichtsjahr durchaus als solide und krisenfest beurteilt werden. Besonders positiv ist herauszustellen, daß die Unternehmensleitung im Berichtsjahr entscheidende Maßnahmen zur Verbesserung der Kapitalstruktur durchgeführt hat. Die Abhängigkeit gegenüber den Gläubigern des Unternehmens ist dadurch erfreulicherweise erheblich geringer geworden. Der Abbau der kurzfristigen Fremdmittel kann im Hinblick auf die Liquidität als besonders positiv bezeichnet werden. Daß die Gläubiger Vertrauen in das Unternehmen haben, beweist die Tatsache, daß im Berichtsjahr die langfristigen Verbindlichkeiten absolut und relativ zu Lasten der kurzfristigen Fremdmittel zugenommen haben.

1.2.2 Beurteilung der Anlagenfinanzierung (Investierung)

Die Deckung (Finanzierung) des Anlagevermögens durch Eigenkapital (Deckungsgrad I) und durch das gesamte langfristige Kapital, also durch Eigen- und langfristiges Fremdkapital (Deckungsgrad II), ist zugleich ein wichtiger Maßstab zur Beurteilung der Kapitalausstattung und damit der finanziellen Stabilität des Unternehmens.

- **Deckungsgrad I** $= \dfrac{\text{Eigenkapital} \cdot 100\,\%}{\text{Anlagevermögen}}$

- **Deckungsgrad II** $= \dfrac{\text{Langfristiges Kapital (EK + lgfr. FK)} \cdot 100\,\%}{\text{Anlagevermögen}}$

Goldene Bilanzregel. Das Anlagevermögen stellt in jedem Unternehmen langfristig gebundenes Vermögen dar. Es muß daher auch durch entsprechend langfristiges Kapital (Eigenkapital, Hypotheken, Darlehen u. a.) finanziert werden. Damit wird sichergestellt, daß im Falle einer Krise keine Anlagegüter veräußert werden müssen, um den Tilgungsverpflichtungen termingerecht nachzukommen. Den Grundsatz der Fristengleichheit bezeichnet man auch als „Goldene Bilanzregel" oder „Goldene Bankregel".

Deckungsgrad I. Die sicherste Deckung des Anlagevermögens ist natürlich das Kapital, das von den Gläubigern nicht zurückgefordert werden kann. Das ist zweifellos das Eigenkapital. Die Anlagendeckung ist daher als sehr gut zu beurteilen, wenn das Eigenkapital das Anlagevermögen voll deckt. Ausgezeichnet ist die Deckung, wenn das Eigenkapital darüber hinaus auch noch den „eisernen Bestand" des Vorratsvermögens finanziert. In der Praxis gibt es aber nur wenige Industriezweige, in denen das Anlagevermögen ganz durch Eigenkapital finanziert ist (z. B. Elektroindustrie).

Deckungsgrad II. Reicht das Eigenkapital zur Finanzierung des Anlagevermögens nicht aus, so darf zusätzlich nur langfristiges Fremdkapital herangezogen werden (Goldene Bilanzregel!). Der Quotient der Anlagendeckung II muß dann mindestens 100 % betragen, wenn eine volle Deckung durch langfristiges Kapital gegeben sein soll. Je mehr dieser Mindestwert überschritten wird, um so größer ist die finanzielle Stabilität des Unternehmens. In diesem Fall finanzieren die langfristigen Mittel dann noch einen Teil des Umlaufvermögens. In jedem Fall müßte noch der eiserne Bestand des Vorratsvermögens langfristig finanziert sein.

Merke:
- Die Anlagendeckung ist zugleich Maßstab zur Beurteilung der Finanzierung (Kapitalausstattung) des Unternehmens.
- Das Anlagevermögen und der eiserne Bestand des Vorratsvermögens sollten stets durch entsprechend langfristiges Kapital gedeckt (finanziert) sein.

Kennzahlen der Anlagendeckung (Investierung)	Berichtsjahr	Vorjahr
Deckungsgrad I $= \dfrac{\text{Eigenkapital} \cdot 100\,\%}{\text{Anlagevermögen}}$	94 %	78 %
Deckungsgrad II $= \dfrac{\text{Langfristiges Kapital} \cdot 100\,\%}{\text{Anlagevermögen}}$	179 %	156 %

Die Anlagendeckung durch Eigenkapital hat sich im Berichtsjahr grundlegend durch die erwähnte Erhöhung des Eigenkapitals von 78 % auf 94 % verbessert. Diese

Verbesserung muß noch höher bewertet werden, da das Anlagevermögen im Berichtsjahr zugleich durch erhebliche Investitionen (300 TDM) zugenommen hat. Das Unternehmen strebt eine volle Anlagendeckung durch eigene Mittel an, um die finanzielle Stabilität für die Zukunft abzusichern.

Die Anlagendeckung durch langfristiges Kapital (Deckungsgrad II) war schon im Vorjahr sehr günstig. Die erhebliche Steigerung im Berichtsjahr von 156 % auf 179 % ist auf die Zunahme der eigenen und auch der langfristigen Fremdmittel zurückzuführen. Diese Überdeckung (56 % bzw. 79 %) bedeutet, daß auch der größte Teil des Umlaufvermögens <u>langfristig</u> finanziert ist.

Zusammenfassend kann gesagt werden, daß die oben als <u>gut beurteilte Finanzierung</u> des Unternehmens <u>durch</u> die <u>Anlagendeckung bestätigt</u> wird.

Vermögens-Deckungsrechnung. Die Anlagendeckung kann in <u>Staffelform</u> zu einer Deckungsrechnung des gesamten Vermögens ausgebaut werden:

Vermögens-Deckungsrechnung in TDM	Berichtsjahr	Vorjahr	+/−
Eigenkapital (EK)	1 800	1 260	+ 540
− Anlagevermögen	1 920	1 620	+ 300
= Über- oder Unterdeckung durch EK	**− 120**	**− 360**	+ 240
+ langfristiges Fremdkapital	1 640	1 260	+ 380
= langfristiges Kapital zur Finanzierung des Umlaufvermögens	1 520	900	+ 620
− Umlaufvermögen	2 080	1 980	+ 100
= kurzfristiges Fremdkapital zur Finanzierung des Umlaufvermögens	560	1 080	− 520

Die Deckungsrechnung zeigt die Finanzierung der Vermögensteile besonders deutlich. Das langfristige Kapital hat sich zu Lasten des kurzfristigen Fremdkapitals erhöht, was sich auf die Liquidität des Unternehmens günstig auswirkt.

1.2.3   Beurteilung des Vermögensaufbaues (Konstitution)

Die Zusammensetzung (Struktur) des Vermögens, das Verhältnis zwischen Anlage- und Umlaufvermögen, wird entscheidend durch die <u>Branche</u> und den <u>Grad der Mechanisierung und Automatisierung</u> bestimmt. So sind z. B. Unternehmen der Grundstoff- und Schwerindustrie (Bergbau, Hüttenwerke u. a.) mit einem Anlagenanteil von 60–70 % besonders <u>anlagenintensiv,</u> im Gegensatz zu Betrieben der Elektroindustrie und des Maschinenbaus mit 25–35 %.

Anlagenintensität. Anlagen binden langfristig Kapital und verursachen erhebliche <u>fixe (feste) Kosten,</u> wie Abschreibungen, Instandhaltungen, Zinsen des investierten Kapitals u. a., die <u>unabhängig von der Beschäftigungs- und Ertragslage</u> des Unternehmens anfallen. Diese <u>fixen Kosten zwingen das Unternehmen,</u> dauernd <u>um volle Auslastung der Kapazität</u> und Absatzsteigerung bestrebt zu sein, damit die festen Kosten des Anlagevermögens auf eine möglichst große Anzahl von Erzeugnissen verteilt und deshalb je Erzeugnis (Stückkosten) möglichst niedrig gehalten werden. Es ist daher verständlich, daß eine hohe Anlagenquote auch die <u>Anpassungsfähigkeit</u> eines Unternehmens an Konjunkturschwankungen sowie Veränderungen in der Nachfrage vermindert. Je geringer die Anlagenquote ist, um so <u>elastischer</u> kann sich ein Unternehmen den veränderten Marktverhältnissen anpassen. Die <u>Anlagenintensität</u> ist daher zugleich ein <u>Maßstab für die Anpassungsfähigkeit oder Flexibilität</u> eines Unternehmens.

6624241

241

Das Umlaufvermögen setzt sich aus Vorräten, Forderungen und flüssigen Mitteln zusammen. An Hand der Entwicklung der hierfür ermittelten Quoten am Gesamtvermögen lassen sich wertvolle Erkenntnisse über die Absatzlage des Unternehmens gewinnen, wenn man sie mit den Umsatzerlösen vergleicht. Ein erhöhter Bestand an Forderungen bedeutet Absatzsteigerung, wenn zugleich die Umsatzerlöse entsprechend gestiegen sind. Eine Veränderung der Vorratsquote kann daher auch nur im Zusammenhang mit den Umsatzerlösen betrachtet werden.

Merke:
- Die Konstitution (AV : UV) wird weitgehend von der Branche und dem Grad der Mechanisierung und Automatisierung bestimmt.
- Die Anlagenintensität ist zugleich Maßstab für die Anpassungsfähigkeit und Flexibilität des Unternehmens.
- Vorrats- und Forderungsquoten geben Aufschluß über die Absatzlage des Unternehmens. Ein Vergleich mit den Umsatzerlösen ist notwendig.

Kennzahlen der Konstitution (Vermögensstruktur)		B	V
① Anlagenintensität	$= \dfrac{\text{AV} \cdot 100\,\%}{\text{Gesamtvermögen}}$	48 %	45 %
② Anteil des Umlaufvermögens	$= \dfrac{\text{UV} \cdot 100\,\%}{\text{Gesamtvermögen}}$	52 %	55 %
③ Ausnutzungsgrad der Sachanlagen	$= \dfrac{\text{Gesamtleistung}}{\text{Sachanlagen}}$	5,1	3,9
④ Vorratsquote	$= \dfrac{\text{Vorräte} \cdot 100\,\%}{\text{Gesamtvermögen}}$	30 %	43 %
⑤ Forderungsquote	$= \dfrac{\text{Forderungen} \cdot 100\,\%}{\text{Gesamtvermögen}}$	15 %	8,6 %
⑥ Anteil der flüssigen Mittel	$= \dfrac{\text{Flüssige Mittel} \cdot 100\,\%}{\text{Gesamtvermögen}}$	7 %	3,4 %

Angaben lt. GuV-Rechnung:		Berichtsjahr	Vorjahr
Umsatzerlöse	(vgl. S. 251)	8 200 TDM	5 500 TDM
Gesamtleistung	(vgl. S. 251)	8 480 TDM	5 520 TDM

Die Anlagenintensität ① hat im Berichtsjahr absolut um 240 TDM (Sachanlagen) und relativ von 45 % auf 48 % zugenommen. Die Investitionen im Sachanlagenbereich deuten auf eine Kapazitätserweiterung hin, zumal die Gesamtleistung des Unternehmens ebenfalls beträchtlich von 5 520 TDM auf 8 480 TDM gestiegen ist.

Der Ausnutzungsgrad der Sachanlagen ③ macht deutlich, daß die Kapazität des Unternehmens im Berichtsjahr besser ausgelastet ist. Hat das Unternehmen im Vorjahr mit 1 TDM Sachanlagen nur 3,9 TDM Gesamtleistung erzielt, so beträgt im Berichtsjahr die Gesamtleistung 5,1 TDM je 1 TDM Sachanlagen.

Die Vorratsquote ④ ist sowohl absolut als auch relativ zurückgegangen. Ein Blick auf die Umsatzerlöse läßt erkennen, daß der Abbau der Vorräte im Zusammenhang mit einer beträchtlichen Absatzsteigerung der Erzeugnisse steht. Die Umschlagszahlen (vgl. S. 252) machen das besonders deutlich.

Die Quote der Forderungen ⑤ **und der flüssigen Mittel** ⑥ zeigt ebenfalls, daß sich das Unternehmen in einer außerordentlich guten Absatzlage befindet.

Zusammenfassend kann festgestellt werden, daß sich die Vermögensstruktur im Berichtsjahr entscheidend verbessert hat. Die höhere Auslastung der Kapazität muß sich zwangsläufig günstig auf die Kostenstruktur (fixe Kosten) auswirken.

1.2.4 Beurteilung der Zahlungsfähigkeit (Liquidität)

Liquidität ist die Zahlungsfähigkeit eines Unternehmens, die sich aus dem Verhältnis der flüssigen (liquiden) Mittel zu den fälligen Verbindlichkeiten ermitteln läßt. Es ist zu prüfen, ob die liquiden Mittel ausreichen, das kurzfristig fällige Fremdkapital zu decken. Denn Zahlungsunfähigkeit (Illiquidität) führt meist zum Konkurs.

Stichtagsliquidität. Der externe Bilanzkritiker kann lediglich die Stichtagsliquidität ermitteln, d. h. die Zahlungsfähigkeit des Unternehmens zum Bilanzstichtag. Diese hat allerdings nur begrenzten Aussagewert, da wichtige Daten der Liquiditätsberechnung aus den Abschlußzahlen nicht hervorgehen, wie Fälligkeiten der Verbindlichkeiten und Forderungen, Kreditzusagen der Banken, laufende Ausgaben für Personalkosten, Mieten, Steuern u. v. m. So kann sich die Liquiditätslage schon kurz nach dem Bilanzstichtag schlagartig verändern. Außerdem muß beachtet werden, daß Bilanzen in der Praxis erst weit nach dem Bilanzstichtag aufgestellt werden und deshalb lediglich eine „historische" Analyse der Liquiditätslage zulassen. Das Unternehmen selbst wird daher die Liquidität nicht stichtagsbezogen (statisch) auf Grund der Bilanz, sondern kurz- oder mittelfristig (dynamisch) an Hand eines Finanz- oder Liquiditätsplans ermitteln, der auf zahlreichen Einzelplänen basiert, die den zu erwartenden Einnahmen- und Ausgabenstrom einschließlich geplanter Investitionen ausweisen. Wenn auch die bilanzmäßige Liquiditätsermittlung aus den genannten Gründen ungenau sein muß, so lassen sich aus einem Vergleich der Bilanzzahlen (Zeitvergleich) doch entsprechende Schlußfolgerungen über die Liquiditätspolitik des Unternehmens ziehen.

Die Liquiditätskennzahlen berücksichtigen den Grad der Liquidität. Die Liquidität I (1. Grades), auch Barliquidität genannt, setzt die flüssigen Mittel (Kasse, Bank- und Postbankguthaben, diskontfähige Besitzwechsel, börsenfähige Wertpapiere des Umlaufvermögens) ins Verhältnis zu den kurzfristigen Fremdmitteln. Die Liquidität II, auch einzugsbedingte Liquidität genannt, berücksichtigt zusätzlich die Forderungen. Die umsatzbedingte Liquidität III setzt schließlich das gesamte Umlaufvermögen zum kurzfristigen Fremdkapital in Beziehung. Nach einer Erfahrungsregel sollte mindestens die Liquidität II eine volle Deckung des kurzfristigen Fremdkapitals bringen. Die Liquidität III müßte nach einer amerikanischen Faustregel mindestens zu einer zweifachen Deckung (200 %) führen.

Merke:
- **Liquidität bedeutet, daß die flüssigen Mittel ausreichen, die fälligen kurzfristigen Verbindlichkeiten zu decken.**
- **Die bilanzmäßigen Liquiditätskennzahlen sind nur unter Vorbehalt als Maßstab der Zahlungsfähigkeit des Unternehmens zu betrachten.**

Liquiditätskennzahlen		B	V
Liquidität I $= \dfrac{\text{flüssige Mittel} \cdot 100\,\%}{\text{kurzfristiges Fremdkapital}}$		50 %	11 %
Liquidität II $= \dfrac{(\text{flüssige Mittel} + \text{Forderungen}) \cdot 100\,\%}{\text{kurzfristiges Fremdkapital}}$		157 %	40 %
Liquidität III $= \dfrac{\text{Umlaufvermögen} \cdot 100\,\%}{\text{kurzfristiges Fremdkapital}}$		371 %	183 %

Die Liquiditätslage des Unternehmens hat sich im Berichtsjahr gegenüber dem Vorjahr in allen drei Stufen ganz entscheidend verbessert. Im Vorjahr reichte die einzugsbedingte Liquidität II nicht aus, die kurzfristigen Verbindlichkeiten zu decken. Die auf den ersten Blick etwas angespannte Liquidität im Vorjahr kann aber unter Berücksichtigung der erheblichen Überdeckung durch das gesamte Umlaufvermögen (Liquidität III) noch als ausreichend bezeichnet werden. Die Verbesserung der Zahlungsfähigkeit ist auf die durchgeführte Kapitalerhöhung sowie Umschuldung und vor allem auf die erhebliche Absatzsteigerung zurückzuführen. Der Bestand an sofort flüssigen Mitteln ist recht hoch. Zur Vermeidung einer unwirtschaftlichen Überliquidität müßte die Unternehmensleitung rechtzeitig entsprechende Überlegungen anstellen, wie z. B. Abbau der Fremdmittel, Investitionen u. a. Die dadurch eingesparten Zinsen müßten sich günstig auf die Rentabilität des Unternehmens auswirken.

Die Liquiditätsstufen lassen sich auch anschaulich in Staffelform darstellen:

Liquiditäts-Staffelrechnung in TDM	Berichtsjahr	Vorjahr
Flüssige Mittel	280	120
− **Kurzfristiges Fremdkapital**	560	1 080
= **Unterdeckung (1. Stufe)**	− 280	− 960
+ **Forderungen**	600	310
= **Über- bzw. Unterdeckung (2. Stufe)**	320	− 650
+ **Vorräte**	1 200	1 550
= **Überdeckung (3. Stufe)**	1 520	900

Zusammenfassende Beurteilung. Die Kennzahlen der Bilanzstruktur der Chemiewerke GmbH zeigen im Hinblick auf die Finanzierung, Anlagendeckung, Konstitution und Liquidität im Vergleich zum Vorjahr (Zeitvergleich) eine sehr positive Entwicklung. Die entscheidenden Verbesserungen wurden offensichtlich durch die Kapitalerhöhung und Gewinnthesaurierung sowie den Abbau der kurzfristigen Fremdmittel eingeleitet. Hinzu kommt, daß sich das Unternehmen im konjunkturellen Aufwind befindet. Die Unternehmensleitung ist offensichtlich bestrebt, die finanzielle Stabilität in dieser Phase noch weiter zu festigen.

Aufgaben – Fragen

292

1. *Welche Möglichkeiten hat der Unternehmer, die Finanzierung zu verbessern?*
2. *Ein Unternehmer hat einen sehr großen Teil des Anlagevermögens mit einem kurzfristigen Bankkredit finanziert. Wie beurteilen Sie das?*
3. *Wodurch wird die Vermögensstruktur (AV : UV) bestimmt?*
4. *Welche Gefahr liegt in einem a) zu geringen und b) zu großen Anlagevermögen?*
5. *Welche Gefahr liegt in einem a) zu geringen und b) zu hohen Umlaufvermögen?*

293

1. *Welche Möglichkeiten hat der Unternehmer, die Liquidität zu verbessern?*
2. *Der Bestand an sofort greifbaren flüssigen Mitteln ist im Verhältnis zu hoch. Was empfehlen Sie dem Unternehmer?*
3. *Vermittelt die Bilanz ein eindeutiges Bild der Zahlungsfähigkeit?*
4. *Beurteilen Sie die folgenden Bilanzstrukturen:*

Bilanz	
Anlagevermögen 40 %	Eigenkapital 50 %
Umlaufvermögen 60 %	Fremdkapital 50 %

Bilanz	
Anlagevermögen 40 %	Eigenkapital 30 %
	langfristiges Fremdkapital 10 %
Umlaufvermögen 60 %	kurzfristiges Fremdkapital 60 %

294

Aktiva	Berichtsjahr TDM	Vorjahr TDM	Passiva	Berichtsjahr TDM	Vorjahr TDM
TA u. Maschinen .	960	710	Eigenkapital 01.01.	1 160	1 030
Fuhrpark	130	160	− Entnahmen	80	60
And. Anlagen, BGA	610	390		1 080	970
Vorräte	1 200	1 850	+ Einlagen	400	—
Forderungen a. LL	820	370		1 480	970
Kasse	20	15	+ Gewinn	320	190
Bank	260	105	Eigenkapital 31.12.	1 800	1 160
			Rückstellungen	80	60
			Darlehen	1 600	1 230
			Verbindlichkeiten a. LL	520	1 150
	4 000	3 600		4 000	3 600

Anmerkungen: Der Jahresgewinn soll nicht entnommen werden. Die Rückstellungen sind je zur Hälfte lang- und kurzfristig. Die Gesamtleistung (Umsatzerlöse ± Bestandsveränderungen + aktivierte Eigenleistungen) betrug lt. GuV im Berichtsjahr 7 800 TDM, im Vorjahr 5 800 TDM.
1. *Bereiten Sie die obenstehenden Bilanzen der Metallwerke Günter Heider entsprechend dem Aufbereitungsschema auf S. 237 auf.*
2. *Ermitteln und beurteilen Sie die Kennzahlen a) der Finanzierung, b) der Anlagendeckung, c) der Liquidität und d) der Vermögensstruktur.*
3. *Worauf führen Sie die hohen Vorräte im Vorjahr zurück?*
4. *Fassen Sie in einem Kurzbericht das Ergebnis Ihrer Auswertung zusammen.*

295

Die teilweise aufbereiteten Bilanzen der Textilveredlungsgesellschaft mbH lauten:

Aktiva	Berichtsjahr TDM	Vorjahr TDM	Passiva	Berichtsjahr TDM	Vorjahr TDM
Sachanlagen	4 350	3 550	Gezeichnetes Kapital . . .	3 500	2 500
Finanzanlagen . .	650	500	Gewinnrücklage	1 450	650
Vorräte	2 800	3 875	Bilanzgewinn	325	75
Forderungen a. LL	1 500	775	Rückstellungen	200	150
Flüssige Mittel . .	700	300	langfr. Verbindlichkeiten	3 500	2 575
			kurzfr. Verbindlichkeiten	1 025	3 050
	10 000	9 000		10 000	9 000

Angaben lt. GuV-Rechnung (vgl. S. 261)	Berichtsjahr	Vorjahr
Gesamtleistung	21 700 TDM	13 500 TDM
Jahresgewinn	1 125 TDM	475 TDM
− Einstellung in die Gewinnrücklage	800 TDM	400 TDM
= Bilanzgewinn	325 TDM	75 TDM

Anmerkungen zur Bilanzaufbereitung: Die Rückstellungen sind je zur Hälfte kurz- und langfristig. Der Bilanzgewinn wird jeweils im März n. J. voll ausgeschüttet.
1. *Bereiten Sie die Bilanzen entsprechend dem Aufbereitungsschema auf Seite 237 auf, und stellen Sie jeweils die Veränderungen der Vermögens- und Kapitalposten fest.*
2. *Errechnen Sie für die Vergleichsjahre jeweils die Kennzahlen*
   a) der Finanzierung, b) der Anlagendeckung, c) der Konstitution, d) der Liquidität.
3. *Führen Sie die Vermögens-Deckungsrechnung und die Liquiditätsrechnung auch in Staffelform durch.*
4. *Beurteilen Sie die Entwicklung der Textilveredlungsgesellschaft mbH an Hand der Kennzahlen in den beiden Vergleichsjahren, und versuchen Sie, die Ursachen der Veränderungen offenzulegen. Stellen Sie sich bei der Beurteilung stets folgende Fragen:*
   ● *Wie ist die Entwicklung in absoluten und relativen Zahlen?*
   ● *Worauf ist die positive oder negative Entwicklung zurückzuführen?*
   ● *Welche weiteren Maßnahmen zur Verbesserung der Finanzierung, Anlagendeckung, Vermögensstruktur und Liquidität würden Sie der Unternehmensleitung empfehlen?*

2   Exkurs: Bewegungsbilanz

Beständebilanz. Die Schlußbilanz zeigt die Bestände an Vermögen und Kapital zum Bilanzstichtag. Man bezeichnet sie deshalb auch als Beständebilanz.

Bewegungsbilanz. Die Bestände der Schlußbilanz sagen jedoch nichts über die Finanzierungsvorgänge während des Geschäftsjahres aus, d. h. woher die finanziellen Mittel stammen, die dem Unternehmen im Abrechnungszeitraum zugeflossen sind (Mittelherkunft), und wofür diese Mittel im gleichen Zeitraum verwendet worden sind (Mittelverwendung). Herkunft und Verbleib der Finanzierungsmittel im Geschäftsjahr werden erst dadurch offengelegt, daß man zwei aufeinanderfolgende Bilanzen miteinander vergleicht und die Veränderungen (Bewegungen) in den Bilanzpositionen (+ bzw. −) ermittelt. Diese Aufgabe übernimmt die Bewegungsbilanz.

Aus einem Vergleich der Vermögens- und Kapitalposten zweier aufeinanderfolgender Jahresbilanzen stellen wir vier typische Veränderungen auf der Aktiv- und Passivseite fest. Bei einer Zunahme eines Aktivpostens (z. B. TA u. Maschinen) und bei einer Abnahme eines Passivpostens (z. B. Darlehensschulden) handelt es sich um eine Verwendung von finanziellen Mitteln (Mittelverwendung). Dagegen bedeuten eine Abnahme eines Aktivpostens (z. B. Forderungen a. LL) und eine Zunahme eines Passivpostens (z. B. Eigen- oder Fremdkapital) Zuflüsse von Finanzierungsmitteln (Mittelherkunft). Stellt man nun diese vier Veränderungen nach Mittelherkunft und Mittelverbleib gegenüber, erhält man die Bewegungsbilanz. Sie gewährt Einblick in den Umfang und die Art der Zu- und Abflüsse der Finanzierungsmittel während des Geschäftsjahres.

Mittelverwendung	Bewegungsbilanz	Mittelherkunft
• Erhöhung von Aktivposten • Minderung von Passivposten		• Minderung von Aktivposten • Erhöhung von Passivposten
Wohin sind die Mittel geflossen?		**Woher** stammen die Mittel?

Die aufbereiteten Bilanzen enthalten bereits die Veränderungen (+ bzw. −) der Vermögens- und Kapitalposten des Berichtsjahres gegenüber dem Vorjahr (vgl. S. 237). Daraus läßt sich die Bewegungsbilanz nach obigem Grundschema schnell erstellen:

Mittelverwendung			Bewegungsbilanz	Mittelherkunft		
I. Zunahme der Aktiva				**I. Zunahme der Passiva**		
1. Investitionen im AV				1. Eigenkapital		
Sachanlagen	240			Gezeichnetes Kapital	400	
Finanzanlagen	60	300		Rücklagen	140	540
2. Zugänge im UV				2. Fremdkapital		
Forderungen a. LL	290			langfristiges FK		380
Flüssige Mittel	160	450				
II. Abnahme der Passiva				**II. Abnahme der Aktiva**		
Rückzahlung kurzfr. FK		520		Vorräte		350
		1270				1270

Beurteilung. Die Bewegungsbilanz macht deutlich, daß der Chemiewerke GmbH im Berichtsjahr insgesamt 1270 TDM Finanzierungsmittel zur Verfügung standen. Diese stammen vor allem aus der Kapitalerhöhung in Höhe von 400 TDM und der Einbehaltung von Gewinn im Betrag von 140 TDM. Weitere Mittel in Höhe von 380 TDM flossen dem Unternehmen durch Erhöhung des langfristigen Fremdkapitals zu. Durch den Abbau (Verkauf) der Vorräte wurden darüber hinaus 350 TDM an Mitteln freigesetzt. Die Finanzierungsmittel wurden im Bereich des Anlage- und Umlaufvermögens investiert. Vor allem dienten die finanziellen Mittel dem Abbau des kurzfristigen Fremdkapitals in Höhe von 520 TDM.

> **Merke:** **Die Bewegungsbilanz legt Herkunft und Verbleib der Finanzierungsmittel eines Geschäftsjahres offen. Sie ist damit ein Instrument zur Beurteilung der Finanzierungsvorgänge und der Liquiditätspolitik eines Unternehmens.**

Finanzierung aus Abschreibungen. Abschreibungen werden als Kostenbestandteil in die Verkaufspreise der Erzeugnisse einkalkuliert. Sie fließen deshalb über die Erlöse wieder in das Unternehmen zurück und stehen somit zur Finanzierung von Ersatz- und Neuinvestitionen zur Verfügung. Die Bewegungsbilanz wird aussagefähiger, wenn man den Anlagenzugängen die Abschreibungen und Abgänge gegenüberstellt. Dadurch wird auf einen Blick erkennbar, in welcher Höhe die Abschreibungen und Anlagenabgänge zur Finanzierung der Anlageninvestitionen beigetragen haben.

Der Anlagenspiegel der Chemiewerke GmbH weist für das Berichtsjahr u. a. aus:

Anlagevermögen	Zugänge	Abgänge	Abschreibungen
Sachanlagen	510	20	250
Finanzanlagen	70	—	10
Gesamtsumme	580	20	260

Unter Berücksichtigung der Bruttozugänge von 580 TDM (Aktivmehrung) und der Abschreibungen und Abgänge von insgesamt 280 TDM (Aktivminderung) ergibt sich die folgende noch aussagefähigere Bewegungsbilanz:

Mittelverwendung	Bewegungsbilanz		Mittelherkunft
I. Investitionen im AV		**I. Finanzierung aus**	
1. Sachanlagen 510		1. Abgängen 20	
2. Finanzanlagen 70	**580**	2. Abschreibungen 260	**280**
II. Zugänge im UV		**II. Eigenkapitalmehrung ....**	**540**
1. Forderungen a. LL 290		**III. Langfristiges FK ....**	**380**
2. Flüssige Mittel 160	**450**	**IV. Mittelfreisetzung durch**	
III. Tilgung von FK		Abbau der Vorräte	**350**
Kurzfristige Verbindl. ...	**520**		
	1 550		**1 550**

Investitionsfinanzierung aus Abschreibungen. Die Bewegungsbilanz läßt erkennen, daß 48 % der Anlageninvestitionen durch Abschreibungen und Abgänge finanziert wurden. Bezieht man die Abschreibungen auf die Nettozugänge, ergeben sich 46 %.

	Anlagenzugänge	**580 TDM**
−	Abgänge	**20 TDM**
=	Nettozugänge (Nettoinvestitionen)	**560 TDM**
	Abschreibungen	**260 TDM**
	Abschreibungen in Prozent der Nettozugänge	**46 %**

> **Merke:** **Die Abschreibungen auf das Anlagevermögen stellen ein bedeutendes Mittel der Finanzierung von Anlageninvestitionen dar.**

Aufgaben – Fragen

296

Aktiva	Berichts-jahr	Vorjahr	Passiva	Berichts-jahr	Vorjahr
	TDM	TDM		TDM	TDM
I. Anlagevermögen			**I. Eigenkapital**	3 000	1 600
1. TA u. Maschinen	1 480	1 000	**II. Fremdkapital**		
2. Fuhrpark	280	100			
3. And. Anl., BGA	500	200	1. Darlehen	1 530	1 200
			2. Verbindlich-		
II. Umlaufvermögen			keiten a. LL	450	900
1. Vorräte	1 400	1 650	3. Schuldwechsel	20	300
2. Forderg. a. LL	800	600			
3. Besitzwechsel	100	150			
4. Kasse	20	10			
5. Postbankguth.	30	40			
6. Bankguthaben	390	250			
	5 000	4 000		5 000	4 000

1. *Bereiten Sie die Bilanzen der Möbelfabrik Peter Möbs entsprechend dem Aufbereitungs-schema auf Seite 237 auf, und stellen Sie jeweils die Veränderungen der Vermögens- und Kapitalposten fest. Die Besitzwechsel sind diskontfähig.*
2. *Ermitteln Sie die Kennzahlen zur Beurteilung der*
   a) Finanzierung, b) Anlagendeckung, c) Liquidität, d) Vermögensstruktur.
3. *Beurteilen Sie die Entwicklung des Unternehmens in den Vergleichsjahren aufgrund der Kennzahlen, und versuchen Sie, die Ursachen der Veränderungen offenzulegen. Stellen Sie sich dabei stets folgende Fragen:*
   - *Wie ist die Entwicklung in absoluten und relativen Zahlen?*
   - *Worauf könnte die positive oder negative Entwicklung zurückzuführen sein?*
   - *Welche weiteren Maßnahmen zur Verbesserung der Finanzierung, Anlagendeckung, Liquidität und Vermögensstruktur würden Sie der Unternehmensleitung empfehlen?*

297
1. *Erstellen Sie für die Möbelfabrik Peter Möbs (Aufgabe 296) anhand der Veränderungsspalte im Aufbereitungsschema eine Bewegungsbilanz.*
2. *Erläutern Sie die Mittelherkunft und Mittelverwendung im Berichtsjahr.*

298
1. *Entwickeln Sie aus den Zahlen der aufbereiteten Bilanzen der Metallwerke Günter Heider (Aufgabe 294) eine Bewegungsbilanz für das Berichtsjahr.*
2. *Erläutern Sie anhand der Zahlen der Bewegungsbilanz die Finanzierungs- und Investitions-vorgänge des Unternehmens im Berichtsjahr.*

299 Der Anlagenspiegel (Auszug) der Textilveredlungsgesellschaft mbH (Aufgabe 295) weist für das Berichtsjahr u. a. folgende Zahlen aus:

Anlagevermögen	Zugänge	Abgänge	Abschreibungen
Sachanlagen	1 800	120	880
Finanzanlagen	170	—	20
Gesamt	1 970	120	900

1. *Errechnen Sie die Nettozugänge (Nettoinvestitionen) im Anlagevermögen.*
2. *Stellen Sie den Nettozugängen die Abschreibungen gegenüber, und ermitteln Sie den prozen-tualen Anteil der Abschreibungen zur Finanzierung der Nettoinvestitionen.*
3. *Wie beurteilen Sie im vorliegenden Fall die Investitionsfinanzierung durch Abschreibungen?*
4. *Begründen Sie, inwiefern der Abschreibungsrückfluß ein bedeutendes Mittel der Finanzie-rung des Unternehmens darstellt.*

300 1. Erstellen Sie für die Textilveredlungsgesellschaft mbH eine Bewegungsbilanz anhand der Zahlen der aufbereiteten Bilanzen (Aufgabe 295) und des Anlagenspiegels (Aufgabe 299).

2. Beurteilen Sie anhand der Bewegungsbilanz die Finanzierungsvorgänge (Mittelherkunft und Mittelverwendung) während des Berichtsjahres. Stellen Sie sich dazu folgende Fragen:

- Wie hoch war der Gesamtzufluß der Mittel im Berichtsjahr?
- Aus welchen Quellen stammten vor allem die finanziellen Mittel?
- Nennen Sie die Höhe der Mittel aus der Selbstfinanzierung (Abschreibungen, Anlagenabgänge, Gewinnzuführung in die Rücklagen), Eigenfinanzierung (Erhöhung des Gezeichneten Kapitals), der Fremdfinanzierung und der Mittelfreisetzung durch Abbau des Umlaufvermögens (Umfinanzierung).
- Wie hoch waren die Investitionen im Anlagenbereich und im Bereich des Umlaufvermögens? In welcher Höhe wurden Fremdmittel abgebaut?

---

301 Die bereits teilweise aufbereiteten Bilanzen der Maschinenbau AG lauten:

Aktiva	Berichts-jahr	Vorjahr	Passiva	Berichts-jahr	Vorjahr
	TDM	TDM		TDM	TDM
Anlagevermögen			**Eigenkapital**		
Sachanlagen	4 190	3 977	Gezeichnetes Kapital	2 000	2 000
Finanzanlagen	162	153	Gesetzliche Rücklage	400	400
Umlaufvermögen			Andere Gewinnrückl.	880	980
Vorräte			Bilanzgewinn	230	410
Roh-, Hilfsstoffe	2 270	1 920	**Rückstellungen**		
Unfertige Erzeugn...	1 780	1 810	Pensionsrückstellg. .	970	790
Fertige Erzeugnisse .	1 208	391	Sonst. Rückstellungen	580	610
Forderungen a. LL ..	1 355	1 570	**Langfristige Verbindl.**	1 320	1 360
Sonst. Forderungen .	100	280	**Kurzfristige Verbindl.**		
Flüssige Mittel	110	102	Verbindlichk. a. LL ..	1 760	1 580
ARA	15	17	Schuldwechsel	1 040	810
			Bankschulden	1 060	450
			Sonstige Verbindl. ..	940	810
			PRA	10	20
	11 190	10 220		11 190	10 220

Anmerkungen zur Aufbereitung der Bilanzen: Pensionsrückstellungen gelten als langfristig. Sonstige Rückstellungen sind je zur Hälfte als lang- und kurzfristig anzusehen. Im Vorjahr wurde eine Dividende von 15 %, im Berichtsjahr von 11 % vom Aktienkapital ausgeschüttet.

Angaben lt. GuV-Rechnung (vgl. S. 261)	Berichtsjahr	Vorjahr
Umsatzerlöse	17 210 TDM	18 720 TDM
+ Bestandsmehrung an Erzeugnissen	787 TDM	10 TDM
= Gesamtleistung	17 997 TDM	18 730 TDM
Jahresüberschuß	20 TDM	320 TDM
+ Gewinnvortrag	110 TDM	90 TDM
	130 TDM	410 TDM
+ Entnahmen aus Rücklagen	100 TDM	—
= Bilanzgewinn	230 TDM	410 TDM

1. Bereiten Sie die Bilanzen für das Berichtsjahr und das Vorjahr unter Berücksichtigung der vorstehenden Angaben auf.

2. Errechnen Sie gleichzeitig die Veränderungen im Aufbereitungsschema.

3. Ermitteln Sie die Kennzahlen für die Beurteilung der
   a) Finanzierung,
   b) Anlagendeckung einschließlich Deckungsrechnung in Staffelform,
   c) Konstitution,
   d) Liquidität einschließlich der Liquiditäts-Staffelrechnung.

4. Wie beurteilen Sie die Kapitalausstattung in beiden Jahren?

5. Wie beurteilen Sie die Zusammensetzung des Fremdkapitals, d. h. das Verhältnis zwischen langfristigen und kurzfristigen Fremdmitteln? Welche Schlußfolgerungen ziehen Sie daraus?

6. Worauf führen Sie die absolute Abnahme des Eigenkapitals zurück?

7. Was kann über die Liquidität an den beiden Bilanzstichtagen gesagt werden?

8. Worauf führen Sie die Erhöhung der Vorräte im Berichtsjahr zurück? Beachten Sie in diesem Zusammenhang auch die Angaben zur Gewinn- und Verlustrechnung.

9. Wie beurteilen Sie die Anlagendeckung in beiden Jahren? Kann die Kapitalausstattung des Unternehmens unter Berücksichtigung der Anlagendeckung anders beurteilt werden?

10. Würden Sie eine Änderung der Kapitalausstattung für sinnvoll halten? Begründen Sie Ihre Meinung, und machen Sie Verbesserungsvorschläge.

11. Halten Sie eine Dividendenausschüttung im Berichtsjahr in Höhe von 11 % vom wirtschaftlichen Standpunkt aus gerechtfertigt? Schauen Sie sich in diesem Zusammenhang die Angaben zur Gewinn- und Verlustrechnung an, d. h. die Entwicklung vom Jahresgewinn zum Bilanzgewinn im Berichtsjahr.

12. Worauf führen Sie unter Beachtung der Angaben zur Erfolgsrechnung die negative Entwicklung vom Vorjahr zum Berichtsjahr vor allem zurück?

13. Fassen Sie in einem kurzen Bericht das Ergebnis Ihrer Auswertung zusammen, und beurteilen Sie Lage und Entwicklung des Unternehmens. Machen Sie Vorschläge, wie die Kapitalausstattung und damit die Liquidität des Unternehmens entscheidend verbessert werden können.

302 **Das Sachanlagevermögen** der Maschinenbau AG entwickelte sich in den Vergleichsjahren wie folgt:

Sachanlagenentwicklung:	Berichtsjahr	Vorjahr
Bestand 01.01. zum Buchwert	3 977 TDM	4 120 TDM
+ Zugänge	613 TDM	325 TDM
	4 590 TDM	4 445 TDM
− Abgänge	10 TDM	—
	4 580 TDM	4 445 TDM
− Abschreibungen	390 TDM	468 TDM
Bestand 31.12. zum Buchwert	4 190 TDM	3 977 TDM

1. Ermitteln Sie die Nettozugänge bzw. Nettoinvestitionen des Sachanlagevermögens.

2. Beurteilen Sie die Finanzierung der Nettoinvestitionen aus Abschreibungen. Errechnen Sie die Abschreibungen in Prozent der Nettozugänge.

303 1. Erstellen Sie aufgrund der aufbereiteten Bilanzen und der Angaben über die Entwicklung des Sachanlagevermögens eine Bewegungsbilanz.

2. Erklären und begründen Sie an Hand der Bewegungsbilanz, daß Ihre oben in Aufgabe 301 gemachten Aussagen über die Finanzierung und die Liquidität des Unternehmens durch die Mittelherkunfts- und Mittelverwendungsrechnung bestätigt werden.

250

3   Auswertung der Erfolgsrechnung

Notwendigkeit. Zur Beurteilung der Lage und Entwicklung eines Unternehmens reichen die Bilanzen allein nicht aus. Sie weisen zwar auch die Höhe des Erfolges aus, erklären aber nicht das Zustandekommen des Erfolges. Das ist Aufgabe der Gewinn- und Verlustrechnung. Eine Bilanzkritik kann deshalb nur dann vollständig und aussagefähig sein, wenn sie die Zahlen der Erfolgsrechnung in die betriebswirtschaftliche Auswertung einbezieht. Nur so lassen sich Kennzahlen bilden, die Aufschluß über die Wirtschaftlichkeit des betrieblichen Leistungsprozesses und die Rentabilität des Kapitaleinsatzes geben. Im Rahmen der Erfolgsanalyse geht es daher vor allem um die Beantwortung folgender Fragen:

- *Hat der Betrieb im Vergleichszeitraum wirtschaftlich gearbeitet?*
- *Hat sich der Einsatz des Kapitals gelohnt (Rentabilität)?*

Die Staffelform der Gewinn- und Verlustrechnung zeigt übersichtlich die Entstehung des Jahresergebnisses, wenn man wichtige Zwischenergebnisse ermittelt, wie

- Gesamtleistung,
- Ergebnis der gewöhnlichen Geschäftstätigkeit,
- a. o. Ergebnis,
- Jahresüberschuß/Jahresfehlbetrag und den
- Bilanzgewinn/Bilanzverlust.

Grundlage für die in den folgenden Abschnitten dargestellten Kennzahlen der Erfolgsanalyse sind die Bilanzen (vgl. Seite 237) und die Gewinn- und Verlustrechnungen unseres Ausgangsbeispiels. Die folgenden Erfolgsrechnungen wurden in einigen Positionen zusammengefaßt:

Erfolgsrechnung der Chemiewerke GmbH	Berichtsjahr		Vorjahr	
	TDM	TDM	TDM	TDM
1. Umsatzerlöse		8 200		5 500
2. + Bestandserhöhung an Erzeugnissen		280		20
3. Gesamtleistung (betriebliche Erträge)		8 480		5 520
4. Sonstige Erträge	+	25	+	23
5. Materialaufwand	5 168		3 036	
6. Personalaufwand	2 550		1 892	
7. Abschreibungen	260		170	
8. Sonstige Aufwendungen	120	− 8 098	120	− 5 218
9. Zinserträge	12		4	
10. Zinsaufwendungen	130	− 118	180	− 176
11. Ergebnis der gewöhnlichen Geschäftstätigkeit		289		149
12. a. o. Erträge	50		30	
13. a. o. Aufwendungen	− 60		40	− 10
14. a. o. Ergebnis		− 10		
15. Steuern		− 29		− 19
16. Jahresüberschuß		250		120
17. Einstellung in andere Gewinnrücklage		140		90
18. Bilanzgewinn		110		30

Durchschnittsbestände. Aus bestimmten Posten der Bilanz und Gewinn- und Verlustrechnung lassen sich Umschlagskennzahlen der Roh-, Hilfs- und Betriebsstoffe, der Forderungen a. LL und des Kapitals sowie Rentabilitätskennziffern für das Eigen- und Gesamtkapital ermitteln. Um Zufallsschwankungen auszuschalten, rechnet man mit dem jeweiligen Mittelwert aus Anfangs- und Endbestand eines Jahres:

$$\text{Durchschnittsbestand} = \frac{\text{Anfangsbestand} + \text{Schlußbestand}}{2}$$

(Material, Forderungen a. LL, Eigen-/Gesamtkapital)

3.1 Umschlagskennzahlen

Maßstab der Wirtschaftlichkeit. Umschlagskennzahlen sind ein Maßstab zur Beurteilung und Kontrolle der Wirtschaftlichkeit des Betriebsprozesses, also des Verhältnisses der Kosten zu den Leistungen: Sie werden ermittelt, indem man bestimmte Posten der Bilanz (Materialbestände, Forderungen a. LL, Kapital) zum Materialaufwand bzw. zu den Umsatzerlösen in Beziehung setzt.

3.1.1 Lagerumschlag der Materialbestände

Die Lagerumschlagshäufigkeit der Materialbestände errechnet sich aus dem Verhältnis von Materialaufwendungen zum Durchschnittsbestand der Roh-, Hilfs- und Betriebsstoffe. Sie gibt an, wie oft in einem Jahr der durchschnittliche Lagerbestand umgesetzt, d. h. verbraucht und ersetzt wurde:

$$\text{Lagerumschlagshäufigkeit} = \frac{\text{Materialaufwendungen}}{\text{Lagerbestand an Stoffen}}$$

Die durchschnittliche Lagerdauer ergibt sich, indem man das Jahr mit 360 Tagen ansetzt und durch die Umschlagshäufigkeit dividiert:

$$\text{Durchschnittliche Lagerdauer} = \frac{360}{\text{Lagerumschlagshäufigkeit}}$$

Beispiel: Chemiewerke GmbH	Berichtsjahr	Vorjahr
Roh- und Hilfsstoffe, Fertigteile	110 TDM	740 TDM
Fertige Erzeugnisse	1 090 TDM	810 TDM
Vorratsvermögen lt. Bilanz	1 200 TDM	1 550 TDM
Materialeinsatz lt. GuV-Rechnung	5 168 TDM	3 036 TDM
Durchschn. Lagerbestand an Stoffen ..	$\frac{110 + 740}{2} = 425$ TDM	$\frac{740 + 20[1]}{2} = 380$ TDM
Lagerumschlagshäufigkeit	$\frac{5 168}{425} = 12\text{mal}$	$\frac{3 036}{380} = 8\text{mal}$
Durchschnittliche Lagerdauer	$\frac{360}{12} = 30$ Tage	$\frac{360}{8} = 45$ Tage

Lagerumschlagshäufigkeit und -dauer haben sich im Berichtsjahr ganz entscheidend verbessert. Die hohe Umschlagshäufigkeit trägt dazu bei, daß der Kapitaleinsatz geringer wird, da in kürzeren Abständen (30 statt 45 Tage) immer wieder Kapital zurückfließt. Dadurch werden Zinsen und Lagerkosten geringer, was sich positiv auf die Wirtschaftlichkeit, den Gewinn und die Rentabilität auswirkt.

Merke: **Je höher die Umschlagshäufigkeit des Lagerbestandes ist, desto**
- **kürzer ist die Lagerdauer,**
- **geringer sind der Kapitaleinsatz und das Lagerrisiko,**
- **geringer sind die Kosten für die Lagerhaltung (Zinsen, Schwund, Verwaltungskosten),**
- **höher ist die Wirtschaftlichkeit und**
- **höher ist letztlich der Gewinn und damit die Rentabilität.**

---

[1] 20 = Bestand vom 01.01. des Vorjahres.

3.1.2 Umschlag der Forderungen

Die Kennzahlen des Forderungsumschlags sind zugleich ein Maßstab zur Beurteilung der Liquidität eines Unternehmens:

$$\text{Umschlagshäufigkeit der Forderungen} = \frac{\text{Umsatzerlöse}}{\text{Forderungsbestand}}$$

Daraus ergibt sich die <u>Laufzeit</u> der Forderungen, d. h. die von den Kunden durchschnittlich in Anspruch genommene <u>Kreditdauer (Zahlungsziel)</u>:

$$\text{Durchschnittliche Kreditdauer} = \frac{360}{\text{Umschlagshäufigkeit der Forderungen}}$$

Beispiel: Chemiewerke GmbH	Berichtsjahr	Vorjahr
Forderungen a. LL lt. Bilanz	600 TDM	310 TDM
Durchschnittlicher Forderungsbestand	$\frac{600 \,+\, 310}{2} = 455\ \text{TDM}$	$\frac{310 \,+\, 790^1}{2} = 550\ \text{TDM}$
Umsatzerlöse lt. GuV	8 200 TDM	5 500 TDM
Umschlagshäufigkeit	8 200 : 455 = 18mal	5 500 : 550 = 10mal
Durchschnittliche Kreditdauer	360 : 18 = 20 Tage	360 : 10 = 36 Tage

Im Berichtsjahr nahmen die Kunden durchschnittlich ein <u>Zahlungsziel</u> von 20 Tagen gegenüber 36 Tagen im Vorjahr in Anspruch. Unterstellt man ein übliches Zahlungsziel von 30 Tagen, so wird dieses im Berichtsjahr von der Mehrzahl der Kunden weit unterschritten (Skonto!). Der hohe Forderungsumschlag hat sich günstig auf die <u>Liquidität</u> ausgewirkt.

Merke: **Je rascher der Forderungsumschlag, desto**
- **kürzer ist die durchschnittliche Kreditdauer,**
- **besser ist die eigene Liquidität,**
- **geringer sind Zinsbelastung und Wagnis (Kosten),**
- **höher sind Wirtschaftlichkeit und Rentabilität.**

3.1.3 Kapitalumschlag

Zur Ermittlung der Kapitalumschlagshäufigkeit wird der Umsatz mit dem Eigen- oder Gesamtkapital (Eigen- und Fremdkapital) in Beziehung gesetzt:

$$\text{Umschlagshäufigkeit des Eigenkapitals} = \frac{\text{Umsatzerlöse}}{\text{Eigenkapital}}$$

$$\text{Umschlagshäufigkeit des Gesamtkapitals} = \frac{\text{Umsatzerlöse}}{\text{Gesamtkapital}}$$

$$\text{Durchschnittliche Kapitalumschlagsdauer} = \frac{360}{\text{Kapitalumschlagshäufigkeit}}$$

Die Kapitalumschlagshäufigkeit gibt an, <u>wie oft</u> das eingesetzte Kapital über die <u>Umsatzerlöse</u> zurückgeflossen ist. Je rascher der Umschlagsprozeß vor sich geht, desto geringer ist der erforderliche Kapitaleinsatz, da in kürzeren Abständen immer wieder <u>Kapital vom Markt zurückfließt</u>. Bei <u>hoher</u> Kapitalumschlagshäufigkeit kann man deshalb mit einem verhältnismäßig <u>niedrigen</u> Kapitaleinsatz zu einer entsprechend hohen Rendite und infolge des raschen Kapitalrückflusses zu einer <u>günstigen</u> <u>Liquidität</u> gelangen.

---

1   790 = Bestand am 01.01. des Vorjahres

Beispiel: Chemiewerke GmbH	Berichtsjahr	Vorjahr
Eigenkapital am 01.01. .... Eigenkapital am 31.12.	1 260 TDM 1 800 TDM	1 170 TDM[1] 1 260 TDM
Durchschnittliches Eigenkapital	3 060 : 2 = 1 530 TDM	2 430 : 2 = 1 215 TDM
Umsatzerlöse lt. GuV	8 200 TDM	5 500 TDM
EK-Umschlagshäufigkeit	8 200 : 1 530 = 5,4	5 500 : 1 215 = 4,5
EK-Umschlagsdauer	360 : 5,4 = 66 Tage	360 : 4,5 = 80 Tage
Gesamtkapital 01.01. .... Gesamtkapital 31.12.	3 600 TDM 4 000 TDM	3 500 TDM 3 600 TDM
Durchschnittliches Gesamtkapital	7 600 : 2 = 3 800 TDM	7 100 : 2 = 3 550 TDM
GK-Umschlagshäufigkeit	8 200 : 3 800 = 2,2	5 500 : 3 550 = 1,6
GK-Umschlagsdauer	360 : 2,2 = 164 Tage	360 : 1,6 = 225 Tage

Die Kapitalumschlagszahlen der Chemiewerke GmbH kennzeichnen ebenfalls die positive Entwicklung des Unternehmens im Berichtsjahr.

Merke: **Je höher die Kapitalumschlagshäufigkeit ist, desto**
- **rascher fließt das Kapital über die Erlöse zurück,**
- **geringer ist der erforderliche Kapitaleinsatz,**
- **höher ist die Rentabilität,**
- **günstiger ist die Liquidität des Unternehmens.**

3.2 Kennzahlen der Rentabilität

Maßstab der Ertragskraft. Der Gewinn ist das Hauptziel jeder unternehmerischen Tätigkeit. Die absolute Höhe des Jahresgewinns allein ist allerdings ohne Aussagekraft. Erst wenn man den Gewinn zum durchschnittlich eingesetzten Kapital oder zum Umsatz in Beziehung setzt, erhält man Auskunft darüber, ob sich der Einsatz des Kapitals gelohnt hat. Die Rentabilität, also das Verhältnis des Gewinns zum Eigenkapital, Gesamtkapital oder Umsatz, ist ein wichtiger Maßstab zur Beurteilung der Ertragskraft eines Unternehmens. Man unterscheidet deshalb:

- **Rentabilität des Eigenkapitals (Unternehmer-Rentabilität)**
- **Rentabilität des Gesamtkapitals (Unternehmungs-Rentabilität)**
- **Umsatzrentabilität (Umsatzverdienstrate)**

Bereinigter Jahresgewinn. Aus Gründen einer besseren Vergleichbarkeit muß der Jahresüberschuß vorab um Posten bereinigt werden, die den Charakter der Einmaligkeit haben. Das sind die außerordentlichen Aufwendungen und Erträge. Der so ermittelte bereinigte Jahresgewinn wird zum durchschnittlich eingesetzten Kapital (Mittelwert aus Anfangs- und Schlußkapital) in Beziehung gesetzt.

> **Jahresüberschuß**
> **+ a. o. Aufwendungen**
> **− a. o. Erträge**
> **= Bereinigter Jahresgewinn**

Unternehmerlohn. Bei Einzelunternehmen und Personengesellschaften müßte der Jahresgewinn noch um den Unternehmerlohn für die mitarbeitenden Inhaber gekürzt werden. Nur dann ist ein Vergleich mit einer Kapitalgesellschaft (z. B. GmbH) der gleichen Branche möglich, in der die Gehälter der geschäftsführenden Gesellschafter als Aufwand (Betriebsausgabe) erfolgswirksam gebucht werden.

---

1 1170 = Bestand vom 01.01. des Vorjahres

3.2.1 Rentabilität des Eigenkapitals (Unternehmer-Rentabilität)

Sie wird ermittelt, indem man den bereinigten Jahresgewinn zum durchschnittlich eingesetzten Eigenkapital in Beziehung setzt:

$$\text{Eigenkapital-Rentabilität} = \frac{\text{Bereinigter Jahresgewinn} \cdot 100\,\%}{\text{Eigenkapital}}$$

Die Gewinn- und Verlustrechnungen der Chemiewerke GmbH (vgl. S. 251) weisen in der Position 12 a. o. Erträge und in der Position 13 a. o. Aufwendungen aus, die entsprechend zu berücksichtigen sind.

Beispiel: Chemiewerke GmbH	Berichtsjahr		Vorjahr	
Jahresüberschuß lt. GuV	250		120	
+ a. o. Aufwendungen	60	310	40	160
− a. o. Erträge		50		30
= Bereinigter Jahresgewinn		260		130
Durchschnittliches Eigenkapital (vgl. S. 254)	1 530		1 215	
Eigenkapital-Rentabilität	$\frac{260 \cdot 100\,\%}{1\,530} = 17\,\%$		$\frac{130 \cdot 100\,\%}{1\,215} = 10{,}7\,\%$	
− Landesübl. Verzinsung (unterstellt)		8 %		8,0 %
= Risikoprämie		9 %		2,7 %

Risikoprämie. Vergleicht man die Eigenkapital-Rentabilität mit dem landesüblichen Zinssatz für langfristig angelegte Gelder, so stellt der Überschuß der Eigenkapital-verzinsung die Prämie für das Risiko (Unternehmerwagnis) dar:

Eigenkapital-Rentabilität
− Zinssatz für langfristige Kapitalanlage
= Risikoprämie (Unternehmerwagnisprämie)

Merke: **Die Eigenkapitalrentabilität sollte über die landesübliche Verzinsung hinaus zumindest auch das Unternehmerrisiko (Risikoprämie) abdecken.**

Die Eigenkapitalrentabilität der Chemiewerke GmbH hat sich von 10,7 % auf 17 %, die Wagnisprämie von 2,7 % auf 9 % verbessert. Unterstellt man eine branchenübliche Risikoprämie von 7 % in dem betreffenden Wirtschaftszweig, so kann die Entwicklung der Chemiewerke GmbH nur als positiv beurteilt werden.

3.2.2 Rentabilität des Gesamtkapitals (Unternehmungs-Rentabilität)

Das Gesamtkapital der Unternehmung wird in Beziehung gesetzt zum Gewinn zuzüglich der als Aufwand gebuchten Zinsen für das Fremdkapital. Das Gesamtkapital „erwirtschaftet" nämlich nicht nur einen Gewinn auf das investierte Eigenkapital, sondern darüber hinaus auch die Zinsen für das Fremdkapital:

$$\text{Gesamtkapital-Rentabilität} = \frac{(\text{Bereinigter Jahresgewinn} + \text{Zinsen}) \cdot 100\,\%}{\text{Gesamtkapital}}$$

Beispiel: Chemiewerke GmbH	Berichtsjahr		Vorjahr	
Durchschn. Gesamtkapital (vgl. S. 254)	3 800		3 550	
Bereinigter Jahresgewinn	260		130	
+ Zinsen lt. GuV	130	390	180	310
Gesamtkapital-Rentabilität	$\frac{390 \cdot 100\,\%}{3\,800} = 10{,}3\,\%$		$\frac{310 \cdot 100\,\%}{3\,550} = 8{,}7\,\%$	

Steigerung der Eigenkapitalrendite durch zusätzliches Fremdkapital. Die Rentabilität des Gesamtkapitals wird ermittelt, um festzustellen, ob es sich lohnt, zusätzliches Fremdkapital für bestimmte Investitionen aufzunehmen. Solange der zu zahlende Fremdkapitalzins unter der Gesamtkapital-Rentabilität liegt, erhöht sich die Eigenkapitalverzinsung durch die Aufnahme zusätzlichen Fremdkapitals. In diesem Fall wirkt das zusätzliche Fremdkapital zugleich als „Hebel" zur Steigerung der Eigenkapital-Rentabilität (Hebelwirkung bzw. leverage effect):

Beispiel: Die Gesamtkapital-Rentabilität eines Unternehmens soll 12 % betragen, der Fremdkapitalzins 8 %.

Das Gesamtkapital setzt sich wie folgt zusammen:

Eigenkapital	600 000,00 DM
Fremdkapital	400 000,00 DM
Gesamtkapital	1 000 000,00 DM

Aus den Angaben ist die Eigenkapital-Rentabilität zu ermitteln:

Ertrag (Verzinsung) des Gesamtkapitals ...	120 000,00 DM	(12 % v. 1 000 000)
− Zinsen für das Fremdkapital	32 000,00 DM	(8 % v. 400 000)
= Ertrag (Verzinsung) des Eigenkapitals	88 000,00 DM	(= 14,7 %)

$$\text{Eigenkapital-Rentabilität} = \frac{88\,000 \cdot 100\,\%}{600\,000} = \underline{\underline{14{,}7\,\%}}$$

Werden nun bei konstanter Gesamtkapital-Rentabilität zusätzlich 200 000,00 DM Fremdkapital aufgenommen, erhöht sich die Eigenkapital-Rentabilität wie folgt:

Ertrag (Verzinsung) des Gesamtkapitals ...	144 000,00 DM	(12 % v. 1 200 000)
− Zinsen für das Fremdkapital	48 000,00 DM	(8 % v. 600 000)
= Ertrag (Verzinsung) des Eigenkapitals	96 000,00 DM	(= 16 %)

$$\text{Eigenkapital-Rentabilität} = \frac{96\,000 \cdot 100\,\%}{600\,000} = \underline{\underline{16\,\%}}$$

Merke: **Die Rentabilität des Eigenkapitals wird grundsätzlich durch Aufnahme zusätzlichen Fremdkapitals erhöht, solange die zu zahlenden Zinsen für das Fremdkapital unter der Gesamtkapital-Rentabilität liegen (Hebelwirkung).**

Im Beispiel der Chemiewerke GmbH ergab sich eine Gesamtkapitalrendite von 10,3 % im Berichtsjahr. Das bedeutet, daß der Fremdkapitalzins in keinem Fall diesen Satz überschreiten darf. Unterstellt man im vorliegenden Fall einen Fremdkapitalzins von 8 %, so ist das Ergebnis als durchaus günstig zu bezeichnen.

3.2.3 Umsatzrentabilität (Umsatzverdienstrate)

Diese Kennzahl zeigt, wieviel Prozent der Umsatzerlöse dem Unternehmen als Gewinn für Investitionszwecke und Gewinnausschüttung zugeflossen sind; oder: wieviel DM je 100 DM Umsatzerlöse verdient wurden (Umsatzverdienstrate):

$$\text{Umsatz-Rentabilität} = \frac{\text{Bereinigter Jahresgewinn} \cdot 100\,\%}{\text{Umsatzerlöse}}$$

Die Umsatzverdienstrate wird noch aussagefähiger, wenn man den reinen Betriebsgewinn zu den Umsatzerlösen in Beziehung setzt.

Beispiel: Chemiewerke GmbH	Berichtsjahr	Vorjahr
Umsatz-Rentabilität	$\dfrac{260 \cdot 100\,\%}{8\,200} = 3{,}2\,\%$	$\dfrac{130 \cdot 100\,\%}{5\,500} = 2{,}4\,\%$

Im Berichtsjahr wurden 3,20 DM gegenüber 2,40 DM je 100 DM Umsatz verdient. Das bedeutet eine erhebliche Steigerung der Ertragskraft des Unternehmens.

3.3 Cash-flow-Analyse

Maßstab für die Selbstfinanzierungskraft des Unternehmens ist der Cash-flow (Kassenzufluß bzw. Kassenüberschuß), eine Kennzahl, die aus den USA stammt und Eingang in die deutsche Bilanzanalyse gefunden hat. Sie gibt an, welche im Geschäftsjahr selbsterwirtschafteten Mittel dem Unternehmen zur Verfügung stehen für die

▷ **Finanzierung von Investitionen,**   ▷ **Schuldentilgung**   und   ▷ **Gewinnausschüttung.**

Zum Cash-flow zählen deshalb der Jahresüberschuß und alle nicht auszahlungswirksamen Aufwendungen des Geschäftsjahres, wie z. B. die Abschreibungen auf Anlagen und die Zuführungen zu langfristigen Rückstellungen, vor allem Pensionsrückstellungen. Letztere stellen zwar juristisch Fremdkapital, wirtschaftlich jedoch eigenkapitalähnliche Mittel dar, da sie dem Unternehmen langfristig und zinslos zur Verfügung stehen.

> **Jahresüberschuß**
> **+ Abschreibungen auf Anlagen**
> **+ Zuführungen zu langfristigen Rückstellungen**
> **= Cash-flow**

Aussagefähigkeit. Der Cash-flow läßt erkennen, in welchem Umfang sich ein Unternehmen aus eigener Kraft finanziert. Aus Höhe und Entwicklung des Cash-flow können Rückschlüsse auf die Ertragskraft, Selbstfinanzierungskraft, Kreditwürdigkeit und Expansionsfähigkeit gezogen werden. Der Cash-flow ist deshalb aussagefähiger als die rein gewinnorientierten Rentabilitätskennzahlen.

Cash-flow-Kennzahlen. Sehr aussagefähig ist der Cash-flow, wenn man ihn zu den Umsatzerlösen in Beziehung setzt. In diesem Fall wird erkennbar, wieviel Prozent der Umsatzerlöse frei für Investitionszwecke, Kredittilgung und Dividendenausschüttung zur Verfügung stehen. Darüber hinaus kann der Cash-flow auf das Nominalkapital, Eigen-, Fremd- oder Gesamtkapital bezogen werden.

$$\text{Cash-flow-Umsatzverdienstrate} = \frac{\text{Cash-flow} \cdot 100\,\%}{\text{Umsatzerlöse}}$$

Beispiel: Chemiewerke GmbH	Berichtsjahr	Vorjahr
Jahresüberschuß lt. GuV (vgl. S. 251)	250	120
+ Abschreibungen auf Anlagen	260	170
= Cash-flow	510	290
Umsatzerlöse lt. GuV	8 200	5 500
Cash-flow-Umsatzverdienstrate	$\frac{510 \cdot 100\,\%}{8\,200} = 6{,}2\,\%$	$\frac{290 \cdot 100\,\%}{5\,500} = 5{,}3\,\%$

Im Berichtsjahr stehen somit der Chemiewerke GmbH 6,2 % der Umsatzerlöse gegenüber 5,3 % im Vorjahr an selbsterwirtschafteten Finanzierungsmitteln frei zur Verfügung. Oder: 6,20 DM bzw. 5,30 DM je 100 DM Umsatz. Das ist auf den gestiegenen Gewinn und die höheren Abschreibungen zurückzuführen.

Merke: Die **Cash-flow-Umsatzverdienstrate** gibt an, wieviel Prozent der **Umsatzerlöse** dem Unternehmen zur **Investitionsfinanzierung, Schuldentilgung und Dividendenzahlung** frei zur Verfügung stehen. Sie ist **Maßstab für die Ertrags- und Selbstfinanzierungskraft** des Unternehmens.

3.4 Erfolgs- und Kostenstruktur

Die Erfolgs- und Kostenstruktur eines Unternehmens kann im Rahmen einer <u>externen</u> Bilanzkritik <u>nur annähernd</u> aufgrund der zur Verfügung stehenden (veröffentlichten) Gewinn- und Verlustrechnung analysiert werden. Die Erfolgsrechnungen lassen zwar die Gesamtleistung des Betriebes (Betriebserträge) erkennen, <u>nicht aber die genauen Kosten</u> (Betriebsaufwendungen).

Das Betriebsergebnis kann <u>schätzungsweise</u> ermittelt werden, indem man <u>vom Jahresüberschuß</u> die <u>neutralen Ertragsposten</u> abzieht und die als <u>neutral unterstellten Aufwendungen hinzurechnet</u>. Das so ermittelte Betriebsergebnis wird mit dem Jahresergebnis entsprechend verrechnet, um <u>das neutrale Ergebnis</u> des Unternehmens zu erhalten.

Beispiel: Grundlage für die Ermittlung des Betriebsergebnisses der Chemiewerke GmbH sind die Gewinn- und Verlustrechnungen auf Seite 251. Die „Sonstigen Aufwendungen" (Position 8) gelten als betriebsbedingt. Von der Position 14 „Steuern" entfallen auf das Berichtsjahr 15 TDM und auf das Vorjahr 10 TDM auf Ertragsteuern (Körperschaftsteuer).

Betriebsergebnisermittlung	Berichtsjahr		Vorjahr	
Jahresüberschuß		250		120
− **Neutrale Erträge:** (Positionen 4, 9, 12)		87		57
		163		63
+ **Neutrale Aufwendungen:**				
Position 13: a. o. Aufwendungen	60		40	
Position 14: Steuern	15	75	10	50
Betriebsgewinn		238		113

Daraus ergibt sich die Erfolgsstruktur des Unternehmens:

Erfolgsstruktur	Berichtsjahr		Vorjahr	
	TDM	%	TDM	%
Jahresüberschuß	250	100,0	120	100,0
− **Betriebsgewinn**	238	95,2	113	94,2
= **Neutraler Gewinn**	12	4,8	7	5,8

Die Erfolgsstrukturanalyse der Chemiewerke GmbH zeigt deutlich, daß der <u>Jahresüberschuß</u> in beiden Jahren <u>in erster Linie auf den Erfolg der eigentlichen Leistungserstellung und Leistungsverwertung,</u> also <u>Produktion und Absatz</u> der Erzeugnisse, <u>zurückzuführen</u> ist. Im Berichtsjahr besteht der Jahresgewinn zu 95,2 % und im Vergleichsjahr zu 94,2 % allein aus betrieblichem Gewinn. Der neutrale Gewinn ist von untergeordneter Bedeutung. Die Erfolgsstruktur der Chemiewerke GmbH kann daher als außerordentlich günstig beurteilt werden.

Merke: **Die Erfolgsstrukturanalyse zeigt die <u>Zusammensetzung</u> des Jahreserfolges.**

Kostenstruktur. Berechnet man den <u>prozentualen Anteil</u> der wichtigsten Kostenartengruppen (Materialkosten, Personalkosten, Abschreibungen, Zinsen, Betriebssteuern, Sonstige betriebliche Aufwendungen) <u>an den Gesamtkosten,</u> wird die Kost<u>enstruktur</u> oder die jeweilige Kostenart<u>enintensität</u> besonders erkennbar. Im Beispiel der Chemiewerke GmbH wird unterstellt, daß die Zinsaufwendungen in voller Höhe betriebsnotwendig sind. Unter Berücksichtigung der obigen Angaben ergibt sich folgende Kostenstruktur:

258

Kostenartenstruktur/-intensität	Berichtsjahr		Vorjahr	
	TDM	%	TDM	%
Materialkosten	5 168	62,7	3 036	56,1
Personalkosten	2 550	30,9	1 892	35,0
Abschreibungen	260	3,2	170	3,2
Betriebssteuern	14	0,2	9	0,2
Zinsaufwendungen	130	1,6	180	3,3
Sonstige betriebliche Aufwendungen	120	1,4	120	2,2
Gesamtkosten	8 242	100,0	5 407	100,0
Gesamtleistung lt. GuV	8 480	100,0	5 520	100,0
− **Gesamtkosten**	8 242	97,2	5 407	98,0
= **Betriebsgewinn**	238	2,8	113	2,0

Es handelt sich um einen <u>materialintensiven</u> Industriebetrieb. Die absolute Steigerung der Materialkosten steht im Zusammenhang mit der Absatzerhöhung. Die relative Veränderung von 56 % im Vorjahr auf nahezu 63 % im Berichtsjahr ist sehr wahrscheinlich auf Materialpreiserhöhung zurückzuführen. Nach Angaben der Geschäftsleitung ist die Beschäftigtenzahl von 80 auf 100 Arbeitnehmer gestiegen. Die absolute <u>Steigerung der Personalkosten</u> ist darauf zurückzuführen. Aufschlußreich ist in diesem Zusammenhang die Frage, ob auch die <u>Arbeitsproduktivität</u> der Belegschaftsmitglieder gestiegen ist:

$$\textbf{Arbeitsproduktivität} = \frac{\text{Gesamtleistung}}{\text{Beschäftigtenzahl}}$$

Arbeitsproduktivität	Berichtsjahr	Vorjahr
Gesamtleistung	8 480 TDM	5 520 TDM
Beschäftigtenzahl	100	80
Arbeitsproduktivität je Beschäftigten	8 480 : 100 = 84,8 TDM	5 520 : 80 = 69 TDM

Die Arbeitsproduktivität ist im Berichtsjahr beachtlich um 15,8 TDM je Arbeitnehmer gestiegen, was offensichtlich auch auf <u>Rationalisierungsmaßnahmen</u> (vgl. Anlageinvestitionen) zurückzuführen ist. Die Erhöhung der Abschreibungen ist die Folge der Anlagenzugänge. Erfreulich ist der Rückgang der Zinsbelastung. Der Anteil der Gesamtkosten an der Gesamtleistung ist relativ zurückgegangen, entsprechend hat sich das Betriebsergebnis verbessert. Insgesamt zeigt die Erfolgsanalyse einen positiven Trend.

Aufgaben – Fragen

304

Die Jahresabschlüsse eines Industriebetriebes weisen folgende Zahlen aus:

Materialbestände (Rohstoffe u. a.)	1. Jahr	2. Jahr	3. Jahr
Anfangsbestand	80 000,00	120 000,00	140 000,00
Schlußbestand	120 000,00	140 000,00	100 000,00
Materialaufwand (Materialverbrauch)	800 000,00	1 170 000,00	1 440 000,00

1. Berechnen Sie jeweils a) den Durchschnittsbestand und b) die Lagerumschlagshäufigkeit und Lagerdauer. Beurteilen Sie die Entwicklung in den Vergleichsjahren.
2. Begründen Sie, inwiefern die Lagerumschlagshäufigkeit Kapitalbedarf, Kosten, Risiko, Wirtschaftlichkeit und damit die Rentabilität des Unternehmens beeinflußt.

305 Die Jahresabschlüsse eines Industriebetriebes weisen folgende Zahlen aus:

Forderungen	1. Jahr	2. Jahr	3. Jahr
Anfangsbestand	450 000,00	580 000,00	800 000,00
Schlußbestand	580 000,00	800 000,00	1 200 000,00
Umsatzerlöse	5 150 000,00	8 280 000,00	12 000 000,00

1. *Berechnen Sie für die einzelnen Jahre a) den durchschnittlichen Forderungsbestand, b) die Umschlagshäufigkeit der Forderungen, c) die durchschnittliche Laufzeit (Kreditdauer) der Außenstände.*
2. *Begründen und erklären Sie den Zusammenhang zwischen der Umschlagshäufigkeit der Außenstände und der Liquidität, Wirtschaftlichkeit und Rentabilität.*
3. *Wie beurteilen Sie die Entwicklung? Welche Schlüsse ziehen Sie daraus?*

306 Die Kapitalstruktur eines Industriebetriebes (Durchschnittswerte) lautet:

Kapital (Mittelwerte in TDM)	1. Jahr	2. Jahr	3. Jahr
Eigenkapital	2 000	2 500	2 500
Fremdkapital	1 000	1 500	600
Umsatzerlöse	15 000	16 400	13 200

1. *Ermitteln Sie a) die Kapitalumschlagshäufigkeit des Eigen- und Gesamtkapitals und b) die Kapitalumschlagsdauer des Eigen- und Gesamtkapitals.*
2. *Welcher Zusammenhang besteht zwischen Kapitalumschlagshäufigkeit einerseits und Kapitaleinsatz, Liquidität und Rentabilität andererseits?*
3. *Wie beurteilen Sie die Entwicklung im Beispiel?*

307 Den Jahresabschlüssen eines Industriebetriebes entnehmen wir folgende Zahlen:

Jahresabschlußzahlen (in TDM)	1. Jahr	2. Jahr	3. Jahr
Durchschn. Eigenkapital	2 500	3 000	4 000
Durchschn. Gesamtkapital	4 000	6 000	6 500
Jahresüberschuß	450	650	780
a. o. Aufwendungen	40	60	120
a. o. Erträge	30	70	80
Zinsaufwendungen	90	200	180
Umsatzerlöse	13 860	16 200	19 100

1. *Ermitteln Sie den bereinigten Jahresgewinn.*
2. *Berechnen Sie die Rentabilität a) des Eigenkapitals, b) des Gesamtkapitals, c) des Umsatzes, und beurteilen Sie die Entwicklung der Rentabilitätskennzahlen.*
3. *Welchen Einfluß haben Umschlagskennzahlen auf die Rentabilität?*
4. *Was versteht man unter der Hebelwirkung des Fremdkapitals?*
5. *Inwiefern kann es steuerlich günstiger sein, Anlageinvestitionen durch Aufnahme zusätzlichen Fremdkapitals zu finanzieren?*

308

Jahresabschlußzahlen (in TDM)	1. Jahr	2. Jahr	3. Jahr
Jahresüberschuß	560	620	680
Abschreibungen auf Anlagen	150	180	200
Zuführungen zu Pensionsrückstellungen	10	20	30
Umsatzerlöse	8 400	9 300	10 500

1. *Ermitteln Sie den Cash-flow, und berechnen Sie die Cash-flow-Umsatzverdienstrate.*
2. *Inwiefern sind Cash-flow-Kennzahlen aussagefähiger als Rentabilitätskennzahlen?*
3. *Nennen Sie Möglichkeiten der Selbstfinanzierung der Investitionen.*
4. *Worauf führen Sie die Erhöhung der Abschreibungen zurück?*

309

Erfolgsrechnungen der Textilveredlungs-GmbH (vgl. S. 245)	Berichtsjahr		Vorjahr	
	TDM	TDM	TDM	TDM
1. Umsatzerlöse		21 000		13 000
2. Mehrbestand an Erzeugnissen		+ 700		+ 500
3. Sonstige Erträge		+ 63		+ 50
		21 763		13 550
4. Materialaufwand	12 916		7 525	
5. Personalaufwand	5 975		4 150	
6. Abschreibungen	900		600	
7. Sonstige Aufwendungen	200	− 19 991	135	− 12 410
8. Zinserträge	30		10	
9. Zinsaufwendungen	− 310	− 280	− 340	− 330
10. **Ergebnis der gew. Geschäftstätigkeit** ...		**1 492**		**810**
11. a. o. Erträge	125		75	
12. a. o. Aufwendungen	− 20	+ 105	− 130	− 55
13. Steuern		− 472		− 280
14. **Jahresüberschuß**		**1 125**		**475**
15. Einstellung in die Rücklage		800		400
16. **Bilanzgewinn**		**325**		**75**

Von der Position Steuern (13.) entfallen auf das Berichtsjahr 380 TDM und auf das Vorjahr 210 TDM Körperschaftsteuer. Beschäftigtenzahl: Berichtsjahr 140; Vorjahr 115.

1. *Ermitteln Sie Kennzahlen des Kapitalumschlags, der Rentabilität und des Cash-flows.*
2. *Stellen Sie jeweils die Erfolgs- und Kostenstruktur dar.*
3. *Beurteilen Sie Lage und Entwicklung der Textilveredlungs-GmbH.*

310

Erfolgsrechnungen der Maschinenbau AG (vgl. S. 249)	Berichtsjahr		Vorjahr	
	TDM	TDM	TDM	TDM
1. Umsatzerlöse		17 210		18 720
2. Mehrbestand an Erzeugnissen		+ 787		+ 10
3. Sonstige Erträge		+ 120		+ 30
		18 117		18 760
4. Materialaufwand	7 135		7 290	
5. Personalaufwand	7 217		6 982	
6. Abschreibungen	390		468	
7. Sonstige Aufwendungen	2 270		2 332	
8. Zinsaufwendungen	198	− 17 210	138	− 17 210
9. **Ergebnis der gew. Geschäftstätigkeit** ...		**907**		**1 550**
10. a. o. Erträge	40		50	
11. a. o. Aufwendungen	− 50	− 10	− 70	− 20
12. Steuern		− 877		− 1 210
13. **Jahresüberschuß**		**20**		**320**
14. Gewinnvortrag		110		90
		130		410
15. Entnahmen aus Rücklagen		100		—
16. **Bilanzgewinn**		**230**		**410**

Anmerkungen: Beschäftigtenzahl in beiden Jahren 560. Von den Steuern entfallen auf das Berichtsjahr 40 TDM und auf das Vorjahr 260 TDM Körperschaftsteuer.
Ermitteln und beurteilen Sie die Erfolgsstruktur und die Kostenintensität.

311 Dem Geschäftsbericht eines großen Chemieunternehmens entnehmen wir folgende Fünfjahresübersicht:

Zahlen in Millionen DM	1. Jahr	2. Jahr	3. Jahr	4. Jahr	5. Jahr
Vermögen					
Sachanlagen	2 390	2 270	2 373	2 559	2 608
Finanzanlagen	2 028	2 421	2 524	2 503	2 713
Anlagevermögen	4 418	4 691	4 897	5 062	**5 321**
Vorräte	860	818	861	1 365	1 212
Forderungen	1 270	1 156	1 528	1 727	1 481
Flüssige Mittel	569	599	686	678	413
Umlaufvermögen	2 699	2 573	3 075	3 770	**3 106**
Summe	7 117	7 264	7 972	8 832	**8 427**
Kapital					
Gezeichnetes Kapital	1 513	1 526	1 541	1 641	1 723
Rücklagen	1 809	1 836	1 929	1 991	2 081
Einbehaltener Gewinn	2	50	55	80	40
Eigenkapital	3 324	3 412	3 525	3 712	**3 844**
Rückstellungen	608	799	872	1 481	1 554
Langfristige Verbindlichkeiten ...	2 184	1 963	1 740	1 377	1 334
Kurzfristige Verbindlichkeiten ...	774	861	1 589	1 983	1 462
Bilanzgewinn (Dividende)	227	229	246	279	233
Fremdkapital	3 793	3 852	4 447	5 120	**4 583**
Summe	7 117	7 264	7 972	8 832	**8 427**
Umsatzerlöse	5 200	5 921	6 905	10 157	**8 394**
Jahresüberschuß	229	277	301	359	**273**
Sachanlageninvestitionen	315	385	620	784	**625**
Abschreibungen und Abgänge ...	525	505	517	597	**576**

1. Stellen Sie die Bilanzstruktur in Prozent für jedes Jahr dar. Die Rückstellungen sind je zur Hälfte lang- bzw. kurzfristig.

2. Beurteilen Sie im Rahmen der Fünfjahresübersicht die Entwicklung der Finanzierung, Investierung und Vermögensstruktur. Worauf führen Sie die einschneidenden Veränderungen zurück?

3. Beurteilen Sie die Finanzierung der Investitionen in Sachanlagen durch Abschreibungen und Abgänge.

4. Worauf führen Sie die im Verhältnis sehr hohen Finanzanlagen des zu beurteilenden Chemiekonzerns zurück?

5. Nehmen Sie Stellung zur Entwicklung der Umsatzerlöse im Vergleichszeitraum. Hat sich die Steigerung der Erlöse auf den Gewinn ausgewirkt? Ermitteln Sie hierzu die Umsatzrentabilität in den einzelnen Jahren.

6. Ermitteln Sie den Cash-flow für jedes Jahr, und erläutern Sie die Entwicklung. Berechnen Sie auch die Cash-flow-Umsatzverdienstrate (ohne Zuführungen zu langfristigen Rückstellungen).

7. Wie beurteilen Sie den Grad der Selbstfinanzierung (Verhältnis der Rücklagen zum Gezeichneten Kapital)?

8. Berechnen Sie die Dividende in Prozent vom Aktienkapital.

9. Nennen Sie kurz- und langfristige Rückstellungen.

10. Inwiefern bezeichnet man Pensionsrückstellungen auch als eigenkapitalähnliche Mittel?

11. Erläutern Sie die Finanzierung aus Rückstellungsgegenwerten.

G Kosten- und Leistungsrechnung (KLR) im Industriebetrieb

1 Aufgaben und Grundbegriffe der KLR

Die beiden wichtigsten Zweige des industriellen Rechnungswesens sind

▶ Finanzbuchhaltung   und   ▶ Kosten- und Leistungsrechnung.

Die Finanzbuchhaltung (FB) ist <u>unternehmensbezogen</u> und erfaßt deshalb <u>alle Arten von Aufwendungen und Erträgen</u> einer Rechnungsperiode (z. B. Monat oder Jahr) in den <u>Kontenklassen 2, 4 und 8.</u> Sie ermittelt in der Kontenklasse 9 (vgl. S. 80)

das **Betriebsergebnis,**   das **Neutrale Ergebnis**   und   das **Gesamtergebnis.**

- Erträge > Aufwendungen ➜ Gesamtgewinn
- Erträge < Aufwendungen ➜ Gesamtverlust

Die Kosten- und Leistungsrechnung (KLR) wird — in der Regel <u>monatlich</u> — außerhalb der FB durchgeführt. Sie ist <u>betriebsbezogen</u> und befaßt sich nur mit <u>den</u> Aufwendungen und Erträgen, die im <u>engen Zusammenhang mit den geplanten betrieblichen Tätigkeiten</u> des Industriebetriebes, also

- **Beschaffung,**   ● **Produktion,**   ● **Absatz,**

stehen. Diese <u>betrieblichen Aufwendungen</u> — z. B. Fertigungsmaterial, Löhne, Gehälter, Abschreibungen, Mieten u. a. — werden „Kosten", die <u>betrieblichen Erträge</u> — z. B. Umsatzerlöse, Mehrbestand an Erzeugnissen, Eigenleistungen, Eigenverbrauch — „Leistungen" genannt (vgl. S. 41). Die Gegenüberstellung der Kosten und Leistungen ergibt im <u>Konto 9800</u> das <u>Ergebnis der eigentlichen betrieblichen Tätigkeit,</u> nämlich das

Betriebsergebnis.

- Leistungen > Kosten ➜ Betriebsgewinn
- Leistungen < Kosten ➜ Betriebsverlust

Kosten und Leistungen sind wichtige Grundlagen zur Beurteilung der <u>Rentabilität</u> und <u>Wirtschaftlichkeit</u> des Industriebetriebes. Für die <u>Selbstkosten-</u> und <u>Preiskalkulation</u> sind die Kosten von entscheidender Bedeutung.

Merke:
- **Die KLR basiert auf den in der Kontenklasse 4 der FB erfaßten Kosten und auf den in der Kontenklasse 8 der FB erfaßten Leistungen.**
- **Kosten sind wertmäßiger Verbrauch an Gütern und Dienstleistungen zur Erstellung und Verwertung von Leistungen in einer Rechnungsperiode. Sie werden in der Kontenklasse 4 der FB nach Kostenarten erfaßt.**
- **Leistungen sind das Ergebnis der betrieblichen Tätigkeit innerhalb einer Rechnungsperiode. Sie werden eingeteilt in:**
  - **Umsatzerlöse (Konto 8300),**
  - **Eigenverbrauch (Konto 8800),**
  - **Lagerleistungen (Konto 8900) und**
  - **Eigenleistungen (Konto 8700).**

Aufgaben der KLR. Die Kosten- und Leistungsrechnung verfolgt nicht nur das Ziel, die Kosten und Leistungen einer Abrechnungsperiode (z.B. Monat oder Geschäftsjahr) vollständig zu erfassen und daraus das Betriebsergebnis zu ermitteln. Sie hat darüber hinaus folgende wichtige Aufgaben für den Industriebetrieb zu erfüllen:

1. **Ermittlung der Selbstkosten und Leistungen einer Abrechnungsperiode.** Durch die Erfassung aller Kosten und Leistungen einer Abrechnungsperiode außerhalb der Finanzbuchhaltung wird die Kosten- und Leistungsrechnung zu einem hervorragenden Instrument der kurzfristigen (z.B. monatlichen) betrieblichen Erfolgsermittlung.

2. **Ermittlung der Selbstkosten der Erzeugniseinheit.** Die Kostenrechnung ermittelt auch die Selbstkosten der Erzeugniseinheiten und schafft damit die Grundlage für die Verkaufspreise. Die Kenntnis der Selbstkosten gestattet dem Unternehmer die Entscheidung darüber, welcher Preis für ihn wirtschaftlich noch vertretbar ist.

3. **Kontrolle der Wirtschaftlichkeit.** Es genügt aber nicht, lediglich die Selbstkosten zu ermitteln. Sie sollen vielmehr auch beeinflußt, d. h. gesenkt werden. Die Wirtschaftlichkeit der Leistungserstellung und -verwertung muß ständig gesteigert werden, wenn der Betrieb im Wettbewerb nicht unterliegen will. Die Entwicklung der Kosten und Leistungen ist daher dauernd zu kontrollieren. Die Überwachung der Wirtschaftlichkeit zählt heute zu den wichtigsten Aufgaben der Kosten- und Leistungsrechnung. Diese Kontrolle geschieht durch die Erfassung des „Kostenverbrauchs" in den Betriebsabteilungen über den Betriebsabrechnungsbogen (vgl. S. 298 f.).

4. **Bewertung der unfertigen und fertigen Erzeugnisse in der Jahresbilanz.** Nach den handels- und steuerrechtlichen Vorschriften sind die Schlußbestände an unfertigen und fertigen Erzeugnissen höchstens zu Herstellungskosten in die Jahresbilanz einzusetzen. Die genauen Herstellungskosten können aber nur mit Hilfe einer ordnungsgemäßen Kostenrechnung ermittelt werden.

5. **Ermittlung von Deckungsbeiträgen auf der Basis der Teilkostenrechnung.** Ausgehend von erzielbaren Umsatzlösen kann mit Hilfe der Teilkostenrechnung festgestellt werden, ob ein Erzeugnis einen ausreichenden Beitrag zur Deckung der fixen Kosten und zur Erzielung von Gewinn leistet (vgl. S. 341 f.).

6. **Grundlage für Planungen und Entscheidungen.** Die oben genannten Aufgaben der Kosten- und Leistungsrechnung dürfen nicht isoliert betrachtet werden. Sie bilden letztlich die Grundlage für die Vorhaben und Entscheidungen des Unternehmers. Sofern marktorientierte Entscheidungen zu treffen sind, steht der Unternehmensleitung in der Teilkostenrechnung (vgl. S. 341 f.) eine geeignete Grundlage zur Verfügung.

Zur Erfüllung dieser Aufgaben werden die Kosten

- nach **Kostenarten** erfaßt (Material, Löhne, Abschreibungen usw.),
  - Dies geschieht grundlegend in der Kontenklasse 4 der FB.
- nach **Kostenstellen** aufgeteilt (Stellen der Kostenverursachung),
  - Dies geschieht im Betriebsabrechnungsbogen (vgl. S. 298 f.).
- den **Kostenträgern** zugerechnet (Erzeugnis, Serie, Auftrag).
  - Dies geschieht mit Hilfe der Kalkulationsverfahren (vgl. S. 329 f.).

Merke:	• Die Kosten- und Leistungsrechnung (KLR) umfaßt drei Stufen:	
	1. **Kostenartenrechnung:**	„**Welche** Kosten sind entstanden?"
	2. **Kostenstellenrechnung:**	„**Wo** sind die Kosten entstanden?"
	3. **Kostenträgerrechnung:**	„**Wer** hat die Kosten zu tragen?"

Aufgaben

Die FB der Firma J. Wilhelm, Kleiderfabrikation, hat für das 1. Quartal 19.. folgende Aufwendungen und Erträge erfaßt: **312**

		DM
2150	Haus- und Grundstückserträge	5 200,00
2450	Zins- und Diskonterträge	4 100,00
2500	Betriebliche außerordentliche Aufwendungen	55 600,00
2550	Betriebliche außerordentliche Erträge	1 900,00
2600	Betriebliche periodenfremde Erträge	8 200,00
4000	Fertigungsmaterial	300 000,00
4010	Aufwendungen für bezogene Waren	150 000,00
4310	Fertigungslöhne	798 000,00
4390	Gehälter	401 000,00
4400	Gesetzliche Sozialkosten	185 100,00
4600	Steuern	22 400,00
4700	Miete	4 900,00
4770	Werbekosten	12 200,00
4800	Abschreibungen auf Sachanlagen	123 700,00
8300	Umsatzerlöse für Erzeugnisse	1 870 500,00
8500	Umsatzerlöse für Handelswaren	200 000,00
8700	Andere aktivierte Eigenleistungen	31 500,00
8900	Mehrbestand an unfertigen Erzeugnissen	42 000,00

1. *Erstellen Sie die Konten „9800 Betriebsergebnis" und „9870 Neutrales Ergebnis", und ermitteln Sie den Gesamterfolg des Unternehmens.*
2. *Beurteilen Sie die Erfolgslage des Unternehmens.*

Die FB der Fabrik für Bauelemente H. Schnell weist für das 1. Quartal 19.. folgende Aufwendungen und Erträge aus: **313**

		DM
2050	Betriebsfremde Erträge	8 200,00
2150	Haus- und Grundstückserträge	16 300,00
2450	Zinserträge	7 800,00
2500	Betriebliche außerordentliche Aufwendungen	2 200,00
2550	Betriebliche außerordentliche Erträge	24 800,00
2600	Betriebliche periodenfremde Erträge	22 500,00
4000	Fertigungsmaterial	225 000,00
4300	Fertigungs- und Hilfslöhne	375 000,00
4390	Gehälter	410 000,00
4400	Gesetzliche Sozialkosten	165 000,00
4470	Freiwillige Sozialkosten	41 600,00
4500	Instandhaltung	39 600,00
4600	Steuern	42 300,00
4700	Miete	21 200,00
4770	Werbekosten	36 100,00
4800	Abschreibungen auf Sachanlagen	42 800,00
4810	Abschreibungen auf Forderungen	5 200,00
4950	Provisionen für Handelsvertreter	28 500,00
8300	Umsatzerlöse für Erzeugnisse	1 381 500,00
8700	Andere aktivierte Eigenleistungen	13 700,00
8900	Minderbestand an fertigen Erzeugnissen	14 200,00

1. *Erstellen Sie die Konten „9800 Betriebsergebnis" und „9870 Neutrales Ergebnis", und ermitteln Sie den Gesamterfolg.*
2. *Beurteilen Sie die Erfolgssituation des Unternehmens.*

6624265

265

2 Kostenartenrechnung

2.1 Aufgaben der Kostenartenrechnung

Die Kostenartenrechnung bildet die erste Stufe der Kosten- und Leistungsrechnung. Ihre Aufgabe besteht darin, die für die jeweiligen Zwecke der Kostenrechnung (z. B. Vorkalkulation, Nachkalkulation, Kostenkontrolle, Ergebnisermittlung) erforderlichen Kosten zur Verfügung zu stellen.

Voraussetzung zur Erfüllung dieser Aufgaben ist die vollständige Erfassung der in einem Abrechnungszeitraum (z. B. Monat) angefallenen Kosten. Wesentliche Vorarbeit leistet hierfür die Finanzbuchhaltung. Sie nimmt eine sorgfältige Trennung der betrieblichen Aufwendungen (Kontenklasse 4) vom nicht kalkulationsfähigen neutralen Aufwand (Kontenklasse 2) vor (vgl. sachliche Abgrenzung auf Seite 78 f.). Die betrieblichen Aufwendungen der Kontenklasse 4 stellen für die Kostenartenrechnung das „Ausgangsmaterial" unter Beachtung folgender Grundsätze dar:

- **Periodengerechte Erfassung der Kosten.** Sofern betriebliche Aufwendungen für mehrere Abrechnungsperioden gebucht werden (z. B. Urlaubsgeld, Gratifikationen, Prämien, unvorhergesehene Reparaturen), ist der auf eine Abrechnungsperiode (z. B. Monat) entfallende Kostenanteil in der Kostenartenrechnung dieser Periode zu erfassen (= kurzfristige zeitliche Abgrenzung).

- **Erfassung der kalkulatorischen Kosten** (vgl. Kap. 2.3). Nicht immer ist es zweckmäßig, den in der Finanzbuchhaltung gebuchten betrieblichen Aufwand in die Kostenrechnung zu übernehmen (z. B. bilanzmäßige Abschreibungen). In diesen Fällen werden in der Kontenklasse 4 kalkulatorische Wertansätze gebucht und den Aufwendungen der Kontenklasse 2 gegenübergestellt. Es kommt auch vor, daß kalkulatorische Kosten in der Kostenartenrechnung erfaßt werden, denen kein Aufwand in der Finanzbuchhaltung zugrunde liegt (z. B. kalkulatorischer Unternehmerlohn bei Einzelunternehmungen und Personengesellschaften).

- **Geordnete Erfassung der Kosten** (vgl. Kap. 2.5 und 2.6). Die Gruppierung der Kostenarten in der Kontenklasse 4 ist für die Zwecke der Finanzbuchhaltung sinnvoll; für die Kostenartenrechnung eignet sich diese Kostengliederung nicht. Die Kostenartenrechnung verfolgt u. a. das Ziel, die Kostenkontrolle und die Kalkulation vorzubereiten. Hierfür sind die Kostenarten umzugruppieren:

  a) nach der Art ihrer Zurechnung zu den Kostenträgern in
  Einzelkosten (z. B. Fertigungsmaterial, Fertigungslöhne) und
  Gemeinkosten (z. B. Gemeinkostenmaterial, Hilfslöhne, Steuern),

  b) nach der Abhängigkeit der Kosten von der Beschäftigung in
  variable Kosten (z. B. Fertigungsmaterial) und
  fixe Kosten (z. B. Miete, kalkulatorische Kosten).

- **Bewertung der Kostengüter.** Der betriebliche Werteverzehr wird in der Regel zunächst mengenmäßig erfaßt (z. B. Erfassung des Materialverbrauchs auf Materialentnahmescheinen, Erfassung der Lohnstunden auf Lohnlisten). Die Einbeziehung dieses mengenmäßigen Verzehrs in die Kostenrechnung macht die Umrechnung in DM-Beträge erforderlich. Je nach dem angestrebten Zweck sind unterschiedliche Wertansätze denkbar (z. B. Verrechnungspreise, Einstandspreise, Wiederbeschaffungspreise).

Merke: In der Kostenartenrechnung werden alle Kosten eines Zeitabschnittes in zweckmäßiger Gliederung erfaßt. „Ausgangsmaterial" sind die betrieblichen Aufwendungen der Kontenklasse 4.

2.2 Ausgangssituation

Für die nachfolgenden Darstellungen wird als Ausgangssituation der vereinfachte und verkürzte Jahresabschluß einer Personengesellschaft gewählt. Diese Ausgangssituation wird im weiteren Verlauf entsprechend der jeweiligen Problemstellung ergänzt. Am Beispiel der Personengesellschaft lassen sich alle Fragen der Kosten- und Leistungsrechnung überschaubar und nachvollziehbar behandeln, ohne daß eine Übertragung der Ergebnisse auf andere Unternehmensformen erschwert würde.

Beispiel: Das Unternehmen **Schmolmann KG**, Leverkusen, stellt Formbleche für die industrielle Verwendung her. Die Fertigung ist nach dem Werkstättenprinzip angeordnet. Dies erlaubt es dem Unternehmen, ein breites Produktionsprogramm durchzuführen und flexibel auf Kundenwünsche zu reagieren. Für das abgelaufene Geschäftsjahr 01 hat die Schmolmann KG aus den Zahlen der FB das folgende Betriebsergebniskonto, Neutrale Ergebniskonto und GuV-Konto aufgestellt:

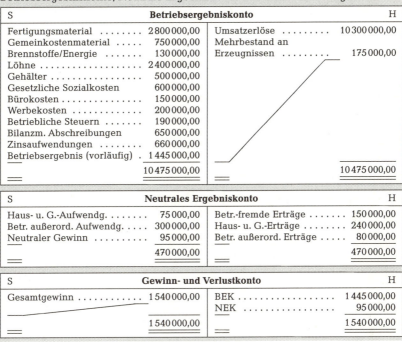

Auswertung (vgl. auch S. 280): Die Schmolmann KG hat das Geschäftsjahr mit einem in der FB ausgewiesenen Gesamtgewinn von 1 540 000,00 DM abgeschlossen, der sich aus dem (vorläufigen) Betriebsgewinn von 1 445 000,00 DM und dem neutralen Gewinn von 95 000,00 DM zusammensetzt. Der Gesamtgewinn wird damit zu 93,8 % aus der eigentlichen geplanten betrieblichen Tätigkeit und nur zu 6,2 % aus anderen Quellen gespeist.

Kosten und Leistungen. Während der Abrechnungsperiode sind insgesamt Kosten in Höhe von 9 030 000,00 DM (vgl. Soll-Seite des Betriebsergebniskontos) angefallen. An Leistungen hat die Schmolmann KG insgesamt 10 475 000,00 DM erbracht.

Wirtschaftlichkeit. Setzt man die Leistungen und die Kosten zueinander in Beziehung, so erhält man eine Aussage darüber, ob die verfügbaren Betriebsmittel „vernünftig" eingesetzt wurden:

$$\frac{10\,475\,000\ \text{DM}}{9\,030\,000\ \text{DM}} = 1{,}16$$

Die Kennzahl 1,16 besagt, daß für je 1,00 DM eingesetzte Kosten ein Gegenwert von 1,16 DM erwirtschaftet wurde.

2.3 Kalkulatorische Kosten
2.3.1 Aufgaben und Arten der kalkulatorischen Kosten

Grundkosten. In vielen Fällen können die in der Kontenklasse 4 gebuchten betrieblichen Aufwendungen unverändert in die Kosten- und Leistungsrechnung übernommen werden (z. B. Versicherungsprämien, Betriebssteuern, Mieten). In diesen Fällen spricht man von aufwandsgleichen Kosten oder Grundkosten.

Anderskosten. Nicht immer ist es jedoch zweckmäßig, den in der Finanzbuchhaltung gebuchten betrieblichen Aufwand in die Kostenrechnung zu übernehmen, weil der betriebliche Aufwand nicht den tatsächlichen Kosten entspricht (z. B. bilanzmäßige Abschreibungen). In diesen Fällen wird ein kalkulatorischer Wertansatz in die Kostenrechnung eingesetzt (z. B. kalkulatorische Abschreibungen) und den entsprechenden Aufwendungen der Finanzbuchhaltung (Kontenklasse 2) gegenübergestellt. Kosten dieser Art heißen aufwandsungleiche Kosten oder Anderskosten.

Zusatzkosten. Außerdem gibt es Kosten, denen gar kein Aufwand in der Finanzbuchhaltung zugrunde liegt. Es handelt sich um aufwandslose Kosten, die auch Zusatzkosten genannt werden. Sie werden in der Finanzbuchhaltung nicht erfaßt, da mit ihnen keine Geldausgaben verbunden sind. Die Zusatzkosten stellen jedoch echten leistungsbedingten Werteverzehr dar und müssen deshalb in der Kosten- und Leistungsrechnung „zusätzlich" berücksichtigt werden. Dazu zählen der kalkulatorische Unternehmerlohn bei Einzelunternehmungen und Personengesellschaften und die kalkulatorischen Zinsen, soweit sie sich auf das betriebsnotwendige Eigenkapital beziehen.

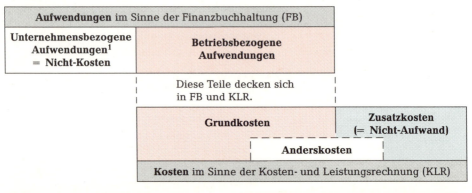

Merke:
- Grundkosten = aufwandsgleiche Kosten
- Anderskosten = aufwandsungleiche Kosten
- Zusatzkosten = aufwandslose Kosten

Kalkulatorische Kostenarten	
Anderskosten = aufwandsungleiche Kosten	Zusatzkosten = aufwandslose Kosten
• Kalkulatorische Abschreibungen • Kalkulatorische Wagnisse	• Kalkulatorischer Unternehmerlohn • Kalkulatorische Eigenkapitalzinsen

Merke: Zu den kalkulatorischen Kosten zählen Anderskosten und Zusatzkosten.

---
[1] Unternehmensbezogene Aufwendungen = neutrale Aufwendungen

Zweck der kalkulatorischen Kosten. Die genannten kalkulatorischen Kostenarten sorgen dafür, daß nur der Werteverzehr in die Kosten- und Leistungsrechnung eingebracht wird, der durch die Leistungserstellung und -verwertung tatsächlich entstanden ist, auch wenn er in der Erfolgsrechnung der Finanzbuchhaltung nicht oder in anderer Höhe angesetzt ist. Dadurch wird die Kosten- und Leistungsrechnung genauer. Schwankungen der Kosten, die durch unterschiedlich hohe Abschreibungen, Fremdkapitalzinsen und unregelmäßig anfallende Wagnisverluste entstehen, werden durch die kalkulatorischen Kosten, die mit konstanten Beträgen anzusetzen sind, ausgeschaltet. Ein Kostenvergleich mit den einzelnen Abrechnungsperioden (Zeitvergleich) und branchengleichen Betrieben (Betriebsvergleich) kann daher ohne große Schwierigkeiten durchgeführt werden.

Merke: **Kalkulatorische Kosten bezwecken eine höhere Genauigkeit und bessere Vergleichbarkeit der Kosten- und Leistungsrechnungen.**

Buchungsmäßige Erfassung der kalkulatorischen Kosten. Die den kalkulatorischen Kosten entsprechenden Aufwendungen werden in der Kontenklasse 2 (z. B. 2300 Bilanzmäßige Abschreibungen", „2400 Zinsaufwendungen") gebucht. Für die Buchung der kalkulatorischen Kosten ist innerhalb der Kontenklasse 4 die Kontengruppe „48 Kalkulatorische Kosten" vorgesehen. Nach dem Prinzip der Doppik werden die kalkulatorischen Kosten einem Konto der Gruppe „48 Kalkulatorische Kosten" belastet und einem entsprechenden Konto der Kontengruppe „28 Verrechnete kalkulatorische Kosten" gutgeschrieben.

Merke: **Kalkulatorische Kosten werden einerseits als Kosten in der Kontenklasse 4 und andererseits als neutraler Ertrag in der Kontenklasse 2 gebucht.**

Beispiel: Die kalkulatorischen Zinsen (8 %) vom betriebsnotwendigen Kapital (11 500 000,00 DM) werden in der Kostenartenrechnung mit 920 000,00 DM verrechnet (vgl. S. 274). Die tatsächlich gezahlten Fremdkapitalzinsen im Konto 2400 betragen 660 000,00 DM (vgl. S. 267).

Buchung der tatsächlich gezahlten Fremdkapitalzinsen:

	S	H
2400 Zinsaufwendungen 660 000,00		
an 1130 Bank		660 000,00

Buchung der kalkulatorischen Zinsen:

	S	H
4840 Kalkulatorische Zinsen 920 000,00		
an 2840 Verrechnete kalk. Zinsen		920 000,00

Ergebnisauswirkungen. Die kalkulatorischen Kosten werden – wie alle Kosten – in der Angebotskalkulation berücksichtigt (vgl. Kapitel 3.6.2). Somit fließen sie beim Verkauf der Erzeugnisse über die Erlöse in das Unternehmen zurück. Kalkulatorische Kosten wirken also erhöhend auf die Kosten und die Umsatzerlöse. Sie haben nur dann Einfluß auf das Betriebsergebnis, wenn über die Marktpreise kein voller Kostenersatz möglich ist.

Andererseits werden in der Kontenklasse 2 die dort gebuchten Aufwendungen mit den gegengebuchten kalkulatorischen Kosten verrechnet.

Im obigen Beispiel erhöhen die „Verrechneten kalkulatorischen Zinsen" das neutrale Ergebnis um 920 000,00 DM − 660 000,00 DM = **260 000,00 DM.** Um diesen Betrag wird auch das Gesamtergebnis erhöht, sofern die kalkulatorischen Zinsen über die Umsatzerlöse in das Unternehmen zurückfließen.

Merke: **Die kalkulatorischen Kosten beeinflussen bei vollem Kostenersatz durch die Umsatzerlöse nicht das Betriebsergebnis. Sie verändern das neutrale Ergebnis und über die Umsatzerlöse das Gesamtergebnis des Unternehmens.**

2.3.2 Kalkulatorische Abschreibungen

Bilanzmäßige Abschreibungen auf das Anlagevermögen werden nach steuerrechtlichen Vorschriften und im Rahmen von Wahlrechten nach gewinnpolitischen Zweckmäßigkeiten vorgenommen, nicht aber nach dem tatsächlichen Werteverzehr der Anlagen (z. B. degressive Abschreibung mit hohem Anfangsbetrag und fallenden Folgebeträgen). Sie eignen sich daher nicht für die Kostenrechnung, in der u. a. die gleichmäßige Belastung jeder Rechnungsperiode mit Kosten angestrebt wird (Kostenvergleich!). Da sie im Konto „2300 Bilanzmäßige Abschreibungen" als Aufwand gebucht werden, sind Abschreibungen als Kostenbestandteil in der Regel im Betriebsergebniskonto (vgl. S. 267) (noch) nicht enthalten. Im Beispiel auf Seite 267 wurden sie als Kosten gebucht, da sie bei fehlendem kalkulatorischem Kostenansatz grundsätzlich Kostencharakter haben.

Kalkulatorische Abschreibungen sind Kosten (Anderskosten, vgl. S. 268), die die tatsächliche Wertminderung der Anlagegegenstände erfassen. Sie gehen in die Betriebsergebnisrechnung und in die Kalkulation ein. In der Regel werden sie dort mit einem anderen Betrag angesetzt als die bilanzmäßigen Abschreibungen in der Kontenklasse 2. Folgende Gründe sprechen für unterschiedliche Wertansätze:

- **Bilanzmäßig** abgeschrieben werden **alle** Wirtschaftsgüter des Anlagevermögens, unabhängig davon, ob sie dem eigentlichen Betriebszweck dienen oder nicht.
  Kalkulatorisch abgeschrieben werden dagegen **nur** solche **Anlagegüter, die betriebsnotwendig sind.** Als betriebsnotwendig gelten alle Anlagen, die laufend dem Betriebszweck und der Leistungserstellung und -verwertung dienen.

- **Bilanzabschreibungen** werden auf der Grundlage der Anschaffungs- oder Herstellungskosten des Anlagegutes vorgenommen.
  Kalkulatorische Abschreibungen werden dagegen von den gestiegenen Wiederbeschaffungskosten des Anlagegutes berechnet. Die Einbeziehung der kalkulatorischen Abschreibungen in den Verkaufspreis der Erzeugnisse bezweckt, daß der Betrieb eines Tages in die Lage versetzt wird, über die in den Erlösen zurückgeflossenen Abschreibungsbeträge neue Anlagen zu beschaffen.

- **Bilanzmäßig** kann ein Anlagegut in der Finanzbuchhaltung nur bis zum Erinnerungswert von 1,00 DM abgeschrieben werden.
  Kalkulatorische Abschreibungen werden dagegen so lange fortgesetzt, wie das betreffende Anlagegut noch im Betrieb verwendet wird, also unabhängig davon, ob es bilanziell bereits abgeschrieben ist oder nicht.

- Unterschiede zwischen der bilanzmäßigen und der kalkulatorischen Abschreibung bestehen auch in der Anwendung der **Abschreibungsmethoden:**
  In der Finanzbuchhaltung wird man aus steuerlichen Gründen die Anlagegüter meist degressiv abschreiben, um in den ersten Jahren der Nutzung möglichst viel abzuschreiben und damit den steuerlichen Gewinn niedrig zu halten.
  In der Kosten- und Leistungsrechnung dagegen soll möglichst die tatsächliche Wertminderung der Anlagegüter durch die kalkulatorische Abschreibung berücksichtigt werden. Außerdem ist es hinsichtlich des Kostenvergleichs notwendig, in den Abrechnungsperioden gleiche Abschreibungsbeträge zu verrechnen. Kalkulatorisch wird daher in der Regel linear abgeschrieben.

Merke:
- Kalkulatorische Abschreibungen stellen Kosten dar, die die tatsächliche Wertminderung der Anlagen erfassen und in der Selbstkosten- und Betriebsergebnisrechnung verrechnet werden. Sofern sie über die Marktpreise abgegolten werden, beeinflussen sie das Gesamtergebnis positiv.
- Bilanzmäßige Abschreibungen stellen Aufwand in der Erfolgsrechnung der Finanzbuchhaltung dar und werden meist nach steuerlichen Gesichtspunkten bemessen. Sie beeinflussen die Wertansätze des Anlagevermögens in der Bilanz.

Beispiel: In der Schmolmann KG, Leverkusen, werden die kalkulatorischen Abschreibungen linear aufgrund folgender Zahlen berechnet:

Sachanlagen	Wiederbesch.-Kosten	Abschreibg.-Satz	Abschr.-Betrag
Gebäude	4 500 000,00 DM	4 %	180 000,00 DM
Maschinen	4 000 000,00 DM	10 %	400 000,00 DM
BGA	600 000,00 DM	20 %	120 000,00 DM
			700 000,00 DM

Die bilanzmäßigen Abschreibungen betragen **650 000,00 DM** (vgl. S. 267).

Buchung der bilanzmäßigen Abschreibung:

	S	H
2300 Bilanzmäßige Abschreibungen 650 000,00		
an Anlagekonten der Klasse 0		650 000,00

Buchung der kalkulatorischen Abschreibung:

4800 Kalkulatorische Abschreibungen . . . 700 000,00		
an 2800 Verrechn. kalk. Abschreibungen		700 000,00

S 2300 Bilanzmäßige Abschreibungen H	S 4800 Kalkulatorische Abschreibungen H
Kl. 0 650 000,00 | 9870 650 000,00	2800 700 000,00 | 9800 700 000,00

S 2800 Verrechn. kalk. Abschreibungen H	S 8300 Umsatzerlöse H
9870 700 000,00 | 4800 700 000,00	9800 700 000,00 | Kl. 1 700 000,00

S 9870 Neutrales Ergebnis H	S 9800 Betriebsergebnis H
2300 650 000,00 | 2800 700 000,00 9890 50 000,00 |	4800 700 000,00 | 8300 700 000,00

Ergebnisauswirkungen. Die kalkulatorische Abschreibung wird — wie alle übrigen Kosten der Klasse 4 — durch die obige Buchung in die Betriebsergebnisrechnung eingebracht und damit in der Angebotskalkulation berücksichtigt (vgl. Kapitel 3.6.2, S. 330 f.). Somit fließt sie beim Verkauf der Erzeugnisse über die Umsatzerlöse in das Unternehmen zurück. Die kalkulatorische Abschreibung wirkt sich im obigen Beispiel also mit 700 000,00 DM erhöhend auf die Kosten und die Umsatzerlöse aus. Demnach beeinflußt sie die Höhe des Betriebsergebnisses nur, wenn über die Marktsituation kein voller Ersatz der kalkulatorischen Kosten möglich ist.

Andererseits wird in der Kontenklasse 2 die dort mit 650 000,00 DM als Aufwand gebuchte bilanzmäßige Abschreibung mit der als Ertrag gegengebuchten „Verrechneten kalkulatorischen Abschreibung" aufgerechnet. Im obigen Beispiel erhöhen die „Verrechneten kalkulatorischen Abschreibungen" das Neutrale Ergebnis um 700 000,00 DM − 650 000,00 DM = **50 000,00 DM.** Um diesen Betrag wird auch das Gesamtergebnis im Konto „9890 Gewinn und Verlust" erhöht.

Aufgabe: *Machen Sie sich die Auswirkungen der bilanzmäßigen und der kalkulatorischen Abschreibungen auf das Neutrale Ergebnis, das Betriebsergebnis und das Gesamtergebnis deutlich, wenn die kalkulatorische Abschreibung nur zu 50 % über die Umsatzerlöse in das Unternehmen zurückfließt.*

Merke: **Die kalkulatorische Abschreibung beeinflußt bei vollem Kostenersatz durch die Umsatzerlöse nicht das Betriebsergebnis. Sie verändert das Neutrale Ergebnis und das Gesamtergebnis der Unternehmung.**

Abschreibungskreislauf. Ein wesentliches Unternehmensziel muß die Erhaltung der Vermögenssubstanz sein; insbesondere geht es hierbei um die Erhaltung der im Anlagevermögen ruhenden Leistungsfähigkeit. Dies wird durch die Ersatzbeschaffung (= Reinvestition) verbrauchter Anlagen erreicht. Die Finanzierung solcher Anlagen hat grundsätzlich aus „verdienten" Kosten ohne Zuführung von Eigenkapital zu erfolgen. Um dies zu erreichen, bedarf es des Ansatzes von Abschreibungen

- in der Finanzbuchhaltung als **Aufwand**, um zu verhindern, daß in der Gewinn- und Verlustrechnung ein zu hoher Gewinn ausgewiesen und möglicherweise ausgeschüttet wird (= Substanzausschüttung),
- in der Kosten- und Leistungsrechnung als **Kosten,** um den Werteverzehr der Anlagen zu erfassen und in die Preisberechnung einzubeziehen. In der Regel müssen dem Unternehmen im Preis für die Erzeugnisse alle Kosten zurückerstattet werden. In den Umsatzerlösen fließen dem Unternehmen also auch die Abschreibungsbeträge (= Abschreibungsgegenwerte) zurück und stehen in Form flüssiger Mittel für die Erneuerung von Anlagen zur Verfügung.

So ergibt sich – unter der Voraussetzung, daß die kalkulatorischen Abschreibungen vom Markt vergütet werden – folgender

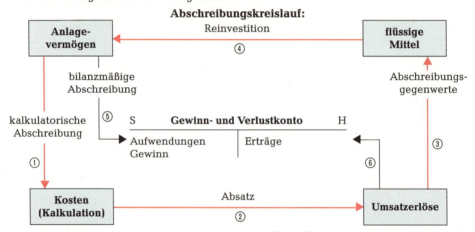

Aufgabe: Erläutern Sie den Abschreibungskreislauf ① bis ⑥ anhand eines Zahlenbeispiels.

Finanzierung aus Abschreibungsgegenwerten. Die obige Darstellung macht bereits deutlich, daß kein Unternehmen auf Abschreibungen als wesentliches Mittel der Finanzierung (= Innenfinanzierung) verzichten kann.

Bei der Finanzierungswirkung der Abschreibung lassen sich drei Fälle unterscheiden:

- **Bilanzmäßige Abschreibungen und kalkulatorische Abschreibungen stimmen überein.** In diesem Fall findet eine Vermögensumschichtung vom Anlagevermögen zum Umlaufvermögen statt. Auf Dauer wird die Substanz nur nominell erhalten.
- **Bilanzmäßige Abschreibungen sind höher als kalkulatorische Abschreibungen.** In diesem Fall führt der gebuchte Mehraufwand zu einer verdeckten Finanzierung aus dem Gewinn.
- **Bilanzmäßige Abschreibungen sind niedriger als kalkulatorische Abschreibungen.** In diesem Fall führt der erzielte Mehrerlös zu einer offenen Finanzierung aus dem Gewinn.

Merke: Die mit den Umsatzerlösen in das Unternehmen zurückfließenden kalkulatorischen Abschreibungen stehen als flüssige Finanzierungsmittel zur Verfügung. Sie werden durch die als Aufwand gebuchten bilanzmäßigen Abschreibungen vor der Ausschüttung bewahrt.

2.3.3 Kalkulatorische Zinsen

Zinsen vom betriebsnotwendigen Kapital. In der Erfolgsrechnung der Finanzbuchhaltung werden die für das Fremdkapital gezahlten Zinsen als Aufwand in der Kontenklasse 2 (Konto „2400 Zinsaufwendungen") erfaßt. Da der Kunde im Preis für die fertigen Erzeugnisse letztlich auch eine Verzinsung des eingesetzten Eigenkapitals vergüten muß, werden in der Kostenrechnung Zinsen für das gesamte bei der Leistungserstellung erforderliche Kapital angesetzt. Dadurch werden alle Industriebetriebe in der Selbstkosten- und Betriebsergebnisrechnung gleichgestellt, unabhängig davon, in welchem Verhältnis sie mit Eigen- und Fremdkapital ausgestattet sind. Außerdem wird die Kostenrechnung von zufälligen Schwankungen befreit, die durch die Fremdkapitalzinsen entstehen, deren Höhe sowohl von der jeweiligen Kreditmarktlage als auch von der Art des Kredits abhängt. Für den Fall, daß keine kalkulatorischen Zinsen als Kosten angesetzt werden, gelten die Fremdkapitalzinsen als Kosten (vgl. S. 267).

Betriebsnotwendiges Kapital. In der Kosten- und Leistungsrechnung werden somit an Stelle der tatsächlich gezahlten Zinsen kalkulatorische Zinsen angesetzt und verrechnet. Sie werden auf der Grundlage des betriebsnotwendigen Kapitals ermittelt. Der kalkulatorische Zinssatz richtet sich meist nach dem im betreffenden Zeitraum üblichen Zinssatz für langfristige Darlehen.

Beispiel: Die Schmolmann KG ermittelt auf der Grundlage ihrer Bilanz das folgende betriebsnotwendige Kapital, das sie mit 8 %/Jahr kalkulatorisch verzinsen will:

	Anlagevermögen (nach kalkulatorischen Restwerten, ohne vermietete Gebäude)	4 500 000,00 DM
+	Umlaufvermögen (nach kalkulatorischen Mittelwerten, ohne Wertpapiere)	7 400 000,00 DM
	Betriebsnotwendiges Vermögen	11 900 000,00 DM
−	Abzugskapital (Lieferantenkredite ohne Skontierung, Rückstellungen)	400 000,00 DM
=	**Betriebsnotwendiges Kapital**	**11 500 000,00 DM**

Die **kalkulatorischen Zinsen** für das Jahr betragen dann:

11 500 000,00 DM · 0,08 = ... **920 000,00 DM**

Zum betriebsnotwendigen Anlagevermögen zählen nur solche Anlagegüter, die dauernd dem Betriebszweck dienen. Sie dürfen nicht mit den Buchwerten, sondern nur mit den kalkulatorischen Restwerten (= Anschaffungskosten − kalkulatorische Abschreibungen) angesetzt werden. Nicht betriebsnotwendige Anlagen, wie z. B. vermietete Gebäude, stillgelegte Anlagen u. a., bleiben außer Ansatz. Reserveanlagen (z. B. Reservemaschinen) gehören stets zum betriebsnotwendigen Anlagevermögen, da sie für die Aufrechterhaltung der Betriebsbereitschaft erforderlich sind.

Das betriebsnotwendige Umlaufvermögen ist nach Ausgliederung der nicht betriebsbedingten Posten (z. B. Wertpapierbestände) mit den Beträgen anzusetzen, die während des Abrechnungszeitraumes durchschnittlich im Umlaufvermögen gebunden sind (sog. kalkulatorische Mittelwerte).

Das Abzugskapital besteht aus Kapitalposten, die dem Unternehmen zinslos zur Verfügung stehen, wie z. B. Anzahlungen von Kunden, sonstige Verbindlichkeiten, Rückstellungen, Lieferantenkredite ohne Skontierungsmöglichkeit.

Beispiel: Das langfristige Fremdkapital in Höhe von 5 500 000,00 DM wird mit 12 %/Jahr verzinst. Die jährlichen Fremdkapitalzinsen betragen also 660 000,00 DM (vgl. S. 267).

Die kalkulatorischen Zinsen belaufen sich auf 920 000,00 DM (vgl. S. 273).

Buchung der tatsächlich gezahlten Zinsen:

	S	H
2400 Zinsaufwendungen 660 000,00		
an 1130 Bank		660 000,00

Buchung der kalkulatorischen Zinsen:

4840 Kalkulatorische Zinsen 920 000,00		
an 2840 Verrechnete kalk. Zinsen		920 000,00

Ergebnisauswirkungen. Der auf Konto „4840 Kalkulatorische Zinsen" gebuchte Betrag (920 000,00 DM) geht in die Betriebsergebnisrechnung und in die Kalkulation ein. Er fließt bei vollem Kostenersatz über die Umsatzerlöse in das Unternehmen zurück und beeinflußt somit nicht das Betriebsergebnis. Die auf Konto „2400 Zinsaufwendungen" gebuchten Fremdkapitalzinsen (660 000,00 DM) werden im Neutralen Ergebniskonto mit den als Ertrag gebuchten „Verrechneten kalkulatorischen Zinsen" (920 000,00 DM) aufgerechnet und ergeben hier einen neutralen Gewinn in Höhe von 260 000,00 DM. Um den gleichen Betrag wird auch das Gesamtergebnis erhöht.

Merke:
- **Kalkulatorische Zinsen stellen Kosten für die Nutzung des betriebsnotwendigen Kapitals dar. Ihr Ansatz ermöglicht eine gleichmäßige Belastung der Abrechnungsperioden mit Zinskosten. In den Umsatzerlösen werden die Zinsen dem Unternehmen vergütet.**
- **Gezahlte Fremdkapitalzinsen stellen Aufwand in der Finanzbuchhaltung dar.**

Aufgaben – Fragen

314 Die in der Finanzbuchhaltung für das Jahr 19.. erfaßten Fremdkapitalzinsen betragen 70 000,00 DM. Die kalkulatorischen Zinsen werden in der Kosten- und Leistungsrechnung mit 90 000,00 DM verrechnet. Über die Umsatzerlöse erfolgt Kostenersatz.

1. *Um wieviel DM übersteigen die monatlichen Zusatzkosten, die durch die Verrechnung der kalkulatorischen Zinsen entstehen, die monatlichen Fremdkapitalzinsen?*
2. *Welche Zinsen beeinflussen in welcher Höhe*
   a) das Gesamtergebnis der Unternehmung,
   b) das Betriebsergebnis,
   c) das Neutrale Ergebnis?
3. *Stellen Sie dem Zinsaufwand der Erfolgsrechnung die verrechneten kalkulatorischen Zinsen kontenmäßig gegenüber.*

315 Die kalkulatorischen Restwerte des betriebsnotwendigen Anlagevermögens betragen 1 200 000,00 DM. Das durchschnittlich gebundene betriebsnotwendige Umlaufvermögen wird mit 850 000,00 DM ermittelt. Die Anzahlungen von Kunden betragen 120 000,00 DM und die nicht skontierungsfähigen Lieferantenverbindlichkeiten 250 000,00 DM. Im übrigen wurde eine Rückstellung für Betriebssteuern in Höhe von 30 000,00 DM gebildet.

1. *Ermitteln Sie das betriebsnotwendige Kapital und die kalkulatorischen Zinsen bei einem Zinssatz von 8 %.*
2. *Um wieviel DM (= Zusatzkosten) liegen die monatlichen kalkulatorischen Zinsen über den monatlichen Fremdkapitalzinsen, wenn die tatsächlich gezahlten Zinsen 90 000,00 DM im Jahr betragen?*
3. *Stellen Sie den Zinsaufwand der Erfolgsrechnung und die kalkulatorischen Zinsen kontenmäßig dar.*

2.3.4 Kalkulatorischer Unternehmerlohn

In Kapitalgesellschaften beziehen die Vorstandsmitglieder der AG und die Geschäftsführer der GmbH Gehälter, die als Kosten in die Selbstkosten- und Betriebsergebnisrechnungen dieser Unternehmungsformen eingehen.

In Einzelunternehmungen und Personengesellschaften (OHG, KG) dagegen erhalten die mitarbeitenden Inhaber oder Gesellschafter keine Gehälter. Ihre Arbeitsleistung wird lediglich durch den Gewinn abgegolten. Der Gewinn ist in diesen Unternehmungsformen das Entgelt sowohl für die Tätigkeit des Unternehmers (Arbeitsleistungsanteil) als auch für den Einsatz des Kapitals (Kapitalverzinsung) und für das übernommene Risiko (Risikoprämie).

Kalkulatorischer Unternehmerlohn. Die Kostenartenrechnung hat sämtliche Kosten zu erfassen, die durch die Leistungserstellung und -verwertung verursacht werden. Dazu zählt auch die Nutzung der Arbeitskraft des mitarbeitenden Unternehmers. Deshalb muß ein kalkulatorischer Unternehmerlohn als Entgelt für seine Arbeitsleistung in die Kosten einbezogen werden. Im übrigen würde der Unternehmer bei der Leitung eines fremden Unternehmens ein kalkulierbares Gehalt beziehen. Außerdem werden ja auch für das Eigenkapital, das der Unternehmer für die Leistungserstellung zur Verfügung stellt, kalkulatorische Zinsen als Kosten verrechnet.

Kostenvergleich. Durch die Einrechnung des kalkulatorischen Unternehmerlohns wird erreicht, daß Kapital- und Personengesellschaften in der Selbstkosten- und Betriebsergebnisrechnung gleichgestellt sind.

Die Höhe des kalkulatorischen Unternehmerlohns richtet sich nach dem Gehalt eines leitenden Angestellten in vergleichbarer Position.

Zusatzkosten. Der kalkulatorische Unternehmerlohn stellt echte Zusatzkosten dar, da keine Ausgaben und Aufwendungen in der Erfolgsrechnung der Finanzbuchhaltung entstehen.

Beispiel:	In der Schmolmann KG wird die Mitarbeit der Eigentümer mit jährlich 300 000,00 DM als Kosten in der KLR angesetzt.
Buchung:	4860 Kalkulatorischer Unternehmerlohn an 2860 Verrechneter kalkulatorischer Unternehmerlohn ... 300 000,00

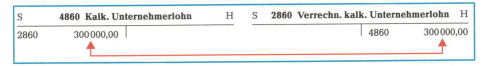

Damit erscheint der Unternehmerlohn einerseits als Kosten für die Kalkulation in der Klasse 4, andererseits als neutraler Ertrag in der Klasse 2. Das Gesamtergebnis der Unternehmung wird bei vollem Kostenersatz um diesen Betrag höher ausfallen.

Merke:	• Bei Einzelunternehmungen und Personengesellschaften wird für die mitarbeitenden Inhaber ein angemessener Unternehmerlohn in die Selbstkosten- und Betriebsergebnisrechnung einbezogen. • Hinsichtlich der Personalkosten sind diese Unternehmungsformen damit den Kapitalgesellschaften gleichgestellt.

2.3.5 Kalkulatorische Wagnisse

Arten. Jede unternehmerische und betriebliche Tätigkeit ist mit Wagnissen oder Risiken verbunden und kann daher zu Verlusten führen. Diese Wagnisverluste lassen sich in ihrer Höhe und in ihrem zeitlichen Eintreten nicht vorhersehen. Man unterscheidet zwischen dem allgemeinen Unternehmerwagnis und den Einzelwagnissen.

Das allgemeine Unternehmerwagnis betrifft Verluste, die das Unternehmen als Ganzes gefährden. Dazu zählen Wagnisverluste, die sich insbesondere aus der gesamtwirtschaftlichen Entwicklung ergeben, wie z. B. Beschäftigungsrückgang, plötzliche Nachfrageverschiebung, technischer Fortschritt. Das allgemeine Unternehmerrisiko ist kein Kostenbestandteil. Es wird im Gewinn abgegolten.

Einzelwagnisse stehen dagegen im unmittelbaren Zusammenhang mit der Beschaffung, der Produktion und dem Absatz der Erzeugnisse. Da sie voraussehbar und aufgrund von Erfahrungswerten berechenbar sind, haben sie grundsätzlich Kostencharakter.

Zu den Einzelwagnissen zählen:

- **Anlagewagnis:** Verluste an Anlagegütern durch besondere Schadensfälle (Brand), Gefahr des vorzeitigen Ausfalls von Anlagen, z. B. durch technischen Fortschritt.
- **Beständewagnis:** Verluste an Vorräten durch Schwund, Verderb, Diebstahl, Veralten oder Preissenkungen.
- **Gewährleistungswagnis:** Garantieleistungen, z. B. kostenlose Ersatzlieferung, Preisnachlaß wegen Mängelrüge.
- **Vertriebswagnis:** Ausfälle und Währungsverluste bei Kundenforderungen.
- **Fertigungswagnis:** Mehrkosten aufgrund von Material-, Arbeits- und Konstruktionsfehlern, Ausschuß, Nacharbeit. Das Fertigungswagnis wird häufig auch Mehrkostenwagnis genannt.
- **Entwicklungswagnis:** Verluste, die sich aus fehlgeschlagenen Entwicklungsarbeiten im Rahmen des Fertigungsprogramms ergeben.

Eingetretene Wagnisverluste. Die tatsächlichen Wagnisverluste fallen zeitlich unregelmäßig und in unterschiedlicher Höhe an und sind damit für die Kostenrechnung ungeeignet. Sie werden als Aufwand in der Erfolgsrechnung der Finanzbuchhaltung erfaßt (z. B. Konto „2500 Betriebliche außerordentliche Aufwendungen").

Kalkulatorische Wagnisse. An Stelle der tatsächlich eingetretenen Wagnisverluste werden in der Kosten- und Leistungsrechnung kalkulatorische Wagniszuschläge für die betreffenden Einzelrisiken ermittelt und verrechnet. Die Verrechnung von konstanten kalkulatorischen Wagniszuschlägen führt zu einer gleichmäßigen und anteiligen Belastung der Abrechnungsperioden mit Wagnisverlusten und eliminiert somit die Zufallseinflüsse aus der Selbstkosten- und Betriebsergebnisrechnung.

Fremdversicherungen. Soweit die Einzelwagnisse bereits durch den Abschluß von entsprechenden Versicherungen gedeckt sind, dürfen keine kalkulatorischen Wagniszuschläge verrechnet werden. In diesem Fall sind die Versicherungsprämien als Kosten zu berücksichtigen.

Merke:
- **Die Verrechnung von konstanten kalkulatorischen Wagniszuschlägen trägt dazu bei, daß die Selbstkosten- und Betriebsergebnisrechnungen von Zufallsschwankungen befreit werden.**
- **Das allgemeine Unternehmerwagnis darf kalkulatorisch nicht erfaßt werden.**
- **Die durch Fremdversicherungen abgedeckten Einzelwagnisse gehen als Grundkosten in die Kosten- und Leistungsrechnung ein.**

Berechnungsgrundlagen für Wagnisse. Je nach Wagnisart ist die Berechnungsgrundlage unterschiedlich:

Wagnis	Berechnungsgrundlage
● Anlagewagnis →	● Anschaffungskosten
● Beständewagnis →	● Einstandspreise der Materialien
● Gewährleistungswagnis →	● Umsatz zu Selbstkosten
● Vertriebswagnis →	● Umsatz zu Selbstkosten
● Fertigungswagnis →	● Herstellkosten
● Entwicklungswagnis →	● Entwicklungskosten

Die Höhe der kalkulatorischen Wagniszuschläge richtet sich nach entsprechenden Erfahrungswerten. Aus den betreffenden Wagnisverlusten der letzten 5 Jahre wird ein <u>Durchschnittswert in Prozent</u> ermittelt.

Beispiel: In der Schmolmann KG betrug der Verlust an Rohstoffen durch Schwund, Verderb u. a. in den letzten 5 Jahren durchschnittlich 87 500,00 DM. Für den gleichen Zeitraum wurden durchschnittliche Einstandspreise von 3 500 000,00 DM ermittelt.

$$\text{Kalkulatorischer Beständewagniszuschlag} = \frac{\text{Verlust} \cdot 100\,\%}{\text{Einstandspreise}} = \frac{87\,500 \cdot 100\,\%}{3\,500\,000} = \underline{\underline{2{,}5\,\%}}$$

Das bedeutet, daß auf die gekauften Rohstoffe 2,5 % Wagniskosten zu verrechnen sind.

Beispiel: Die Einstandspreise für Rohstoffe im Jahr 01 betrugen 2 800 000,00 DM. Der kalkulatorische Wagniszuschlag ist auf 2,5 % festgesetzt.

$$\text{Kalkulatorischer Wagniszuschlag} = 2\,800\,000\ \text{DM} \cdot 0{,}025 = \underline{\underline{70\,000{,}00\ \text{DM}}}$$

Dieser Betrag wird durch die

Buchung: 4850 Kalkulatorische Wagnisse 70 000,00
an 2850 Verrechnete kalk. Wagnisse 70 000,00

in die KLR eingebracht. In der Kontenklasse 2 stehen sich die tatsächlichen Wagnisverluste (Konto 2500 Betr. a. o. Aufwendungen) und die verrechneten kalkulatorischen Wagnisse (Konto 2850) gegenüber.

Aufgabe – Fragen

Wie hoch sind: **316**

a) das jährliche Wagnis in Prozent,
b) der Wagniszuschlag für das 6. Geschäftsjahr auf Grund der eingetretenen Wagnisse der letzten 5 Jahre?

	eingetretene Risiken	Umsatz zu Selbstkosten
1. Jahr	15 000,00	1 200 000,00
2. Jahr	28 000,00	1 400 000,00
3. Jahr	27 000,00	1 500 000,00
4. Jahr	17 500,00	1 250 000,00
5. Jahr	37 400,00	1 700 000,00

1. Aus welchen Gründen werden kalkulatorische Wagnisse verrechnet? **317**
2. Stellen kalkulatorische Wagniskosten Anders- oder Zusatzkosten dar?
3. Unterscheiden Sie zwischen Unternehmerrisiko und Einzelwagnis.

277

2.3.6 Kalkulatorische Miete

Mietwert für die betriebseigenen Gebäude. An Stelle der tatsächlich anfallenden Gebäude- und Grundstücksaufwendungen (Abschreibungen auf Gebäude, Hypothekenzinsen, Grundsteuern) könnte eine kalkulatorische Miete für die eigengenutzten betriebsnotwendigen Räume ermittelt und in der KLR erfaßt werden. In diesem Fall müßten jedoch alle tatsächlich entstandenen Gebäudeaufwendungen dem verrechneten kalkulatorischen Mietwert gegenübergestellt werden. Da wesentliche Teile der Gebäude- und Grundstücksaufwendungen durch die kalkulatorischen Abschreibungen und die kalkulatorischen Zinsen in der Kosten- und Leistungsrechnung bereits berücksichtigt werden, entfällt in den meisten Industriebetrieben die Verrechnung einer besonderen kalkulatorischen Miete für die betriebseigenen Gebäude.

Mietwert privat genutzter Räume im Geschäftsgebäude. Sofern der Geschäftsinhaber Räume des betriebseigenen Gebäudes für private Zwecke (z. B. als Wohnung) nutzt, darf der Mietwert in der Kostenrechnung nur in Höhe der betrieblichen Nutzung angesetzt werden. Der Mietwert der privat genutzten Räume ist zu buchen:

1970 Privat an 2150 Haus- und Grundstückserträge.

Die kalkulatorische Miete sollte als fester Kostenbestandteil verrechnet werden, wenn ein Einzelunternehmer oder Personengesellschafter dem Betrieb unentgeltlich Räume zur Verfügung stellt, die zu seinem Privatvermögen gehören. In diesem Fall ist die ortsübliche Miete als kalkulatorischer Mietwert anzusetzen.

Die kalkulatorische Miete stellt Zusatzkosten dar, die in der gleichen Weise verrechnet werden wie der kalkulatorische Unternehmerlohn.

Merke:
- **Für die Nutzung der betriebseigenen Gebäude wird in der Regel kein kalkulatorischer Mietwert verrechnet.**
- **Der Mietwert für betrieblich genutzte Privaträume ist als Kostenbestandteil zu verrechnen.**

Aufgaben – Fragen

318 Auf einen LKW mit Anschaffungskosten von 120 000,00 DM werden aus steuerlichen Gründen 20 % bilanzmäßig abgeschrieben. Die verbrauchsbedingte kalkulatorische Abschreibung beträgt 15 % von den Wiederbeschaffungskosten in Höhe von 140 000,00 DM.
Stellen Sie den Vorgang auf Konten dar.

319 Die in der Finanzbuchhaltung für das Jahr 19.. erfaßten Fremdkapitalzinsen betragen 92 000,00 DM. Die kalkulatorischen Zinsen werden in der Kosten- und Leistungsrechnung mit 80 000,00 DM verrechnet.
1. *Um wieviel DM liegen die monatlichen Zusatzkosten, die durch die Verrechnung der kalkulatorischen Zinsen entstehen, unter den monatlichen Fremdkapitalzinsen?*
2. *Welche Zinsen beeinflussen bei vollem Kostenersatz in welcher Höhe*
   a) das Gesamtergebnis der Unternehmung,
   b) das Betriebsergebnis,
   c) das Neutrale Ergebnis?

320 *Erläutern Sie in einer Niederschrift, warum kalkulatorische Kosten Einfluß auf das Gesamtergebnis der Unternehmung ausüben.*

321 *Aus welchen Gründen ist es notwendig, für die Abschreibungen auf Sachanlagen in der FB und in der KLR unterschiedliche Wertansätze zu wählen?*

322 Schließen Sie die Konten 2500, 2850 und 4850 des Beispiels auf S. 277 am Jahresende über die Konten 9800, 9870 und 9890 ab, wenn die tatsächlichen Wagnisverluste (Kto. 2500) mit 45 000,00 DM gebucht wurden.

323 Der kalkulatorische Unternehmerlohn wird in einem Industriebetrieb (Einzelunternehmung) mit monatlich 12 000,00 DM angesetzt und verrechnet. Kostenersatz über die Umsatzerlöse findet statt.

1. Zeigen Sie durch kontenmäßige Darstellung die Auswirkungen auf
   a) das Gesamtergebnis der Unternehmung,
   b) das Betriebsergebnis,
   c) das Neutrale Ergebnis.
2. Erläutern Sie in einer kurzen Niederschrift, daß der kalkulatorische Unternehmerlohn Zusatz-kosten darstellt und damit Einfluß auf das Gesamtergebnis der Unternehmung nimmt.

324
1. Klären Sie folgenden vermeintlichen Widerspruch auf:
   „Der erzielte Gewinn soll Arbeitsentgelt, Kapitalverzinsung und Risikoprämie für den Unternehmer enthalten. Andererseits verrechnet der Unternehmer auch noch Kosten für kalkulatorische Zinsen und kalkulatorischen Unternehmerlohn."
2. Was versteht man unter kalkulatorischen Kosten?
3. Worin unterscheiden sich
   a) kalkulatorische Abschreibungen und bilanzmäßige Abschreibungen,
   b) kalkulatorische Abschreibungen und kalkulatorischer Unternehmerlohn?

325 Unter Berücksichtigung der branchenüblichen Preisindexfaktoren ist für eine Maschine ein Wiederbeschaffungswert von 48 000,00 DM anzusetzen. Es wird unterstellt, daß kalkulatori-sche Abschreibungen in dieser Höhe in den Umsatzerlösen der fertigen Erzeugnisse abgegol-ten wurden. Die bilanzmäßige Abschreibung beträgt 42 000,00 DM.

Wie wirken sich bilanzmäßige und kalkulatorische Abschreibungen auf das Neutrale Ergebnis, das Betriebsergebnis und das Gesamtergebnis aus?

326 Erklären Sie anhand der obigen Aufgabe die Grundsätze der nominellen und substantiellen Kapitalerhaltung.

327 Auf eine Maschine im Anschaffungswert von 80 000,00 DM werden aus steuerlichen Gründen 30 % bilanzmäßig abgeschrieben. Die verbrauchsbedingte kalkulatorische Abschreibung beträgt 15 % vom Wiederbeschaffungswert 90 000,00 DM.

1. Buchen Sie die Abschreibungen im ersten Jahr auf den entsprechenden Konten, und führen Sie den Abschluß am Jahresende durch.
2. Welche der Abschreibungen ist erfolgswirksam, welche erfolgsneutral?

Folgende Konten sind einzurichten: 0100, 2300, 2800, 4800, 9800, 9870, 9890, 9990.

328 Der Summenbilanz eines Industriebetriebes sind folgende Angaben entnommen:

0100 Technische Anlagen und Maschinen	860 000,00 DM
0370 Betriebs- und Geschäftsausstattung	340 000,00 DM

Folgende Konten sind noch einzurichten: 2300, 2800, 4800, 9800, 9870, 9890, 9990.

Abschlußangaben:

1. Bilanzmäßige Abschreibungen:

20 % auf 0100 vom Anschaffungswert	1 110 000,00 DM
15 % auf 0370 vom Anschaffungswert	500 000,00 DM

2. Kalkulatorische Abschreibung:

15 % auf 0100 vom Wiederbeschaffungswert	1 240 000,00 DM
10 % auf 0370 vom Wiederbeschaffungswert	540 000,00 DM

Stellen Sie die Auswirkung der Abschreibungen auf die Ergebnisse kontenmäßig dar.

6624279

279

2.4 Erstellung und Auswertung der Abschlußkonten „9800 Betriebsergebnis" und „9870 Neutrales Ergebnis"

Beispiel: Um die Kosten und Leistungen vollständig und periodengerecht zu erfassen, erstellt die Schmolmann KG auf der Basis des Betriebsergebniskontos und des Neutralen Ergebniskontos von Seite 267 unter Einbeziehung der kalkulatorischen Kosten (vgl. S. 270 bis 277) folgenden Abschluß zur Ermittlung des Betriebsergebnisses, des Neutralen Ergebnisses und des Gesamtergebnisses.

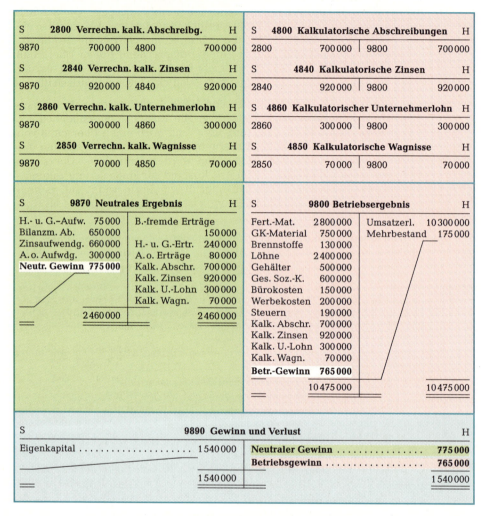

Aufgabe: Vergleichen Sie die auf Seite 267 dargestellte Erfolgslage der Schmolmann KG vor der Berücksichtigung der kalkulatorischen Kosten mit der oben dargestellten Situation.

1. Begründen Sie die Abweichungen des Neutralen Gewinnes und des Betriebsgewinnes.
2. Welche Auswirkung hat die obige Situation auf die Wirtschaftlichkeit?

Auswertung der Ergebnisse. Die Teilergebnisse „9870 Neutrales Ergebnis" und „9800 Betriebsergebnis" zeigen dem Unternehmer die Zusammensetzung des Gesamtergebnisses, das im Konto „9890 Gewinn und Verlust" ausgewiesen wird. Im vorliegenden Beispiel schließt das Geschäftsjahr mit einem Gewinn von 1 540 000,00 DM. Es sind Kosten von 9 710 000,00 DM entstanden. Die Leistungen betragen 10 475 000,00 DM.

Der Neutrale Gewinn hat mit 775 000,00 DM einen Anteil von 50,3 % am Gesamtgewinn; d.h., die Hälfte des Gewinns entstammt nicht der eigentlichen betrieblichen Tätigkeit. Hierbei muß jedoch folgendes bedacht werden: Zu einem ganz erheblichen Teil wird dieser Überschuß aus verrechneten kalkulatorischen Kosten, insbesondere aus den kalkulatorischen Zinsen und dem Unternehmerlohn, gespeist. Die Schmolmann KG hat ihrer Betriebsergebnisrechnung hohe kalkulatorische Wertansätze zugrunde gelegt (insgesamt 1 990 000,00 DM), die sich im Konto „9870 Neutrales Ergebnis" als Ertrag niederschlagen und hier zu einem entsprechend hohen Überschuß über die Aufwendungen führen. Dieser Überschuß wird auch − so zeigt es der Betriebsgewinn im Konto „9800 Betriebsergebnis" − voll als Gewinn erwirtschaftet.

Das Betriebsergebnis erreicht eine angemessene Höhe. Das Unternehmen Schmolmann KG hat es geschafft, über die Umsatzerlöse alle Kosten − einschließlich der gesamten kalkulatorischen Kosten − zu „verdienen" und noch einen Überschuß von 765 000,00 DM zu erwirtschaften. Da der Unternehmerlohn und die Verzinsung des Eigenkapitals in den Kosten bereits berücksichtigt wurden, kann dieser Überschuß zur Abdeckung des allgemeinen Unternehmerrisikos und zur Finanzierung zukünftiger Investitionen verwendet werden. Zudem zeigt dieser „Restgewinn", daß es dem Unternehmen bei seiner Kostensituation gelungen ist, erfolgreich auf dem Markt zu bestehen.

Rentabilität und Wirtschaftlichkeit. Der ausgewiesene Gesamtgewinn kann zur Bestimmung der Rentabilität, d. h. zur Bestimmung der Ertragskraft des Unternehmens, und zur Berechnung der Wirtschaftlichkeit herangezogen werden.

Beispiel: Für die Mitarbeit im Unternehmen Schmolmann KG setzen die Gesellschafter einen Unternehmerlohn von jährlich 300 000,00 DM an. Das durchschnittlich über das Jahr im Unternehmen gebundene Eigenkapital soll 10 350 000,00 DM betragen. *Wie hoch ist die Verzinsung des eingesetzten Eigenkapitals?*

Gesamtgewinn . . . . 1 540 000,00 DM
− Unternehmerlohn . . . . 300 000,00 DM

Restgewinn (zur Verzinsung des Eigenkapitals) . . . . **1 240 000,00 DM**

$$\text{Eigenkapitalrentabilität} = \frac{\text{Restgewinn} \cdot 100\,\%}{\text{Eigenkapital}} = \frac{1\,240\,000 \cdot 100\,\%}{10\,350\,000} = \underline{\underline{12\,\%}}$$

Im Vergleich zu einer langfristigen Geldanlage (ca. 6 %−8 %) ist die errechnete Verzinsung des Eigenkapitals sehr gut.

Beispiel: Anhand der Kennzahl der Wirtschaftlichkeit soll festgestellt werden, ob die Schmolmann KG mit den eingesetzten Mitteln sparsam umgegangen ist, ob also die Leistungen in einem günstigen Verhältnis zu den Kosten stehen.

$$\text{Wirtschaftlichkeit} = \frac{\text{Leistungen}}{\text{Kosten}} = \frac{10\,475\,000}{9\,710\,000} = \underline{\underline{\textbf{1,08}}}$$

Die Wirtschaftlichkeitszahl 1,08 besagt, daß das Unternehmen Schmolmann für je 1,00 DM Kosten Leistungen von 1,08 DM geschaffen hat. Ob dies ein angemessenes Verhältnis ist, kann nur im Vergleich mehrerer Jahre oder im Vergleich mit ähnlich produzierenden Unternehmen mit entsprechender Kostenstruktur festgestellt werden.

Aufgaben – Fragen

329 Auf einen LKW mit Anschaffungskosten von 320000,00 DM werden aus steuerlichen Gründen 20 % bilanzmäßig abgeschrieben. Die verbrauchsbedingte kalkulatorische Abschreibung beträgt 15 % von den Wiederbeschaffungskosten in Höhe von 350000,00 DM. Sie wird über die Umsatzerlöse voll erstattet.

Stellen Sie den Vorgang auf Konten dar.

330 Die in der Finanzbuchhaltung für das Jahr 19.. erfaßten Fremdkapitalzinsen betragen 270000,00 DM. Die kalkulatorischen Zinsen werden in der Kosten- und Leistungsrechnung mit 30000,00 DM je Monat verrechnet und über die Umsatzerlöse zu 80 % erstattet.

1. *Um wieviel DM übersteigen die monatlichen Zusatzkosten, die durch die Verrechnung der kalkulatorischen Zinsen entstehen, die monatlichen Fremdkapitalzinsen?*
2. *Welche Zinsen beeinflussen in welcher Höhe a) das Gesamtergebnis der Unternehmung, b) das Betriebsergebnis, c) das Neutrale Ergebnis?*

331 Der kalkulatorische Unternehmerlohn wird in einem Industriebetrieb (Einzelunternehmung) mit monatlich 20000,00 DM angesetzt und verrechnet. Kostenersatz über die Umsatzerlöse findet zu 60 % statt.

Zeigen Sie durch kontenmäßige Darstellung die Auswirkungen auf
a) das Gesamtergebnis der Unternehmung,
b) das Betriebsergebnis,
c) das Neutrale Ergebnis.

332 Die kalkulatorischen Restwerte des betriebsnotwendigen Anlagevermögens betragen 3000000,00 DM. Das durchschnittlich gebundene betriebsnotwendige Umlaufvermögen wird mit 1800000,00 DM ermittelt. Die Anzahlungen von Kunden betragen 220000,00 DM und die nicht skontierungsfähigen Lieferantenverbindlichkeiten 400000,00 DM. Im übrigen wurde eine Rückstellung für Betriebssteuern in Höhe von 80000,00 DM gebildet.

1. *Ermitteln Sie das betriebsnotwendige Kapital und die kalkulatorischen Zinsen bei einem Zinssatz von 9 %.*
2. *Um wieviel DM (= Zusatzkosten) liegen die monatlichen kalkulatorischen Zinsen über den monatlichen Fremdkapitalzinsen, wenn die tatsächlich gezahlten Zinsen 180000,00 DM im Jahr betragen?*
3. *Stellen Sie den Zinsaufwand der Erfolgsrechnung und die kalkulatorischen Zinsen kontenmäßig dar.*

333 Ein Unternehmen hat aufgrund der angespannten Wirtschaftslage im abgelaufenen Jahr seine Erzeugnisse unter Selbstkosten verkauft. Folgende Angaben aus der Finanzbuchhaltung und der Kosten- und Leistungsrechnung liegen vor:

Umsatzerlöse	949800,00
Kosten (ohne Abschreibungen und Zinsen)	864700,00
Bilanzmäßige Abschreibungen	27600,00
Gezahlte Fremdkapitalzinsen	32700,00
Kalkulatorische Abschreibungen	75000,00
Kalkulatorische Zinsen	46800,00

1. *Stellen Sie die Situation auf Konten dar.*
2. *Begründen Sie, warum trotz eines Betriebsverlustes ein Unternehmungsgewinn entsteht.*

		334	335	**334**
Die FB der K. Barth KG, Stuttgart, hat für den Monat September folgende Aufwendungen, Erträge, Kosten und Leistungen erfaßt:		TDM	TDM	**335**
2000	Betriebsfremde Aufwendungen	3	4	
2050	Betriebsfremde Erträge	6	3	
2300	Bilanzmäßige Abschreibungen	180	190	
2400	Zinsaufwendungen	25	30	
2500	Betriebliche a. o. Aufwendungen	7	12	
2550	Betriebliche a. o. Erträge	4	9	
4000	Fertigungsmaterial	650	680	
4009	Aufwendungen für Waren	25	20	
4310	Fertigungslöhne	720	710	
4390	Gehälter	120	130	
4400	Gesetzliche Sozialkosten	160	170	
4500	Instandhaltung	25	20	
8300	Umsatzerlöse für Erzeugnisse	1 885	1 940	
8500	Umsatzerlöse für Handelswaren	40	30	
8700	Andere aktivierte Eigenleistungen	8	5	
8900	Mehrbestand an Erzeugnissen	12	8	

Angaben aus der KLR:

1.	Die kalkulatorischen Abschreibungen betragen monatlich	140	130
2.	Die kalkulatorischen Zinsen sind noch für den Monat September zu ermitteln und zu verrechnen: Betriebsnotwendiges Kapital	6 000	7 000
	Kalkulatorischer Zinssatz (jährlich)	8 %	7 %
3.	Der kalkulatorische Unternehmerlohn beträgt monatlich	6	5
4.	Kalkulatorische Wagniskosten je Monat	12	10
5.	Kalkulatorischer Mietwert für betrieblich genutzte Privaträume	2	1

Ermitteln Sie auf den Konten 9800, 9870 und 9890 die einzelnen Ergebnisse.

		336	337	**336**
Die Buchhaltung eines Industrieunternehmens schließt mit folgenden Aufwendungen, Erträgen, Kosten und Leistungen ab:				**337**
2000	Betriebsfremde Aufwendungen	22 000,00	31 000,00	
2100	Haus- und Grundstücksaufwendungen	4 300,00	5 600,00	
2150	Haus- und Grundstückserträge	9 800,00	7 100,00	
2300	Bilanzmäßige Abschreibungen	180 000,00	193 000,00	
2400	Zinsaufwendungen	33 500,00	34 900,00	
2450	Zinserträge	4 500,00	5 100,00	
2550	Betriebliche a. o. Erträge	42 000,00	53 000,00	
4000	Fertigungsmaterial	150 000,00	195 000,00	
4009	Aufwendungen für Waren	30 000,00	170 000,00	
4310	Fertigungslöhne	210 000,00	235 000,00	
4390	Gehälter	185 000,00	195 000,00	
4400	Gesetzliche Sozialkosten	75 000,00	98 000,00	
8300	Umsatzerlöse für Erzeugnisse	980 000,00	1 150 000,00	
8500	Umsatzerlöse für Handelswaren	50 000,00	220 000,00	

Angaben aus der KLR:

1.	Die kalkulatorischen Abschreibungen auf Sachanlagen betragen	150 000,00	160 000,00
2.	Der kalkulatorische Unternehmerlohn beträgt	35 000,00	36 000,00
3.	Als kalkulatorische Zinsen sind zu verrechnen	58 000,00	70 000,00

a) Führen Sie die Erfolgsrechnung auf den Konten 9800, 9870 und 9890 durch, und erläutern Sie die Teilergebnisse.

b) Werten Sie die Ergebnisse aus: durchschnittlich gebundenes Eigenkapital 1 950 000,00 DM.

338 Die Möbelfabrik Schneider OHG stellt in einem Zweigbetrieb ausschließlich Schreibtische für ein Versandhaus her. Für diesen Zweigbetrieb wird die Betriebsabrechnung getrennt durchgeführt. Zum Ende des Geschäftsjahres 19.. liegen folgende Aufwendungen, Erträge, Kosten und Leistungen vor:

2150	Haus- und Grundstückserträge	24 000,00
2300	Bilanzmäßige Abschreibungen	60 000,00
2400	Zinsaufwendungen	10 000,00
2500	Betriebliche a. o. Aufwendungen	6 000,00
2550	Betriebliche a. o. Erträge	56 000,00
2690	Periodenfremde Erträge	30 000,00
4000	Fertigungsmaterial	280 000,00
4100	Gemeinkostenmaterial	30 000,00
4200	Brennstoffe/Energie	10 000,00
4310	Fertigungslöhne	380 000,00
4320	Hilfslöhne	10 000,00
4390	Gehälter	260 000,00
4400	Gesetzliche Sozialkosten	140 000,00
4500	Instandhaltung	17 000,00
4600	Betriebliche Steuern	45 000,00
4700	Miete	12 000,00
8300	Umsatzerlöse für Erzeugnisse	1 280 000,00
8900	Mehrbestand an fertigen Erzeugnissen	120 000,00

Für die Ermittlung der Teilergebnisse sind folgende Angaben zu berücksichtigen:

1. Unter der Position „Gebäude" in der Bilanz befindet sich ein vermietetes (zum Betriebsvermögen gehörendes) Wohnhaus. Die Aufwendungen und Erträge hierfür wurden über die Finanzbuchhaltung abgewickelt und als Kosten gebucht. Im einzelnen handelt es sich um folgende Posten:

Grundsteuer (in Konto 4600 enthalten)	5 000,00
Hausmeisterlohn (in Konto 4320 enthalten)	35 000,00
Arbeitgeberanteil zur Sozialversicherung (in Konto 4400 enthalten)	8 000,00
Malerarbeiten (in Konto 4500 enthalten)	5 000,00

2. In der Position „Fertigungslöhne" sind versehentlich Nachzahlungen für das vergangene Geschäftsjahr gebucht worden 4 000,00

3. Die kalkulatorischen Zinsen sind aufgrund folgender Angaben zu berechnen:

Anlagevermögen (nach kalkulatorischen Restwerten) insgesamt	630 000,00
Kalkulatorischer Restwert des vermieteten Wohnhauses	100 000,00
Umlaufvermögen (zu Mittelwerten)	310 000,00
In den Verbindlichkeiten a. LL sind zinslose Kredite enthalten	40 000,00

Der Zinssatz für das betriebsnotwendige Kapital beträgt 7,5 %.

4. Den kalkulatorischen Abschreibungen sind folgende Angaben zugrunde zu legen:
Nutzungsdauer: Gebäude 25 Jahre, übriges Anlagevermögen 10 Jahre,

Wiederbeschaffungskosten: Gebäude	500 000,00
Maschinen	350 000,00
Andere Sachanlagen	50 000,00

5. Der kalkulatorische Unternehmerlohn wird angesetzt mit 90 000,00

a) *Erstellen Sie den Abschluß auf den Konten 9800, 9870, 9890, und erläutern Sie die Teilergebnisse.*

b) *Werten Sie die Ergebnisse aus. Legen Sie hierfür folgende Angabe zugrunde: durchschnittlich gebundenes Eigenkapital 520 000,00 DM.*

2.5 Gliederung der Kostenarten in der Kostenrechnung

Die unterschiedlichen Zielsetzungen in der Kostenrechnung machen Gruppierungen der Kostenarten erforderlich, die von der Gliederung im Gemeinschaftskontenrahmen abweichen:

Zielsetzung	Kostenrechnungssystem	Gliederung der Kosten
Angebotskalkulationen, Kostenkontrollen	Vollkostenkalkulation	nach der Zurechnung auf die Leistungseinheiten in: ● Einzelkosten und ● Gemeinkosten
Absatzplanung, Marktanpassung	Teilkostenkalkulation	nach ihrem Verhalten bei Beschäftigungsveränderungen in: ● variable Kosten und ● fixe Kosten

2.5.1 Einzel- und Gemeinkosten in der Kostenrechnung

Einzelkosten können für den einzelnen Kostenträger (z.B. Auftrag, Serie, Leistungseinheit) unmittelbar erfaßt und diesem zugerechnet werden. Zu den Einzelkosten gehören im Industriebetrieb:

Einzelkosten	Zurechnungsgrundlagen
Fertigungsmaterial	Materialentnahmescheine, Stücklisten, Konstruktionsunterlagen
Fertigungslöhne	Auftragszettel, Laufzettel, Lohnlisten
Sondereinzelkosten	Auftragszettel, Rechnungen

Gemeinkosten lassen sich nicht für den einzelnen Kostenträger feststellen, weil sie für alle Erzeugnisse oder Abteilungen des Unternehmens insgesamt anfallen. Zu den Gemeinkosten gehören z.B.:

- Gemeinkostenmaterial
- Hilfslöhne
- Gehälter
- Sozialkosten
- Steuern, Gebühren
- Miete
- Bürokosten
- Kalkulatorische Kosten

Die Gemeinkosten werden zunächst nach Belegen oder Verrechnungsschlüsseln den Abteilungen zugerechnet, in denen sie verursacht wurden. Dies geschieht tabellarisch im Betriebsabrechnungsbogen (BAB, vgl. Kapitel 3.2.2). Erst danach können sie mit Hilfe von Zuschlagsprozentsätzen anteilig den Kostenträgern zugewiesen werden.

Merke: Die verursachungsgerechte Verteilung der Kosten auf Abteilungen und Kostenträger zur Durchführung der Kalkulation und der Kostenkontrolle setzt die Gliederung der Kostenarten in Einzel- und Gemeinkosten voraus.

2.6 Abhängigkeit der Kosten von der Beschäftigung

Beschäftigung. Unter Beschäftigung verstehen wir das <u>Leistungsvermögen</u> — ausgedrückt in den Produktionszahlen — <u>je Zeiteinheit</u> (z.B. Monat oder Jahr), das ein jedes Unternehmen aufgrund seines <u>Betriebsmittelbestandes</u> hat (= <u>Kapazität</u>). Jede Produktionsanlage besitzt eine <u>technische Kapazität,</u> auf die sie <u>konstruktionsmäßig</u> ausgelegt ist, und eine <u>wirtschaftliche Kapazität,</u> die die <u>kostengünstigste Auslastung</u> angibt. In der Regel wird das Unternehmen die wirtschaftliche Kapazität anstreben und nicht die technische Kapazität.

Als Beschäftigungsgrad (= Kapazitätsausnutzungsgrad) wird das Verhältnis aus <u>tatsächlicher Ausnutzung</u> der Kapazität und der <u>technischen Kapazität</u> bezeichnet:

$$\text{Beschäftigungsgrad} = \frac{\text{tatsächliche Produktion}}{\text{technische Maximalproduktion}}$$

Beispiel: Die Schmolmann KG rechnet aufgrund der guten Auftragslage im nächsten Jahr mit einer Zunahme der Absatzmenge. Im abgelaufenen Geschäftsjahr wurden insgesamt <u>200 000 Gehäuse</u> unterschiedlicher Größe und Form hergestellt. Hierbei konnten die Arbeitskräfte und die technischen Anlagen zu <u>80 %</u> ausgelastet werden. Eine größere Produktionsmenge ist also ohne zusätzliche Investitionen und Neueinstellung von Arbeitskräften produzierbar.

Die Schmolmann KG plant, die Produktion im nächsten Jahr auf insgesamt <u>225 000 Gehäuse</u> zu erhöhen.

Ist diese Produktion im Rahmen der bestehenden technischen Anlagen zu realisieren? Wie hoch werden die Kosten dieser Produktion sein?

Die technische Maximalkapazität beträgt im obigen Beispiel bei einer <u>tatsächlichen Produktion von 200 000 Gehäusen</u> und einem <u>Beschäftigungsgrad von 80 %</u>:

$$200 000 \text{ Gehäuse} : 0,8 = \textbf{250 000 Gehäuse maximale Produktion/Jahr}$$

Die geplante Produktion von 225 000 Gehäusen läßt sich also mit den vorhandenen Arbeitskräften und technischen Anlagen durchführen; diese Produktion würde den Beschäftigungsgrad wie folgt erhöhen:

$$\textbf{Beschäftigungsgrad} \text{ für } 225 000 \text{ Gehäuse} = \frac{225 000 \text{ Gehäuse}}{250 000 \text{ Gehäuse}} = \textbf{90 \%}$$

Kostenplanung auf der Grundlage von Durchschnittskosten. Die Frage nach den Kosten der erhöhten Produktion im nächsten Geschäftsjahr läßt sich <u>vereinfacht auf der Grundlage der Durchschnittskosten</u> beantworten:

1. Die Produktion von 200 000 Gehäusen verursachte Kosten von insgesamt 9 710 000,00 DM (vgl. S. 280/281); das sind pro Gehäuse:

$$\textbf{Stückkosten} = \frac{9 710 000,00 \text{ DM}}{200 000 \text{ Gehäuse}} = \textbf{48,55 DM.}$$

2. Die Kosten der geplanten Produktion von 225 000 Gehäusen betragen:

Kosten für 225 000 Gehäuse = 48,55 DM/Stück · 225 000 = **10 923 750,00 DM.**

Verhalten der Kosten bei Beschäftigungsänderung. Die obige Rechnung führt zu einem <u>fehlerhaften Ergebnis:</u> Zwar werden die Kosten im kommenden Jahr wegen der steigenden Beschäftigung höher ausfallen müssen als im abgelaufenen Jahr; es ist aber zu prüfen, <u>ob sich alle Kosten bei dieser Beschäftigungsänderung proportional</u> — also im gleichen Verhältnis wie die Beschäftigung — <u>verändern,</u> wie es in der obigen Rechnung unterstellt worden ist.

Verhalten der fixen Kosten. Am Beispiel der kalkulatorischen Abschreibung kann leicht eingesehen werden, daß sich diese Kostenart bei Änderung der Beschäftigung nicht verändert: In der Schmolmann KG wird sich im kommenden Jahr trotz der Produktionserhöhung der Bestand an technischen Anlagen nicht verändern, so daß kein Anlaß besteht, die kalkulatorischen Abschreibungen zu erhöhen. Ebensowenig werden sich die übrigen kalkulatorischen Kosten verändern. Kosten, die von Beschäftigungsänderungen unbeeinflußt bleiben, heißen fixe Kosten (= K_f).

Verhalten der variablen Kosten. Andere Kostenarten verändern sich bei Beschäftigungsänderungen entweder proportional oder sogar progressiv. Typische Beispiele hierfür sind die Roh- und Hilfsstoffe: Der Materialeinsatz kann als proportional zur Produktionsmenge angesehen werden. Kosten, die sich bei Änderung des Beschäftigungsgrades ebenfalls ändern, heißen variable Kosten (= K_v).

Verhalten der Mischkosten. Eine Reihe von Kostenarten enthält sowohl fixe als auch variable Kostenanteile. Dies ist z.B. der Fall, wenn — wie beim Energieverbrauch — zusätzlich zu einer festen Grundgebühr verbrauchsabhängige Kosten anfallen. Kosten dieser Art heißen Mischkosten; sie sind in fixe u. variable Kosten aufzuteilen.

Merke: **Kosten können nur dann zuverlässig geplant werden, wenn vorher alle Kostenarten auf ihre variablen und fixen Kostenanteile untersucht worden sind.**

Kostenfunktionen. Die Gesamtkosten einer bestimmten Produktionsmenge (= Beschäftigung) setzen sich in der Regel aus variablen und fixen Kosten zusammen. Wird die Beschäftigung verändert, so verändern sich auch die Kosten. Welches Ausmaß diese Kostenänderung annimmt, hängt davon ab, wie hoch der Anteil der variablen und der fixen Kosten an den Gesamtkosten ist. Diese Abhängigkeit der Kosten von der Beschäftigung läßt sich in Form der linearen Kostenfunktion wie folgt beschreiben (x = Symbol für Produktionsmenge, K = Symbol für Gesamtkosten):

$$K(x) = K_v + K_f$$

Mit Hilfe dieser Rechenvorschrift lassen sich die Kosten für unterschiedliche Produktionsmengen bestimmen.

Beispiel: Die Schmolmann KG ermittelt für die Gehäuseproduktion die Abhängigkeit der Kosten von der Beschäftigung nach der Gleichung:

$$K(x) = 28,05 \cdot x + 4100000$$

Wie hoch sind die Kosten bei einer Produktionsmenge von 225 000 Stück?

Durch die Funktionsvorschrift wird die Kostensituation wie folgt beschrieben: Für die Produktion sind 4 100 000,00 DM fixe Kosten aufzuwenden, die unabhängig von der Beschäftigung als Kosten der Betriebsbereitschaft anfallen. Zusätzlich entstehen variable Kosten in Höhe von 28,05 DM für jedes produzierte Stück (vgl. mit S. 286).

$$K(225\,000) = 28,05 \cdot 225\,000 + 4\,100\,000 = \mathbf{10\,411\,250,00\ DM}$$

Aufgabe

Bei der Fertigung eines Drehteils fallen monatlich 220 000,00 DM fixe Kosten an. Zusätzlich entstehen proportionale Kosten von 3,20 DM je Stück.

339

1. Geben Sie die Kostenfunktion an.
2. Berechnen Sie die Selbstkosten für eine Produktion von 50 000 Stück monatlich.
3. Der Unternehmer möchte erreichen, daß die Durchschnittskosten auf 7,00 DM je Stück gesenkt werden. Die technische Kapazität der Drehmaschine beträgt 70 000 Stück/Monat. Wieviel Stück müßten monatlich gefertigt werden?

2.6.1 Kostenverläufe bei variablen Kosten

Zu den variablen Kosten, die sich bei Beschäftigungsänderungen in einem bestimmten Verhältnis verändern, gehören vor allem die Rohstoffaufwendungen (= Materialkosten). Variable Kosten können sich proportional, progressiv oder degressiv zur Beschäftigungsänderung verhalten.

Variable Kosten als proportionale Kosten

Beispiel: Bei der Herstellung eines Gehäuses wird u. a. eine Platine im Wert von 10,00 DM verwendet. Bei unterschiedlichen Produktionsmengen ergeben sich folgende Materialkosten:

Produktionsmenge in Stück	Proportionale Kosten in DM	
	insgesamt	je Stück
0	0	0
100	1 000,00	10,00
200	2 000,00	10,00
300	3 000,00	10,00
400	4 000,00	10,00
500	5 000,00	10,00
600	6 000,00	10,00
⋮		

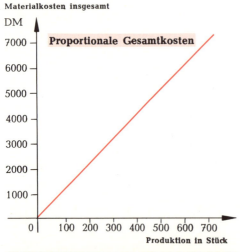
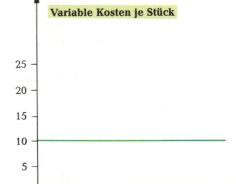

Merke: Die Materialkosten nehmen mit steigender Produktionsmenge insgesamt proportional zu. Sie verringern sich im gleichen Verhältnis, wie die Produktion zurückgeht.

Merke: Die auf ein Stück umgerechneten Materialkosten bleiben bei schwankender Beschäftigung konstant.

Neben dem Fertigungsmaterial sind z. T. auch die Fertigungslöhne proportionale Kosten.

Variable Kosten als progressive Kosten

Ein progressiver Kostenverlauf liegt dann vor, wenn die prozentuale Kostenänderung größer ist als die prozentuale Änderung der Beschäftigung, z. B. bewirkt eine 5%ige Beschäftigungszunahme eine 10%ige Kostenzunahme. Solche Situationen können eintreten, wenn Maschinen im Bereich ihrer Maximalkapazität genutzt werden, was zu erhöhten Reparaturkosten und zu vermehrtem Ausschuß führt, oder wenn bei den Fertigungslöhnen Überstunden- und Feiertagszuschläge gezahlt werden.

Beispiel: Auf einer Stanze werden Gehäuseaussparungen gestanzt. Bei einer wirtschaftlichen Kapazität von 75 % beträgt der Ausschuß 2 %. Um 1000 Gehäuse herzustellen, sind also 1020 Rohlinge einzusetzen. Bei einem Einkaufspreis von 10,00 DM je Rohling beträgt der Materialeinsatz 10200,00 DM. Würde man den Beschäftigungsgrad steigern, so würde der Materialeinsatz nach folgender Tabelle überproportional zunehmen:

Beschäftigungs-grad in %	Ausschuß in %	Materialeinsatz in Stück	in DM ges.	in DM/Stück
75	2	1 020	10 200,00	10,20
80	4	1 040	10 400,00	10,40
85	7	1 070	10 700,00	10,70
90	11	1 110	11 100,00	11,10
95	16	1 160	11 600,00	11,60
100	22	1 220	12 200,00	12,20

In der folgenden Grafik ist die Abhängigkeit des Materialeinsatzes vom Beschäftigungsgrad dargestellt.

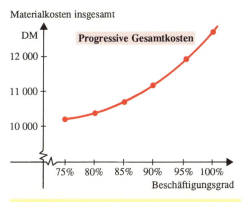
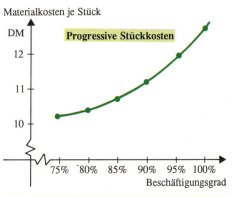

Merke: Die Materialkosten nehmen mit steigendem Beschäftigungsgrad überproportional zu. Sie verringern sich entsprechend überproportional bei rückläufiger Produktion.

Merke: Die auf ein fehlerfreies Stück umgerechneten Materialkosten verhalten sich bei schwankender Beschäftigung progressiv.

Aufgabe

340 Es gibt auch Vorgänge, die zu degressiven Kosten führen: Mit steigenden Bestellmengen für Rohstoffe (= steigende Beschäftigung) nehmen die Mengenrabatte zu, also die Einstandspreise ab.
Verdeutlichen Sie sich den Zusammenhang zwischen Bestellmengen und Einstandspreisen an einem selbstgewählten Beispiel.

2.6.2 Kostenverläufe bei fixen Kosten

Kosten der Betriebsbereitschaft. Alle Kosten, die von Abrechnungsperiode zu Abrechnungsperiode in annähernd gleicher Höhe unabhängig von der Produktionsmenge anfallen, heißen fixe Kosten oder Kosten der Betriebsbereitschaft.

Beispiel: Das Blech für ein Gehäuse wird auf einer Stanze ausgestanzt. Die monatlichen Abschreibungen dieser Maschine betragen 1000,00 DM. Dieser Betrag soll gleichmäßig auf die in einem Monat hergestellte Stückzahl verteilt werden.

Produktionsmenge in Stück	Fixe Kosten in DM	
	insgesamt	je Stück
0	1 000,00	0
100	1 000,00	10,00
200	1 000,00	5,00
300	1 000,00	3,33
400	1 000,00	2,50
500	1 000,00	2,00
600	1 000,00	1,67
⋮	⋮	⋮

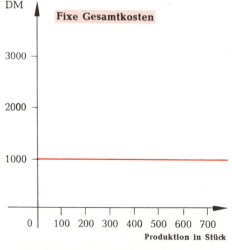

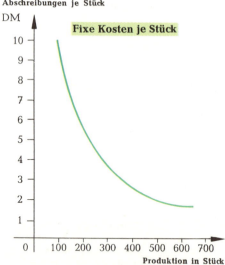

Merke: Die Abschreibungen verändern sich mit steigender oder sinkender Produktion nicht. Sie treten in jeder Abrechnungsperiode unverändert auf.

Merke: Die auf ein Stück umgerechneten Abschreibungen verringern sich mit steigender Produktion und erhöhen sich bei rückläufiger Produktion.

Fixe Kosten sind in den Gemeinkostenarten enthalten. Außer Abschreibungen gelten z. B. Gehälter, Steuern, Beiträge, Miete als fixe Kosten.

2.6.3 Kostenverläufe bei Mischkosten

Beispiel: Die für die Bearbeitung des Rohmaterials eingesetzte Stanze hat eine Stromaufnahme von 12 kWh. Der Strompreis beträgt 0,30 DM je kWh zuzüglich einer monatlichen Grundgebühr von 150,00 DM. Bei unterschiedlichen Laufzeiten (= Beschäftigung) je Monat ergeben sich folgende Kosten:

Lauf-stunden je Monat	Fixe Kosten in DM gesamt	je Std.	Variable Kosten in DM gesamt	je Std.	Mischkosten gesamt	je Std.
100	150,00	1,50	360,00	3,60	510,00	5,10
110	150,00	1,36	396,00	3,60	546,00	4,96
120	150,00	1,25	432,00	3,60	582,00	4,85
130	150,00	1,15	468,00	3,60	618,00	4,75
140	150,00	1,07	504,00	3,60	654,00	4,67
150	150,00	1,00	540,00	3,60	690,00	4,60
160	150,00	0,94	576,00	3,60	726,00	4,54
170	150,00	0,88	612,00	3,60	762,00	4,48

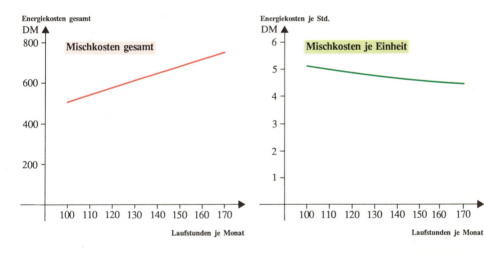

Merke: Die Energiekosten nehmen mit steigender Produktion insgesamt proportional zu. Sie zeigen ein Verhalten wie die proportionalen Gesamtkosten (vgl. S. 288).

Merke: Die auf eine Einheit (Stunde) umgerechneten Energiekosten verringern sich mit steigender Produktion (Stromverbrauch). Sie zeigen ein Verhalten wie die fixen Kosten je Stück.

Die für die Maschine aufzuwendenden <u>Energiekosten</u> enthalten sowohl <u>fixe</u> als auch <u>variable</u> Kostenanteile: Die Grundgebühr fällt in jedem Monat in gleicher Höhe an; sie stellt den Fixkostenanteil dar. Der Stromverbrauch der Maschine variiert mit der Laufzeit; die verbrauchsbedingten Stromkosten sind also variabel.

Merke: Ein Teil der Kostenarten enthält zugleich fixe <u>und</u> variable Kostenanteile.

Aufgaben — Fragen

341

1. Unterscheiden Sie variable und fixe Kosten voneinander.

2. Warum ist es richtig, das Gehalt eines Meisters im Produktionsbetrieb als fixe Kosten zu betrachten?

3. Ordnen Sie folgende Kostenarten den variablen und/oder fixen Kosten zu:
   Kalkulatorische Abschreibungen, Gewerbesteuer, soziale Abgaben, Stromkosten, Entwicklungskosten, Transportkosten, Werbekosten, Sondereinzelkosten des Vertriebs.

4. Begründen Sie, warum Lohnkosten nicht eindeutig zu den variablen Kosten zu rechnen sind.

5. Wie verhalten sich die Durchschnittskosten $k = \dfrac{K(x)}{x}$ der Kostenfunktion $K(x) = 40 \cdot x + 50\,000$ bei Beschäftigungszunahme von 1000 Stück auf 1500 Stück?

342 Das Fertigungsmaterial soll in der Kostenrechnung zum festen Verrechnungspreis angesetzt werden. *Der Verrechnungspreis ist als gewogener Durchschnittspreis aus folgenden Lieferungen des vergangenen Quartals zu bestimmen:*

Lieferdatum	Liefermenge in kg	Einstandspreis je kg
15.01.19..	12 500	80,00 DM
23.01.19..	8 500	76,00 DM
18.02.19..	10 000	82,00 DM
05.03.19..	7 000	85,00 DM

343 In einem Möbelwerk werden Tischplatten hergestellt. Zur Fertigung einer Tischplatte benötigt man 1 m² Spanplatten zum Einstandspreis von 75,00 DM. In drei aufeinanderfolgenden Monaten werden unterschiedlich viele Platten hergestellt:

Monat	Beschäftigung in Stück
März	4 000
April	5 200
Mai	4 800

Bestimmen Sie die Kosten des eingesetzten Fertigungsmaterials, und stellen Sie die Abhängigkeit der Materialkosten von der Stückzahl grafisch dar.

344

1. Aus welchem Grund können die fixen Kosten nicht direkt auf das einzelne Erzeugnis umgerechnet werden?

2. Warum gehören die Sondereinzelkosten nicht eindeutig zu den variablen Kosten?

3. Erklären Sie das unterschiedliche Verhalten der Mischkosten bei Beschäftigungsänderungen: Die gesamten Mischkosten verhalten sich variabel, während sich die auf eine Einheit umgerechneten Mischkosten wie fixe Stückkosten verhalten.

4. Ein Betrieb mit hohem Anteil der variablen Kosten an den Gesamtkosten kann sich einer veränderten Beschäftigung leicht anpassen. Begründen Sie diese Aussage.

5. Warum wird ein Industriebetrieb mit hohem Anteil der fixen Kosten an den Gesamtkosten darauf achten, daß stets mit guter Auslastung der Anlagen gearbeitet wird?

6. Aus welchem Grund wird ein moderner Industriebetrieb einen relativ hohen Anteil fixer Kosten an den Gesamtkosten haben?

7. Begründen Sie, warum Wartungskosten, Gewerbesteuer, Telefongebühren typische Mischkosten sind.

Die Abschreibungen betragen in einem Industriebetrieb monatlich 36 000,00 DM. Die Verteilung auf die Kostenträger soll so vorgenommen werden, daß auf jedes produzierte Stück der gleiche Kostenanteil entfällt: **345**

Monat	Beschäftigung in Stück
August	32 000
September	30 000
Oktober	38 000

Bestimmen Sie den auf ein Stück entfallenden Abschreibungsbetrag, und stellen Sie die Abhängigkeit der Abschreibung von der Beschäftigung grafisch dar.

Ein Büromaschinenhersteller rechnet bei der Produktion der Schreibmaschine Typ „Standard" **346** mit fixen Kosten in Höhe von 120 000,00 DM je Abrechnungsperiode. Die proportionalen Kosten belaufen sich auf 220,00 DM je Schreibmaschine.

1. *Errechnen Sie die Gesamt- und Stückkosten für die Produktionsmengen 500, 800, 1000, 1200 und 1500.*
2. *Stellen Sie die Ergebnisse tabellarisch nach folgendem Muster dar.*
3. *Stellen Sie die Ergebnisse grafisch dar.*

Produktions- menge	Fixe Kosten in DM		Proport. Kosten in DM		Gesamt- kosten	Stück- kosten
	gesamt	je Stück	gesamt	je Stück		

In einem Industriebetrieb mit Serienproduktion wird für eine bestimmte Serie mit fixen **347** Kosten in Höhe von 42 000,00 DM und mit proportionalen Kosten nach folgender Tabelle gerechnet:

Beschäftigung in Stück	Proportionale Kosten in DM
10 000	55 000,00
12 000	62 400,00
14 000	70 000,00
16 000	80 000,00
18 000	95 400,00
20 000	116 000,00

1. *Errechnen Sie die Gesamt- und Stückkosten für die einzelnen Produktionsmengen.*
2. *Stellen Sie die Gesamt- und Stückkosten jeweils in einem grafischen Bild dar, und schildern Sie in einer kurzen Niederschrift den Verlauf beider Kurven.*

Ein Unternehmer kalkuliert mit variablen Kosten je Stück von 35,00 DM und fixen Kosten von **348** insgesamt 65 000,00 DM/Periode.

Wieviel Stück muß er in einer Periode mindestens produzieren, um bei einem Verkaufspreis von 61,00 DM/Stück keinen Verlust zu erleiden?

6624293

3 Vollkostenrechnung im Mehrproduktunternehmen

3.1 Zurechnung der Kosten auf die Kostenträger

Ermittlung der Selbstkosten. Nach der Erfassung aller Kosten im Konto 9800 (vgl. S. 280) besteht eine wesentliche Aufgabe der Vollkostenrechnung darin, alle Kosten verursachungsgerecht auf die Leistungseinheiten zu verteilen; auf diese Weise werden die Selbstkosten der Leistungseinheit ermittelt.

Kostenträger. Die Leistungseinheiten im Industriebetrieb sind in der Regel die fertigen und unfertigen Erzeugnisse, aber auch ein einzelner Auftrag oder eine Serie kann Leistungseinheit sein. In der KLR heißen diese Leistungseinheiten „Kostenträger": Ihnen werden alle Kosten „aufgebürdet", die sie verursacht haben, so daß

- für die Kostenträger kostendeckende Preise kalkuliert werden (Selbstkosten), und
- durch den Verkauf der Kostenträger alle Kosten in Form von Umsatzerlösen wieder in das Unternehmen zurückfließen.

Die Kostenträger werden in Abhängigkeit vom Fertigungsverfahren festgelegt:

Fertigungsverfahren	Kostenträger	Beispiele
Einzelfertigung (= Fertigung eines Erzeugnisses in einer Einheit)	ein einzelnes Erzeugnis	Großmaschinen, Brücken, Gebäude, Schiffe
Serienfertigung (= Fertigung unterschiedlicher Erzeugnisse in mehreren Einheiten)	begrenzte Menge der Serie	Elektrogeräte, Möbel, Fahrzeuge
Sortenfertigung (= Fertigung sehr ähnlicher Erzeugnisse in mehreren Einheiten)	begrenzte Menge der Sorte	Bleche, Ziegel, Bier, Bekleidung, Werkzeuge
Massenfertigung (= Fertigung eines Erzeugnisses in hoher Stückzahl)	Menge des im Zeitabschnitt hergestellten Produktes	Elektrizität, Papier, Stahl

Die Zurechnung der Kosten zu den Kostenträgern erfolgt in Abhängigkeit von den Fertigungsverfahren nach entsprechenden Kalkulationsmethoden:

Bei Einzelfertigung stellt die Zurechnung kein Problem dar: Alle Kosten – mit Ausnahme der Verwaltungskosten – lassen sich eindeutig einem Erzeugnis (= Projekt) zuordnen.

Bei der Massenfertigung wird die Summe der Kosten einer Abrechnungsperiode durch die Stückzahl der hergestellten Erzeugnisse dieses Zeitabschnitts dividiert, um die Selbstkosten der Leistungseinheit zu erhalten (Divisionskalkulation, vgl. Abschn. 3.8, S. 339).

Bei der Sortenfertigung werden Produkte aus dem gleichen Ausgangsmaterial, aber in unterschiedlicher Form und Größe hergestellt. Das hierbei vorherrschende Verfahren zur Ermittlung der Selbstkosten ist die Äquivalenzziffernkalkulation (vgl. Abschn. 3.7, S. 337).

Bei der Serienfertigung werden auf den gleichen Produktionsanlagen – teils parallel – unterschiedliche Produkte hergestellt, die jeweils unterschiedliche Kosten verursachen und die Produktionsstufen in unterschiedlichem Umfang beanspruchen. Nur ein Teil der Kosten (= Einzelkosten) läßt sich direkt einem bestimmten Kostenträger zuordnen, während bei den sog. Gemeinkosten nur die indirekte Zuordnung über die Kostenstellen möglich ist. Hierfür ist die Zuschlagskalkulation das geeignete Kalkulationsverfahren.

3.2 Kostenstellenrechnung in Betrieben mit Serienfertigung

Die Kostenstellenrechnung bildet die zweite Stufe der Kosten- und Leistungsrechnung im Mehrproduktunternehmen mit Serienfertigung.

Einzelkosten. Die Kostenstellenrechnung ist deshalb notwendig, weil nicht alle Kosten direkt einem bestimmten Kostenträger zugewiesen werden können. Dies ist nur für die sog. Einzelkosten (vgl. S. 285) der Fall. Zu den Einzelkosten im Industriebetrieb gehören:

Einzelkosten	Zurechnungsgrundlagen (Belege)
Fertigungsmaterial	Materialentnahmescheine, Stücklisten, Konstruktionsunterlagen
Fertigungslöhne	Auftragszettel, Laufzettel, Lohnlisten
Sondereinzelkosten	Auftragszettel, Rechnungen

Gemeinkosten lassen sich nicht direkt auf Kostenträger zurechnen. Sie fallen für alle Erzeugnisse oder Abteilungen des Unternehmens an. Zu ihnen gehören:

- Gemeinkostenmaterial
- Hilfslöhne
- Gehälter
- Gesetzl. Sozialkosten
- Steuern, Gebühren
- Mietaufwand
- Bürokosten
- Kalkulatorische Kosten

Merke: Die verursachungsgerechte Verteilung der Kosten auf Abteilungen und Kostenträger zur Durchführung der Kalkulation und der Kostenkontrolle setzt die Gliederung der Kostenarten in Einzel- und Gemeinkosten voraus.

Aufgaben. Die Kostenstellenrechnung hat folgende Aufgaben zu erfüllen:

- Sie übernimmt die Kostenarten aus dem Konto 9800 und weist die Gemeinkosten nach Belegen oder Verteilungsschlüsseln anteilig und verursachungsgerecht den Stellen im Unternehmen (z.B. Betriebsabteilungen) zu, in denen sie entstanden sind (= Kostenstellen im Betriebsabrechnungsbogen [BAB], vgl. S. 298).
- Sie berechnet für jeden Kostenbereich aus den ermittelten Gemeinkosten auf der Grundlage geeigneter Zuschlagsgrößen Zuschlagsprozentsätze, die für die anteilige Zuweisung der Gemeinkosten zu den Kostenträgern erforderlich sind.
- Sie ermöglicht im Zeitvergleich oder im Vergleich mit „normierten" Kosten die Kostenkontrolle in den einzelnen Betriebsabteilungen.

Merke: Die Kostenstellenrechnung hat die Aufgaben,
- die Gemeinkosten verursachungsgerecht auf die Kostenstellen zu verteilen,
- für jeden Kostenbereich Zuschlagsprozentsätze zu ermitteln,
- den Kostenverbrauch in den Kostenstellen zu überwachen.

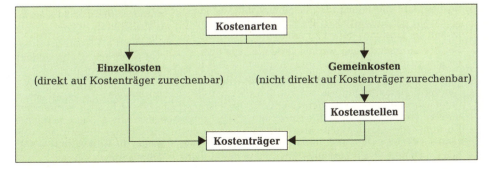

3.2.1 Gliederung des Betriebes in Kostenstellen

Kostenbereiche nach Funktionen. Die Gliederung des Gesamtbetriebes in vier Kostenbereiche, die sich aus den Funktionen des Betriebes ableiten, ist die Grundlage für die Einrichtung von Kostenstellen.

Kostenbereiche nach Funktionen:	I. Materialbereich	III. Verwaltungsbereich
	II. Fertigungsbereich	IV. Vertriebsbereich

Kostenstellen nach Tätigkeiten. Für kleine Industriebetriebe genügt die Bildung einer Kostenstelle für jeden Kostenbereich. Im allgemeinen wird jeder Kostenbereich in mehrere Kostenstellen (z.B. Abteilungen) aufgeteilt, die ihrerseits das Merkmal einheitlicher Tätigkeit aufweisen. Die Zahl der zu bildenden Kostenstellen je Kostenbereich hängt von der Art und Größe des Betriebes und dem angestrebten Genauigkeitsgrad der Kostenrechnung ab.

Kostenbereiche nach Funktionen	Kostenstellen nach Tätigkeiten
I **Material**bereich:	Materialeinkauf, -prüfung, -verwaltung
II **Fertigungs**bereich:	Gießerei, Schmiede, Montage, technische Betriebsleitung usw.
III **Verwaltungs**bereich:	Kfm. Leitung, Finanzabteilung, Buchhaltung usw.
IV **Vertriebs**bereich:	Werbung, Verkauf, Fertiglager, Versand usw.

Merke: **Für jeden Kostenbereich ist mindestens eine Kostenstelle zu bilden.**

Kostenstellen nach Verantwortung. Damit die Kostenstellenrechnung ihrer Kontrollaufgabe gerecht werden kann, ist es notwendig, daß sich die nach einheitlichen Tätigkeitsmerkmalen gebildeten Kostenstellen mit den Verantwortungsbereichen decken. Praxisgerecht ist die Zusammenfassung mehrerer Kostenstellen zu einem Verantwortungsbereich: Der Meister ist verantwortlich für den Kostenverbrauch in seiner Fertigungsabteilung; der Betriebsleiter ist verantwortlich für den Kostenverbrauch des Fertigungsbetriebs, der mehrere Abteilungen umfaßt.

Merke: **Kostenstellen schaffen klare Verantwortungsbereiche zur Kontrolle der Wirtschaftlichkeit.**

Kostenstellen. Alle Tätigkeits- und Verantwortungsbereiche in einem Industriebetrieb, die eine organisatorische Einheit bilden und die in den Prozeß der Leistungserstellung oder Leistungsverwertung eingegliedert sind, eignen sich als Kostenstellen. Je nach der Genauigkeit, mit der die Kostenstruktur eines Unternehmens aufgedeckt werden soll, sind die Tätigkeitsbereiche mehr oder weniger weit aufzugliedern. Die feinste Gliederung liegt dann vor, wenn die Arbeits- oder Maschinenplätze selbst die Kostenstellen bilden. In der Regel wird ein Industrieunternehmen mit der Gliederung nach Abteilungen auskommen.

Merke: **Kostenstellen sind die Stellen im Unternehmen, an denen die Gemeinkosten entstehen. Betriebsabteilungen bilden in der Regel Kostenstellen.**

Erweiterung der Kostenbereiche. Die verfeinerte Kostenstellenrechnung unterteilt den Fertigungsbereich in

- **Fertigungshauptstellen,** in denen unmittelbar am Erzeugnis gearbeitet wird (z. B. Gießerei, mechanische Bearbeitung, Montage, Lackiererei), und
- **Fertigungshilfsstellen,** die nicht direkt an der Herstellung beteiligt sind, sondern der Aufrechterhaltung der Produktion dienen (z. B. technische Betriebsleitung, Arbeitsvorbereitung, Konstruktionsbüro, Reparaturabteilung).

Ein **Allgemeiner Bereich** kann den Kostenbereichen vorgeschaltet werden. In diesem Bereich werden die Kosten gesammelt, die sich keiner der vier genannten Funktionen (Material, Fertigung, Verwaltung, Vertrieb) ausschließlich zuordnen lassen (z. B. Energieversorgung, Sozialeinrichtungen, Fuhrpark, Werkschutz, Werkfeuerwehr).

Kostenbereiche				
Allgemeiner Bereich	**Material-bereich**	**Fertigungs-bereich**	**Verwaltungs-bereich**	**Vertriebs-bereich**
Allgemeine Kostenstellen	Material-stellen	Fertigungs-hilfs-stellen	haupt-stellen	Verwaltungs-stellen	Vertriebs-stellen

Nach der Zugehörigkeit der Gemeinkosten zu den einzelnen Kostenbereichen unterscheidet man:

- **Materialgemeinkosten.** Das sind Gemeinkosten, die im Zusammenhang mit der Annahme, Lagerung, Pflege, Ausgabe und Versicherung des Materials entstehen.
- **Fertigungsgemeinkosten.** Dazu zählen alle Gemeinkosten, die im Produktionsprozeß anfallen, wie Hilfslöhne, Gehälter für Meister und technische Angestellte, Verbrauch von Strom, Gas, Wasser in der Herstellung, Hilfs- und Betriebsstoffverbrauch, soweit er die Fertigung betrifft, Abschreibungen auf Maschinen und maschinelle Anlagen usw.
- **Verwaltungsgemeinkosten.** Hierzu rechnen die Kosten für die Leitung und Verwaltung des Unternehmens, z. B. Gehälter für die Geschäftsleitung und die Angestellten der Verwaltungsabteilungen, Büromaterial, Abschreibungen auf die Geschäftsausstattung.
- **Vertriebsgemeinkosten.** Darunter fallen alle Gemeinkosten, die mit dem Absatz der Erzeugnisse zusammenhängen, z. B. die Kosten für die Lagerung der fertigen Erzeugnisse, für das Verkaufsbüro, die Werbung, die Verpackung und den Versand, soweit letztere nicht für das verkaufte Erzeugnis einzeln feststellbar sind (Sondereinzelkosten des Vertriebs!).

Fragen

1. Was sind Kostenstellen?
2. Welche Aufgaben hat die Kostenstellenrechnung?
3. Unterscheiden Sie zwischen Kostenbereichen und Kostenstellen.
4. Aus welchem Grund ist die Einrichtung einer Allgemeinen Kostenstelle erforderlich?
5. Warum ist die Einrichtung von Fertigungshaupt- und Fertigungshilfsstellen zweckmäßig?
6. Nennen Sie Beispiele für Allgemeine Kostenstellen.
7. Begründen Sie, daß Industriebetriebe mit Serienfertigung auf die Einrichtung von Kostenbereichen und Kostenstellen nicht verzichten können.

349

3.2.2 Betriebsabrechnungsbogen (BAB) als Hilfsmittel der Kostenstellenrechnung

Beispiel: Die Schmolmann KG stellt serienmäßig Blechgehäuse für Elektrogeräte in unterschiedlicher Größe, Form und Ausstattung her. Im abgelaufenen Geschäftsjahr wurden insgesamt 200 000 Gehäuse in drei Typen (A, B, C) hergestellt. Die Produktionsanlagen werden von den Gehäusetypen unterschiedlich stark beansprucht; ebenso sind Material- und Lohnaufwand für die einzelnen Typen unterschiedlich hoch. Diese Unterschiede müssen in den Selbstkosten berücksichtigt werden. Hierzu stellt die Schmolmann KG zunächst den nebenstehenden Betriebsabrechnungsbogen auf, in dem die Gemeinkosten des Kontos 9800 (vgl. S. 280) auf vier Kostenbereiche verteilt sind, und ermittelt die Gemeinkostenzuschlagssätze für die nachfolgende Kalkulation. Außer den Aufwendungen für Rohstoffe (= Fertigungsmaterial) und den Löhnen – die als Einzelkosten gelten – zählen alle Kostenarten des Betriebsergebniskontos von Seite 280 zu den Gemeinkosten.

Der Betriebsabrechnungsbogen weist für jeden Kostenbereich die für die Kalkulation unterschiedlicher Erzeugnisse notwendigen Stellengemeinkosten, die Zuschlagsgrundlagen und die Zuschlagssätze aus. Er wird gewöhnlich monatlich und jährlich aufgestellt und ist senkrecht nach Kostenarten und waagerecht nach Kostenstellen gegliedert. Am Ende einer Abrechnungsperiode übernimmt er in den linken Spalten die Gemeinkostenarten und die Kostenbeträge aus dem Betriebsergebniskonto und verteilt die Kosten in waagerechter Anordnung auf die Kostenstellen, in denen sie entstanden sind.

Merke: Die tabellarische Kostenstellenrechnung heißt Betriebsabrechnungsbogen (BAB). Der BAB wird monatlich und jährlich aufgestellt. Er ist senkrecht nach Kostenarten (Gemeinkosten!) und waagerecht nach Kostenstellen gegliedert.

Die Verteilung der Gemeinkosten auf die einzelnen Kostenstellen geschieht meist direkt aufgrund von Belegen (= Kostenstellen-Einzelkosten): Die Lohnlisten, Gehaltslisten, Entnahmescheine für Hilfs- und Betriebsstoffe usw. weisen nicht nur die Beträge, sondern auch die zu belastenden Kostenstellen aus.

Andere Gemeinkostenarten lassen sich nicht – oder nur auf sehr unwirtschaftliche Weise – direkt für die Kostenstellen erfassen und verrechnen. Sie können nur indirekt mit Hilfe von bestimmten Schlüsseln auf die Stellen umgelegt werden (= Kostenstellen-Gemeinkosten). So lassen sich z. B. die Aufwendungen für Miete, Reinigung und Heizung nach der beanspruchten Raumfläche, die freiwilligen sozialen Aufwendungen nach der Zahl der Beschäftigten, die Sachversicherungsprämien nach den angelegten Werten verteilen. In der richtigen Ermittlung dieser Verteilungsschlüssel liegt die Schwierigkeit der Kostenstellenrechnung.

Welche Anforderungen sind an solche Schlüssel zu stellen?

Ergebnis der Kostenstellenrechnung. Das Beispiel auf der nebenstehenden Seite zeigt die Verteilung der Gemeinkosten des KLR-Bereichs auf die Kostenstellen. Addiert man die Gemeinkosten einer jeden Kostenstelle, so erhält man die für die Kalkulation verschiedenartiger Erzeugnisse notwendigen Stellengemeinkosten:

Kostenbereiche	Stellengemeinkosten
I Material	Materialgemeinkosten **(MGK)**
II Fertigung	Fertigungsgemeinkosten **(FGK)**
III Verwaltung	Verwaltungsgemeinkosten **(VwGK)**
IV Vertrieb	Vertriebsgemeinkosten **(VtGK)**

298

> **Merke:** Die Summe der Gemeinkosten aus dem Konto 9800 muß mit der Summe der im BAB ermittelten Material-, Fertigungs-, Verwaltungs- und Vertriebsgemeinkosten übereinstimmen.

Betriebsabrechnungsbogen mit Istgemeinkosten und Istzuschlägen

Gemeinkostenarten	Zahlen der FB	Verteilungs-grundlagen	Kostenstellen			
			I Material	II Fertigung	III Verwaltg.	IV Vertrieb
Gemeinkostenmaterial	750 000	Entnahmeschein	–	700 000	–	50 000
Brennstoffe/Energie	130 000	Entnahmeschein	10 000	70 000	30 000	20 000
Gehälter	500 000	Gehaltsliste	60 000	100 000	290 000	50 000
Ges. Soz.-Kosten	600 000	Gehaltsliste	10 000	450 000	130 000	10 000
Kalk. Abschreibungen	700 000	Anlagekartei	50 000	520 000	80 000	50 000
Bürokosten	150 000	Rechnungen	20 000	40 000	80 000	10 000
Werbekosten	200 000	Rechnungen	–	30 000	120 000	50 000
Betriebl. Steuern	190 000	Anlagewerte	20 000	50 000	90 000	30 000
Kalk. Zinsen	920 000	Vermögenswerte	100 000	650 000	100 000	70 000
Kalk. Untern.-Lohn	300 000	Schätzung	–	100 000	200 000	–
Kalk. Wagnisse	70 000	Schätzung	30 000	30 000	–	10 000
Summe/Gem.-Kosten	**4 510 000**	**aufgeteilt:**	**300 000** MGK	**2 740 000** FGK	**1 120 000** VwGK	**350 000** VtGK
		Zuschlags-grundlagen:	Ferti-gungs-material (FM) 2 800 000	Ferti-gungs-löhne (FL) 2 400 000	Herstellkosten des Umsatzes (HK) 8 065 000	
		Zuschlagssätze	10,71 %	114,17 %	13,9 %	4,34 %

Berechnung der Herstellkosten des Umsatzes als Zuschlagsgrundlage für die Verwaltungs- und Vertriebsgemeinkosten (vgl. Seite 302):

Fertigungsmaterial	2 800 000,00 DM	
+ Materialgemeinkosten (MGK)	300 000,00 DM	
= **Materialkosten**		**3 100 000,00 DM**
Fertigungslöhne	2 400 000,00 DM	
+ Fertigungsgemeinkosten (FGK)	2 740 000,00 DM	
= **Fertigungskosten**		**5 140 000,00 DM**
Herstellkosten der produzierten Menge		**8 240 000,00 DM**
– Mehrbestand an fertigen Erzeugnissen (vgl. S. 280)		175 000,00 DM
= **Herstellkosten der abgesetzten Menge (des Umsatzes)**		**8 065 000,00 DM**

> **Merke:** Aufgaben des Betriebsabrechnungsbogens:
>
> - Übernahme der Gemeinkostenarten aus dem Konto „9800 Betriebsergebnis".
> - Verteilung dieser Gemeinkosten aufgrund von Belegen oder nach Schlüsseln auf die Kostenstellen, in denen sie entstanden sind.
> - Errechnen von Zuschlagssätzen für die Kostenträgerstück- und Kostenträgerzeitrechnung.
> - Überwachen der Gemeinkosten an den Stellen ihrer Entstehung (Kontrolle der Wirtschaftlichkeit).

3.2.3   Ermittlung der Zuschlagssätze (Istzuschläge)

Die durch den BAB ermittelten „Stellen"-Gemeinkosten müssen den verschiedenen Erzeugnissen, die die Kostenstellen beansprucht haben, anteilig zugeschlagen werden. Das geschieht mit Hilfe von Gemeinkostenzuschlagssätzen.

Berechnung der Zuschlagssätze. Die Zuschlagssätze ergeben sich, wenn man die Material-, Fertigungs-, Verwaltungs- und Vertriebsgemeinkosten zu bestimmten Größen (= Zuschlagsgrundlagen) in Beziehung setzt.

An die Zuschlagsgrundlagen sind zwei Anforderungen zu stellen:

- Sie müssen die **Inanspruchnahme eines Kostenbereiches** durch einen Kostenträger **wiedergeben.**
- Zwischen der Zuschlagsgrundlage und den zu verrechnenden Gemeinkosten muß eine **Abhängigkeit** bestehen.

Merke: **Jeder Kostenbereich erhält seine besondere Zuschlagsgrundlage, auf die die Gemeinkosten dieses Bereichs bezogen werden.**

Materialbereich. Für die Gemeinkosten des Materialbereichs bieten sich die Einzelkosten „Fertigungsmaterial" (Konto 4000) als geeignete Zuschlagsgrundlage an, wobei unterstellt wird, daß die Höhe der Materialgemeinkosten von den in der Abrechnungsperiode verbrauchten Rohstoffen abhängig ist.

Beispiel (vgl. BAB S. 299):

    Fertigungsmaterial .... 2 800 000,00 DM
    + Materialgemeinkosten lt. BAB .... 300 000,00 DM $\hat{=}$ **10,71 %**
    Materialkosten .... 3 100 000,00 DM

$$\text{Materialgemeinkosten-Zuschlagssatz} = \frac{\text{Materialgemeinkosten} \cdot 100\,\%}{\text{Fertigungsmaterial}}$$

Der Zuschlagssatz für die Materialgemeinkosten beträgt **10,71** %.

Merke: **Die Zuschlagsgrundlage für die Materialgemeinkosten ist der bewertete Verbrauch an Fertigungsmaterial.**

Fertigungsbereich. Die in einer Abrechnungsperiode gezahlten Fertigungslöhne (Konto 4310) gelten als geeignete Zuschlagsgrundlage für die Fertigungsgemeinkosten, wobei unterstellt wird, daß die Höhe der Fertigungsgemeinkosten von den gezahlten Fertigungslöhnen abhängig ist.

Beispiel (vgl. BAB S. 299):

    Fertigungslöhne .... 2 400 000,00 DM
    + Fertigungsgemeinkosten lt. BAB .... 2 740 000,00 DM $\hat{=}$ **114,17 %**
    Fertigungskosten .... 5 140 000,00 DM

$$\text{Fertigungsgemeinkosten-Zuschlagssatz} = \frac{\text{Fertigungsgemeinkosten} \cdot 100\,\%}{\text{Fertigungslöhne}}$$

Der Zuschlagssatz für die Fertigungsgemeinkosten beträgt **114,17** %.

Merke: **Die Zuschlagsgrundlage für die Fertigungsgemeinkosten sind die in einer Abrechnungsperiode gezahlten Fertigungslöhne.**

Verwaltungs- und Vertriebsbereich. Verwaltungs- und Vertriebsgemeinkosten sind in ihrer Höhe weder vom Fertigungsmaterial noch von den Fertigungslöhnen abhängig. Man kann aber davon ausgehen, daß die in einer Abrechnungsperiode angefallenen Herstellkosten eine geeignete Zuschlagsgrundlage ergeben, auf die sich die Verwaltungs- und Vertriebsgemeinkosten beziehen lassen.

Herstellkosten der Erzeugung. Die Materialkosten und die Fertigungskosten sind im Rahmen der eigentlichen Herstellung der Erzeugnisse angefallen. Faßt man sie zusammen, erhält man die im Abrechnungszeitraum entstandenen Herstellkosten der produzierten Erzeugnisse, auch Herstellkosten der Erzeugung genannt.

Beispiel zur Berechnung der Herstellkosten der Erzeugung (vgl. BAB S. 299):

Fertigungsmaterial	2 800 000,00 DM	
+ Materialgemeinkosten	300 000,00 DM	
Materialkosten		**3 100 000,00 DM**
Fertigungslöhne	2 400 000,00 DM	
+ Fertigungsgemeinkosten	2 740 000,00 DM	
Fertigungskosten		**5 140 000,00 DM**
Herstellkosten der Erzeugung		**8 240 000,00 DM**

Herstellkosten des Umsatzes. Die Vertriebsgemeinkosten werden nicht durch die Herstellung der Erzeugnisse, sondern durch deren Absatz verursacht. Sie stehen daher auch nicht in Abhängigkeit zu den Herstellkosten der Erzeugung, sondern in Abhängigkeit zu den auf die abgesetzte Menge umgerechneten Herstellkosten der Erzeugung, den sog. Herstellkosten des Umsatzes. Die Herstellkosten des Umsatzes unterscheiden sich durch die Bestandsveränderungen an fertigen und unfertigen Erzeugnissen von den Herstellkosten der Erzeugung.

Beim Ermitteln der Herstellkosten des Umsatzes sind drei Fälle zu unterscheiden:

- **Die Endbestände an unfertigen und fertigen Erzeugnissen stimmen mit den Anfangsbeständen überein.** Es wurden alle im Abrechnungszeitraum hergestellten Erzeugnisse verkauft. Die Herstellkosten der Erzeugung entsprechen daher denen des Umsatzes.

- **Die Endbestände an unfertigen und fertigen Erzeugnissen sind größer als die Anfangsbestände.** Es wurden also im Abrechnungszeitraum mehr Erzeugnisse hergestellt als verkauft. Die Herstellkosten des Umsatzes sind somit niedriger als die der Erzeugung. Der Mehrbestand muß daher von den Herstellkosten der Erzeugung abgezogen werden, um die Herstellkosten des Umsatzes zu erhalten.

- **Die Endbestände an unfertigen und fertigen Erzeugnissen sind kleiner als die Anfangsbestände.** Im Abrechnungszeitraum wurden mehr Erzeugnisse verkauft als hergestellt. Die Herstellkosten des Umsatzes sind höher als die der Erzeugung. Der Minderbestand muß den Herstellkosten der Erzeugung zugerechnet werden, um die Herstellkosten des Umsatzes zu ermitteln.

Merke:
      Herstellkosten der Erzeugung
  + Bestandsminderungen an unfertigen und fertigen Erzeugnissen
  − Bestandsmehrungen an unfertigen und fertigen Erzeugnissen
      Herstellkosten des Umsatzes

Einheitlicher Zuschlagssatz. Obwohl die Verwaltungsgemeinkosten auch für die noch nicht verkauften Produkte entstehen, wählt man für sie ebenfalls die Herstellkosten des Umsatzes als Zuschlagsgrundlage. Das hat den Vorteil, daß man für die Verwaltungs- und Vertriebsgemeinkosten einen einheitlichen Zuschlagssatz bilden kann.

Beispiel: Der Mehrbestand an Erzeugnissen beträgt nach den Angaben im Betriebsergebniskonto (vgl. S. 280) 175 000,00 DM. Die Herstellkosten des Umsatzes berechnen sich dann wie folgt:

Herstellkosten der Erzeugung	8 240 000,00 DM
− Mehrbestand an Erzeugnissen	175 000,00 DM
Herstellkosten des Umsatzes	**8 065 000,00 DM**

$$\text{Verwaltungsgemeinkosten-Zuschlagssatz} = \frac{\text{Verwaltungsgemeinkosten} \cdot 100\,\%}{\text{Herstellkosten des Umsatzes}}$$

Der Zuschlagssatz für Verwaltungsgemeinkosten beträgt ..... $\dfrac{1\,120\,000 \cdot 100\,\%}{8\,065\,000} = \mathbf{13{,}9\,\%}.$

$$\text{Vertriebsgemeinkosten-Zuschlagssatz} = \frac{\text{Vertriebsgemeinkosten} \cdot 100\,\%}{\text{Herstellkosten des Umsatzes}}$$

Der Zuschlagssatz für Vertriebsgemeinkosten beträgt .... $\dfrac{350\,000 \cdot 100\,\%}{8\,065\,000} = \mathbf{4{,}34\,\%}.$

$$\text{Einheitlicher Zuschlagssatz} = \frac{\text{Verwaltungs- und Vertriebsgemeinkosten} \cdot 100\,\%}{\text{Herstellkosten des Umsatzes}}$$

Der einheitliche Zuschlagssatz beträgt .... $\dfrac{1\,470\,000 \cdot 100\,\%}{8\,065\,000} = \mathbf{18{,}23\,\%}.$

Merke: Die Zuschlagsgrundlage sowohl für die Verwaltungs- als auch für die Vertriebsgemeinkosten sind die Herstellkosten des Umsatzes.

Istzuschlagssätze. Die zuvor errechneten Zuschlagssätze ergeben sich aus den tatsächlich angefallenen Einzelkosten und den im BAB aufgeschlüsselten Gemeinkosten; es sind sog. Istzuschlagssätze. Sie können erst nach Ablauf einer bestimmten Abrechnungsperiode (und nach Fertigstellung des BAB) aufgrund der tatsächlich entstandenen und im Kosten- und Leistungsbereich ausgewiesenen Einzel- und Gemeinkosten ermittelt werden. Istzuschlagssätze werden daher in der Regel nur für eine Nachkalkulation, d. h. für eine Selbstkostenberechnung nach Herstellung der Erzeugnisse, verwendet.

Selbstkosten des Umsatzes. Die Kostenrechnung hat u. a. die Aufgabe, die gesamten Selbstkosten einer Abrechnungsperiode auszuweisen. Die Selbstkosten des Umsatzes ergeben sich, wenn man in die Herstellkosten des Umsatzes die Verwaltungs- und Vertriebsgemeinkosten laut BAB einrechnet:

Herstellkosten des Umsatzes	8 065 000,00 DM
+ Verwaltungsgemeinkosten lt. BAB	1 120 000,00 DM
+ Vertriebsgemeinkosten lt. BAB	350 000,00 DM
Selbstkosten des Umsatzes	**9 535 000,00 DM**

Im Vergleich zu den hier ermittelten Selbstkosten des Umsatzes in Höhe von 9 535 000,00 DM weist das Betriebsergebniskonto auf Seite 280/281 die Selbstkosten der Erzeugung (= 9 710 000,00 DM) aus. Der Unterschied beider Zahlen beträgt 175 000,00 DM Mehrbestand an Erzeugnissen. Dieser Mehrbestand ist in den Selbstkosten des Umsatzes nicht mehr enthalten.

Selbstkosten der Kostenträger. Mit Hilfe der obigen Zuschlagssätze und der für die einzelnen Kostenträger (z. B. Gehäusetypen) getrennt ermittelten Einzelkosten lassen sich die Gemeinkosten anteilig auf die einzelnen Kostenträger verteilen und damit die Selbstkosten jedes Kostenträgers hinreichend genau errechnen (vgl. S. 307).

Kalkulationsschema. Für den abgelaufenen Zeitabschnitt ergibt sich die folgende Gesamtkostenrechnung, deren Schema stets zu beachten ist:

Kalkulationsschema (vgl. BAB S. 299)	
1. Fertigungsmaterial (FM) .... 2 800 000,00 DM	
2. + Materialgemeinkosten lt. BAB (10,71 %) ...... 300 000,00 DM	
3. Materialkosten (MK) (1 + 2)	**3 100 000,00 DM**
4. Fertigungslöhne (FL) .... 2 400 000,00 DM	
5. + Fertigungsgemeinkosten lt. BAB (114,17 %) ... 2 740 000,00 DM	
6. Fertigungskosten (FK) (4 + 5)	**5 140 000,00 DM**
7. Herstellkosten der Erzeugung (HK d. E.) (3 + 6)	**8 240 000,00 DM**
8. – Mehrbestand an fertigen Erzeugnissen	175 000,00 DM
9. Herstellkosten des Umsatzes (HK d. U.)	**8 065 000,00 DM**
10. + Verwaltungsgemeinkosten lt. BAB (13,9 %)	1 120 000,00 DM
11. + Vertriebsgemeinkosten lt. BAB (4,34 %)	350 000,00 DM
12. Selbstkosten des Umsatzes (SK)	**9 535 000,00 DM**

Bewertung der Endbestände an fertigen und unfertigen Erzeugnissen. Aufgrund der Zuschlagssätze kann außerdem ein den handels- oder steuerrechtlichen Bewertungsvorschriften entsprechender Wertansatz für den Bestand an fertigen und unfertigen Erzeugnissen bestimmt werden.

Die Herstellkosten der Erzeugung decken sich weitgehend mit den steuerrechtlichen Herstellungskosten, so daß sie die Grundlage für die Bewertung der unfertigen und fertigen Erzeugnisse sowie der aktivierungspflichtigen Eigenleistungen darstellen. Wesentliche Unterschiede zwischen beiden Kostenbegriffen bestehen in folgendem:

Wahlweise können anteilige Kosten der allgemeinen Verwaltung in die steuerrechtlichen Herstellungskosten eingerechnet werden. Zusatzkosten (Unternehmerlohn, kalkulatorische Zinsen für Eigenkapital) gehören nicht zu den steuerrechtlichen Herstellungskosten. Anstelle der kalkulatorischen Abschreibungen sind die bilanzmäßigen „Absetzungen für Abnutzung" (AfA) in die steuerrechtlichen Herstellungskosten einzurechnen.

Wirtschaftlichkeit. Die Kostenstellenrechnung dient aber nicht nur dazu, die Gemeinkostenzuschlagssätze für die Kalkulation zu ermitteln. Sie ist vielmehr auch unentbehrlich zur Überwachung der Wirtschaftlichkeit. Die Entwicklung der Kosten kann direkt am Ort ihrer Entstehung wirkungsvoll überwacht werden. Man stellt Zeitvergleiche, Betriebsvergleiche und Vergleiche mit den günstigsten Kosten (Plankosten) auf. Dadurch wird es möglich, den Kostenveränderungen nachzugehen, ihre Ursachen zu erforschen und die Verantwortlichen heranzuziehen.

> **Merke:**   **Der Betriebsabrechnungsbogen ermöglicht**
> - **die Errechnung von Gemeinkostenzuschlagssätzen für die Kalkulation sowie für die Bewertung der Erzeugnisse und der Eigenleistungen,**
> - **die wirkungsvolle Überwachung der Gemeinkosten an den Stellen ihrer Entstehung (Kontrolle der Wirtschaftlichkeit).**

Aufgaben – Fragen

350

Betriebsabrechnungsbogen

Kostenarten	Kosten insgesamt	I Material	II Fertigung	III Verwaltung	IV Vertrieb
insgesamt	276 000,00	24 500,00	168 000,00	51 000,00	32 500,00

Einzelkosten:

Fertigungsmaterial .... 440 000,00 DM
Fertigungslöhne .... 123 000,00 DM

Bestandsveränderungen:

Mehrbestand an unfertigen Erzeugnissen .... 40 000,00 DM
Minderbestand an fertigen Erzeugnissen .... 15 000,00 DM

1. Ermitteln Sie die Herstellkosten des Umsatzes.
2. Berechnen Sie die Istzuschlagssätze.
3. Führen Sie eine Gesamtkalkulation durch.

351

Die Kostenartenrechnung (KLR-Bereich) eines Industriebetriebes weist für den Monat April folgende Kosten aus:

Fertigungsmaterial	49 600,00	Gehälter	32 800,00
Hilfsstoffe	11 500,00	Soziale Abgaben	19 500,00
Betriebsstoffe	2 600,00	Abschreibungen	8 600,00
Fertigungslöhne	61 000,00	Betriebssteuern	4 400,00
Hilfslöhne	18 000,00	Sonstige betr. Aufwendungen ..	10 700,00

Stellen Sie den Betriebsabrechnungsbogen nach folgendem Verteilungsschlüssel auf:

Kostenart	I Material	II Fertigung	III Verwaltung	IV Vertrieb
Gemeink.-Mat.	200,00	10 700,00	–	600,00
Brennst./Energ.	240,00	1 820,00	360,00	180,00
Hilfslöhne	1 390,00	15 730,00	280,00	600,00
Gehälter	1 600,00	5 400,00	15 300,00	10 500,00
Ges. Soz.-Kosten	650,00	10 550,00	5 940,00	2 360,00
Abschreibg. n. Anlagewerten	4 000 000,00	6 000 000,00	2 000 000,00	1 000 000,00
Betriebssteuern	–	3 :	1	–
Sonst. Aufwdg.	1 260,00	2 240,00	5 300,00	1 900,00

1. Berechnen Sie die Herstellkosten des Umsatzes (Minderbestand an unfertigen Erzeugnissen 4 500,00 DM, Mehrbestand an fertigen Erzeugnissen 6 200,00 DM).
2. Berechnen Sie mit Hilfe des BAB die vier Gemeinkostenzuschlagssätze.
3. Ermitteln Sie die Selbstkosten des Umsatzes für den Abrechnungszeitraum.
4. Wie hoch ist das Betriebsergebnis für den Abrechnungszeitraum, wenn die Umsatzerlöse 250 000,00 DM betragen?
5. Ermitteln Sie die Selbstkosten für je einen Kostenträger A und B. Die Einzelkosten betragen für Kostenträger A: Fertigungsmaterial 100,00 DM, Fertigungslöhne 50,00 DM; für Kostenträger B: Fertigungsmaterial 300,00 DM, Fertigungslöhne 120,00 DM.

In die Kostenstellenrechnung eines Industriebetriebes gehen für den Monat Dezember folgende Zahlen aus der Kostenartenrechnung ein: **352**

Kostenarten	Zahlen der FB	I Material	II Fertigung	III Verwaltung	IV Vertrieb
Gemeink.-Mat.	162 500,00	3 500,00	145 200,00	4 500,00	9 300,00
Brennst./Energ.	17 650,00	2 800,00	9 000,00	4 200,00	1 650,00
Hilfslöhne	152 800,00	13 400,00	121 400,00	8 200,00	9 800,00
Gehälter	199 400,00	18 500,00	33 400,00	108 900,00	38 600,00
Ges. Soz.-Kost.	153 500,00	9 800,00	89 700,00	32 600,00	21 400,00
Kalk. Abschr.			(vgl. unten!)		
Kalk. Zinsen			(vgl. unten!)		
Betriebssteuern	90 500,00	–	71 600,00	18 900,00	–
Miete	120 000,00		(vgl. unten!)		
Büro/Werbung	70 800,00	6 800,00	23 400,00	31 500,00	9 100,00
Versicherungen	31 200,00		(vgl. unten!)		
Kalk. Abschr.	Verteilung nach Verhältniszahlen	1	6	2	1
Kalk. Zinsen	Verteilung nach Verhältniszahlen	1,5	5	2	1,5
Miete	Verteilung nach Fläche	2 000 m²	6 000 m²	1 200 m²	800 m²
Versicherungen	Verteilg. **nach Anlagewert** je Kostenbereich	200 000,00	1 200 000,00	400 000,00	200 000,00

Kalkulatorische Abschreibungen je Jahr: DM
        auf 0030   1,5 % von Anschaffungskosten 2 400 000,00
        auf 0100   15 % von Wiederbeschaffungskosten 1 000 000,00
        auf 0370   10 % von Wiederbeschaffungskosten 540 000,00

Kalkulatorische Zinsen je Jahr:
        6 % vom betriebsnotwendigen Kapital 4 500 000,00
        Minderbestand an unfertigen Erzeugnissen 25 660,00
        Mehrbestand an fertigen Erzeugnissen 31 405,00
        Fertigungsmaterial 513 500,00
        Fertigungslöhne 413 380,00

1. Vervollständigen Sie den Betriebsabrechnungsbogen.
2. Berechnen Sie die Herstellkosten des Umsatzes und die Selbstkosten des Abrechnungszeitraumes.
3. Ermitteln Sie die vier Gemeinkostenzuschlagssätze.

1. Welche Aufgaben erfüllt der Betriebsabrechnungsbogen? **353**
2. Wozu dient die Errechnung von Ist-Zuschlagssätzen?
3. Nach welchem Gesichtspunkt werden die Zuschlagsgrundlagen für die Stellengemeinkosten ausgewählt?
4. Wodurch unterscheiden sich die Herstellkosten der Erzeugung von den Herstellkosten des Umsatzes?
5. Begründen Sie, daß eine Bestandsmehrung von den Herstellkosten der Erzeugung abzuziehen, eine Bestandsminderung zu den Herstellkosten hinzuzuzählen ist.
6. Welche Aufgabe erfüllt die Gesamtkostenrechnung, die für eine zurückliegende Abrechnungsperiode aufgestellt wird?

3.2.4 Kostenträgerblatt (BAB II) als Hilfsmittel der Kostenträgerzeitrechnung

Die Kostenträgerzeitrechnung hat die Aufgabe, alle Einzel- und Gemeinkosten einer Abrechnungsperiode insgesamt und getrennt nach Kostenträgern (z.B. Gehäusetypen) zu erfassen. Im einzelnen erfüllt sie folgende **Ziele:**

- **Errechnung der Herstellkosten** für jeden Kostenträger. Sie ist damit die Grundlage für die Bewertung der fertigen und unfertigen Erzeugnisse.
- **Errechnung der Selbstkosten** insgesamt und für jeden Kostenträger. Sie ist damit Grundlage zur Kontrolle der Wirtschaftlichkeit und Rentabilität.
- **Ermittlung des Betriebsergebnisses** einer Abrechnungsperiode (z.B. Monat). Sie ist damit die Grundlage einer kurzfristigen Erfolgsrechnung.

Merke: **Die Kostenträgerzeitrechnung ist die Grundlage zur Berechnung der Herstellkosten, der Selbstkosten und des Betriebsergebnisses einer Rechnungsperiode.**

Kostenträgerblatt (BAB II). Für die Geschäftsleitung ist es wichtig zu erfahren, mit wieviel Kosten jeder Kostenträger belastet werden muß und in welchem Maße jeder Kostenträger am Gewinn oder Verlust beteiligt ist. Die entsprechende Rechnung wird tabellarisch im sog. Kostenträgerblatt vorgenommen.

Aufbau des Kostenträgerblattes. Das Kostenträgerblatt ist senkrecht nach dem Kalkulationsschema zur Berechnung der Selbstkosten (vgl. S. 303, Zuschlagskalkulation) und waagerecht nach den Kostenträgern gegliedert. Die Einzelkosten (Fertigungsmaterial und Fertigungslöhne) können dem Betriebsergebniskonto entnommen und in das Kostenträgerblatt eingetragen werden. Sie lassen sich anhand der Belege (z.B. Materialentnahmescheine, Auftragszettel, Arbeitskarten, Lohnlisten) direkt und eindeutig den verschiedenen Kostenträgern (im Beispiel die Gehäusetypen A, B und C) zuordnen. Mit Hilfe der im BAB (vgl. S. 299) errechneten Zuschlagssätze werden die Stellengemeinkosten anteilig den Kostenträgern zugerechnet. Auf diese Weise besteht die Möglichkeit, die Selbstkosten des Umsatzes für die Kostenträger zu bestimmen.

Ergebnisrechnung. Das Kostenträgerblatt läßt sich durch die Aufnahme der Nettoumsatzerlöse aus dem Konto 9800 (vgl. S. 280) zu einer Ergebnisrechnung ausbauen. In der FB werden die Nettoumsatzerlöse auf Unterkonten auch für jeden Kostenträger ausgewiesen; sie können ebenfalls in das Kostenträgerblatt übernommen werden. Bildet man die Differenzen zwischen den Selbstkosten des Umsatzes und den Nettoumsatzerlösen, erhält man das Betriebsergebnis insgesamt sowie die durch jeden Kostenträger erwirtschafteten Anteile am Betriebsergebnis. Im Kostenträgerblatt kann somit kurzfristig das Betriebsergebnis ermittelt werden.

Merke:
- **Das Kostenträgerblatt kann zu einer Ergebnisrechnung ausgebaut werden; es ist dann die Grundlage für die kurzfristige Erfolgsrechnung.**

  Nettoumsatzerlöse
  − Selbstkosten des Umsatzes (Ist)
  = Betriebsergebnis

- **Im Kostenträgerblatt läßt sich auf einen Blick ablesen, wie hoch der Anteil der einzelnen Kostenträger am Betriebsergebnis ist.**

Abstimmung mit dem Betriebsergebnis im Konto 9800. Das im Kostenträgerblatt ermittelte Ergebnis muß mit dem im Konto „9800 Betriebsergebnis" ausgewiesenen Betriebsergebnis übereinstimmen. Eine Abstimmung der Zahlen der FB mit den Zahlen der Kostenrechnung ist somit gewährleistet.

Beispiel: Auf der Grundlage der Zuschlagssätze im BAB, Seite 299, und der angefallenen Einzelkosten (Fertigungsmaterial, Fertigungslöhne) will die Schmolmann KG nunmehr die Selbstkosten der einzelnen Kostenträger – Gehäuse der Typen A, B und C – mit Hilfe des Kostenträgerblattes berechnen. Außerdem soll der Anteil eines jeden Kostenträgers am Betriebsgewinn ermittelt werden. Die hierzu erforderlichen Angaben sind der folgenden Tabelle zu entnehmen:

	gesamt	Geh. Typ A	Geh. Typ B	Geh. Typ C
Fertigungsmaterial	2 800 000	1 200 000	700 000	900 000
Fertigungslöhne	2 400 000	1 050 000	625 000	725 000
Mehrbestand	175 000	60 000	55 000	60 000
Umsatzerlöse	10 300 000	4 650 000	2 260 000	3 390 000
Herstellmenge	200 000 St.	87 500 St.	62 500 St.	50 000 St.
Absatzmenge	194 640 St.	85 740 St.	61 140 St.	47 760 St.

Kostenträgerblatt (BAB II) auf Istkostenbasis

	Kalkulationsschema	Istkosten insgesamt	Kostenträger Gehäuse A	Gehäuse B	Gehäuse C
1.	Fertigungsmaterial	2 800 000	1 200 000	700 000	900 000
2.	+ 10,71 % MGK lt. BAB	300 000	128 500[1]	75 000	96 500
3.	**Materialkosten (1. + 2.)**	**3 100 000**	**1 328 500**	**775 000**	**996 500**
4.	Fertigungslöhne	2 400 000	1 050 000	625 000	725 000
5.	+ 114,17 % FGK lt. BAB	2 740 000	1 198 500[1]	713 500	828 000
6.	**Fertigungskosten (4. + 5.)**	**5 140 000**	**2 248 500**	**1 338 500**	**1 553 000**
7.	**HK d. Erzeugung (3. + 6.)**	**8 240 000**	**3 577 000**	**2 113 500**	**2 549 500**
8.	+ Minderbestand/Erzeugnisse	–	–	–	–
9.	– Mehrbestand/Erzeugnisse	175 000	60 000	55 000	60 000
10.	**HK des Umsatzes**	**8 065 000**	**3 517 000**	**2 058 500**	**2 489 500**
11.	+ 13,9 % VwGK lt. BAB	1 120 000	488 500	286 000	345 500[1]
12.	+ 4,34 % VtGK lt. BAB	350 000	152 500	89 500	108 000
13.	**Selbstkosten des Umsatzes**	**9 535 000**	**4 158 000**	**2 434 000**	**2 943 000**
14.	**Nettoumsatzerlöse**	**10 300 000**	**4 650 000**	**2 260 000**	**3 390 000**
15.	**Betriebsergebnis (14. – 13.)**	**+ 765 000**	**+ 492 000**	**– 174 000**	**+ 447 000**

Auswertung: Das Kostenträgerblatt zeigt die Höhe der Herstell- und Selbstkosten für jeden Kostenträger. Ebenso läßt sich der Erfolg, den jeder Kostenträger erwirtschaftet hat, ablesen. Hierbei fällt auf, daß der Kostenträger „Gehäuse Typ B" einen Verlust in Höhe von 174 000,00 DM erbracht hat. Die Ursachen für diesen Verlust müssen aufgedeckt und die zu treffenden Maßnahmen erörtert werden (vgl. hierzu Kap. „Deckungsbeitragsrechnung").

Wirtschaftlichkeit. Die aufgegliederten Zahlen des Kostenträgerblattes ermöglichen es, die Wirtschaftlichkeit der einzelnen Kostenträger zu beurteilen. Verglichen mit der Gesamtwirtschaftlichkeit von **1,08** (vgl. S. 281) weisen die einzelnen Kostenträger deutlich abweichende Wirtschaftlichkeitszahlen auf:

Wirtschaftlichkeit	Gehäuse Typ A	Gehäuse Typ B	Gehäuse Typ C
Nettoumsatzerlöse	4 650 000 DM	2 260 000 DM	3 390 000 DM
Selbstkosten	4 158 000 DM	2 434 000 DM	2 943 000 DM
	= **1,118**	= **0,93**	= **1,152**

---

1 gerundete Zahlen

3.3 Kostenstellen- und Kostenträgerrechnung auf Normalkostenbasis

3.3.1 Normalgemeinkosten

Schwankungen der Istkostenzuschläge. Betriebsabrechnungsbögen werden zu Beginn eines jeden Monats aus den Zahlen des jeweiligen Vormonats neu aufgestellt. In der Regel sind hierbei die aus den Stellengemeinkosten und den Zuschlagsgrundlagen errechneten Istkostenzuschläge nicht konstant. Das ist zurückzuführen auf

- **Preisabweichungen**

  Preiserhöhungen bei Hilfs- und Betriebsstoffen sowie Gehaltserhöhungen z.B. führen zu einer höheren Belastung der Kostenstellen mit Gemeinkosten und damit zu höheren Zuschlagssätzen. Ebenso wäre es denkbar, daß preisgünstigere Materialien ein Sinken der Stellengemeinkosten und damit ein Sinken der Zuschlagssätze bewirken.

- **Beschäftigungsabweichungen**

  Die Erhöhung der Produktion kann z.B. zu überhöhten Stellengemeinkosten im Fertigungsbereich (Reparaturaufwand, Lohnzuschläge für Zusatzschichten) und damit zu höheren Zuschlagssätzen beitragen. Andererseits ist ein Rückgang der Beschäftigung nicht unbedingt mit einem Sinken der Zuschlagssätze verbunden, da in diesem Fall zwar die variablen Einzelkosten sinken werden, nicht aber die fixen Gemeinkosten.

- **Verbrauchsabweichungen**

  Es kann auch vorkommen, daß die geplanten Fertigungszeiten und Materialvorgaben (Stückliste) über- oder unterschritten werden. Das führt zu steigenden oder fallenden Kosten und damit ebenfalls zu schwankenden Zuschlagssätzen.

Eine solche auf Istkosten basierende Kostenrechnung ist also nicht in der Lage,

- **Kostenkontrollen durchzuführen,**
  da ihr eine feste Grundlage für Vergleiche fehlt, und

- im voraus **verbindliche Angebotskalkulationen aufzustellen,**
  da sie keine konstanten Zuschlagssätze zur Verfügung stellen kann.

Merke:
- **Die Ist-Kostenrechnung eignet sich nicht für Kostenkontrollen und Angebotskalkulationen, weil sie mit Vergangenheitswerten und mit schwankenden Zuschlagssätzen arbeitet.**

- **Die Ist-Kostenrechnung ist die Grundlage für Nachkalkulationen zur Überprüfung der im voraus festgelegten Kosten.**

Normalkosten als Durchschnittskosten. Für die zukunfts- und kontrollorientierte, über einen längeren Zeitraum konstante Kalkulation werden sog. Normalkosten verwendet. Normalkosten sind Durchschnittskosten, die aus den Istkosten oder den Istkostenzuschlägen der Vergangenheit errechnet werden.

Normalzuschlagssätze lassen sich vereinfacht als arithmetische Mittelwerte aus einer Anzahl früherer Istzuschlagssätze für jeden Kostenbereich (z. B. als Zuschlagsprozentsatz, Maschinenstundensatz, Fertigungsstundensatz) berechnen.

Beispiel: Im BAB der Schmolmann KG (vgl. S. 299) wurde der Istzuschlagssatz für die Materialgemeinkosten mit 10,71 % errechnet. In den zurückliegenden Monaten betrugen die Materialgemeinkostenzuschläge 9,8 %, 10,2 %, 8,7 %, 10,1 %, 10,4 %.

Es soll ein geeigneter Normalzuschlagssatz berechnet werden.

$$\frac{10{,}71\,\% + 9{,}8\,\% + 10{,}2\,\% + 8{,}7\,\% + 10{,}1\,\% + 10{,}4\,\%}{6} = \textbf{9,985\,\%;}\ \text{aufgerundet}\ \underline{\textbf{10\,\% MGK-Zuschlag}}$$

Verrechnungspreise. In verfeinerter Form lassen sich Normalkosten auch für einzelne Kostenarten — insbesondere für die Einzelkosten „Fertigungsmaterial" und „Fertigungslöhne" — festlegen. Hierzu werden

- **Materialien zu festen Verrechnungspreisen,**
- **Löhne zu festen Lohnsätzen** kalkuliert.

Das ermöglicht die Überprüfung des tatsächlichen Kostenverbrauchs, da z.B. die Verwendung fester Verrechnungspreise Schwankungen der Einkaufspreise ausschaltet. In der Regel reicht es aus, wenn die wichtigsten Kostenarten normiert werden.

Beispiel: Der Rohstoffverbrauch (= Stahlblech einheitlicher Stärke) wird in der Kostenrechnung der Schmolmann KG zum festen Verrechnungspreis von 210,00 DM je 100 kg angesetzt. Dieser Verrechnungspreis wurde aus Anschaffungskosten zurückliegender Monate berechnet:

Monat:	Juni	Juli	August	September	Oktober
Anschaffungs-kosten:	210,50 DM	208,40 DM	209,20 DM	210,80 DM	211,20 DM

$$\frac{210,5 + 208,4 + 209,2 + 210,8 + 211,2}{5} = \textbf{210,02 DM; gerundet 210,00 DM/100 kg}$$

Merke: **Normalkosten sind Durchschnittskosten, die aus den Istkosten oder den Istkostenzuschlagssätzen der Vergangenheit als arithmetische Mittelwerte berechnet werden.**

Festlegung der Normalzuschlagssätze für die Gemeinkosten in den Kostenbereichen des Betriebsabrechnungsbogens. Ähnlich wie für den Materialbereich, werden die Normalzuschlagssätze für die Bereiche „Fertigung", „Verwaltung" und „Vertrieb" festgelegt. Hierbei ist darauf zu achten, daß diese Zuschlagssätze für einen längeren Zeitraum (ca. 6 Monate) Gültigkeit behalten können. Überschreiten die Istzuschlagssätze in mehreren aufeinanderfolgenden Monaten die Normalzuschlagssätze, so sind die Normalzuschlagssätze entsprechend zu erhöhen.

Beispiel: Aufgrund der vorliegenden Zahlen wurden in der Schmolmann KG folgende Normalzuschlagssätze für die Gemeinkosten in den Kostenbereichen des Betriebsabrechnungsbogens festgelegt:

Materialgemeinkostenzuschlag	**10,0 %**
Fertigungsgemeinkostenzuschlag	**115,0 %**
Verwaltungsgemeinkostenzuschlag	**14,0 %**
Vertriebsgemeinkostenzuschlag	**5,0 %**

Normalkostenrechnung. Die Kostenrechnung wird in der Praxis auf Normalzuschlagssätzen aufgebaut. Im einzelnen bedeutet dies:

- **Angebote** — und damit Preisfestsetzungen in Preislisten und Kaufverträgen — werden auf Normalkostenbasis kalkuliert. Das hat zur Folge, daß auch in den Umsatzerlösen Normalkosten erstattet werden.
- Die **Kostenträgerzeitrechnung** kann bereits vor der Aufstellung des Betriebsabrechnungsbogens aus den Einzelkosten und den Normalkostenzuschlägen erstellt werden und zeigt dem Unternehmer kurzfristig den Periodenerfolg.
- Durch die Verwendung der Normalzuschlagssätze wird die Kostenrechnung von **Störungen durch Preisschwankungen** befreit.
- Die **Istkostenrechnung** ist für die Kostenkontrolle in Form der Nachkalkulation weiterhin von Bedeutung.

3.3.2   Kostenüberdeckung und Kostenunterdeckung im BAB

Beispiel: Für das Unternehmen Schmolmann KG ist es wichtig festzustellen, ob die durch die Produktion tatsächlich entstandenen Kosten den in die Preise eingerechneten (vorkalkulierten) Normalkosten entsprechen. Insgesamt dürfen die IST-Stellengemeinkosten im BAB nicht höher ausfallen als die aus den Zuschlagsgrundlagen und den Normalzuschlagssätzen errechneten Normalgemeinkosten, weil dann die über die Umsatzerlöse „erstatteten" Normalkosten nicht mehr die tatsächlichen Kosten decken, was zu Gewinneinbußen oder sogar zu Verlusten führt. Um dies zu prüfen, wird der BAB um die Normalgemeinkosten ergänzt.

Betriebsabrechnungsbogen[1] mit Istgemeinkosten und Normalgemeinkosten

Gemeinkostenarten	Zahlen der FB	Verteilungs-grundlagen	Kostenstellen			
			I Material	II Fertigung	III Verwaltg.	IV Vertrieb
Gemeinkostenmaterial	750 000	Entnahmeschein	–	700 000	–	50 000
Brennstoffe/Energie	130 000	Entnahmeschein	10 000	70 000	30 000	20 000
Gehälter	500 000	Gehaltsliste	60 000	100 000	290 000	50 000
Ges. Soz.-Kosten	600 000	Lohnliste	10 000	450 000	130 000	10 000
Kalk. Abschreibungen	700 000	Anlagekartei	50 000	520 000	80 000	50 000
Bürokosten	150 000	Rechnungen	20 000	40 000	80 000	10 000
Werbekosten	200 000	Rechnungen	–	30 000	120 000	50 000
Betriebl. Steuern	190 000	Anlagewerte	20 000	50 000	90 000	30 000
Kalk. Zinsen	920 000	Vermögenswerte	100 000	650 000	100 000	70 000
Kalk. Untern.-Lohn	300 000	Schätzung	–	100 000	200 000	–
Kalk. Wagnisse	70 000	Schätzung	30 000	30 000	–	10 000
Summe/Gem.-Kosten	**4 510 000**	**aufgeteilt:**	**300 000** **MGK**	**2 740 000** **FGK**	**1 120 000** **VwGK**	**350 000** **VtGK**
		Zuschlagsgrundlagen:	FM 2 800 000	FL 2 400 000	HK des Umsatzes 8 065 000	
		IST-Zuschlagssätze:	10,71 %	114,17 %	13,9 %	4,34 %
		Normal-Zuschlagssätze:	10 %	115 %	14,0 %	5,0 %
		Normalgemeinkosten:	280 000	2 760 000	1 129 100	403 250
		Kostenüberdeckung:	–	20 000	9 100	53 250
		– Kostenunterdeckung:	20 000	–	–	–
		= Kostenüberdeckung insg.	62 350,00			

Aufgabe: *Berechnen Sie die „Normal"-Herstellkosten des Umsatzes (8 065 000,00 DM) nach dem Schema von Seite 303 aus den Einzelkosten und den Normalzuschlagssätzen.*

Bei einer Kostenüberdeckung liegen die verrechneten Normalkosten über den Istkosten. Die Normal-Selbstkosten sind höher als die tatsächlichen Selbstkosten.

Bei einer Kostenunterdeckung liegen die verrechneten Normalkosten unter den Istkosten. Die tatsächlich angefallenen Kosten werden durch die Kalkulation mit Normalzuschlagssätzen nicht mehr gedeckt.

Es ist zweckmäßig, die Kostenüber-/-unterdeckungen im BAB auszuweisen. Hierzu werden die verrechneten Normalkosten unterhalb der IST-Stellengemeinkosten in den BAB eingetragen. Die Über- oder Unterdeckungen ergeben sich dann durch Saldierung.

Merke:
- **Normalgemeinkosten > IST-Stellengemeinkosten = Kostenüberdeckung**
- **Normalgemeinkosten < IST-Stellengemeinkosten = Kostenunterdeckung**

---

1   vgl. BAB, S. 299

3.3.3   Kostenträgerblatt auf Normalkostenbasis

Beispiel: Auf der Grundlage der im Unternehmen Schmolmann KG festgelegten Normalzuschlagssätze (vgl. S. 309) und der angefallenen Einzelkosten für die abgelaufene Rechnungsperiode (Fertigungsmaterial, Fertigungslöhne) sowie der für jeden Kostenträger ausgewiesenen Umsatzerlöse wird das Kostenträgerblatt auf Normalkostenbasis nach dem Schema von Seite 307 aufgestellt.

Kostenträgerblatt (BAB II) auf Normalkostenbasis

	Kalkulationsschema	Normal-kosten insgesamt	Kostenträger		
			Gehäuse Typ A	Gehäuse Typ B	Gehäuse Typ C
1.	Fertigungsmaterial	2 800 000	1 200 000	700 000	900 000
2.	+ 10,0 % MGK	280 000	120 000	70 000	90 000
3.	**Materialkosten (1. + 2.)**	**3 080 000**	**1 320 000**	**770 000**	**990 000**
4.	Fertigungslöhne	2 400 000	1 050 000	625 000	725 000
5.	+ 115 % FGK	2 760 000	1 207 500	718 750	833 750
6.	**Fertigungskosten (4. + 5.)**	**5 160 000**	**2 257 500**	**1 343 750**	**1 558 750**
7.	**Herstellkosten (HK) der Erzeugung (3. + 6.)**	**8 240 000**	**3 577 500**	**2 113 750**	**2 548 750**
8.	+ Minderbestand/Erzeugung	–	–	–	–
9.	– Mehrbestand/Erzeugung	175 000	60 000	55 000	60 000
10.	**HK des Umsatzes**	**8 065 000**	**3 517 500**	**2 058 750**	**2 488 750**
11.	+ 14,0 % VwGK	1 129 100	492 450	288 225	348 425
12.	+ 5,0 % VtGK	403 250	175 875	102 938	124 437
13.	**Selbstkosten des Umsatzes**	**9 597 350**	**4 185 825**	**2 449 913**	**2 961 612**
14.	**Nettoumsatzerlöse lt. FB**	**10 300 000**	**4 650 000**	**2 260 000**	**3 390 000**
15.	Umsatzergebnis (14. – 13.)	702 650	+ 464 175	– 189 913	+ 428 388
16.	+ **Kostenüberdeckung lt. BAB**	62 350	–	–	–
17.	Betriebsergebnis	765 000	= Saldo im Konto „9800 Betriebsergebnis"		

Merke: **Mit Hilfe des Kostenträgerblattes können ermittelt werden:**
- **der Anteil der verschiedenen Kostenträger an den gesamten Normalkosten der Abrechnungsperiode,**
- **der Anteil jedes einzelnen Kostenträgers am Umsatzergebnis,**
- **das monatliche Betriebsergebnis (kurzfristige Erfolgsrechnung).**

Ergebnisrechnung im Kostenträgerblatt. Durch Vergleich der Normal-Selbstkosten des Umsatzes mit den Netto-Umsatzerlösen erhält man das Umsatzergebnis insgesamt und für jeden Kostenträger.

Das Umsatzergebnis unterscheidet sich vom Betriebsergebnis lediglich durch die Kostenüberdeckung bzw. Kostenunterdeckung, da diese die Differenz zwischen Normalkosten und Istkosten bildet. Berichtigt man daher das Umsatzergebnis um die dem BAB zu entnehmende Kostenüberdeckung oder Kostenunterdeckung, erhält man das Betriebsergebnis der Abrechnungsperiode.

Merke: • **Umsatzergebnis + Kostenüberdeckung lt. BAB = Betriebsergebnis,**
- **Umsatzergebnis – Kostenunterdeckung lt. BAB = Betriebsergebnis.**

Aufgaben

354 Die Finanzbuchhaltung und die Kosten- und Leistungsrechnung eines Industriebetriebes weisen für den zurückliegenden Abrechnungszeitraum u. a. folgende Zahlen auf:

	insgesamt DM	Produkt	
		A	B
Rohstoffaufwand (Fertigungsmaterial) .	1 100 000,00	700 000,00	400 000,00
Lohnaufwand (Fertigungslöhne)	840 000,00	540 000,00	300 000,00
Umsatzerlöse	4 434 540,00	2 948 900,00	1 485 640,00
Gemeinkosten insgesamt	2 325 000,00		
Bestände an fertigen Erzeugnissen:			
Anfangsbestand	72 000,00	50 000,00	22 000,00
Endbestand	47 000,00	20 000,00	27 000,00

Die Gemeinkosten sind im unten angegebenen BAB bereits auf die 4 Hauptkostenstellen verteilt.

Das Unternehmen hat im Abrechnungszeitraum mit folgenden Normalzuschlagssätzen kalkuliert:

Materialgemeinkosten .... 14 % Verwaltungsgemeinkosten .... 10 %
Fertigungsgemeinkosten .... 180 % Vertriebsgemeinkosten .... 8 %

BAB

Gemeinkostenarten	Zahlen der FB	Material	Fertigung	Verwaltung	Vertrieb
Istgemeinkosten	2 325 000,00	165 000,00	1 470 000,00	450 000,00	240 000,00

1. *Ermitteln Sie im BAB die Kostenüberdeckungen und Kostenunterdeckungen, und erläutern Sie das Ergebnis.*
2. *Bestimmen Sie im Kostenträgerblatt die Umsatzergebnisse der beiden Erzeugnisse und das Betriebsergebnis.*
3. *Erläutern Sie die Erfolgssituation.*

355 Die Kosten- und Leistungsrechnung einer Brauerei liefert folgende Zahlen:

	insgesamt	Pils	Export	Alt
Umsatzerlöse	2 052 500	1 350 000	382 500	320 000
Ausstoß in Liter	2 350 000	1 500 000	450 000	400 000
Fertigungsmaterial	900 000	570 000	170 000	160 000
Fertigungslöhne	300 000	190 000	60 000	50 000
Gemeinkosten, fix	900 000			

Die Gemeinkosten verteilen sich wie folgt auf die Hauptkostenstellen:

Materialstelle .... 125 000,00 DM Verwaltungsstelle .... 130 000,00 DM
Fertigungsstelle .... 500 000,00 DM Vertriebsstelle .... 145 000,00 DM

Im Unternehmen wird mit folgenden Normalzuschlagssätzen kalkuliert:

Materialgemeinkosten .... 15 % Verwaltungsgemeinkosten .... 7 %
Fertigungsgemeinkosten .... 165 % Vertriebsgemeinkosten .... 8 %
Bestandsveränderungen sind nicht zu berücksichtigen.

1. *Ermitteln Sie im BAB die Kostenüberdeckungen und Kostenunterdeckungen, und erläutern Sie das Ergebnis.*
2. *Erstellen Sie das Kostenträgerblatt zur Bestimmung der Umsatzergebnisse und des Betriebsergebnisses.*

FB und KLR eines Industriebetriebes liefern folgende Zahlen und Angaben: **356**

Bezeichnung	insgesamt	Anteile der Erzeugnisse		
		A	B	C
Fertigungsmaterial	146 000,00	58 000,00	37 000,00	51 000,00
Fertigungslöhne	88 000,00	34 000,00	18 000,00	36 000,00
Verschiedene Gemeinkosten	221 060,00	—	—	—
Unfertige Erzeugnisse:				
Anfangsbestand	12 000,00	5 000,00	4 000,00	3 000,00
Endbestand	5 000,00	2 000,00	1 000,00	2 000,00
Fertige Erzeugnisse:				
Anfangsbestand	18 000,00	9 000,00	2 000,00	7 000,00
Endbestand	25 000,00	11 000,00	6 000,00	8 000,00
Nettoumsatzerlöse	434 800,00	198 600,00	144 500,00	91 700,00

Die Istgemeinkosten je Kostenbereich betragen lt. BAB:

Materialgemeinkosten . . . . 15 200,00   Verwaltungsgemeinkosten 52 890,00
Fertigungsgemeinkosten . . . . . . 128 500,00   Vertriebsgemeinkosten 24 470,00

Der Betrieb hat mit folgenden Normalzuschlägen gerechnet:

Materialgemeinkosten . . . . 10 %   Verwaltungsgemeinkosten . . . . 15 %
Fertigungsgemeinkosten . . . . 150 %   Vertriebsgemeinkosten . . . . 5 %

1. *Stellen Sie das Kostenträgerblatt auf, und erläutern Sie das Umsatzergebnis.*

2. *Berechnen Sie das Betriebsergebnis.*

Ergebnisrechnung mit BAB und Kostenträgerblatt   **357**

In der Körner KG werden folgende Aufwendungen, Erträge, Kosten und Leistungen ermittelt:

2050 Betriebsfremde Erträge 20 000,00
2150 Haus- und Grundstückserträge 5 000,00
2300 Bilanzmäßige Abschreibungen 80 000,00
2400 Zinsaufwendungen 2 000,00
2450 Zinserträge 15 000,00
2500 Betriebliche a. o. Aufwendungen 18 000,00
2550 Betriebliche a. o. Erträge 70 000,00
4000 Fertigungsmaterial 130 000,00
4100 Gemeinkostenmaterial 25 000,00
4310 Fertigungslöhne 220 000,00
4390 Gehälter 115 000,00
4400 Gesetzliche Sozialkosten 52 000,00
4600 Betriebliche Steuern 25 000,00
4690 Versicherungsbeiträge 3 000,00
4700 Mieten 20 000,00
4760 Bürokosten 22 000,00
8300 Umsatzerlöse für Erzeugnisse 880 000,00
8900 Erhöhung des Bestandes an fertigen Erzeugnissen 40 000,00

Der kalkulatorische Unternehmerlohn beträgt 12 000,00 DM.

Die kalkulatorischen Zinsen für das betriebsnotwendige Kapital machen 20 000,00 DM aus.

Für Garantieverpflichtungen werden als kalkulatorische Wagnisse 15 000,00 DM in Ansatz gebracht.

Die kalkulatorischen Abschreibungen auf Sachanlagen betragen 75 000,00 DM.

Erstellen Sie die Erfolgsrechnung in den Konten 9800 und 9870.

6624313

313

Grundlagen zur Aufstellung des BAB:

Kostenart	I Material	II Fertigung	III Verwaltung	IV Vertrieb
	Direkte Verteilung in DM (Belege)			
Gemeinkostenmaterial	3 000,00	20 000,00	—	2 000,00
Gehälter	5 000,00	15 000,00	85 000,00	10 000,00
Ges. Sozialkosten	2 000,00	25 000,00	22 000,00	3 000,00
Abschreibungen	5 000,00	55 000,00	10 000,00	5 000,00
Kalkulatorische Zinsen	2 000,00	15 000,00	2 000,00	1 000,00
Bürokosten	1 000,00	5 000,00	12 000,00	4 000,00
	Indirekte Verteilung nach Schlüsseln			
Betriebssteuern	2 :	12 :	8 :	3
Mieten: Raumgröße	100 m^2	600 m^2	200 m^2	100 m^2
Versicherungen: **Vers.-Werte**	1 000 000 DM	3 000 000 DM	2 000 000 DM	–
Unternehmerlohn	1 :	2 :	2 :	1
Kalkulatorische Wagnisse	2 :	4 :	1 :	3

1. *Erstellen Sie nach obigen Angaben den BAB.*
2. *Errechnen Sie die Ist-Zuschlagssätze.*

Der Betrieb hat im gleichen Abrechnungsmonat mit folgenden Normalzuschlagssätzen kalkuliert:

Materialgemeinkosten . . . . 15 %   Verwaltungsgemeinkosten . . . . 25 %
Fertigungsgemeinkosten . . . . 80 %   Vertriebsgemeinkosten . . . . 6 %

1. *Führen Sie die Kostenrechnung mit Normalzuschlägen durch.*
2. *Tragen Sie die verrechneten Normalgemeinkosten in den BAB ein, und ermitteln Sie die Kostenüber- bzw. -unterdeckungen in den einzelnen Kostenbereichen und insgesamt.*

Aufstellung des Kostenträgerblattes nach folgenden Angaben:

Bezeichnung	insgesamt	Anteile der Erzeugnisse	
		A	B
Fertigungsmaterial	130 000,00	80 000,00	50 000,00
Fertigungslöhne	220 000,00	130 000,00	90 000,00
Gemeinkosten	lt. BAB		
Unfertige Erzeugnisse:			
Anfangsbestand	120 000,00	80 000,00	40 000,00
Endbestand	150 000,00	100 000,00	50 000,00
Fertige Erzeugnisse:			
Anfangsbestand	160 000,00	100 000,00	60 000,00
Endbestand	170 000,00	120 000,00	50 000,00
Umsatzerlöse	880 000,00	550 000,00	330 000,00

1. *Stellen Sie fest, in welcher Höhe die Erzeugnisgruppen A und B am Umsatzergebnis beteiligt sind.*
2. *Ermitteln Sie im Kostenträgerblatt das Betriebsergebnis, und stimmen Sie es mit dem im Konto 9800 ausgewiesenen Betriebsergebnis ab.*
3. *Ermitteln Sie den Prozentanteil der Kostenträger A und B am Umsatzergebnis.*
4. *Bestimmen Sie die Wirtschaftlichkeitskoeffizienten der einzelnen Kostenträger nach der Formel:*

$$\text{Wirtschaftlichkeitskoeffizient} = \frac{\text{Leistung (Umsatzerlöse)}}{\text{Kosten (Selbstkosten)}}$$

3.4 Erweiterter Betriebsabrechnungsbogen

3.4.1 Betriebsabrechnungsbogen mit mehreren Fertigungshauptstellen

Beispiel: Die Schmolmann KG ist mit der Aussagefähigkeit des Betriebsabrechnungsbogens (vgl. Seite 310) nicht zufrieden: Da nur ein Kostenbereich „Fertigung" geführt wird, kann hieraus nicht der Gemeinkostenverbrauch in einzelnen Fertigungsabteilungen ersehen werden, so daß gezielte Kostenkontrollen gar nicht möglich sind. Um zu besseren Ergebnissen zu kommen, wird die Aufteilung des Fertigungsbereichs in folgende Fertigungshauptstellen (FHS) geplant:

FHS I: Stanzen/Pressen   FHS III: Lackieren
FHS II: Bohren/Entgraten   FHS IV: Montieren/Verpacken

Fertigungshauptstellen. In Betrieben mit einem umfangreichen Fertigungsprozeß wird zweckmäßigerweise für jede Fertigungsabteilung eine besondere Kostenstelle eingerichtet, die sog. Fertigungshauptstelle, die als selbständige Kostenstelle mit eigener Zuschlagsgrundlage und eigenem Gemeinkostenzuschlagssatz gilt.

Beispiel: Der BAB (vgl. S. 310) könnte für die neu eingerichteten Fertigungshauptstellen nach der Verteilung der Gemeinkosten folgende Stellengemeinkosten und Zuschlagsgrundlagen (= Fertigungslöhne je Fertigungshauptstelle) ausweisen:

Betriebsabrechnungsbogen (gekürzt)

| Gemein-kosten | Zahlen der FB | Material-stelle | Fertigungshauptstellen | | | | Verwalt.-stelle | Vertriebs-stelle |
			I	II	III	IV		
insges.	4 510 000	300 000	845 000	655 000	680 000	560 000	1 120 000	350 000
Zuschlags-grundlagen:	2 800 000 FM	735 000 FL	525 000 FL	630 000 FL	510 000 FL	8 065 000 HK des Umsatzes	
IST-Zuschlagssätze	10,71 %	**114,96%**	**124,76 %**	**107,94 %**	**109,8 %**	13,9 %	4,34 %

Auswertung: Der Vergleich zeigt deutliche Abweichungen in den IST-Zuschlagssätzen der einzelnen Fertigungshauptstellen untereinander und auch gegenüber dem einheitlichen Zuschlagssatz von 114,17 % (vgl. BAB S. 310). Die Zuschlagssätze der Fertigungshauptstellen machen die Kostenstruktur deutlich. So haben die FHS **I** und **II** einen im Verhältnis zu den Fertigungslöhnen höheren Anteil an Gemeinkosten als die FHS **III** und **IV**; diese Abteilungen sind offensichtlich lohnintensiv.

Eine Folge des obigen Ergebnisses wäre die Festlegung von Normalzuschlagssätzen für jede Fertigungshauptstelle mit entsprechender Auswirkung auf die Kostenträgerrechnung. Im Kostenträgerblatt müßte nacheinander der Lohnaufwand für jede Fertigungshauptstelle aus dem BAB und der jeweils zugeordnete Normalzuschlagssatz eingesetzt werden, um die Normal-Fertigungskosten berechnen zu können.

Aufgabe

1. *Erstellen Sie zu obigem Beispiel das Kostenträgerblatt nach dem Muster von Seite 311 mit folgenden Normalzuschlagssätzen: MGK 10 %, FHS I 115 %, FHS II 120 %, FHS III 105 %, FHS IV 110 %, VerwGK 14 %, VertrGK 5 %.*

2. *Ermitteln Sie im obigen BAB auf der Grundlage der Normalzuschlagssätze die Kostenüberdeckung oder Kostenunterdeckung.*

3. *Welche Auswirkung auf die Normal-Selbstkosten der Periode hat diese verfeinerte Kalkulation gegenüber der vereinfachten mit nur einem Fertigungszuschlag?*

358

315

3.4.2 Mehrstufiger Betriebsabrechnungsbogen

Beispiel: Wegen des recht häufigen Wechsels in der Fertigung der Gehäusetypen A, B und C wird die Einrichtung einer besonderen Abteilung „Arbeitsvorbereitung" notwendig, die sich um die Fertigungsplanung und Fertigungssteuerung kümmert. Diese Abteilung soll als getrennte Kostenstelle, die für alle Fertigungshauptstellen Hilfsdienste leistet, geführt werden (= Fertigungshilfsstelle).

Zusätzlich plant das Unternehmen Schmolmann KG, den inzwischen stark erweiterten Fuhrpark aus Kontrollgründen zu einer selbständigen Kostenstelle (= Allgemeine Kostenstelle) zu machen. Bisher sind die Fahrzeugkosten aufgrund von Belegen direkt den einzelnen Kostenbereichen zugewiesen worden.

Die Allgemeinen Kostenstellen (= AKS) erfassen die Gemeinkosten, die das Unternehmen insgesamt betreffen und allen Kostenbereichen zuzuordnen sind. Folgende Betriebsabteilungen können als AKS eingerichtet werden: Energieversorgung, Werkschutz, Fahrzeuge, Sozialeinrichtungen. Die auf diesen Kostenstellen erfaßten Gemeinkosten sind letztlich von allen Betriebsabteilungen verursacht worden. Folglich werden sie nach einem geeigneten Schlüssel auf alle Kostenstellen umgelegt.

Merke: Die in den Allgemeinen Kostenstellen erfaßten Gemeinkosten werden auf alle nachgeordneten Kostenstellen verursachungsgerecht umgelegt.

Fertigungshilfsstellen. Die Fertigungshilfsstellen sind den Fertigungshauptstellen untergeordnet. Sie erfassen die Gemeinkosten, die den Fertigungsbereich insgesamt betreffen und nicht einer einzelnen Fertigungshauptstelle direkt zugewiesen werden können. Zu den Abteilungen, die Hilfsdienste für die Fertigung leisten, gehören z. B. die technische Betriebsleitung, die Arbeitsvorbereitung, das Konstruktionsbüro, die Reparaturwerkstatt. Die Fertigungshilfsstellen geben die bei ihnen erfaßten Gemeinkosten nach einem geeigneten Schlüssel an die Fertigungshauptstellen ab.

Merke: Die in den Fertigungshilfsstellen erfaßten Gemeinkosten werden auf die übergeordneten Fertigungshauptstellen abgewälzt.

Beispiel: Das nebenstehende Beispiel zeigt, wie der um die Allgemeine Kostenstelle „Fahrzeuge" und um die Fertigungshilfsstelle „Arbeitsvorbereitung" erweiterte BAB aussieht. Es verdeutlicht auch, wie die Kosten aus den vorgelagerten Stellen nach den erbrachten Leistungen auf die Hauptkostenstellen abgewälzt werden:

1. **Umlage „Fahrzeuge"** im Verhältnis 2 : 0 : 2 : 2 : 2 : 0 : 4 : 3.
2. **Umlage „Arbeitsvorbereitung"** im Verhältnis 8 : 7 : 6 : 4.

Auswertung: Zusätzliche Erkenntnisse bietet der BAB hinsichtlich der neu eingerichteten Kostenstellen „Fahrzeuge" und „Arbeitsvorbereitung". Die Kostenstelle „Fahrzeuge" verursachte 300 000,00 DM Kosten, die „Arbeitsvorbereitung" 125 000,00 DM, die jetzt – hinsichtlich der Höhe und der Kostenart – einer Kontrolle unterzogen werden können.

Die Erweiterung des BAB führt auch zu einer Verschiebung in den Stellengemeinkosten: Im Vergleich mit dem BAB von Seite 315 werden die Fertigungshauptstellen I bis III weniger stark mit Gemeinkosten belastet, die übrigen Kostenstellen haben einen höheren Anteil an den Gemeinkosten zu tragen. Dies macht sich – bei gleichen Zuschlagsgrundlagen – in den abweichenden Zuschlagssätzen bemerkbar.

Zu beachten ist, daß die vertiefte Kenntnis der Kostenstruktur aufgrund des erweiterten Betriebsabrechnungsbogens erkauft werden muß mit einem hohen Maß an Sorgfalt und Aufwand bei der Zuweisung der Gemeinkosten auf die Kostenstellen.

Merke: Der erweiterte und mehrstufige Betriebsabrechnungsbogen gibt einen guten Einblick in die Kostenstruktur des Unternehmens und gestattet – im Vergleich mehrerer Abrechnungsperioden – eine sorgfältige Kostenkontrolle.

Mehrstufiger Betriebsabrechnungsbogen mit Istgemeinkosten und Istzuschlägen										
Gemein-kosten-arten	Zahlen der FB	AKS: Fahr-zeuge	Mat.-stelle	Arbeits-vorbe-reitung	Fertigungshauptstellen				Verwal-tungs-stelle	Ver-triebs-stelle
					I Stanzen Pressen	II Bohren Entgraten	III Lackieren	IV Mon-tieren		
Gemeink.-Mat.	750 000	40 000	—	20 000	210 000	150 000	160 000	130 000	—	40 000
Brennst./Energ.	130 000	70 000	—	—	15 000	10 000	10 000	10 000	5 000	10 000
Gehälter	500 000	25 000	50 000	10 000	20 000	20 000	20 000	20 000	270 000	65 000
Ges.-Soz.-Kost.	600 000	30 000	10 000	15 000	135 000	95 000	105 000	85 000	115 000	10 000
Abschreibungen	700 000	50 000	40 000	20 000	150 000	100 000	110 000	100 000	80 000	50 000
Bürokosten	150 000	5 000	10 000	10 000	10 000	10 000	10 000	10 000	70 000	15 000
Werbekosten	200 000	10 000	—	10 000	5 000	—	—	5 000	120 000	50 000
Steuern	190 000	10 000	20 000	—	10 000	10 000	10 000	10 000	90 000	30 000
Zinsen	920 000	50 000	100 000	30 000	200 000	100 000	150 000	120 000	100 000	70 000
Untern.-lohn	300 000	10 000	5 000	10 000	30 000	20 000	15 000	20 000	180 000	10 000
Kalk. Wagnisse	70 000		30 000		—	10 000		20 000		10 000
Summe	4 510 000	300 000	265 000	125 000	785 000	525 000	590 000	530 000	1 030 000	360 000
1. Umlage: Fahrzeuge			40 000	—	40 000	40 000	40 000	—	80 000	60 000
Zwischensumme			305 000	125 000	825 000	565 000	630 000	530 000	1 110 000	420 000
2. Umlage: Arbeitsvorbereitung			—		40 000	35 000	30 000	20 000	—	—
Stellengemeinkosten			305 000	—	865 000	600 000	660 000	550 000	1 110 000	420 000
Zuschlagsgrundlagen: Fertigungsmaterial Fertigungslöhne Herstellkosten des Umsatzes			2 800 000		735 000	525 000	630 000	510 000	8 005 000	
IST-Zuschlagssätze			10,9 %		117,69 %	114,3 %	104,76 %	107,84 %	13,87 %	5,25 %

Berechnung der Herstellkosten des Umsatzes als Zuschlagsgrundlage für die Verwaltungs- und Vertriebsgemeinkosten:

Kalkulationsschema		
Fertigungsmaterial	2 800 000,00 DM	
+ Materialgemeinkosten (MGK)	305 000,00 DM	
= **Materialkosten**		3 105 000,00 DM
Fertigungslöhne **FHS I**	735 000,00 DM	
+ Fertigungsgemeinkosten (FGK) I	865 000,00 DM	
= **Fertigungskosten I**		1 600 000,00 DM
Fertigungslöhne **FHS II**	525 000,00 DM	
+ Fertigungsgemeinkosten (FGK) II	600 000,00 DM	
= **Fertigungskosten II**		1 125 000,00 DM
Fertigungslöhne **FHS III**	630 000,00 DM	
+ Fertigungsgemeinkosten (FGK) III	660 000,00 DM	
= **Fertigungskosten III**		1 290 000,00 DM
Fertigungslöhne **FHS IV**	510 000,00 DM	
+ Fertigungsgemeinkosten (FGK) IV	550 000,00 DM	
= **Fertigungskosten IV**		1 060 000,00 DM
Herstellkosten der produzierten Menge		8 180 000,00 DM
− Mehrbestand an Erzeugnissen		175 000,00 DM
= **Herstellkosten der abgesetzten Menge**		**8 005 000,00 DM**

Aufgaben – Fragen

359 Die Kostenstellenrechnung eines Industriebetriebes enthält nach der Verteilung der Gemeinkosten folgende Zahlen:

Gemein-kosten-arten	Material-stelle	Fertigungshauptstellen				Verwal-tungs-stelle	Vertriebs-stelle
		Dreherei	Bohrerei	Fräserei	Montage		
insges.	5 200,00	57 600,00	27 500,00	22 500,00	31 500,00	79 200,00	25 200,00
Zuschlags-grund-lagen	65 000,00	48 000,00	25 000,00	18 000,00	35 000,00	Herstellkosten des Umsatzes	

1. *Errechnen Sie die Zuschlagssätze für jede Kostenstelle.*
2. *Ermitteln Sie die Selbstkosten des Abrechnungsmonats, wenn ein Minderbestand in Höhe von 24 700,00 DM zu berücksichtigen ist.*

360 *Vervollständigen Sie den BAB unter Anwendung der vorgegebenen Schlüsselzahlen:*

Gemein-kosten-arten	Zahlen der FB	Material-stelle	Fertigungshauptstellen		Verwal-tungs-stelle	Vertriebs-stelle
			I	II		
Gemeink.-Mat.	12 150,00	750,00	5 000,00	6 000,00	150,00	250,00
Hilfslöhne	70 400,00	1 500,00	32 900,00	34 500,00	1 000,00	500,00
Gehälter	180 700,00	4 700,00	38 000,00	25 000,00	92 000,00	21 000,00
Ges. Soz.-Kosten nach Pers.-Aufw.	80 000,00	10 000,00	70 000,00	60 000,00	90 000,00	20 000,00
Abschreibungen	78 000,00	2 000,00	33 500,00	28 000,00	8 000,00	6 500,00
Steuern	110 000,00	2 :	3 :	2 :	3 :	1
Übrige Kosten	24 000,00	1 :	2 :	2 :	3 :	2
Fertigungsmaterial: **Fertigungslöhne:**	290 800,00		114 825,00	86 437,50	Herstellkosten des Umsatzes	

1. *Errechnen Sie die Istzuschlagssätze.*
2. *Bestimmen Sie die Selbstkosten des Abrechnungsmonats.*
   (Mehrbestand: 30 912,50 DM)

361
1. *Aus welchem Grund ist die Aufteilung des Fertigungsbereichs in Fertigungshauptstellen zweckmäßig?*
2. *Gegen welche Grundsätze darf bei der Einrichtung der Fertigungshauptstellen nicht verstoßen werden?*
3. *Berechnen Sie die Selbstkosten des Abrechnungsmonats.*

   Fertigungsmaterial .... 124 000,00   Materialgemeinkostenzuschlag .... 12 %
   Fertigungslöhne I .... 86 500,00   Fertigungsgemeinkostenzuschlag .. 110 %
   Fertigungslöhne II .... 67 300,00   Fertigungsgemeinkostenzuschlag .. 140 %
   Fertigungslöhne III .... 78 400,00   Fertigungsgemeinkostenzuschlag .. 90 %

   Minderbestand an unfertigen Erzeugnissen .... 48 000,00 DM
   Mehrbestand an fertigen Erzeugnissen .... 83 500,00 DM
   Verwaltungsgemeinkostenzuschlag .... 24 %
   Vertriebsgemeinkostenzuschlag .... 8 %

Zur Aufstellung eines BAB werden folgende Zahlen dem Betriebsergebniskonto entnommen: **362**

Gemeinkostenarten	DM	Verteilungsgrundlagen
1. Gemeinkostenmaterial	32 000,00	Rechnungen (direkt)
2. Hilfslöhne	157 000,00	Lohnlisten (direkt)
3. Gesetzliche Sozialkosten	130 000,00	Lohn- und Gehaltslisten (direkt)
4. Instandhaltung	88 000,00	Kostenstellen (Schlüsselzahlen)
5. Reisekosten	45 000,00	Schätzung (Schlüsselzahlen)
6. Bürokosten	110 000,00	Rechnungen (direkt)
7. Gehälter	561 000,00	Gehaltslisten (direkt)
8. Betriebssteuern	36 000,00	Beschäftigtenzahl (s. u.)
9. Abschreibungen	151 500,00	Anlagenkartei (**Anlagenwerte**, s. u.)

Der Betrieb hat nachstehende Kostenstellen eingerichtet:

Allgemeine Kostenstellen:	I Wasserversorgung
	II Kraftzentrale
Hauptkostenstelle:	III Materialstelle
Hilfskostenstelle:	IV Fertigungshilfsstelle
Hauptkostenstellen:	V Fertigungshauptstelle A
	VI Fertigungshauptstelle B
	VII Fertigungshauptstelle C
	VIII Verwaltungsstelle
	IX Vertriebsstelle

1. *Stellen Sie einen BAB für die 9 Kostenstellen nach folgenden Angaben auf:*

Gem.-kosten-art	Kostenstellen								
	I	II	III	IV	V	VI	VII	VIII	IX
1.	4 000	5 000	4 000	2 000	5 000	6 000	3 000	1 000	2 000
2.	18 500	16 600	5 800	6 400	38 100	30 600	33 000	—	8 000
3.	7 300	5 200	11 200	7 500	10 900	18 200	21 400	23 700	24 600
4.	1 :	2 :	1 :	5 :	2 :	3 :	4 :	1 :	1
5.	3 :	2 :	1 :	2 :	1 :	2 :	2 :	1 :	1
6.	2 400	2 200	15 900	2 100	3 100	3 200	4 100	43 600	33 400
7.	34 100	24 900	54 800	34 800	52 200	76 100	89 900	93 200	101 000
8.	5 :	5 :	10 :	20 :	20 :	20 :	35 :	25 :	10
9.	238 500	58 500	46 500	33 000	511 500	654 000	499 500	198 000	33 000

2. *Legen Sie die Gemeinkosten der Allgemeinen Kostenstelle „Wasserversorgung" auf die anderen Kostenstellen in folgendem Verhältnis um:*

3 : 2 : 3 : 4 : 2 : 2 : 2 : 2

Anschließend verteilen Sie die Gemeinkosten der Allgemeinen Kostenstelle „Kraftzentrale" auf die restlichen Kostenstellen im Verhältnis:

1 : 2 : 3 : 3 : 3 : 2 : 1

3. *Die Gemeinkosten der Fertigungshilfsstelle sind auf die drei Fertigungshauptstellen im Verhältnis 1 : 1 : 2 zu verteilen.*

4. *Errechnen Sie die Zuschlagsätze für die Gemeinkosten.*

Fertigungsmaterial .... 300 000,00 DM   Fertigungslöhne II .... 180 000,00 DM
Fertigungslöhne I .... 150 000,00 DM   Fertigungslöhne III .... 200 000,00 DM

Bestandsveränderungen sind nicht zu berücksichtigen.

6624319

363 Die Kostenartenrechnung für den Monat Juli weist folgende Kosten aus:

Kostenarten		DM-Beträge
variable Kosten	1. Fertigungsmaterial	630 000,00
	2. Fertigungslöhne	480 000,00
teilfixe Kosten	3. Gemeinkostenmaterial	70 000,00
	4. Hilfslöhne	120 000,00
	5. Sozialkosten	175 000,00
	6. Strom, Gas, Wasser	30 000,00
	7. Reparaturen	80 000,00
	8. Bürokosten	60 000,00
	9. Werbung	40 000,00
fixe Kosten	10. Gehälter	180 000,00
	11. Gewerbesteuer	10 000,00
	12. Versicherungen	5 000,00
	13. Kalkulatorische Abschreibungen	95 000,00
	14. Kalkulatorische Zinsen	45 000,00
	15. Kalkulatorischer Unternehmerlohn	15 000,00

Im BAB werden folgende Kostenstellen geführt:

Allg. Kostenstellen: I Grundstücke/Gebäude **Hauptkostenstellen:** VI Schweißerei
  II Fahrzeuge VII Dreherei

Hauptkostenstelle: III Materialstelle VIII Montage
  IX Verwaltungsstelle
Hilfskostenstellen: IV Arbeitsvorbereitung X Vertriebsstelle
  V Entwicklung

1. Erstellen Sie den BAB, und ermitteln Sie die Zuschlagssätze:

Kosten-art	Kostenstellen									
	I	II	III	IV	V	VI	VII	VIII	IX	X
1.			630 000							
2.						220 000	160 000	100 000		
3.	—	5 000	—	—	5 000	25 000	25 000	10 000	—	—
4.	—	20 000	10 000	5 000	5 000	35 000	20 000	15 000	—	10 000
5.	5 000	15 000	10 000	10 000	20 000	40 000	20 000	10 000	40 000	5 000
6.	5 000	2 000	1 000	1 000	2 000	10 000	5 000	2 000	1 000	1 000
7.	10 000	8 000	—	—	—	32 000	25 000	3 000	—	2 000
8.	—	—	4 000	9 000	3 000	—	—	—	44 000	—
9.	—	—	—	—	—	—	—	—	—	40 000
10.	—	5 000	15 000	25 000	15 000	13 000	15 000	10 000	60 000	22 000
11.	—	—	—	—	—	—	—	—	10 000	—
12.	3 :	—	1 :	—	—	1 :	—	—	—	—
13.	3 :	1 :	1 :	—	—	5 :	4 :	2 :	2 :	1
14.	2 :	—	1 :	—	1 :	2 :	1 :	1 :	1	—
15.	—	—	—	—	—	—	—	—	4 :	1

Umlage Grundstücke/Gebäude: 1 : 1 : 0 : 0 : 2 : 1 : 1 : 1 : 1
Umlage Fahrzeuge: 2 : 0 : 0 : 0 : 0 : 0 : 4 : 5
Umlage Arbeitsvorbereitung: 0 : 2 : 2 : 1 : 0 : 0
Umlage Entwicklung: 4 : 4 : 3 : 0 : 0

Bestandsveränderungen sind nicht zu berücksichtigen.

2. Bei einer Monatsproduktion von 18 000 Stück konnte das Produkt zu einem Preis von 120,00 DM je Stück verkauft werden.
   Prüfen Sie, ob Gewinn erzielt wurde und wie hoch ggf. der Gewinn war.

3. Auf wieviel DM je Stück könnte der Unternehmer zur Absatzstabilisierung vorübergehend den Preis senken, wenn er
   a) auf den Gewinn verzichtet (volle Kostendeckung),
   b) auf den Ersatz von 40 % der fixen Kosten verzichtet?

Zur Aufstellung eines BAB werden folgende Kosten dem Betriebsergebniskonto des Monats **364**
September entnommen:

Gemeinkostenarten	DM	Verteilungsgrundlagen
1. Gemeinkostenmaterial	43 000,00	Rechnungen (direkt)
2. Hilfslöhne	184 000,00	Lohnlisten (direkt)
3. Gesetzliche Sozialkosten	210 000,00	Lohn- und Gehaltslisten (direkt)
4. Instandhaltung	87 500,00	Rechnungen (direkt)
5. Werbekosten	52 000,00	Rechnungen (Schlüsselzahlen)
6. Bürokosten	94 000,00	Rechnungen (direkt)
7. Gehälter	518 000,00	Gehaltslisten (direkt)
8. Betriebssteuern	48 000,00	Beschäftigtenzahl (s. u.)
9. Miete	28 000,00	Raumgröße in m^2 (s. u.)
10. Kalk. Abschreibungen	165 000,00	**Anlagenwerte** (s. u.)
11. Kalk. Zinsen	116 000,00	Investitionen

Nachstehende Kostenstellen werden geführt:

Allgemeine Kostenstellen:	I	Energie
	II	Fahrzeuge
Hauptkostenstelle:	III	Materialstelle
Hilfskostenstelle:	IV	Fertigungshilfsstelle Werkzeugbau
Hauptkostenstellen:	V	Fertigungshauptstelle Dreherei
	VI	Fertigungshauptstelle Fräserei
	VII	Verwaltungsstelle
	VIII	Vertriebsstelle

1. *Ergänzen Sie den BAB nach folgenden Angaben:*

G.-K.-Art	FB	I	II	III	IV	V	VI	VII	VIII
1.	43 000	6 000	4 000	5 000	3 000	12 000	10 000	2 000	1 000
2.	184 000	35 000	28 000	19 000	13 000	45 000	38 000	—	6 000
3.	210 000	32 000	17 000	25 000	8 000	36 000	31 000	46 000	15 000
4.	87 500	14 000	14 000	7 000	14 000	17 500	14 000	3 500	3 500
5.	52 000	1 :	1 :	2 :	—	1 :	1 :	3 :	4
6.	94 000	9 000	8 000	7 000	5 000	12 000	11 000	24 000	18 000
7.	518 000	68 000	37 000	42 000	18 000	84 000	76 000	154 000	39 000
8.	48 000	8	8	16	16	16	16	32	16
9.	28 000	140	280	140	140	420	420	280	140
10.	165 000	300 000	200 000	100 000	100 000	300 000	300 000	100 000	100 000
11.	116 000	34 000	12 000	2 000	8 000	27 000	25 000	6 000	2 000

2. Umlage „Energie":   1 : 1 : 3 : 6 : 5 : 3 : 1
Umlage „Fahrzeuge":   4 : 2 : 3 : 2 : 5 : 6

Die Gemeinkosten der Fertigungshilfsstelle sind im Verhältnis 3 : 2 auf die Fertigungshaupt-stellen Dreherei und Fräserei zu verteilen.

3. *Errechnen Sie die Zuschlagssätze für die Stellengemeinkosten:*

Fertigungsmaterial	1 100 000,00 DM
Fertigungslöhne Dreherei	420 000,00 DM
Fertigungslöhne Fräserei	320 500,00 DM

Bei der Berechnung der Herstellkosten des Umsatzes sind Mehrbestände an fertigen und unfertigen Erzeugnissen von 156 000,00 DM zu berücksichtigen.

4. *Bestimmen Sie die Selbstkosten der Abrechnungsperiode.*

3.5 Maschinenstundensatzrechnung

3.5.1 Grundlagen der Maschinenstundensatzrechnung

Beispiel: Für das Geschäftsjahr 02 plant die Schmolmann KG, die veraltete Lackier- und Trockeneinrichtung durch eine automatische Lackier- und Trockenanlage zu ersetzen. Diese kapitalintensive Anlage soll als selbständige Fertigungshauptstelle, als sog. Maschinenplatz, eingerichtet werden.

Gründe für die Einrichtung des Maschinenplatzes als Kostenstelle. Von den Fertigungsgemeinkosten werden nur wenige direkt von den Fertigungslöhnen beeinflußt. Die meisten Fertigungsgemeinkosten weisen eine geringe oder gar keine Abhängigkeit von den Fertigungslöhnen auf. Sie werden vielmehr durch den Einsatz von Maschinen verursacht (z.B. Platzkosten, Abschreibungen, kalkulatorische Zinsen, Reparaturen) und von der Maschinenlaufzeit beeinflußt (z.B. Betriebsstoff- und Energiekosten). Allgemein gilt, daß

- mit fortschreitender Mechanisierung und Automatisierung der Fertigungsprozesse die Fertigungsgemeinkosten zunehmen,
- der Anteil der Fertigungslöhne an den Fertigungskosten ständig zurückgeht. So ist es zu erklären, daß Industriebetriebe teilweise mit 300 % oder 400 % Zuschlag für die Fertigungsgemeinkosten auf die Fertigungslöhne rechnen müssen.
- die Fertigungsgemeinkosten mehr und mehr in Abhängigkeit zum Maschineneinsatz geraten.

Merke:
- Die Fertigungsgemeinkosten werden in zunehmendem Maße durch den Maschineneinsatz verursacht.
- Je weniger die Fertigungslöhne Ursache für die Fertigungsgemeinkosten sind, um so ungeeigneter und ungenauer sind sie als Zuschlagsgrundlage für den Fertigungsgemeinkostenzuschlag.

Maschinenplatz als Fertigungshauptstelle. In der Kostenrechnung geht man dazu über, den Standort einer kostenintensiven Maschine als Fertigungshauptstelle und die für diesen Maschinenplatz in einer Abrechnungsperiode anfallenden Fertigungsgemeinkosten genau zu erfassen.

Aufteilung der Fertigungsgemeinkosten. Da nicht alle für den Maschinenplatz ermittelten Gemeinkosten durch den Maschineneinsatz verursacht werden, ist es zweckmäßig, die Fertigungsgemeinkosten aufzuteilen:

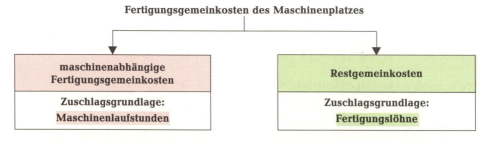

Merke:
- Die Fertigungsgemeinkosten, die durch den Maschineneinsatz verursacht werden und von der Maschinenlaufzeit abhängen, heißen maschinenabhängige Fertigungsgemeinkosten; sie werden den Maschinenlaufstunden zugerechnet.
- Die nicht maschinenabhängigen Fertigungsgemeinkosten heißen Restgemeinkosten; sie werden den Fertigungslöhnen zugerechnet.

3.5.2 Maschinenabhängige Fertigungsgemeinkosten

Beispiel: In der Schmolmann KG wird ein Teil der <u>jährlichen</u> maschinenabhängigen Fertigungsgemeinkosten für die FHS „Lackierautomat" nach folgenden Angaben ermittelt. Die restlichen Gemeinkosten werden im Beispiel vorgegeben.

1. **Betriebsstoffe:** Maschinenleistung 20 kW, Arbeitspreis 0,24 DM/kWh, Grundgebühr 80,00 DM/Monat. Sonstige Betriebsstoffkosten je Monat 750,00 DM. Davon sind 250,00 DM fix.

2. **Abschreibung:** Anschaffungskosten (AK) 1200000,00 DM; Wiederbeschaffungskosten 1350000,00 DM; Nutzungsdauer 10 Jahre; lineare Abschreibung.

3. **Platzkosten:** Standfläche der Anlage 80 m²; kalkulatorische Gebäudeabschreibung 75,00 DM/m² monatlich; Reparatur- und Wartungskosten jährlich 15000,00 DM; Werkzeugkosten jährlich 5400,00 DM.

4. **Zinsen:** 12 % jährliche kalkulatorische Verzinsung der AK. Um zu jährlich gleich hohen Zinskosten zu gelangen, werden die halben AK zugrunde gelegt.

5. **Maschinenlaufstunden:** In einer 40stündigen Arbeitswoche läuft die Anlage durchschnittlich 37,5 Stunden; 2,5 Stunden sind erforderlich, um die Anlage umzurüsten und zu reinigen. 48 Wochen im Jahr wird die Anlage genutzt: 37,5 Std./Woche · 48 Wochen = **1800 Laufstunden** pro Jahr.

Erfassung der maschinenabhängigen Fertigungsgemeinkosten, soweit sie direkt in der Kostenstelle „Lackierautomat" anfallen (<u>ohne Kostenumlage,</u> vgl. BAB S. 325):

maschinenabhängige Fertigungsgemeinkosten	Gemeinkosten insgesamt	variable[1] Gemeinkosten	fixe[1] Gemeinkosten
Gemeinkostenmaterial	140000,00 DM	140000,00 DM	—
Brennstoffe/Energie	18600,00 DM	14640,00 DM	3960,00 DM
Gehälter	—	—	—
Gesetzliche Sozialkosten	26000,00 DM	12360,00 DM	13640,00 DM
Kalkulatorische Abschreibungen:			
Lackierautomat	135000,00 DM	—	135000,00 DM
Platzkosten:			
Gebäudeabschreibung	72000,00 DM	—	72000,00 DM
Reparaturen/Wartung	15000,00 DM	—	15000,00 DM
Werkzeuge	5400,00 DM	—	5400,00 DM
Bürokosten	3000,00 DM	2000,00 DM	1000,00 DM
Werbekosten	2000,00 DM	1000,00 DM	1000,00 DM
Betriebliche Steuern	8000,00 DM	1000,00 DM	7000,00 DM
Kalkulatorische Zinsen:			
Lackierautomat	72000,00 DM	—	72000,00 DM
sonstiges Kapital	86000,00 DM	—	86000,00 DM
Unternehmerlohn	11000,00 DM	—	11000,00 DM
Fertigungsgemeinkosten insges.	**594000,00 DM**	**171000,00 DM**	**423000,00 DM**

Die variablen Maschinenkosten je Stunde belaufen sich auf:

$$\frac{171000,00 \text{ DM}}{1800 \text{ Stunden}} = \textbf{95,00 DM je Maschinenstunde}$$

Merke: **Die am Maschinenplatz anfallenden Fertigungsgemeinkosten werden so genau und vollständig wie möglich erfaßt. Die Unterteilung in fixe und variable Fertigungsgemeinkosten ist zweckmäßig, um den Maschinenstundensatz an veränderte Bescnäftigungsgrade anpassen zu können.**

---

1   Vgl. hierzu auch Seite 288 f.

3.5.3 Restgemeinkosten

Beispiel: In der Fertigungshauptstelle „Lackierautomat" werden <u>zusätzlich</u> zu den maschinenabhängigen Fertigungsgemeinkosten folgende <u>lohnabhängige Fertigungsgemeinkosten</u> (= Restgemeinkosten) ermittelt (ohne Kostenumlage, vgl. BAB, S. 325):

Gehälter	28 000,00 DM
Gesetzliche Sozialkosten	49 000,00 DM
Kalkulatorische Abschreibungen	15 000,00 DM
Bürokosten	5 000,00 DM
Werbekosten	5 000,00 DM
Betriebliche Steuern	2 000,00 DM
Unternehmerlohn (anteilig)	4 000,00 DM
Restgemeinkosten insgesamt	**108 000,00 DM**

Die **Fertigungslöhne** der Kostenstelle „Lackierautomat" betragen **448 000,00 DM**; sie bilden die <u>Zuschlagsgrundlage für den Restgemeinkostenzuschlagssatz</u>.

Merke: **Die lohnabhängigen Maschinenplatzkosten heißen Restgemeinkosten. Bezogen auf die Löhne der Stelle ergeben sie den Restgemeinkostenzuschlagssatz.**

3.5.4 Berechnung des Maschinenstundensatzes im BAB

Beispiel: Der <u>nebenstehende BAB</u> zeigt, wie der <u>Maschinenplatz „Lackierautomat"</u> in die <u>Betriebsabrechnung</u> einbezogen wird, wie hoch der <u>Maschinenstundensatz</u> ist und welche <u>Veränderungen</u> sich in der <u>Kostenstruktur</u> ergeben.

Der Maschinenplatz wird als <u>Fertigungshauptstelle</u> im BAB, unterteilt in „Maschinenabhängige Fertigungsgemeinkosten" sowie „Restgemeinkosten", geführt. <u>Er ersetzt die bisherige Fertigungshauptstelle „III Lackieren"</u> (vgl. BAB S. 317).

Die Fertigungskosten des Maschinenplatzes (mit Kostenumlage, vgl. BAB S. 325) setzen sich aus maschinenabhängigen FGK und lohnabhängigen Fertigungskosten zusammen:

	Maschinenabhängige FGK, **variabel** (vgl. S. 323)	171 000,00 DM	
+	Maschinenabhängige FGK, **fix** (vgl. BAB S. 325)	486 000,00 DM	**657 000,00 DM**
	Fertigungslöhne (FL) d. Masch.-Pl. (vgl. obiges Beispiel) .	448 000,00 DM	
+	Restgemeinkosten (= **25,67 %** d. FL) (vgl. BAB S. 325)	115 000,00 DM	**563 000,00 DM**
	Fertigungskosten des Maschinenplatzes		**1 220 000,00 DM**

Maschinenstundensatz. Bei einer Beschäftigung von <u>1800 Maschinenstunden im Jahr</u> beträgt der <u>Maschinenstundensatz</u>, d.h. der Geldbetrag, mit dem der <u>einstündige Betrieb</u> des Lackierautomaten in der Kalkulation berücksichtigt werden muß:

$$\textbf{Maschinenstundensatz} = \frac{\text{maschinenabhängige FGK}}{\text{Maschinenstunden}} = \frac{657\,000,00 \text{ DM}}{1800 \text{ Stunden}} = \textbf{365,00 DM/Std.}$$

Lohnabhängige Fertigungskosten. Zusätzlich zu den maschinenabhängigen FGK sind in der Kalkulation die <u>lohnabhängigen Fertigungskosten</u> zu berücksichtigen.

Auswertung des BAB: Die Investition bedingt einen <u>höheren Einsatz</u> an Betriebsstoffen, Abschreibungen und Zinsen; sie verursacht <u>geringere</u> Hilfsstoffaufwendungen und Arbeitgeberanteile zur Sozialversicherung.

Bei den <u>Einzelkosten</u> fällt die deutliche <u>Verminderung der Fertigungslöhne</u> in der Kostenstelle „Lackierautomat" von 630 000,00 DM auf 448 000,00 DM auf. Dies ist auf die Reduzierung der Arbeitsplätze zurückzuführen. Insgesamt haben sich die Fertigungskosten in der Fertigungshauptstelle III <u>um 70 000,00 DM verringert</u>.

Mehrstufiger Betriebsabrechnungsbogen mit Maschinenplatz als Kostenstelle

Gemein-kosten-arten	Zahlen der FB	AKS: Fahr-zeuge	Ma-terial-stelle	Arbeits-vorbe-reitung	Fertigungshauptstellen						Verwal-tungs-stelle	Ver-triebs-stelle
					I	II	III Lackierautomat			IV		
							masch.-abh. FGK		Rest-gemein-kosten			
							variabel	fix				
Gemeink.-Mat.	730 000	40 000	—	20 000	210 000	150 000	140 000	—	—	130 000	—	40 000
Brennst. usw.	138 600	70 000	—	—	15 000	10 000	14 640	3 960	—	10 000	5 000	10 000
Gehälter	508 000	25 000	50 000	10 000	20 000	20 000	—	—	28 000	20 000	270 000	65 000
Soz.-Kosten	570 000	30 000	10 000	15 000	135 000	95 000	12 360	13 640	49 000	85 000	115 000	10 000
Abschr.	740 000	50 000	40 000	20 000	150 000	100 000	—	135 000	15 000	100 000	80 000	50 000
Platzkosten	92 400	—	—	—	—	—	—	92 400	—	—	—	—
Bürokosten	148 000	5 000	10 000	10 000	10 000	10 000	2 000	1 000	5 000	10 000	70 000	15 000
Werbek.	207 000	10 000	—	10 000	5 000	—	1 000	1 000	5 000	10 000	120 000	50 000
Steuern	190 000	10 000	20 000	—	10 000	10 000	1 000	7 000	2 000	10 000	90 000	30 000
Zins./A	72 000	—	—	—	—	—	—	72 000	—	—	—	—
So. Zins	856 000	50 000	100 000	30 000	200 000	100 000	—	86 000	—	120 000	100 000	70 000
U.-Lohn	300 000	10 000	5 000	10 000	30 000	20 000	—	11 000	4 000	20 000	180 000	10 000
Kalk. Wagn.	70 000	—	30 000	—	—	10 000	—	—	—	20 000	—	10 000
Summe	4 622 000	300 000	265 000	125 000	785 000	525 000	171 000	423 000	108 000	530 000	1 030 000	360 000
1. Umlage: Fahrzeuge			40 000	—	40 000	40 000	—	40 000	—	—	80 000	60 000
Zwischensumme			305 000	125 000	825 000	565 000	171 000	463 000	108 000	530 000	1 110 000	420 000
2. Umlage: Arb.-Vorber.			—		40 000	35 000	—	23 000	7 000	20 000	—	—
Stellengemeinkosten			305 000	—	865 000	600 000	171 000	486 000	115 000	550 000	1 110 000	420 000
Zuschlagsgrundlagen			2 800 000 FM		735 000 FL	525 000 FL	1 800 Maschinen-stunden		448 000 FL	510 000 FL	7 935 000 Herstellkosten des Umsatzes	
IST-Zuschlagssätze			10,9 %		117,69 %	114,3 %	365,00 DM Maschinen-stundensatz		25,67 %	107,84 %	14 %	5,3 %

Berechnung der Herstellkosten des Umsatzes als Zuschlagsgrundlage für die Verwaltungs- und Vertriebsgemeinkosten:

Kalkulationsschema

	Fertigungsmaterial	2 800 000,00 DM
+	Materialgemeinkosten (MGK)	305 000,00 DM
=	**Materialkosten**	**3 105 000,00 DM**
	Fertigungslöhne FHS I	735 000,00 DM
+	Fertigungsgemeinkosten (FGK) I	865 000,00 DM
=	**Fertigungskosten I**	**1 600 000,00 DM**
	Fertigungslöhne FHS II	525 000,00 DM
+	Fertigungsgemeinkosten (FGK) II	600 000,00 DM
=	**Fertigungskosten II**	**1 125 000,00 DM**
	Maschinenabhängige FGK	**657 000,00 DM**
+	**Fertigungslöhne des Maschinenplatzes**	**448 000,00 DM**
+	**Restgemeinkosten**	**115 000,00 DM**
=	**Fertigungskosten III (Maschinenplatz)**	**1 220 000,00 DM**
	Fertigungslöhne FHS IV	510 000,00 DM
+	Fertigungsgemeinkosten (FGK) IV	550 000,00 DM
=	**Fertigungskosten IV**	**1 060 000,00 DM**
	Herstellkosten der produzierten Menge	**8 110 000,00 DM**
−	Mehrbestand an fertigen Erzeugnissen	175 000,00 DM
=	**Herstellkosten der abgesetzten Menge**	**7 935 000,00 DM**

3.5.5 Abhängigkeit des Maschinenstundensatzes von der Maschinenlaufzeit

Maschinenstunden bei Normalbeschäftigung. Der Maschineneinsatz wird in einem Industriebetrieb so geplant, daß die Zahl der Ruhestunden möglichst gering ist. Von den maximal zur Verfügung stehenden Arbeitsstunden sind die Zeiten abzuziehen, in denen die Maschine betriebsbedingt stillsteht. Solche Ausfallzeiten können maschinenbedingt (Wartungs-, Reparaturzeiten), auftragsbedingt (Umrüst-, Einrichtzeiten) oder personalbedingt sein (Betriebsurlaub, Krankheit). Im obigen Beispiel wurden für betriebsbedingte Ausfallzeiten 2,5 Stunden pro Woche angesetzt; die Normalbeschäftigung beträgt damit 37,5 Stunden (von maximal 40 Stunden) = 93,75 %.

Abweichungen von der Normalbeschäftigung treten bei besonders günstiger oder ungünstiger wirtschaftlicher Lage auf. Die geplante Laufzeit wird dann über- oder unterschritten.

- Sie wird überschritten (z.B. durch Überstunden oder die Einrichtung einer zweiten Schicht), wenn die Auftragseingänge steigen.
- Sie wird unterschritten (z.B. durch Kurzarbeit), wenn in einer wirtschaftlichen Krise die Auftragseingänge rückläufig sind.

Weichen die tatsächlichen von den geplanten Maschinenlaufstunden ab, so hat das bei vollem Kostenersatz Auswirkungen auf die Höhe des Maschinenstundensatzes.

Folgende Fälle ergeben sich:

1. Fall: Geplante Maschinenlaufzeit 1800 Stunden/Jahr:

Variable Maschinenkosten je Maschinenstunde (vgl. S. 323)	95,00 DM
+ Fixe Maschinenkosten je Maschinenstunde (486 000 : 1800 =) ...	270,00 DM
= **Maschinenstundensatz** (bei Normalbeschäftigung)	**365,00 DM**

2. Fall: Tatsächliche Maschinenlaufzeit 3 600 Stunden/Jahr (zweite Schicht):

Variable Maschinenkosten je Maschinenstunde (s. oben)	95,00 DM
+ Fixe Maschinenkosten je Maschinenstunde (486 000 : 3600 =) ...	135,00 DM
= **Maschinenstundensatz** (bei Überbeschäftigung)	**230,00 DM**

Das Sinken des Maschinenstundensatzes von 365,00 DM/Std. auf 230,00 DM/Std. ist darauf zurückzuführen, daß sich die fixen Maschinenkosten auf eine höhere Laufzeit verteilen.

3. Fall: Tatsächliche Maschinenlaufzeit 1200 Stunden/Jahr (Kurzarbeit):

Variable Maschinenkosten je Maschinenstunde (s. oben)	95,00 DM
+ Fixe Maschinenkosten je Maschinenstunde (486 000 : 1200 =) ...	405,00 DM
= **Maschinenstundensatz** (bei Unterbeschäftigung)	**500,00 DM**

Das Steigen des Maschinenstundensatzes von 365,00 DM/Std. auf 500,00 DM/Std. ist darauf zurückzuführen, daß sich die fixen Maschinenkosten auf eine niedrigere Laufzeit verteilen.

Merke:
- **Eine Erhöhung der Maschinenlaufzeit gegenüber der Normalbeschäftigung verringert den Maschinenstundensatz bei vollem Kostenersatz.**
- **Eine Verringerung der Maschinenstundenzahl gegenüber der Normalbeschäftigung erhöht den Maschinenstundensatz entsprechend.**
- **In Zeiten wirtschaftlicher Rezession ist zu prüfen, ob der Maschinenstundensatz unter Verzicht auf teilweisen Ersatz der fixen Kosten gesenkt werden soll.**

Aufgaben – Fragen

365 Der Betriebsabrechnungsbogen eines anlageintensiven Industriebetriebes weist nach der Verteilung der Gemeinkosten auf die Kostenstellen folgende Stellengemeinkosten aus:

Betriebsabrechnungsbogen					
Material-stelle	Fertigungshauptstellen			Verwaltungs-stelle	Vertriebs-stelle
	Maschine I	Maschine II	Übrige Fertig.-Stellen		
320 000,00	120 000,00	145 000,00	96 000,00	265 000,00	110 000,00

1. *Berechnen Sie die Gemeinkostenzuschlagssätze und die Maschinenstundensätze nach folgenden Angaben:*

   Materialstelle hat als Zuschlagsgrundlage: 800 000,00 DM Fertigungsmaterial,
   FHS Maschine I hat als Zuschlagsgrundlage: 1 500 Maschinenstunden,
   FHS Maschine II hat als Zuschlagsgrundlage: 1 650 Maschinenstunden,
   Übrige Fertig.-Stellen haben als Zuschlagsgrundlage: 120 000,00 DM Fertigungslöhne.

   Die Verwaltungs- und Vertriebsgemeinkosten werden auf die Herstellkosten des Umsatzes bezogen. Hierbei ist ein Mehrbestand von 24 000,00 DM zu berücksichtigen.

2. *Berechnen Sie die Selbstkosten der Abrechnungsperiode.*

3. *Der Beschäftigungsrückgang zwingt zu einer Verkürzung der Maschinenlaufzeit auf 1 200 Std. (Maschine I) und 1 500 Std. (Maschine II). Erläutern Sie die Auswirkungen auf die Maschinenstundensätze.*

---

366 *Vervollständigen Sie den Betriebsabrechnungsbogen.*

Kostenart	Zahlen der FB	Material-stelle	Abrichtanlage Maschinen-abhängige Fertigungsgemein-kosten		Rest-gemein-kosten	Übrige Fertig.-Stellen	Verw.-Stelle	Vertr.-Stelle
			fix	variabel				
Allg. Betriebs-kosten	8 000,00	1 :			3 :	4		
Energie	9 000,00	300,00	80,00	1 600,00		6 400,00	500,00	120,00
Gehälter	20 000,00	2 000,00	2 500,00			4 500,00	11 000,00	
Hilfslöhne	35 000,00	3 000,00			7 000,00	21 500,00		3 500,00
Soz.-Kosten	19 000,00	1 200,00			3 000,00	9 400,00	4 000,00	1 400,00
Kalk. Zinsen	5 000,00	500,00	800,00			2 600,00	600,00	500,00
Abschreibg. auf Anlagen	9 000,00	200,00	2 500,00			5 500,00	500,00	300,00
Abschreibg. auf Gebäude	18 000,00	1 800,00	3 500,00			9 000,00	2 200,00	1 500,00
Reparaturkosten	6 500,00		770,00	1 200,00		4 200,00		330,00
Sonstige Kosten	7 000,00	2 :			8 :	3 :	1	
Fertigungslöhne					10 400,00	47 400,00		
Fertigungsmaterial		88 000,00						
Maschinenlaufstunden			250					

1. *Berechnen Sie die Zuschlagssätze und den Maschinenstundensatz.*

2. *Ermitteln Sie die Selbstkosten der Abrechnungsperiode.*

3. *Mit welchem Maschinenstundensatz muß bei vollem Kostenersatz in Zukunft kalkuliert werden, wenn mit einem Beschäftigungsrückgang um 20 % gerechnet wird?*

4. *Wieviel DM fixe Kosten könnten nicht ersetzt werden, wenn trotz Beschäftigungsrückgang mit dem ursprünglichen Maschinenstundensatz kalkuliert wird?*

327

367 In einem Industriebetrieb bilden drei Stanzen eine Fertigungshauptstelle. Für jede Stanze wird der Maschinenstundensatz nach folgenden Angaben gesondert berechnet:

	Stanze I	Stanze II	Stanze III
Anschaffungskosten	84 000,00	150 000,00	240 000,00
Betriebsübliche Nutzungsdauer	15 Jahre	14 Jahre	14 Jahre
Lineare Abschreibung von den Wiederbeschaffungskosten	105 000,00	175 000,00	280 000,00
Kalk. Zinsen auf halbe Ansch.-Kosten .	9 %	9 %	9 %
Maschinenleistung	10 kW	20 kW	40 kW
Strompreis je kWh	0,18 DM	0,18 DM	0,18 DM
Grundgebühr monatlich	60,00 DM	80,00 DM	100,00 DM
Kosten für Instandhaltung und Wartung pro Jahr	4 000,00	8 000,00	10 000,00
Stand- und Arbeitsfläche	20 m²	25 m²	30 m²
Platzkosten je m²	40,00	40,00	40,00
durchschn. Werkzeugkosten je Monat .	150,00	200,00	400,00
Betriebsstoffkosten je Monat	40,00	50,00	70,00

Die maschinenunabhängigen Fertigungskosten werden für den Monat Oktober für die gesamte Kostenstelle in folgender Höhe ermittelt:

Fertigungslöhne . . . . 7 500,00 DM
Hilfslöhne . . . . 8 000,00 DM
Soziale Aufwendungen . . . . 3 500,00 DM
Allgemeine Betriebskosten . . . . 2 000,00 DM

1. Berechnen Sie die Maschinenstundensätze für jede Stanze bei geplanten Beschäftigungen je Monat von:

	Stanze I	Stanze II	Stanze III
Laufstunden	150 Stunden	120 Stunden	100 Stunden

2. Ermitteln Sie den Restgemeinkostenzuschlagssatz.

---

368 In einem Industriebetrieb bildet die Reparaturwerkstatt mit 1 Bohrmaschine, 1 Drehbank und 1 Fräsmaschine eine besondere Kostenstelle. Für jede Maschine wurde ein besonderer Maschinenstundensatz errechnet, und zwar für

Bohrmaschine . . . . 15,00 DM
Drehbank . . . . 18,00 DM
Fräsmaschine . . . . 22,00 DM

Zusätzlich fallen in dieser Kostenstelle maschinenunabhängige Fertigungsgemeinkosten für Reinigung, Montage und Kontrolle an:

Hilfslöhne . . . . 4 000,00 DM
Gehälter . . . . 2 400,00 DM
Soziale Aufwendungen . . . . 3 000,00 DM
Allgemeine Betriebskosten . . . . 1 000,00 DM

Die Fertigungslöhne betragen in der Abrechnungsperiode 8 000,00 DM.

Berechnen Sie den Restgemeinkostenzuschlagssatz und die Periodenkosten für 150 Stunden.

3.6 Kostenträgerstückrechnung bei Serienfertigung

Die Kostenträgerstückrechnung (= Kalkulation) stellt die 3. Stufe der KLR dar.

Aufgaben. Die Kostenträgerstückrechnung dient vor allem zur Berechnung der Selbstkosten für einzelne Kostenträger. Sie wird auch angewandt, um

- Angebotspreise für Erzeugnisse zu berechnen. In diesem Fall spricht man von **Vorkalkulation.** Sie basiert auf Normalzuschlagssätzen (vgl. S. 330),
- zu kontrollieren, ob die Normalkosten der Vorkalkulation durch die Produktion eingehalten worden sind. In diesem Fall spricht man von **Nachkalkulation** (vgl. S. 334),
- die **Annahme von Aufträgen** zu festen Marktpreisen entscheiden zu können. In der Regel wird ein Auftrag nur angenommen, wenn der Preis mindestens die variablen Kosten deckt (vgl. Kap. „Deckungsbeitragsrechnung", S. 355),
- die **liquiditätsorientierte Preisuntergrenze** zu bestimmen. Bei angespannter Absatzlage ist es für den Unternehmer wichtig zu wissen, welche Kosten ausgabewirksam sind und welche nicht. Ausgabewirksame Kosten (z.B. Löhne, Steuern, Mieten) müssen über die Umsatzerlöse ersetzt werden, da sie kurzfristig zu Geldausgaben führen (vgl. S. 354).

Merke: Die Kostenträgerstückrechnung – auch Kalkulation genannt – ermittelt die Selbstkosten für den einzelnen Kostenträger. Mit ihrer Hilfe werden Angebotspreise berechnet und Kostenkontrollen durchgeführt.

3.6.1 Zuschlagskalkulation

Zuschlagskalkulation. In Betrieben mit Serienfertigung stellt die Zuschlagskalkulation das geeignete Kalkulationsverfahren dar. Die Zuschlagskalkulation geht von den Einzelkosten des Kostenträgers (= Fertigungsmaterial und Fertigungslöhne) aus und führt durch schrittweise Einrechnung der anteiligen Gemeinkosten über Gemeinkostenzuschlagssätze (z.B. Normalzuschlagssätze, Istzuschlagssätze) zu den Selbstkosten. In stark mechanisierten Betrieben wird sie durch die Maschinenstundensatzrechnung ergänzt.

Schema der Zuschlagskalkulation. Die Selbstkostenkalkulation für den einzelnen Kostenträger entspricht in ihrem Aufbau dem aus der Kostenträgerzeitrechnung bekannten Schema:

	Kalkulationsschema
1.	Fertigungsmaterial lt. Stückliste
2.	+ ... % Materialgemeinkosten
3.	**= Materialkosten (1. + 2.)**
4.	Fertigungslöhne lt. Arbeitsplan
5.	+ ... % Fertigungsgemeinkosten
6.	**= Fertigungskosten (4. + 5.)**
7.	**= Herstellkosten (3. + 6.)**
8.	+ ... % Verwaltungsgemeinkosten
9.	+ ... % Vertriebsgemeinkosten
10.	**= Selbstkosten des Kostenträgers (7. + 8. + 9.)**

Merke: Die Zuschlagskalkulation paßt sich in ihrem Aufbau der Hauptkostenstellengliederung des Betriebsabrechnungsbogens an.

3.6.2 Zuschlagskalkulation als Angebotskalkulation

Selbstkostenkalkulation. Die Angebots- oder Vorkalkulation soll bereits bei Abschluß eines Kaufvertrages eine verbindliche Aussage über den Verkaufspreis machen. Sie liegt also zeitlich vor dem Produktionsprozeß und basiert auf Normalkosten. In einem ersten Schritt ermittelt sie die Selbstkosten für den einzelnen Kostenträger.

Beispiel:	In der Schmolmann KG wird der Selbstkostenpreis für ein Blechgehäuse des Typs A nach folgenden Angaben kalkuliert (vgl. auch die Angaben von Seite 307, angenommene Herstellungsmenge 87 500 Gehäuse; BAB Seite 317):

Fertigungsmaterial lt. Stückliste .... 14,00 DM
Fertigungslöhne der Fertigungshauptstelle I (lt. Arbeitsplan) .... 3,70 DM
Fertigungslöhne der Fertigungshauptstelle II (lt. Arbeitsplan) ...... 2,60 DM
Fertigungslöhne der Fertigungshauptstelle III (lt. Arbeitsplan) ..... 3,20 DM
Fertigungslöhne der Fertigungshauptstelle IV (lt. Arbeitsplan) ..... 2,50 DM

Die Normalzuschlagssätze sind im Kalkulationsschema eingetragen.

Kalkulationsschema		
Fertigungsmaterial	14,00 DM	
+ 10 % Materialgemeinkosten	1,40 DM	
= Materialkosten		15,40 DM
Fertigungslöhne I	3,70 DM	
+ 120 % Fertigungsgemeinkosten	4,44 DM	
= Fertigungskosten I		8,14 DM
Fertigungslöhne II	2,60 DM	
+ 110 % Fertigungsgemeinkosten	2,86 DM	
= Fertigungskosten II		5,46 DM
Fertigungslöhne III	3,20 DM	
+ 100 % Fertigungsgemeinkosten	3,20 DM	
= Fertigungskosten III		6,40 DM
Fertigungslöhne IV	2,50 DM	
+ 110 % Fertigungsgemeinkosten	2,75 DM	
= Fertigungskosten IV		5,25 DM
= Herstellkosten		40,65 DM
+ 14 % Verwaltungsgemeinkosten		5,69 DM
+ 5 % Vertriebsgemeinkosten		2,03 DM
= **Selbstkosten für 1 Gehäuse, Typ A**		**48,37 DM**

Angebotskalkulation. Die Selbstkostenkalkulation wird durch Einrechnung des Gewinns sowie von Skonto (ggf. Provision) und Rabatt zur Angebotskalkulation erweitert.

Gewinn. Der Betriebsgewinn muß so hoch ausfallen, daß er – nach Erstattung aller Kosten über die Umsatzerlöse – das allgemeine Unternehmerrisiko abdeckt und Finanzmittel für zukünftige Neuinvestitionen (vgl. S. 281) bereitstellt.

Merke:	**Im kalkulatorischen Gewinn werden das allgemeine Unternehmerrisiko abgedeckt und Finanzmittel für zukünftige Neuinvestitionen bereitgestellt.**

Gewinnzuschlagssatz. Einen angemessenen Gewinn erzielt man in der Kalkulation dadurch, daß man den Selbstkosten einen Zuschlag (in %) für den Gewinn zurechnet.

Beispiel: Aus dem <u>Kostenträgerblatt</u> der Schmolmann KG (vgl. S. 311) lassen sich folgende Zahlen für die <u>Berechnung des Gewinnzuschlagssatzes</u> entnehmen:

Umsatzergebnis (zu Normalkosten) .... 702 650,00 DM,
Selbstkosten des Umsatzes (zu Normalkosten) .... 9 597 350,00 DM.

$$\text{Gewinnzuschlagssatz} = \frac{\text{Umsatzergebnis}}{\text{Selbstkosten d. Ums.}} = \frac{702\,650\ \text{DM}}{9\,597\,350\ \text{DM}} = \underline{\underline{7,3\ \%, \text{gerundet } 8\ \%.}}$$

Merke:
● **Zuschlagsgrundlage für den Gewinn sind die Selbstkosten.**
● **Die Summe aus Selbstkosten und Gewinn ergibt den Barverkaufspreis.**

Angebotspreis. Nach Einrechnung der Zuschläge für Skonto (evtl. Provision) und Rabatt in den Barverkaufspreis ergibt sich der Angebotspreis des Kostenträgers.

Sondereinzelkosten des Vertriebs. Sofern beim Verkauf Nebenkosten entstehen, die sich <u>unmittelbar dem Kostenträger</u> zurechnen lassen (z.B. Transport- und Verpakkungskosten, Provision), werden diese Nebenkosten in den Barverkaufspreis eingerechnet. In manchen Fällen sind die Nebenkosten zunächst aufgrund bestimmter Prozentsätze zu berechnen (z.B. Transportversicherung, Vertriebsprovision). Hierbei ist zu beachten, daß die Zuschlagsgrundlage (= 100 %) für diese Nebenkosten der <u>Zielverkaufspreis</u> ist, nicht der Barverkaufspreis.

Kundenskonto und Kundenrabatt sind im Angebotspreis enthalten. Sie kommen dem Kunden entweder für Zahlung innerhalb bestimmter Fristen (Kundenskonto) oder für die Abnahme bestimmter Mengen (Mengenrabatt) zugute. Kundenskonto wird in den Barverkaufspreis, Kundenrabatt in den Zielverkaufspreis eingerechnet. Hierbei ist zu beachten, daß die Zuschlagsgrundlage (= 100 %) für Kundenskonto der Zielverkaufspreis, für Kundenrabatt der Angebotspreis ist. Kundenrabatte werden bereits bei der Rechnungserstellung in Abzug gebracht.

Beispiel: In der Schmolmann KG wird der Angebotspreis für ein Blechgehäuse — ausgehend von den Selbstkosten — aufgrund folgender Angaben kalkuliert:

Gewinnzuschlag (gerundet)   8 %,   Vertriebsprovision .....   3 %,
Kundenskonto ....   2 %,   Kundenrabatt .... 12 %.

Selbstkosten für 1 Gehäuse (vgl. S. 330)	**48,37 DM**					
+ 8 % Gewinn	3,87 DM					
Barverkaufspreis	**52,24 DM**	≙	**95 %**			
+ 2 % Kundenskonto	1,10 DM	≙	2 %			
+ 3 % Vertriebsprovision	1,65 DM	≙	3 %			
Zielverkaufspreis (= Rechnungspreis)	**54,99 DM**	≙	**100 %** ▼	≙	**88 %**	
+ 12 % Kundenrabatt	7,50 DM			≙	12 %	
Angebotspreis (= Listenpreis)	**62,49 DM** ~	**62,50 DM**		≙	**100 %** ▼	

Berechnung der Verkaufszuschläge:

$$\text{Kundenskonto} \quad = \frac{52{,}24\ \text{DM} \cdot 2\ \%}{95\ \%} = \mathbf{1{,}10\ DM}$$

$$\text{Vertriebsprovision} \ = \frac{52{,}24\ \text{DM} \cdot 3\ \%}{95\ \%} = \mathbf{1{,}65\ DM}$$

$$\text{Kundenrabatt} \quad = \frac{54{,}99\ \text{DM} \cdot 12\ \%}{88\ \%} = \mathbf{7{,}50\ DM}$$

Aufgaben

369 Der BAB einer Maschinenfabrik enthält für den Monat November folgende Angaben:

Materialgemeinkosten	36 850,00
Fertigungsgemeinkosten	716 880,00
Verwaltungsgemeinkosten	281 573,00
Vertriebsgemeinkosten	140 786,50

An Einzelkosten fallen an:

Fertigungsmaterial	670 000,00
Fertigungslöhne	477 920,00

1. Berechnen Sie die Istzuschlagssätze (Bestandsveränderungen sind nicht zu berücksichtigen).
2. Das Unternehmen kalkuliert mit folgenden Normalzuschlagssätzen:

Material 6 %,   Fertigung 160 %,   Verwaltung 15 %,   Vertrieb 6 %.

Errechnen Sie die Selbstkosten eines Auftrags, für den folgende Einzelkosten veranschlagt werden:

Fertigungsmaterial	650,00
Fertigungslöhne 42 Stunden zu je	21,00

---

370 Eine Schlösserfabrik will 50 000 Vorhängeschlösser eines bestimmten Typs in Fertigung geben. Es werden folgende Kosten geplant:

Fertigungsmaterial	32 000,00
Fertigungslöhne in Fertigungshauptstelle I	8 000,00
Fertigungslöhne in Fertigungshauptstelle II	5 800,00
Fertigungslöhne in Fertigungshauptstelle III	4 400,00

Die Normalzuschlagssätze betragen:

Material 5 %, Fertigung I 180 %, Fertigung II 200 %, Fertigung III 160 %, Verwaltung 15 %, Vertrieb 8 %, Gewinnzuschlag 18 %.

Berechnen Sie die geplanten Selbstkosten insgesamt und je Stück sowie den Barverkaufspreis für ein Schloß.

---

371 Eine Werkzeugfabrik kalkuliert mit folgenden Normalzuschlagssätzen:

Material 12 %, Fertigung I 160 %, Fertigung II 200 %, Verwaltung 10 %, Vertrieb 8 %.

Für einen Auftrag über 500 Feilen wird mit einem Materialverbrauch von 750,00 DM und einem Lohnaufwand von

15 Stunden zu je 22,50 DM in Fertigungshauptstelle I und
18 Stunden zu je 20,50 DM in Fertigungshauptstelle II

gerechnet.

Gewinnzuschlag 15 %, Skonto 3 %, Vertriebsprovision 4 %.

1. *Erstellen Sie die Vorkalkulation. Wieviel DM Selbstkosten entfallen auf eine Feile?*
2. *Bestimmen Sie den Rechnungspreis für eine Feile.*

372 Für eine Werkzeugmaschine sind die Selbstkosten nach folgenden Angaben zu kalkulieren:

Fertigungsmaterial	12 500,00 DM
Fertigungslöhne Dreherei	2 950,00 DM
Fertigungslöhne Fräserei	1 410,00 DM

Normalzuschlagssätze:

Material	15 %
Fertigungshauptstelle Dreherei	115 %
Fertigungshauptstelle Fräserei	120 %
Verwaltung	15 %
Vertrieb	5 %

Das Erzeugnis wird unter Einrechnung von 3 % Kundenskonto und 8 % Kundenrabatt zum Preis von 38 660,00 DM angeboten.

Wie hoch ist der erzielbare Gewinn in DM und Prozent?

373 Die Kostenrechnungsabteilung eines Industriebetriebes kalkuliert den Listenpreis für ein Gerät, das neu in das Produktionsprogramm aufgenommen werden soll, aufgrund folgender Unterlagen:

Fertigungsmaterial lt. Stückliste:
Gehäuse je Stück 4,00 DM
Armatur   je Stück 12,00 DM

Fertigungslöhne lt. Zeitvorgabe:

I.	Schneiden	je 100 Stück	450 Minuten
II.	Schweißen	je Stück	3 Minuten
III.	Lackieren	je 100 Stück	270 Minuten
IV.	Montieren	je Stück	2 Minuten

Die Arbeitsstunde wird einheitlich mit 24,00 DM verrechnet.

Die Normalzuschlagssätze betragen:

Material 5 %, Fertigung I 100 %, Fertigung II 140 %, Fertigung III 90 %, Fertigung IV 110 %, Verwaltung 20 %, Vertrieb 6 %.

Folgende Verkaufszuschläge sind zu berücksichtigen:

Gewinn 15 %,   Skonto (i. H.) 2 %,   Rabatt (i. H.) 10 %.

1. *Wieviel DM beträgt der Listenpreis je Gerät?*
2. *Das entsprechende Gerät wird von Konkurrenzunternehmen zum Barverkaufspreis von 33,00 DM auf dem Markt angeboten. Lohnt sich die Produktion? Wie hoch wäre der tatsächliche Stückgewinn?*

374 *Erstellen Sie die Vorkalkulation für einen Reparaturauftrag unter Berücksichtigung folgender Angaben:*

Reparaturmaterial:	45,00 DM,
Materialgemeinkostenzuschlag: 8 %,	
Fertigungslöhne:	1,5 Stunden zu je 25,00 DM,
Maschineneinsatz:	Bohren 0,25 Std.,
	Drehen 0,75 Std.,
	Fräsen 0,50 Std.,

Der Maschineneinsatz wird mit 25,40 DM je Stunde kalkuliert.

Verwaltungs- und Vertriebsgemeinkostenzuschlag: 20 %.

Gewinnzuschlag: 15 %.

3.6.3 Zuschlagskalkulation als Nachkalkulation

Aufgabe. Die Nachkalkulation zeigt, ob der zu <u>Normalkosten kalkulierte</u> und angenommene Auftrag im Rahmen dieser Kosten verwirklicht werden konnte. Sie wird <u>nach Beendigung der Produktion</u> als Zuschlagskalkulation aufgrund der <u>tatsächlich</u> <u>entstandenen Einzelkosten</u> und der <u>Istzuschläge aus dem BAB</u> durchgeführt. Aus der Gegenüberstellung mit der Vorkalkulation werden Abweichungen ersichtlich.

Merke: **Die Nachkalkulation ist eine Kontrollrechnung, die den Normalkosten der Vorkalkulation die tatsächlichen Kosten (Istkosten) gegenüberstellt.**

Beispiel: Auf der Grundlage der Istzuschlagssätze (BAB, S. 317) und der Ist-Einzelkosten für Material und Löhne (vgl. S. 330) entsteht die folgende Nachkalkulation.

Fertigungsmaterial (Ist = Normal) 14,00 DM   Fertigungslöhne, FHS III 3,15 DM
Fertigungslöhne, FHS I . . . . 3,67 DM   Fertigungslöhne, FHS IV 2,45 DM
Fertigungslöhne, FHS II . . . . 2,53 DM

Kalkulationsschema	Vorkalkulation		Nachkalkulation	
Fertigungsmaterial		14,00 DM		14,00 DM
+ Materialgemeinkosten	10,0 %	1,40 DM	10,9 %	1,53 DM
Materialkosten		15,40 DM		15,53 DM
Fertigungslöhne FHS I		3,70 DM		3,67 DM
+ Fertigungsgemeinkosten	120,0 %	4,44 DM	117,69 %	4,32 DM
Fertigungskosten FHS I		8,14 DM		7,99 DM
Fertigungslöhne FHS II		2,60 DM		2,53 DM
+ Fertigungsgemeinkosten	110,0 %	2,86 DM	114,3 %	2,89 DM
Fertigungskosten FHS II		5,46 DM		5,42 DM
Fertigungslöhne FHS III		3,20 DM		3,15 DM
+ Fertigungsgemeinkosten	100,0 %	3,20 DM	104,76 %	3,30 DM
Fertigungskosten FHS III		6,40 DM		6,45 DM
Fertigungslöhne FHS IV		2,50 DM		2,45 DM
+ Fertigungsgemeinkosten	110,0 %	2,75 DM	107,84 %	2,64 DM
Fertigungskosten FHS IV		5,25 DM		5,09 DM
Herstellkosten		40,65 DM		40,48 DM
+ Verwaltungsgemeinkosten	14,0 %	5,69 DM	13,87 %	5,61 DM
+ Vertriebsgemeinkosten	5,0 %	2,03 DM	5,25 %	2,13 DM
Selbstkosten für 1 Gehäuse		48,37 DM		48,22 DM
+ Gewinn	8,0 %	3,87 DM	8,34 %	4,02 DM
Barverkaufspreis		52,24 DM	→	52,24 DM
+ Kundenskonto	2,0 %	1,10 DM		
+ Vertriebsprovision	3,0 %	1,65 DM		
Zielverkaufspreis		54,99 DM		
+ Kundenrabatt	12,0 %	7,50 DM		
Angebotspreis		62,49 DM		

Gegenüber der Vorkalkulation fällt der tatsächlich erzielte Gewinn <u>um 0,15 DM je</u> <u>Gehäuse höher aus.</u> Das führt zu einem tatsächlichen Gewinnzuschlag von <u>8,34 %.</u>

Merke: ● **Die Nachkalkulation mißt im Vergleich mit den Normalkosten der Vorkalkulation den tatsächlichen Erfolg eines Kostenträgers.**
● **Die festgestellten Abweichungen bedürfen einer Analyse.**

Auswertung der Nachkalkulation: Im nebenstehenden Beispiel unterschreiten die tatsächlich angefallenen Selbstkosten die vorkalkulierten Normal-Selbstkosten insgesamt um 0,15 DM je Gehäuse. Da der Barverkaufspreis verbindlich vorgegeben war, führt diese Kostenüberdeckung zu einem entsprechend höheren Gewinn. Eine genaue Analyse zeigt, daß die Ist-Gemeinkostenzuschläge in der Materialstelle, den Fertigungshauptstellen II und III sowie der Vertriebsstelle über den Normalzuschlagssätzen liegen und hier somit Kostenunterdeckungen anzeigen. In der Fertigungshauptstelle I und in der Verwaltungsstelle liegen die Ist-Gemeinkostenzuschläge unter den Normalzuschlägen; sie zeigen hier Kostenüberdeckungen an.

Beschäftigungsabweichung (vgl. S. 308). Die eigentliche Abweichung (= Kostenunterdeckung) entsteht im Fertigungs- und Vertriebsbereich. Hierbei handelt es sich offenbar um eine Beschäftigungsabweichung. Es ist zu erwarten, daß bei der geplanten Beschäftigungserhöhung (vgl. S. 286) die Ist-Zuschlagssätze in diesen Bereichen zurückgehen werden und sich den Normal-Zuschlagssätzen annähern, weil die Verwaltungs- und Vertriebsgemeinkosten überwiegend fixe Kosten sind, die sich bei der Beschäftigungserhöhung nicht verändern und zu sinkenden Zuschlagssätzen führen.

Preis- und Verbrauchsabweichungen (vgl. S. 308). Gehen wir davon aus, daß keine Preisabweichungen vorliegen, da verstärkt mit kalkulatorischen Kosten und Verrechnungspreisen gearbeitet wird, dann sind Verbrauchsabweichungen bei den Einzelkosten mit die Ursache für die Kostenüberdeckung in der Nachkalkulation. Im einzelnen ist festzustellen:

- Beim **Fertigungsmaterial** ergibt sich keine Abweichung zwischen Vor- und Nachkalkulation.
- Bei den **Fertigungslöhnen** sind Überdeckungen in den einzelnen Fertigungshauptstellen feststellbar. Es besteht kein Anlaß, die Normal-Zuschlagssätze zu ändern.

Merke: **Die Abweichungen zwischen Ist- und Normal-Zuschlägen bedürfen einer Analyse:**
- **Beschäftigungs- und Preisabweichungen lassen sich leicht ausschalten.**
- **Verbrauchsabweichungen, die zu Kostenunterdeckungen führen, hat der Betriebsleiter zu verantworten.**

Aufgaben – Fragen

375

Zur Aufgabe 371, S. 332, ist eine Nachkalkulation aufzustellen.
Nach Durchführung der Produktion steht fest, daß der Materialverbrauch eingehalten wurde, der Lohnaufwand betrug jedoch

in Fertigungshauptstelle I:	16 Stunden zu je 23,00 DM,
in Fertigungshauptstelle II:	24 Stunden zu je 18,40 DM.

Der BAB des Abrechnungsmonats weist folgende Ist-Zuschlagssätze aus:
Material 10 %; Fertigung I 150 %; Fertigung II 180 %; Verwaltung 12,5 %; Vertrieb 10 %.

1. *Welche Kostenarten und -stellen sind zu überprüfen?*
2. *Wie erklären Sie den erheblichen Unterschied zwischen normierter und verbrauchter Arbeitszeit in der Fertigungshauptstelle II?*

376

1. *Worin unterscheiden sich Vor- und Nachkalkulation?*
2. *Wie werden Normalzuschlagssätze errechnet?*
3. *Die Zuschlagssätze für die Fertigungsgemeinkosten liegen in zwei aufeinanderfolgenden Betriebsabrechnungsbögen über dem Normalzuschlagssatz.*
   Worauf kann das zurückzuführen sein? Was müßte ggf. veranlaßt werden?

377 *Erstellen Sie die Vor- und Nachkalkulationen für folgenden Auftrag:*

	Vorkalkulation	Nachkalkulation
Fertigungsmaterial	520,00 DM	535,00 DM
Materialgemeinkostenzuschlag	5 %	5,5 %
Maschinenkosten: Laufzeit	20 Stunden	19,5 Stunden
Stundensatz	24,75 DM	25,20 DM
Fertigungslöhne: Fertigungsstunden	22 Stunden	22 Stunden
Stundensatz	23,00 DM	22,60 DM
Verwaltungsgemeinkostenzuschlag	12,5 %	12,7 %
Vertriebsgemeinkostenzuschlag	8,0 %	7,6 %
Gewinnzuschlag	12,0 %	
Kundenskonto	3,0 %	
Kundenrabatt	6,0 %	

1. *Errechnen Sie den tatsächlichen Gewinn.*

2. *Begründen Sie die Abweichungen.*

378 *Kalkulieren Sie auf der Grundlage der Aufgabe 367, S. 328, die Herstellkosten (gesamt und je Stück) für folgende Aufträge:*

Auftrag A: Stanzen von 5 000 Behälterböden auf Stanze II.
                  Stahlblech: 1 100,00 DM,
                  Materialgemeinkostenzuschlag: 4 %,
                  Fertigungslöhne: 70 Stunden zu je 24,50 DM,
                  Maschinenstunden: 70 Stunden,
                  Sondereinzelkosten der Fertigung: 500,00 DM.

Auftrag B: Stanzen von 8 000 Ventildeckeln auf Stanze I.
                  Stahlblech: 800,00 DM,
                  Materialgemeinkostenzuschlag: 4 %,
                  Fertigungslöhne: 40 Stunden zu je 24,50 DM,
                  Maschinenstunden: 40 Stunden,
                  Sondereinzelkosten der Fertigung: 200,00 DM.

Auftrag C: Stanzen von 4 000 Mantelblechen auf Stanze III.
                  Stahlblech: 3 200,00 DM,
                  Materialgemeinkostenzuschlag: 4 %,
                  Fertigungslöhne: 100 Stunden zu je 24,50 DM,
                  Maschinenstunden: 100 Stunden,
                  Sondereinzelkosten der Fertigung: 400,00 DM.

Nach Abschluß der Produktion zeigen sich folgende Abweichungen:

Auftrag A: Stahlblech: 10%ige Erhöhung der Anschaffungskosten.
                  Fertigungslöhne: 73 Stunden zu je 24,50 DM,
                  Maschinenstundensatz: 5%ige Verringerung gegenüber der Norm.

Auftrag B: Stahlblech: 70,00 DM Mehrverbrauch,
                  Fertigungslöhne: 40 Stunden zu je 25,10 DM,
                  Maschinenstundensatz: 3%ige Erhöhung gegenüber Norm.

Auftrag C: Materialgemeinkostenzuschlag: 4,3 %,
                  Sondereinzelkosten der Fertigung: 10%ige Verringerung gegenüber Norm.

Stellen Sie die Nachkalkulation auf.

3.7 Vollkostenrechnung in Betrieben mit Sortenfertigung (Äquivalenzziffernkalkulation)

Beispiel: Das Unternehmen Schmolmann KG möchte einen schnellen Überblick (ohne BAB und Kostenträgerblatt) über die Selbstkosten jedes Gehäusetyps mit Hilfe der Äquivalenzziffernkalkulation gewinnen.

Voraussetzungen für die Anwendung der Äquivalenzziffernrechnung:

- Die Erzeugnisse müssen **artgleich** sein (= Sorten; vgl. S. 294), z. B. Ziegel, Biersorten, Bausteine, Zigaretten usw.
- Die Erzeugnisse müssen **in einem festen Kostenverhältnis** zueinander stehen.

Es kann unterstellt werden, daß diese Bedingungen für die im Unternehmen Schmolmann KG produzierten Gehäusetypen im wesentlichen erfüllt sind.

Äquivalenzziffern. Unterschiede in den Selbstkosten je Erzeugniseinheit können nur dadurch verursacht werden, daß die einzelnen Erzeugnisgruppen die Produktionsstätten verschieden stark beanspruchen. Das Kostenverhältnis, das die unterschiedlich starke Beanspruchung angibt, wird durch Beobachtung und Messung festgestellt. Hierbei setzt man das Haupterzeugnis gleich 1 und bringt die anderen Erzeugnisgruppen durch einen die Kostenverursachung ausdrückenden Zuschlag oder Abschlag in Beziehung zu 1. Die sich ergebenden Zahlen heißen Äquivalenzziffern.

Beispiel: Aufgrund der Arbeitspläne verschafft man sich in der Schmolmann KG einen Überblick darüber, in welchem Ausmaß die verschiedenen Gehäusetypen die Betriebsabteilungen belasten: Gehäusetyp A wird in durchschnittlich 26,7 Minuten gefertigt, Gehäusetyp B in 24 Minuten, Gehäusetyp C in 35 Minuten. Zusätzlich wird das Verhältnis, in dem Material- und Lohneinsatz je Stück zueinander stehen (vgl. S. 307), berücksichtigt, wobei aufgrund der größten Produktionsmenge das Gehäuse Typ A als Hauptsorte mit der Ziffer 1 festgesetzt wird. Hieraus ermittelt man die **Äquivalenzziffern** der Gehäusetypen A, B, C mit **1 : 0,9 : 1,3.**

Aus dem Kostenträgerblatt von Seite 307 lassen sich die Selbstkosten des Umsatzes mit 9 535 000,00 DM ablesen. Die Absatzmengen (vgl. S. 307) betrugen für Typ A 85 740 Stück, für Typ B 61 140 Stück und für Typ C 47 760 Stück.

Typ	Absatz-mengen		Äquivalenz-ziffern		Umrechnungs-zahlen	Selbstkosten je Gehäuse	Selbstkosten je Typ
A	85 740	·	1,0	=	85 740	**47,00 DM**	4 030 140,00 DM
B	61 140	·	0,9	=	55 026	**42,30 DM**	2 586 460,00 DM
C	47 760	·	1,3	=	62 088	**61,11 DM**	2 918 400,00 DM
					202 854		**9 535 000,00 DM**
Berechnung der Selbstkosten je Gehäuse:	9 535 000 DM	:	202 854	=	**47,0042 DM** ≈		**47,00 DM**
		0,9	·	47,0042 DM	= **42,3038 DM** ≈		**42,30 DM**
		1,3	·	47,0042 DM	= **61,1055 DM** ≈		**61,11 DM**
Berechnung der Selbstkosten je Typ:	85 740 Stück		·		47,0042	= **4 030 140,00 DM**	
	61 140 Stück		·		42,3038	= **2 586 460,00 DM**	
	47 760 Stück		·		61,1055	= **2 918 400,00 DM**	

Aufgabe: *Vergleichen Sie diese Ergebnisse mit denen im Kostenträgerblatt von Seite 307.*

Merke: **Die Äquivalenzziffernkalkulation ist bei Sortenfertigung anwendbar. Sie vereinfacht die verursachungsgerechte Zuordnung der Kosten zu den Kostenträgern.**

Aufgaben – Fragen

379 Die Novalux GmbH kalkuliert die Selbstkosten ihrer Glühbirnen nach folgenden Angaben:
Die Einzelkosten (Fertigungsmaterial, Fertigungslöhne) werden für jede Sorte getrennt
erfaßt, die Gemeinkosten in einer Summe.

Sorte	Produktions-menge	Fertigungs-material	Fertigungs-löhne	Äquivalenz-ziffer	Gemein-kosten
40 W	600 000	90 000,00 DM	75 000,00 DM	0,8	
60 W	800 000	110 000,00 DM	130 000,00 DM	1,0	} 514 800,00 DM
100 W	200 000	35 000,00 DM	40 000,00 DM	1,4	

1. Berechnen Sie die Stückkosten jeder Sorte.
2. Berechnen Sie die Selbstkosten jeder Sorte.

380 Eine Ziegelei stellt vier Sorten Ziegel her.

Sorte	Äquivalenzziffern	Produktionsmenge	Gesamtkosten
I	0,75	40 000 Stück	
II	1,00	80 000 Stück	} 66 960,00 DM
III	1,20	30 000 Stück	
IV	1,60	25 000 Stück	

1. Berechnen Sie die Stückkosten jeder Sorte.
2. Berechnen Sie die Selbstkosten jeder Sorte.

381 Die Merkheimer OHG hat sich auf die Herstellung von hochwertigen Aktentaschen aus
Leder spezialisiert. Sie stellt zur Zeit drei Typen (A, B, C) von Aktentaschen her, die sich vor
allem in der Größe und in der Innenausstattung voneinander unterscheiden. Eine durchgeführte Kostenanalyse hat ergeben, daß die Tasche Typ A als Hauptsorte einzustufen ist, und
daß zwischen den Sorten A, B und C ein Kostenverhältnis von 1 : 0,9 : 1,25 besteht.

Für den abgelaufenen Monat liegen folgende Zahlen vor:

Sorte	Produktionsmenge	gesamte Selbstkosten
A	4 000 Stück	
B	2 500 Stück	} 1 976 250,00 DM
C	1 200 Stück	

1. Berechnen Sie aufgrund der Angaben die Selbstkosten je Stück und je Sorte.
2. Zu welchem Fehler könnte dieses Kalkulationsverfahren im Laufe der Zeit führen?

382 Die Pons GmbH stellt in einem Zweigwerk auf einer abgesonderten Fertigungsanlage Tür-
beschläge her. Für den Monat September liegen folgende Zahlen vor:

Typ	Produktionsmenge	Äquivalenzziffern	ges. Selbstkosten	Umsatzerlöse
I	15 000 Stück	0,9		270 000,00 DM
II	20 000 Stück	0,8		400 000,00 DM
III	12 500 Stück	1	} 1 581 600,00 DM	312 500,00 DM
IV	8 500 Stück	1,4		340 000,00 DM
V	10 000 Stück	1,2		300 000,00 DM

1. Bestimmen Sie die Selbstkosten je Stück und je Sorte.
2. Berechnen Sie den Gewinn je Stück, je Sorte und insgesamt.
3. Welche Schlußfolgerungen könnten aus der Gewinnsituation gezogen werden?

3.8 Vollkostenrechnung in Betrieben mit Massenfertigung (Divisionskalkulation)

Massenfertigung. Die Divisionskalkulation findet Anwendung in Unternehmungen, die ein einheitliches Produkt herstellen (Massenfertigung, vgl. S. 294). In diesen Unternehmungen gibt es kein verzweigtes Produktionsprogramm mit unterschiedlicher Belastung der Kostenstellen durch die Kostenträger. Somit entfällt bei Anwendung der Divisionskalkulation die Aufteilung der Kosten in Einzel- und Gemeinkosten und die umständliche Aufschlüsselung der Gemeinkosten auf die Kostenstellen.

Einfache Divisionskalkulation. Die einfache Divisionskalkulation ist anwendbar, wenn ein Unternehmen nur eine Erzeugnisart herstellt (z.B. Elektrizitätswerk, Ziegelei, Brauerei usw.). Die Selbstkosten für den einzelnen Kostenträger ergeben sich aus der Division der Gesamtkosten einer Abrechnungsperiode durch die Produktionsmenge der gleichen Periode.

$$\text{Selbstkosten des Kostenträgers} = \frac{\text{Gesamtkosten der Periode}}{\text{Produktionsmenge der Periode}}$$

Beispiel: Es soll angenommen werden, daß die Schmolmann KG nur einen Gehäusetyp fertigt. Im abgelaufenen Geschäftsjahr wurden 200 000 Gehäuse produziert (s. S. 286), dabei entstanden Kosten in Höhe von 9 710 000,00 DM (s. BEK S. 280/281). Das Unternehmen kalkuliert mit einem Gewinnzuschlag von 8 % (s. S. 331).

$$\text{Selbstkosten je Gehäuse} = \frac{9\,710\,000,00 \text{ DM}}{200\,000 \text{ Stück}} = \dots\dots \quad \textbf{48,55 DM}$$

+ 8 % Gewinn . . . . **3,88 DM**

= **Barverkaufspreis** . . . . **52,43 DM**

Für die Angebotskalkulation werden bei diesem Verfahren normierte Selbstkosten verwendet, die man als arithmetisches Mittel aus den Stückselbstkosten vergangener Abrechnungsperioden berechnet.

Mehrfache Divisionskalkulation. Nicht immer wird ein Unternehmen alle in einer Abrechnungsperiode hergestellten Erzeugnisse auch in der gleichen Periode absetzen können. Am Ende der Abrechnungsperiode befindet sich ein Teil der Produktion vorübergehend im Lager. Unter dieser Bedingung führt die einfache Divisionskalkulation zu nicht verursachungsgerechten Selbstkosten, da sie auch die noch nicht verkauften Erzeugnisse mit anteiligen Vertriebskosten belastet. Um zu genauen Ergebnissen zu gelangen, teilt man zunächst die Gesamtkosten in Herstellkosten und Vertriebskosten auf. Die Herstellkosten werden dann auf die hergestellte Menge umgelegt, die Vertriebskosten nur auf die abgesetzte Menge. Die Selbstkosten je Kostenträger ergeben sich aus der Summe von Herstellkosten je Kostenträger und Vertriebskosten je Kostenträger.

$$\text{Selbstkosten je Kostenträger} = \frac{\text{Herstellkosten}}{\text{Produktionsmenge}} + \frac{\text{Vertriebskosten}}{\text{Absatzmenge}}$$

Zuordnung der Verwaltungsgemeinkosten. Verwaltungsgemeinkosten können in der mehrfachen Divisionskalkulation entweder den Herstellkosten, den Vertriebskosten oder anteilig beiden Kostenbereichen zugeordnet werden. Je nachdem, für welche Lösung man sich entscheidet, werden die Selbstkosten unterschiedlich hoch ausfallen.

Aufgaben – Fragen

383
1. Unter welchen Produktionsbedingungen ist die einfache Divisionskalkulation anwendbar?
2. Worin unterscheidet sich die einfache Divisionskalkulation von der mehrfachen Divisionskalkulation?
3. Wie werden die Verwaltungskosten in der mehrfachen Divisionskalkulation behandelt?

384 In einem Betrieb mit Massenfertigung entstanden im Monat März folgende Kosten:

Rohstoffverbrauch	380 000,00 DM
Hilfsstoffverbrauch	165 000,00 DM
Fertigungslöhne	357 000,00 DM
Fertigungsgemeinkosten	734 000,00 DM
Verwaltungskosten	422 000,00 DM
Vertriebskosten	186 000,00 DM

1. Wie hoch sind die Selbstkosten für eine Produktionseinheit bei einer Produktion von 336 000 Stück?
2. Errechnen Sie die Selbstkosten unter der Bedingung, daß ein Lagerbestand von 36 000 Stück verbleibt und die Verwaltungskosten im Verhältnis 3 : 1 den Herstell- und Vertriebskosten zugewiesen werden.
3. Wie hoch wären die Selbstkosten für den Fall, daß sich ein Minderbestand von 24 000 Stück ergibt und die Verwaltungskosten im Verhältnis 3 : 1 den Herstell- und Vertriebskosten zugewiesen werden?
4. Wie hoch sind die Selbstkosten, wenn man dazu übergeht, die Verwaltungskosten in voller Höhe dem Vertriebsbereich zuzuordnen?
   a) Es soll ein Mehrbestand von 36 000 Stück vorliegen.
   b) Es soll sich ein Minderbestand von 24 000 Stück ergeben.

385 Eine Kiesgrube arbeitet monatlich mit folgenden Kosten:

Betriebsstoffkosten	8 420,00 DM
Energiekosten	4 300,00 DM
Lohnkosten	48 500,00 DM
Abschreibungen	12 600,00 DM
Verwaltungskosten	10 400,00 DM
Vertriebskosten	9 800,00 DM

Es wird eine Menge von 200 t Kies ständig im Vorratsbehälter gelagert, so daß die Fördermenge nicht der Absatzmenge entspricht. Die Förderung betrug 3 800 t, die Absatzmenge 3 600 t.

Wie hoch sind die Selbstkosten für 1 t, wenn die Verwaltungskosten
a) voll den Herstellkosten zugerechnet werden,
b) je zur Hälfte den Herstell- und Vertriebskosten zugerechnet werden?

386 Ein Kunststeinwerk ermittelt die monatlichen Kosten mit:

Material	55 500,00 DM
Löhne	96 800,00 DM
Fertigungsgemeinkosten	140 200,00 DM
Verwaltungskosten	81 600,00 DM
Vertriebskosten	36 000,00 DM

1. Errechnen Sie die Selbstkosten und den Nettoverkaufspreis für 1000 Steine bei einer Herstellmenge von 800 000 Stück und einem Gewinnzuschlag von 15 % auf die Selbstkosten.
2. Wie hoch sind die Selbstkosten und der Nettoverkaufspreis für 1000 Steine, wenn 20 % der Produktion nicht im gleichen Abrechnungsmonat abgesetzt werden konnten? Die Verwaltungskosten gelten in voller Höhe als Vertriebskosten.

4 Deckungsbeitragsrechnung als Teilkostenrechnung

4.1 Vergleich zwischen Vollkosten- und Teilkostenrechnung

Die Vollkostenrechnung erfaßt alle Kostenarten periodengerecht und weist sie den einzelnen Kostenträgern zu. Ihre Aufgabe erfüllt sie zufriedenstellend, wenn auf dem Markt die mit Hilfe der Zuschlagskalkulation errechneten Preise akzeptiert werden.

Nachteile der Vollkostenrechnung. Die Vollkostenrechnung kann nicht angewandt werden, wenn unternehmerische Entscheidungen zur Verbesserung der Beschäftigung oder des Betriebserfolgs zu treffen sind. Im einzelnen weist sie folgende Nachteile auf:

- **Die Abhängigkeit der Gemeinkosten von der Beschäftigung** wird nicht untersucht: Zum Teil verhalten sich die Gemeinkosten bei Beschäftigungsänderungen fix, zum Teil variabel. Die Verteilung der fixen Kosten auf die Kostenstellen führt bei Beschäftigungsänderungen zu nicht verursachungsgerechten Kostenbelastungen (= Proportionalisierung der fixen Kosten über Gemeinkostenzuschlagssätze).
- **Bei der Berechnung von Zuschlagssätzen** für die Material-, Fertigungs-, Verwaltungs- und Vertriebsgemeinkosten wird unterstellt, daß zwischen den Gemeinkosten und der gewählten Zuschlagsgrundlage eine Abhängigkeit besteht. Das trifft aber nur bedingt zu, so hängt z.B. die Höhe der Fertigungsgemeinkosten nicht von der Höhe der Fertigungslöhne ab.

Merke:
- **Für kurzfristig zu treffende marktorientierte Entscheidungen liefert die Vollkostenrechnung keine geeigneten Unterlagen.**
- **Langfristig ist die Vollkostenrechnung die notwendige Grundlage für die Kostenkontrolle und Betriebsergebnisrechnung.**

Teilkostenrechnung. Hier setzen nun die zur Teilkostenrechnung führenden Überlegungen an. Den Verantwortlichen in einer Unternehmung geht es doch letztlich darum, sich den Bedingungen des Marktes hinsichtlich Preis, Absatzmenge, Warensortiment anzupassen. Dabei ist zugleich auf die Erhaltung der Arbeitsplätze und die Erzielung von Gewinn zu achten. So hat die Unternehmensleitung in Zeiten des konjunkturellen Rückganges mit fallenden Marktpreisen zu entscheiden, ob auch noch zu einem nicht mehr kostendeckenden Preis produziert werden soll. Eine solche Entscheidung läßt sich zuverlässig nur treffen, wenn man in der Kostenrechnung völlig umdenkt:

Nicht entscheidend:	Entscheidend:
Die Kosten sind Grundlage der Kalkulation und **bestimmen den Preis** des Erzeugnisses.	**Der Marktpreis** des Erzeugnisses ist Grundlage der Kalkulation und **legt den Gewinn nach Abzug der Kosten offen.**

Das unterschiedliche Verhalten der Kosten bei Produktionsschwankungen wird in der Teilkostenrechnung dadurch berücksichtigt, daß von den Umsatzerlösen der einzelnen Erzeugnisgruppen zunächst nur die auf sie entfallenden variablen Kosten (vgl. S. 288) abgezogen werden. Die den Erzeugnisgruppen nicht genau zurechenbaren Gemeinkosten (= fixe Kosten, vgl. S. 290) erfaßt man gesondert in einem Block.

Merke: Der Einsatz der Teilkostenrechnung im Rechnungswesen eines Industriebetriebes setzt voraus, daß alle Kostenarten auf ihre Abhängigkeit von der Produktion untersucht und danach in variable Kosten oder fixe Kosten aufgeteilt werden.

4.2 Grundzüge der Deckungsbeitragsrechnung

Maßgeblichkeit der variablen Kosten für den Betriebserfolg. Der Betriebserfolg wird entscheidend von den variablen Kosten (vgl. Kap. 2.6.1) beeinflußt, da sie auf die Kostenhöhe proportional zur Beschäftigung einwirken. Die fixen Kosten sind in der Regel unvermeidbar. Sie fallen also auch dann an, wenn die Beschäftigung Schwankungen unterworfen ist oder der Betrieb gar nicht mehr produziert.

Deckungsbeitrag. Um festzustellen, in welchem Umfang ein Kostenträger am Betriebserfolg beteiligt ist, werden von den Umsatzerlösen dieses Kostenträgers dessen variable Kosten subtrahiert. Die Differenz stellt den Bruttoerfolg dar und wird Deckungsbeitrag genannt.

Merke:	Umsatzerlöse
	− variable Kosten
	Bruttoerfolg = Deckungsbeitrag (= DB)

4.2.1 Deckungsbeitragsrechnung als Stückrechnung

Beispiel: Die Schmolmann KG analysiert das Ergebnis des Geschäftsjahres auf der Grundlage der Deckungsbeitragsrechnung. Hierfür verwendet sie die Zahlen des Betriebsergebniskontos von Seite 280. Zusätzlich liegen folgende Angaben vor:

Alle hergestellten Gehäuse werden als einheitlicher Gehäusetyp behandelt.

Die Einzelkosten „Rohstoffaufwand" (= 2 800 000,00 DM Fertigungsmaterial) und „Löhne" (= 2 400 000,00 DM Fertigungslöhne) gelten in voller Höhe als variabel.

Die Gemeinkosten in Höhe von insgesamt 4 335 000,00 DM (ohne die Kosten des Mehrbestandes von 175 000,00 DM) teilen sich in 152 600,00 DM variable Kosten und in 4 182 400,00 DM fixe Kosten auf. Im Geschäftsjahr wurden insgesamt 194 640 Gehäuse verkauft (vgl. S. 307).

(1) Deckungsbeitrag je Stück (= db)

Umsatzerlös je Stück (= Preis, p)	10 300 000,00 : 194 640 ~ 52,92 DM
− Variable Stückkosten (= k_v)	5 352 600,00 : 194 640 ~ 27,50 DM
Stückdeckungsbeitrag (= db)	4 947 400,00 : 194 640 ~ **25,42 DM**

Der Deckungsbeitrag je Stück (= db) in Höhe von 25,42 DM trägt zur Deckung der ohnehin anfallenden fixen Kosten bei oder führt zu Betriebsgewinnen, sobald die fixen Kosten gedeckt sind.

Merke:	● Preis − variable Kosten je Mengeneinheit
	= Deckungsbeitrag je Stück.
	● Preis > variable Kosten je Mengeneinheit
	↔ Verbesserung des Betriebserfolgs.
	● Preis < variable Kosten je Mengeneinheit
	↔ Verschlechterung des Betriebserfolgs.

(2) Bestimmung der Gewinnschwellenmenge (Break-even-Point)

Die Gewinnschwellenmenge kennzeichnet die Produktionsmenge, bei der die Summe der Stückdeckungsbeiträge (= **DB**) gerade zur Deckung der fixen Kosten (= K_f) ausreicht, d. h., der Betriebsgewinn beträgt bei dieser Menge 0 DM. Übersteigt die Produktionsmenge diese kritische Menge, so ergibt sich ein Gewinn, im umgekehrten Fall ein Verlust; allgemein gilt also die funktionale Beziehung (vgl. Grafik S. 343):

Betriebsgewinn	=	Stückdeckungsbeitrag	·	Menge	−	fixe Kosten
G(x)	=	db	·	x	−	K_f

Beispiel: Die Gewinnschwellenmenge ist bei einem Stückdeckungsbeitrag von 25,42 DM und fixen Kosten von 4 182 400,00 DM zu bestimmen. Für G = 0 folgt

$$db \cdot x = K_f$$

$$x = \frac{K_f}{db}$$

$$25,42 \cdot x = 4\,182\,400$$

$$x = \frac{4\,182\,400}{25,42} \approx \underline{\underline{164\,532 \text{ Stück}}}$$

Merke: Gewinnschwellenmenge = $K_f : db$

Grafisch liegt die Gewinnschwellenmenge im Schnittpunkt der Gewinnfunktion G(x) = 25,42 · x − 4 182 400 mit der X-Achse.

(3) Auswirkung von Preisänderungen

Preiserhöhungen bewirken bei unveränderter Kostenlage eine Erhöhung des Stückdeckungsbeitrags. Dadurch wird die Deckung der fixen Kosten bereits bei einer geringeren Ausbringungsmenge erreicht.

Der Verkaufspreis der Gehäuse wird von 52,92 DM auf 54,00 DM erhöht. Der Stückdeckungsbeitrag beträgt nunmehr 26,50 DM. Die Gewinnschwellenmenge wird erreicht bei

$$\frac{\text{fixe Kosten}}{db} = \frac{4\,182\,400,00 \text{ DM}}{26,50 \text{ DM}} \approx \underline{\underline{157\,826 \text{ Stück Gewinnschwellenmenge}}}$$

In der grafischen Darstellung würde sich die Preiserhöhung durch einen stärkeren Anstieg der Gewinnfunktion bemerkbar machen. Das bewirkt bei unveränderten fixen und variablen Kosten eine Verringerung der Gewinnschwellenmenge.

Merke: Durch eine Preiserhöhung (-senkung) wird die Gewinnschwellenmenge bei unveränderten Kosten verringert (erhöht).

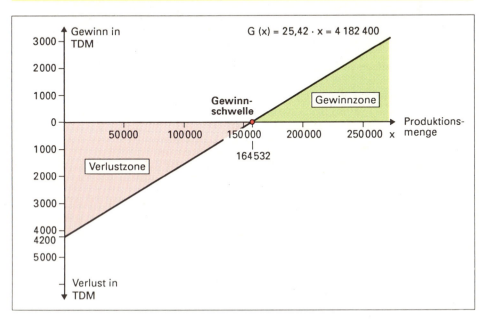

4.2.2 Deckungsbeitragsrechnung als Periodenrechnung im Einproduktunternehmen

Um den Betriebserfolg im Einproduktunternehmen zu ermitteln, werden die fixen Kosten einer Periode in einer Summe vom gesamten Deckungsbeitrag subtrahiert.

Beispiel: Die Schmolmann KG ermittelt das Betriebsergebnis des Geschäftsjahres mit Hilfe der Deckungsbeitragsrechnung auf der Grundlage der Zahlen des Betriebsergebniskontos von Seite 280 sowie der Angaben aus dem Beispiel von Seite 342. Zu berücksichtigen ist, daß in der nachfolgenden Aufstellung der Mehrbestand (175 000,00 DM) nicht erfaßt ist. Die Rechnung bezieht sich nur auf die Absatzmenge von 194 640 Gehäusen.

(1) Deckungsbeitrag und Betriebsergebnis der Abrechnungsperiode

Umsatzerlöse der Periode (= E)	52,92 DM · 194 640 Stück ~ **10 300 000,00 DM**
− Variable Kosten der Periode (= K_v)	27,50 DM · 194 640 Stück ~ **5 352 600,00 DM**
= **Deckungsbeitrag der Periode (= DB)**	**4 947 400,00 DM**
− **fixe Kosten der Periode (= K_f)**	**4 182 400,00 DM**
= **Betriebsgewinn der Periode**	**765 000,00 DM**

(2) Bestimmung der Gewinnschwellenmenge (Break-even-point), vgl. S. 342

Als Gewinnschwellenmenge wird auch die Produktionsmenge bezeichnet, bei der die Umsatzerlöse der Periode (= **E**) gleich den Kosten dieser Periode (= **K**) sind. Das Unternehmen erzielt in dieser Situation keinen Betriebsgewinn.

Beispiel: Aus der obigen Berechnung des Betriebsgewinnes ergibt sich jeweils die **Erlös- und Kostenfunktion in Abhängigkeit von der Absatzmenge „x":**

Für die **Erlösfunktion** gilt: $E(x) = 52,92 \cdot x$

Für die variablen Kosten gilt: $K_v = 27,50 \cdot x$
Die fixen Kosten sind mit 4 182 400,00 DM anzusetzen.
Also lautet die **Gesamtkostenfunktion** K_g: $K_g(x) = 27,5 \cdot x + 4 182 400$

Unter der Bedingung, daß Umsatzerlöse und Kosten gleich sein sollen, folgt

$$52,92 \cdot x = 27,5 \cdot x + 4 182 400$$
$$25,42 \cdot x = 4 182 400$$
$$x \sim \mathbf{164 532}$$

Die **Gewinnschwellenmenge** wird also bei einer Produktionsmenge von 164 532 Gehäusen erreicht.

Grafisch liegt die Gewinnschwellenmenge im Schnittpunkt von Erlös- und Gesamtkostengerade. Bei dieser Menge sind Erlöse und Gesamtkosten gleich hoch (vgl. S. 345):

Erlöse = Kosten.

Gewinnzone. Produziert das Unternehmen mehr als 164 532 Gehäuse, so arbeitet es mit Gewinn:
Erlöse > Kosten.

Verlustzone. Produziert das Unternehmen weniger als 164 532 Gehäuse, so gerät es in die Verlustzone:
Erlöse < Kosten.

Merke:
- **Deckungsbeitrag > fixe Kosten ◄─► Betriebsgewinn,**
- **Deckungsbeitrag < fixe Kosten ◄─► Betriebsverlust.**

Aus der grafischen Darstellung (vgl. S. 345) geht anschaulich hervor, daß bei dem derzeitigen Absatz von 164 532 Gehäusen die Gewinnschwelle überschritten wurde. Eine Ausweitung der Produktion und des Absatzes vergrößert den Gewinn.

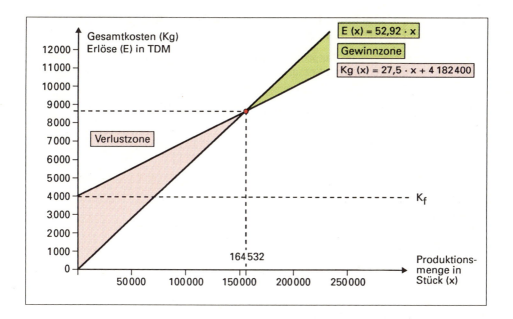

Erläuterung zur Grafik:

Die variablen Kosten der Abrechnungsperiode (K_v) werden durch Multiplikation der variablen Stückkosten (k_v) mit der Produktionsmenge (x) errechnet. Da für jedes zusätzlich hergestellte Gehäuse der Kostenzuwachs im Beispiel 27,50 DM beträgt, ergibt sich die Abhängigkeit der variablen Gesamtkosten von der Produktionsmenge nach der Funktionsgleichung:

$$K_v = k_v \cdot x = 27{,}5 \cdot x$$

Die Gesamtkosten der Abrechnungsperiode (K_g) ergeben sich aus der Summe von variablen Kosten und fixen Kosten.

$$\text{Gesamtkosten} = \text{variable Kosten} + \text{fixe Kosten}$$
$$K_g = K_v + K_f$$

Unabhängig von der Produktionsmenge werden im Beispiel die variablen Kosten um jeweils 4 182 400,00 DM fixe Kosten erhöht. In der Grafik verlaufen die fixen Kosten im Abstand 4 182 400 vom Ursprung parallel zur X-Achse. Die Gesamtkosten setzen im Abstand 4 182 400 an und steigen mit dem Ausmaß der variablen Stückkosten (= 27,5) linear an.

$$K_g(x) = 27{,}5 \cdot x + 4\,182\,400$$

Die Erlösgerade (E) verdeutlicht die bei einer bestimmten Produktionsmenge erzielbaren Nettoumsatzerlöse. Sie sagt aus, daß für jedes produzierte Stück 52,92 DM Erlöse entstehen. Bei einem Absatz von 100 000 Stück sind das 5 292 000,00 DM, bei einem Absatz von 200 000 Stück entsprechend 10 584 000,00 DM Erlöse usw., also

$$E = 52{,}92 \cdot x$$

Der Graph dieser Funktion verläuft linear – vom Ursprung des Koordinatennetzes ausgehend – mit dem Anstieg m = 52,92.

(3) Auswirkung von Erweiterungsinvestitionen

Wird eine Erweiterungsinvestition geplant, die zusätzliche fixe Kosten in Höhe von z. B. 381 300,00 DM verursacht, so stellt sich für den Unternehmer die Frage, wie viele Gehäuse zusätzlich produziert und verkauft werden müssen, um das bisherige Ergebnis zu halten.

Die zusätzlichen fixen Kosten müssen durch die erwirtschafteten Stückdeckungsbeiträge gedeckt werden; also:

$$\frac{\text{zusätzliche fixe Kosten}}{\text{Stückdeckungsbeitrag}} = \frac{381\,300,00\ \text{DM}}{25,42\ \text{DM}} = 15\,000\ \text{Gehäuse}$$

In der Grafik (S. 345) würde sich die Erhöhung der fixen Kosten durch eine Parallelverschiebung der Gesamtkosten bemerkbar machen; das hat eine Vergrößerung der Gewinnschwellenmenge zur Folge.

Merke: **Durch Erhöhung der fixen Kosten wird die Gewinnschwellenmenge vergrößert.**

(4) Auswirkung von Kostenänderungen

Erhöhen sich die variablen Kosten je Stück (z. B. durch Lohnerhöhung oder Preissteigerung beim Fertigungsmaterial) von bisher 27,50 DM auf 28,40 DM, so wird dadurch der Stückdeckungsbeitrag um diese Kostensteigerung verringert; er fällt also von 25,42 DM auf 24,52 DM. Die unverändert gebliebenen fixen Kosten können über eine größere Ausbringungsmenge gedeckt werden:

$$\frac{\text{fixe Kosten}}{\text{db}} = \frac{4\,182\,400,00\ \text{DM}}{24,52\ \text{DM}} \sim 170\,571\ \text{Stück Gewinnschwellenmenge}$$

Die Verringerung des Stückdeckungsbeitrags um 3,3 % hat eine Erhöhung der Gewinnschwellenmenge um 3,7 % zur Folge. In der Grafik würde sich die Erhöhung der variablen Stückkosten durch einen stärkeren Anstieg der Gesamtkosten bemerkbar machen; das bedingt eine Vergrößerung der Gewinnschwellenmenge.

Merke:
- **Die Erhöhung der variablen Stückkosten hat eine Verringerung des Stückdeckungsbeitrags zur Folge. Die Deckung der fixen Kosten ist dann über eine Erhöhung der Gewinnschwellenmenge möglich.**
- **Eine Senkung der variablen Stückkosten hat die entgegengesetzte Wirkung auf den Stückdeckungsbeitrag und die Gewinnschwellenmenge.**

(5) Auswirkung von Preisänderungen

Preiserhöhungen bewirken bei unveränderter Kostenlage eine Erhöhung des Stückdeckungsbeitrags. Dadurch wird die Deckung der fixen Kosten bereits bei einer geringeren Ausbringungsmenge erreicht.

Der Verkaufspreis der Gehäuse wird von 52,92 DM auf 53,50 DM erhöht. Der Stückdeckungsbeitrag beträgt nunmehr 26,00 DM. Die Gewinnschwellenmenge wird erreicht bei

$$\frac{\text{fixe Kosten}}{\text{db}} = \frac{4\,182\,400,00\ \text{DM}}{26,00\ \text{DM}} \sim 160\,862\ \text{Stück Gewinnschwellenmenge}$$

In der grafischen Darstellung würde sich die Preiserhöhung durch einen stärkeren Anstieg der Erlösfunktion bemerkbar machen. Das bewirkt bei unverändertem Kostenverlauf eine Verringerung der Gewinnschwellenmenge.

Merke: **Durch eine Preiserhöhung (-senkung) wird die Gewinnschwellenmenge bei unveränderten Kosten verringert (erhöht).**

Aufgaben – Fragen

387 Beurteilen Sie die Erfolgssituation eines Industriebetriebes, dessen Teilkostenrechnung für ein bestimmtes Produkt folgende Ergebnisse ausweist:

1. Stückdeckungsbeitrag (= db) = 0,
2. Nettoverkaufspreis < variable Stückkosten,
3. Nettoverkaufspreis > variable Stückkosten,
4. Nettoverkaufspreis = variable Stückkosten.

388 Die Baustoff-GmbH stellt in einem Zweigwerk Wandfliesen in vier unterschiedlichen Qualitäten A, B, C und D her. Aufgrund der starken Konkurrenz auf dem Baustoffmarkt will die Baustoff-GmbH durch eine aktive Preispolitik ihren Marktanteil verteidigen. Die hierzu erforderlichen Daten sollen mit Hilfe der Deckungsbeitragsrechnung ermittelt werden. Für den Monat April lagen folgende Angaben vor:

	Fliese A	Fliese B	Fliese C	Fliese D	insgesamt
Verkaufspreis je Stück	2,20 DM	2,45 DM	3,10 DM	3,80 DM	
variable Stückkosten	1,50 DM	1,90 DM	2,65 DM	3,20 DM	
fixe Kosten insgesamt					286 000,00 DM
Absatzmengen in Stück	80 000	110 000	145 000	65 000	

1. Berechnen Sie das Betriebsergebnis des Monats April für die abgesetzten Mengen.
2. Bestimmen Sie die Stückdeckungsbeiträge, und geben Sie aufgrund dieser Zahlen eine Rangfolge der „erfolgreichen" und der „weniger erfolgreichen" Fliesensorten an.
3. Ermitteln Sie die (kurzfristige) Preisuntergrenze für jede Fliesensorte.
4. Zur Verbesserung der Erfolgssituation und zum Abbau freier Kapazitäten plant die Unternehmensleitung, zusätzlich eine Bodenfliese mit monatlich 40 000 Stück zu produzieren. Diese Fliese würde zusätzlich 26 000,00 DM fixe Kosten und 2,05 DM variable Stückkosten verursachen. Sie ließe sich zu einem Preis von 2,65 DM je Stück absetzen. *Lohnt sich für das Unternehmen die Erweiterung der Produktion?*

389 In einem Zweigwerk der ELMO-AG werden elektrische Heizlüfter in vier unterschiedlichen Ausführungen (HL I, HL II, HL III, HL IV) gefertigt. Für den zurückliegenden Monat wurden folgende Daten ermittelt:

	HL I	HL II	HL III	HL IV	insgesamt
Verkaufspreis	45,00 DM	36,00 DM	54,00 DM	62,00 DM	
variable Stückkosten	24,75 DM	21,00 DM	30,50 DM	35,10 DM	
fixe Kosten insgesamt					82 500,00 DM
Absatzmenge in Stück	3 200	850	1 450	1 200	

1. Berechnen Sie den Betriebserfolg für den betreffenden Monat.
2. Bestimmen Sie die Stückdeckungsbeiträge je Kostenträger sowie die Preisuntergrenzen.
3. Zur Verbesserung der schlechten Absatzsituation bei dem Kostenträger HL II plant die Unternehmensleitung eine Preissenkung um 35 %.
   a) Leistet dieser Kostenträger dann noch einen Beitrag zur Deckung der fixen Kosten?
   b) Durch diese Maßnahme steigt der Absatz im kommenden Monat um 40 % (die Absatzsituation soll bei den anderen Kostenträgern als konstant angenommen werden). Wie wirkt sich diese Steigerung auf den Betriebserfolg aus?

390 Die Bauelemente-AG stellt in einem Zweigwerk genormte Fenster aus Aluminium mit Doppelverglasung her. Der Wettbewerb zwingt zur Festsetzung des Verkaufspreises auf 750,00 DM je Fenster. Die Kapazität, die zur Zeit zu 70 % ausgelastet ist, beträgt 300 Fenster je Monat. Das Unternehmen ermittelt die variablen Stückkosten mit 400,00 DM je Fenster und die fixen Kosten mit 80 000,00 DM je Monat. *Werten Sie diese Situation hinsichtlich des Stückdeckungsbeitrags, der Preisuntergrenze und des Betriebserfolgs aus.*

391 Eine Möbelfabrik stellt in einem Zweigwerk Bürostühle her. Im zurückliegenden Geschäftsjahr wurden 6 500 Stühle produziert und zum Stückpreis von 450,00 DM verkauft. Die fixen
Kosten beliefen sich auf 550 000,00 DM, der Betriebsgewinn auf 425 000,00 DM in der Periode.

1. *Berechnen Sie die variablen Kosten insgesamt und je Stuhl.*
2. *Bei welcher Menge wird die Gewinnschwelle erreicht?*
3. Um sich gegen Konkurrenzprodukte behaupten zu können, soll der Verkaufspreis um 10 %
   gesenkt werden. Das Unternehmen rechnet aufgrund dieser Maßnahme mit einer
   Zunahme der Absatzmenge auf 7 000 Stühle.
   Welche Auswirkungen ergeben sich hieraus auf den Betriebsgewinn?

392 Das Unternehmen „Wohnideal" stellt in einer Niederlassung Holzregale her. Die Kapazität
beträgt 1 200 Regale je Monat. Die fixen Kosten belaufen sich auf monatlich 64 000,00 DM, die
variablen Kosten wurden mit 110,00 DM je Stück ermittelt. Zur Zeit wird für jedes Regal ein
Nettoverkaufspreis von 180,00 DM erzielt.

1. *Bei welcher Monatsproduktion erreicht das Unternehmen die Gewinnschwelle?*
2. *Welchem Beschäftigungsgrad entspricht die Gewinnschwellenmenge?*
3. Das Unternehmen arbeitet zur Zeit mit einem Beschäftigungsgrad von 85 %.
   Wie hoch ist das Betriebsergebnis bei dieser Produktionsmenge?

393 Für das abgelaufene Geschäftsjahr hat ein Kunststoffverarbeitungsbetrieb für sein Produkt
„Haushaltsschüsseln" folgende Zahlen ermittelt:

Produktions-(= Absatz-)Menge	120 000	Stück
Variable Gesamtkosten (K_v)	900 000,00 DM	
Fixe Gesamtkosten (K_f)	340 000,00 DM	
Nettoverkaufspreis	11,80 DM	

1. Langfristig rechnet der Unternehmer mit einem Absatzrückgang um 25 %. Die Produktion
   soll unter dieser Bedingung nur aufrecht erhalten werden, wenn der Stückgewinn mindestens 0,70 DM beträgt.
   Untersuchen Sie die Situation daraufhin, ob die Bedingung eingehalten werden kann.
2. *Bis zu welcher Menge ließen sich Produktion und Absatz zurückführen, um gerade noch volle
   Kostendeckung zur erreichen?*
3. Aufgrund einer Marktuntersuchung erwägt der Unternehmer, die Produktion rationeller
   zu gestalten, um die Monatsproduktion erhöhen und zugleich den Verkaufspreis senken
   zu können. Bei einem Preis von 9,50 DM je Schüssel könnte er den Absatz auf 160 000 Stück
   steigern. Die hierzu erforderliche Umstellung der Produktion würde die variablen Stückkosten auf 7,20 DM verändern und die fixen Kosten um 25 000,00 DM/Monat erhöhen.
   Würden Sie dem Unternehmer zu einer entsprechenden Produktionsänderung raten?

394 *Begründen Sie, warum ein Industriebetrieb mit überwiegend variablen Kosten bei der kurzfristigen Preisgestaltung wenig Spielraum hat.*

395 *Wie beurteilen Sie die Situation eines Betriebes, dessen Kostenrechnung folgende Ergebnisse
ausweist:*

1. Deckungsbeitrag > Fixe Kosten
2. 0 < Deckungsbeitrag < Fixe Kosten
3. Deckungsbeitrag < 0?

4.2.3 Deckungsbeitragsrechnung als Periodenrechnung im Mehrproduktunternehmen

Beispiel: Aus den Zahlen von Seite 307 soll in der Schmolmann KG entschieden werden, ob der Gehäusetyp B wegen des Verlustes von 174 000,00 DM im Produktionsprogramm bleibt oder (zur Gewinnsteigerung) herauszunehmen ist.

Kostenträgerblatt (BAB II) auf Istkostenbasis

Kalkulationsschema		Istkosten insgesamt	Kostenträger		
			Gehäuse A	Gehäuse B	Gehäuse C
1.	Fertigungsmaterial	2 800 000	1 200 000	700 000	900 000
2.	+ 10,71 % MGK lt. BAB	300 000	128 500	75 000	96 500
3.	**Materialkosten (1. + 2.)**	**3 100 000**	**1 328 500**	**775 000**	**996 500**
4.	Fertigungslöhne	2 400 000	1 050 000	625 000	725 000
5.	+ 114,17 % FGK lt. BAB	2 740 000	1 198 500	713 500	828 000
6.	**Fertigungskosten (4. + 5.)**	**5 140 000**	**2 248 500**	**1 338 500**	**1 553 000**
7.	**HK d. Erzeugung (3. + 6.)**	**8 240 000**	**3 577 000**	**2 113 500**	**2 549 500**
8.	− Mehrbestand/Erzeugnisse	175 000	60 000	55 000	60 000
9.	**HK des Umsatzes**	**8 065 000**	**3 517 000**	**2 058 500**	**2 489 500**
10.	+ 13,9 % VwGK lt. BAB	1 120 000	488 500	286 000	345 500
11.	+ 4,34 % VtGK lt. BAB	350 000	152 500	89 500	108 000
12.	**Selbstkosten des Umsatzes**	**9 535 000**	**4 158 000**	**2 434 000**	**2 943 000**
13.	**Nettoumsatzerlöse**	**10 300 000**	**4 650 000**	**2 260 000**	**3 390 000**
14.	**Betriebsergebnis (13. − 12.)**	**+ 765 000**	**+ 492 000**	**− 174 000**	**+ 447 000**

(1) Produktionsentscheidung auf der Basis der Vollkostenrechnung

Die Produktion des Gehäuses Typ B wird eingestellt. Hierdurch würden sich die Kosten um 2 434 000,00 DM, die Umsatzerlöse nur um 2 260 000,00 DM verringern, so daß sich der Betriebsgewinn um 174 000,00 DM erhöhen würde.

Die aufgrund der Vollkostenrechnung getroffene Maßnahme wäre nur dann richtig, wenn alle Kosten variabel sind. Die Einstellung der Produktion verringert dann tatsächlich die Selbstkosten um 2 434 000,00 DM. Da die Vollkostenrechnung aber keine Aussage über das Verhalten der Kosten bei Beschäftigungsänderungen macht (vgl. Abschn. 2.6, S. 286), läßt sie eine Entscheidung im obigen Sinn gar nicht zu.

(2) Produktionsentscheidung auf der Basis der Deckungsbeitragsrechnung

Die Deckungsbeitragsrechnung unterteilt die Kosten sorgfältig in variable und fixe Kosten. Erst auf dieser Grundlage ist eine Produktionsentscheidung möglich.

Beispiel: Es soll unterstellt werden, daß für die Produktion von insgesamt 200 000 Gehäusen 5 352 600,00 DM variable Kosten und 4 182 400,00 DM fixe Kosten anfallen (vgl. S. 342); 56,136 % der Gesamtkosten sind also variabel, 43,864 % sind fix.

Die **Selbstkosten des Gehäuses B** wären danach aufzuteilen in

variable Selbstkosten = 56,136 % von 2 434 000,00 DM ∼ **1 366 350,00 DM** und
fixe Selbstkosten = 43,864 % von 2 434 000,00 DM ∼ **1 067 650,00 DM.**

Durch Produktionseinstellung könnten also nur die variablen Kosten abgebaut werden, die fixen Kosten bleiben in voller Höhe bestehen.

Mit Hilfe der einstufigen Deckungsbeitragsrechnung soll der Betriebserfolg für die beiden Fälle „(a) Das Gehäuse B scheidet aus der Produktion aus" und „(b) Das Gehäuse B scheidet nicht aus der Produktion aus" berechnet werden. Es soll gelten, daß sich die Selbstkosten des Umsatzes von 9 535 000,00 DM in 5 352 600,00 DM (= 56,136 %) variable Kosten und 4 182 400,00 DM (= 43,864 %) fixe Kosten aufteilen lassen.

(a) Das Gehäuse B scheidet aus der Produktion aus:

Ergebnisrechnung	Kostenträger insg.	Gehäuse Typ A	Gehäuse Typ B	Gehäuse Typ C
Umsatzerlöse	8 040 000 DM	4 650 000 DM	—	3 390 000 DM
− **variable Kosten**	3 986 250 DM	2 334 150 DM	—	1 652 100 DM
= **Deckungsbeitrag**	4 053 750 DM	2 315 850 DM	—	1 737 900 DM
− **fixe Kosten**	4 182 400 DM	—	—	—
= **Betriebsverlust**	**− 128 650 DM**			

Die Selbstkosten der Abrechnungsperiode können nur um die variablen Kosten des Gehäuses B (= 1 366 350,00 DM) verringert werden. Die fixen Kosten bleiben beim Ausscheiden des Gehäuses B in voller Höhe bestehen und müssen nunmehr allein von den Deckungsbeiträgen der Gehäuse A und C getragen werden. Hierfür reichen sie nicht aus; es entsteht ein Betriebsverlust von 128 650,00 DM.

(b) Das Gehäuse B scheidet nicht aus der Produktion aus:

Ergebnisrechnung	Kostenträger insg.	Gehäuse Typ A	Gehäuse Typ B	Gehäuse Typ C
Umsatzerlöse	10 300 000 DM	4 650 000 DM	2 260 000 DM	3 390 000 DM
− **variable Kosten**	5 352 600 DM	2 334 150 DM	1 366 350 DM	1 652 100 DM
= **Deckungsbeitrag**	4 947 400 DM	2 315 850 DM	893 650 DM	1 737 900 DM
− **fixe Kosten**	4 182 400 DM	—	—	—
= **Betriebsgewinn**	**765 000 DM**			

Die Umsatzerlöse von Gehäuse B liegen um 893 650,00 DM über dessen variablen Kosten. Dieser Mehrbetrag kann für die Deckung der fixen Gesamtkosten mit herangezogen werden. Es entsteht dadurch ein Betriebsgewinn in der ausgewiesenen Höhe.

Merke: Solange ein Kostenträger einen Deckungsbeitrag erzielt, ist es unwirtschaftlich, diesen Kostenträger aus der Produktion herauszunehmen.

(3) Produktionsentscheidung bei mehrstufiger Deckungsbeitragsrechnung

Deckungsbeitrag I (= DB I). Das Beispiel verdeutlicht, daß die Produktionsentscheidung im Mehrproduktunternehmen von den Deckungsbeiträgen der einzelnen Kostenträger abhängt. Diese Deckungsbeiträge ergeben sich als Differenz aus den Umsatzerlösen minus den variablen Kosten, sie heißen Deckungsbeitrag I.

Erzeugnisfixe Kosten. Die fixen Kosten wurden im Beispiel keiner näheren Betrachtung unterzogen, sondern als Block von der Summe der Deckungsbeiträge subtrahiert. In der Praxis wird jedoch ein Teil der fixen Kosten den einzelnen Kostenträgern direkt zurechenbar sein; es handelt sich hierbei um die sog. erzeugnisfixen Kosten. **Beispiele:** Kosten der Produktionsanlagen, die nur für bestimmte Erzeugnisse genutzt werden, Patente, Forschungs- und Entwicklungskosten, Werkzeugkosten.

Deckungsbeitrag II (= DB II). Subtrahiert man von den Deckungsbeiträgen I der einzelnen Kostenträger deren erzeugnisfixe Kosten, erhält man den Deckungsbeitrag II. Er zeigt den Beitrag der Kostenträger zur Deckung der Restfixkosten an, die nicht kostenträgerbezogen sind.

Erzeugnisgruppenfixe Kosten. Sofern fixe Kosten nicht einem bestimmten Kostenträger, sondern nur mehreren Kostenträgern gemeinsam zugerechnet werden können (z.B. Erzeugnisgruppe), spricht man von erzeugnisgruppenfixen Kosten.

Deckungsbeitrag III (= DB III). Subtrahiert man von den gruppenweise zusammengefaßten DB II die erzeugnisgruppenfixen Kosten, so erhält man den DB III. Er gibt die Fixkostendeckung durch die Erzeugnisgruppen an.

Unternehmensfixe Kosten bilden den restlichen Fixkostenblock, der für das Unternehmen insgesamt angefallen ist und nicht mehr verursachungsgerecht einem Kostenträger oder einer Kostenträgergruppe zugerechnet werden kann. **Beispiele:** Kosten der kaufmännischen und betrieblichen Verwaltung und der Unternehmensleitung. Unternehmensfixe Kosten werden von der Summe der Deckungsbeiträge III subtrahiert; die Differenz stellt das **Betriebsergebnis der Rechnungsperiode** dar.

Beispiel: Die fixen Kosten in Höhe von 4 182 400 DM sollen wie folgt aufteilbar sein:

	Gehäuse Typ A	Gehäuse Typ B	Gehäuse Typ C
Erzeugnisfixe Kosten	800 000 DM	650 000 DM	850 000 DM
Erzeugnisgruppenfixe K.	650 000 DM		—
Unternehmensfixe Kosten	1 232 400 DM		

Deckungsbeitragsrechnung mit stufenweiser Fixkostendeckung

Ergebnisrechnung	Gehäuse Typ A	Gehäuse Typ B	Gehäuse Typ C	Kostenträger insgesamt
Umsatzerlöse	4 650 000 DM	2 260 000 DM	3 390 000 DM	10 300 000 DM
− **variable Kosten**	2 334 150 DM	1 366 350 DM	1 652 100 DM	5 352 600 DM
= **Deckungsbeitrag I**	2 315 850 DM	893 650 DM	1 737 900 DM	4 947 400 DM
− **erzeugnisfixe Kosten**	800 000 DM	650 000 DM	850 000 DM	2 300 000 DM
= **Deckungsbeitrag II**	1 515 850 DM	243 650 DM	887 900 DM	2 647 400 DM
− **erzeugnisgruppenfixe K.**	650 000 DM		—	650 000 DM
= **Deckungsbeitrag III**	1 109 500 DM		887 900 DM	1 997 400 DM
− **unternehmensfixe Kosten**	—		—	1 232 400 DM
= **Betriebsgewinn**				**765 000 DM**

Auswertung: Es stellt sich die Frage, ob das Gehäuse Typ B zugunsten einer höheren Produktion der Gehäuse Typ A und Typ C aus der Produktion ausscheiden soll. Dafür spricht der geringe DB II. Zudem wären erzeugnisfixe Kosten von 650 000,00 DM abbaufähig. Der geringe DB II sagt aber nichts darüber aus, wieviel Deckungsbeitrag das einzelne Gehäuse erbringt. Erst diese Aussage ist für die Entscheidung maßgeblich:

DB je Stück	Gehäuse Typ A	Gehäuse Typ B	Gehäuse Typ C
$\dfrac{\text{DB II}}{\text{Absatzmenge}^{[1]}} = db$	$\dfrac{1\,515\,850\text{ DM}}{85\,740\text{ St.}} = \textbf{17,68 DM}$	$\dfrac{243\,650\text{ DM}}{61\,140\text{ St.}} = \textbf{3,99 DM}$	$\dfrac{887\,900\text{ DM}}{47\,760\text{ St.}} = \textbf{18,59 DM}$

Nach dieser Rechnung hat das Gehäuse C Vorrang vor den Gehäusen A und B. Gehäuse B wird nur noch zur Abrundung des Produktionsprogramms weiterproduziert.

Merke: Die Deckungsbeiträge II und III sind für Produktionsentscheidungen von großer Bedeutung, da sie Einblick in die abbaufähigen fixen Kosten geben und die Berechnung der Stückdeckungsbeiträge gestatten.

---

1 vgl. S. 307

Aufgaben

396 Die Kostenrechnung liefert für den Monat November folgende Zahlen:

	Erzeugnis A	Erzeugnis B
Produktions- und Absatzmenge	600 Stück	1 000 Stück
Preis je Stück	520,00 DM	390,00 DM
Variable Kosten je Stück	240,00 DM	160,00 DM
Erzeugnisfixe Kosten	80 000,00 DM	120 000,00 DM
Unternehmensfixe Kosten	130 000,00 DM	

Bestimmen Sie die Deckungsbeiträge I und II sowie das Betriebsergebnis.

397 Aus dem Vormonat stehen folgende Zahlen zur Verfügung:

	Erzeugnis A	Erzeugnis B	Erzeugnis C
Produktions- u. Absatzmenge	4 000 Stück	2 400 Stück	8 000 Stück
Preis je Stück	105,00 DM	80,00 DM	45,00 DM
Variable Kosten je Stück	53,00 DM	61,00 DM	24,00 DM
Erzeugnisfixe Kosten	54 000,00 DM	48 000,00 DM	80 000,00 DM
Erzeugnisgruppenfixe Kosten	41 000,00 DM		
Unternehmensfixe Kosten	115 500,00 DM		

1. *Bestimmen Sie die Deckungsbeiträge I, II und III sowie das Betriebsergebnis.*

2. *Machen Sie Vorschläge zur Verbesserung des Betriebsergebnisses.*

398 In einem Industriebetrieb werden vier Erzeugnisse A, B, C, D in zwei Produktionsstufen I und II hergestellt. Die Erzeugnisarten A und B durchlaufen beide Produktionsstufen, die Erzeugnisarten C und D durchlaufen nur die erste Produktionsstufe.

Die fixen Kosten betragen insgesamt 1 000 000,00 DM je Rechnungsperiode und lassen sich wie folgt aufteilen:

	Erzeugnisarten			
	A	B	C	D
Erzeugnisfixe Kosten der Stufe I	125 000,00	140 000,00	80 000,00	105 000,00
Erzeugnisgruppenfixe Kosten der Stufe I	160 000,00		40 000,00	

Die fixen Kosten der Produktionsstufe II belaufen sich auf 130 000,00 DM und gelten als erzeugnisgruppenfixe Kosten.

Die unternehmensfixen Kosten betragen 220 000,00 DM.

Für die Betriebsergebnisrechnung liegen die folgenden Angaben vor:

	A	B	C	D
Verkaufspreis je Stück	150,00 DM	220,00 DM	180,00 DM	200,00 DM
Produktions- und Absatzmenge in Stück	4 000	3 500	3 200	3 000
Variable Kosten je Stück	80,00 DM	140,00 DM	110,00 DM	120,00 DM

1. *Berechnen Sie die Deckungsbeiträge I, II und III sowie den Betriebserfolg.*

2. *Durch welche Maßnahmen könnte das Betriebsergebnis verbessert werden?*

352

4.3 Bestimmung der Preisuntergrenze

Die Preisuntergrenze gibt den Verkaufspreis an, den das Unternehmen für sein Erzeugnis fordern muß, um kurzfristig oder langfristig zu bestehen.

In wirtschaftlich schlechten Zeiten, die durch Absatzeinbußen gekennzeichnet sind, wird die Unternehmensleitung gezwungen sein, die Verkaufspreise zu senken, um den Absatzrückgang aufzuhalten. Man muß dann aber wissen, in welchem Ausmaß die Preissenkung vorgenommen werden kann, ohne Verluste zu erleiden.

Die langfristige Preisuntergrenze legt den Preis fest, der zu kostendeckenden Erlösen führt. Die Produktion kann in dieser Situation über längere Zeit fortgesetzt werden, da Ersatzinvestitionen durchführbar sind. Zur Erhaltung der Arbeitsplätze und zur Stabilisierung des Absatzes wird die Unternehmensleitung diese Preisuntergrenze anstreben.

Beispiel: Es soll angenommen werden, daß der Absatz des Gehäuses Typ B, von dem in der abgelaufenen Periode 61140 Stück verkauft wurden, rückläufig ist. Bei den Gehäusen A und C sind keine Absatzeinbußen zu verzeichnen.

Um den Absatz bei Gehäuse Typ B auf dem bisherigen Stand zu halten, soll der Preis so weit gesenkt werden, daß der DB II genau 0 DM beträgt; die Umsatzerlöse sollen also die variablen Kosten und die erzeugnisfixen Kosten gerade noch decken.

Der DB II kann demnach um 243650,00 DM niedriger ausfallen (vgl. S. 351). Dies wird durch Verminderung der Umsatzerlöse um den Betrag von 243650,00 DM erreicht:

Früherer Nettoverkaufspreis von Gehäuse B = (2260000 DM : 61140 St.) =	**36,96 DM**
− **Preissenkung** bei Gehäuse B = (243650 DM : 61140 St.) =	**3,99 DM**
= **Neuer Nettoverkaufspreis** von Gehäuse B =	**32,97 DM**

Ergebnisrechnung	Gehäuse Typ A	Gehäuse Typ B	Gehäuse Typ C	Kostenträger insgesamt
Umsatzerlöse	4650000 DM	2016350 DM	3390000 DM	10056350 DM
− **variable Kosten**	2334150 DM	1366350 DM	1652100 DM	5352600 DM
= **Deckungsbeitrag I**	2315850 DM	650000 DM	1737900 DM	4703750 DM
− **erzeugnisfixe Kosten**	800000 DM	650000 DM	850000 DM	2300000 DM
= **Deckungsbeitrag II**	1515850 DM	**0 DM**	887900 DM	2403750 DM
− **erzeugnisgruppenfixe K.**	650000 DM		—	650000 DM
= **Deckungsbeitrag III**	865850 DM		887900 DM	1753750 DM
− **unternehmensfixe Kosten**	—		—	1232400 DM
= **Betriebsgewinn**				**521350 DM**

Auswertung: Im obigen Beispiel wurde der Preis für das Gehäuse Typ B auf die langfristige Preisuntergrenze festgesetzt. Über die Umsatzerlöse fließen dem Unternehmen genau so viele Finanzmittel zu, daß die variablen Kosten und die direkt zurechenbaren fixen Kosten gedeckt werden. Der Kostenträger ist nicht mehr an der Deckung der erzeugnisgruppenfixen und der unternehmensfixen Kosten beteiligt. Die Deckung dieser Kosten wird von den übrigen Kostenträgern voll übernommen.

Auffallend ist, daß eine Absenkung des Verkaufspreises beim Gehäuse Typ B um 10,8 % beim Betriebsgewinn zu einem Rückgang um 31,85 % führt.

Merke: Reichen die Umsatzerlöse insgesamt aus, um alle anfallenden Kosten zu decken, so hat der Verkaufspreis die langfristige Preisuntergrenze erreicht.

Die kurzfristige Preisuntergrenze (= absolute Preisuntergrenze) legt den Preis fest, der genau die variablen Kosten des Kostenträgers deckt. Der Verkaufspreis ist in diesem Fall also gleich den variablen Stückkosten. In Höhe der gesamten fixen Kosten (= Kosten der Betriebsbereitschaft) ergibt sich dann ein Betriebsverlust.

Beispiel: Die kurzfristigen Preisuntergrenzen für die Kostenträger lauten:

Kurzfristige Preisuntergrenze	Gehäuse Typ A	Gehäuse Typ B	Gehäuse Typ C
Variable Kosten	2 334 150 DM	1 366 350 DM	1 652 100 DM
Absatz (Stück)	85 740 St.	61 140 St.	47 760 St.
	= 27,22 DM	**= 22,35 DM**	**= 34,59 DM**

Merke: **Die kurzfristige oder absolute Preisuntergrenze ist erreicht, wenn der Nettoverkaufspreis gerade die variablen Stückkosten des Erzeugnisses deckt. Auf den Ersatz der ohnehin anfallenden fixen Kosten wird vorübergehend verzichtet.**

Liquiditätsorientierte Preisuntergrenze. Die Ausrichtung der Verkaufspreise nach der kurzfristigen Preisuntergrenze kann ein Unternehmen in Liquiditätsschwierigkeiten bringen. Da in der kurzfristigen Preisuntergrenze nur die variablen Kosten erfaßt werden, bleiben die fixen Kosten, die kurzfristig zu Ausgaben führen, unberücksichtigt; das sind insbesondere Mietaufwendungen, betriebliche Steuern, Gehälter, Löhne, Soziale Abgaben, Versicherungsbeiträge. Die liquiditätsorientierte Preisuntergrenze wird nach folgender Rechnung festgelegt:

$$\frac{\text{Variable Kosten + ausgabewirksame fixe Kosten}}{\text{Absatzmenge}}$$

Aufgaben – Fragen

399
1. *Definieren Sie die Begriffe kurzfristige, langfristige und liquiditätsorientierte Preisuntergrenze.*
2. *Begründen Sie, warum ein Industriebetrieb langfristig nicht existieren kann, wenn die Umsatzerlöse gerade die gesamten Kosten decken, er aber kurzfristig durchaus die liquiditätsorientierte Preisuntergrenze anstreben kann.*

400
In einem Industriebetrieb wird ein Erzeugnis zu variablen Stückkosten in Höhe von 45,00 DM und fixen Kosten je Abrechnungsperiode in Höhe von 120 000,00 DM produziert. Die monatliche Produktionsmenge beträgt 5 000 Stück.
Geben Sie die langfristige und kurzfristige Preisuntergrenze an.

401
Ein Mehrproduktunternehmen fertigt drei Erzeugnisse. Die KLR liefert folgende Unterlagen:

	Erzeugnis I	Erzeugnis II	Erzeugnis III
Verkaufspreis	62,50 DM	36,00 DM	40,00 DM
Variable Stückkosten	40,00 DM	20,00 DM	25,00 DM
Erzeugnisfixe Kosten	50 000,00 DM	80 000,00 DM	110 000,00 DM
Unternehmensfixe Kosten		220 000,00 DM	
Produktions- u. Absatzmenge	8 000 Stück	10 000 Stück	20 000 Stück

1. *Bestimmen Sie die Deckungsbeiträge I und II sowie das Betriebsergebnis.*
2. *Beim Produkt II liegen Absatzschwierigkeiten vor. Der Preis dieses Erzeugnisses soll so weit gesenkt werden, daß dessen Erlöse gerade noch die variablen Kosten und die erzeugnisfixen Kosten decken. Zu welchem Preis muß das Erzeugnis angeboten werden?*
3. *Der Unternehmer strebt die langfristige Preisuntergrenze an, um den Absatz des Erzeugnisses II halten zu können. Bei welchem Preis wird die langfristige Preisuntergrenze erreicht, wenn Preise und Kosten der übrigen Erzeugnisse unverändert bleiben?*

354

4.4 Annahme von Zusatzaufträgen

Zusatzaufträge. Alle Aufträge, die zu Preisen unterhalb der derzeitigen Verkaufspreise angenommen werden, heißen Zusatzaufträge. Durch Zusatzaufträge sollen

- **die zur Zeit nicht ausgelasteten Produktionsanlagen optimal genutzt und**
- **das Betriebsergebnis verbessert werden.**

Auf dem Markt läßt sich diese Strategie nur durchsetzen, wenn sich die Abnehmer untereinander nicht kennen. Das ist auf den Gütermärkten in der Regel der Fall.

Beispiel: Die Schmolmann KG ermittelt für das abgelaufene Geschäftsjahr folgende Produktions- und Absatzsituation (vgl. auch S. 307/351):

	Gehäuse A	Gehäuse B	Gehäuse C	insgesamt
Verkaufspreis	54,23 DM	36,96 DM	70,99 DM	
Variable Stückkosten	26,68 DM	21,86 DM	33,04 DM	
Erzeugnisfixe Kosten	800 000,00 DM	650 000,00 DM	850 000,00 DM	
Erz.-gruppenfixe K.	650 000,00 DM		—	
Untern.-fixe Kosten				1 232 400,00 DM
Absatzmenge	85 740 Stück	50 000 Stück	47 760 Stück	
Kapazität	105 000 Stück	80 000 Stück	65 000 Stück	

Im kommenden Geschäftsjahr rechnet die Schmolmann KG mit einer <u>unveränderten Produktions- und Absatzsituation</u>. Es besteht allerdings die Möglichkeit, einen <u>Zusatzauftrag</u> von einem bisher nicht belieferten Kunden über **10 000 Gehäuse Typ B** zu erhalten, wenn ein Verkaufspreis von **30,00 DM je Gehäuse** akzeptiert wird.

Welche Erfolgssituation ergibt sich für die Schmolmann KG <u>ohne</u> Berücksichtigung des Zusatzauftrags und <u>einschließlich</u> des Zusatzauftrags?

Die Annahme des Zusatzauftrags empfiehlt sich unbedingt: Der Zusatzauftrag erbringt einen <u>positiven Stückdeckungsbeitrag</u> von 30,00 DM − 21,86 DM = **+ 8,14 DM**. Jedes zusätzlich produzierte und verkaufte Gehäuse hilft also bei der Deckung der fixen Kosten bzw. erhöht den Betriebsgewinn um 8,14 DM.

Merke:
- **Die Annahme eines Zusatzauftrags empfiehlt sich immer dann, wenn sein Preis über den variablen Stückkosten liegt.**
- **Zur Arbeitsplatzerhaltung ist ein Zusatzauftrag immer zu befürworten.**

(1) Ergebnisrechnung ohne Berücksichtigung des Zusatzauftrags

Ergebnisrechnung	Gehäuse A	Gehäuse B	Gehäuse C	insgesamt
Umsatzerlöse	4 650 000 DM	1 848 000 DM	3 390 000 DM	9 888 000 DM
− variable Kosten	2 334 150 DM	1 093 000 DM	1 652 100 DM	5 079 250 DM
= Deckungsbeitrag I	2 315 850 DM	755 000 DM	1 737 900 DM	4 808 750 DM
− erzeugnisfixe Kosten	800 000 DM	650 000 DM	850 000 DM	2 300 000 DM
= Deckungsbeitrag II	1 515 850 DM	105 000 DM	887 900 DM	2 508 750 DM
− erzeugnisgruppenfixe K.	650 000 DM		—	650 000 DM
= Deckungsbeitrag III	970 850 DM		887 900 DM	1 858 750 DM
− unternehmensfixe Kosten	—		—	1 232 400 DM
= Betriebsgewinn				**626 350 DM**

Auswertung: Der Absatzrückgang bei Gehäuse Typ B von 61 140 Stück (vgl. Ergebnisrechnung S. 351) auf 50 000 Stück (s. o.) – also um ca. 18,2 % – bei gleichem Absatz der wesentlich umsatzstärkeren Gehäuse A und C wirkt sich <u>proportional auf den Gewinn</u> aus: Der Betriebsgewinn sinkt von 765 000,00 DM auf 626 350,00 DM; er geht also um ca. 18,1 % zurück.

355

(2) Ergebnisrechnung einschließlich des Zusatzauftrags

Ergebnisrechnung	Gehäuse A	Gehäuse B	Gehäuse C	insgesamt
Umsatzerlöse aus laufender Produktion	4 650 000 DM	1 848 000 DM	3 390 000 DM	9 888 000 DM
+ **Umsatzerlöse** aus dem Zusatzauftrag	—	300 000 DM	—	300 000 DM
= **Umsatzerlöse** insgesamt	4 650 000 DM	2 148 000 DM	3 390 000 DM	10 188 000 DM
− **variable Kosten** der laufenden Produktion	2 334 150 DM	1 093 000 DM	1 652 100 DM	5 079 250 DM
− **variable Kosten** des Zusatzauftrags	—	218 600 DM	—	218 600 DM
= **Deckungsbeitrag I**	2 315 850 DM	836 400 DM	1 737 900 DM	4 890 150 DM
− **erzeugnisfixe Kosten**	800 000 DM	650 000 DM	850 000 DM	2 300 000 DM
= **Deckungsbeitrag II**	1 515 850 DM	186 400 DM	887 900 DM	2 590 150 DM
− **erzeugnisgruppenfixe K.**		650 000 DM	—	650 000 DM
= **Deckungsbeitrag III**		1 052 250 DM	887 900 DM	1 940 150 DM
− **unternehmensfixe Kosten**		—	—	1 232 400 DM
= **Betriebsgewinn**				**707 750 DM**

Auswertung: Da die bisherige Produktion bereits einen Betriebsgewinn erbracht hat, <u>wird durch den Zusatzauftrag der Betriebsgewinn um 10 000 Stück · 8,14 DM = **81 400,00 DM** erhöht.</u>

Auch für den Fall eines vorher schon bestehenden <u>Betriebsverlustes</u> würde sich die Annahme dieses Zusatzauftrages lohnen, da der zusätzlich erzielbare Gewinn <u>zur Verringerung des Betriebsverlustes</u> beiträgt.

Aufgaben

402 Ein Unternehmen, das Spritzgußteile herstellt, ist auf eine Kapazität von 10 000 Stück je Monat ausgelegt. Die Kostenrechnung schloß im Monat Juni mit folgenden Zahlen ab:

Produktion	variable Gesamtkosten	fixe Gesamtkosten
8 400 Stück	126 000,00 DM	84 000,00 DM

Es wird damit gerechnet, daß in Zukunft eine Produktion von 7 500 Stück zum Preis von 30,00 DM je Stück abgesetzt werden kann.

1. *Errechnen Sie den Betriebserfolg bei der erwarteten Absatzlage.*
2. *Lohnt sich die Hereinnahme eines Zusatzauftrags über 1 500 Stück, der zum Preis von 22,00 DM je Stück abgerechnet werden muß?*
3. *Zu welchem kostendeckenden Preis könnten 7 500 Stück angeboten werden?*
4. *Wie hoch ist die absolute Preisuntergrenze?*

403 Ein Uhrenhersteller produziert zwei Uhren, Typ A und Typ B, unter folgenden Bedingungen:

Typ	Monatliche Produktion	Kapazitäts-grenze	Variable Stückkosten	Erzeugnis-fixe Kosten	Untern.-fixe Kosten	Verkaufs-preis
A	6 000	8 000	35,00	50 000,00	210 000,00	75,00
B	4 000	5 000	56,00	80 000,00		120,00

1. *Errechnen Sie den Deckungsbeitrag I und II sowie den Betriebsgewinn.*
2. *Bestimmen Sie, ob sich die Annahme eines Zusatzauftrags über 500 Uhren vom Typ A zum Preis von 40,00 DM je Uhr lohnt.*
3. *Um Absatzeinbußen bei der Uhr von Typ B zu vermeiden, will der Unternehmer den Betriebsgewinn vorübergehend auf 50 000,00 DM senken. Ermitteln Sie den Verkaufspreis, zu dem eine Uhr unter dieser Bedingung angeboten werden kann.*

4.5 Optimales Produktionsprogramm

Zweck. Unter optimalem Produktionsprogramm versteht man die Ausrichtung der Produktion in einem Mehrproduktunternehmen auf die rentabelsten Erzeugnisgruppen, wobei sich die Rangfolge, in der die Erzeugnisse hergestellt werden, nach der Höhe der von ihnen erwirtschafteten Deckungsbeiträge richtet.

(1) Produktionsprogramm nach absoluten Deckungsbeiträgen

Unter der Voraussetzung, daß alle absetzbaren Erzeugnisse auch hergestellt werden können, hängt die Produktionsrangfolge von der Höhe der Deckungsbeiträge je Stück ab.

Beispiel: Es wird angenommen, daß die Schmolmann KG vier Gehäusetypen (A, B, C, D) zu folgenden Bedingungen produziert:

Gehäusetyp	Nettoverkaufs-preis[1]	Variable Stückkosten[1]	Deckungsbeitrag je Stück
A	54,23 DM	26,68 DM	**27,55 DM**
B	36,96 DM	21,86 DM	**15,10 DM**
C	70,99 DM	33,04 DM	**37,95 DM**
D	44,50 DM	27,80 DM	**16,70 DM**

Die Rangfolge, in der die einzelnen Gehäusetypen bei der Produktionsentscheidung berücksichtigt werden, lautet demnach:

C – A – D – B.

Merke: Sofern die absetzbaren Mengen auch hergestellt werden können, richtet sich die Rangfolge, in der die Erzeugnisgruppen produziert werden, nach der Höhe der von ihnen erzielten Deckungsbeiträge je Stück.

(2) Produktionsprogramm nach relativen Deckungsbeiträgen

In der Praxis wird es in jedem Industriebetrieb Engpässe geben, die die Produktionsmenge in einer bestimmten Abteilung gegenüber den anderen Abteilungen beschränken. Die Produktionsrangfolge wird dann von den Produktionsbedingungen des Engpasses bestimmt.

Beispiel: Die vier Gehäusetypen A, B, C und D durchlaufen die gleiche Montageabteilung. Diese Abteilung bildet mit 16 000 Stunden/Monat den betrieblichen Engpaß. Für die Montage der Gehäusetypen werden folgende Zeiten aufgewendet:

	Typ A	Typ B	Typ C	Typ D
Montagezeit in Minuten	5	3	6	4

Relativer Deckungsbeitrag. Das Gehäuse **A** hat einen Deckungsbeitrag von 27,55 DM je Stück erzielt. Dieses Gehäuse weist eine Montagezeit von 5 Minuten je Stück auf. In 1 Stunde können also (60 Minuten : 5 Minuten/Stück =) **12 Gehäuse** montiert werden. 12 Gehäuse erbringen einen Deckungsbeitrag von (12 Stück · 27,55 DM je Stück =) **330,60 DM.** Dieser Deckungsbeitrag je Stunde heißt relativer Deckungsbeitrag.

$$\text{Relativer Deckungsbeitrag} = \frac{60 \text{ Minuten}}{\text{Bearbeitungszeit je Stück}} \cdot \text{Stückdeckungsbeitrag}$$

Merke: Der auf 1 Stunde umgerechnete Deckungsbeitrag heißt relativer Deckungsbeitrag.

---

1 vgl. S. 355

In der folgenden Aufstellung sind für alle Gehäusetypen die relativen Deckungsbeiträge aufgeführt:

Gehäuse-typ	Montagezeit je Stück	montierte Stücke je Stunde	Deckungsbeitrag je Stück	relativer Deckungsbeitrag
A	5 Minuten	12 Stück ·	27,55 DM	330,60 DM
B	3 Minuten	20 Stück ·	15,10 DM	302,00 DM
C	6 Minuten	10 Stück ·	37,95 DM	379,50 DM
D	4 Minuten	15 Stück ·	16,70 DM	250,50 DM

Die Produktionsentscheidung richtet sich nunmehr nach der Höhe der relativen Deckungsbeiträge. Die vier Gehäusetypen werden in der Rangfolge

C – A – B – D

produziert. Von der Kapazität des Engpasses und der Absatzsituation hängt es ab, ob alle Gehäusetypen in den absetzbaren Mengen hergestellt werden.

Merke: **Sofern ein betrieblicher Engpaß vorliegt, richtet sich die Produktionsrangfolge der Kostenträger nach der Höhe der relativen Deckungsbeiträge.**

Unter der Annahme bestimmter monatlicher Absatzmengen (vgl. nachfolgendes Beispiel und S. 307) wird folgende Produktionsentscheidung getroffen:

Rang	Gehäuse-typ	absetzbare Menge	montierte Stücke je Stunde	Montagezeit insgesamt	Produktions-menge
I	C	47 760 Stück :	10 Stück/Std. =	4776 Stunden	47 760 Geh.
II	A	85 740 Stück :	12 Stück/Std. =	7145 Stunden	85 740 Geh.
III	B	61 140 Stück :	20 Stück/Std. =	3057 Stunden	61 140 Geh.
IV	D	35 000 Stück	15 Stück/Std. ·	14 978 Stunden / 1 022 Stunden = / 16 000 Stunden	15 330 Geh.

Auswertung: Die auf dem Rang I bis III stehenden Gehäusetypen C, A und B können im Umfang ihrer absetzbaren Mengen produziert werden. Im Engpaß „Montage" werden hierfür insgesamt 14 978 Arbeitsstunden verbraucht. Für das im letzten Rang stehende Gehäuse Typ D stehen noch 1 022 Montagestunden zur Verfügung. Diese Zeit reicht für eine Produktionsmenge von (1 022 Stunden · 15 Stück/Stunde =) 15 330 Gehäuse. Damit können von diesem Gehäusetyp monatlich nur noch 43,8 % der absetzbaren Menge produziert werden.

Aufgaben – Fragen

404 *Errechnen Sie zu obigem Beispiel den gesamten Deckungsbeitrag und das Betriebsergebnis, wenn die fixen Kosten 4 110 000,00 DM betragen.*

405 In einem Industrieunternehmen werden fünf unterschiedliche Erzeugnisse unter folgenden Bedingungen hergestellt:

Erzeugnis-gruppe	Nettoumsatzerlöse je Stück	Variable Stückkosten	fixe Gesamtkosten
A	3,50 DM	1,90 DM	
B	2,80 DM	1,10 DM	
C	5,20 DM	3,10 DM	52 200,00 DM
D	7,40 DM	3,80 DM	
E	4,10 DM	2,20 DM	

358

In der gemeinsamen Engpaßstufe können monatlich maximal 6400 Fertigungsstunden geleistet werden.

Der Zeitbedarf in dieser Stufe beträgt je Stück:

A	B	C	D	E
10 Min.	5 Min.	12 Min.	15 Min.	10 Min.

Die absetzbare Stückzahl beträgt:

A	B	C	D	E
9000	12000	8000	8000	15000

Ermitteln Sie das optimale Produktionsprogramm, und berechnen Sie das Betriebsergebnis.

---

406 *Wie lautet die Lösung zu Aufgabe 405, wenn in der Engpaßstufe nicht mit der maximalen Leistung von 6400 Fertigungsstunden gearbeitet wird, sondern mit optimaler Leistung, die 90 % der maximalen Leistung beträgt?*

---

407 Ein Industrieunternehmen produziert drei verschiedenartige Erzeugnisse A, B und C unter folgenden Bedingungen:

Erzeugnis-gruppe	Variable Stückkosten	Nettoumsatzerlöse je Stück	fixe Gesamtkosten
A	124,00 DM	165,00 DM	
B	86,00 DM	121,00 DM	125000,00 DM
C	105,00 DM	128,00 DM	

1. *Wie hoch ist das Betriebsergebnis, wenn von jedem Produkt monatlich 2000 Stück absetzbar sind und keine betrieblichen Engpässe vorliegen?*

2. *Ermitteln Sie das optimale Produktionsprogramm und das Betriebsergebnis, wenn auf einer gemeinsamen Fertigungsstufe ein Engpaß mit monatlich 6440 Fertigungsstunden vorliegt und die Fertigungszeiten in dieser Stufe bei Produkt A 1,5 Stunden, bei B 1,0 Stunde und bei C 1,2 Stunden betragen. Es sollen wiederum von jedem Produkt 2000 Stück absetzbar sein.*

---

408 Die Montageabteilung eines Industriebetriebes soll die Fertigung eines neuen Gerätes Typ G übernehmen, obwohl sie bereits an der Kapazitätsgrenze arbeitet. Bisher werden in dieser Abteilung drei Geräte montiert:

Gerät	Fertigungszeit Min./Stück	Deckungsbeitrag
Typ C	12 Min./Stück	25,00 DM
Typ D	15 Min./Stück	31,00 DM
Typ E	10 Min./Stück	19,00 DM

Das Gerät Typ G benötigt eine Montagezeit von 7,5 Minuten je Stück, es kann zu einem Nettoverkaufspreis von 41,00 DM abgesetzt werden und verursacht variable Stückkosten von 26,00 DM.

Lohnt es sich, vorübergehend die Fertigung eines Gerätes zugunsten des neuen Gerätes einzu- schränken? Welches Gerät wird ggf. mit geringeren Stückzahlen produziert?

---

409 1. *Erklären Sie die Begriffe „absoluter Deckungsbeitrag" und „relativer Deckungsbeitrag".*

2. *Wovon hängt die Produktionsentscheidung beim Kalkulieren mit relativen Deckungs- beiträgen ab?*

359

410 Ein Unternehmen stellt u. a. Graugußteile her. Die Kapazität ist auf 10 000 Stück je Monat ausgelegt.

Für den Monat März lieferte die Kostenrechnung folgende Zahlen:

Produktion	variable Gesamtkosten	fixe Gesamtkosten	Umsatzerlöse
8 500 Stück	244 800,00 DM	180 200,00 DM	510 000,00 DM

1. Die Absatzentwicklung der letzten Monate läßt für den kommenden Monat einen Rückgang des Absatzes auf 7 500 Stück befürchten.

   a) *Zu welchem Preis müßte die Produktion bei unveränderten fixen Kosten abgesetzt werden? (unveränderter Gewinnzuschlag: 20 %)*

   b) *Welche Preisfestsetzungen könnte die Unternehmensleitung kurzfristig beschließen, wenn sich der unter a) errechnete Preis nicht auf dem Markt durchsetzen läßt?*

2. Besondere absatzpolitische Maßnahmen haben die unter 1. befürchtete Entwicklung nicht eintreten lassen. Die Unternehmensleitung rechnet nun für den Folgemonat mit Aufträgen über 8 000 Stück, die zum gleichen Preis abgesetzt werden können. Zusätzlich kann die Unternehmung einen Auftrag über 1 000 Stück erhalten, wenn ein Stückpreis von 30,00 DM akzeptiert wird.

   a) *Untersuchen Sie, ob sich die Annahme des Zusatzauftrags lohnt.*

   b) *Welche Auswirkung auf das Betriebsergebnis ergäbe sich, wenn der Auftrag angenommen wird?*

3. Langfristig rechnet die Unternehmensleitung mit einem Rückgang des Absatzes auf 5 000 Stück. Unter dieser Annahme wird geplant, die Produktion der Graugußteile aus dem Produktionsprogramm zu streichen. Hierdurch könnten die Fixkosten um 40 000,00 DM abgebaut werden.

   Lohnt sich die Herausnahme des Produktes aus dem Produktionsprogramm?

4. Wegen der schlechten Absatzlage bei Graugußteilen stellt das Unternehmen die Produktion auf Kunststoff-Spritzgußteile um. Drei Erzeugnisse werden unter folgenden Bedingungen produziert und angeboten:

Erzeugnis	variable Stückkosten	Nettoverkaufspreis	fixe Gesamtkosten (Monat)
A	2,40 DM	2,70 DM	
B	1,60 DM	1,85 DM	90 000,00 DM
C	2,00 DM	2,40 DM	

   a) *Bestimmen Sie das Betriebsergebnis, wenn von A 150 000 Stück, von B 200 000 Stück und von C 120 000 Stück monatlich absetzbar sind und kein betrieblicher Engpaß vorliegt.*

   b) *Die Produkte werden in Serie auf getrennten Gußanlagen gefertigt; sie durchlaufen gemeinsam eine Kontroll-, Prüf- und Verpackungsabteilung, die mit 12 400 Stunden je Monat belastet werden kann. Für das Produkt A werden 2,4 Min./Stück, für B 1,5 Min./ Stück und für C 1,8 Min./Stück verbraucht.*

   Bestimmen Sie unter den genannten Bedingungen das optimale Produktionsprogramm.

411 Ein Betrieb hatte in der vergangenen Abrechnungsperiode 2 000 Stück eines Erzeugnisses hergestellt. Die Gesamtkosten beliefen sich auf 124 000,00 DM. In der laufenden Abrechnungsperiode werden 2 250 Stück zu Gesamtkosten von 135 250,00 DM produziert.

1. *Berechnen Sie bei proportionalem Verlauf der variablen Kosten die Fixkosten.*

2. *Mit welchen Gesamtkosten ist bei einer Produktion von 2 400 Stück zu rechnen? Stellen Sie den Kostenverlauf grafisch dar.*

5 Einführung in die flexible Plankostenrechnung

5.1 Wesen der Plankostenrechnung

Plankosten. Die Plankosten entstehen auf technischer Grundlage unter Mitwirkung der REFA-Ingenieure, der Betriebstechniker, dem Leiter der Arbeitsvorbereitung, der Kostenrechner und der Konstrukteure. Plankosten sind — soweit keine einschneidenden technischen Änderungen eintreten — zukunftsorientiert.

Beispiele: In der Dreherei der Schmolmann KG werden Ventilgehäuse gefertigt.

1. Grundlage für die Planung der in dieser Kostenstelle anfallenden **Einzelkosten** „Fertigungslöhne" sind Arbeitszeitstudien, aus denen hervorgeht, wieviel Zeit die Anfertigung eines Gehäuses erfordert:

Umrüstzeit auf das Stück umgerechnet	0,2 Min.
Einrichtzeit auf das Stück umgerechnet	1,2 Min.
Bearbeitungszeit je Stück	8,1 Min.
Gesamtzeit je Stück	9,5 Min.

   Wird ein Lohnfaktor von 40,00 DM je Stunde zugrunde gelegt, so ergeben sich an dieser Maschine Lohnkosten je Stück in Höhe von

   $$\frac{40,00 \text{ DM}}{60 \text{ Min.}} \cdot 9,5 \text{ Min.} = 6,33 \text{ DM.}$$

   Bei einer monatlichen geplanten Produktion von 900 Stück betragen die Plankosten für Fertigungslöhne

   $$6,33 \text{ DM/Stück} \cdot 900 \text{ Stück} = 5\,697,00 \text{ DM.}$$

2. Grundlage für die Planung der **Gemeinkosten** „Hilfsstoffverbrauch" sind die aus den Konstruktionsunterlagen erstellten Stücklisten. Die in den Stücklisten aufgeführten Materialien für die Produktionseinheit werden bewertet und ergeben so die Plankosten.

Ziele der Plankostenrechnung. Die Plankostenrechnung ist auf folgende betriebliche Ziele ausgerichtet:

- Ermittlung von Plankosten für jede Kostenstelle.
- Gegenüberstellung von Plankosten bei Istbeschäftigung und Istkosten einer Abrechnungsperiode.
- Feststellung der Abweichungen zwischen Plankosten bei Istbeschäftigung und Istkosten.
- Aufdeckung der Ursachen für die Abweichungen.

Damit wird deutlich,

- daß in der Plankostenrechnung nicht auf die exakte Erfassung der Istkosten verzichtet werden kann,
- daß von den Betriebsleitern nur solche Abweichungen zwischen Plan- und Istkosten zu verantworten sind, die reine Verbrauchsabweichungen sind (z. B. höherer Istverbrauch an Material gegenüber dem geplanten Verbrauch; höhere Istlöhne gegenüber den geplanten Löhnen). Abweichungen in den Beschaffungspreisen oder Schwankungen in der Beschäftigung sind nicht den Betriebsleitern anzulasten; für die Zwecke der Kostenkontrolle sind diese Abweichungen in den Plankosten zu berücksichtigen.

Merke: Für die Kostenkontrolle dürfen nur Verbrauchsabweichungen maßgeblich sein; deshalb sind Preis- und Beschäftigungsabweichungen auszuschalten.

5.2 Planung der Einzel- und Gemeinkosten

Grundlage der flexiblen Plankostenrechnung. In der flexiblen Plankostenrechnung werden die Kostenbeträge aller Gemeinkostenarten durch eine Kostenauflösung in fixe und variable (proportionale!) Bestandteile zerlegt. Dadurch ist es möglich, jeder Kostenstelle sowohl nach Kostenarten unterteilte feste Plankosten vorzugeben, als auch diese Kostenvorgaben entsprechend der jeweiligen Istbeschäftigung abzuwandeln.

Die Einzelkosten „Fertigungsmaterial", „Fertigungslöhne" und „Sondereinzelkosten" gelten in voller Höhe als variabel; bei ihnen entfällt das Problem der Kostenauflösung. Zum Teil werden sie um die Kostenstellen herumgeführt und den Kostenträgern direkt zugerechnet (z. B. Fertigungsmaterial, Sondereinzelkosten); zum Teil können sie in die Kostenstellenrechnung eingehen (z. B. Fertigungslöhne).

> **Merke:** **Wesentliches Merkmal der flexiblen Plankostenrechnung ist die Auflösung der Gemeinkosten in fixe und variable Kostenvorgaben.**

Aufbau der flexiblen Plankostenrechnung. Das Ziel der Plankostenrechnung – Kostenkontrolle! – wird durch folgenden Aufbau erreicht, der die wesentlichen Planungsgrößen beachtet:

- Festlegung der **Bezugsgröße** für jede Kostenstelle (z. B. Fertigungsstunden, Maschinenstunden, Ausbringungsmengen),
- Bestimmung der **Planbeschäftigung,**
- Festlegung der **Verbrauchsmengen und -zeiten** für jede Kostenart in bezug auf die Planbeschäftigung (vgl. Beispiele S. 361),
- **Bewertung der Mengen oder Zeiten mit Festpreisen** und damit Festlegung der Plankosten für jede Kostenart innerhalb der Kostenstellen,
- **Auflösung der Gemeinkosten** in fixe und variable Kostenvorgaben.

Kostenpläne. Die Planungsarbeiten enden mit der Aufstellung von Kostenplänen für alle Kostenstellen. Diese Pläne enthalten die Kostenvorgaben für die Gesamtplankosten sowie für die variablen und fixen Plankosten.

Plankosten sind durch methodisches Vorgehen im voraus bestimmter, wertmäßiger Güter- und Dienstleistungsverzehr mit Vorgabecharakter. Die gesamten Plankosten ergeben sich aus der Summe aller variablen und fixen Plankosten einer Kostenstelle.

> **Merke:**
> - **Die Anwendung der Plankostenrechnung setzt eine sorgfältige Kostenstellengliederung des Betriebes und eine genaue Festlegung der Planungsgrößen voraus.**
> - **Plankosten sind durch methodisches Vorgehen im voraus bestimmte Kosten mit Vorgabecharakter.**

Anwendung. Die Planeinzel- und -gemeinkosten bilden die Grundlage für die Plankalkulation (vgl. S. 365) und für den Soll-Ist-Kostenvergleich zur Ausweisung der Verbrauchsabweichungen (vgl. S. 371). Unter Istkosten sind hierbei die zu Festpreisen bewerteten tatsächlichen Verbrauchsmengen oder -zeiten zu verstehen. Die Festpreisbewertung schaltet Preisschwankungen aus.

> **Merke:** **Durch die Planung der Einzel- und Gemeinkosten werden Grundlagen für die Ermittlung von Verbrauchsabweichungen und für die Plankalkulation geschaffen.**

5.2.1 Bestimmung der Planbeschäftigung

Beispiel: Die Schmolmann KG fertigt u.a. Armaturen. Diese Armaturen bestehen im wesentlichen aus einem Ventilgehäuse, das aus einem Messing-Gußteil hergestellt wird. Die folgende Übersicht verdeutlicht, welche Abteilungen (= Kostenstellen) das Gußteil durchlaufen muß, um zum fertigen Gehäuse zu werden, und wie hoch die monatlichen Produktionsmengen (= Beschäftigung) in den einzelnen Abteilungen sind:

Beschäftigung (Stück)	Kostenstellen					
	Abteilung Bohren	Abteilung Drehen	Abteilung Gewinde-schneiden	Abteilung Polieren	Abteilung Montage	Abteilung End-kontrolle
Maximalbeschäftigung	950	1 000	900	1 050	800	1 000
Normalbeschäftigung	850	900	800	1 000	700	950

Engpaßorientierte Beschäftigung. Die Festlegung der Planbeschäftigung erfolgt nach den betrieblichen Erfordernissen. Hierbei kann sich die Geschäftsleitung von den vorhandenen Kapazitäten, den Absatzerwartungen oder den zukünftig vermuteten Minimumsektoren leiten lassen.

Die Ausrichtung der Planbeschäftigung auf den derzeitigen Engpaß berücksichtigt die tatsächlichen Produktionsverhältnisse oder die bestehenden Schwierigkeiten im Finanzierungs- und Absatzbereich.

Im vorliegenden Beispiel könnte die Planbeschäftigung auf 800 Mengeneinheiten je Monat festgelegt werden. Damit wird der geringen Kapazität in der Montageabteilung Rechnung getragen.

Merke: **Als Planbeschäftigung eignet sich die engpaßorientierte Beschäftigung.**

5.2.2 Festlegung der Plankosten aufgrund fester Verrechnungspreise

Beispiel: Der zuvor genannte Industriebetrieb bezieht die Messing-Gußteile von einer Gießerei. Im laufenden Jahr sind vier Bestellungen erteilt worden, die zu folgenden Stückpreisen ausgeführt wurden:

Datum	Preis je Gußteil	Datum	Preis je Gußteil
05.02.19..	24,80 DM	12.05.19..	24,90 DM
05.04.19..	25,20 DM	24.07.19..	26,30 DM

Verrechnungspreis. Für die Berechnung der Plankosten stellen schwankende Beschaffungspreise ein Hindernis dar. Ihrer Aufgabe können Plankosten nur gerecht werden, wenn sie auf einer festen Basis ermittelt werden. Zu diesem Zweck verwendet man in der Plankostenrechnung feste Verrechnungspreise. Sie werden mit Hilfe statistischer Methoden aus Preistabellen eines ganzen Jahres gewonnen.

Berechnung der Plankosten. In obigem Beispiel soll der Verrechnungspreis auf 25,50 DM je Stück festgesetzt werden. Die Plankosten für das monatlich zu verbrauchende Fertigungsmaterial betragen dann:

Plankosten je Monat = **Planbeschäftigung · Verrechnungspreis**

Plankosten für Fertigungs-material „Ventilgehäuse" = 800 Stück · 25,50 DM = **20 400,00 DM**

Merke: **Plankosten werden aufgrund fester Verrechnungspreise gewonnen.**

5.2.3 Verfahren der Kostenauflösung

Zweck. Durch die Kostenauflösung wird erreicht, daß bei Beschäftigungsschwankungen nur die variablen Kosten der vom Plan abweichenden Beschäftigungslage angepaßt werden, während die unvermeidbaren fixen Kosten in voller Höhe bestehen bleiben.

Verfahren. Die folgende Übersicht zeigt einige Verfahren der Kostenauflösung. Auf die Darstellung der mathematischen und grafischen Kostenauflösung wird an dieser Stelle verzichtet.

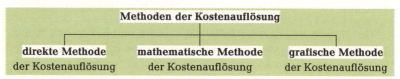

Voraussetzungen. Die Methoden der Kostenauflösung gehen in der Regel von den Voraussetzungen aus, daß sich die variablen Kostenanteile bei Beschäftigungsänderungen proportional verhalten und daß die fixen Kostenanteile während des Planungszeitraumes keinen Veränderungen unterliegen.

Die direkte Methode der Kostenauflösung beruht auf Einzeluntersuchungen innerhalb der Kostenstellen unter Zusammenarbeit der Abteilungen „Arbeitsvorbereitung" und „Kostenrechnung".

Beispiel: Aufgrund einer Einzeluntersuchung sind für die Kostenstelle „Gießerei" bei einer Beschäftigung von 1400 Stunden/Monat und einer entsprechenden Ausbringung von 2800 Stück/Monat folgende Einzel- und Gemeinkosten ermittelt worden:

Kostenart	Gesamtkosten	fixe Kosten	variable Kosten
Fertigungsmaterial	21 000,00	—	21 000,00
Gemeinkostenmaterial	3 000,00	1 000,00	2 000,00
Fertigungslöhne	25 000,00	—	25 000,00
Hilfslöhne	5 000,00	4 000,00	1 000,00
Soziale Abgaben	6 000,00	1 000,00	5 000,00
Abschreibungen	29 000,00	25 000,00	4 000,00
Sonstige Gemeinkosten	16 000,00	4 000,00	12 000,00
	84 000,00	35 000,00	49 000,00

Die Plankosten (= PK) ergeben sich bei einer angenommenen Planbeschäftigung von 1500 Stunden/Monat bzw. 3000 Stück/Monat nach folgender Rechnung:

Die proportionalen Kosten für das **Fertigungsmaterial** werden um die Kostenstelle herumgeführt und in der Kalkulation dem Kostenträger direkt zugerechnet:	$\dfrac{21\,000 \cdot 3\,000}{2\,800} =$	**22 500,00 DM** PK
Die fixen Kosten gehen in voller Höhe in die Plankosten der Kostenstelle ein:		**35 000,00 DM** fixe PK
Die variablen Kosten (einschließlich der Fertigungslöhne) sind auf die Planbeschäftigung umzurechnen:	$\dfrac{49\,000 \cdot 1\,500}{1\,400} =$	**52 500,00 DM** var. PK
Die gesamten Plankosten der Kostenstelle betragen		**87 500,00 DM gesamt.**

5.3 Zuschlagskalkulation mit Plankostenverrechnungssätzen

Plankalkulation. Für viele Industriebetriebe ist die Einzel- oder Serienfertigung unterschiedlicher Erzeugnisse der maßgebliche Produktionstyp. Diese Betriebe wenden zur Berechnung der Planselbstkosten das Verfahren der Zuschlagskalkulation an. Die Plan-Zuschlagskalkulation basiert auf Planeinzelkosten (z.B. Fertigungsmaterial) und auf Plankostenverrechnungssätzen, die in den einzelnen Kostenbereichen oder Kostenstellen ermittelt werden.

Der Plankostenverrechnungssatz gibt an, wieviel DM Plankosten auf eine Planbeschäftigungseinheit (= 1 Stunde) entfallen. Mit diesem Satz wird die Planarbeitszeit für die Kostenträgereinheit (z.B. 1 Stück) multipliziert, und es ergeben sich die Planfertigungskosten, mit denen die einzelnen Kostenstellen den Kostenträger belasten.

Beispiel: Das Beispiel auf Seite 364 weist gesamte Plankosten in Höhe von 87 500,00 DM bei einer Planbeschäftigung von 1500 Stunden/Monat aus.

Der **Plankostenverrechnungssatz** beträgt $\dfrac{87\,500}{1500}$ = **58,33 DM/Std.**

Beläuft sich die Arbeitszeit für
1 Stück auf 15 Minuten,
so fallen folgende **Planfertigungskosten** an: $58,33 : 4$ = **14,58 DM**

Merke:
- **Plankostenverrechnungssatz** $= \dfrac{\text{gesamte Plankosten}}{\text{Planbeschäftigung}}$
- Mit Hilfe des Plankostenverrechnungssatzes werden die Plankosten auf die Kostenträger verrechnet.

Planeinzelkosten. Die Planeinzelkosten für das Fertigungsmaterial werden dem Kostenträger direkt zugerechnet. Hierzu ist lediglich die Umrechnung der Plankosten auf eine Mengeneinheit erforderlich.

Beispiel: Die Plankosten für das Fertigungsmaterial betragen 22 500,00 DM bei einer Planbeschäftigung von 3 000 Stück (vgl. S. 364).

Auf 1 Stück entfallen **Einzelmaterialkosten** von $\dfrac{22\,500 \text{ DM}}{3\,000 \text{ Stück}}$ = **7,50 DM**

Zuschlagssätze. Für Material-, Verwaltungs- und Vertriebsgemeinkosten werden Planzuschlagssätze ermittelt und in die Kalkulation eingesetzt.

Beispiel einer Plankalkulation:

Fertigungsmaterial (s. oben)	7,50 DM	
+ Materialgemeinkosten 6 %	0,45 DM	
Planmaterialkosten		7,95 DM
Planfertigungskosten „Gießerei"	14,58 DM	
+ Planfertigungskosten „Dreherei"	6,20 DM	
+ Planfertigungskosten „Bohrerei"	4,17 DM	
gesamte Planfertigungskosten		24,95 DM
Planherstellkosten		32,90 DM
+ Verwaltungsgemeinkosten 15 %		4,94 DM
+ Vertriebsgemeinkosten 9 %		2,96 DM
+ Sondereinzelkosten des Vertriebs		1,20 DM
Planselbstkosten		**42,00 DM**

5.4 Sollkosten

Plankostenverrechnungssatz bei unterschiedlichen Beschäftigungen. Der Plankostenverrechnungssatz ist ein Vollkostensatz, d.h., er enthält neben den variablen Kosten anteilige fixe Kosten. Durch die Proportionalisierung der fixen Kosten werden die gesamten Plankosten in Abhängigkeit zur Beschäftigung gebracht. Die verrechneten Plankosten werden somit eine Funktion der Beschäftigung:

Verrechnete Plankosten = Plankostenverrechnungssatz · Beschäftigung

Sollkosten. Richtigerweise dürfen sich aber nur die variablen Kosten proportional zur Beschäftigung verändern, während die fixen Kosten in ihrer Höhe unverändert bestehen bleiben müssen. Die Sollkosten berücksichtigen für unterschiedliche Beschäftigungsgrade diese Eigenschaft der Plankosten: Sie enthalten die variablen Plankosten im Verhältnis des tatsächlichen Beschäftigungsgrades zum geplanten Beschäftigungsgrad und die fixen Kosten in voller Höhe. Damit eignen sie sich für den Soll-Ist-Kostenvergleich zur Ausweisung von Verbrauchsabweichungen. Sie lassen sich nach folgender Gleichung berechnen:

$$\text{Sollkosten} = \frac{\text{variable Plankosten} \cdot \text{Istbeschäftigung}}{\text{Planbeschäftigung}} + \text{fixe Plankosten}$$

Merke: **Sollkosten sind die auf einen bestimmten Beschäftigungsgrad umgerechneten gesamten Plankosten unter Berücksichtigung der vollen fixen Plankosten und der anteiligen variablen Plankosten. Sie sind Grundlage für den Soll-Ist-Kostenvergleich.**

Beispiel: Bei einer Planbeschäftigung von 1500 Stunden/Monat betragen die variablen Plankosten 52 500,00 DM. Die fixen Plankosten werden mit 35 000,00 DM ermittelt (vgl. S. 364). Der Plankostenverrechnungssatz beträgt 58,33 DM (vgl. S. 365).

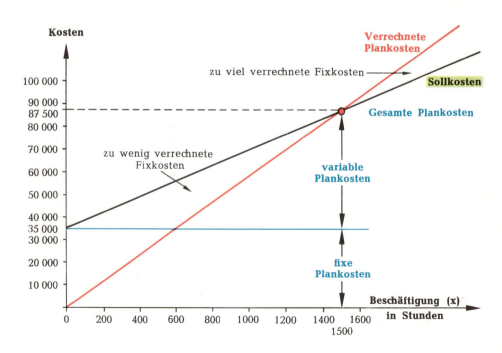

366

Erläuterung:

Die verrechneten Plankosten werden nach der Vorschrift

> **Verrechnete Plankosten = 58,33 · x**

ermittelt, wobei x die Variable für die Beschäftigung ist. Da über den Plankostenverrechnungssatz die fixen Kosten proportionalisiert werden, geht der Graph dieser Funktion durch den Ursprung; d.h., bei der Beschäftigung 0 werden keine fixen Kosten verrechnet.

Für die Sollkosten gilt folgende Rechenvorschrift:

$$\text{Sollkosten} = \frac{52\,500}{1\,500} \cdot x + 35\,000 = 35 \cdot x + 35\,000$$

In dieser Vorschrift werden nur die variablen Plankosten in Abhängigkeit zur Beschäftigung gebracht. Bei allen Beschäftigungsgraden werden fixe Kosten in Höhe von 35 000,00 DM ausgewiesen.

Die gesamten Plankosten werden im Schnittpunkt von Sollkosten- und Verrechneter-Plankosten-Funktion ausgewiesen.

Auswertung:

- **Istbeschäftigung = Planbeschäftigung:** In diesem Fall sind die verrechneten Plankosten gleich den Sollkosten.
- **Istbeschäftigung < Planbeschäftigung:** In diesem Fall liegen die verrechneten Plankosten unter den Sollkosten. Ein Teil der fixen Kosten wird dann nicht verrechnet.
- **Istbeschäftigung > Planbeschäftigung:** In diesem Fall liegen die verrechneten Plankosten über den Sollkosten. Es werden mehr fixe Kosten verrechnet, als nach Plan anfallen sollen.

Aufgaben

412 Für die Kostenstelle „Dreherei" werden bei einer Planbeschäftigung von 1200 Stunden/Monat gesamte Plankosten in Höhe von 75 000,00 DM ermittelt. Davon sind 45 000,00 DM variable Plankosten und 30 000,00 DM fixe Plankosten.

1. *Berechnen Sie den Plankostenverrechnungssatz.*
2. *Bestimmen Sie die Sollkosten für eine Beschäftigungsabweichung auf 1350 Stunden/Monat.*
3. *Stellen Sie den Verlauf der verrechneten Plankosten und der Sollkosten grafisch dar.*

413 In einer Kostenstelle werden bei einer Beschäftigung von 2200 Stunden/Monat folgende Kosten ermittelt:

Kostenart	Gesamtkosten	Fixe Kosten	Variable Kosten
Gemeinkostenmaterial	7 000,00	2 500,00	4 500,00
Fertigungslöhne	65 000,00	—	65 000,00
Hilfslöhne	16 000,00	12 000,00	4 000,00
Soziale Abgaben	14 000,00	3 500,00	10 500,00
Abschreibungen	58 000,00	50 000,00	8 000,00
Sonstige Gemeinkosten	31 000,00	7 000,00	24 000,00

1. *Bestimmen Sie die gesamten Plankosten bei 2 400 Stunden Planbeschäftigung.*
2. *Berechnen Sie die Sollkosten für eine Abweichung um ± 10 %.*
3. *Berechnen Sie den Plankostenverrechnungssatz.*
4. *Stellen Sie den Verlauf der Sollkosten und der verrechneten Plankosten grafisch dar.*

5.5 Variatormethode zur Berechnung der Sollkosten

Variator. Die Umrechnung der variablen Plankosten auf jeweils abweichende Beschäftigungen (= Istbeschäftigungen) ist erforderlich, um über die Sollkosten Verbrauchsabweichungen ermitteln zu können. Das im vorhergehenden Abschnitt gezeigte Verfahren zur Berechnung der Sollkosten setzt aber die Unterteilung der gesamten Plankosten in variable und fixe Plankosten voraus. Die Variatormethode verzichtet auf diese Unterteilung und stellt unter folgenden Annahmen eine Rechenvereinfachung dar:

- Es werden jeweils Beschäftigungsänderungen um ± **10 %** zugrunde gelegt.
- Um die Variatoren für jede Kostenart in jeder Kostenstelle berechnen zu können, müssen zunächst die Anteile der variablen Plankosten an den gesamten Plankosten bekannt sein.

Beispiel: Die Plankosten einer Kostenart betragen 100 Geldeinheiten (GE); darin sind variable Plankosten in Höhe von 60 GE enthalten.

Steigt die Beschäftigung um 10 % an, so erhöhen sich die variablen Plankosten auch um 10 % von 60 GE   = **6 GE.**

Da die fixen Kosten unverändert bleiben, erhöhen sich die Gesamtkosten ebenfalls um 6 GE von 100 GE auf 106 GE. Die 10%ige Überschreitung der Planbeschäftigung hat also eine 6%ige Erhöhung der Sollkosten verursacht.

Die Zahl 6, die in diesem Beispiel angibt, um wieviel Prozent sich die Gesamtkosten bei einer 10%igen Überschreitung der Planbeschäftigung erhöhen, heißt Variator.

Merke: **Der Variator ist die Zahl, die angibt, um wieviel Prozent sich die Sollkosten verändern, wenn die Planbeschäftigung um 10 % über- oder unterschritten wird.**

Beispiel: Die gesamten Plankosten der Kostenstelle Gießerei (vgl. S. 364) betragen 87 500,00 DM; darin sind variable Plankosten von 52 500,00 DM enthalten.

Der Prozentanteil der variablen Plankosten an den gesamten Plankosten beträgt:

$$\frac{52\,500 \cdot 100\,\%}{87\,500} = 60\,\%$$

Verändert sich die Beschäftigung um 10 %, so ändern sich die Sollkosten um 10 % von 60 % = 6 %, d.h., **der Variator beträgt**

$$\frac{60\,\%}{10\,\%} = \underline{\underline{6.}}$$

Berechnung des Variators:

$$\frac{\%\text{-Anteil der variablen Plankosten}}{10\,\%} = \text{Variator}$$

Aussagefähigkeit des Variators. Der Variator 0 sagt aus, daß die gesamten Plankosten einer Kostenart fix sind. Der Variator 10 weist die gesamten Plankosten einer Kostenart als variabel aus (z.B. Fertigungsmaterial, Fertigungslöhne). In diesem Fall stimmen Sollkosten und verrechnete Plankosten für alle Beschäftigungsgrade überein. Der Variator 6 bedeutet, daß 60 % der gesamten Plankosten variabel und 40 % fix sind.

Anwendung des Variators. Der Variator wird zur Berechnung der <u>Sollkosten für die</u> <u>tatsächliche Beschäftigung</u> eingesetzt. Die Unterteilung der Plankosten in variable und fixe Plankosten ist hierfür nicht erforderlich.

Beispiel: In der Kostenstelle „Gießerei" werden gesamte Plankosten in Höhe von 87 500,00 DM ausgewiesen (vgl. S. 364). Der Variator beträgt 6.

Welche Sollkosten sind bei einer 20%igen <u>Überschreitung</u> der Planbeschäftigung anzusetzen?

Nach der Definition auf Seite 368 ist der Variator ein Prozentsatz. Da er auf eine 10%ige Beschäftigungsänderung bezogen ist, wirkt sich im vorliegenden Fall die 20%ige Beschäftigungsänderung mit dem Faktor 2 auf die Sollkostenänderung aus. Diese Überlegung führt zu folgender Rechnung:

$$\text{Sollkosten} = 87\,500 + \frac{87\,500 \cdot 6 \cdot 2}{100} = \mathbf{98\,000{,}00\ DM}$$

Bei einer 20%igen Überschreitung der Planbeschäftigung dürfen Sollkosten in Höhe von 98 000,00 DM anfallen.

Beispiel: In der gleichen Kostenstelle <u>sinkt</u> die Beschäftigung um 15 % gegenüber der Planbeschäftigung ab.

Wie hoch sind die Sollkosten anzusetzen?

$$\text{Sollkosten} = 87\,500 - \frac{87\,500 \cdot 6 \cdot 1{,}5}{100} = \mathbf{79\,625{,}00\ DM}$$

Merke: **Zur Berechnung der Sollkosten für die tatsächliche Beschäftigung dienen der Variator und die gesamten Plankosten.**

Aufgaben

Zeichnen Sie den Verlauf der Sollkosten für Kostenarten mit dem Variator 0 und 10. **414**

Bestimmen Sie die Variatoren für die in folgenden Kostenstellen ermittelten Plankosten: **415**

Kostenstelle	Gesamte Plankosten	Variable Plankosten
Materialstelle	10 200,00	3 060,00
Fertigungsstelle I	84 000,00	75 600,00
Fertigungsstelle II	76 500,00	61 200,00
Verwaltungs- und Vertriebsstelle	58 000,00	14 500,00

Variator
3
9
8
2,5

Berechnen Sie aufgrund der vorgegebenen gesamten Plankosten und der Variatoren die zuläs-sigen Sollkosten für vier Fertigungsstellen. **416**

Fertigungsstelle	I	II	III	IV
gesamte Plankosten	244 400,00	365 000,00	183 500,00	268 300,00
Variatoren	9	8	7	8
Beschäftigung in % der Planbeschäftigung	80 %	110 %	95 %	115 %

5.6 Soll-Ist-Kostenvergleich (Kostenkontrolle)

Ziel. Die kostenstellenweise durchgeführte Kostenkontrolle verfolgt das Ziel, Abweichungen von Kostenvorgaben sichtbar zu machen, um dadurch Unwirtschaftlichkeiten im Betrieb aufdecken und beseitigen zu können. Sie wird grundsätzlich mindestens einmal im Monat für alle Kostenarten und alle Kostenstellen über den Soll-Ist-Kostenvergleich durchgeführt. Störende Einflüsse durch Preis- und Beschäftigungsabweichungen sind vorher auszuschalten.

Ausschaltung von Preisabweichungen. Dadurch, daß den Istkosten der Abrechnungsperiode die gleichen Verrechnungspreise zugrunde gelegt werden wie den Sollkosten, können Lohnsatz- und Preisschwankungen aus dem Soll-Ist-Kostenvergleich ferngehalten werden.

> **Merke:** **Istkosten sind die zu Planpreisen bewerteten tatsächlichen Verbrauchsmengen und -zeiten einer Abrechnungsperiode.**

Ausschaltung von Beschäftigungsabweichungen. Während der Abrechnungsperiode wird auf der Basis der Plankostenverrechnungssätze kalkuliert. Weicht die Istbeschäftigung von der dem Plankostenverrechnungssatz zugrunde liegenden Planbeschäftigung ab — was in der Regel der Fall ist —, so treten zwischen den nach Plan vorgesehenen Kosten (Sollkosten) und den verrechneten Plankosten Beschäftigungsabweichungen auf. Die Beschäftigungsabweichungen sind von den Betriebsleitern nicht zu verantworten. Durch den Vergleich der tatsächlich verrechneten Plankosten mit den Sollkosten bei Istbeschäftigung lassen sich die Beschäftigungsabweichungen ermitteln und aus der Kostenkontrolle heraushalten.

> **Beispiel:** In der Kostenstelle „Gießerei" wird mit einem Plankostenverrechnungssatz von 58,33 DM kalkuliert. Die gesamten Plankosten machen bei einer Beschäftigung von 1500 Stunden/Monat 87 500,00 DM aus (vgl. S. 365). Der Variator beträgt 6 (vgl. S. 368).
>
> Im Monat Juli wird eine Istbeschäftigung von 1200 Stunden erreicht.
>
> *Wie groß ist die Beschäftigungsabweichung?*

Die Istbeschäftigung beträgt: $\dfrac{1200 \cdot 100\,\%}{1500} = \mathbf{80\,\%}$.

Die Planbeschäftigung wird also um **20 %** unterschritten.

Verrechnete Plankosten bei Istbeschäftigung	$= 58,33 \cdot 1200$	$\approx$	70 000,00 DM
− **Sollkosten** der Istbeschäftigung	$= 87\,500 - \dfrac{87\,500 \cdot 6 \cdot 2}{100}$	$=$	77 000,00 DM
= **Beschäftigungs- abweichung**		$=$	**(−) 7 000,00 DM**

Gegenüber den Sollkosten sind bei der Istbeschäftigung von 1200 Stunden 7 000,00 DM fixe Kosten zu wenig verrechnet worden.

> **Merke:** **Die Beschäftigungsabweichung ist der Kostenbetrag, der angibt, um wieviel DM die verrechneten Plankosten die Sollkosten bei Istbeschäftigung übersteigen (+) oder unterschreiten (−).**

Die folgende Grafik verdeutlicht den Zusammenhang.

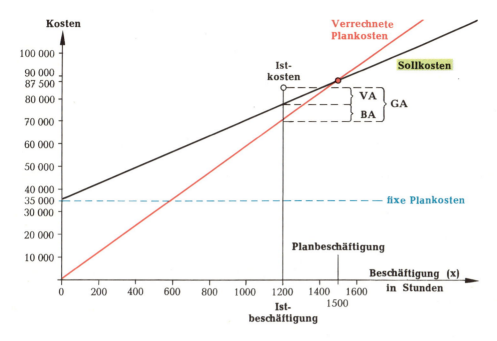

Erläuterung: Die obige Grafik zeigt den Verlauf der Sollkosten und der verrechneten Plankosten (vgl. auch S. 366) und weist bei einer Istbeschäftigung von 1200 Stunden Istkosten in Höhe von 85 000,00 DM aus.

Die Abkürzungen bedeuten: **BA** = Beschäftigungsabweichung (vgl. S. 370),
VA = Verbrauchsabweichung,
GA = Gesamtabweichung.

Verbrauchsabweichungen. Der eigentliche Zweck der flexiblen Plankostenrechnung besteht in der Ermittlung der Verbrauchsabweichungen. Verbrauchsabweichungen zeigen den wertmäßigen Mehr- und Minderverbrauch an Gütern und Diensten gegenüber den Sollkosten an. Der Mehrverbrauch ist von den Kostenstellenleitern zu verantworten. Verbrauchsabweichungen werden ausgewiesen durch den Vergleich der Sollkosten bei Istbeschäftigung mit den Istkosten.

Beispiel: In der Kostenstelle „Gießerei" fallen gesamte Plankosten in Höhe von 87 500,00 DM an (Planbeschäftigung 1500 Stunden/Monat). Der Variator beträgt 6. Im Monat Juli wird eine Istbeschäftigung von 1200 Stunden erreicht (vgl. S. 370). Die Istkosten werden mit 85 000,00 DM ermittelt.
Wie groß ist die Verbrauchsabweichung?

Sollkosten bei Istbeschäftigung	$= 87500 - \dfrac{87500 \cdot 6 \cdot 2}{100} =$	77 000,00 DM
− **Istkosten**	=	85 000,00 DM
= **Verbrauchsabweichung**	=	(−) 8 000,00 DM

Merke:
- Der eigentliche Zweck der flexiblen Plankostenrechnung besteht in der Ermittlung von Verbrauchsabweichungen.
- Die Verbrauchsabweichung ist der Kostenbetrag, der angibt, um wieviel DM die Sollkosten die Istkosten übersteigen (+) oder unterschreiten (−).

Gesamtabweichung. Faßt man die <u>Beschäftigungsabweichung und die Verbrauchs-abweichung</u> zusammen, so erhält man die Gesamtabweichung. Sie ergibt sich auch aus dem <u>Unterschied zwischen den verrechneten Plankosten bei Istbeschäftigung</u> und den <u>Istkosten.</u> Im vorhergehenden Beispiel beträgt die Gesamtabweichung:

Verrechnete Plankosten (vgl. S. 370)	70 000,00 DM
− **Istkosten**	85 000,00 DM
= **Gesamtabweichung**	= (−) **15 000,00 DM**

Beschäftigungsabweichung (vgl. S. 370)	(−) 7 000,00 DM
+ **Verbrauchsabweichung** (vgl. S. 371)	(−) 8 000,00 DM
= **Gesamtabweichung**	= (−) **15 000,00 DM**

> **Merke:** **Die Gesamtabweichung wird aus dem Unterschied zwischen verrechneten Plankosten bei Istbeschäftigung und Istkosten ermittelt.**

Aufgaben – Fragen

417

1. *Welche Aufgaben hat die flexible Plankostenrechnung?*
2. *Wodurch ist die flexible Plankostenrechnung gekennzeichnet?*
3. *Wie werden Plankosten und Sollkosten definiert?*
4. *Wodurch unterscheiden sich Sollkosten und verrechnete Plankosten?*
5. *Wie ermittelt man den Plankostenverrechnungssatz, und wozu dient er?*
6. *Welche Verfahren der Kostenauflösung sind Ihnen bekannt?*
7. *Erläutern Sie die Aussage: Bei Unterschreitung der Planbeschäftigung werden über den Plankostenverrechnungssatz zu wenig fixe Kosten verrechnet.*
8. *Definieren Sie den Variator.*
9. *Wodurch unterscheiden sich Beschäftigungs- und Verbrauchsabweichungen?*
10. *Wie werden Beschäftigungsabweichungen ermittelt?*
11. *Wie gelingt es, Preisschwankungen aus der Kostenkontrolle herauszuhalten?*
12. *Welche Planungsgrößen sind bei der Kostenplanung zu beachten?*
13. *Unterscheiden Sie starre und flexible Plankostenrechnung voneinander.*
14. *Die Beschäftigungsabweichung beträgt (+) 40 000,00 DM, die Verbrauchsabweichung (−) 25 000,00 DM. Wie groß ist die Gesamtabweichung?*
15. *Was bedeutet die Aussage: „Die Verbrauchsabweichung beträgt (+) 20 000,00 DM"?*

418 *Bestimmen Sie die Beschäftigungs- und Verbrauchsabweichungen (mit grafischer Darstellung):*

Planbeschäftigung:	2 000 Stunden/Monat,
Istbeschäftigung:	1 200 Stunden/Monat,
gesamte Plankosten:	150 000,00 DM, davon fix 60 000,00 DM,
Istkosten:	122 000,00 DM.

In einer Kostenstelle wird mit einem Plankostenverrechnungssatz von 35,00 DM je Stunde **419**
kalkuliert. Die Planbeschäftigung beträgt 2400 Stunden/Monat, der Variator 7.

1. *Wie hoch sind die gesamten Plankosten, die variablen Plankosten und die fixen Plankosten?*
2. *Wie hoch sind die Beschäftigungs- und die Verbrauchsabweichungen bei einer Istbeschäftigung von 1920 Stunden/Monat und Istkosten von 65400,00 DM?*
3. *Wie hoch wären die Beschäftigungs- und Verbrauchsabweichung bei einer Istbeschäftigung von 2760 Stunden/Monat und Istkosten von 98500,00 DM?*
4. *Stellen Sie die Ergebnisse zu 2. und 3. grafisch dar.*

In einem Betrieb wird ein Maschinenteil aufgrund folgender Vorgaben kalkuliert: **420**

Einzelmaterial A	2,36 kg, Verrechnungspreis 2,15 DM/kg
Einzelmaterial B	0,85 kg, Verrechnungspreis 6,40 DM/kg
Materialgemeinkosten 5 %,	

Fertigungsstelle I	0,25 Std./Stück, Plankostenverrechnungssatz	16,40 DM,
Fertigungsstelle II	0,40 Std./Stück, Plankostenverrechnungssatz	24,60 DM,
Fertigungsstelle III	0,35 Std./Stück, Plankostenverrechnungssatz	11,80 DM.

Verwaltungs- und Vertriebsgemeinkosten 30 %.
Sondereinzelkosten des Vertriebs (Fracht, Provision) 1,80 DM/Stück.

Berechnen Sie die Planselbstkosten für 1 Stück.

In der Kostenstelle „Pflanzenschutz PI" mit fünf gleichartigen Produktionsapparaturen werden **421**
bei einer Einzeluntersuchung folgende Kosten ermittelt (der Untersuchung lag eine Beschäftigung von 3000 Stunden/Monat ≙ 5000 Stück zugrunde):

Kostenart	Gesamtkosten	variable Kosten	fixe Kosten
Fertigungsmaterial	120000,00	120000,00	—
Gemeinkostenmaterial	46000,00	30000,00	16000,00
Energie	32000,00	24000,00	8000,00
Fertigungslöhne	184000,00	184000,00	—
Hilfslöhne	38000,00	8000,00	30000,00
Soziale Abgaben	42000,00	30000,00	12000,00
Abschreibungen	134000,00	16000,00	118000,00
Sonstige Gemeinkosten	74000,00	49000,00	25000,00

341.000   *209,000*

Das Fertigungsmaterial wird unmittelbar dem Kostenträger zugerechnet.

1. *Bestimmen Sie die gesamten Plankosten dieser Kostenstelle für eine Planbeschäftigung von 3300 Stunden/Monat.*
2. *Berechnen Sie den Plankostenverrechnungssatz.* (Gesamt, variabel)
3. *Kalkulieren Sie die Planherstellkosten für eine Einheit, wenn 6 % Materialgemeinkosten anfallen, die Produktionsdauer für eine Einheit 0,6 Stunden beträgt und mit einer Planbeschäftigung von 5500 Stück/Monat gerechnet wird.*
4. *Stellen Sie den Verlauf der verrechneten Plankosten und der Sollkosten grafisch dar.*
5. *Berechnen Sie den Variator.*
6. *Bestimmen Sie die Beschäftigungsabweichung, die Verbrauchsabweichung und die Gesamtabweichung bei einer Istbeschäftigung von 85 % (Istkosten = 508400,00 DM).*
7. *Welche Sollkosten sind anzusetzen, wenn die Planbeschäftigung um 10 % überschritten würde? Wie groß wäre in diesem Fall die Beschäftigungsabweichung?*
8. *Stellen Sie die Ergebnisse zu 6. grafisch dar.*

6624373

373

H   Rechnungslegungsvorschriften nach HGB

Das Handelsgesetzbuch enthält in seinem 3. Buch „Handelsbücher" eine geschlossene Darstellung der handelsrechtlichen Rechnungslegungsvorschriften. Sie gliedern sich (siehe auch Seite 10) in drei Abschnitte:

- 1. Abschnitt: **Vorschriften für alle Kaufleute:** §§ 238–263 HGB
- 2. Abschnitt: **Vorschriften für Kapitalgesellschaften:** §§ 264–335 HGB
- 3. Abschnitt: **Vorschriften für eingetragene Genossenschaften:** §§ 336–339 HGB

Wesentliche Vorschriften des ersten und zweiten Abschnitts, die im Lehrbuch in den entsprechenden Kapiteln zugrunde gelegt und auf den folgenden Seiten <u>zusammengestellt</u> werden, sollen den Lernerfolg mit dem Lehrbuch rechtlich noch vertiefen.

Erster Abschnitt: Vorschriften für alle Kaufleute

---

§ 238   Buchführungspflicht

(1) Jeder Kaufmann ist verpflichtet, Bücher zu führen und in diesen seine Handelsgeschäfte und die Lage seines Vermögens nach den Grundsätzen ordnungsmäßiger Buchführung ersichtlich zu machen. Die Buchführung muß so beschaffen sein, daß sie einem sachverständigen Dritten innerhalb angemessener Zeit einen Überblick über die Geschäftsvorfälle und über die Lage des Unternehmens vermitteln kann. Die Geschäftsvorfälle müssen sich in ihrer Entstehung und Abwicklung verfolgen lassen.

(2) Der Kaufmann ist verpflichtet, eine mit der Urschrift übereinstimmende Wiedergabe der abgesandten Handelsbriefe (Kopie, Abdruck, Abschrift oder sonstige Wiedergabe des Wortlauts auf einem Schrift-, Bild- oder anderen Datenträger) zurückzubehalten.

§ 239   Führung der Handelsbücher

(1) Bei der Führung der Handelsbücher und bei den sonst erforderlichen Aufzeichnungen hat sich der Kaufmann einer lebenden Sprache zu bedienen. Werden Abkürzungen, Ziffern, Buchstaben oder Symbole verwendet, muß im Einzelfall deren Bedeutung eindeutig festliegen.

(2) Die Eintragungen in Büchern und die sonst erforderlichen Aufzeichnungen müssen vollständig, richtig, zeitgerecht und geordnet vorgenommen werden.

(3) Eine Eintragung oder eine Aufzeichnung darf nicht in einer Weise verändert werden, daß der ursprüngliche Inhalt nicht mehr feststellbar ist. Auch solche Veränderungen dürfen nicht vorgenommen werden, deren Beschaffenheit es ungewiß läßt, ob sie ursprünglich oder erst später gemacht worden sind.

(4) Die Handelsbücher und die sonst erforderlichen Aufzeichnungen können auch in der geordneten Ablage von Belegen bestehen oder auf Datenträgern geführt werden, soweit diese Formen der Buchführung einschließlich des dabei angewandten Verfahrens den Grundsätzen ordnungsmäßiger Buchführung entsprechen. Bei der Führung der Handelsbücher und der sonst erforderlichen Aufzeichnungen auf Datenträgern muß insbesondere sichergestellt sein, daß die Daten während der Dauer der Aufbewahrungsfrist verfügbar sind und jederzeit innerhalb angemessener Frist lesbar gemacht werden können. Absätze 1 bis 3 gelten sinngemäß.

§ 240 Inventar

(1) Jeder Kaufmann hat zu Beginn seines Handelsgewerbes seine Grundstücke, seine Forderungen und Schulden, den Betrag seines baren Geldes sowie seine sonstigen Vermögensgegenstände genau zu verzeichnen und dabei den Wert der einzelnen Vermögensgegenstände und Schulden anzugeben.

(2) Er hat demnächst für den Schluß eines jeden Geschäftsjahrs ein solches Inventar aufzustellen. Die Dauer des Geschäftsjahrs darf zwölf Monate nicht überschreiten. Die Aufstellung des Inventars ist innerhalb der einem ordnungsmäßigen Geschäftsgang entsprechenden Zeit zu bewirken.

(3) Vermögensgegenstände des Sachanlagevermögens sowie Roh-, Hilfs- und Betriebsstoffe können, wenn sie regelmäßig ersetzt werden und ihr Gesamtwert für das Unternehmen von nachrangiger Bedeutung ist, mit einer gleichbleibenden Menge und einem gleichbleibenden Wert angesetzt werden, sofern ihr Bestand in seiner Größe, seinem Wert und seiner Zusammensetzung nur geringen Veränderungen unterliegt. Jedoch ist in der Regel alle drei Jahre eine körperliche Bestandsaufnahme durchzuführen.

(4) Gleichartige Vermögensgegenstände des Vorratsvermögens sowie andere gleichartige oder annähernd gleichwertige bewegliche Vermögensgegenstände können jeweils zu einer Gruppe zusammengefaßt und mit dem gewogenen Durchschnittswert angesetzt werden.

§ 241 Inventurvereinfachungsverfahren

(1) Bei der Aufstellung des Inventars darf der Bestand der Vermögensgegenstände nach Art, Menge und Wert auch mit Hilfe anerkannter mathematisch-statistischer Methoden auf Grund von Stichproben ermittelt werden. Das Verfahren muß den Grundsätzen ordnungsmäßiger Buchführung entsprechen. Der Aussagewert des auf diese Weise aufgestellten Inventars muß dem Aussagewert eines auf Grund einer körperlichen Bestandsaufnahme aufgestellten Inventars gleichkommen.

(2) Bei der Aufstellung des Inventars für den Schluß eines Geschäftsjahrs bedarf es einer körperlichen Bestandsaufnahme der Vermögensgegenstände für diesen Zeitpunkt nicht, soweit durch Anwendung eines den Grundsätzen ordnungsmäßiger Buchführung entsprechenden anderen Verfahrens gesichert ist, daß der Bestand der Vermögensgegenstände nach Art, Menge und Wert auch ohne die körperliche Bestandsaufnahme für diesen Zeitpunkt festgestellt werden kann.

(3) In dem Inventar für den Schluß eines Geschäftsjahrs brauchen Vermögensgegenstände nicht verzeichnet zu werden, wenn

1. der Kaufmann ihren Bestand auf Grund einer körperlichen Bestandsaufnahme oder auf Grund eines nach Absatz 2 zulässigen anderen Verfahrens nach Art, Menge und Wert in einem besonderen Inventar verzeichnet hat, das für einen Tag innerhalb der letzten drei Monate vor oder der beiden ersten Monate nach dem Schluß des Geschäftsjahrs aufgestellt ist, und

2. auf Grund des besonderen Inventars durch Anwendung eines den Grundsätzen ordnungsmäßiger Buchführung entsprechenden Fortschreibungs- oder Rückrechnungsverfahrens gesichert ist, daß der am Schluß des Geschäftsjahrs vorhandene Bestand der Vermögensgegenstände für diesen Zeitpunkt ordnungsgemäß bewertet werden kann.

§ 242 Pflicht zur Aufstellung der Eröffnungsbilanz und des Jahresabschlusses

(1) Der Kaufmann hat zu Beginn seines Handelsgewerbes und für den Schluß eines jeden Geschäftsjahrs einen das Verhältnis seines Vermögens und seiner Schulden darstellenden Abschluß (Eröffnungsbilanz, Bilanz) aufzustellen. Auf die Eröffnungsbilanz sind die für den Jahresabschluß geltenden Vorschriften entsprechend anzuwenden, soweit sie sich auf die Bilanz beziehen.

(2) Er hat für den Schluß eines jeden Geschäftsjahrs eine Gegenüberstellung der Aufwendungen und Erträge des Geschäftsjahrs (Gewinn- und Verlustrechnung) aufzustellen.

(3) Die Bilanz und die Gewinn- und Verlustrechnung bilden den Jahresabschluß.

§ 243   Aufstellungsgrundsatz

(1) Der Jahresabschluß ist nach den Grundsätzen ordnungsmäßiger Buchführung aufzustellen.

(2) Er muß klar und übersichtlich sein.

(3) Der Jahresabschluß ist innerhalb der einem ordnungsmäßigen Geschäftsgang entsprechenden Zeit aufzustellen.

§ 244   Sprache. Währungseinheit

Der Jahresabschluß ist in deutscher Sprache und in Deutscher Mark aufzustellen.

§ 245   Unterzeichnung

Der Jahresabschluß ist vom Kaufmann unter Angabe des Datums zu unterzeichnen. Sind mehrere persönlich haftende Gesellschafter vorhanden, so haben sie alle zu unterzeichnen.

§ 246   Vollständigkeit. Verrechnungsverbot

(1) Der Jahresabschluß hat sämtliche Vermögensgegenstände, Schulden, Rechnungsabgrenzungsposten, Aufwendungen und Erträge zu enthalten, soweit gesetzlich nichts anderes bestimmt ist.

(2) Posten der Aktivseite dürfen nicht mit Posten der Passivseite, Aufwendungen dürfen nicht mit Erträgen, Grundstücksrechte nicht mit Grundstückslasten verrechnet werden.

§ 247   Inhalt der Bilanz

(1) In der Bilanz sind das Anlage- und das Umlaufvermögen, das Eigenkapital, die Schulden sowie die Rechnungsabgrenzungsposten gesondert auszuweisen und hinreichend aufzugliedern.

(2) Beim Anlagevermögen sind nur die Gegenstände auszuweisen, die bestimmt sind, dauernd dem Geschäftsbetrieb zu dienen.

(3) Passivposten, die für Zwecke der Steuern vom Einkommen und vom Ertrag zulässig sind, dürfen in der Bilanz gebildet werden. Sie sind als Sonderposten mit Rücklageanteil auszuweisen und nach Maßgabe des Steuerrechts aufzulösen. Einer Rückstellung bedarf es insoweit nicht.

§ 249   Rückstellungen

(1) Rückstellungen sind für ungewisse Verbindlichkeiten und für drohende Verluste aus schwebenden Geschäften zu bilden. Ferner sind Rückstellungen zu bilden für

1. im Geschäftsjahr unterlassene Aufwendungen für Instandhaltung, die im folgenden Geschäftsjahr innerhalb von drei Monaten nachgeholt werden,

2. Gewährleistungen, die ohne rechtliche Verpflichtung erbracht werden.

Im Falle des Satzes 2 Nr. 1 dürfen Rückstellungen auch gebildet werden, wenn die Instandhaltung nach Ablauf der Frist innerhalb des Geschäftsjahrs nachgeholt wird.

(2) Rückstellungen dürfen außerdem für ihrer Eigenart nach genau umschriebene, dem Geschäftsjahr oder einem früheren Geschäftsjahr zuzuordnende Aufwendungen gebildet werden, die am Abschlußstichtag wahrscheinlich oder sicher, aber hinsichtlich ihrer Höhe oder des Zeitpunkts ihres Eintritts unbestimmt sind.

(3) Für andere als die in den Absätzen 1–2 bezeichneten Zwecke dürfen Rückstellungen nicht gebildet werden. Rückstellungen dürfen nur aufgelöst werden, soweit der Grund hierfür entfallen ist.

§ 250   Rechnungsabgrenzungsposten

(1) Als Rechnungsabgrenzungsposten sind auf der Aktivseite Ausgaben vor dem Abschlußstichtag auszuweisen, soweit sie Aufwand für eine bestimmte Zeit nach diesem Tag darstellen.

(2) Auf der Passivseite sind als Rechnungsabgrenzungsposten Einnahmen vor dem Abschlußstichtag auszuweisen, soweit sie Ertrag für eine bestimmte Zeit nach diesem Tag darstellen.

(3) Ist der Rückzahlungsbetrag einer Verbindlichkeit höher als der Ausgabebetrag, so darf der Unterschiedsbetrag in den Rechnungsabgrenzungsposten auf der Aktivseite aufgenommen werden. Der Unterschiedsbetrag ist durch planmäßige jährliche Abschreibungen zu tilgen, die auf die gesamte Laufzeit der Verbindlichkeit verteilt werden können.

§ 251 Haftungsverhältnisse

Unter der Bilanz sind, sofern sie nicht auf der Passivseite auszuweisen sind, Verbindlichkeiten aus der Begebung und Übertragung von Wechseln, aus Bürgschaften, Wechsel- und Scheckbürgschaften und aus Gewährleistungsverträgen sowie Haftungsverhältnisse aus der Bestellung von Sicherheiten für fremde Verbindlichkeiten zu vermerken; sie dürfen in einem Betrag angegeben werden. Haftungsverhältnisse sind auch anzugeben, wenn ihnen gleichwertige Rückgriffsforderungen gegenüberstehen.

§ 252 Allgemeine Bewertungsgrundsätze

(1) Bei der Bewertung der im Jahresabschluß ausgewiesenen Vermögensgegenstände und Schulden gilt insbesondere folgendes:

1. Die Wertansätze in der Eröffnungsbilanz des Geschäftsjahrs müssen mit denen der Schlußbilanz des vorhergehenden Geschäftsjahrs übereinstimmen.

2. Bei der Bewertung ist von der Fortführung der Unternehmenstätigkeit auszugehen, sofern dem nicht tatsächliche oder rechtliche Gegebenheiten entgegenstehen.

3. Die Vermögensgegenstände und Schulden sind zum Abschlußstichtag einzeln zu bewerten.

4. Es ist vorsichtig zu bewerten, namentlich sind alle vorhersehbaren Risiken und Verluste, die bis zum Abschlußstichtag entstanden sind, zu berücksichtigen, selbst wenn diese erst zwischen dem Abschlußstichtag und dem Tag der Aufstellung des Jahresabschlusses bekanntgeworden sind; Gewinne sind nur zu berücksichtigen, wenn sie am Abschlußstichtag realisiert sind.

5. Aufwendungen und Erträge des Geschäftsjahrs sind unabhängig von den Zeitpunkten der entsprechenden Zahlungen im Jahresabschluß zu berücksichtigen.

6. Die auf den vorhergehenden Jahresabschluß angewandten Bewertungsmethoden sollen beibehalten werden.

(2) Von den Grundsätzen des Absatzes 1 darf nur in begründeten Ausnahmefällen abgewichen werden.

§ 253 Wertansätze der Vermögensgegenstände und Schulden

(1) Vermögensgegenstände sind höchstens mit den Anschaffungs- oder Herstellungskosten, vermindert um Abschreibungen nach den Absätzen 2 und 3, anzusetzen. Verbindlichkeiten sind zu ihrem Rückzahlungsbetrag, Rentenverpflichtungen, für die eine Gegenleistung nicht mehr zu erwarten ist, zu ihrem Barwert und Rückstellungen nur in Höhe des Betrages anzusetzen, der nach vernünftiger kaufmännischer Beurteilung notwendig ist.

(2) Bei Vermögensgegenständen des Anlagevermögens, deren Nutzung zeitlich begrenzt ist, sind die Anschaffungs- oder Herstellungskosten um planmäßige Abschreibungen zu vermindern. Der Plan muß die Anschaffungs- oder Herstellungskosten auf die Geschäftsjahre verteilen, in denen der Vermögensgegenstand voraussichtlich genutzt werden kann. Ohne Rücksicht darauf, ob ihre Nutzung zeitlich begrenzt ist, können bei Vermögensgegenständen des Anlagevermögens außerplanmäßige Abschreibungen vorgenommen werden, um die Vermögensgegenstände mit dem niedrigeren Wert anzusetzen, der ihnen am Abschlußstichtag beizulegen ist; sie sind vorzunehmen bei einer voraussichtlich dauernden Wertminderung.

(3) Bei Vermögensgegenständen des Umlaufvermögens sind Abschreibungen vorzunehmen, um diese mit dem niedrigeren Wert anzusetzen, der sich aus einem Börsen- oder Marktpreis am Abschlußstichtag ergibt. Ist ein Börsen- oder Marktpreis nicht festzustellen und übersteigen die Anschaffungs- oder Herstellungskosten den Wert, der den Vermögensgegenständen am Abschlußstichtag beizulegen ist, so ist auf diesen Wert abzuschreiben. Außerdem dürfen Abschreibungen vorgenommen werden, soweit diese nach vernünftiger kaufmännischer Beurteilung notwendig sind, um zu verhindern, daß in der nächsten Zukunft der Wertansatz dieser Vermögensgegenstände auf Grund von Wertschwankungen geändert werden muß.

(4) Abschreibungen sind außerdem im Rahmen vernünftiger kaufmännischer Beurteilung zulässig.

(5) Ein niedrigerer Wertansatz nach Absatz 2 Satz 3, Absatz 3 oder 4 darf beibehalten werden, auch wenn die Gründe dafür nicht mehr bestehen.

§ 254 Steuerrechtliche Abschreibungen

Abschreibungen können auch vorgenommen werden, um Vermögensgegenstände des Anlage- oder Umlaufvermögens mit dem niedrigeren Wert anzusetzen, der auf einer nur steuerrechtlich zulässigen Abschreibung beruht. § 253 Abs. 5 ist entsprechend anzuwenden.

§ 255 Anschaffungs- und Herstellungskosten

(1) Anschaffungskosten sind die Aufwendungen, die geleistet werden, um einen Vermögensgegenstand zu erwerben und ihn in einen betriebsbereiten Zustand zu versetzen, soweit sie dem Vermögensgegenstand einzeln zugeordnet werden können. Zu den Anschaffungskosten gehören auch die Nebenkosten sowie die nachträglichen Anschaffungskosten. Anschaffungspreisminderungen sind abzusetzen.

(2) Herstellungskosten sind die Aufwendungen, die durch den Verbrauch von Gütern und die Inanspruchnahme von Diensten für die Herstellung eines Vermögensgegenstandes, seine Erweiterung oder für eine über seinen ursprünglichen Zustand hinausgehende wesentliche Verbesserung entstehen. Dazu gehören die Materialkosten, die Fertigungskosten und die Sonderkosten der Fertigung. Bei der Berechnung der Herstellungskosten dürfen auch angemessene Teile der notwendigen Materialgemeinkosten, der notwendigen Fertigungsgemeinkosten und des Wertverzehrs des Anlagevermögens, soweit er durch die Fertigung veranlaßt ist, eingerechnet werden. Kosten der allgemeinen Verwaltung sowie Aufwendungen für soziale Einrichtungen des Betriebs, für freiwillige soziale Leistungen und für betriebliche Altersversorgung brauchen nicht eingerechnet zu werden. Aufwendungen im Sinne der Sätze 3 und 4 dürfen nur insoweit berücksichtigt werden, als sie auf den Zeitraum der Herstellung entfallen. Vertriebskosten dürfen nicht in die Herstellungskosten einbezogen werden.

(3) Zinsen für Fremdkapital gehören nicht zu den Herstellungskosten. Zinsen für Fremdkapital, das zur Finanzierung der Herstellung eines Vermögensgegenstands verwendet wird, dürfen angesetzt werden, soweit sie auf den Zeitraum der Herstellung entfallen.

(4) Als Geschäfts- oder Firmenwert darf der Unterschiedsbetrag angesetzt werden, um den die für die Übernahme eines Unternehmens bewirkte Gegenleistung den Wert der einzelnen Vermögensgegenstände des Unternehmens abzüglich der Schulden im Zeitpunkt der Übernahme übersteigt. Der Betrag ist in jedem folgenden Geschäftsjahr zu mindestens einem Viertel durch Abschreibungen zu tilgen. Die Abschreibung des Geschäfts- oder Firmenwerts kann aber auch planmäßig auf die Geschäftsjahre verteilt werden, in denen er voraussichtlich genutzt wird.[1]

§ 256 Bewertungsvereinfachungsverfahren

Soweit es den Grundsätzen ordnungsmäßiger Buchführung entspricht, kann für den Wertansatz gleichartiger Vermögensgegenstände des Vorratsvermögens unterstellt werden, daß die zuerst oder daß die zuletzt angeschafften oder hergestellten Vermögensgegenstände zuerst oder in einer sonstigen bestimmten Folge verbraucht oder veräußert worden sind. § 240 Abs. 3 und 4 ist auch auf den Jahresabschluß anwendbar.

§ 257 Aufbewahrung von Unterlagen. Aufbewahrungsfristen

(1) Jeder Kaufmann ist verpflichtet, die folgenden Unterlagen geordnet aufzubewahren:

1. Handelsbücher, Inventare, Eröffnungsbilanzen, Jahresabschlüsse, Lageberichte, Konzernabschlüsse, Konzernlageberichte sowie die zu ihrem Verständnis erforderlichen Arbeitsanweisungen und sonstigen Organisationsunterlagen,
2. die empfangenen Handelsbriefe,
3. Wiedergaben der abgesandten Handelsbriefe,
4. Belege für Buchungen in den von ihm nach § 238 Abs. 1 zu führenden Büchern.

(2) Handelsbriefe sind nur Schriftstücke, die ein Handelsgeschäft betreffen.

(3) Mit Ausnahme der Eröffnungsbilanzen, Jahresabschlüsse und der Konzernabschlüsse können die in Absatz 1 aufgeführten Unterlagen auch als Wiedergabe auf einem Bildträger oder auf anderen Datenträgern aufbewahrt werden, wenn dies den Grundsätzen ordnungsmäßiger Buchführung entspricht und sichergestellt ist, daß die Wiedergabe oder die Daten

---

1 Für die Steuerbilanz beträgt die Nutzungsdauer 15 Jahre.

1. mit den empfangenen Handelsbriefen und den Buchungsbelegen bildlich und mit den anderen Unterlagen inhaltlich übereinstimmen, wenn sie lesbar gemacht werden,

2. während der Dauer der Aufbewahrungsfrist verfügbar sind und jederzeit innerhalb angemessener Frist lesbar gemacht werden können.

Sind Unterlagen auf Grund des § 239 Abs. 4 Satz 1 auf Datenträgern hergestellt worden, können statt des Datenträgers die Daten auch ausgedruckt aufbewahrt werden; die ausgedruckten Unterlagen können auch nach Satz 1 aufbewahrt werden.

(4) Die in Absatz 1 Nr. 1 aufgeführten Unterlagen sind zehn Jahre und die sonstigen in Absatz 1 aufgeführten Unterlagen sechs Jahre aufzubewahren.

(5) Die Aufbewahrungsfrist beginnt mit dem Schluß des Kalenderjahrs, in dem die letzte Eintragung in das Handelsbuch gemacht, das Inventar aufgestellt, die Eröffnungsbilanz oder der Jahresabschluß festgestellt, der Konzernabschluß aufgestellt, der Handelsbrief empfangen oder abgesandt worden oder der Buchungsbeleg entstanden ist.

§ 258 Vorlegung im Rechtsstreit

(1) Im Laufe eines Rechtsstreits kann das Gericht auf Antrag oder von Amts wegen die Vorlegung der Handelsbücher einer Partei anordnen.

Zweiter Abschnitt: Ergänzende Vorschriften für Kapitalgesellschaften

---

§ 264 Pflicht zur Aufstellung des Jahresabschlusses und des Lageberichtes

(1) Die gesetzlichen Vertreter einer Kapitalgesellschaft haben den Jahresabschluß (§ 242) um einen Anhang zu erweitern, der mit der Bilanz und der Gewinn- und Verlustrechnung eine Einheit bildet, sowie einen Lagebericht aufzustellen. Der Jahresabschluß und der Lagebericht sind von den gesetzlichen Vertretern in den ersten drei Monaten des Geschäftsjahrs für das vergangene Geschäftsjahr aufzustellen. Kleine Kapitalgesellschaften (§ 267 Abs. 1) dürfen den Jahresabschluß und den Lagebericht auch später aufstellen, wenn dies einem ordnungsgemäßen Geschäftsgang entspricht; diese Unterlagen sind jedoch innerhalb der ersten sechs Monate des Geschäftsjahrs aufzustellen.

(2) Der Jahresabschluß der Kapitalgesellschaft hat unter Beachtung der Grundsätze ordnungsmäßiger Buchführung ein den tatsächlichen Verhältnissen entsprechendes Bild der Vermögens-, Finanz- und Ertragslage der Kapitalgesellschaft zu vermitteln. Führen besondere Umstände dazu, daß der Jahresabschluß ein den tatsächlichen Verhältnissen entsprechendes Bild im Sinne des Satzes 1 nicht vermittelt, so sind im Anhang zusätzliche Angaben zu machen.

§ 265 Allgemeine Grundsätze für die Gliederung

(1) Die Form der Darstellung, insbesondere die Gliederung der aufeinanderfolgenden Bilanzen und Gewinn- und Verlustrechnungen, ist beizubehalten, soweit nicht in Ausnahmefällen wegen besonderer Umstände Abweichungen erforderlich sind.

(2) In der Bilanz sowie in der Gewinn- und Verlustrechnung ist zu jedem Posten der entsprechende Betrag des vorhergehenden Geschäftsjahrs anzugeben.

(5) Eine weitere Untergliederung der Posten ist zulässig. Neue Posten dürfen hinzugefügt werden, wenn ihr Inhalt nicht von einem vorgeschriebenen Posten gedeckt wird.

§ 266 Gliederung der Bilanz

(1) Die Bilanz ist in Kontoform aufzustellen. Dabei haben große und mittelgroße Kapitalgesellschaften (§ 267 Abs. 3, 2) auf der Aktivseite die in Absatz 2 und auf der Passivseite die in Absatz 3 bezeichneten Posten gesondert und in der vorgeschriebenen Reihenfolge auszuweisen. Kleine Kapitalgesellschaften (§ 267 Abs. 1) brauchen nur eine verkürzte Bilanz aufzustellen, in die nur die in den Absätzen 2 und 3 mit Buchstaben und römischen Zahlen bezeichneten Posten in der vorgeschriebenen Reihenfolge aufgenommen werden.

(2) Gliederung der <u>Aktivseite</u> ⎫
(3) Gliederung der <u>Passivseite</u> ⎬ siehe Rückseite des Kontenrahmens (Faltblatt).
⎭

§ 267 Umschreibung der Größenklassen (siehe Seite 211)

§ 268 Vorschriften zu einzelnen Posten der Bilanz. Bilanzvermerke

(1) Die Bilanz darf auch unter Berücksichtigung der vollständigen oder teilweisen Verwendung des Jahresergebnisses aufgestellt werden. Wird die Bilanz nach teilweiser Verwendung des Jahresergebnisses aufgestellt, so tritt an die Stelle des Postens „Jahresüberschuß/Jahresfehlbetrag" und „Gewinnvortrag/Verlustvortrag" der Posten „Bilanzgewinn/Bilanzverlust"; ein vorhandener Gewinn- oder Verlustvortrag ist in den Posten „Bilanzgewinn/ Bilanzverlust" einzubeziehen und in der Bilanz oder im Anhang gesondert anzugeben.

(2) In der Bilanz oder im Anhang ist die Entwicklung der einzelnen Posten des Anlagevermögens und des Postens „Aufwendungen für die Ingangsetzung und Erweiterung des Geschäftsbetriebs" darzustellen. Dabei sind, ausgehend von den gesamten Anschaffungs- und Herstellungskosten, die Zugänge, Abgänge, Umbuchungen und Zuschreibungen des Geschäftsjahrs sowie die Abschreibungen in ihrer gesamten Höhe gesondert aufzuführen. Die Abschreibungen des Geschäftsjahrs sind entweder in der Bilanz bei dem betreffenden Posten zu vermerken oder im Anhang in einer der Gliederung des Anlagevermögens entsprechenden Aufgliederung anzugeben.

(3) Ist das Eigenkapital durch Verluste aufgebraucht und ergibt sich ein Überschuß der Passivposten über die Aktivposten, so ist dieser Betrag am Schluß der Bilanz auf der Aktivseite gesondert unter der Bezeichnung „Nicht durch Eigenkapital gedeckter Fehlbetrag" auszuweisen.

(4) Der Betrag der Forderungen mit einer Restlaufzeit von mehr als einem Jahr ist bei jedem gesondert ausgewiesenen Posten zu vermerken.

(5) Der Betrag der Verbindlichkeiten mit einer Restlaufzeit bis zu einem Jahr ist bei jedem gesondert ausgewiesenen Posten zu vermerken. Erhaltene Anzahlungen auf Bestellungen sind, soweit Anzahlungen auf Vorräte nicht von dem Posten „Vorräte" offen abgesetzt werden, unter den Verbindlichkeiten gesondert auszuweisen.

(6) Ein nach § 250 Abs. 3 in den Rechnungsabgrenzungsposten auf der Aktivseite aufgenommener Unterschiedsbetrag ist in der Bilanz gesondert auszuweisen oder im Anhang anzugeben.

(7) Die in § 251 bezeichneten Haftungsverhältnisse sind gesondert unter der Bilanz oder im Anhang unter Angabe der gewährten Pfandrechte und sonstigen Sicherheiten anzugeben.

§ 270 Bildung bestimmter Posten

(2) Wird die Bilanz nach vollständiger oder teilweiser Verwendung des Jahresergebnisses aufgestellt, so sind Entnahmen aus Gewinnrücklagen sowie Einstellungen in Gewinnrücklagen, die nach Gesetz, Gesellschaftsvertrag oder Satzung vorzunehmen sind oder auf Grund solcher Vorschriften beschlossen worden sind, bereits bei der Aufstellung der Bilanz zu berücksichtigen.

§ 271 Beteiligungen. Verbundene Unternehmen

(1) Beteiligungen sind Anteile an anderen Unternehmen, die bestimmt sind, dem eigenen Geschäftsbetrieb durch Herstellung einer dauernden Verbindung zu jenen Unternehmen zu dienen. Dabei ist es unerheblich, ob die Anteile in Wertpapieren verbrieft sind oder nicht. Als Beteiligung gelten im Zweifel Anteile an einer Kapitalgesellschaft, deren Nennbeträge insgesamt den fünften Teil des Nennkapitals dieser Gesellschaft überschreiten.

§ 272 Eigenkapital

(1) Gezeichnetes Kapital ist das Kapital, auf das die Haftung der Gesellschafter für die Verbindlichkeiten der Kapitalgesellschaft gegenüber den Gläubigern beschränkt ist. Die ausstehenden Einlagen auf das gezeichnete Kapital sind auf der Aktivseite vor dem Anlagevermögen gesondert auszuweisen und entsprechend zu bezeichnen; die davon eingeforderten Einlagen sind zu vermerken. Die nicht eingeforderten ausstehenden Einlagen dürfen aber auch von dem Posten „Gezeichnetes Kapital" offen abgesetzt werden; in diesem Falle ist der verbleibende Betrag als Posten „Eingefordertes Kapital" in der Hauptspalte der Passivseite auszuweisen und ist außerdem der eingeforderte, aber noch nicht eingezahlte Betrag unter den Forderungen gesondert auszuweisen und entsprechend zu bezeichnen.

(2) Als Kapitalrücklage sind auszuweisen

1. der Betrag, der bei der Ausgabe von Anteilen einschließlich von Bezugsanteilen über den Nennbetrag hinaus erzielt wird;

2. der Betrag, der bei der Ausgabe von Schuldverschreibungen für Wandlungsrechte und Optionsrechte zum Erwerb von Anteilen erzielt wird;

3. der Betrag von Zuzahlungen, die Gesellschafter gegen Gewährung eines Vorzugs für ihre Anteile leisten;

4. der Betrag von anderen Zuzahlungen, die Gesellschafter in das Eigenkapital leisten.

(3) Als Gewinnrücklagen dürfen nur Beträge ausgewiesen werden, die im Geschäftsjahr oder in einem früheren Geschäftsjahr aus dem Ergebnis gebildet worden sind. Dazu gehören aus dem Ergebnis zu bildende gesetzliche oder auf Gesellschaftsvertrag oder Satzung beruhende Rücklagen und andere Gewinnrücklagen.

(4) In eine Rücklage für eigene Anteile ist ein Betrag einzustellen, der dem auf der Aktivseite der Bilanz für die eigenen Anteile anzusetzenden Betrag entspricht. Die Rücklage darf nur aufgelöst werden, soweit die eigenen Anteile ausgegeben, veräußert oder eingezogen werden oder soweit nach § 253 Abs. 3 auf der Aktivseite ein niedrigerer Betrag angesetzt wird. Die Rücklage, die bereits bei der Aufstellung der Bilanz vorzunehmen ist, darf aus vorhandenen Gewinnrücklagen gebildet werden, soweit diese frei verfügbar sind.

§ 275 Gliederung der Gewinn- und Verlustrechnung

(1) Die Gewinn- und Verlustrechnung ist in Staffelform nach dem Gesamtkostenverfahren oder dem Umsatzkostenverfahren aufzustellen. Dabei sind die in Absatz 2 oder 3 bezeichneten Posten in der angegebenen Reihenfolge gesondert auszuweisen.

(2) Gliederung nach dem <u>Gesamtkostenverfahren</u> } siehe Rückseite des Kontenrahmens
(3) Gliederung nach dem <u>Umsatzkostenverfahren</u> } (Faltblatt).

(4) Veränderungen der Kapital- und Gewinnrücklagen dürfen in der Gewinn- und Verlustrechnung erst nach dem Posten „Jahresüberschuß/Jahresfehlbetrag" ausgewiesen werden.

§ 276 Größenabhängige Erleichterungen

Kleine und mittelgroße Kapitalgesellschaften (§ 267 Abs. 1, 2) dürfen die Posten § 275 Abs. 2 Nr. 1 bis 5 oder Abs. 3 Nr. 1 bis 3 und 6 zu einem Posten unter der Bezeichnung „Rohergebnis" zusammenfassen.

§ 279 Nichtanwendung von Vorschriften. Abschreibungen

(1) § 253 Abs. 4 ist nicht anzuwenden. § 253 Abs. 2 Satz 3 darf, wenn es sich nicht um eine voraussichtlich dauernde Wertminderung handelt, nur auf Vermögensgegenstände, die Finanzanlagen sind, angewendet werden.

(2) Abschreibungen nach § 254 dürfen nur insoweit vorgenommen werden, als das Steuerrecht ihre Anerkennung bei der steuerrechtlichen Gewinnermittlung davon abhängig macht, daß sie sich aus der Bilanz (Handelsbilanz) ergeben.

§ 280 Wertaufholungsgebot

(1) Wird bei einem Vermögensgegenstand eine Abschreibung nach § 253 Abs. 2 Satz 3, Abs. 3 oder § 254 Satz 1 vorgenommen und stellt sich in einem späteren Geschäftsjahr heraus, daß die Gründe dafür nicht mehr bestehen, so ist der Betrag dieser Abschreibung im Umfang der Werterhöhung unter Berücksichtigung der Abschreibungen, die inzwischen vorzunehmen gewesen wären, zuzuschreiben. § 253 Abs. 5, § 254 Satz 2 sind insoweit nicht anzuwenden.

(2) Von der Zuschreibung nach Absatz 1 kann abgesehen werden, wenn der niedrigere Wertansatz bei der steuerrechtlichen Gewinnermittlung beibehalten werden kann und Voraussetzung für die Beibehaltung ist, daß der niedrigere Wertansatz auch in der Bilanz (Handelsbilanz) beibehalten wird.

(3) Im Anhang ist der Betrag der im Geschäftsjahr aus steuerrechtlichen Gründen unterlassenen Zuschreibungen anzugeben und hinreichend zu begründen.

§ 283 Wertansatz des Eigenkapitals

Das gezeichnete Kapital ist zum Nennbetrag anzusetzen.

§ 284 Anhang: Erläuterung der Bilanz und der Gewinn- und Verlustrechnung

(1) In den Anhang sind diejenigen Angaben aufzunehmen, die zu den einzelnen Posten der Bilanz oder der Gewinn- und Verlustrechnung vorgeschrieben oder die im Anhang zu machen sind, weil sie in Ausübung eines Wahlrechts nicht in die Bilanz oder in die Gewinn- und Verlustrechnung aufgenommen wurden.

(2) Im Anhang müssen

1. die auf die Posten der Bilanz und der Gewinn- und Verlustrechnung angewandten Bilanzierungs- und Bewertungsmethoden angegeben werden;

2. die Grundlagen für die Umrechnung in Deutsche Mark angegeben werden, soweit der Jahresabschluß Posten enthält, denen Beträge zugrunde liegen, die auf fremde Währung lauten oder ursprünglich auf fremde Währung lauteten;

3. Abweichungen von Bilanzierungs- und Bewertungsmethoden angegeben und begründet werden; deren Einfluß auf die Vermögens-, Finanz- und Ertragslage ist gesondert darzustellen;

5. Angaben über die Einbeziehung von Zinsen für Fremdkapital in die Herstellungskosten gemacht werden.

§ 285   Sonstige Pflichtangaben im Anhang

Ferner sind im Anhang anzugeben:

1. zu den in der Bilanz ausgewiesenen Verbindlichkeiten
   a) der Gesamtbetrag der Verbindlichkeiten mit einer Restlaufzeit von mehr als fünf Jahren,
   b) der Gesamtbetrag der Verbindlichkeiten, die durch Pfandrechte oder ähnliche Rechte gesichert sind, unter Angabe von Art und Form der Sicherheiten;

8. bei Anwendung des Umsatzkostenverfahrens (§ 275 Abs. 3)
   a) der Materialaufwand des Geschäftsjahrs, gegliedert nach § 275 Abs. 2 Nr. 5,
   b) der Personalaufwand des Geschäftsjahrs, gegliedert nach § 275 Abs. 2 Nr. 6;

9. für die Mitglieder des Geschäftsführungsorgans, eines Aufsichtsrats, eines Beirats oder einer ähnlichen Einrichtung jeweils für jede Personengruppe
   a) die für die Tätigkeit im Geschäftsjahr gewährten Gesamtbezüge (Gehälter, Gewinnbeteiligungen, Aufwandsentschädigungen, Versicherungsentgelte, Provisionen und Nebenleistungen jeder Art);

10. alle Mitglieder des Geschäftsführungsorgans und eines Aufsichtsrats mit dem Familiennamen und mindestens einem ausgeschriebenen Vornamen. Der Vorsitzende eines Aufsichtsrats, seine Stellvertreter und ein etwaiger Vorsitzender des Geschäftsführungsorgans sind als solche zu bezeichnen;

11. Name und Sitz anderer Unternehmen, von denen die Kapitalgesellschaft oder eine für Rechnung der Kapitalgesellschaft handelnde Person mindestens den fünften Teil der Anteile besitzt;

12. Rückstellungen, die in der Bilanz unter dem Posten „sonstige Rückstellungen" nicht gesondert ausgewiesen werden, sind zu erläutern, wenn sie erheblich sind.

§ 289   Lagebericht

(1) Im Lagebericht sind zumindest der Geschäftsverlauf und die Lage der Kapitalgesellschaft so darzustellen, daß ein den tatsächlichen Verhältnissen entsprechendes Bild vermittelt wird.

(2) Der Lagebericht soll auch eingehen auf:

1. Vorgänge von besonderer Bedeutung, die nach dem Schluß des Geschäftsjahrs eingetreten sind;

2. die voraussichtliche Entwicklung der Kapitalgesellschaft;

3. den Bereich Forschung und Entwicklung.

§ 316   Pflicht zur Prüfung

(1) Der Jahresabschluß und der Lagebericht von Kapitalgesellschaften, die nicht kleine im Sinne des § 267 Abs. 1 sind, sind durch einen Abschlußprüfer zu prüfen. Hat keine Prüfung stattgefunden, so kann der Jahresabschluß nicht festgestellt werden.

§ 318   Bestellung und Abberufung des Abschlußprüfers

(1) Der Abschlußprüfer des Jahresabschlusses wird von den Gesellschaftern gewählt.

§ 320   Vorlagepflicht, Auskunftsrecht

(1) Die gesetzlichen Vertreter der Kapitalgesellschaft haben dem Abschlußprüfer den Jahresabschluß und den Lagebericht unverzüglich nach Aufstellung vorzulegen. Sie haben ihm zu gestatten, Bücher und Schriften der Kapitalgesellschaft sowie die Vermögensgegenstände und Schulden, namentlich die Kasse und die Bestände an Wertpapieren und Waren, zu prüfen.

§ 322   Bestätigungsvermerk

(1) Sind nach dem abschließenden Ergebnis der Prüfung keine Einwendungen zu erheben, so hat der Abschlußprüfer dies durch folgenden Vermerk zum Jahresabschluß zu bestätigen:

„Die Buchführung und der Jahresabschluß entsprechen nach meiner (unserer) pflichtgemäßen Prüfung den gesetzlichen Vorschriften. Der Jahresabschluß vermittelt unter Beachtung der Grundsätze ordnungsmäßiger Buchführung ein den tatsächlichen Verhältnissen entsprechendes Bild der Vermögens-, Finanz- und Ertragslage der Kapitalgesellschaft. Der Lagebericht steht im Einklang mit dem Jahresabschluß."

§ 325   Offenlegung

(1) Die gesetzlichen Vertreter von Kapitalgesellschaften haben den Jahresabschluß unverzüglich nach seiner Vorlage an die Gesellschafter, jedoch spätestens vor Ablauf des neunten Monats des dem Abschlußstichtag nachfolgenden Geschäftsjahrs, mit dem Bestätigungsvermerk oder dem Vermerk über dessen Versagung zum Handelsregister des Sitzes der Kapitalgesellschaft einzureichen; gleichzeitig sind der Lagebericht, der Bericht des Aufsichtsrats und der Vorschlag für die Verwendung des Ergebnisses und der Beschluß über seine Verwendung unter Angabe des Jahresüberschusses oder Jahresfehlbetrags einzureichen. Die gesetzlichen Vertreter haben im Bundesanzeiger bekanntzumachen, bei welchem Handelsregister und unter welcher Nummer diese Unterlagen eingereicht worden sind.

(2) Absatz 1 ist auf große Kapitalgesellschaften (§ 267 Abs. 3) mit der Maßgabe anzuwenden, daß die in Absatz 1 bezeichneten Unterlagen zunächst im Bundesanzeiger bekanntzumachen sind und die Bekanntmachung unter Beifügung der bezeichneten Unterlagen zum Handelsregister des Sitzes der Kapitalgesellschaft einzureichen ist.

§ 326   Größenabhängige Erleichterungen für kleine Kapitalgesellschaften bei der Offenlegung

Auf kleine Kapitalgesellschaften (§ 267 Abs. 1) ist § 325 Abs. 1 mit der Maßgabe anzuwenden, daß die gesetzlichen Vertreter nur die Bilanz und den Anhang spätestens vor Ablauf des zwölften Monats des dem Bilanzstichtag nachfolgenden Geschäftsjahrs einzureichen haben. Soweit sich das Jahresergebnis, der Vorschlag für die Verwendung des Ergebnisses aus der Bilanz oder dem Anhang nicht ergeben, sind auch der Vorschlag und der Beschluß über die Verwendung des Ergebnisses unter Angabe des Jahresergebnisses einzureichen. Der Anhang braucht die die Gewinn- und Verlustrechnung betreffenden Angaben nicht zu enthalten.

§ 327   Größenabhängige Erleichterungen für mittelgroße Kapitalgesellschaften bei der Offenlegung

1. Die Bilanz darf in der für kleine Kapitalgesellschaften nach § 266 Abs. 1 Satz 3 vorgeschriebenen Form zum Handelsregister eingereicht werden. In der Bilanz oder im Anhang sind jedoch die folgenden Posten des § 266 Abs. 2 und 3 zusätzlich gesondert anzugeben:

Auf der Aktivseite[1]:

Geschäfts- oder Firmenwert; Grundstücke, grundstücksgleiche Rechte und Bauten einschließlich der Bauten auf fremden Grundstücken; technische Anlagen und Maschinen; Betriebs- und Geschäftsausstattung; geleistete Anzahlungen und Anlagen im Bau; Anteile an verbundenen Unternehmen; Ausleihungen an verbundene Unternehmen; Beteiligungen; Ausleihungen an beteiligte Unternehmen.

Auf der Passivseite[1]:

Verbindlichkeiten gegenüber Kreditinstituten; Verbindlichkeiten gegenüber verbundenen Unternehmen; Verbindlichkeiten gegenüber Unternehmen, mit denen ein Beteiligungsverhältnis besteht.

§ 329   Prüfungspflicht des Registergerichts

(1) Das Gericht prüft, ob die vollständig oder teilweise zum Handelsregister einzureichenden Unterlagen vollzählig sind und, sofern vorgeschrieben, bekanntgemacht worden sind.

---

1   gekürzt

Sachregister

Abgrenzung der Kosten 266, 280
Abhängigkeit der Kosten 286
Abschluß der betrieblichen Erfolgskonten 44, 280
Abschreibungen 48, 151 f.
– Berechnungsmethoden 49, 155 f.
– bilanzmäßige und kalkulatorische 151 f.
– kalkulatorische 270
Abschreibungskreislauf 272
AG, Jahresabschluß 224
Agio 214
Aktivierungspflichtige Leistungen 161
Aktivkonten 26
Anderskosten 268
Angebotskalkulation 330
Anhang 172, 211
Anlagegüter, Anschaffungen 149
Anlagen, Abgänge 83
Anlagendeckung 240
Anlagenkartei 12, 148
Anlagenspiegel 216
Anlagevermögen, Bewertungen 153 f.
Anleihen 144, 200
Anschaffungskosten 149, 227
Anzahlungen 135 f.
Äquivalenzziffern 337
Arbeitsproduktivität 259
Aufbereitung von Bilanzen 236 f.
Aufgaben
– der Buchführung 9
– der Kosten- und Leistungsrechnung 264
– des Rechnungswesens 7
Aufgeld 214
Aufwendungen
– betriebliche 41 f.
– neutrale 78 f.

BAB (Betriebsabrechnungsbogen) 298 f.
– erweiterter 315
– mehrstufiger 316
– bei Maschinenstundensatzrechnung 324 f.
Belegorganisation 88
Beschäftigung, Abhängigkeit der Kosten 286
Beschäftigungsabweichung 370
Bestandskonten 26
Bestandsveränderungen 72 f.
Betriebsergebnis 43, 68, 72, 263 f., 280
Betriebsergebniskonto 45, 267, 280
Betriebsnotwendiges Kapital 278
Betriebsübersicht 203 f.

Bewegungsbilanz 246
Bewertung
– des Anlagevermögens 153 f.
– der Forderungen 189 f.
– der Schulden 199 f.
– der Vorräte 185 f.
Bewertungsgrundsätze 228 f.
Bewertungsübersicht 232 f.
Bezugskosten 124
Bilanz 18, 212, Anhang
Bilanzgliederung 212 f., Anhang
Bilanzkonten 38
Bilanzkritik 236 f.
Bilanzstruktur 236 f.
Boni 127
Break-even-Point 342, 344
Buchungssätze, einfache 32
– zusammengesetzte 36
Bücher der Buchführung 90 f.

Cash-flow 257

Damnum 200
Deckungsbeitrag 342
– relativ 357
– I/II/III 350, 351
Deckungsbeitragsrechnung 341 f.
– als Periodenrechnung 344 f.
– als Stückrechnung 342
Disagio 200
Dividende 146
Divisionskalkulation 339
Durchschnittsbewertung 186
Durchschreibebuchführung 94

EDV 94 f.
Eigenkapital 14 f., 18, 41, 214 f.
Eigenverbrauch 62, 165
Einkauf mit Umsatzsteuer 55
Einkommensteuer 168
Einzelbewertung von Forderungen 190 f.
Erfolgsermittlung durch Kapitalvergleich 18
Erfolgskonten 42
Erfolgsrechnung 18, 41, 69, 72, 78, 251
Erfolgsstruktur 258
Ergebnisrechnung 78 f.
Eröffnungsbilanzkonto 38
Erträge
– betriebliche 41 f.
– neutrale 78 f.
erzeugnisfixe Kosten 350
erzeugnisgruppenfixe Kosten 351
Erzeugnisse
– fertige, unfertige 69 f.

Fertigungsgemeinkosten, maschinenabhängige 323

Fertigungsverfahren 294
Fifo-Methode 187
Finanzierung 238 f.
Fixe Kosten 290
Forderungen
– Ausweis in Bilanzen von Kapitalgesellschaften 212
– Bewertung und Abschreibung 189 f.
– Einzelbewertung 190
– Pauschalwertberichtigung 195
– Sonstige 173 f.
– Umschlag von 253

Gehälter 115 f.
Gemeinschaftskontenrahmen 65
Geringwertige Wirtschaftsgüter 157
Gesamtergebnis, Ermittlung 79, 263, 280
Gesetzliche Grundlagen der Buchführung 10
Gewerbesteuer 167
Gewinnermittlung bei
– Kapitalgesellschaften 211 f.
– Personengesellschaften 207 f.
Gewinnschwelle 342, 344
Gewinn- und Verlustrechnung 41 f., 216 f.
Gezeichnetes Kapital 214
GmbH, Jahresabschluß 214 f.
Grundbuch 32, 90
Grundkosten 268
Gruppenbewertung 186

Handelsbilanz 226
Hauptabschlußübersicht 203 f.
Hauptbuch 33, 91
Herstellkosten des Umsatzes 301
Herstellungskosten 161, 227
Hifo-Methode 187
Höchstwertprinzip 199, 231
Hypothekenschulden 200

Im Bau befindliche Anlagen 164
Imparitätsprinzip 231
Industrieobligationen 144, 200
Innerbetriebliche Leistungen 161
Inventur, Inventar 12, 14
Investierung 240 f.
Istgemeinkosten 299
Istzuschläge 300 f.

Jahresabschluß 172 f.
– der AG 224
– der GmbH 218 f.
– der KG 209
– der OHG 207

Kalkulationsarten 329 f.
Kalkulatorische Kosten 268 f.

384   © Winklers Verlag · Gebrüder Grimm · Darmstadt   6624384 B → UIII →

GEMEINSCHAFTSKONTENRAHMEN DER INDUSTRIE (GKR)*

Anmerkungen zum Jahresabschluß von Kapitalgesellschaften

1. Der **Jahresabschluß** einer **Kapitalgesellschaft** besteht aus der **Bilanz** (§ 266 HGB), der **Gewinn- und Verlustrechnung** (§ 275 HGB) und dem **Anhang** als Erläuterungsbericht (§ 284 HGB). Nicht zum Jahresabschluß gehört der Lagebericht, der Lage und Entwicklung des Unternehmens darlegen soll (§ 289 HGB).

2. Kapitalgesellschaften unterliegen der **Prüfungs- und Offenlegungspflicht.** Jahresabschluß und Lagebericht sowie die Buchführung sind von unabhängigen **Abschlußprüfern** zu prüfen (§ 316 HGB) und durch Einreichung zum **Handelsregister** offenzulegen (§ 325 HGB).

3. Die **Größe** der Kapitalgesellschaft bestimmt den Umfang der Aufstellung, Prüfung und **Offenlegung** des Jahresabschlusses und des Lageberichtes. Nach § 267 HGB unterscheidet man **kleine, mittelgroße** und **große** Kapitalgesellschaften. Für die Zuordnung müssen jeweils zwei der drei **Größenmerkmale** (Bilanzsumme, Umsatz, Beschäftigtenzahl) vorliegen. Die folgende Übersicht ermöglicht die entsprechende Zuordnung und macht den Umfang der Offenlegung und Prüfung deutlich:

Kapital-gesellschaften	Größenmerkmale			Offenlegung				Prüfung
Größe	Bilanzsumme (in Mio. DM)	Umsatz (in Mio. DM)	Beschäftigte	Bilanz	GuV	An-hang	Lage-bericht	Buchführung Jahresabschluß Lagebericht
kleine	bis 5,31	bis 10,62	bis 50	X	–	X	–	–
mittelgroße	bis 21,24	bis 42,48	bis 250	X	X	X	X	X
große	über 21,24	über 42,48	über 250	X	X	X	X	X

Beachten Sie: Unabhängig von den Größenmerkmalen gilt eine Aktiengesellschaft stets als große Kapitalgesellschaft, wenn ihre Aktien an einer Börse der EU zugelassen sind (§ 267 [3] HGB).

4. **Besondere Vorschriften:**
   - Beachten Sie die **Fußnoten** zur nebenstehenden Bilanz (§ 266 HGB) und der Gewinn- und Verlustrechnung (§ 275 HGB), die in Staffelform zu veröffentlichen ist.
   - Zu jedem Posten der zu veröffentlichenden Bilanz und GuV-Rechnung ist auch der **Vorjahresbetrag** anzugeben (§ 265 [2] HGB).
   - **Forderungen** mit einer **Restlaufzeit** von über einem Jahr und **Verbindlichkeiten** bis zu einem Jahr sind betragsmäßig gesondert zu vermerken (§ 268 [4 und 5] HGB).
   - **Besondere Haftungsverhältnisse** nach § 251 HGB (z. B. aus weitergegebenen Wechseln, Bürgschaften) sind wie auch bei allen Personenunternehmen unter der Bilanz gesondert anzugeben. Kapitalgesellschaften dürfen sie allerdings auch im Anhang ausweisen (§ 268 [7] HGB).
   - In der Bilanz oder im Anhang ist die **Entwicklung** der Posten des Anlagevermögens durch einen **Anlagenspiegel** darzustellen. Dabei ist von den ursprünglichen Anschaffungs- und Herstellungskosten auszugehen (§ 268 [2] HGB):

Posten des Anlage-vermögens	Anschaffungs-, Herstellungs-kosten der Vorjahre 01.01.	Zu-gänge	Ab-gänge	Umbu-chungen	Zu-schrei-bungen	Abschreibungen			Buch-wert 31.12.
						In Vor-jahren	Im Ab-schluß-jahr	Insge-samt	

Kontenklassen

0 Anlagevermögen und langfristiges Kapital

00 Grundstücke und Gebäude
0000 Unbebaute Grundstücke
0010 Bebaute Grundstücke
0030 Gebäude
0080 Im Bau befindliche Gebäude

01/02 Technische Anlagen und Maschinen
0100 der Hauptbetriebe
0200 der Neben- und Hilfsbetriebe
0240 Transportanlagen
0280 Im Bau befindliche Maschinen und Anlagen
0290 Anzahlungen auf Anlagen

03 Andere Anlagen, Betriebs- und Geschäftsausstattung
0300 Fahrzeuge
0340 Werkzeuge
0370 Betriebs- und Geschäfts-ausstattung
0380 Geringwertige Wirtschaftsgüter

04 Sachanlagen – Sammelkonto

05 Sonstiges Anlagevermögen
0540 Beteiligungen
0550 Wertpapiere des Anlagevermögens
0560 Andere langfristige Forderungen

06 Langfristiges Fremdkapital
(z. B. Anleihen, Hypotheken- und Darlehensschulden und andere langfristige Schulden)
0600 Darlehensschulden
0610 Hypothekenschulden

07 Eigenkapital
0700 Gezeichnetes Kapital
0720 Gesetzliche Rücklagen
0730 Andere Gewinnrücklagen
0740 Jahresüberschuß/-fehlbetrag
0750 Bilanzgewinn/-verlust
0790 Gewinn- und Verlustvortrag

08 Wertberichtigungen, Rückstellungen u. dgl.
0840 Pauschalwertberichtigung von Forderungen
0841 Einzelwertberichtigung von Forderungen
0850 Pensionsrückstellungen
0851 Steuerrückstellungen
0852 Sonstige Rückstellungen

09 Rechnungsabgrenzung
0980 Aktive Rechnungsabgrenzungs-posten der Jahresbilanz
0990 Passive Rechnungsabgrenzungs-posten der Jahresbilanz

1 Finanz – Umlaufvermögen und kurzfristige Verbindlichkeiten

10 Kasse
1000 Hauptkasse
1050-1090 Nebenkassen

11 Geldanstalten
1100 Postbank
1120 Landeszentralbank
1130 Banken

12 Schecks, Besitzwechsel
1200 Schecks
1250 Besitzwechsel
1290 Protestwechsel

13 Wertpapiere des Umlauf-vermögens

14 Forderungen aufgrund von Lieferungen und Leistungen
1400 Kundenforderungen
1490 Zweifelhafte Forderungen

15 Andere Forderungen
1500 Sonstige Forderungen
1510 Geleistete Anzahlungen auf Vorräte
1550 Vorsteuer

16 Verbindlichkeiten aufgrund von Lieferungen und Leistungen

17 Andere Verbindlichkeiten
1700 Sonstige Verbindlichkeiten
1710 Erhaltene Anzahlungen auf Bestellungen
1740 Noch abzuführende Abgaben
1750 Umsatzsteuer
1760 Dividenden
1770 Tantiemen
1780 Abzuführende Sparleistungen

18 Schuldwechsel, Bankschulden
1800 Schuldwechsel
1820 Bankschulden

19 Durchgangs-, Übergangs- und Privatkonten
1900 Durchgangskonten für Rechnungen
1920 Durchgangskonten für Zahlungsverkehr
1950 Übergangskonten
1970 Privatkonten
1980 Geheimkonten

2 Neutrale Aufwendungen und Erträge

20 Betriebsfremde Aufwendungen und Erträge
2000 Betriebsfremde Aufwendungen
2050 Betriebsfremde Erträge

21 Aufwendungen und Erträge für Grundstücke und Gebäude
2100 Haus- und Grundstücks-aufwendungen
2150 Haus- und Grundstückserträge

22 frei

23 Bilanzmäßige Abschreibungen

24 Zinsaufwendungen und -erträge
2400 Zins- u. Diskontaufwendungen
2450 Zins- u. Diskonterträge

25 Betriebliche außerordentliche Aufwendungen und Erträge
2500 Betriebliche a. o. Aufwendungen
2550 Betriebliche a. o. Erträge
2560 Erlöse aus Anlagenverkauf
2561 Gegenkonto zu 2560
2570 Eigenverbrauch von Anlagen
2571 Gegenkonto zu 2570

26 Betriebliche periodenfremde Aufwendungen und Erträge (mehrere oder andere Zeit-abschnitte betreffend), z. B.
2600 Großreparaturen – im Bau befindliche Sachanlagen usw.
2680 Periodenfremde Aufwendungen
2690 Periodenfremde Erträge

27 Verrechnete Anteile betrieblicher periodenfremder Aufwendungen

28 Verrechnete kalkulatorische Kosten

29 Das Gesamtergebnis betreffende Aufwendungen und Erträge
2900 Körperschaftsteuer

3 Materialbestände

30 Rohstoffe
3000 Nettobeträge
3010 Bezugskosten
3020 Nachlässe[1]

33 Hilfsstoffe
3300 Nettobeträge
3310 Bezugskosten
3320 Nachlässe[1]

34 Betriebsstoffe
3400 Nettobeträge
3410 Bezugskosten
3420 Nachlässe[1]

38 Bezogene Bestand- und Fertigteile, Auswärtige Bearbeitung
3800 Nettobeträge
3810 Bezugskosten
3820 Nachlässe[1]

39 Handelswaren und auswärts bezogene Fertigerzeugnisse
3900 Nettobeträge
3910 Bezugskosten
3920 Nachlässe[1]

4 Kostenarten

40 Aufwendungen für Rohstoffe und Waren
4000 Fertigungsmaterial *(Rohstoffverbrauch)* E
4009 Aufwendungen für Waren

41 Gemeinkostenmaterial
4100 Gemeinkostenmaterial *(Hilfsstoffverbrauch)*

42 Brennstoffe, Energie u. dgl.
4200 Brenn- und Treibstoffe
4250 Strom, Gas, Wasser

43 Löhne und Gehälter
4310 Fertigungslöhne — E
4320 Hilfslöhne
4390 Gehälter

44 Sozialkosten
4400 Gesetzliche Sozialkosten
4470 Freiwillige Sozialkosten

45 Instandhaltung, verschiedene Leistungen u. dgl.
4500 Instandhaltung *(Maschinen usw.)*
4560 Entwicklungs-, Versuchs- und Konstruktionskosten

46 Steuern, Gebühren, Beiträge, Versicherungsprämien u. dgl.
4600 Steuern
4640 Abgaben und Gebühren, Rechts- und Beratungskosten
4680 Beiträge
4690 Versicherungsprämien

47 Mieten, Verkehrs-, Büro-, Werbe-kosten (Verschied. Kosten) usw.
4700 Miete *(Raumkosten)*
4720 Verkehrskosten *(Transport, Versand, Reise, Post – einschl. Telefon/Telefax)*
4760 Bürokosten
4770 Werbe- und Vertreterkosten
4790 Finanzkosten *(= Kosten des Geldverkehrs)*

48 Abschreibungen (Kalk. Kosten)
4800 Abschreibungen auf Sachanlagen
4810 Abschreibungen auf Forderungen
4820 Einstellung in Einzelwert-berichtigung von Forderungen
4830 Einstellung in Pauschalwert-berichtigung von Forderungen

49 Sondereinzelkosten
4940 Sondereinzelkosten der Fertigung
4950 Sondereinzelkosten des Vertriebs (z. B. Vertriebsprovision, Transportversicherung, Ausgangs-frachten usw.)

5/6 Kostenstellen

Frei für Kostenstellen-Kontierungen der Betriebsabrechnung

Bei Anwendung des **Gesamtkosten-verfahrens** entfallen im allgemeinen die Klassen 5 und 6, da die Betriebsabrechnung *statistisch* durchgeführt wird.

Bei Anwendung des **Umsatzkosten-verfahrens** werden in der Klasse 6 "Herstellkonten" eingerichtet. Wird die Betriebsabrechnung *buchhalterisch* vorgenommen, so ist die Klasse 5 hierbei den "Verrechnungskonten" für die Kostenstellenbereiche vorbehalten.

7/8 Kostenträger

7 Bestände an unfertigen und fertigen Erzeugnissen

78 Bestände an unfertigen Erzeugnissen *(Unfertige Erzeugnisse)*

79 Bestände an fertigen Erzeugnissen *(Fertige Erzeugnisse)*

8 Betriebliche Erträge

83 Erlöse für Erzeugnisse und andere Leistungen
8300 Erlöse für Erzeugnisse
8301 Erlösberichtigungen
8350 Erlöse für andere eigene Leistungen
8351 Erlösberichtigungen

85 Erlöse für Handelswaren
8500 Erlöse für Handelswaren
8501 Erlösberichtigungen

86 Erlöse aus Nebengeschäften

87 Eigenleistungen

88 Eigenverbrauch von Erzeugnissen, Waren und Leistungen
8800 Steuerpflichtiger Eigenverbrauch
8801 Steuerfreier Eigenverbrauch

89 Bestandsveränderungen an unfertigen und fertigen Erzeugnissen

9 Abschluß

97 Saldenvorträge für EDV-Fibu

98 Ergebniskonten
9800 Betriebsergebnis
9850 Verrechnungsergebnis
9860 Ergebnisverwendung
9870 Neutrales Ergebnis
9880 Das Gesamtergebnis betr. Aufwendungen und Erträge (z. B. *Körperschaftsteuer* (Gesamtergebnis)
9890 Gewinn- und Verlustkonto *(Gesamtergebnis)*

99 Bilanzkonten
9980 Eröffnungsbilanzkonto
9990 Schlußbilanzkonto

---

[1] Gemäß § 255 Abs. 1 Satz 3 HGB sind Nachlässe als Minderung des Anschaffungspreises zu behandeln.

* Aus EDV-Gründen sind die **Kontenziffern vierstellig.**

E = Einzelkosten

6586/6624

Gliederung der Jahresbilanz
mittelgroßer und großer Kapitalgesellschaften[1]
nach § 266 Abs. 2 und 3 Handelsgesetzbuch, gültig ab 01.01.1986

Aktiva   **Passiva**

A. Anlagevermögen:

  I. Immaterielle Vermögensgegenstände:
1. Konzessionen, gewerbliche Schutzrechte und ähnliche Rechte und Werte sowie Lizenzen an solchen Rechten und Werten;
2. Geschäfts- oder Firmenwert;
3. geleistete Anzahlungen;

  II. Sachanlagen:
1. Grundstücke, grundstücksgleiche Rechte und Bauten einschließlich der Bauten auf fremden Grundstücken;
2. technische Anlagen und Maschinen;
3. andere Anlagen, Betriebs- und Geschäftsausstattung;
4. geleistete Anzahlungen und Anlagen im Bau;

  III. Finanzanlagen:
1. Anteile an verbundenen Unternehmen;
2. Ausleihungen an verbundene Unternehmen;
3. Beteiligungen;
4. Ausleihungen an Unternehmen, mit denen ein Beteiligungsverhältnis besteht;
5. Wertpapiere des Anlagevermögens;
6. sonstige Ausleihungen.

B. Umlaufvermögen:

  I. Vorräte:
1. Roh-, Hilfs- und Betriebsstoffe;
2. unfertige Erzeugnisse;
3. fertige Erzeugnisse und Waren;
4. geleistete Anzahlungen;

  II. Forderungen und sonstige Vermögensgegenstände:
1. Forderungen aus Lieferungen und Leistungen;
2. Forderungen gegen verbundene Unternehmen;
3. Forderungen gegen Unternehmen, mit denen ein Beteiligungsverhältnis besteht;
4. sonstige Vermögensgegenstände;

  III. Wertpapiere:
1. Anteile an verbundenen Unternehmen;
2. eigene Anteile;
3. sonstige Wertpapiere;

  IV. Schecks, Kassenbestand, Bundesbank- und Postbankguthaben, Guthaben bei Kreditinstituten.

C. Rechnungsabgrenzungsposten

A. Eigenkapital:

  I. Gezeichnetes Kapital;

  II. Kapitalrücklage;

  III. Gewinnrücklagen:
1. gesetzliche Rücklage;
2. Rücklage für eigene Anteile;
3. satzungsmäßige Rücklagen;
4. andere Gewinnrücklagen.

  IV. Gewinnvortrag/Verlustvortrag;[2]

  V. Jahresüberschuß/Jahresfehlbetrag.[2]

B. Rückstellungen:
1. Rückstellungen für Pensionen und ähnliche Verpflichtungen;
2. Steuerrückstellungen;
3. sonstige Rückstellungen.

C. Verbindlichkeiten:
1. Anleihen, davon konvertibel;
2. Verbindlichkeiten gegenüber Kreditinstituten;
3. erhaltene Anzahlungen auf Bestellungen;
4. Verbindlichkeiten aus Lieferungen und Leistungen;
5. Verbindlichkeiten aus der Annahme gezogener Wechsel und der Ausstellung eigener Wechsel;
6. Verbindlichkeiten gegenüber verbundenen Unternehmen;
7. Verbindlichkeiten gegenüber Unternehmen, mit denen ein Beteiligungsverhältnis besteht;
8. sonstige Verbindlichkeiten, davon aus Steuern, davon im Rahmen der sozialen Sicherheit.

D. Rechnungsabgrenzungsposten

---

[1] **§ 266 (1) HGB:** Kleine Kapitalgesellschaften (§ 267 HGB) brauchen nur eine verkürzte Bilanz aus den oben mit Buchstaben und römischen Zahlen bestehenden Posten aufzustellen.

[2] **§ 268 (1) HGB:** Die Bilanz darf auch nach vollständiger oder teilweiser Verwendung des Jahresergebnisses aufgestellt werden. Wird die Bilanz nach teilweiser Verwendung des Jahresergebnisses (z. B. Zuführung von 50 % des Jahresgewinns in eine Gewinnrücklage) aufgestellt, so tritt an die Stelle des Postens „Jahresüberschuß/Jahresfehlbetrag" und „Gewinnvortrag/Verlustvortrag" der Posten „Bilanzgewinn/Bilanzverlust"; ein vorhandener Gewinn- oder Verlustvortrag ist in den Posten „Bilanzgewinn/Bilanzverlust" einzubeziehen und in der Bilanz oder im Anhang gesondert anzugeben.

Gliederung der Gewinn- und Verlustrechnung in Staffelform[1]
nach § 275 Handelsgesetzbuch, gültig ab 01.01.1986

(1) Die Gewinn- und Verlustrechnung ist in Staffelform nach dem Gesamtkostenverfahren oder dem Umsatzkostenverfahren aufzustellen. Dabei sind die in Absatz 2 oder 3 bezeichneten Posten in der angegebenen Reihenfolge gesondert auszuweisen.

(2) Bei Anwendung des <u>Gesamtkostenverfahrens</u> sind auszuweisen:
1. Umsatzerlöse
2. Erhöhung oder Verminderung des Bestands an fertigen und unfertigen Erzeugnissen
3. andere aktivierte Eigenleistungen
4. sonstige betriebliche Erträge
5. Materialaufwand:
  a) Aufwendungen für Roh-, Hilfs- und Betriebsstoffe und für bezogene Waren
  b) Aufwendungen für bezogene Leistungen
6. Personalaufwand:
  a) Löhne und Gehälter
  b) soziale Abgaben und Aufwendungen für Altersversorgung und für Unterstützung, davon für Altersversorgung
7. Abschreibungen:
  a) auf immaterielle Vermögensgegenstände des Anlagevermögens und Sachanlagen sowie auf aktivierte Aufwendungen für die Ingangsetzung und Erweiterung des Geschäftsbetriebs
  b) auf Vermögensgegenstände des Umlaufvermögens, soweit diese die in der Kapitalgesellschaft üblichen Abschreibungen überschreiten
8. sonstige betriebliche Aufwendungen
9. Erträge aus Beteiligungen, davon aus verbundenen Unternehmen
10. Erträge aus anderen Wertpapieren und Ausleihungen des Finanzanlagevermögens, davon aus verbundenen Unternehmen
11. sonstige Zinsen und ähnliche Erträge, davon aus verbundenen Unternehmen
12. Abschreibungen auf Finanzanlagen und auf Wertpapiere des Umlaufvermögens
13. Zinsen und ähnliche Aufwendungen, davon an verbundene Unternehmen
14. **Ergebnis der gewöhnlichen Geschäftstätigkeit**
15. außerordentliche Erträge
16. außerordentliche Aufwendungen
17. **außerordentliches Ergebnis**
18. Steuern vom Einkommen und vom Ertrag
19. sonstige Steuern
20. **Jahresüberschuß/Jahresfehlbetrag**

(3) Bei Anwendungen des <u>Umsatzkostenverfahrens</u> sind auszuweisen:
1. Umsatzerlöse
2. Herstellungskosten der zur Erzielung der Umsatzerlöse erbrachten Leistungen
3. Bruttoergebnis vom Umsatz
4. Vertriebskosten
5. allgemeine Verwaltungskosten
6. sonstige betriebliche Erträge
7. sonstige betriebliche Aufwendungen
8. Erträge aus Beteiligungen, davon aus verbundenen Unternehmen
9. Erträge aus anderen Wertpapieren und Ausleihungen des Finanzanlagevermögens, davon aus verbundenen Unternehmen
10. sonstige Zinsen und ähnliche Erträge, davon aus verbundenen Unternehmen
11. Abschreibungen auf Finanzanlagen und auf Wertpapiere des Umlaufvermögens
12. Zinsen und ähnliche Aufwendungen, davon an verbundene Unternehmen
13. **Ergebnis der gewöhnlichen Geschäftstätigkeit**
14. außerordentliche Erträge
15. außerordentliche Aufwendungen
16. **außerordentliches Ergebnis**
17. Steuern vom Einkommen und Ertrag
18. sonstige Steuern
19. **Jahresüberschuß/Jahresfehlbetrag**

(4) Veränderungen der Kapital- und Gewinnrücklagen dürfen in der Gewinn- und Verlustrechnung erst nach dem Posten „Jahresüberschuß/Jahresfehlbetrag" ausgewiesen werden.

---

[1] **§ 276 HGB:** Kleine und mittelgroße Kapitalgesellschaften (§ 267 HGB) dürfen die Posten § 275 Abs. 2 Nr. 1 bis 5 oder Abs. 3 Nr. 1 bis 3 und 6 zu einem Posten „Rohergebnis" zusammenfassen.